Karlheinz Koppe
Der vergessene Frieden

Friedens- und Konfliktforschung

Band 6

Karlheinz Koppe

Der vergessene Frieden

Friedensvorstellungen von der Antike bis zur Gegenwart

Leske + Budrich, Opladen 2001

Über den Autor

Karlheinz Koppe, Jahrgang 1929, ist seit fast dreißig Jahren mit der Friedenswissenschaft verbunden, zunächst als Vorstand der Deutschen Gesellschaft für Friedens- und Konfliktforschung (DGFK), die 1970 auf Initiative des damaligen Bundespräsidenten Gustav Heinemann von Bund, Ländern und gesellschaftlichen Organisationen (Wirtschaft, Gewerkschaften, Kirchen) gegründet und 1983 von der Bundesregierung wieder aufgelöst wurde. Anschließend leitete er die Arbeitsstelle Friedensforschung Bonn (AFB) und war zwischenzeitlich als Sekretär der Europäischen Vereinigung für Friedensforschung/ *European Peace Research Association* (EuPRA) und Generalsekretär der Internationalen Vereinigung für Friedensforschung /*International Peace Research Association* (IPRA) tätig. Seit 1989 ist er Lehrbeauftragter für Friedenswissenschaft an der Westfälischen Wilhelms-Universität in Münster, die ihm für seine wissenschaftlichen Arbeiten die Würde eines Ehrendoktors verliehen hat.

Nach Studienjahren (1950-1953) in Paris war er zunächst in europäischen Verbänden tätig, zuletzt als Generalsekretär der Europäischen Föderalisten. 1970/71 leitete er in Singapur den Aufbau des *Asian Mass Communication and Information Centre* (AMIC), bevor er die Leitung der DGFK übernahm. Nicht zuletzt aufgrund der Erfahrungen während der letzten Wochen des Zweiten Weltkriegs als Soldat (und seiner „Entfernung von der Truppe") sowie eines längeren Freiwilligendienstes in Nordafrika galt sein Interesse den Strukturen und Mechanismen friedlichen und gewaltfreien Zusammenlebens in Vergangenheit und Gegenwart.

Die Deutsche Bibliothek – CIP-Einheitsaufnahme
Ein Titeldatensatz für die Publikation ist bei
Der Deutschen Bibliothek erhältlich

ISBN 978-3-8100-3099-3 ISBN 978-3-322-97523-2 (eBook)
DOI 10.1007/978-3-322-97523-2

Satz: Leske + Budrich, Opladen

Inhaltsverzeichnis

Vorwort der Herausgeber

Mit der Arbeit von Karlheinz Koppe „Der vergessene Frieden“ setzen wir die Reihe von Basisliteratur zum Studium der Friedens- und Konfliktforschung fort. Auch dieser Band stellt für den deutschsprachigen Bereich eine Singularität dar und zwar hinsichtlich Thematik und Analyseansatz. Geschichtsbetrachtung war in der Vergangenheit häufig auf Schlachten- und Herrscherchronologien beschränkt und dem Gegenstand Frieden näherten sich die Friedenswissenschaftler über seinen Gegenpol, dem Krieg. Auf diese Weise haben wir eine Menge über die Ursachen von Kriegen erfahren. Mit einer solchen Begrenzung wurde allerdings der Blick für eine wenigstens ebenso wichtige Perspektive verstellt, für die Frage nach den Ursachen für friedliche Zustände, denn Kriegs- und Friedensursachenforschung sind keineswegs von den methodischen und theoretischen Ansätzen her identisch, sondern eher komplementär. Karlheinz Koppes Arbeit ist auch im Kontext der Debatte um eine „Kultur des Friedens“ zu sehen und liefert zudem einen wichtigen Beitrag zum Selbstverständnis der Friedens- und Konfliktforschung, die sich als akademisches Fach in Deutschland bislang nur ansatzweise etablieren konnte.

Die vorliegende Buchfassung geht auf eine Dreifachkurseinheit der Fern-Universität/Gesamthochschule in Hagen zurück. Es ist erfreulich, daß dieser Kurs nun auf dem freien Markt und, aufgrund der günstigen Preisgestaltung des Verlages, auch von einem größeren Interessentenkreis erworben werden kann. Für die langwierige Erstellung des Manuskripts gebührt Herrn Helmut Elbers, Mitarbeiter am Lehrgebiet Internationale Politik und Vergleichende Politikwissenschaft, besonderer Dank.

Marburg/Hagen im Dezember 2000
Peter Imbusch
Hajo Schmidt
Georg Simonis
Ralf Zoll

Danksagung

Die Anregungen zu diesem Buch verdanke ich zu allererst dem vor einigen Jahren verstorbenen Kenneth E. Boulding und seiner Frau Elise Boulding (beide University of Colorado, Boulder, Co., USA) sowie Dieter Senghaas (Universität Bremen). Reinhard Meyers (Universität Münster), Hajo Schmidt und Georg Simonis (FernUniversität Hagen) sowie Peter Imbusch und Ralf Zoll (Universität Marburg) haben mich ermutigt, meine Vorlesungen, die das Thema dieses Buches zum Gegenstand hatten, zusammenzufassen und zu diesem Band zu erweitern. Unschätzbare praktische Hilfe leisteten Helmut Elbers und Ulrike DeStena (FernUniversität Hagen). Yoshiko Nomura und Hideo Kimura vom Nomura Zentrum für Lebenslange Integrierte Erziehung in Tokyo haben mich in ostasiatische Denkweisen und Friedensvorstellungen eingeführt. Besonderer Dank gebürt meiner Frau Helene für kritische Kommentare und geduldiges Korrekturlesen.

*

Ausdrücklich möchte ich darauf hinweisen, daß ich dieses Buch nach den alten grammatikalischen und orthographischen Regeln geschrieben habe. Ich bitte die LeserInnen um Nachsicht.

Einleitung

Warum dieses Buch über Vergangenes und nicht über künftige Entwicklungen? Weil es mir weniger wichtig erscheint, über die Zukunft nachzudenken, als mehr über die Vergangenheit zu wissen, denn das Wissen über Vergangenes hilft, das Naheliegende zu bewältigen und die Bewältigung des Naheliegenden ist der Schlüssel zur Zukunft.

In den fast drei Jahrzehnten, in denen ich friedenswissenschaftlich tätig war, habe ich immer wieder einen Gedanken verfolgt, der erst seit wenigen Jahren in der Friedensforschung an Raum gewinnt: Warum nähert sich die Friedensforschung vorrangig dem Begriff und damit dem teils realen, teils potentiellen gesellschaftlichen Zustand des Friedens von seinem Gegenpol her, nämlich vom Begriff des Krieges und dem Begriff der Gewalt, ganz gleich, ob diese in offener (physischer) oder verdeckter (struktureller und kultureller) Form ausgeübt wird? Läge es nicht nahe, das Phänomen des Friedens direkt zu untersuchen, zumal die Annahme gerechtfertigt erscheint, daß es zu allen Zeiten und in allen Gesellschaften Friedenszustände gegeben hat, die längere Perioden gedauert und mehr Menschen umfaßt haben, als dies auf Grund einer einseitigen „kriegskulturellen“ Geschichtsschreibung den Anschein hat, also einer Geschichtsschreibung, die den Krieg und nicht den Frieden in den Mittelpunkt stellt?

Der Publizist und Mitbegründer der Wochenzeitung *Die Zeit*, Ernst Friedlaender, hat diese Frage schon kurz nach Ende des Zweiten Weltkriegs gestellt:

„Inwieweit, so könnte gefragt werden, besteht ein Bedarf nach einer systematischen Untersuchung über das Wesen des Friedens? Diese Frage müßte dann als berechtigt gelten, wenn das Problem längste geklärt und seine Lösung allgemeiner Besitz wäre. Aber gerade das ist nicht der Fall. Vielmehr zeigt das Gespräch über praktische Friedensfragen seit Jahrzehnten eine erstaunliche Fülle von Widersprüchen und von Unsicherheit, ganz zu schweigen von unsachlicher Propaganda und jenem Fanatismus, der sich mit keiner Wahrheitssuche und keinem Wahrheitsbesitz vereinigen läßt. Der Friede der Völker und Staaten ist in dieser ‚Epoche der Weltkriege‘ zur drängendsten Sorge und Sehnsucht vieler Millionen geworden. Er ist in Wahrheit die überragende Aufgabe unserer Zeit. Muß da nicht danach geforscht werden, worin er wirklich besteht und was seine Voraussetzungen sind? Ist nicht mangels allgemeiner Klarheit gerade über das Wesen des Friedens jeder Versuch zur Klärung eine Selbstverständlichkeit?" (*Friedlaender* 1947: 9)

Dieses Buch mit seiner Fragestellung ist von der Friedensforschung nie zur Kenntnis genommen worden und taucht in keiner friedenswissenschaftlichen Bibliographie auf. Inzwischen sind über fünfzig Jahre vergangen und ich frage mich, ob nicht die ganze Geschichte neu erforscht und neu geschrieben werden müßte, und zwar mit besonderem Blick auf das friedliche Zusammenleben von Menschen der unterschiedlichsten Herkunft und des unterschiedlichsten Glaubens, auf ein Zusammenleben, das erst die großartigen zivilisatorischen Leistungen ermöglichte, Arbeit und Kommunikation immer mehr erleichterte, Nutzen für alle mehrte und Zeugnisse schuf, die Jahrtausende überdauerten. Ein Zusammenleben freilich, das immer wieder durch Streit, Kampf und Krieg gestört wurde, durch die Gier nach Macht und Herrschaft einzelner oder weniger Menschen über andere Menschen und im Gefolge dieser Gier durch die Zerstörung zuvor entwickelter Errungenschaften, durch Vertreibung und Versklavung oder gar Vernichtung ganzer Völkerschaften. Doch immer wieder wurde Frieden angemahnt, wurden Herrscher und Beherrschte zur Einsicht gerufen. Was erwies sich als stärker: friedliche und aufbauende Einsicht oder kriegerische zerstörende Gewalt?

Diese Frage ist schwierig zu entscheiden, weil die kriegerischen Ereignisse „zum Ruhme der siegreichen Herrscher" schon in frühester Zeit, seit der Mensch die Kunst des Schreibens erlernt hat, aufgezeichnet wurden, die friedlichen Ereignisse dagegen sehr viel seltener, wenn überhaupt. Dieser Frage sollte trotz spärlicher Quellen auch deshalb nachgegangen werden, um aufzeigen zu können, daß Frieden in der Vergangenheit allen Widrigkeiten zum Trotz möglich war und sich immer wieder durchgesetzt hat, anderenfalls – so meine Vermutung – es keine zivilisatorische Entwicklung hätte geben können. Je mehr wir über Frieden, das friedliche Zusammenleben von Menschen und Völkern wissen, um so größer ist die Chance, Frieden heute und in Zukunft zu gestalten und alle Fähigkeiten des Menschen zur Bewältigung seiner existentiellen Nöte einzusetzen: Überwindung von Armut, Schutz der Natur, Gewährleistung von Freiheit und Gerechtigkeit sowie Abwehr der natürlichen und im Laufe der vergangenen Jahrzehnte von Menschenhand geschaffenen Lebensrisiken.

Ich beabsichtige dennoch nicht, einen friedenswissenschaftlichen Gegenentwurf zu präsentieren, wohl aber die klassische (und nach wie vor notwendige) Kriegsursachenforschung um eine weithin verdrängte Dimension zu ergänzen, nämlich eine systematische Friedensursachenforschung. Meine zentrale Fragestellung lautet: was bringt die überwiegende Mehrheit von Menschen – 85 bis 90 Prozent – dazu, friedlich miteinander umzugehen, trotz ethnischer, religiöser und politischer Unterschiede und Spannungen. Ich erwarte von einer entsprechenden Forschung Aufschlüsse für eine erfolgreichere Gestaltung von Frieden, räume jedoch ein, daß die Beweislage für meine

Thesen dünn ist, vor allem weil die Geschichtswissenschaft es nicht für nötig gehalten hat, dem friedlichen Alltag die gleiche Aufmerksamkeit zu schenken wie Kriegen und Schlachten. Vielleicht, so vermute ich, ist eben das der entscheidende Hinweis darauf, daß Friedensverhältnisse der gesellschaftliche Normalzustand sind und nicht der Krieg, der vielmehr eine Störung des Friedens ist.

Ich verfolge auch keinen pazifistischen Ansatz, obwohl ich mich aufgrund persönlicher Erfahrungen pazifistischem Denken und Handeln verpflichtet fühle. Ich bin mir bewußt, daß es aufgrund der menschlichen Natur immer einen Rest an Gewalt geben wird, mit dem umzugehen Menschen und Staaten lernen müssen, und daß Menschen zu Recht erwarten, vor Gewalt geschützt zu werden. Aber eben aus diesem Grunde erscheint es mir wichtig herauszufinden, wie Menschen und Gesellschaften zu allen Zeiten friedliches, gewaltfreies Zusammenleben sich vorgestellt und in vielen Fällen praktiziert haben, um daraus Elemente für eine dauerhaftere Friedensgestaltung zu gewinnen.

Diese Überlegungen führten zu einer sehr gerafften Darstellung der Geschichte der Friedensvorstellungen von der Antike bis heute. Sie ist sicher nicht vollständig und die Belege sind umstritten. Sie ist deshalb in erster Linie eine Herausforderung zu weiterer Forschung auf diesem Gebiet, weil Frieden – wie Carl Friedrich von Weizsäcker es einmal formuliert hat – nun einmal die Voraussetzung des Überlebens im technischen Zeitalter ist. Bei der Durchsicht der mir greifbaren Dokumente hat sich nach meinem Dafürhalten eine in der Friedensforschung gängige These bestätigt: Es ging von Echnaton über Mo Tse und Erasmus bis Kant und Gandhi zu keiner Zeit um die Abschaffung des Konfliktes, dessen gestaltende Kraft schon von Heraklit erkannt worden war, sondern um den friedlichen, gewaltfreien Austrag und Ausgleich konfliktträchtiger Interessengegensätze. Die zahlreichen Friedensaufrufe und -pläne stimmen in ihrer Zielsetzung weitgehend überein, auch wenn sie sich im Detail unterscheiden mögen: Frieden ist allemal besser als Krieg!

Die Entwicklung von Friedensvorstellungen ging Mitte des 19. Jahrhunderts auf die Friedensgesellschaften und schließlich auf die Friedensbewegung über. Das kann mit der Emanzipation der Bürgertums und den verbesserten Kommunikationsmöglichkeiten in Zusammenhang stehen, die gemeinsam das Bewußtsein stärkten, daß Frieden und nicht Krieg das Schicksal der Menschheit bestimmen sollten. Einige Jahrzehnte später übernahm eine „disziplinierte" Friedenswissenschaft – häufig in Spannung zur Friedensbewegung – die weitere Entwicklung von Friedensvorstellungen durch empirisch und analytisch aufbereitete Kritik an der Friedens- und Kriegspolitik in Vergangenheit und Gegenwart, wobei zunächst die Erforschung der Ursachen von Kriegen und später der Ursachen von Gewalt im Mittelpunkt stand und häufig noch immer steht. Nach dem Zweiten Weltkrieg etablierte sie sich als Friedens- und Konfliktforschung sowie als Friedenserziehung sowohl an

Universitäten wie auch in unabhängigen Instituten. Mit der Friedensbewegung vereint sie der Anspruch, den Gegenstand ihrer Forschung – Frieden – möglichst rasch und möglichst umfassend verwirklicht zu sehen, das heißt, sie versteht sich als „normative" Wissenschaft.

Natürlich bleibt die Frage offen, warum sich die Friedensvorstellungen in Vergangenheit und Gegenwart kaum durchsetzen konnten – weder bei den Akteuren noch bei der betroffenen Bevölkerung, obwohl die große Mehrheit der Menschen sich nichts sehnlicher wünscht, als in Frieden leben zu können. Unverständlicherweise hat sich die Soziologie, die berufen wäre, diesem Phänomen nachzuspüren, mit eben dieser Frage kaum oder nur am Rande beschäftigt, während die Psychologie sich zumindest mit der Friedensfähigkeit des Menschen auseinandersetzt (und diese in der Regel bestätigt). Insofern sollen meine Überlegungen auch als Fragen an andere wissenschaftliche Disziplinen außerhalb der Politik- und Geschichtswissenschaft verstanden werden.

Im *ersten Kapitel* wird der Rahmen der Untersuchung sowohl hinsichtlich des Theorieverständnisses wie auch mit Blick auf die politische Praxis abgesteckt. Im *zweiten Kapitel* wird den Friedensvorstellungen von der Antike bis ins frühe Mittelalter nachgegangen. Das *dritte Kapitel* umfaßt den Zeitraum vom zivilisatorischen Verfall des Abendlandes nach dem Niedergang des Römischen Reiches bis zum Westfälischen Frieden und der beginnenden Neuzeit. Es ist dies der Zeitraum, in dem von Renaissance und Aufklärung neue friedenskulturelle Impulse ausgingen und die großen, in einem gewissen Sinne schon modern anmutenden Friedensdenkschriften entstanden. Das *vierte Kapitel* beschreibt die Entwicklung vom Westfälischen Frieden bis zum Zwanzigsten Jahrhundert, vor allem den Übergang von den häufig nur in kleinen Zirkeln diskutierten Friedensvorstellungen über die Entstehung von Friedensgesellschaften zu einer (pazifistischen) Bewegung, aus der dann die moderne Friedens- und Konfliktforschung unserer Zeit hervorging.

Das *fünfte Kapitel* stellt einen Bruch zu den vorhergegangenen Kapiteln dar, insofern es die Darstellung von Friedensvorstellungen verläßt und eine kurzgefaßte Geschichte der modernen Friedens- und Konfliktforschung enthält. Es ist die überarbeitete Fassung eines ebenfalls von mir erarbeiteten früheren Studienbriefes zur „Geschichte der Friedens- und Konfliktforschung" (1994; Kurs-Nr. 4669) der FernUniversität Gesamthochschule Hagen[1].

Beim Lesen wird ohne Zweifel auffallen, daß ich mehrfach Passagen aus anderen Quellen sehr ausführlich zitiere. Das hat einen einfachen Grund: wo immer ich auf Texte oder Autoren gestoßen bin, die einen bestimmten Sachverhalt, eine bestimmte historische Person oder ein bestimmtes Dokument in

---

1 Eine sehr viel ausführlichere „Geschichte der deutschen Friedensforschung: Entwicklung – Selbstverständnis – Politischer Kontext" hat 1998 Ulrike C. Wasmuht vorgelegt, die in ihren Grundzügen mit dem fünften Kapitel übereinstimmt (vgl. *Wasmuht* 1998)

einer Weise darstellen oder interpretieren, die meine eigenen Überlegungen bestätigen oder stützen, hielt ich es für hilfreich (und auch ehrlicher), diese Autoren zu Worte kommen zu lassen, anstatt mit anderen Worten dasselbe auszudrücken und damit den Eindruck zu erwecken, ich könnte Erkenntnisse als die meinen ausgeben, auf die andere bereits früher gestoßen sind.

Der Anhang schließlich enthält eine Reihe von Originaltexten, die als konstitutiv für die Friedens- und Konfliktforschung angesehen werden können, darunter einer im englischsprachigen Original belassen, nicht zuletzt in der Annahme, daß die LeserInnen mit den englischen Begriffen vertraut sind, zumal die internationale friedenswissenschaftliche Diskussion weitgehend in Englisch geführt wird. Dem immer wieder zu hörenden Einwand, daß auf diese Weise einer angelsächsischen Sprachdominanz Vorschub geleistet werde, ist entgegen zu halten, daß die Friedenswissenschaft – ähnlich wie andere Wissenschaften auch – dankbar sein sollte, daß ihr mit der englischen Sprache ein globales Verständigungsmedium zur Verfügung steht, eine moderne *lingua franca*, die unverzichtbar ist. Schließlich geben rund 370 Literaturhinweise den Studierenden die Möglichkeit, Quellen zu überprüfen und einzelne Aspekte der vorliegenden Arbeit zu vertiefen.

Gemeinsame Wurzel: Frieden, Freundschaft, Freiheit

Ich möchte diese Einleitung mit einem kurzen Exkurs zum Wort „Frieden" abschließen. Der Begriff des Friedens ist in allen Kulturen und Sprachen äußerst vielfältig. In der Regel erlangt er seinen vollen Sinn erst im Kontext anderer Begriffe, in der deutschen Sprache beispielsweise in Zusammenhang mit „Sicherheit". Abgeleitet aus dem Lateinischen *securitas* (*sine cura* – ohne Sorge[2]), bedeutet das: Frieden muß gesichert werden, damit ein Zusammenleben ohne Gefährdung gewährleistet ist.

Das Wort Frieden – althochdeutsch *fridu* – hat die gleiche Wurzel wie die Worte Freundschaft und Freiheit. Solche sprachhistorischen Exkurse haben den Vorteil, den Ausgangsbegriff – hier: Frieden – besser erfassen zu können. Frieden ist danach nur möglich, wenn Menschen in Freundschaft und Freiheit zusammenleben. Für die Erforschung der Bedingungen friedlichen Zusammenlebens ist dieser Hinweis von erheblicher Bedeutung.

---

2 Mit einer „Sinekure" wurden verdienstvolle Personen von ihren Fürsten versorgt, sei es durch Aussetzung einer Rente in Geld oder durch Belehnung mit einem Stück Land, um von diesen Einkünften sorgenfrei leben zu können. Heute hat dieser Begriff eine negative Bedeutung angenommen, indem er häufig auf Politiker und Beamte angewandt wird, die ihr Amt mißbrauchen, um sich zusätzliche Einkünfte zu verschaffen, eine Erscheinung, die auch in demokratisch verfaßten Staaten zu beobachten ist.

Die römische *pax*

Das deutsche Wort Frieden wird in Literatur und Politik – und auch in der Wissenschaft – synonym mit dem lateinischen Begriff der *pax* verwendet. Auch das französische Wort für Frieden *paix* – und davon abgeleitet das englische *peace* – wird deckungsgleich mit Frieden gebraucht. Der Begriff *pax* verweist indessen sehr viel enger auf die rechtlichen Bedingungen des Zusammenlebens, auf die staatliche Ordnung (*ordo*), wie sie in den Begriffen der *pax romana* (der Frieden innerhalb des Römischen Reiches) und der *pax augusta* (die politische Fixierung dieser Ordnung durch den Kaiser Augustus) zum Ausdruck kommen. Das Wort *pax* leitet sich ab aus *pangere* (etwas verbindlich machen) und *pacisci* (einen Vertrag schließen). Um dem deutschen Begriff Frieden näher zu kommen, müßte *pax* mit *tranquillitas* (Ruhe) und *concordia* (Eintracht) in Zusammenhang gebracht werden.

Der umfassende Friede: *shalom/salam*

In den semitischen Sprachen ist dieser begriffliche Zusammenhang von vornherein im hebräischen שָׁלוֹם (*shalom*) und im arabischen سلام (*salam*) deutlich. Beide Worte bedeuten nicht nur das Schweigen von Waffen, sondern vor allem umfassendes Heil, Versöhnung und Eintracht sowohl der Menschen untereinander wie auch der Menschen mit Gott, dessen Heilsgeschenk *shalom/salam* ist.

Die griechische *eirene*

Die Griechen der Antike hatten ein genau entgegengesetztes Verständnis der existentiellen Bedingungen ihrer Zeit. Ihr Wort ειρηνη (*eirene*) bezeichnet ursprünglich die Ruhepausen in dem als Naturzustand angesehenen täglichen Streit und Kampf, dem πολεμος (*polemos*), zu Unrecht einfach als Krieg übersetzt. Der Begriff ειρηνη (*eirene*) wurde erst zu Zeiten des Dichters Hesiod um 700 v.d.Z. als Göttin personifiziert, interessanterweise zusammen mit ευνομια (*eunomia* Ordnung) und δικη (*dike* Urteil, Gerechtigkeit), so daß wir annehmen dürfen, daß auch in der griechischen Antike der Frieden bereits mit Ordnung und Gerechtigkeit im Zusammenhang gesehen wurde.

Das russische *mir*

Das slawisch-russische Wort für Frieden мир (*mir*) wiederum ist gleichbedeutend mit „Welt", das heißt, in diesem Sprachgebrauch wird Frieden als ein umfassender universaler und ungeteilter Zustand verstanden.

Das polnische *pokòj*

Abweichend von den meisten slawischen Sprachen hat sich im Polnischen ein anderes Wort für Frieden durchgesetzt, nämlich *pokòj*, das eine Mehrfachbedeutung besitzt. Es heißt sowohl Raum oder Zimmer wie auch Frieden oder Ruhe. Danach lebt ein Mensch in Frieden, wenn er sich in Ruhe in sein Zimmer zurückziehen kann.

Von den zahlreichen anderen Friedensbegriffen sei hier nur noch auf das indisch/hinduistische *ahimsa* und das chinesische *ho ping* (japanisch *hei wa*) verwiesen.

ahimsa – Frieden ohne Gewalt

अहिंसा (*ahimsa*) bedeutet Gewaltfreiheit in einem umfassenden Sinn, der Umgang mit der Natur eingeschlossen. Mohandas Gandhi, den der indische Dichter Rabindranath Tagore 1915 mit dem Ehrentitel *Mahatma* (Große Seele) würdigte, hat mit diesem Begriff ein Friedensverständnis begründet, das auf ständige Friedensstiftung durch aktive Gewaltfreiheit gestützt ist. Allerdings ist in Gandhis Konzept *ahimsa* untrennbar mit सत्य (*satya* Wahrheit, Wirklichkeit) verknüpft, was dieses Konzept der gewaltfreien Konfliktregelung सत्याग्रह (*satyagraha*) erst politisch umsetzbar macht.

Ho ping – in Frieden ernten können

和平 (*ho ping/hei wa*) erhält durch die Grundzeichen eine hohe Symbolkraft: Das Zeichen 和 (*ho/hei*) bedeutet wachsendes Korn und Ernte, (*ping/wa*) Ruhe. Frieden ist für ganz Ostasien die Ruhe, in der das Getreide wachsen und geerntet werden kann. Ergänzt wird dieser Begriff durch eine weitere Zeichenkombination: 平安 (*ping an*) Ruhe der Sicherheit, also eine ähnliche Kombination wie in Europa, wenn wir die Begriffe Frieden und Sicherheit zusammenbringen, wobei (*an*) wiederum eine besondere Symbolkraft hat. Dieses Zeichen für Sicherheit setzt sich aus den Zeichen für Dach und Frau zusammen. Sicherheit wird also versinnbildlicht durch eine Frau unter dem Schutz eines Daches – auch das gibt eine tiefere Einsicht in die Bedeutung des Friedensbegriffes, den zu untersuchen Aufgabe der Friedenswissenschaft ist.

Empfohlene Literatur zur Einführung

Die nachstehende genannte Literatur wurde nach dem Gesichtspunkt ausgewählt, daß sich die Studierenden einen über dieses Buch hinausgehenden Einblick in die Anfänge und Grundfragestellungen der Friedenswissenschaft verschaffen können:

Czempiel, Ernst-Otto 1972: Schwerpunkte und Ziele der Friedensforschung, München. Der Autor bietet eine umfassende Darstellung des Friedensbegriffes und der Möglichkeiten der Friedensforschung, sich dieser Thematik zu nähern. Obschon vor 28 Jahren erschienen, ist dieser Text nach wie vor ein Basisdokument der Friedenswissenschaft.

Imbusch, Peter/Zoll, Ralf (Hg.) 1999: Friedens- und Konfliktforschung. Eine Einführung mit Quellen, 2. Aufl., Opladen. In diesem Sammelband geben die Herausgeber (zugleich Autoren einiger Beiträge) einen Überblick über Grundlagen und konkrete Themenbearbeitung (Konfliktanalysen) der Friedenswissenschaft. Der erste Beitrag (Geschichte der Friedensforschung) ist teilweise identisch mit dem 5. Kapitel (Friedenswissenschaft im 20. Jahrhundert) des vorliegenden Buches.

Senghaas, Dieter (Hg.) 1981: Kritische Friedensforschung, Frankfurt am Main. Dieser in 6. Auflage (Erstauflage 1972) erschienene Sammelband enthält Texte der wichtigsten Wissenschaftler aus den Anfängen der modernen Friedensforschung und ergänzt die im Anhang des vorliegenden Buches enthaltenen Texte.

Senghaas, Dieter (Hg.) 1995: Den Frieden denken. Si vis pacem, para pacem, Frankfurt am Main. In diesem Sammelband hat der Autor zahlreiche Beiträge zu verschiedenen friedenswissenschaftlichen Feldern zusammen getragen: Philosophische Perspektiven; Friedensdenken zwischen Skepsis und Realutopie; Die politische Ordnung des Friedens; Differenzierungen im Begriff des Friedens; Frieden im Lichte der Friedensforschung; Frieden – konkret.

Wasmuht, Ulrike C. 1998: Geschichte der deutschen Friedensforschung: Entwicklung – Selbstverständnis – Politischer Kontext, Münster. Die Autorin analysiert, warum Friedensforschung überhaupt entstanden ist, mit welchem Wissenschaftsverständnis ihre Begründer angetreten sind, wie sich die Friedenswissenschaft in Deutschland entwickelt hat und wie sie sich zur Friedensbewegung verhält.

Auf weiterführende Literatur, die den jeweils historischen und aktuellen friedenswissenschaftlichen Kontext und Erkenntnisstand beschreibt, wird im Text verwiesen. Die im Text zitierte Literatur sowie weitere Veröffentlichungen sind im bibliographischen Anhang verzeichnet.

1 Der vergessene Frieden

1.1 Die Ausgangslage

„Menschliches Tun, zu buchstäblich allen Zeiten und an allen Orten, kann ziemlich genau in Tätigkeiten, die auf Krieg gerichtet sind, und Tätigkeiten, die nicht auf Krieg gerichtet sind, unterteilt werden. Letztere, die man auch, allumfassenden Frieden' nennen kann, bestehen aus den meisten wirtschaftlichen Tätigkeiten – pflügen, säen, ernten, Waren produzieren, kaufen und verkaufen. Dieser Frieden umfaßt auch einen großen Teil künstlerischen Tuns: musizieren, tanzen, erziehen, fast alles, was sich in der Familie abspielt und so weiter. In der modernen Welt sind nur grob 10 bis 15 Prozent des menschlichen Tuns auf Krieg und Vorbereitung von Krieg gerichtet; und etwa 85 bis 90 Prozent auf ‚Nicht-Krieg' oder ‚allumfassenden Frieden'. Innerhalb dieses allumfassenden Friedens gibt es natürlich eine Vielfalt von Situationen: Unterschiedliche Verteilung von Armut und Wohlstand, Gerechtigkeit und Ungerechtigkeit, Tyrannei und Freiheit, und ähnliches. Diese Unterscheidungen sind wichtig, aber nicht so entscheidend wie der Unterschied zwischen Krieg und allumfassendem Frieden. Im Großen und Ganzen hatte Krieg wahrscheinlich stets nur einen relativ kleinen Anteil am menschlichen Tun, schon einfach deshalb, weil in früheren Tagen der größte Anteil menschlichen Tuns auf das Überleben gerichtet war und die Überschüsse an Nahrung und anderen Erfordernissen, die für Krieg notwendig sind, sehr gering waren. Heute sind solche Überschüsse sehr viel höher, vor allem in den wohlhabenden Staaten, und das Potential für die Kriegsindustrie ist entsprechend größer. Beispielsweise waren während des Zweiten Weltkriegs nahezu 42 Prozent der amerikanischen Wirtschaft für die Kriegsindustrie eingesetzt. Für das Zwanzigste Jahrhundert insgesamt aber dürfte dieser Anteil im Durchschnitt sicherlich unter 10 Prozent liegen. Dessen ungeachtet haben Historiker einen unverhältnismäßig großen Teil ihrer Forschung und Veröffentlichungen dem Krieg gewidmet. Das liegt wahrscheinlich daran, daß Krieg dramatischer und folglich oft besser dokumentiert ist als das ‚gewöhnliche Alltagsleben'." (*Boulding* 1989: 461)

Diese Beschreibung des amerikanischen Wirtschaftswissenschaftlers, Systemanalytikers und Friedensforschers Kenneth Boulding (vgl. Anhang 6.1) finden wir alltäglich bestätigt. Wer die Debatten über Gewalt sowohl in den inner- wie auch zwischengesellschaftlichen Beziehungen verfolgt, gewinnt in der Tat den Eindruck, als sei gewaltträchtige Aggression (jede Gewalt äußert sich in Aggression, aber nicht jede Aggression ist Gewalt) des Menschen Schicksal, vor allem in den zwischengesellschaftlichen (internationalen) Konflikten, die wir seit der Antike mit dem Begriff „Krieg" bezeichnen. Das wird vor allem in unseren Geschichts- und Schulbüchern deutlich, die nach wie vor eine Abfolge von Herrschaftskonflikten und Kriegen vermitteln. Über Friedenszeiten, die für die Entwicklung von Zivilisationen von entscheidender Bedeutung waren und sind, wird in der Regel nur kurz hinweggegangen. Dabei läge es nahe, bereits im Schulalltag den Krieg als gesellschaftliches Ereignis zu relativieren, zumal in anderen Unterrichtsfächern – Länderkunde (Geographie), Biologie, Naturwissenschaften, Philosophie, Sprache und Literatur, Religion, Kunst und so weiter – durchweg Gegenstände und Ereignisse des friedlichen Alltags thematisiert werden. Das Gleiche gilt für die Medien. Auch wenn diese über Krieg, Gewalt und Katastrophen immer an erster Stelle berichten, wird doch in einer Fülle von Beiträgen über „allumfassenden Frieden" im Sinne von Boulding berichtet, freilich erst auf den hinteren Seiten oder in den sogenannten dritten Programmen und zudem in harter Konkurrenz zu Unterhaltungssendungen, in denen wiederum Gewaltdarstellungen eine überproportionale Rolle spielen. Zu denken ist an Berichte über Länder und Menschen, über alltägliche, kulturelle und sportliche[3] Ereignisse, die nur unter Friedensbedingungen denkbar sind. Doch fällt der friedliche Alltag offensichtlich nicht ins Gewicht. Er wird regelrecht vergessen; übrig bleiben Krieg und Gewalt, so als gäbe es nichts anderes.

1.1.1 Zum Theorieverständnis

Bouldings alternative Beschreibung des Zusammenhangs zwischen Frieden und Krieg[4] liegt dem Theorieansatz dieses Beitrags zugrunde. Er läßt sich durch folgendes Schaubild verdeutlichen:

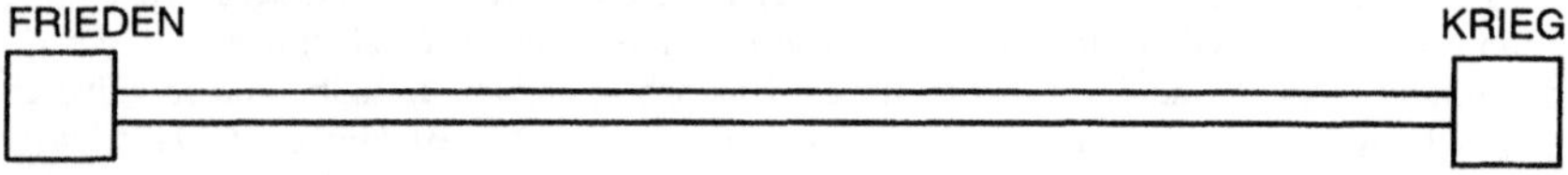

(1) Politikwissenschaftlicher (wertneutraler) Ansatz

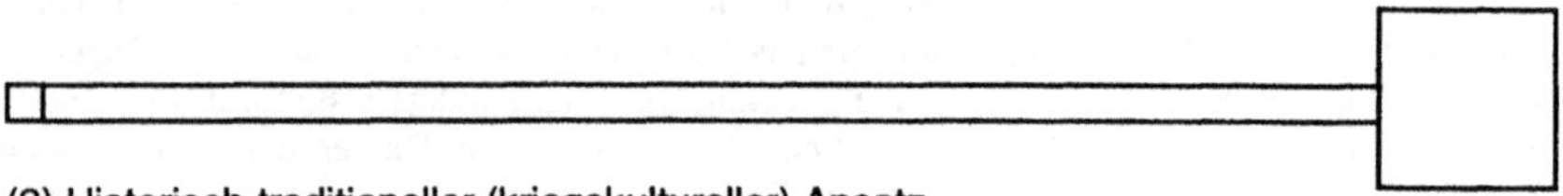

(2) Historisch-traditioneller (kriegskultureller) Ansatz

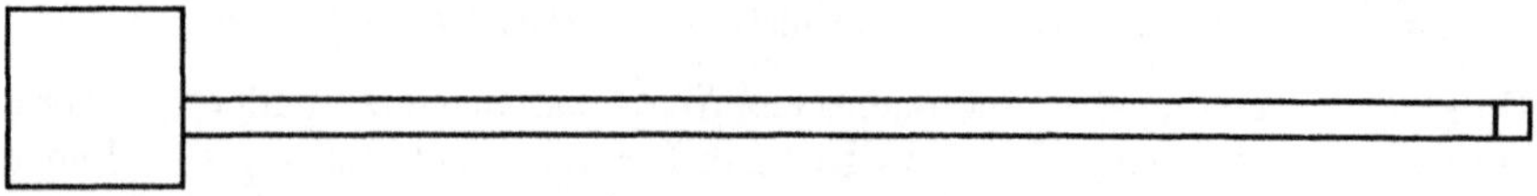

(3) Realpolitisch-alternativer (friedenskultureller) Ansatz

3 Sportliche Ereignisse bilden insofern eine Ausnahme, als ihre hohe Popularität ihnen fast eine gleichrangige Berichterstattung in den Medien sichert.

4 Üblicherweise lautet die Reihenfolge „Krieg und Frieden", u.a. beeinflußt durch Tolstois Roman „Krieg und Frieden". Ich habe diese Reihenfolge bewußt umgekehrt, weil – wie ich in diesem Beitrag nachzuweisen versuche – Frieden die Grundkonstante menschlichen Zusammenlebens ist und Krieg die störende Ausnahme.

Die moderne Politikwissenschaft behandelt Frieden und Krieg als gleichrangige, weitgehend wertneutrale und einander ausschließende Pole: wo Krieg ausbricht, ist Frieden nicht mehr präsent. Um Frieden wieder herzustellen, muß Krieg beendet werden. Die damit verbundenen grundlegenden Fragen bestimmen die traditionelle Friedens- und Konfliktforschung: was hat den Krieg verursacht, wie kann der Ausbruch von Kriegen verhindert werden, welche Bedingungen müssen gegeben sein, um Frieden wiederherzustellen und – wenn möglich – dauerhaft zu sichern? Dieses Denkmuster hatte und hat zur Folge, daß Friedensforschung lange Zeit vorrangig als Kriegsursachenforschung verstanden wurde. Frieden definiert sich auf diese Weise als Abwesenheit von Krieg oder negativer Frieden.[5] Ergänzend dazu hat die Friedenswissenschaft dank des Konstrukts der strukturellen Gewalt (vgl. Galtung, Kapitel 5) auch den Begriff eines positiven Friedens entwickelt, der sich im wesentlichen an den Begriffen der Gerechtigkeit, der Menschenrechte, der Demokratie und des Völkerrechts, insbesondere der Charta der Vereinten Nationen orientiert.

Negativer und positiver Frieden

Zwischenstaatlicher Friede für sich allein ist folglich nicht hinreichend, um Menschen und Personengruppen eine angemessene individuelle und kollektive Entfaltung zu gewährleisten. Allerdings ist die oft zu hörende These, daß erst einmal Frieden herrschen müsse, dann könne man sich um Gerechtigkeit bemühen, ebenso falsch wie die ebenso häufig geäußerte Ansicht, wenn Gerechtigkeit innerhalb der Gesellschaft herrsche, dann sei auch der Frieden bereits gesichert. Die Freiheit von Krieg und die Freiheit von Not (Ausbeutung, Unterdrückung) bedingen einander, was nicht ausschließen darf, ein vernachlässigtes Forschungsfeld – die geschichtliche Entwicklung von Friedensperioden – zu untersuchen.

Die Debatte über die Zusammenhänge von Frieden und Krieg wird allerdings in der Wissenschaft – und mehr noch in den Medien und im öffentlichen Bewußtsein – durch die bereits genannte und noch immer nachwirkende Geschichtsschreibung erschwert, welche die Entwicklung der Gesellschaft vorrangig von Kriegen bestimmt sieht. In diesem „kriegskulturellen" Verständnis (auf das weiter unten noch eingegangen wird) ist Krieg sowohl das nahezu unvermeidbare Schicksal des Menschen als auch der Motor des zivilisatorischen Fortschritts. Der im Alltag präsente Frieden wird bei dieser Betrachtungsweise fast gänzlich ausgeblendet.

---

5 Ich habe den Begriff des negativen Friedens stets für unglücklich gehalten, weil er dem Nicht-Wissenschaftler den Eindruck vermittelt, es handle sich um eine schlechte Sache. Tatsächlich aber ist die Abwesenheit von Krieg bereits an sich ein hohes Gut, für das zu streiten es sich lohnt.

Neuer Ansatz: Friedensursachenforschung

Der dritte Ansatz geht von der Bouldingschen Beobachtung einer weitverbreiteten Gegenwart friedlicher Zustände aus, denen gegenüber Kriegsvorbereitungen und Kriege eine datenmäßig sehr viel geringere Rolle spielen, als allgemein angenommen wird, allerdings mit verheerenden Aus- und Folgewirkungen. Er nähert sich dem Spannungsverhältnis Frieden/Krieg von einem „friedenskulturellen" Verständnis her in der Erwartung, dadurch andere und neue Aufschlüsse über die Wahrung von Frieden und Vermeidung von Krieg zu gewinnen. Dieser Ansatz definiert sich auch als Friedensursachenforschung (vgl. 5.5.1).

1.1.2 Zur praktischen Relevanz

Die Frage nach dem Nutzen einer bis in die Antike zurückreichenden Erforschung von Friedensvorstellungen ist durchaus legitim, auch wenn die Erkenntnis als solche bereits eine wertvolle und interessante Wissensbereicherung ist. Ebenso wichtig ist die Frage, welche Lernziele bestimmt werden können, die den Nutzen dieses Kurses noch erhöhen:

Die vorliegende Studie soll der Auffüllung einer Lücke in der Geschichtsschreibung dienen, die sich bisher vorrangig mit den Gewaltereignissen in den innergesellschaftlichen und zwischenstaatlichen Beziehungen befaßt und die Friedensperioden weitgehend vernachlässigt hat, obwohl es eine Vielzahl ideengeschichtlicher Abhandlungen zum Thema Frieden gibt (auf die in den nachfolgenden Kapiteln eingegangen wird). Die Auffüllung dieser Lücke ist wichtig, weil vieles darauf hindeutet, daß für die Entfaltung der Zivilisationen Friedensperioden entscheidender als Kriegsperioden waren und sind.

1. Neben der Ergänzung vorhandenen historischen Wissens soll dieses Buch eine alternative Sicht des herkömmlichen Verständnisses von Frieden und Krieg vermitteln. Die klassische These von der Schicksalhaftigkeit des Krieges wird durch die Beobachtung aufgelöst, daß Frieden die Grundkonstante menschlicher Existenz und zivilisatorischer Entfaltung ist. Dieses Wissen kann zur Herstellung und nachhaltigen Wahrung von Frieden genutzt werden.
2. Schließlich sollen die in diesem Buch enthaltenen Überlegungen Anstöße zur Untersuchung der Mechanismen friedlichen Zusammenlebens geben, auf die in gegenwärtigen und künftigen Auseinandersetzungen, die das Risiko des gewaltsamen Konfliktaustrags enthalten, zurückgegriffen werden kann, um konkrete Beiträge zu Früherkennung, Prävention und Mediation in Hinblick auf erkennbare gewaltträchtige Krisen und Konflikte leisten zu können.

Selektion und Eingrenzung

Bei der Auswahl historischer Fakten und Beispiele mußte der Autor zwangsläufig selektiv vorgehen. Eine Auswertung des vorhandenen historischen Wissens war ausgeschlossen, allein schon wenn bedacht wird, daß beispielsweise die Propyläen Weltgeschichte und die Kulturgeschichte der Menschheit (*A study of history*) von Arnold Toynbee jeweils zwölf Bände umfassen. Nur wo bereits Erkenntnisse vorliegen, und seien sie auch nur rudimentär wie im Falle der Induskultur, konnten Friedensvorstellungen und Friedensperioden dargestellt werden, wobei Vermutungen als solche ausdrücklich gekennzeichnet sind.

Das subsaharische Afrika und das vorkolumbianische Amerika wurden ausgeblendet, weil die bisher aufgefundenen Zeugnisse, vor allem wegen fehlender (oder noch nicht entschlüsselter) Schriftdokumente, zu spärlich sind, um aussagekräftige Schlüsse ziehen zu können. Daß im Afrika südlich der Sahara (das *Agisymba* des Ptolemäus) Zivilisationen (Städtekulturen und organisierte Reiche/Staaten) bestanden, war schon in der Antike bekannt. Sie fielen bis auf wenige Ausnahmen der Kolonisation zum Opfer, spielen aber bis heute als geschichtliche Erinnerung und häufig als Konfliktgegenstand eine Rolle. Auf dem Seewege und über den Nil, später entlang der Westküste, herrschten zu allen Zeiten Handelsbeziehungen.

Ein ähnliches Schicksal war den amerikanischen Kulturen beschieden, darunter die Hochkulturen der Mayas, Azteken und Inkas, die von den europäischen Eroberern regelrecht ausgerottet wurden. Es kann jedoch mit Blick auf die Frühgeschichte Afrikas und Amerikas davon ausgegangen werden, daß auch dort die dialektischen Beziehungen zwischen Frieden und Krieg eine entscheidende Rolle gespielt hatten und nachhaltige Friedensperioden die Voraussetzung für die Entwicklung dieser Zivilisationen waren.

In den Kapiteln 4 (Schlußteil) und 5 werden Entwicklung und Stand der Friedenswissenschaft vorrangig in den Vereinigten Staaten von Amerika (und Kanada) und in Westeuropa sowie andeutungsweise auch in Japan (im Hinblick auf Hiroshima und Nagasaki) und Indien (Gandhi-Zentren) aufgezeigt. Der Grund dafür ist nicht eine absichtlich „westlich ausgerichtete" Präferenz, sondern die Tatsache, daß die Zentren der Friedens- und Konfliktforschung tatsächlich in Nordamerika sowie in West- und Nordeuropa angesiedelt sind. Darin kommt in der Tat eine westliche Dominanz der Wissenschaften, und zwar der meisten wissenschaftlichen Disziplinen und keineswegs nur der Friedenswissenschaft zum Ausdruck. Das liegt zu einem großen Teil an den verfügbaren Ressourcen. Es ist bisher nicht gelungen, in der Zweidrittelwelt[6]

6 Ich verwende wie auch inzwischen zahlreiche andere Autoren den Begriff „Zweidrittelwelt" (die eigentlich schon auf dem Wege zu einer Dreiviertelwelt oder gar einer Vierfünftelwelt ist), weil er besser als der Begriff „Dritte Welt" zum Ausdruck bringt, daß inzwischen über zwei Drittel der Weltbevölkerung in den Armutszonen der Welt leben. Dessen ungeachtet ist daran zu erinnern, daß der Begriff „Dritte Welt" nichts

nennenswerte friedenswissenschaftliche Kapazitäten aufzubauen. Befähigte WissenschaftlerInnnen aus allen Kontinenten zieht es deshalb an „westliche" Institute, wo sie sich nicht weniger als ihre amerikanischen und europäischen KollegInnen qualifizieren.

1.1.3 Frieden und Krieg im Spiegel der Geschichtsschreibung

Die Gründe für die unterschiedliche Behandlung von Kriegs- und Friedensereignissen in den Geschichtsbüchern und Medien sind schnell zu diagnostizieren: Sie liegen in der Geschichtsschreibung selbst und in dem hohen Aufmerksamkeitswert, den Krieg, Gewalt und Katastrophen genießen. Krieg ist im Unterschied zu Frieden „aufmerksamkeitsfressend", wie der Friedensforscher Dieter Senghaas es einmal ausdrückte. Typisch für den Umgang mit Frieden und Krieg dürfte der amerikanische Historiker Homer Lea sein, der im Jahr 1909 berechnet hatte, daß es in den vorangegangenen 3400 Jahren nur 234 Jahre ohne Krieg gegeben habe (*Lea* 1942: 9). Selbst das ist zu bezweifeln, denn sicherlich hat es auch in diesen 234 Jahren irgendwo auf der Welt Kriege gegeben, von denen Lea nur nichts gewußt hat. Aber es waren nicht alles Weltkriege, sondern in der Regel kleine Kriege irgendwo, die einen Bruchteil der Weltbevölkerung betrafen, die anderen Teile lebten in Frieden. Das hatte bereits Augustinus (354-430) erkannt, als er feststellte, daß es, so wie Leben ohne Schmerz, nicht aber Schmerz ohne Leben vorstellbar sei, zwar Frieden ohne Krieg, aber keinen Krieg ohne Frieden geben könne (*Augustinus* 1955: 557).

Auf die Existenz langer Friedensperioden deuten vor allem die schon seit frühester Zeit durch eine Vielzahl von Dokumenten, darunter die Tontäfelchen aus den mesopotamischen Städten, und zahlreiche Ausgrabungsfunde belegten Handelsbeziehungen hin. Metalle, Holz, Steine, Nahrungsmittel (Getreide u.a.), Salz, Keramik, Gold- und Silberwaren, Seide, Gewürze, Edelsteine, Bernstein, Elfenbein, Schmuck der verschiedensten Art, aber auch Dokumente wurden auf Land- und Seewegen über riesige Entfernungen zwischen China, Indien, dem Mittleren Osten, Afrika und Europa gehandelt. Dies dürfte in der Regel friedliche Verhältnisse vorausgesetzt haben.

Kriege fördern keine Zivilisationen, sie zerstören sie

In der Tat hat es selbst während langer und grausamer Kriegszeiten immer Nischen – und zwar große Nischen – des Friedens gegeben. Wäre dem nicht so,

---

mit den Begriffen Erste Welt für Europa und Zweite Welt für Amerika (beziehungsweise nach 1945 Erste Welt für die Demokratien und Zweite Welt für den sowjetischen Einzugsbereich) zu tun hat. Er wurde von dem französischen Demographen Alfred Sauvy in den vierziger Jahren eingeführt, und zwar als bewußte Parallele zur Revolution von 1789. Damals hatte Emmanuel Joseph Sieyès in seiner Schrift „Was ist der Dritte Stand?" (Qu'est-ce le Tiers Etat?) festgestellt, daß dieser zur Zeit nichts sei, etwas zu werden hoffe und eines Tages alles sein werde.

dann hätte der Mensch wahrscheinlich nicht überlebt, zumindest nicht seine Zivilisation, denn diese ist kein Ergebnis von zerstörerischer Gewalt, sondern die Folge friedlicher Gestaltung, eben jener Tätigkeiten, die Boulding als „allumfassenden Frieden“ zusammenfaßt. Ein Beleg dafür ist die Feststellung, daß nach dem Niedergang des (West)Römischen Reiches im 5. Jahrhundert und der wieder auflebenden Kriegsgewalt die zivilisatorischen Errungenschaften (Kanalbauten, Bäderkultur, Hausbau, Ackerbau) für Jahrhunderte in Vergessenheit gerieten und eine neue Entwicklung erst wieder mit der Neubegründung eines zunächst nur fürstlichen und später nationalen Gewaltmonopols einsetzte (vgl. 3.1 und 4.1). Ein ähnlicher, lang anhaltender Verlust hochstehender kultureller Leistungsfähigkeiten war nach der Zerschlagung der arabisch-andalusischen Zivilisation im Verlaufe des 13. und 14. Jahrhunderts zu beobachten (s.u. und 3.3).

Die Frage, wodurch und wie konstituiert sich Frieden (*Calliess* 1997: 7), dürfte folglich zumindest ebenso wichtig wie die Frage nach den Ursachen von Krieg und Gewalt sein. Allerdings scheinen die nationalstaatlichen Einigungs-, Macht-, Territorial- und Kolonialkriege seit dem 19. Jahrhundert von den napoleonischen Kriegen über die beiden Weltkriege bis hin zum Kalten Krieg und darüber hinaus die Allgegenwart des Krieges in unserer Welt zu bestätigen. Die Haager Landkriegsordnungen (1907) und die Genfer Konventionen zur Verrechtlichung und Eindämmung der Kriegführung sowie zum Schutz der Zivilbevölkerung (1864, 1949) wurden und werden zwar viel beschworen, aber kaum je befolgt. Nicht nur im Zweiten Weltkrieg, vor allem auch in den ethnonationalen Gewalteruptionen während des zurückliegenden Jahrzehnts wurde ein Rückfall in die Barbarei des „dunklen“ Mittelalters[7] verzeichnet: Massenermordung von Zivilisten, Vertreibungen ganzer Bevölkerungsgruppen, Vergewaltigung von Frauen, sinnlose, aber geplante Vernichtung von Wohn- und Gewerbesubstanz, um dem vermeintlichen Feind jegliche Existenzvoraussetzung zu nehmen. Herfried Münkler, der über das Bild des Krieges im politischen Denken geschrieben hat, befürchtet weitere Kriege dieser Art:

> „Das Kriegsszenario der Zukunft sieht danach so aus, daß der Krieg als eine Mischung aus Massaker und Bürgerkrieg vor sich hin schwelt, was freilich nicht heißt, daß die Zahl der Opfer dabei klein wäre. Im Gegenteil. (...) Solche Massaker- und Bürgerkriege wird es im 21. Jahrhundert wahrscheinlich eher vermehrt geben, und nur gelegentlich werden die westlichen Staaten sich veranlaßt sehen, aus humanitären Gründen einzugreifen.“ (*Münkler* 1999: 686)

Selffulfilling prophecy der Kriegskultur?

Diese Beobachtungen scheinen in der Tat zum einen die These von der Unvermeidbarkeit, ja „sittlichen Notwendigkeit“ von Kriegen zu bestätigen, und zwar im Verständnis von Augustinus als gottgewollte Pflicht, das Böse zu bekämp-

---

7 Eine eindrucksvolle Beschreibung dieser Zeit, in der zugleich auch die Grundsteine der „Renaissance“ gelegt wurden, hat Barbara Tuchman mit ihrem Buch „Der ferne Spiegel. Das dramatische 14. Jahrhundert“ geliefert. (*Tuchman* 1982)

fen, und zum anderen eine Geschichtsschreibung als Abfolge von Kriegen, Siegen und Niederlagen zu rechtfertigen. Ist das nun eine *selffulfilling prophecy* der Kriegskultur und/oder die bewußt geplante Erziehung zum Krieg seitens der Mächtigen, die – wie sie meinen – von Krieg mehr profitieren als von Frieden? Und was bedeutet in diesem Zusammenhang die andere, weitgehend verdrängte Beobachtung, daß es in Europa während des genannten Zeitraums vom Beginn des 19. Jahrhunderts bis heute, also während rund 200 Jahren, in Wirklichkeit mehr Friedensperioden als Kriegszeiten gegeben hat, nämlich 45 Jahre Krieg (den Kalten Krieg nicht eingerechnet, wohl aber 15 Jahre Krieg auf dem Balkan) und 155 Friedensjahre, die eine Voraussetzung für die Entfaltung des modernen Industriezeitalters waren (vgl. 4.4.3 und *Dülffer* 1997)? Hinzu kommt, daß – von den Napoleonischen Kriegen und den beiden Weltkriegen abgesehen – die meisten Regionen Europas von den anderen Kriegen kaum berührt wurden. Richtig ist freilich, daß in diesen wenigen Kriegsjahren häufig das zerstört wurde, was in den zahlreicheren Friedensjahren geschaffen wurde, und die Folgen der Kriege noch Jahrzehnte lang nachwirkten: zerstörte Familien, vernichtete Existenzen, Verwundete, von Millionen Toten ganz zu schweigen.

1.1.4 Frieden und Krieg im Spiegel der Medien

Vielleicht gibt es aber auch eine andere Erklärung für die einseitige Berichterstattung über Krieg, nämlich das Phänomen, das seit dem zweiten Golfkrieg mit CNN-Effekt[8] bezeichnet wird: die möglichst augen- und zeitnahe Berichterstattung über Massaker, Katastrophen und Kriege. Diese Form der Berichterstattung hat allerdings eine verhängnisvolle Wirkung. Die Medien, vor allem die Massenmedien, wie sie sich in den vergangenen Jahrzehnten entwickelt haben, sind nicht mehr in erster Linie eine aufklärende „Vierte Gewalt", welche die anderen Gewalten – Legislative, Exekutive, Judikative – kontrolliert. Auf der erbarmungslosen Jagd nach Leser-, Hörer- und Zuschauerquoten zögern sie nicht, sich einerseits in den Dienst politischer Akteure zu stellen (sofern sie nicht sowieso von den einseitigen und häufig manipulierten Informationen dieser Akteure abhängen) und andererseits Fakten zu übertreiben, zu unterdrücken und zu verfälschen, so daß sich Informationsinteressen der Akteure und Eigeninteressen der Medienmacher wechselseitig verstärken. Münkler geht noch einen Schritt weiter:

> „Bilder sind eben nicht nur eine Quelle der Information, sondern auch ein Bestandteil der Kriegführung." (*Münkler* 1999: 688)

Die Ereignisse der neunziger Jahre haben diese Bedeutung der Medien bestätigt. Der Schritt von der angeblich objektiven Information zur Desinformati-

---

8 CNN – Cable News Network, eine zunächst unbedeutende amerikanische Fernsehstation, der es 1991 erstmalig gelang, Kriegsereignisse (am Persischen Golf) in Realzeit zu übertragen, das heißt direkt vom Schlachtfeld ins Wohnzimmer.

on und Manipulation, die schon Johan Galtung als konstituierende Merkmale struktureller Gewalt – im Sinne von menschenverachtender Machtausübung – beschrieben hat, ist äußerst klein (vgl. 6.5 Galtung). Diese „Gewalt" macht sich das Interesse vieler Menschen am Sensationskitzel ebenso wie die neuen Medientechnologien zu Nutze. „Krieg als Medienereignis" ist der Titel einer Publikation, die diesem Phänomen nachgeht (*Löffelholz* 1993), eine andere – „Kriegstrommeln. Medien, Krieg und Politik" – beschreibt die Rolle der Medien seit Mitte des 19. Jahrhunderts bis in unsere Zeit (*Beham* 1996).

Krieg und Gewalt, je brutaler und grausamer, sind in diesem Verständnis „berichtenswerte" Ereignisse. Sie werden uns über Antennen, Kabel und Satelliten rund um die Uhr ins Haus gebracht. Zeitungen und Zeitschriften sind voll mit Berichten über Krieg und Gewalt. Über Friedensschlüsse wird schon weniger berichtet. Sie lassen sich auch nicht mit aufregenden Bildern festhalten, es sei denn, die Bilder von den vorangegangenen Grausamkeiten werden nochmals eingeblendet. Ist Frieden erst einmal „ausgebrochen", dann setzt die Berichterstattung vollends aus. Wir müssen dann in den hinteren Seiten von Zeitungen und Magazinen oder in spätabendlichen Sendungen suchen, um Berichte über den wieder friedlichen Alltag in Namibia, El Salvador oder Mozambik zu finden.

1.1.5 Sehnsucht nach Frieden und Interesse an Krieg

So neu freilich ist diese Erkenntnis nicht. Kriege waren stets attraktiver, aufregender, schon immer „aufmerksamkeitsfressender" als friedliche Ereignisse. Beispielsweise herrschte im augusteischen Zeitalter des Römischen Reiches nahezu ununterbrochen Krieg, doch fanden diese Kriege (mit Ausnahme gelegentlicher Bürgerkriege) in den Randgebieten des Reiches statt, im Inneren herrschte die *pax Romana*, ohne die das Christentum sich nicht so schnell im gesamten Mittelmeerraum hätte ausbreiten können. In den Tausenden von Inschriften und Texten aus dieser Zeit aber sind fast nur diese Kriege beschrieben, von den Friedenszeiten erfahren wir wenig. Goethe hat dieses Spannungsverhältnis eindrucksvoll beschrieben, als er im „Faust" einen Bürger selbstgerecht sinnierend sagen ließ[9]:

„Nichts Bessers weiß ich mir an Sonn- und Feiertagen
Als ein Gespräch von Krieg und Kriegsgeschrei,
Wenn hinten, weit, in der Türkei,
Die Völker aufeinander schlagen.
Man steht am Fenster, trinkt sein Gläschen aus
Und sieht den Fluß hinab die bunten Schiffe gleiten;
Dann kehrt man abends froh nach Haus
Und segnet Fried und Friedenszeiten."

---

9 Diese Zeilen aus Goethes Faust hat der Friedensforscher Ekkehart Krippendorff in seinem Essay „Goethes Frieden" hervorragend beschrieben (*Krippendorff* 1994).

Geben wir uns keinen Illusionen hin: Für Medien und Öffentlichkeit – also auch für die große Mehrheit der Menschen, unbeschadet der Tatsache, daß sie sich nichts sehnlicher als friedliche Verhältnisse wünschen – sind nicht die gesegneten Friedenszeiten das Entscheidende, entscheidend ist das Interesse am Krieg. Karl Kraus hat das in einem Kriegsbericht für die Wiener Freie Neue Presse über die ersten Tage des Ersten Weltkriegs in Bosnien sarkastisch zum Ausdruck gebracht: „Gott, so ein Krieg is' was Interessantes" (zitiert nach *Frankfurter Rundschau* vom 2. Juli 1998, Seite 11).

Es muß aber nicht immer Jubel über siegreiche Schlachten und Feldzüge sein, wie er auf altägyptischen Obelisken, persischen Stelen, römischen Triumphbögen oder auf dem *Arc de Triomphe* in Paris zum Ausdruck kommt, auch nicht einfache Neugier und selbstgerechte Unbetroffenheit, die das Interesse an Krieg und Gewalt schüren. Für die Mehrzahl der Menschen dürften Angst und die Sorge, selbst Opfer von Gewalt und Krieg zu werden, das tragende Motiv sein, das sie den Krieg in den Medien mit so großer Aufmerksamkeit verfolgen läßt, sofern sie es nicht vorziehen, den Kopf in den Sand zu stecken, um ihn von sich selbst zu bannen oder ihn nach wie vor als etwas Schicksalhaftes hinzunehmen. Für viele Menschen kommt sicherlich das Erschrecken vor der brutalen Gewalt und das Mitleiden mit den Opfern hinzu.

1.2 Frieden: der Normalzustand im Zusammenleben

Dieses durch die Geschichte hindurch zu beobachtende Spannungsverhältnis zwischen Friedenszustand und Störung dieses Zustandes durch Krieg und Gewalt kann freilich auch anders interpretiert werden: Frieden ist der Normalzustand im Zusammenleben von Menschen, der als selbstverständlich hingenommen wird, deshalb keiner besonderen Aufmerksamkeit und keiner exklusiven Berichterstattung bedarf. Diese „Normalität" sollte jedoch nicht dazu führen, daß darüber jegliche Vorsorge (Prävention) gegen potentielle Störungen des Friedens unterbleibt. Das Nachdenken über Frieden darf ein Nachdenken über Krieg weder ersetzen noch verhindern. Wiederum mit Münkler gesprochen:

> „Den Krieg wieder zu denken und darüber öffentlich zu streiten, ist ein wesentliches Element in einer Kultur demokratischer Politik." (*Münkler* 1999: 683)

Frieden ist also ein gesellschaftlicher Zustand, der jederzeit gestört werden kann und gerade deshalb ständiger Pflege bedarf. Denn es ist richtig, daß es immer Gewalt in der Welt gegeben hat, wahrscheinlich in der vorzivilisatorischen mehr als in der organisierten Staatenwelt. Und ebenso richtig ist es, daß es bei aller Wahrung des Friedens immer einen Rest an Gewalt geben wird, mit dem umzugehen die Gesellschaft lernen muß. Vollständiger Frieden bleibt unerreichbar, Frieden ist lediglich eine Zielvorstellung, der wir uns annähern können, ohne sie jemals zu verwirklichen, der wir uns freilich im

Interesse des Überlebens auch immer annähern müssen. Mit anderen Worten: Friedensschaffung ist ein gesellschaftlich gebotener immerwährender Näherungsprozeß (*Koppe* 1995: 1).

Friedensstörung durch organisiertes Verbrechen

Friedensgefährdungen und -störungen müssen sich nicht nur in militärischer Gewalt äußern. Anzeichen deuten darauf hin, daß in befriedeten Gesellschaften, beispielsweise in den Staaten der Organisation für Wirtschaftliche Zusammenarbeit und Entwicklung (*Organization for Economic Co-operation and Development* – OECD), das organisierte Verbrechen an die Stelle des klassischen Krieges tritt und einen ähnlichen Aufwand zur Prävention und Bekämpfung verlangt wie früher und zur Zeit noch immer die Vorsorge gegen einen möglichen militärischen Angriff von wem auch immer. Und weiter ist richtig, daß es immer Aggression ohne offene Gewalt (strukturelle und kulturelle Gewalt) gegeben hat und noch heute gibt, unter der Menschen leiden (Ausbeutung, Unterdrückung, Rechtsverweigerung, Würdeverweigerung). Und schließlich ist weiter richtig, daß das Ausmaß von Gewalt zu verschiedenen Zeiten und an verschiedenen Orten unterschiedlich war und noch immer ist (zur Soziologie der Gewalt vgl. *von Trotha*1997; ÖSFK 2000 und *Kinkelbur 2000*).

1.2.1 Kritische Betrachtung historischer Daten

Dennoch sind die geschichtlichen Darstellungen mit ihren Zahlen von Toten und Erschlagenen kritisch zu sehen. Vorgänge, in deren Verlauf wirklich ganze Völkerschaften liquidiert wurden, sind eher selten. Ein solcher Vorgang war ohne Zweifel die *Reconquista* (Wiedereroberung) der iberischen Halbinsel. Die tolerante Kultur Andalusiens, das sogenannte Goldene Zeitalter unter der Herrschaft muslimischer Kalifen, die zwar selbst ihre Machtinteressen in Kriegen austrugen, aber Muslimen, Juden und Christen einen großen Raum für höchste kulturelle und zivilisatorische Leistungen ließen, interessierte nicht, wichtig waren allein Machtausweitung, Landnahme und Vernichtung Andersgläubiger (vgl. *Hunke* 1990). Den „christlichen" Rittern und Söldnern wurden reiche Beute und Landbesitz sowie „Nachlaß ihrer Sünden" versprochen, wenn sie Muslime und Juden aus dem Land vertrieben oder einfach erschlugen. Der damit verbundene Verlust an Zivilisation wurde nicht nur hingenommen, er war beabsichtigt, galt doch die bei Juden und Arabern wie zuvor schon bei Griechen und Römern gepflegte Badekultur als Indiz für ein insgeheimes Bekenntnis zur jüdischen beziehungsweise muslimischen Religion, das von den Inquisitoren gnadenlos verfolgt wurde: ein gottesfürchtiger Christ badete nicht (vgl. 3.3).

Ähnliches ist für die *Conquista* (Eroberung) der neuentdeckten Kontinente im fernen Westen festzustellen, die just im gleichen Jahr mit der Entdeckungsreise des Christoph Columbus begann, in dem die *Reconquista* mit dem Fall Granadas ihr blutiges Ende gefunden hatte (1492): Binnen der folgenden achtzig Jahre kamen neunzig Prozent der Ureinwohner der sogenannten „Neuen Welt“ um, weniger durch die überlegenen Waffen der Eroberer als vielmehr durch eingeschleppte Krankheiten und Vernichtung ihrer traditionellen Existenzbedingungen (vgl. *Niess* 1991). Gleiches geschah den Ureinwohnern Australiens.

Völkermord und Holocaust

Der erste große Völkermord (Genozid) der neueren Geschichte war mit hoher Wahrscheinlichkeit die Vernichtung von geschätzten 1,3 Millionen Armeniern in der Türkei in den Jahren 1915 bis 1923. Der zahlenmäßig größte Völkermord dürfte die Ermordung von geschätzten 110 Millionen Menschen in der Sowjetunion während der zwanziger und dreißiger Jahre gewesen sein. Gunnar Heinsohn, der in seinem „Lexikon der Völkermorde“ die Zahlen der Demozid- und Kriegstoten zusammengestellt hat, kommt allein für das 20. Jahrhundert auf ca. 170 Millionen Demozidtote und 34 Millionen Kriegstote (*Heinsohn* 1998: 53)[10]. Wird davon ausgegangen, daß die Mehrheit dieser Toten in die erste Hälfte des 20. Jahrhunderts fällt, dann stimmen diese Zahlen mit den ca. 25 Millionen Demozid- und Kriegstoten seit 1945 durchaus überein (vgl. auch 1.2.2).

Der zeitlich längste und in seiner Art einmalige Völkermord wurde an den Juden seit dem Ende des (West)Römischen Reiches, später durch die Inquisition vor allem in Spanien und Pogrome in Rußland und schließlich durch die ideologisch motivierte und gezielte Liquidierung der europäischen Judenheit während der Naziherrschaft (Holocaust/Shoa) begangen. Aber die Angehörigen der zehn Stämme Israels, die im 7. Jahrhundert v.d.Z.[11] in der Geschichte „verschwanden“, wurden wahrscheinlich nicht getötet, sondern weggeführt und haben sich vermutlich in anderen Völkern weit entfernter Regionen assimiliert.

---

10 Allerdings weist Heinsohn auch darauf hin, daß einige der häufig genannten Zahlen von anderen Autoren als um den Faktor 2 zu hoch angesetzt gelten. Vor allem für die Frühzeit muß davon ausgegangen werden, daß sowohl die Zahlen eigener Soldaten wie auch die Zahl getöteter oder in Gefangenenschaft und Sklaverei geführte Feinde von den Siegern „geschönt“ und das heißt oft gewaltig übertrieben wurden.

11 Ich lehne die Bezeichnung a. C. bzw. v. Chr. aus grundsätzlichen Erwägungen ab, da sie eine kulturelle Arroganz und Dominanz gegenüber anderen Zivilisationen zum Ausdruck bringt. Da dessen ungeachtet der moderne Kalender aufgrund kommunikationstechnischer und wirtschaftlicher Notwendigkeiten unverzichtbar ist und deshalb weltweit anerkannt wird, habe ich für die Zeit vor dem Jahr 1 die Bezeichnung v.d.Z. (vor der Zeitrechnung) gewählt, die der inzwischen häufig benutzten angelsächsischen Bezeichnung *before modern Era* entspricht.

1.2.2 Die meisten Menschen verabscheuen Gewalt

Nicht richtig dürfte dagegen die Annahme sein, daß Menschen zu jeder Zeit nur darauf aus gewesen seien, sich gegenseitig aus Neid, Lust oder Machtgier umzubringen. Richtig scheint vielmehr die Annahme, daß eben doch nicht alle Menschen von wilder Aggression gegen ihresgleichen besessen waren, die Mehrheit versuchte – und versucht auch heute, und zwar mit Erfolg – friedlich zu leben. In Analogie zu den Überlegungen von Boulding, denen zufolge nur etwa 10 bis 15 Prozent des menschlichen Tuns auf Krieg und Vorbereitung von Krieg, dagegen 85 bis 90 Prozent auf „Nicht-Krieg" oder „allumfassenden Frieden" gerichtet seien, kann davon ausgegangen werden, daß höchstens 15 Prozent der Menschen bereit sind, ihre potentielle Aggressivität in offener, zerstörerischer Gewalt auszuleben, was noch lange nicht bedeutet, daß sie dies auch wirklich tun. Der Prozentsatz derer, die tatsächlich kriminelle (Raub, Mord, Vergewaltigung) oder politische (Folter, Krieg) Gewalt ausüben, dürfte noch geringer sein. Zur Zeit sind nur rund 0,3 Prozent der Weltbevölkerung als Soldaten tätig und viele von ihnen – vielleicht die Mehrheit – verabscheuen Gewalt wie andere Bürger auch.[12] Die anderen 85 (und mehr) Prozent haben nichts anderes im Sinn, als ohne Angst zu leben. Sie billigen Gewalt nur insofern, als sie hoffen, dadurch geschützt zu werden. Boulding (vgl. 6.2 Originaltext) hat das in einem früheren Beitrag sehr plastisch und nachvollziehbar beschrieben:

„Von den Geographen meine ich gelernt zu haben, wie man die Systeme, die wir untersuchen wollen, grob beschreiben kann. Stellen wir uns eine Weltkarte zu einem bestimmten Zeitpunkt und in einem so großen Maßstab vor, daß jeder einzelne Mensch durch einen Punkt dargestellt werden könnte. Die Karte müßte sehr groß sein – etwa 1000 x 2000 Meter. Das kann man sich gerade noch vorstellen. Jeder Punkt bezeichnet ein menschliches Wesen. Das ergibt ein System von unvorstellbarer Komplexität, das wiederum aus etlichen Milliarden Nervenzellen von unermeßlich komplexer Struktur besteht. Im besten Falle können wir diese Struktur dadurch vereinfachen, daß wir die Milliarden Punkte in vier große farbig zu kennzeichnende Gruppen gliedern. Leuchtend Rot für alle jene, die sich aktiv der Gewalt verschrieben haben – Töten, Schießen, Plündern, Zerstören. Das dürfte eine sehr kleine Gruppe sein. Rosa sollten wir diejenigen kennzeichnen, die zwar nicht aktiv an Gewalt teilhaben, sich aber in gewissem Sinne dafür vorbereiten oder deren Beruf es ist, für künftige Gewaltausübung Vorsorge zu treffen. Hierzu gehören die bewaffneten Streitkräfte in aller Welt und die sie fördernde Kriegsindustrie. Das dürfte schon eine erheblich größere Anzahl ausmachen, etwa 4 bis 5 Prozent der Weltbevölkerung. Orange könnten wir den Kreis von Personen kennzeichnen, der in der gewaltfreien Konfliktaustragung tätig ist: Juristen, Vermittler, Schiedsleute, Demonstranten, Eheberater, Diplomaten – zusammengenommen sicher keine große Gruppe, vielleicht ein Prozent der Bevölkerung, aber immerhin bemerkbar. Dann kennzeichnen wir blau alle Personen, die an keiner Gewalt beteiligt sind und sich auch nicht dafür vorbereiten: Bauern, Lehrer, Ärzte, Geschäftsleute, Arbeiter, Beamte und so weiter in der

---

12 Es ist allerdings zu beobachten, daß Militär und Polizei für gewaltbereite Personen eine besondere Anziehungskraft ausüben. Diese Anziehungskraft ist in Berufsstreitkräften noch höher als in Wehrpflichtarmeen.

ganzen Welt. Sie dürften zur Zeit etwa 95 Prozent der Menschheit ausmachen und stellten immer die überwältigende Mehrheit dar. Jetzt stellen wir uns vor, wir würden für jeden Tag der Menschheitsgeschichte eine solche Karte auf durchsichtigen Folien herstellen und diese in chronologischer Abfolge übereinanderschichten, so daß wir einen riesigen durchsichtigen Block erhalten. Das ganze ergibt dann ein stark vereinfachtes Modell unseres Forschungsgegenstandes. In diesem Raum-Zeit-Block erkennen wir kleine rote Kristalle – Schlachten mit roten Trauben Gefallener. Doch die blaue Farbe dürfte dominieren, allerdings durchsetzt mit rot-, rosa- und orangefarbenen Flecken. Und in der Zuordnung dieser Flecken versuchen wir bestimmte Muster zu entdecken. (...) Wenn wir auf unsere Raum-Zeit-Karte blicken, können wir in manchen Regionen eine Art Raupen-Muster erkennen: blaue Friedensperioden sind durch rote Kriegsperioden unterbrochen. Das Problem des Phasenübergangs vom Friedenszustand zum Kriegszustand und umgekehrt ist für die Friedensforschung von größtem Interesse und steht – wie wir sehen werden – mit der Dezisionstheorie in Zusammenhang. Wir können weiter grobe Muster erkennen, die allgemeine Systemphasen darstellen. Ich unterscheide vier solcher Phasen:

a) andauernder Kriegszustand, lange rote ‚Zylinder' in unserem Raum-Zeit-Modell;
b) unbeständiger Kriegszustand, also die Situation, in der Krieg zwar als Norm angesehen wird, aber durch Friedensperioden unterbrochen wird;
c) unbeständiger Frieden, ein Zustand, in dem zwar auch Kriegszustände durch Friedensperioden unterbrochen sind, wobei aber Frieden als die Norm und Krieg als die Unterbrechung dieser Norm beachtet werden;
d) und schließlich andauernder Frieden, vollblaue ‚Zylinder', in denen wir allenfalls ein paar rosa Punkte finden, weil zwischen zwei gegebenen Einheiten Krieg als so unwahrscheinlich angesehen wird, daß er in den Entscheidungsprozessen faktisch keine Rolle spielt.

In der Geschichte der Menschheit gibt es Beispiele für alle vier Phasen; und die Frage, welche sozialen Variablen einen Gleichgewichtszustand bestimmen, ist von ausschlaggebender Bedeutung." (vgl. *Boulding* Anhang 6.2)

500.000 Kriegstote und 500.000 Verkehrstote im Jahresdurchschnitt

Das Verhältnis von Kriegstoten zur Gesamtbevölkerung, das für den Stellenwert des Krieges in der Gesellschaft bezeichnend ist, kann durch einen Vergleich erläutert werden: Seit 1945 wurden etwa 25 Millionen Personen durch direkte militärische Kampftätigkeit getötet (davon 90 Prozent Zivilisten), das sind im Jahresdurchschnitt ca. 500.000 Menschen (0,008 Prozent der heutigen Weltbevölkerung). Zur Zeit werden ebenfalls etwa 500.000 Personen von Kraftfahrzeugen zu Tode gebracht (vgl. *Der Spiegel* 23/1999: 145), ohne daß diese Toten auch nur annähernd eine ähnliche Beachtung in den Medien und in der Öffentlichkeit finden. Gegen diesen Vergleich kann eingewandt werden, daß es sich im ersten Fall um organisierte kollektive Gewalt handle, im zweiten Fall dagegen „nur" um individuelle Vorgänge (Unfälle mit Todesfolge). Für die Betroffenen ist dieser Einwand unerheblich, und die unterschiedliche Aufmerksamkeit, die beiden Gruppen zuteil wird, ist in keiner Weise zu rechtfertigen.

Dieses Schaubild verdeutlicht im Verständnis von Kenneth Boulding (vgl. Anhang 6.2: „Möglichkeiten und Grenzen interdisziplinärer Friedensforschung„) die Verteilung von Friedensperioden (hell) und Kriegsperioden (dunkel) in Europa im 19. und 20. Jahrhundert. Berücksichtigt wurden 45 Kriege ohne innere Wirren und Revolutionen und ohne die Periode des Kalten Krieges. Die drei Weltkriege (Napoleonische Kriege, WK I, WK II) und der spanische Bürgerkrieg forderten schätzungsweise ¾ der Todesopfer, nur etwa ein Viertel entfiel auf die anderen Kriege, an denen in den meisten Fällen nur zwei oder drei Staaten beteiligt waren. Dabei wurden u.a. die Berechnungen von Ruth LEGER SIVARD 1993: *World Military and Social Expenditures*, 15. Ausgabe, Washington D.C., S. 21, zugrunde gelegt. Vertreibungen, Fluchtbewegungen und die Opfer des stalinistischen Terrors wurden nicht berücksichtigt. Die Wagerechte verdeutlicht die jeweilige Dauer der Kriege (wobei zusätzlich zu berücksichtigen ist, daß manche Krieg nur ein paar Monate oder gar nur Wochen dauerten), die Senkrechte verdeutlicht die Zahl der beteiligten Staaten (wobei zu beachten ist, daß nicht alle Regionen eines Staates vom Kriegsgeschehen betroffen waren; letzteres gilt auch für die Weltkriege). Insgesamt entfielen auf 200 Jahre 69 Kriegsjahre und 131 Friedensjahre. Auf den Gesamtzeitraum von 200 Jahren bezogen entfielen nur etwa 11 bis 12 Prozent der gesellschaftlichen Tätigkeit auf Kriegsereignisse. Der dünne Querbalken stellt den zeitlich längsten bewaffneten Konflikt in Europa dar: den Kampf der Iren gegen die britische Herrschaft über Irland bzw. Nordirland.

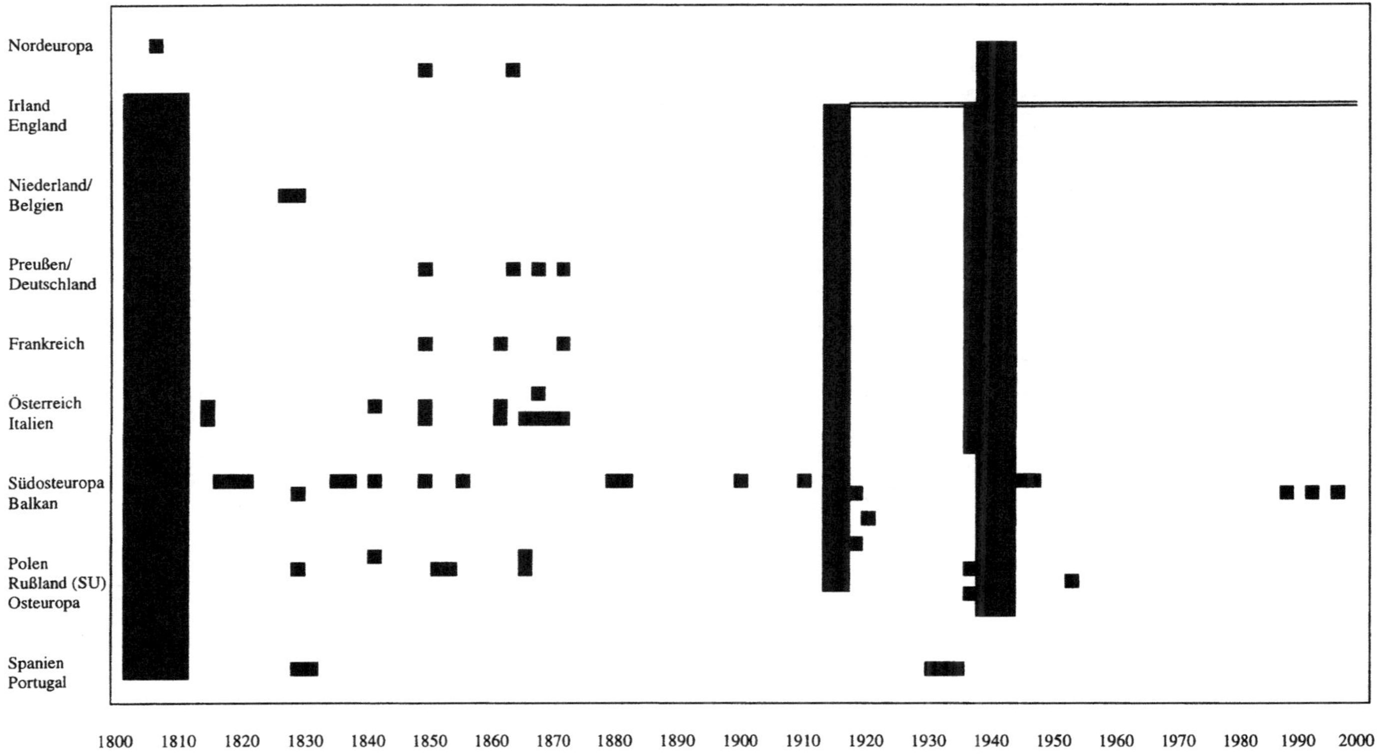

1.2.3 Vertrauen ist die Voraussetzung für Frieden

Dennoch erklärt die Sehnsucht nach friedlichem Zusammenleben und die Angst vor Krieg die relativ hohe Zustimmung in der deutschen Bevölkerung zur Bundeswehr und zur NATO (ebenso wie die Zustimmung der Bevölkerung anderer Staaten zu ihren Streitkräften), die keineswegs mit Kriegs- und Gewaltbereitschaft gleichgesetzt werden darf. Auch das ist nichts Neues. Schon immer suchten Menschen in allen Weltregionen und zu allen Zeiten Schutz vor Gewalt durch Sicherheitsmaßnahmen und Verteidigung sowie durch Zuflucht in Nischen, in denen sie überleben konnten. Die Menschheit ist also keineswegs „zur Aggression verdammt", wie Herbert Selg in einer von ihm herausgegebenen Studie nachweist (*Selg* 1982). Gesellschaftliche Beziehungen sind sehr viel mehr durch etwas ganz anderes geprägt, nämlich Vertrauen. Der Soziologe Niklas Luhmann schreibt:

> „Vertrauen im weitesten Sinne eines Zutrauens zu eigenen Erwartungen ist ein elementarer Tatbestand des sozialen Lebens. Der Mensch hat zwar in vielen Situationen die Wahl, ob er in bestimmten Hinsichten Vertrauen schenken will oder nicht. Ohne jegliches Vertrauen aber könnte er morgens sein Bett nicht verlassen. Unbestimmte Angst, lähmendes Entsetzen befielen ihn. Nicht einmal ein bestimmtes Mißtrauen könnte er formulieren und zur Grundlage defensiver Vorkehrungen machen; denn das würde voraussetzen, daß er in anderen Hinsichten vertraut. Alles wäre möglich. Solch eine unvermittelte Konfrontierung mit der äußersten Komplexität der Welt hält kein Mensch aus." (*Luhmann* 1986: 1)

Der deutsch-schwedische Politologe Karl E. Birnbaum weist darauf hin, daß Luhmanns Beobachtungen sich zwar hauptsächlich auf Individuen beziehen, aber auch für soziale Systeme zutreffen. So habe der britische politische Philosoph D.O. Thomas zurecht festgestellt, daß „Institutionen nicht nur davon abhängen, daß die Menschen vertrauenswürdig sind, sondern auch von ihrer Bereitschaft, sich gegenseitig zu vertrauen" (*Birnbaum* 1986). Dieses Konzept wurde in den siebziger Jahren unter dem Stichwort „Vertrauensbildende Maßnahmen" in die Praxis umgesetzt und führte zur Institutionalisierung der „Konferenz für Sicherheit und Zusammenarbeit in Europa" KSZE, die schließlich zur „Organisation über Sicherheit und Zusammenarbeit in Europa" (OSZE) weiterentwickelt wurde und der die gewaltfreie Auflösung des sowjetischen Machtbereichs (mit Ausnahme Jugoslawiens und der Kaukasusregion) in hohem Maße zu verdanken ist.

Ohne Vertrauen gibt es keine organisierte Gesellschaft

In der Tat ist Vertrauen eine lebenserhaltende Bedingung, deren Bedeutung wir uns in der Regel gar nicht bewußt werden, weil sie allen Widrigkeiten des Lebens zum Trotz eine Selbstverständlichkeit ist, wobei vernünftiges Vertrauen nicht mit blindem Vertrauen – also Leichtsinn – verwechselt werden darf. Vertrauen schließt Vertrauen in eigenes überlegtes und kontrolliertes Handeln keinesfalls aus. Wäre dies nicht der Fall und könnte der Mensch kein Vertrauen haben, müßte er in jedem und allem seinen Feind oder einen Verbrecher sehen, dann würde er sich einschließen, seine Außenbeziehungen auf das Allernotwendigste beschränken, sich letztlich zu Tode ängstigen und zu Tode hungern. Er könnte kein Auto, kein Flugzeug, keine Bahn benutzen, ja nicht einmal die Straße überqueren. Ohne Vertrauen gäbe es keine organisierte Gesellschaft, unsere Zivilisation hätte sich nicht entwickeln können. Vertrauen ist ebenso wie Nahrung, Wohnung und Bildung ein Grundbedürfnis des Menschen. Die Unfähigkeit, Vertrauen zu entwickeln, äußert sich bei manchen Menschen in fast absoluter Kommunikationsunfähigkeit und rechnet zu den psychischen Krankheitserscheinungen (Autismus). Umgekehrt ist die Fähigkeit der Vertrauensbildung die entscheidende Voraussetzung für die Gestaltung erträglicher menschlicher und gesellschaftlicher Beziehungen und damit die entscheidende Voraussetzung für die Gestaltung und Wahrung von Frieden und Sicherheit. Wo diese gefährdet sind, können wir fast stets Mangel an Vertrauen feststellen.

1.2.4 Zur psychologischen Dimension des Friedens

Das wird auch von dem Verhaltenspsychologen Irenäus Eibl-Eibesfeldt, einem Schüler von Konrad Lorenz, bestätigt, der dazu eine bemerkenswerte Aussage gemacht hat:

> „Dem biologischen Normenfilter, der zu töten verbietet, wird gewissermaßen ein kultureller Normenfilter überlagert, der Feinde zu töten gebietet. Allerdings wird der biologische Normenfilter dadurch nicht ausgeschaltet, sondern überlagert, was zu einem Normenkonflikt führt, der als schlechtes Gewissen erlebt wird und eine Wurzel der verbreiteten Friedenssehnsucht des Menschen darstellt. (...) Den Willen zum Frieden haben die Menschen schon zu allen Zeiten geäußert, denn er entspricht unserer biologischen Motivationsstruktur. Er ist eine wichtige Voraussetzung zum Frieden, reicht aber allein nicht aus, dieses Ziel zu erreichen." (*Eibl-Eibesfeldt* 1988: 34)

Soldaten werden manipuliert, um töten zu können

Zwar ist umstritten, ob die Fähigkeit des Menschen, seinesgleichen zu töten, die Thomas Hobbes mit den Worten *homo homini lupus*, (der Mensch ist des Menschen Wolf) beschrieben hat, in ihm biologisch oder kulturell angelegt ist, doch für die meisten Menschen gilt, wie wir im Alltag beobachten können, daß sie eine biologische Tötungshemmschwelle in sich tragen, die überwunden werden muß, damit sie bereit werden, Mitmenschen zu töten. Um das zu erreichen, wurde in Soldaten oder Kämpfern zu allen Zeiten – auch auf amerikanischer Seite im zweiten Golfkrieg – mit Alkohol, Drogen oder mit psychologischem Druck ein „Killerinstinkt" geweckt, wie General Schwarzkopf am Vorabend des Gegenangriffs (*Desert Storm*) im zweiten Golfkrieg in einer Ansprache erklärte (*Schwarzkopf* 1994: 504).[13] Dieser

13 Den Übersetzern des Buches von Schwarzkopf bereitete das Wort „Killerinstinkt" offensichtlich Bauchschmerzen. Sie versuchten, es mit einer A.d.Ü. abzumildern: „To

Normenkonflikt, den Eibl-Eibesfeldt beschreibt, entsteht durch einen Zusammenprall von Kulturen, nämlich von Friedenskultur und Kriegskultur. Und die Kriegskultur hat sich – trotz aller Friedenssehnsucht der Menschen – bislang noch immer durchgesetzt. Jedenfalls hat es den Anschein. (Zu den psychologischen Dimensionen des Krieges vgl. auch *Betty Glad* 1990.)

1.3 Kriegskultur und Kriegskunst

Dieser Zusammenprall ist nicht mit Samuel Huntingtons These vom Kampf der Kulturen gleichzusetzen. Huntingtons Ansatz läßt eher auf ein kriegskulturelles denn auf ein friedenskulturelles Argumentationsmuster schließen, insofern er die Vorbereitung auf Krieg (und notfalls Krieg als solchen) rechtfertigt, ja sogar einfordert, um die westlich-christliche Kultur vor – nach seiner Meinung – unverkennbaren Machtansprüchen anderer Kulturen, vor allem der islamischen, zu bewahren (*Huntington* 1994). Huntington ist ein Beleg dafür, daß Krieg, sofern er als gestaltendes Element in den wechselseitigen Beziehungen von Staaten und Menschen gesehen und zum Teil auch akzeptiert wird, in Geschichte und Literatur als eine – wenn auch grausame und zerstörerische, aber eben doch kontinuierliche, schicksalhafte und angeblich Fortschritt gestaltende – Kraft und damit als Teil der Kultur erscheint. Dem Begriff Frieden wird dagegen eine weitgehend nachgeordnete Bedeutung beigemessen. „Kriegskultur" ist dadurch zu einem festen Begriff geworden. Teil dieser Kultur ist die „Kriegskunst", das heißt, die Fähigkeit, Kriege möglichst siegreich zu führen. Carl von Clausewitz ist der wohl bekannteste Protagonist solcher Kriegskunst:

> „Der Krieg ist also ein Akt der Gewalt, um den Gegner zur Erfüllung unseres Willens zu zwingen. (...) So sehen wir also, daß der Krieg nicht bloß ein politischer Akt, sondern ein wahres politisches Instrument ist, eine Fortsetzung des politischen Verkehrs, ein Durchführen desselben mit anderen Mitteln. (...) Die *Kriegskunst* (Hervorhebung *Koppe)* im eigentlichen Sinn wird also die Kunst sein, sich der gegebenen Mittel im Kampf zu bedienen, und wir können sie nicht besser als mit dem Namen Kriegführung bezeichnen." (*Clausewitz* 1991: 191, 211, 270)

1.3.1 Das erste Lehrbuch über Kriegskunst 500 v.d.Z.

Vermutlich taucht der Begriff Kriegskunst schon um 500 vor unserer Zeitrechnung auf, und zwar als Schrift „Die Kunst des Krieges", verfaßt von General Sunzi im Dienste des chinesischen Königs von Wu, der dank dieser

---

kill, töten, ist auch der übliche militärische Fachausdruck für abschießen und ausschalten." Doch in Zusammenhang mit „Instinkt" und anderen Aufforderungen des amerikanischen Oberbefehlshabers zu „Brutalität" ändert das nichts an der Sache.

Kriegskunst in der vorkaiserlichen Periode Chinas sein Reich erheblich vergrößern konnte. Spätere Schriften besagen, daß das Königreich Wu vernichtet wurde, weil die folgenden Könige Sunzis Kriegskunst nicht mehr beherzigt hätten. Erst Ende des 18. Jahrhunderts erschien eine erste Übersetzung, die sowohl auf Napoleon als auch auf Lenin Eindruck gemacht haben soll (*Sunzi* 1988). Kurz zuvor hatte ein Offizier, Georg Venturini, ein „Lehrbuch der angewandten Taktik oder eigentlichen Kriegswissenschaft" veröffentlicht und Friedrich Wilhelm *III*, König von Preußen, gewidmet, das im 19. Jahrhundert eine hervorragende Rolle spielte. Die Vorrede beginnt der Verfasser mit den Worten:

> „Die Entwerfung und Ausführung militairischer Dispositionen, ja die Erlernung der ganzen Kriegskunst überhaupt, beruht weniger auf Erfahrung als auf Theorie. Dies hat die Geschichte aller Kriege und die neueste Kriegesgeschichte ins Besondere, unwidersprechlich bewiesen." (*Venturini* 1798: VII)

Geschichtsschreibung ist Kriegsbeschreibung

Krieg kommt also nicht so einfach daher, er wird geplant und diese Planungstätigkeit – und ihre Umsetzung in gewaltsame Praxis – wird als „Kriegskunst" bezeichnet. Kriegskultur und Kriegskunst sind nach wie vor feste Bestandteile unserer Kultur und Kulturgeschichte. Das äußert sich in einer Fülle von Geschichtswerken und Schulbüchern bis auf den heutigen Tag. Geschichte wird anhand von Kriegen, kriegführenden Herrschern und Staatsmännern, Schlachten, Siegen und Niederlagen gelehrt. Zugegebenermaßen hat sich in dieser Hinsicht in den letzten Jahrzehnten manches geändert, aber eben nur manches. Im Prinzip ist – zumindest unterrichtete – Geschichte immer noch Kriegs- und Gewaltgeschichte.

Das konnte und kann nicht ohne Auswirkungen auf die Denk- und Verhaltensweisen von Menschen bleiben. Ein amerikanischer Therapeut, Wayne Muller, hat für die Wirkung individueller Lebenserfahrungen auf das Verhalten von Menschen eine Erklärung bereit, die auch für die Einstellungen zu Frieden und Krieg Geltung beanspruchen kann:

> „Wenn wir morgens aufwachen und uns für den Tag fertigmachen, ziehen wir unsere Geschichte an wie einen alten Bademantel und ausgetretene Sandalen. Wir sind so daran gewöhnt, uns als Opfer unserer Geschichte darzustellen, daß wir nicht wissen, ob wir wirklich etwas verändern können – oder überhaupt etwas verändern wollen." (*Muller* 1992: 22)

1.3.2 Neue kriegskulturelle Literatur

In diesem Licht erscheint Huntingtons Forderung, sich mehr denn je auf Krieg vorzubereiten, in der Tat als Fortsetzung oder sogar Überhöhung der These vom Krieg als Schicksal der Menschheit. Um so müßiger – weil aussichtslos – wäre dann das Bemühen um eine Kultur des Friedens. Könnte diese Überlegung der Grund für das mangelnde Interesse an eben einer solchen Kultur des Friedens sein? In der Tat scheint die These vom Kampf der Kulturen von einem Kulturbegriff auszugehen, der den Krieg im Clausewitzschen Verständnis nach wie vor als allgegenwärtiges Mittel der politischen Auseinandersetzung begreift und, nach der Beendigung der klassischen Nationalstaatskriege und auch nach Überwindung der ideologisch verbrämten Ost-West-Konfrontation im Kalten Krieg, auf die vielgestaltige Ebene der ethnischen und religiösen Kulturen (im Sinne von Identitäten) hebt.

Kampf der Kulturen und ethische Rechtfertigung des Krieges heute

Der französische Kulturphilosoph Michel Foucault hat in besonderer Weise zu einer „Entgrenzung" des Kriegsbegriffes beigetragen, indem er schlechthin jeden Diskurs (*Foucault* 1991: 11) als einen Krieg begreift:

> „Der Krieg ist der Motor der Institutionen und der Ordnung. Auch in dem geringsten seiner Räderwerke wird der Frieden vom Krieg getrieben. Anders gesagt: man muß unter dem Frieden den Krieg herauslesen. Der Krieg ist die Chiffre eben des Friedens (...) Wir haben tatsächlich Schlachtenforscher zu sein, weil der Krieg nicht zu Ende ist (...) und wir zum Ende des Kriegs nur gelangen können – nicht indem wir eine Befriedung einklagen, sondern indem wir die Sieger sein werden." (*Foucault* 1986: 12-13)

Ähnlich argumentiert ein anderer Sicherheitsexperte, Hans Speier, der den Krieg zur unverrückbaren Konstante erhebt:

> „Weder die Abschaffung des Kriegs noch die Etablierung eines Weltstaats (...) ist menschenmöglich." (*Speier* 1970: 82)

Mit diesem Bekenntnis bleibt Speier keine andere Option, als den Frieden im Krieg selbst zu verankern, will er ihn als Begriff nicht aufgeben.[14] Diese Sichtweise hat kürzlich auch der französische Philosoph André Glucksmann in seinem Buch „Krieg um den Frieden" aufgegriffen. Er unterscheidet sich von Huntington insofern, als er den Krieg nicht als Mittel der Verteidigung westlicher Kultur, sondern zur Wahrung von Menschenrechten versteht (*Glucksmann* 1998).[15] Ungeachtet dieses Unterschieds erweisen sich beide als Befürworter des Primats der Kriegskultur und verschreiben sich der ethischen Rechtfertigung des Krieges, der um des Friedens willen wenn nicht geführt, so doch stetig vorbereitet werden müsse. Wir müssen davon ausgehen, daß dies im Trend auch der gegenwärtigen internationalen Beziehungen liegt und weitgehend die „Friedenspolitik" der deutschen Parteien nach außen und innen bestimmt (in-

---

14 Diesen Hinweis fand ich bei *Jaberg*, Sabine 1999: Der Gewaltbegriff als generierender und differenzierender Faktor der Friedensforschung. AFB-Texte 3/99, Bonn.

15 Tatsächlich hat Glucksmann eine Apologie auf Charles de Gaulle geschrieben, wie der französische Originaltitel „De Gaulle où est-tu?" ausweist. Er sehnt sich darin nach der konsequenten Kriegs- und Verteidigungsbereitschaft des französischen Staatspräsidenten zurück.

zwischen auch einer Mehrheit der Bündnisgrünen). Dieses kriegskulturelle Denkmuster erklärt – gewissermaßen nebenbei – die zunehmende Distanz der Vereinigten Staaten, vor allem des Kongresses, zu den Vereinten Nationen, und es dürfte nur noch eine Frage der Zeit sein, wann andere Regierungen, insbesondere die Bundesregierung, auch in dieser Hinsicht dem amerikanischen Beispiel folgen, vor allem wenn auf das deutsche Drängen auf einen ständigen Sitz im Sicherheitsrat – mit Vetorecht – nicht eingegangen werden sollte.[16] Wie stark die Kriegskultur wieder um sich greift, zeigt auch Cora Stephan mit ihrem Buch „Das Handwerk des Krieges", in dem sich die Autorin gegen die Ächtung des Krieges ausspricht, denn „Die Ächtung des Krieges sorgt höchstens dafür, daß er sich um so regelloser entwickelt" (*Stephan* 1998: 14). Ähnlich argumentiert auch der israelische Militärexperte Martin van Creveld in seiner Publikation „Die Zukunft des Krieges":

> „Der großangelegte konventionelle Krieg – der Krieg, wie er immer noch von den heutigen militärischen Großmächten verstanden wird – mag tatsächlich in den letzten Zügen liegen; der Krieg selbst, der Krieg als solcher hingegen, erfreut sich bester Gesundheit und steht kurz vor dem Eintritt in eine neue Epoche." (*van Creveld* 1998: 18)

Interessant ist, daß im Sachregister zu seinem Buch das Stichwort „Frieden" überhaupt nicht auftaucht. Auch andere Autoren haben den Krieg als Gegenstand der Literatur wieder entdeckt. Sie sind nicht unbedingt „Bellizisten", die den Krieg ethisch rechtfertigen wie Huntington, Glucksmann, van Creveld und Stephan, die meisten sind sogar ausgesprochen „kriegskritisch", aber sie stellen den Krieg in einer Weise in den Mittelpunkt, daß Frieden kaum noch Erwähnung findet. So erweckt Gabriel Kolko mit seinem Buch „Das Jahrhundert der Kriege" den völlig irrigen Eindruck, als habe das 20. Jahrhundert ununterbrochen in Flammen gestanden (*Kolko* 1999). Allerdings kommt er dabei zu einer Erkenntnis, die jener von Barbara Tuchman (vgl. Fußnote 7) ähnelt, wenn er schreibt:

> „Die Kriegsbereitschaft der Staatsmänner Europas läßt, ebenso wie die von den verfeindeten Generälen geteilte Illusionen über die Dauer und Folgen des Kriegs, grundsätzlich daran zweifeln, ob Klugheit und Einsicht nach der Jahrhundertwende überhaupt noch eine Rolle spielten." (*Kolko* 1999: 9)

John Keegan hat die „Kultur des Krieges" in einer historischen Studie von der Kriegführung der Primitiven bis in unsere Zeit beschrieben. Zwar räumt Keegan ein, daß die „Kultur des Kriegers" nie die „Kultur der Zivilisation"

16 Die häufig zu findende Erklärung, daß das internationale Kapital zu solchem kriegskulturellen Verhalten dränge, halte ich nicht für stichhaltig. Das mag auf Rüstungsunternehmen zutreffen, die ihre Profite den Rüstungshaushalten verdanken, doch das normale Kapitalverwertungsinteresse dürfte eher in friedenskulturelle Richtung weisen, auch wenn es – was die soziale Lage sowohl in Entwicklungsregionen als auch in entwickelten Regionen betrifft – zur Gestaltung einer Friedenskultur nichts beiträgt, im Gegenteil diese untergräbt. Das Ganze gehört wohl eher in die Rubrik der „Torheit der Regierenden" (*Tuchman* 1984).

sein könne, behauptet aber schon im folgenden Satz: „Alle Zivilisationen verdanken ihren Ursprung dem Krieger" (*Keegan* 1995: 18). Hartmut Diessenbacher hat seinen Buchtitel „Kriege der Zukunft" wenigstens im Untertitel relativiert: „Die Bevölkerungsexplosion gefährdet den Frieden". Zwei neuere Bücher bestätigen diese kriegsorientierte Sichtweise: Werner Rösener beschreibt in dem von ihm herausgegeben Sammelband „Staat und Krieg. Vom Mittelalter bis zur Moderne" die Bedeutung des Krieges in durchaus kritischer Weise, verliert aber über Friedenszeiten kein Wort (*Rösener* 2000). Das gleiche gilt für Mary Kaldors Studie „Neue und alte Kriege" (*Kaldor* 1999). Wie sehr Autoren, selbst wenn sie eindeutig gegen Krieg argumentieren, von der Kultur des Krieges gefangen sein können, hatte schon Eugen Drewermann bewiesen, der für seine ausgezeichnete Studie zu diesem Thema den Titel „Der Krieg und das Christentum" und nicht „Der Frieden und das Christentum" wählte (*Drewermann* 1984). Dagegen hat Horst Eberhard Richter seine Studie „Zur Psychologie des Friedens" genannt (*Richter* 1982).

Das Kriegsgeschehen nimmt ständig ab

Wenn es auch richtig ist, daß der Austrag militärischer Gewalt seit Ende des Zweiten Weltkriegs andere, neue Formen angenommen hat (wobei zu prüfen bleibt, ob es wirklich „neue" Formen sind), so übersieht van Creveld wie alle Autoren, die zu diesem Thema geschrieben haben, sowohl die Existenz und Wirkung von Friedenszeiten als auch die deutlich erkennbare Abnahme des militärischen Geschehens, sicher nicht kontinuierlich, eher vergleichbar der Echternacher Springprozession: drei Schritte nach vorn, zwei Schritte zurück.[17] Das primitive Faustrecht wurde erst durch den Gottesfrieden, dann durch den Landfrieden und das Kriegsvölkerrecht und schließlich durch die internationale Ächtung des Krieges in der Charta der Vereinten Nationen abgelöst (*Meyers* 1994: 72–108). Auch die Entwicklung demokratischer Gesellschaften während der vergangenen zwei Jahrhunderte ist ein Indiz dafür, daß sich Friedensvorstellungen allmählich durchsetzen konnten, auch wenn es in dieser Hinsicht noch viele Defizite gibt, sogar innerhalb demokratischer Gesellschaften.

---

17 In den von Ruth Leger Sivard vorgelegten Listen der Kriege und Kriegstoten kann dieses Auf und Ab verfolgt werden. Auf längere Zeiten mit relativ wenigen Opfern folgen kürzere Kriege mit Millionen Gefallener und Getöteter. Die Daten sind natürlich mit Vorbehalt zu lesen, da sie in den historischen Berichten häufig übertrieben wurden oder auch fehlen. Besonders auffällig ist die allmähliche Umkehrung des Verhältnisses von gefallenen Soldaten zu getöteten Zivilpersonen. Die Faustregel von 10 : 1 noch im Ersten Weltkrieg ist seit 1945 zur Regel 1 : 1 und in extremen Fällen zu 1 : 10 geworden (Sivard 1991: 22 und 1993: 21).

1.4 Erste Schritte zu einer Kultur des Friedens

Das bedeutet, daß die Gesellschaft keineswegs so von der Kriegskultur durchdrungen ist, wie es den Anschein hat. Friedensentwürfe, gewissermaßen der erste Schritt zur Friedenskultur, sind mindestens ebenso alt wie die Zeugnisse der Kriegskultur. Sie waren stets ein Widerspruch zu den Kriegsplänen der jeweiligen Herrscher. Sie dürften auch nicht ohne Einfluß gewesen sein. Nur wissen wir aus den vorgenannten Gründen wenig über solche Entwürfe und ihren Einfluß. Die Forschung darüber steckt noch ganz in den Anfängen.[18] Vor 3300 Jahren erkannte schon Hammurabi von Babylon Gerechtigkeit als Voraussetzung friedlichen Zusammenlebens (vgl. 2.1.2) und erließ in Stein gehauen ein Gesetzeswerk mit unverkennbar friedensgesellschaftlichen Zügen, das der Historiker Wolfram von Soden wie folgt beschreibt:

„Trotz des stark aufgetragenen Selbstruhms findet in diesen Worten ein Herrscherideal einen schönen Ausdruck, das die Fürsorge des Landesvaters höher stellt als den Kriegsruhm." (*Soden* 1961: 589)

Lao Tse: der erste bekannte Pazifist

Etwa zur gleichen Zeit wie Sunzi – um 500 vor unserer Zeitrechnung – erklärt Lao Tse schlicht und einfach: „Waffen sind Instrumente des Unheils". Er kann als der erste namentlich bekannte Pazifist gelten (*Lao Tse,* 1985: 31). Einhundert Jahre später wehrt sich der Philosoph Mo Tse (auch Meh Ti, Mo Ti, Mao Tse) dagegen, daß ein Einzelner, wenn er einen Menschen tötet, bestraft werde, wenn aber im Kriege viele Soldaten viele Menschen töten, die Soldaten gerühmt und geehrt würden[19] (vgl. 2.2). Ebenfalls um 500 vor unserer Zeitrechnung formulierte in Indien Siddharta Gautama *(Buddha)* Gewaltfreiheit (*ahimsa*) als allgemeine Verhaltensregel (vgl. 2.3.1), was freilich später Buddhisten – vor allem auch buddhistische Mönche – nicht daran hinderte, kräftig in Kriegen mitzumischen und auch selbst zu den Waffen zu greifen. Vor allem der Zen-Buddhismus in Japan verband sich mit den Idealen der Samurai zum *Bushido* (Kriegerweg), der Treue, Ehre, Waffentüchtigkeit, Todesverachtung, Selbstdisziplin und Güte gegenüber Schwachen und Armen einforderte und den sogenannten preussischen Tugenden verblüffend ähnelte (vgl. 2.3.1).

---

18 Zeugnisse friedenskultureller Leistungen sind ebenso selten wie geschichtliche Zeugnisse des Alltags und des privaten Lebens, obwohl beides Aufschluß über friedliche Entwicklungen geben kann (vgl. Kuczynski 1980, Ariès/Duby 1989 und Borst 1995).

19 Mo Tse wird im Unterschied zu anderen fernöstlichen Philosophen selten zitiert. Ich verdanke den Hinweis Klaus Schlichtmann, Tokyo, der wiederum auf Forke 1927 verweist. Drewermann geht ausführlich auf Mo Tse (bei ihm Mo Ti) ein (Drewermann 1984: 132-134) und zitiert aus dem Tao-Te-King einen weiteren Ausspruch von Lao Tse: „Unter allen Dingen sind Soldaten Werkzeuge des Bösen, den Menschen verhaßt." (Drewermann: 110)

Ashoka, Raja (König) von Indien (272-236 v.d.Z.), begründete, nachdem er die Schrecken und Grausamkeiten der von ihm selbst ausgelösten Kriege erkannt hatte, eine Friedensperiode, die er durch zahlreiche Gesetzessäulen, die noch heute in Indien zu sehen sind, abzusichern versuchte (vgl. 2.3.1). Wo sich Hammurabi um Gerechtigkeit sorgte, geht es Ashoka um Gewaltfreiheit und Toleranz, insbesondere um das friedliche Zusammenleben der Anhänger der alten Hindu-Religion mit den Anhängern Buddhas (*Petech* 1962: 403).

In diesem Zusammenhang ist es hilfreich, sich an Arnold J. Toynbee zu erinnern, der in seiner Kulturgeschichte „Der Gang der Weltgeschichte. Aufstieg und Verfall der Kulturen" (*Toynbee* 1947) zu der Schlußfolgerung kam, daß trotz aller unterschiedlichen und situationsbedingten Entstehung von Kulturen sie sich doch wechselseitig durchdrungen haben und es somit ein geistiges Weltkulturerbe gibt, auf das friedenskulturelle Vorstellungen zurückgreifen können. Er widerspricht damit Oswald Spenglers These vom „Untergang des Abendlandes", der die einzelnen Kulturen als getrennte und miteinander unvereinbare Einheiten versteht, die schicksalhaft von Aufstieg und Untergang gekennzeichnet seien (*Spengler* 1997), eine Vorstellung, die den modernen kriegskulturellen Autoren (vgl. 1.3.2), insbesondere Huntington, Vorschub leistet, letzterer allerdings mit dem Unterschied, daß er der abendländischen (westlichen) Kultur durchaus noch eine Chance im „Kampf der Kulturen" einräumt, wenn sie sich auf ihre Verteidigung entsprechend militärisch vorbereitet.

1.4.1 Heraklit: Krieg und/oder Streit?

Für den Mittelmeerraum/Europa sind seit der Antike ähnliche friedenskulturelle Ansätze bezeugt. Dabei ging es weniger darum, den Krieg als solchen abzuschaffen, als vielmehr seine Auswirkungen einzudämmen und vor allem inneren Frieden herzustellen. Das galt in besonderer Weise für die sich unaufhörlich bekämpfenden griechischen Stadtstaaten. Diese Erfahrung dürfte Heraklit (um 550-480 v.d.Z.) vor Augen gestanden haben, als er den Satz prägte, daß Krieg/Streit (πολεμος/*polemos*) der „Vater aller Dinge" sei und *eirene* (ειρηνη), das griechische Wort für Frieden, nur die Ruhe, die Pause im Streit bedeute[20] (vgl. 2.4) Noch Kant zog in seinem Entwurf „Zum Ewigen

20 Wörtlich lautet der Ausspruch des Heraklit, der nur fragmentarisch erhalten ist: „Krieg ist von allem der Vater, von allem der König, denn die einen hat er zu Göttern, die anderen zu Menschen, die einen zu Sklaven, die anderen zu Freien gemacht." Heute besteht weitgehende Übereinstimmung darüber, daß Heraklit unter Krieg den Inbegriff der sich bewegenden Gegensätze gemeint hat. (Heraklit 1983: 239 und 259). Nach 1945 haben Friedenswissenschaftler versucht, für ihre Disziplin die Bezeichnungen „Polemologie" und „Irenologie" einzuführen, die sich – abgesehen für kürzere Zeit in Paris und Groningen – jedoch nicht durchgesetzt haben.

Frieden“ daraus den Schluß: „Der Friedenszustand unter Menschen, die nebeneinander leben, ist kein Naturzustand (*status naturalis*), der vielmehr ein Zustand des Krieges ist.“ (Vgl. 4.2.2)

Mit der einseitigen Übersetzung des Begriffes *polemos* mit Krieg wurde mehr Unheil denn Klarheit geschaffen. Im 19. und bis weit ins 20. Jahrhundert hinein diente dieser Satz der Verherrlichung des Krieges und der Heroisierung des Soldatenstands. Er hat ganze Generationen verführt, im Krieg eine Erfüllung ihres Lebens zu sehen. Die Kriegskultur hatte ihren Höhepunkt erreicht. Dabei besagt dieser Satz durchaus etwas Richtiges: Gesellschaftliche Entwicklungen bedürfen des Widerstreits der Interessen. Noch im Mittelalter wurde diese Feststellung richtig verstanden. Polemik war die gängige Form der akademischen Auseinandersetzung.[21] In moderner Sprache könnte gesagt werden, daß Heraklit die notwendige Funktionsweise einer Konfliktkultur erkannt hatte. Der Streit im Sinne von Konflikt ist in der Tat eine entscheidende Triebkraft des zivilisatorischen Fortschritts.

Thukydides (um 460-405), der mit seiner Chronik des „Weltkriegs“ seiner Zeit, des Peloponnesischen Krieges, die rationale, an Fakten orientierte Geschichtsschreibung begründete, beschreibt als erster den Rüstungswettlauf und die „Herrschsucht, die sich in Habgier und Ehrgeiz äußerst“ als auslösende Momente des Kriegsgeschehens, Überlegungen, die auch heute noch ihren Sinn haben (*Thukydides* 1966: 54, 234). Sein „Kriegsbericht“ hat nichts mehr von den Lobpreisungen der homerischen Helden.

1.4.2 Aufgabe des Staates ist der Frieden

Für Platon ist umfassender Frieden (κοινη ειρηνη/*koine eirene*) die vorrangige Aufgabe des Staates, der Polis (πολιτεια/*politeia*). Allerdings möchte Platon diesen Frieden nur nach innen gesichert wissen, nach außen – gegen die Barbaren, also gegen alle Nicht-Griechen – soll der Staat stark sein und Kriege führen (vgl. 2.4.2). Er verwendet deshalb für die Kämpfe zwischen den griechischen Stadtstaaten den Begriff für Bürgerkrieg στασις (*stasis*). Andererseits läßt Platon einen überraschenden Sinn für Friedenskultur, ja sogar für Friedenserziehung im modernen Sinn erkennen, wenn er Sokrates sagen läßt[22]:

---

21 Im deutschen Sprachgebrauch hat der Begriff Polemik eine herabsetzende Bedeutung, im französischen Sprachgebrauch dagegen hat er die ursprüngliche positive Bedeutung als Streitgespräch behalten.

22 Sokrates wird aus heutiger Sicht vorgeworfen, mit dieser Forderung der Bücherverbrennung der Inquisition und den Nazis Vorschub geleistet zu haben. Wer den historischen und ebenso den von Platon interpretierten Sokrates in seiner Ganzheit nimmt, kann diesen Vorwurf nur absurd finden. Sokrates wollte in der Tat das damals noch vorherrschende Weltbild, in dem Götter alles bestimmten, durch ein zugleich an überprüfbaren Fakten und sittlich begründeten Einsichten des einzelnen Menschen o-

Platon/Sokrates und die Idee der Friedenserziehung

„Wenn wir sie (die Wächter, Krieger) vielmehr überzeugen wollen, daß kein Bürger je dem anderen Feind gewesen, solches auch wider heiligen Brauch sei, dann müssen um so mehr Greise und Greisinnen solche Geschichten (gemeint sind Geschichten über friedliches Zusammenleben – Anmerkung des Autors) den Kindern von klein auf erzählen, und ähnliches müssen ihnen dann, wenn sie heranwachsen, die Dichter vorsingen. Erzählungen wie die Fesselung der Hera durch ihren Sohn, der Sturz des Hephaistos durch den Vater, als er seiner mißhandelten Mutter helfen wollte, Götterkämpfe, wie sie Homer gedichtet hat, sind in unserem Staate nicht zuzulassen, ob sie nun sinnbildlich gemeint sind oder wörtlich. Denn der junge Mensch kann nicht beurteilen, was Sinnbild ist und was nicht, sondern was er in diesem Alter als Glaube erfaßt, das pflegt unauslöschbar und unverändert zu bleiben." (*Platon* 1982: 153)

Die Übereinstimmung mit der weiter oben zitierten Beobachtung von Wayne Muller (vgl. S. 26) ist frappierend.[23] Aristoteles, Schüler des Platon, setzte diese Gedanken fort und dehnte sie auch auf die „Barbaren" aus, insofern er Herrschaft über – und damit Krieg gegen – andere Staaten auch als Unrecht brandmarkte, aber dessen ungeachtet starke Verteidigungsmaßnahmen befürwortete (vgl. 2.4.3). Auf ihn geht die Forderung zurück, daß Ziel jeden Krieges stets der Friede sein müsse, eine Formel, die geradezu den Mißbrauch durch Gewaltherrscher provoziert: Napoleon, Lenin/Stalin, Hitler – sie alle verkündeten, daß sie Krieg um des Friedens willen führten, freilich um eines Friedens nach ihren Vorstellungen. Letztlich bewirkte diese Formel eine Sprachverwirrung, in der die Begriffe Frieden und Krieg sich vermischten. George Orwell hat in seinem Roman „1984" beschrieben, bis zu welcher Perversion ein totalitärer Diktator, in diesem Falle der „Große Bruder", sich versteigen kann, der die Staatspartei proklamieren läßt: „Krieg bedeutet Frieden." (*Orwell* 1976: 27)[24]

---

rientiertes Weltbild ablösen. Für diesen Versuch, den Götterhimmel zu stürzen, was seine Richter als Verführung der Jugend deuteten, wurde er zum Tode verurteilt.

23 In diesem Zusammenhang ist ein kurzer Text von Kurt Tucholsky interessant, der ebenfalls auf die verhängnisvolle kriegskulturelle Sozialisation junger Menschen aufmerksam macht: „Man hat ja noch niemals versucht, den Krieg ernsthaft zu bekämpfen. Man hat ja noch niemals alle Schulen und Kirchen, alle Kinos und alle Zeitungen für die Propaganda des Krieges gesperrt. Man weiß also gar nicht, wie eine Generation aussähe, die in der Luft eines gesunden und kampfesfreudigen, aber Krieg ablehnenden Pazifismus aufgewachsen ist. Das weiß man nicht." (*Tucholsky* 1931: 326)

24 Bundeskanzler Gerhard Schröder hat sich diese Sprachverwirrung – in Übereinstimmung mit der NATO und anderen Regierungschefs – zu eigen gemacht, als er nach Beginn der NATO-Luftangriffe am 24. März 1999 im ZDF erklärte: „Wir führen keinen kleinen Krieg, aber wir sind aufgerufen, eine friedliche Lösung auch mit militärischen Mitteln durchzusetzen." Die deutschen Medien haben in den ersten Wochen des Kosovo-Krieges bis auf wenige Ausnahmen diesen Sprachgebrauch übernommen und den Begriff „Krieg" in der Berichterstattung vermieden.

1.4.3 Der „Gerechte Krieg“ beherrscht das Denken und Handeln

Dennoch haben die griechischen Philosophen mit ihren Friedensvorstellungen die öffentliche Meinung ihrer Zeit und vieler späterer Generationen richtig eingeschätzt, wie der Historiker Hermann Bengtson schlußfolgert:

„Die Idee des allgemeinen Friedens zog aus der in der hellenischen Welt verbreiteten tiefen Friedenssehnsucht ihre Nahrung, sie kam der Zeitstimmung weitgehend entgegen.“ (*Bengtson* 1965: 261, zitiert nach *Ricken* 1988: 2)

Sokrates, Platon und Aristoteles hatten mit ihren Lehren aber auch die Idee des vermeintlich „gerechten Krieges“ (*bellum iustum*) vorbereitet, die dann von der Philosophenschule der Stoa und von Cicero (vgl. 2.4.4 und 2.4.5) weitergeführt wurde. Jesus von Nazareth, den die Christenheit als den Stifter ihres Glaubens ansieht, wollte von solchen Gedankenspielen nicht viel wissen. Für ihn war gewaltfreies Verhalten und Handeln die Norm. Noch im 2. Jahrhundert prägte einer der Kirchenväter, Bischof Cyprian (um 200-258), einen Satz, der auf dieselbe Beobachtung hinausläuft, die auch schon Mo Tze 500 Jahre zuvor gemacht hatte:

„Wird es (Blut – Anm. *Koppe*) vergossen, redet man von Untat, wenn öffentlich, von Tapferkeit. Die Größe des Wütens (gemeint ist Krieg – Anm. *Koppe*) ist es, die das Verbrechen straflos macht“. (*Cyprian* bei *Deschner* 1997: 252-253)

Vom gerechten Krieg zum Recht auf Krieg

Die Christen haben die Lehren ihres Religionsstifters freilich schnell vergessen und folgten darin dem schlechten Beispiel mancher Nachfolger Buddhas (vgl. weiter vorn). Bis Ende des 2. Jahrhunderts waren sie dem Gewaltfreiheitsgebot des Jesus von Nazareth gefolgt, doch mit Anerkennung des Christentums im 4. Jahrhundert begannen sie schnell, den Krieg als Mittel der Ausrottung von Nichtchristen und Häretikern sowie der Erweiterung von Macht nicht nur zu befürworten, sondern in höchsten Tönen zu loben. „Von der Kirche der Pazifisten zur Kirche der Feldpfaffen“ betitelt Karlheinz Deschner das entsprechende Kapitel seiner „Kriminalgeschichte des Christentums“ (*Deschner* 1996: 247-263). Der bereits erwähnte Bischof von Hippo, Augustinus (vgl. 2.4.8 und 3.4.1), wurde in Anlehnung an die Stoiker und insbesondere an Cicero zum Protagonisten des „gerechten Krieges“, sofern die Sache gerecht war (*causa iusta*), die Intention sittlich richtig (*intentio recta*) erschien und die Verantwortung bei einem legitimen Fürsten (*legitima potestas*) lag (*Rief* 1990). Nach letzterem Prinzip haben katholische Bischöfe auch immer wieder ihre Gläubigen aufgefordert, Hitler Gehorsam zu leisten (*Missalla* 1997). Wie unsensibel Augustinus gegenüber dem Morden und Gemordetwerden war, zeigt ein weiterer Ausspruch dieses Kirchenvaters.

„Was hat man denn gegen den Krieg? Etwa daß Menschen, die doch einmal sterben müssen, dabei umkommen?“ (*Augustinus* bei *Deschner* 1996: 524)

1.4.4 Gerechtigkeit – eine weitere Voraussetzung für Frieden

Allerdings hatte Augustinus auch erkannt, daß Werke der Gerechtigkeit Voraussetzung für Frieden seien (*pax iustitiae opera* – vgl. 1.1.1). In der Tat ist Frieden ohne Gerechtigkeit kaum denkbar, er müßte zu einem „Zwangsfrieden" entarten, unter dem weder eine unabhängige Justiz Recht sprechen könnte noch soziale Gerechtigkeit walten würde. Am deutlichsten hat das im 17. Jahrhundert William Penn in seinem „Essay über den gegenwärtigen und künftigen Frieden Europas" zum Ausdruck gebracht (vgl. 4.1.3). Doch Päpste, Bischöfe, Kaiser und Könige scherten sich mitnichten um die Not der Menschen ihrer Zeit. Sie dachten nicht an einen „gerechten Frieden" im Inneren, so wie sie sich auch nicht an die Bedingungen eines „gerechten" Krieges nach außen hielten. Karl „der Große", der ob seiner Taten in Aachen als „heilig" angesehen wird (eine „Heiligsprechung" im kirchenrechtlichen Verständnis hat es nicht gegeben), hätte eher den Beinamen „der Schlächter" verdient (mit dem ihn NS-Ideologen belegten, aber nicht weil er so viele Menschen erschlug, sondern weil seine Opfer „arische" Sachsen waren).

Zur höchsten Perversion wurde die Begründung des „gerechten", in diesem Falle sogar des „heiligen" Krieges mit den Kreuzzügen, denen innergesellschaftlich die Inquisition als Mittel der Unterdrückung und Eliminierung von Ketzern oder auch nur freien und damit unliebsamen Geisteshaltungen entsprach (vgl. 3.2.3). Der Kritik an solchem Verhalten wurde und wird auch heute oft mit dem Argument begegnet, daß es eben zu anderen Zeiten anders gewesen sei. Wo jeder gegen jeden Krieg führte, hätten halt auch Päpste und Bischöfe Krieg geführt. Wenn der Mensch des Menschen Wolf sei (Hobbes), dann gelte das eben auch für kirchliche Würdenträger. Das Foltern und Verbrennen der Inquisition habe den damaligen Sitten auch in der weltlichen Gerichtsbarkeit entsprochen, sei also gar keine typische christliche Eigenart und auch keine Erfindung der Inquisition. Grausame Strafen seien bis heute im Islam die Regel.

Niccolò Machiavelli (1469-1527) rechtfertigte schließlich sogar böses Tun als sittliche Notwendigkeit, allerdings nur in extremen Situationen im Sinne der Staatsraison, indem er seinem Fürsten anriet:

> „Daher muß er eine Gesinnung haben, aufgrund derer er bereit ist, sich nach dem Wind des Glücks und dem Wechsel der Umstände zu drehen und (…) vom Guten nicht abzulassen, wie es möglich ist, aber sich zum Bösen wenden, sobald es nötig ist." (*Machiavelli* 1986: 139)

Schließlich wurde Thomas Hobbes (1588-1679) zum Philosophen der im Fürsten begründeten absoluten Staatsgewalt, die einerseits die Untertanen daran hindert, sich gegenseitig totzuschlagen (*homo homini lupus*), andererseits aber das Recht in Anspruch nimmt, die Staatsinteressen gegenüber anderen Herrschern mit kriegerischer Gewalt durchzusetzen (vgl. 4.1.1). Der Fürst bestimmt von nun an nicht nur faktisch, sondern ganz legal über Krieg und Frieden (*Hobbes* 1966: 155-156). Das Recht zur Kriegführung, das Recht auf Krieg (*ius ad bellum*), hatte den Gerechten Krieg (*iustum bellum*) endgültig ad absurdum geführt (*Meyers* 1994: 92).

Rufer wider den Krieg

Dessen ungeachtet haben sich immer wieder Friedensrufer zu Wort gemeldet, die sich von der Dialektik des Augustinus nicht beeindrucken ließen. Der überzeugendste war vermutlich Franz (Franziskus) von Assisi (1182-1226). Zu nennen sind auch Marsilius von Padua (*Defensor pacis*), Dante Alighieri, Pierre Dubois, Erasmus von Rotterdam, die Utopisten Thomas Morus, Tomaso Campanella, Francis Bacon, der böhmische König Georg Podiebrad, der Herzog von Sully, Gottfried Wilhelm Leibniz, William Penn, der Abbé de Saint Pierre, Jean Jacques Rousseau, Immanuel Kant [25] Sie setzten sich für die Ablösung der Kriegskultur durch eine Kultur des Friedens ein. Ihre Leistung blieb auch nicht ganz ohne Erfolg. Die bereits genannte Entwicklung vom Faustrecht des grundbesitzenden Adels (Bischöfe eingeschlossen) über den Gottesfrieden (*treuga dei*) zum Land- und Kaiserfrieden brachte den Menschen ihrer Zeit, vor allem den Bauern, zwar Erleichterung, aber sicherlich keinen positiven Frieden (vgl. 3.2).

1.5 Frieden als Gegenstand der Friedensforschung

Friedenskunst als Fähigkeit des Menschen, gewaltfreie Beziehungen unter Staaten, Gesellschaften und Menschen zu gestalten, ist selbst als Begriff unbekannt geblieben. Auch die Friedensforschung erlag dem CNN-Effekt. Sie war und ist teilweise noch immer Kriegsursachenforschung und spürt dem negativen Frieden nach, eine Feststellung, die ihre Leistungen auf diesem Gebiet keineswegs schmälert. Aber es dürfte eine Illusion sein anzunehmen, daß die Chancen einer Überwindung des Krieges um so größer werden und Frieden sich quasi automatisch einstelle, je eingehender Kriegsursachen erforscht sind. Der positive Frieden wird zwar stets beschworen, aber meist nur als Begriff ohne Inhalt. Auch bei den wenigen Ansätzen zur Erforschung innergesellschaftlichen Friedens ist die Friedens- und Konfliktforschung bei der Aufdeckung von Ursachen innergesellschaftlicher Gewalt steckengeblieben. Die Parallele ist offenkundig: Die Ursachen von Gewalt in der Gesellschaft werden untersucht in der Erwartung, dadurch Einsichten zu ihrer Bekämpfung und Eindämmung zu gewinnen, und in der Hoffnung, daß dann Frieden in der Gesellschaft gewissermaßen von selbst einkehren werde.

---

25 Eine eingehendere Darstellung der historischen Friedensdenkschriften wird in den nachfolgenden Abschnitten 4.1, 4.2 und 4.3 gegeben.

1.5.1 Die UNESCO entdeckt die Kultur des Friedens

Auch der Begriff Friedenskultur ist natürlich nicht neu. Doch lange Zeit wurde er bestenfalls genutzt, um nüchtern festzustellen, daß eben diese fehle. Einen ersten breiter angelegten Versuch, diesen Begriff etwas mehr auszufüllen, unternahm die Internationale Friedensforschungsvereinigung IPRA (*International Peace Research Association*) auf ihrer Generalkonferenz 1988 in Rio de Janeiro, wo sie das Thema „Friedenskultur und Gesellschaft" in den Mittelpunkt stellte (*Boulding* 1991). Aber auch damals wurde das Thema eher formuliert als vertieft, eine Bestätigung, daß die Forschung darüber, wenn es sie überhaupt gab, nur schwach entwickelt war. Das macht es schwer, Aussagen zu diesem Thema zu machen, die über Annahmen und Vermutungen hinausgehen. Die IPRA Generalkonferenz 1996 in Brisbane setzte das Thema „Kultur des Friedens" erneut auf die Tagesordnung und folgte damit einer Vorgabe der UNESCO, die einige Jahre zuvor eben diesen Begriff „Kultur des Friedens" zum zentralen Schwerpunkt ihrer Tätigkeit erklärt hatte. Was jedoch darunter zu verstehen ist, bleibt weiterhin unklar. Und warum ist dies eigentlich erst 40 Jahre nach der Gründung dieser weltweiten „Kulturorganisation" geschehen, zumal die Präambel der UNESCO den Satz enthält[26]:

„Da Kriege in den Köpfen der Menschen beginnen, müssen auch die Bollwerke des Friedens in den Köpfen der Menschen errichtet werden".

In der „Neuen Bibliographie zur Friedensforschung" (*Scharffenorth* 1973) sind Angaben zu einem Bereich, der mit „Friedenskultur" bezeichnet werden könnte, nicht zu finden. Die wichtige Reihe der *Friedensanalysen* (27 Bände von 1975 bis zur Einstellung der Reihe 1992) enthält keinen diesbezüglichen Titel. Das von den drei wichtigsten deutschen Friedensforschungsinstituten seit 1990 gemeinsam herausgegebene *Friedensgutachten* schweigt sich ebenfalls zu diesem Thema aus (*Mutz* u.a. 1998). Das dazu als Alternative ebenfalls seit 1990 herausgegebene *Jahrbuch Frieden* versuchte diesem Trend etwas entgegenzuwirken. Es enthielt mehrere Beiträge unter den Rubriken „Kunst/Kultur des Friedens", „Pazifismus"[27] und „Zivile Konfliktbearbeitung", doch sind auch die meisten dieser Beiträge eher der Kriegsursachen- und Konfliktforschung als der „Friedensursachenforschung" und der „Kultur des Friedens" im Sinne eines positiven Friedensverständnisses zuzuordnen (*Birckenbach* 1996). Die „Strafe" folgte auf dem Fuße: der Verlagslektor empfahl, die Reihe in „Jahrbuch Krieg" oder so ähnlich umzubenennen, was

26 FriedenserzieherInnen versuchen, diese Erkenntnis zu beherzigen und durch entsprechende Forschung und praktische Erziehungsanleitungen Grundlagen für ein tolerantes und, wenn nicht völlig gewaltfreies, so doch ein immer gewaltärmeres Konfliktverhalten zu erreichen.

27 Dies zu erwähnen erscheint mir deshalb wichtig, weil nach meinen Erfahrungen die „harte" Friedensforschung pazifistische Beiträge wenig schätzt.

die Herausgeber ablehnten. Die Reihe wurde daraufhin eingestellt. Auch dieser Vorfall ist bezeichnend dafür, daß nach wie vor Krieg das Aufmerksamkeit und Interesse erregende Thema ist und nicht Frieden.

Parallele zur historischen Frauenforschung

Hier ist eine Parallele zur historischen Frauenforschung zu erkennen: über Frauen in der Geschichte und ihre für die Entwicklung der Zivilisation unübersehbaren Leistungen wird so wenig berichtet, weil die Frauenleistung als etwas Selbstverständliches und Friedfertiges (und damit vermeintlich nicht Berichtenswertes) angesehen wird und die Männerleistung ihre „Höhepunkte" (eigentlich müßte es „Tiefpunkte" heißen!) in Schlachten und Machtkämpfen findet, die in Triumphbögen und Chroniken festgehalten werden. Die Frauenforschung beginnt gerade erst, den hervorragenden Beitrag von Frauen zur friedlichen Gestaltung gesellschaftlicher Verhältnisse zu untersuchen und öffentlich zu machen (*Kuhn* 1992). In gleicher Weise gilt es, die Bedeutung von Friedenszeiten für die zivilisatorische Entwicklung aufzuzeigen und öffentlich zu machen.

1.5.2 Andere Faktoren, die den Frieden stören

Die Hoffnungen auf, wenn auch nicht ewigen, so doch etwas dauerhafteren Frieden, die nach der Katastrophe des Zweiten Weltkriegs und dann wieder nach dem einigermaßen glimpflichen Ende des Kalten Krieges gehegt wurden, haben sich nicht erfüllt. Aller Friedenssehnsucht zum Trotz scheint die Sache Krieg und Gewalt die Menschen immer noch oder schon wieder zu beherrschen, zumindest jene, die sich überhaupt mit den Konflikten unserer Zeit auseinandersetzen. Und dennoch ist nichts falscher als die Annahme, Entwicklung und Gegenwart der menschlichen Gesellschaft sei vorrangig, wenn nicht ausschließlich durch Krieg geprägt, ja ohne Krieg hätte es keinen zivilisatorischen Fortschritt gegeben. Noch heute versteigen sich die Verteidigungs- und Rüstungsminister in aller Welt zu der abenteuerlichen Behauptung, Rüstungsforschung sei notwendig, um den zivilisatorischen und technologischen Fortschritt zu sichern. Doch Dampfmaschine, Benzin- und Dieselmotor, Eisenbahn, Auto, Flugzeug, Telephon, Radio, Fernsehen, ja sogar das bei allen Hausfrauen und Hausmännern beliebte Teflon wurden durch individuelle und zivile Forschung erfunden. Erst später haben sich Militär und Rüstungsindustrie diese Errungenschaften zu kriegerischen Zwecken angeeignet. Richtig ist jedoch, daß sich für Rüstungsaufträge leichter als für zivile Forschung öffentliche Mittel locker machen lassen.[28] Wiederum stehen wir vor

---

28 Das Verhältnis zwischen Rüstungsforschung einerseits und Zivilforschung an Universitäten, staatlichen und privaten Instituten andererseits ist dessen ungeachtet zumin-

einem Problem der Friedenskultur, nämlich der Unfähigkeit des Staates, der Medien und der Lehrerschaft auf allen Ebenen, diese kulturelle Dimension des Friedens zu vermitteln.

Frieden ist längst nicht mehr die Beschreibung von Nichtkrieg, also vom Ruhen militärischer Waffen. Frieden und Sicherheit werden durch andere Faktoren weit mehr gestört als durch Krieg, und zwar durch Faktoren, die im Unterschied zur Vergangenheit – etwa seit Beginn der Industrialisierung im 19. Jahrhundert, aber auch schon früher – von Menschen gemacht sind: Zerstörung der Umwelt und damit der natürlichen Lebensgrundlagen der Menschheit und – in engem Zusammenhang dazu – ökonomischer Raubbau, Überkonsum bei etwa 15 Prozent der Menschheit, Normalkonsum bei weiteren 15 Prozent und Unterversorgung der anderen 70 Prozent. Deshalb sind als friedensstörende Faktoren an erster Stelle der Mangel an weltweiter und innergesellschaftlicher Verteilungsgerechtigkeit und der Mangel an nachhaltigen Maßnahmen zum Schutz der lebenserhaltenden natürlichen Umwelt zu nennen.

1.5.3 Streit in der Friedenswissenschaft

Diese Überlegung hat schon vor Jahren einen heftigen Streit in der Friedenswissenschaft ausgelöst (vgl. 5.3). Die Frage lautet: Ist der Friedenswahrung gedient, wenn alle Faktoren, die das Zusammenleben von Menschen und das Wohlbefinden jedes Einzelnen stören oder gefährden, in die Vorsorge für Frieden einbezogen werden (die sogenannte Erweiterung des Friedensbegriffes und Entgrenzung des Gewaltbegriffes)? Sind nicht Staat, Gesellschaft und Individuen maßlos überfordert, wenn sie für einen „allumfassenden" Frieden sorgen sollen? Die Frage scheint berechtigt, geht jedoch an der politischen Praxis vorbei. Denn diese Frage stellen bedeutet nicht, auf gesellschaftliche und politische Prioritätensetzungen zu verzichten und im Rahmen einer dem Staat aufgegebenen Zuständigkeitsverteilung (horizontal und vor allem vertikal nach dem Prinzip der Subsidiarität) die Bearbeitung friedensstörender Konflikte zu delegieren, wie dies ja in der Regel geschieht, wenn auch ebenso in der Regel in unzureichender Weise, etwa auf den Gebieten der Kriminalität, des Gesundheitswesens, der Arbeitsbeschaffung, der Entwicklungshilfe und anderes mehr. Entscheidend ist dabei allerdings, daß alle diese Faktoren in einen größeren Zusammenhang gestellt werden und das Bewußtsein dafür geweckt wird, daß Frieden in vielfältiger Weise gestört ist und Schaffung von Frieden eben nicht nur als eine militärische Aufgabe gesehen wird.

Daraus kann geschlossen werden, daß nicht Sicherung des Friedens in erster Linie durch militärische Mittel angesagt ist, sondern politische Maßnahmen

---

dest in Europa sehr viel günstiger als gemeinhin angenommen wird. Es dürfte sich auf 10 zu 90 belaufen. In den USA dürfte der Anteil der Rüstungsforschung an der Hochschulforschung allerdings größer sein.

zur Überwindung ökologischer und ökonomischer – also zivilisatorischer – Gefährdungen den Vorrang haben müssen (vgl. im Anhang 6.8 Senghaas/ Senghaas). Dort ist der Schlüssel für gegenwärtige und künftige Friedensgestaltung, dort ist Annäherung an Frieden zu suchen, die immer zugleich auch Annäherung an Gerechtigkeit sein muß, wenn sie von Erfolg begleitet sein soll.

Die ultima ratio wird zur ultima irratio

Um solche Friedensstrategien ist es freilich schlecht bestellt. Die politischen Akteure denken nicht daran, sich an solchen Analysen zu orientieren. Sie möchten auf das Instrument der Friedenssicherung, -erzwingung und -gestaltung durch militärische Gewalt, sei es auch nur als *ultima ratio*, die sehr schnell zur *ultima irratio* werden kann, nicht verzichten. Sie verweisen Frieden, Gerechtigkeit und Gewaltarmut einfach in den Bereich der Utopien und Illusionen und setzen weiterhin auf Clausewitz. Denn was anderes bedeutet Militärpolitik als eine Vorbereitung darauf, Politik mit anderen Mitteln, also mit Waffeneinsatz oder zumindest mit der Drohung solchen Einsatzes, fortzusetzen? Für diese Schieflage gibt es einen Beleg: Es ist auffällig, daß dieselben Staaten, die bereit sind, für Friedenserzwingung durch Militäreinsatz hohe Beträge auszugeben (in Somalia 3,5 Milliarden Dollar, in Jugoslawien ebenfalls bereits mehrere Milliarden), nicht bereit waren und offensichtlich weiterhin nicht bereit sind, auch nur annähernd große Beträge für ökonomische und ökologische Ursachenbekämpfung im Vorfeld eines sich anbahnenden Konflikts (Prävention) zur Verfügung zu stellen. Dabei ist die Annahme gerechtfertigt, daß der Einsatz eines Bruchteils dieser Summen für soziale, wirtschaftliche und demokratische Entwicklung zu Beginn eines sich abzeichnenden Konfliktes ausreichen würde, den Griff zur Gewalt zu verhindern. Offensichtlich sind Ausgaben zur nichtmilitärischen Friedenssicherung auch in demokratisch verfaßten Staaten innenpolitisch nicht durchzusetzen, wohl aber Ausgaben für militärische Interventionen, wie die Kriege der vergangenen zehn Jahre (Irak, Somalia, Ex-Jugoslawien) beweisen. Auch die Friedensfähigkeit der Demokratien steht damit auf dem Prüfstand.

1.5.4 Warum leben Menschen friedlich miteinander?

Um einen Wandel im Denken zu erreichen, wäre es hilfreich, wenn wir mehr darüber wüßten, warum die überwältigende Mehrheit der Menschen friedlich zusammenlebt. Wir haben viele Erkenntnisse darüber erworben, warum Menschen gewalttätig werden und Krieg führen, aber die Frage nach ihrer Friedenspraxis wird viel zu wenig, wenn überhaupt beachtet. Warum leben Menschen trotz unterschiedlicher ethnischer Identität, trotz verschiedenartiger Glaubenszugehörigkeit und kultureller Traditionen, trotz höchst unterschiedlicher (häufig sogar als miteinander unvereinbar angesehener) Interessen dennoch friedlich zusammen, als Individuen, als Nationen? Es gibt zu dieser Frage kaum empirisch belegbare Antworten, allenfalls beschreibende Untersuchungen, auch diese nur unvollkommen. Das in der Einleitung erwähnte Versagen der Soziologie dürfte damit in ursächlichem Zusammenhang stehen. Kenneth Boulding hat in dem bereits genannten Beitrag dieses Zusammenleben konstatiert und angeregt, die Ursachen für diesen offensichtlichen Tatbestand zu untersuchen und damit das Stichwort „Friedensursachenforschung" gegeben. Elise Boulding hat diesen Gedankengang mit ihrem Buch „The Hidden Side of History" fortgeführt (*Boulding* 2000). Inzwischen wurde das Thema von einigen Friedensforschern aufgegriffen (*Matthies* 1994, *Koppe* 1995, *Senghaas* 1995 und 1997, *Vogt/Jung* 1997).[29]

Frieden in der Europäischen Union

Eine weitere Studie, die direkt unter dem Titel „Friedensursachen" publiziert wurde, geht den Gründen für den heute dauerhaften Friedenszustand zwischen der Bundesrepublik Deutschland einerseits und den USA, Frankreich und den Niederlanden andererseits nach und versucht, in einem letzten Teil Perspektiven für gleichartige Entwicklung vor allem in Osteuropa aufzuzeigen (*Zielinski* 1995). Insgesamt kann die Gründung und Entwicklung der Europäischen Gemeinschaften, inzwischen Europäische Union, als eine friedenskulturelle Leistung ersten Ranges verstanden werden, obschon andere Motive (Kontrolle des westdeutschen Industriepotentials einerseits und Einspannung der Bundesrepublik in die Verteidigung gegenüber dem aggressiven sowjetischen Drohpotential andererseits) dominiert haben, die freilich auch im Interesse der deutschen Politik lagen.

Friedenszone OECD

Auch der als dauerhaft anzusehende Frieden zwischen den Mitgliedern der Organisation für Wirtschaftliche Zusammenarbeit und *Entwicklung (Organization for Economic Cooperation and Development* – OECD) kann als ein Erfolg der Friedenskultur angesehen werden. Dabei fällt eine Parallele zur *pax Romana* auf: Auch diese weltweite Friedenszone kennt an ihren Randgebieten kleinere gewaltsame Konflikte – in Nordirland, im Baskenland, auf Korsika, in der Türkei (Kurdenkonflikt), auf dem Balkan, im Nahen Osten. Der Friedensforscher Dieter Senghaas hat allerdings in einem „Negativ-Szenario" davor gewarnt, diesen Friedenszustand als endgültig hinzunehmen:

> „Von einem inneren Zusammenhalt des sogenannten *OECD-Clubs* auszugehen, ist trügerisch. Denn dieser Zusammenhalt verdankt sich nicht der Logik von Handelsstaaten und einem mit

29 Es fällt auf, daß namhafte Wissenschaftlerinnen, die im Rahmen feministischer Friedensforschung hervorragende Leistungen erbracht haben, in dieser neuen Subdisziplin der Friedensursachenforschung nicht oder noch nicht vertreten sind.

ihr synchronisierten institutionellen Überbau, schon gar nicht der Fundierung einer vielbeschworenen Wertegemeinschaft, sondern dem Ost-West-Konflikt. (...) Der in der Geschichte Westeuropas erreichte beispiellose Zusammenhalt wird sich in einem politisch unabweisbaren qualvollen Prozeß auflösen. Großbritannien, Frankreich und Deutschland werden einander in wachsendem Maße konflikthaft gegenüberstehen. (...) Von den zu erwartbaren Entwicklungen her gesehen ist es unrealistisch, von einem Bedeutungsverlust der militärischen Komponente in und zwischen Gesellschaften auszugehen." (*Senghaas* 1992: 181-186)

Allerdings will Senghaas dieses „Negativ-Szenario" nur als Warnung verstanden wissen, um auf diese Weise die Notwendigkeit friedenskulturellen Handelns zu unterstreichen.

Si vis pacem, para pacem

Dagegen muß das ebenfalls unmittelbar nach dem Kriege entstandene nordatlantische Verteidigungsbündnis (*North Atlantic Treaty Organization* – NATO) nach wie vor unter kriegskulturellem Vorzeichen gesehen werden, auch wenn es zur Absicherung der westlichen Friedenszone gegründet wurde. Die Parallelität beider Entwicklungen kann als ein Übergang von der bislang mehr oder weniger allein geltenden Maxime des *si vis pacem, para bellum* (Willst Du den Frieden, bereite Dich auf den Krieg vor) zu einem *si vis pacem, para pacem* (Willst Du den Frieden, bereite den Frieden vor) verstanden werden.[30]

Ohne jeden Zweifel ist dieser Zustand ein Erfolg kollektiver Lernfähigkeit. Dessen ungeachtet aber zeigt sich, daß wir zwar sehr viel über das Entstehen von Kriegen gelernt haben, aber kaum etwas über seine Beendigung, also das Entstehen von Frieden. Die meisten Kriege wurden offensichtlich beendet, weil entweder eine Partei oder auch beide Parteien erschöpft waren, also unter Zwang oder auch durch Eingreifen Dritter, aber nicht, weil sich der Wille zum Frieden bei den Konfliktparteien selbst durchgesetzt hätte (vgl. *Matthies* 1997 und *Bercovitch/Rubin* 1992).

Anwendungen auf laufende Friedensprozesse

Zu fragen ist auch, was mit Blick auf laufende Friedensprozesse – in Europa der KSZE/OSZE-Prozeß, in Südafrika, im Nahen und Mittleren Osten, in Nordirland, im Baskenland, in der Kaukasusregion, in Kambodscha – gesagt

---

30 Dieser Ausspruch wird dem spätrömischen Militärschriftsteller Flavius V. Renatus Vegetius (um 400 n.d.Z.) zugeschrieben. In seinem Handbuch des Militärwesens (Epitoma rei militaris) lautet er: Qui desiderat pacem, praeparet bellum. Die Umkehrung dieses Satzes taucht in der Literatur mehrfach auf. In einem friedenswissenschaftlichen Zusammenhang findet sie sich erstmals als „if you wish peace, prepare for peace" bei John Nobel 1963: Arbitration and a Congress of Nations as a Substitute in the Settlement of International Disputes, London. Dieser Hinweis findet sich im Manuskript von Gregory A. Ramond, When Nations Arbitrate: The Correlates of Third Party Conflict Resolution, vorgelegt zur 30. Jahreskonferenz der International Studies Association, März 1989, London. Vgl. auch Senghaas/Senghaas 1992.

werden kann. Lassen sich diese Prozesse mit Konflikttheorien, etwa mit der Theorie der graduellen wechselseitigen Annäherung (GRIT – *Graduated Reciprocation in Tension Reduction*[31]) erklären? Können sie vielleicht wirkungsvoller zur Friedensgestaltung genutzt (GRIP – *Graduated Reciprocation in Peace Building*) werden? Der Beginn des Friedensprozesses im Nahen Osten weist in diese Richtung, auch wenn er zur Zeit noch stockt. Vielleicht sind solche Prozesse auch nur die Folge von Ermüdungserscheinungen? Welchen Einfluß haben Bewußtseins- und Einstellungsveränderungen in Bevölkerungen, welchen Einfluß die modernen Medien und Kommunikationsprozesse oder auch die Erkenntnis, daß entscheidende Fragen nicht mehr allein im nationalen Rahmen lösbar sind? Andere Fragen wären: Wieviel Wohlstand (zumindest Deckung von existentiellen Grundbedürfnissen), wieviel ökonomischer Ausgleich (Verteilungsgerechtigkeit), wieviel Demokratie sind für Aufbau und Erhalt von Friedensstrukturen tatsächlich erforderlich?

1.6 Vom Versagen politischer Akteure

Die Frage, warum politische Akteure so und nicht anders handeln, ist schwer zu beantworten. Zahlreiche Äußerungen lassen vermuten, daß sie Zwängen unterliegen oder zumindest meinen, solchen ausgesetzt zu sein. Internationale Verpflichtungen, Fehleinschätzungen und Fehlwahrnehmungen, Überforderung durch Problemanfall und Zeitdruck, Abhängigkeit von Zuträgern und mächtigen Lobbies, Angst vor politischen und finanziellen Risiken, aber auch das Interesse, wiedergewählt zu werden, und schließlich ein Mißtrauen gegenüber wissenschaftlichen Erkenntnissen, seien sie auch noch so gut empirisch belegt – das alles sind Gründe, warum sich Politiker dagegen wehren, das vielleicht sogar von ihnen selbst erkannte Notwendige zu tun. Die schnelle Entscheidung, der Rückgriff auf angeblich bewährte alte Instrumente, ist häufig die falsche Entscheidung, wie sich im nachhinein herausstellt. Und oft sind Entscheidungen erst dann in Parlament und Öffentlichkeit durchsetzbar, wenn eine Situation keinen anderen Ausweg mehr zuläßt. Dann aber ist der Zeitpunkt für erfolgversprechende Prävention längst verpaßt. Maßnahmen, die unter solchem Druck getroffen werden, tragen den Keim des Fehlschlags bereits in sich.

1.6.1 Angst vor Strukturwandel

In der politischen Praxis sind es Abgeordnete aller Parteien (in Deutschland von einigen linken Sozialdemokraten, Bündnisgrünen und den Postkommunisten abgesehen), die sich wenig geneigt zeigen, neue friedenspolitische Wege zu

---

31 Vgl. Etzioni 1962 und 1970, Osgood 1960 und 1962.

gehen oder zumindest zu testen. Sie wissen einfach nicht, wie „Frieden gemacht werden" kann. Noch schlimmer: Die Angst vor Strukturwandel, vor Infragestellung jahrhundertealter patriarchalischer Privilegien ist für die Aufrechterhaltung von Militär, neben dem Selbsterhaltungstrieb des Militärs selbst, vermutlich ein entscheidenderer Faktor als alle anderen Überlegungen. Die Sorge, daß der Reformdruck, vor allem im Zeichen zunehmender öffentlicher und individueller Armut bei gleichzeitig zunehmendem Reichtum einer Minderheit der Bevölkerung sowie im Zeichen anhaltender Zerstörung der Umwelt, zu einer „anderen" (sprich: gerechteren und damit friedlicheren) Republik führen könne, ist offensichtlich für viele gesellschaftliche Akteure ein so erschreckender Gedanke, daß sie auf Militär nicht verzichten wollen. Die amerikanische Historikerin Barbara Tuchman, auf die schon mehrfach verwiesen wurde, hat diese Denkweise in die Kategorie der Torheiten eingeordnet:

> „In der Regierungskunst, so scheint es, bleiben die Leistungen der Menschheit weit hinter dem zurück, was sie auf fast allen anderen Gebieten vollbracht hat. Weisheit, die man definieren könnte als den Gebrauch der Urteilskraft auf der Grundlage von Erfahrung, gesundem Menschenverstand und verfügbarer Information, kommt in dieser Sphäre weniger zur Geltung und ihre Wirkung wird häufiger vereitelt, als es wünschenswert wäre. Warum agieren die Inhaber hoher Ämter so oft in einer Weise, die der Vernunft und dem aufgeklärten Eigeninteresse zuwiderläuft? Warum bleiben Einsicht und Verstand so häufig wirkungslos?" (*Tuchman* 1984: 11)

1.6.2 Konsequenzen für Forschung und Politik

Wenn die Gesamtheit der hier vorgetragenen Überlegungen der Kritik standhalten, dann sollten sie Konsequenzen für die Friedensforschung ebenso wie für die Friedenspolitik haben. Die Wissenschaft – und nicht allein die Friedensforschung – wäre herausgefordert, die vorhandenen Untersuchungen über Krieg und Krisen, über Gewalt und neue Bedrohungen mehr als bisher durch Erforschung jener Mechanismen zu ergänzen, die schon immer und auch heute die vorfindlichen gewaltfreien beziehungsweise gewaltarmen Beziehungen zwischen Staaten und auch das friedliche Zusammenleben von Menschen innerhalb der Gesellschaften ermöglichen und bedingen. Auf dieser Grundlage wäre nach neuen Erkenntnissen zu suchen, wie die ohne jeden Zweifel noch vorhandene Gewalt in den zwischenstaatlichen und innerstaatlichen Beziehungen weiter eingedämmt und schließlich auf eine wahrscheinlich nie völlig auszuschaltende Restgewalt reduziert werden kann, die wir mit rechtsstaatlichen Mitteln unter Kontrolle halten können, wie dies in demokratischen Gemeinwesen die Regel ist. Die Politik wäre herausgefordert, Konflikte, in welcher Form und an welchem Ort sie auch immer gewaltträchtig zum Ausbruch kommen können, schon im Vorfeld mit zivilen Mitteln einzuhegen. Das bedeutet unter vielem anderen den Verzicht auf Streitkräfte, die – wie es nach wie vor der Fall ist – die Tötung von Menschen einüben und sanktionieren, und ihr schrittweiser Ersatz durch internationale Polizeikräfte, die nicht dem einzelnen Staat oder

Staatenbündnis, sondern den Vereinten Nationen zugeordnet und internationaler rechtsstaatlicher Kontrolle unterworfen sind (vgl. Themenschwerpunkt „Internationale Polizei“ in *S+F Vierteljahresschrift für Sicherheit und Frieden 1998).* Im Falle Bosniens war eine solche internationale Polizeitruppe vorgesehen, doch die selben Regierungen, die Militärkontingente stellten, waren bis heute nicht bereit, ihre Verpflichtung zur Bereitstellung von Polizeikräften zu erfüllen, auf die zahlreiche Aufgaben warten (Überwachung ziviler Vorgänge, Hilfestellung beim Aufbau von Verwaltungen, Ausbildung örtlicher PolizistInnen und anderes mehr), die zur Entwicklung und Wiederbelebung einer Friedenskultur unerläßlich sind.

1.6.3 Neue Herausforderungen an die Friedenswissenschaft

Die Wissenschaft sollte die angerissenen Fragen vertiefen und Erkenntnisse vermitteln. Das heißt:

- Wie kann die Friedenswissenschaft die in Vergangenheit und Gegenwart zu beobachtende Annäherung an die Zielvorstellung Frieden aufweisen und öffentlich sichtbar machen?
- Wie kann die Friedenswissenschaft die Funktion des Militärs als innergesellschaftliches Instrument zur Erhaltung überkommener Macht- und Herrschaftsstrukturen – auch in Demokratien – und seine Rolle zur Erschwerung oder gar Verhinderung gesellschaftlicher Reformen aufdecken?
- Wie kann die Friedenswissenschaft die Gründe, die friedliches Zusammenleben von Individuen, Gruppen, Nationen und Gesellschaften ermöglichen, analysieren und für Friedenswahrung durch Konfliktprävention und Friedensgestaltung anwendbar machen?
- Wie kann Friedenswissenschaft die vorhandenen friedensrelevanten Aspekte gesellschaftlichen Handelns aufdecken und zu Modellen einer in sich stimmigen Friedenspolitik verknüpfen?

Weichen sind gestellt

Inzwischen wurden einige Weichen in diese Richtung gestellt. Schon frühzeitig hatte Dieter Senghaas begonnen, in Anlehnung an und Weiterführung von Norbert Elias die Überlegungen zum Zivilisierungsprozeß mit der Friedensforschung zu verknüpfen (*Elias* 1989, *Senghaas* 1998). Sein zentraler Gedanke ist, daß mindestens sechs Bedingungen, und zwar gleichzeitig, zusammentreffen müssen (Zivilisatorisches Hexagon – vgl. 5.5.2), wenn Zivilisierungs- und Friedensprozesse zustande kommen und von Dauer sein sollen: Gewaltmonopol, Rechtsstaatlichkeit, Interdependenz/Affektkontrolle, Demokratische Partizipation, Soziale Gerechtigkeit, Konfliktkultur (*Senghaas* 1994, 26). Die Arbeitsgemeinschaft für Friedens- und Konfliktforschung (AFK) hat 1993 ihr 21.

Kolloquium anläßlich ihres 25jährigen Bestehens dem „Frieden als Zivilisierungsprojekt" gewidmet, mit dem der Friedensforschungskommunität weitere Anstöße gegeben werden (*Vogt* 1994). Einen umfangreichen und sachkundigen Sammelband hat das Österreichische Studienzentrum für Frieden und Konfliktlösung (ÖSFK) 1996 vorgelegt. In den beiden Kapiteln zu Theorie und Grundfragen zivilisierter Friedensgestaltung haben achtzehn Wissenschaftlerinnen und Wissenschaftler das weite Feld einer Kultur des Friedens umrissen und eingegrenzt (*Mader* 1996). Schließlich haben rund einhundert WissenschaftlerInnen und KünstlerInnen zum 50. Jahrestag der Gründung der UNESCO unter dem Titel „Kultur des Friedens" und im Auftrag der AFK Beiträge zu dem gleichlautenden Schwerpunktprogramm der UNESCO veröffentlicht, die eine außerordentliche Quelle zur Vertiefung und weiteren Erforschung der kulturellen Dimension des Friedens sind (*Vogt/Jung* 1997).

1.6.4 Nur schüchtern über den Rand des Friedens geblickt

Die Summe vorstehender Überlegungen läßt erkennen, daß wir bisher nur „schüchtern über den Rand des Friedens" (*Leonhard C. Lewin*[32]) geblickt haben. Erst wenn wir die vielfältigen Erfahrungen friedlichen Zusammenlebens von Menschen und Gemeinwesen in Vergangenheit und Gegenwart aufarbeiten, werden wir eine Kultur des Friedens entwickeln und praktizieren können, die der Weltgesellschaft eine gewaltfreiere Perspektive, eine Welt ohne Krieg eröffnet. Der dazu notwendigen Forschungsarbeit will dieser Band den Weg bereiten, denn noch ist die Beweislage für die Annahme, daß die Entwicklung der menschlichen Zivilisation entgegen der bis heute praktizierten Geschichtsschreibung Friedenszeiten und nicht Kriegen zu verdanken sei, außerordentlich dünn. Es lohnt jedoch die Mühe, dieser Annahme nachzugehen, um auf diese Weise Ursachen für das friedliche Zusammenleben von Menschen und Völkern aufzudecken, die für die Beendigung von Kriegs- und Gewaltzuständen sowie die Herstellung dauerhaften Friedens von entscheidender Bedeutung sein können. Schon *Kant* hatte Friedensstiftung als einen solchen Näherungsprozeß erkannt, den er im letzten Satz seines Traktats „Zum Ewigen Frieden" beschrieb:

> „Wenn es Pflicht, wenn zugleich gegründete Hoffnung da ist, den Zustand eines öffentlichen Rechts, obgleich nur einer ins Unendliche fortschreitenden Annäherung wirklich zu machen, so ist der ewige Friede (...) keine leere Idee, sondern eine Aufgabe, die, nach und nach aufgelöst, ihrem Ziele (weil die Zeiten, in denen gleiche Fortschritte geschehen, hoffentlich immer kürzer werden) beständig näher kommt." (*Kant* 1925: 778)

---

32 Leonhard C. Lewin: „Bis heute hat noch niemand mehr als einen schüchternen Blick über den Rand des Friedens geworfen." Den Hinweis auf das Zitat verdanke ich Evelyn Jegen, Minnesota.

2 Von der Antike bis zum Mittelalter

In diesem Abschnitt wird der Frage nachgegangen, ob und wie in der Antike, und zwar bereits vor dem griechischen und römischen Altertum, auf das sich oft, aber viel zu kurz gegriffen, die moderne westliche Zivilisation beruft, Friedensvorstellungen formuliert wurden, die miteinander in Zusammenhang stehen und möglicherweise bis in unsere Zeit nachgewirkt haben. Das gilt beispielsweise für China und weite Teile Ostasiens, wo die Philosophenschulen des Mo Tse, Lao Tse und Kung Fu Tse (Konfuzius) noch heute Wertbegriffe prägen. Das gilt ebenso für Ägypten, das Zweistromland Mesopotamien (das Land am Euphrat und Tigris) und Südasien (Indien), wo die Verfasser der althinduistischen Weden, Religionsstifter wie Zoroaster (Zarathustra), Moses, Buddha, Mohammed und andere den Grund für ethische Verhaltensweisen legten, die über Judentum, Hinduismus, Buddhismus, Christentum und Islam bis in unsere Tage Moralbegriffe bestimmen.

Die Ähnlichkeiten mancher ethischen und friedenskulturellen Vorstellungen in den Zivilisationen am Nil, im Zweistromland und in China lassen zwei Annahmen zu: Entweder gehen wir mit Karl Jaspers davon aus, daß bestimmte ethische Verhaltensweisen (beispielsweise die Goldene Regel – vgl. 2.2.1) sich in den Weltregionen des 6. bis 3. Jahrhunderts v.d.Z. (die sogenannte „Achsenzeit“[33] vgl. 2.2.1) *unabhängig voneinander* entwickelt haben, oder die Zivilisationen haben sich direkt *wechselseitig* befruchtet.

Gibt es vielleicht im Bereich der Rechtsbeziehungen von Hammurabi über Ashoka, Moses, Platon, Aristoteles, das römische Recht, Thomas Hobbes bis Hugo Grotius Verknüpfungen, die bis in das moderne Rechtssystem

---

33 „Diese Achse der Weltgeschichte scheint nun rund um 500 vor Christus zu liegen, in dem zwischen 800 und 200 stattfindenden Einschnitt der Geschichte. (...) In dieser Zeit drängt sich Außerordentliches zusammen (...) gleichzeitig in China, Indien und dem Abendland, ohne daß sie gegenseitig voneinander wußten. (...) Der Tatbestand der dreifach erscheinenden Achsenzeit ist wie ein Wunder (...).“ *Jaspers,* Karl *1949*: Vom Ursprung und Ziel der Geschichte, München, S. 19, 20 und 40. Vgl. auch *Roetz,* Heiner: Die Ethik der Achsenzeit, Frankfurt am Main und *Eisenstadt,* S.N. (Hg.) 1987: Kulturen der Achsenzeit, 2 Bde., Frankfurt am Main.

hineinreichen? Mit anderen Worten: sind die Zivilisationsunterschiede und Zivilisationsbrüche vielleicht weniger groß, als gemeinhin angenommen wird? Das Kapitel endet mit dem Untergang der hellenistisch/griechisch-römischen Zivilisation und der *pax Romana*, um dann in die dunklen Jahrhunderte des frühen Mittelalters überzuleiten.

2.1 Die Friedensidee ist so alt wie die menschliche Zivilisation

Über den Frieden wird nachgedacht, seit es Menschen gibt, die miteinander in Streit geraten, sei es um ihren Wohnplatz, ihre Wasserstelle[34], Grund und Boden, Besitz und Ressourcen, auch um Macht und Ansehen, häufig unter Einfluß von Gier und Neid, und die im Verlauf solchen Streits (Konflikte sagen wir heute) zur Gewalt greifen. Die Geschichtswissenschaft und seit Beginn dieses Jahrhunderts die Kriegsursachenforschung, die bislang wichtigste Teildisziplin der Friedens- und Konfliktforschung, hat dazu erstaunliche Erkenntnisse gezeitigt.[35] Doch den Kriegsereignissen in der Antike, die wir aus in Stein geschlagenen Inschriften, auf Tontäfelchen geritzten Schriftzeichen und alten Handschriften kennen, haben stets auch „Friedensvisionen" entsprochen, über die es aus Gründen, die im ersten Kapitel dargestellt sind, sehr viel weniger Zeugnisse gibt. Diese Friedensvisionen waren nicht ohne Einfluß auf den Verlauf der Geschichte, sie haben vor allem Gesetzgebungen mitbestimmt, die bereits in frühen Zivilisationen das Zusammenleben von Menschen in friedlicher Weise regelten und die Voraussetzung für zivilisatorische Hochleistungen wie Wohnungsbau, Wasserregulierung, Landwirtschaft und auch kulturelle Tätigkeiten schufen, alles das, was Kenneth Boulding unter „allumfassendem Frieden" versteht.[36]

Nachdem im ersten Kapitel dieser Untersuchung die Frage aufgeworfen wurde, warum den friedenskulturellen Entwicklungen, sowohl in der Geschichtsschreibung wie in der allgemeinen Öffentlichkeit, vor allem in der Medienberichterstattung, so wenig Aufmerksamkeit gewidmet wurde und wird, geht es in diesem Kapitel darum, solchen Entwicklungen von der Antike bis in die beginnende Neuzeit nachzuspüren. Der Begriff „nachspüren" wird absichtlich benutzt, weil die Quellenlage schwierig und ein Einzelner gar nicht in der Lage ist, die notwendigen Recherchen durchzuführen. Das Kapitel beschränkt sich deshalb auf Hinweise und Vermutungen auch in der Absicht, weitere Untersuchungen über friedenskulturelle Entwicklungen anzuregen.

---

34 In dieser Hinsicht ist es kein Zufall, daß die Landnahme der Hebräer mit dem Kampf um eine Wasserstelle, den Brunnen von Beersheva, beginnt (vgl. 1. Buch *Moses*, Genesis, 21,25 und 26,15).

35 Vgl. die Einführung und den Beitrag Quincy *Wright* im Anhang.

36 Vgl. die Einführung und den Beitrag von Kenneth *Boulding* im Anhang.

Wir finden Hinweise auf die Pflicht der Friedenswahrung in den alten Zivilisationen des Zweistromlandes ebenso wie in China und Indien. Philosophen und Staatsrechtslehrer im griechischen und römischen Altertum haben sich dazu geäußert. Es folgten die Theologen, unter ihnen Augustinus mit seiner Lehre vom gerechten Krieg (vgl. 1.4.3, 2.4.8 und 3.4.1), die – was oft übersehen wird – dazu gedacht war, den Krieg zumindest unter christlichen Staatswesen einzuhegen, wenn er denn nicht zu vermeiden war, und frühe Pazifisten im Gewand von Predigern der Gewaltlosigkeit, wie Franz von Assisi. Sie alle stießen von Anbeginn auf Widerspruch anderer, die davon nichts wissen wollten, weil der Frieden nicht in ihre ehrgeizigen Machtpläne paßte. So scheint es bis in unsere Zeit geblieben zu sein. Und doch wäre die Geschichte ungeachtet der Tatsache, daß es während der vergangenen 3400 Jahre nur 234 Friedensjahre gegeben haben soll, wie ein amerikanischer Historiker schon 1909 berechnet hatte (siehe weiter vorn), ohne dieses kontinuierliche Spinnen am Gewebe des Friedens anders verlaufen. Zivilisationen und mit diesen gesellschaftliche Fortschritte hätten sich kaum entfalten können. Tatsächlich aber gab es in der Geschichte in bestimmten Regionen immer wieder lange Friedenszeiten, denn bei den festgestellten bewaffneten Konflikten handelte es sich natürlich nicht um Weltkriege, sondern in der Regel um regional begrenzte Kämpfe. Obschon im Laufe der Geschichte auch ganze Völkerschaften vernichtet wurden, wie beispielsweise die Ureinwohner Nord- und Südamerikas, und Kriege ganze Regionen verelenden ließen wie im Dreißigjährigen Krieg oder im Jahre 1999 im Kosovo-Krieg, blieb der Krieg eher die Ausnahme als die Regel. Friedenskulturelle Visionen und Entwicklungen in Vergangenheit und Gegenwart aufzudecken, kann deshalb hilfreich sein, um Krieg und Gewalt weiter einzudämmen und die Bedingungen zu verbessern, unter denen Menschen friedlich zusammenleben können.

Solch friedliches Zusammenleben war von jeher Ziel und Hoffnung von Menschen und Gesellschaften, auch wenn sie von Krieg, Eroberungszügen, Vertreibung und Versklavung gepeinigt waren. Getragen wurden solche Hoffnungen von Philosophen, Propheten oder Religionsstiftern und gelegentlich auch von Herrschern, die sich der Einsicht beugten, daß die Sicherung ihres Staatswesens vom Wohlergehen seiner Bewohner und dieses Wohlergehen wiederum von Friedenszeiten abhing. Keine der großen Zivilisationen der Antike, die zwar von Kriegen gekennzeichnet waren (über die in zahlreichen Zeugnissen berichtet wurde), wären ohne lange Friedensperioden (über die nicht oder nur sehr selten Zeugnis abgelegt wurde) entstanden oder hätten Jahrhunderte überdauert.

2.1.1 Die Induskultur (Harappa): Zivilisation ohne Krieg

Das einzige bekannte Beispiel einer großen antiken Zivilisation, die offenbar ohne Eroberungszüge, ohne Krieg und Waffen auskam, ist die Induskultur.

Sie entstand zu gleicher Zeit wie die sumerisch-babylonische Zivilisation im Zweistromland und die ägyptische Kultur am Ufer des Nils im 4. und 3. Jahrtausend v.d.Z.. Ihr Einzugsgebiet war um ein Vielfaches größer als das der anderen Reiche. Sie entwickelte unabhängig von der Keilschrift in Mesopotamien und den Hieroglyphen in Ägypten eine eigene Schrift, war im Städte- und Kanalbau allen anderen Kulturen überlegen. Dieser Standard wurde in Indien, Pakistan und Afghanistan bis heute nicht wieder erreicht. Ihre Landwirtschaft hatte einen für die damalige Zeit hohen Stand erreicht. Sie hatte offenbar auch keine äußeren Feinde, zumindest lassen die Ausgrabungen keine Kämpfe und Zerstörungen, nicht einmal die Existenz von Waffen erkennen, die auf den Überfall anderer Völkerschaften schließen lassen könnten. Denkbar ist eher, daß fremde Völker gastliche Aufnahme fanden und sich der überlegenen Kultur schnell assimilierten, deren Hochzeit etwa 700 Jahre von ca. 2600 bis 1900 v.d.Z. dauerte (vgl. *Edwards* 2000, 164-190).

Das wenige, das über die Induskultur bekannt ist, wissen wir aus Ausgrabungen, vor allem der beiden Hauptstädte *Harappa* und *Mohenjo-Daro,* sowie zahlreicher kleiner Ortschaften und Dörfer. Über die Wirtschaftsformen und den ausgedehnten Handel erfahren wir nur aus Berichten der anderen Kulturen. Die Bewohner des Industals hatten über ihren normalen Alltag nichts zu berichten und „großartige Ereignisse" wie Siege und Niederlagen oder Darstellungen gottähnlicher Könige in prunkvollen Palästen/Tempeln gab es nicht. Jedenfalls wurden solche bisher nicht gefunden. Und doch ist diese Kultur eines Tages, und zwar binnen weniger Jahrzehnte, zugrunde gegangen. Auch darüber gibt es nur Vermutungen, zumindest solange die Harappa-Schrift nicht entziffert ist oder Berichte doch noch gefunden werden. Wahrscheinlichste These ist, daß Naturkatastrophen oder ein ökologischer Zusammenbruch die Bevölkerung gezwungen hat, ihre Städte zu verlassen. Denn die Häuser in den Städten und auf dem Lande waren massiv und komfortabel aus gebrannten Ziegeln gebaut, ebenso die Kanäle und Hafenanlagen, was zur allmählichen Entwaldung der Landschaft, zu Bodenerosion und Absenkung des Grundwasserspiegels geführt haben muß, so wie ein Teil des heutigen Elends in Indien auf die Zerstörung der Wälder zum Zwecke des Hausbaus und der Energieversorgung (Kochen und Handwerk) zurückzuführen ist. Die Indusleute haben sich wahrscheinlich in alle Himmelsgegenden verstreut und dabei sind auch die in mehreren hundert Jahren erworbenen zivilisatorischen Kenntnisse verloren gegangen (vgl. Oase des Friedens, in: *Der Spiegel* 3/1999: 160-163).[37] Später sind wahrscheinlich arische Völkerschaften aus Nordindien in die verlassene Region eingewandert.

37 An dieser Beobachtung zeigt sich die Lernfähigkeit bzw. Lernunfähigkeit moderner Gesellschaften. Nicht nur die Induskultur, auch andere frühe Kulturen sind unter anderem an ökologischem Raubbau zugrunde gegangen. Die damaligen Städtebauer und Landbearbeiter mögen die Zusammenhänge zwischen Ökologie und Ökonomie nicht erkannt haben, heute erkennen wir sie und verändern unser Wirtschaftsverhalten den-

Schlußfolgerungen dürfen nur mit aller Vorsicht gezogen werden: Es sind Zivilisationen denkbar, die über längere Zeiträume ohne kriegerische Gewalt und innere Kämpfe bestehen können. Auf jeden Fall dürfte eine solche Zivilisation über gesellschaftliche „friedenskulturelle" Umgangsformen (Gesetze) verfügt haben, vielleicht sogar über eine Form archaischer oder sogar hochentwickelter „Demokratie" und eine Gerichtsbarkeit, die es den Bewohnern dieser Kultur ermöglichte, in Frieden, Rechtssicherheit und Gerechtigkeit zu leben. Vielleicht wissen wir eines Tages mehr darüber.

2.1.2 Hammurabi von Babylonien: Sorge um Gerechtigkeit

Die Bedeutung von Recht und Gerechtigkeit für die Menschen eines Staatswesens und die Stabilität des Staates hatte rund einhundertundzwanzig Jahre später Hammurabi von Babylon (1793–1750) erkannt. Zwar hatte er wie die meisten Herrscher der Frühzeit sein babylonisches Reich durch Kriegszüge und Eroberungen zusammengeraubt und Paläste und Tempel bauen lassen, doch wurde er nicht nur deswegen gerühmt, sondern wegen seines Gesetzeswerks, das für seine Zeit einmalig war, auch wenn es sich auf bereits seit einem Jahrtausend entwickelte lokale Rechtskulturen gründete, und das die gesellschaftlichen Beziehungen in Mesopotamien für Jahrhunderte bestimmte (auch die Induskultur hat sich ohne Zweifel ebenfalls auf eine ausgeprägte Rechtskultur gestützt – vgl. 2.1.1).

Auszug aus den Gesetzen des Hammurabi

Wenn ein Bürger einen Bürger bezichtigt und Mord(schuld) auf ihn wirft, (es) ihm aber nicht beweist, so wird, der ihn bezichtigt, (getötet). (1) Wenn ein Bürger vor Gericht zu falschem Zeugnis auf tritt, die Aussage aber, die er macht, nicht beweist, so wird dieser Bürger, wenn dieser Prozeß um Leben und Tod geht, getötet. (3)

Wenn ein Richter einen Rechtsspruch fällt, eine Entscheidung trifft, eine Siegelurkunde ausfertigt, später aber seinen Rechtsspruch umstößt, so weist man diesem Richter Änderung des Rechtsspruches, den er gefällt hat, nach, und er gibt das Zwölffache des Klageanspruches, der in diesem Rechtsstreit entstanden ist; außerdem läßt man ihn in der Versammlung vom Stuhlsitze seiner Richterwürde aufstehen, und er kehrt nicht zurück und setzt sich mit den Richtern nicht (mehr) zu Gericht. (5)

Wenn der Räuber nicht gegriffen wird, so gibt der beraubte Bürger das ihm abhanden gekommene Gut vor dem Gotte an, und die Gemeinde sowie der Vorsteher, auf deren Grund und Gemarkung der Raub begangen wurde, ersetzen ihm das abhanden gekommene Gut. (23)

Wenn ein Bürger ein Feld zur Bebauung pachtet und auf dem Felde Getreide nicht hervorbringt, so weist man ihm nach, daß er an dem Felde keine Arbeit geleistet hat, und er

noch nur unzureichend. Ein anderer Grund für den Untergang früher Kulturen könnte auch die Überalterung der gesellschaftlichen Strukturen gewesen sein, die jede für den Erhalt von Gemeinwesen unverzichtbare Dynamik erstickte.

gibt dem Eigentümer des Feldes Getreide entsprechend seinem Nachbar (Grundstück). (42)

Wenn ein Bürger bei der Befestigung seines Felddeiches die Hände in den Schoß legt und seinen Deich nicht befestigt, in seinem Deiche eine Öffnung entsteht, er gar die Flur vom Wasser wegschwemmen läßt, so ersetzt der Bürger, in dessen Deich die Öffnung entstanden ist, das Getreide, das er (dadurch) vernichtet hat. (53)

Wenn ein Bürger Feld zur Anpflanzung eines Baumgartens einem Gartenbauer gibt, der Gartenbauer den Baumgarten anpflanzt, so zieht er vier Jahre lang den Baumgarten groß, im fünften Jahre teilen der Eigentümer des Baumgartens und der Gartenbauer miteinander halb und halb; der Eigentümer des Baumgartens nimmt seinen Anteil vorweg. (60)

Wenn die Ehefrau eines Bürgers von ihrem Gatten bezichtigt, beim (Zusammen-)Liegen mit einem anderen Manne aber nicht gegriffen worden ist, so schwört sie bei dem Gotte und kehrt zu ihrem Hause zurück. (131)

Wenn (sich) ein Bürger von seiner ersten Gemahlin, welche ihm keine Kinder geboren hat, scheiden will, so gibt er ihr Geld in Höhe ihres Brautpreises, auch entschädigt er sie für die Mitgift, die sie vom Hause ihres Vaters mitgebracht hatte; dann kann er (sich) von ihr scheiden. (138)

Wenn ein Palastknecht oder der Knecht eines Palasthörigen die Tochter eines Bürgers nimmt und sie Kinder gebiert, so hat der Herr des Knechts gegenüber den Kindern der Bürgertochter auf (deren) Sklaveneigenschaft keinen Klaganspruch.(175)

Wenn ein Sohn seinen Vater schlägt, so schneidet man seine Hand ab. (195) Wenn ein Bürger das Auge eines Bürgersohnes zerstört, so zerstört man sein Auge; (196) wenn er den Knochen eines Bürgers bricht, so bricht man seinen Knochen; (197) wenn er das Auge eines Untergebenen zerstört oder den Knochen eines Untergebenen bricht, so zahlt er eine Mine Silber; (198) wenn er das Auge des Knechts eines Bürgers zerstört oder den Knochen des Knechts eines Bürgers bricht, so zahlt er die Hälfte von dessen Kaufpreis. (199)

Wenn ein Arzt einem Bürger mit dem bronzenen Skalpell eine schwere Wunde macht und (dadurch) den Bürger gesund werden läßt oder mit dem bronzenen Skalpell den Augenbrauenbogen eines Bürgers öffnet und dadurch das Auge des Bürgers gesund werden läßt, so nimmt er dafür zehn Sekel Silber. (215)

Wenn ein Arzt einem Bürger mit dem bronzenen Skalpell eine schwere Wunde macht und den Bürger (daran) sterben läßt oder mit dem bronzenen Skalpell den Augenbrauenbogen eines Bürgers öffnet und das Auge des Bürgers (dabei) zerstört, so schneidet man seine Hand ab. (218)

Wenn ein Baumeister einem Bürger ein Haus fix und fertig baut, so gibt er ihm als Honorar für ein Musar Wohnfläche (= 36 qm) zwei Sekel Silber. (228)

Wenn ein Baumeister einem Bürger ein Haus baut, aber sein Werk nicht überprüft und dann die Wand einstürzt, so baut dieser Baumeister diese Wand aus eigenen Mitteln solide auf. (233)

(*Hammurabis* Gesetzesstelle zitiert nach *von Soden* 1961: 590-591)

Der Historiker Wolfram von Soden beschreibt und interpretiert Hammurabis Leistung wie folgt:

„Bis hierher ist die Geschichte Hammurabis die eines klugen und oft bedenkenlosen Politikers, der durch Diplomatie und Gewalt Babylonien wieder einigte, aber realistisch genug war, seiner Eroberungspolitik keine unerreichbaren Ziele zu stecken. Da sein Reich ihn nicht lange überlebte, wären seine äußeren Erfolge eine Episode ohne wesentliche Bedeutung geblieben, wenn sich nicht einige Maßnahmen im Inneren weit über seine Zeit hinaus als geschichtsmächtig erwiesen hätten. Erst sie haben es bewirkt, daß Babylon für viele Jahrhunderte der geistige Mittelpunkt Vorderasiens wurde und auch durch Zeiten politischer Ohnmacht hindurch blieb.

Was Hammurabi war und wollte, zeigen uns am besten seine berühmte Gesetzesstele und seine Briefe (von denen bisher über hundertfünfzig bekanntgeworden sind) sowie die Briefe seiner hohen Beamten. Die Gesetzesstele wurde 1901/02 in Susa aufgefunden. (...) Es ist bezeichnend für den König, daß er hier fast nie die Eroberungen als solche nennt, sondern nur auf die Fürsorgemaßnahmen in den eroberten Städten hinweist. (...)

Der Sinn von Hammurabis Berufung war, ‚daß ich Gerechtigkeit im Lande sichtbar werden lasse, den Ruchlosen und Bösewicht vernichte und, auf daß der Starke den Schwachen nicht entrechte, das Land erhelle‘. Im Schlußteil der Stele sagt der König vor den Segenswünschen für diejenigen, die künftig die Gesetze befolgen, und den viel ausführlicheren Flüchen über ihre Verächter: ‚Für die Schwarzköpfigen, über die mir Marduk das Hirtenamt gab, war ich weder müde noch lässig (...) umsorgte sie in Frieden und ließ sie in meiner Weisheit geborgen sein. (...) Um Waise und Witwe ihr Recht zu schaffen (...) schrieb ich meine so köstlichen Worte auf meinen Denkstein.‘ Trotz des stark aufgetragenen Selbstruhms findet in diesen Worten ein Herrscherideal einen schönen Ausdruck, das die Fürsorge des Landesvaters höher stellt als den Kriegsruhm. (...)

Die etwa zweihundert Gesetze (...) behandeln ohne scharfe Trennung Fragen des Strafrechts, des bürgerlichen Rechts und des Handelsrechts. Mehrfach leiten Tarifbestimmungen die Vorschriften über die Bestrafung von Berufsvergehen ein. Die Tatbestände sind oft genauer formuliert als in den älteren Gesetzen. Befremdend wirkt diesen gegenüber jedoch die fühlbare Verschärfung der Strafpraxis. Die Todesstrafe wird oft angedroht, auch durch Verbrennen oder Ertränken; Prügel und Verstümmelungen erwarten den Täter nicht selten. Vor allem aber wird die *Talion* bei Körperverletzungen, also der aus dem Alten Testament bekannte Grundsatz ‚Auge um Auge‘, wiedereingeführt, vermutlich, weil in den unruhigen Zeiten Geldstrafen für wohlhabende Übeltäter nicht genügend abschreckend gewirkt hatten. Freiheitsstrafen kannte das alte Strafrecht ja nicht. (...) Wesentlich war aber immer, daß dem nicht auf frischer Tat ertappten Verbrecher seine Schuld nachgewiesen werden mußte. Schwerste Strafen wurden sowohl gegen Verleumder als auch gegen leichtfertig urteilende Richter festgesetzt. (...)

Ein Vergleich des Gesetzes mit den Tausenden von altbabylonischen Urkunden zeigt, daß (...) es dem König nicht um eine Kodifikation des geltenden Rechts zu tun war – eine solche hätte viel umfangreicher sein müssen –, sondern um die Verkündung von Reformbestimmungen und die Vereinheitlichung der bis dahin sicher verschiedentlich voneinander abweichenden Lokalrechte. (...) Eine ganze Reihe der neuen Regelungen hat sich nicht durchgesetzt, weil sie unzweckmäßig erschienen oder weil die Nachfolger Hammurabis weniger reformfreudig waren und sich lieber an überkommene Normen hielten. (...)

Die schönen Worte von Einleitung und Schluß der Stele zwingen zu der ernsten Frage, ob sie wohl ganz aufrichtig gemeint waren und ob Hammurabi seinen Untertanen die Fürsorge, von der er so viel spricht, wirklich hat angedeihen lassen. Die Skrupellosigkeit des Königs in der Außenpolitik gibt da zu Zweifeln Anlaß. Erfreulicherweise wissen wir allerlei über Hammurabis Alltagsarbeit in der Verwaltung aus seinen Briefen und aus der Korrespondenz seiner hohen Beamten und können dadurch auch seine Bemühungen mit denen seines Zeitgenossen Schamschiadad vergleichen. (...) Überall kümmert sich derKönig nicht nur um Angelegenheiten von größerer Bedeutung, sondern auch um Einzelfragen, die aus irgendeinem Anlaß an ihn herangetragen wurden. Er forderte von seinen Beamten eine peinlich genaue Befolgung seiner Anordnungen und große Pünktlichkeit. Wurden sie an den Hof befohlen, mußten sie bisweilen ‚Tag und Nacht' schnellstens reisen. Sehr scharf griff er bei Bestechungsfällen durch; die Todesstrafe war da nicht ausgeschlossen. Er ließ aber auch Beamte bestrafen, die ihre Untergebenen geschädigt hatten. In der Rechtspflege konnte offenbar jeder mit ‚Beschwerden' über die unteren Instanzen an ihn herantreten und durfte sicher sein, daß der König den Fall entweder selbst untersuchte oder ihn mit der Forderung, ihm Bericht zu erstatten, an die zuständigen Stellen verwies. (...) Von keinem anderen Herrscher im alten Orient besitzen wir eine so große Zahl von Briefen, in denen es nur darum geht, daß den Untertanen ihr Recht unverkürzt zuteil werde. (...)

Hammurabi war gewiß keine Idealgestalt, aber, jedenfalls in seinen späteren Jahren, der auch geistig bedeutendste Vertreter des religiös bestimmten patriarchalen Absolutismus, für den das Königtum nicht Selbstzweck, sondern eine Aufgabe an den Menschen war. Als solcher hat er weltgeschichtlichen Rang." (*von Soden* 1961: 586-594)

Auch hier gilt es hinsichtlich der Schlußfolgerungen Vorsicht walten zu lassen. Hammurabi hat Rechtswesen und Gerechtigkeit keineswegs erfunden. Die antiken Großreiche bedurften eines Rechtswesens, um überhaupt existieren zu können. Ihre Herrscher sorgten sich in der Regel in erster Linie um Erweiterung ihrer Macht und ihres eigenen Ruhms, nicht aber um die Lebensbedingungen ihrer Untertanen. Sie förderten zivilisatorische Großleistungen, wie Kanalbauten, weil sie für den Reichs- und Machterhalt notwendig waren und auch für die Ernährung einer Bevölkerung, auf deren Kriegs- und Sklavendienste sie angewiesen waren. Die friedenskulturelle Leistung Hammurabis bestand darin, daß er sich um die Bewohner seines Reiches und auch um die der eroberten Reiche sorgte. Daß sein Werk nicht von langer Dauer war, ist der Unfähigkeit seiner Nachfolger zu verdanken, die Reformen Hammurabis fortzusetzen. Stattdessen betrieben sie wieder die gewohnte Machtpolitik.

2.1.3 Schalom: Friedenskulturelle Ansätze im alten Israel

Die Großreiche Westasiens in den drei Jahrtausenden v.d.Z. (Ägypten, Sumer, Babylon, Assyrien, Akkade, Medien, Persien u.a.) konnten sich trotz Eroberungszügen und fast ununterbrochenen Einfällen von Völkerschaften aus dem mittel-asiatischen Raum nur dank staatlicher und damit rechtlicher Organisation entwickeln und behaupten, die sich auf den Übergang von nomadischer und bäuerlicher Kultur zu arbeitsteiliger Städtekultur gründete, die wiederum eine agrarische Überschußproduktion voraussetzte. *Mari* am Euphrat und *Jericho* nicht weit vom Jordan (zugleich die Endpunkte des sogenannten Fruchtbaren Halbmonds) sind die ältesten bisher aufgefundenen Zeugnisse der beginnenden Stadtentwicklung aus dem 7. und 6. Jahrtausend v.d.Z. Ohne längere Friedenszeiten wären solche Entwicklungen nicht möglich gewesen. Ohne sie hätte es auch keine Verbreitung von sinnstiftenden

Religionen gegeben. Die Namen ihrer Stifter oder Propheten sind neben denen der Herrscher überliefert (Zarathustra, Moses, Buddha, Lao Tse u.a.). Bäuerliche Überschußwirtschaft, Städtebau, staatliche Organisation, Rechtswesen und Sinnstiftung bildeten gemeinsam den Nährboden für die Entwicklung von Kulturen, vor allem von Schrift und Kunst , die das ausmachen, was Kenneth Boulding den „allumfassenden Frieden" nennt (vgl. 1.1).

Israel am Schnittpunkt der Großreiche am Euphrat und am Nil

Wenn aus der Fülle mittelöstlicher Groß- und Kleinreiche vor der Zeitenwende *Juda/Israel* hervorgehoben wird, dann hat das zwei Gründe: zum einen war die Landschaft zwischen Jordan und Mittelmeerküste das schmale Durchgangsgebiet von den vorderasiatischen Reichen nach Ägypten am Nil und damit ein Jahrtausende alter Zankapfel unterschiedlichster Machtinteressen (bis auf den heutigen Tag), zum anderen gingen von Juda/Israel friedenskulturelle Impulse aus, die das friedenswissenschaftliche Erkenntnisinteresse bis heute in einem hohen Maße bestimmen. Wolfgang Huber und Hans-Richard Reuter von der Forschungsstätte der Evangelischen Studiengemeinschaft in Heidelberg haben in ihrer 1990 veröffentlichten umfangreichen Studie „Friedensethik" die Geschichte, Entfaltung und Bedeutung des Schalombegriffes dargestellt:

„Schalom, das hebräische Wort für Frieden, ist Ausdruck für ein umfassendes, den ganzen Menschen, seinen Leib, seine Seele, die Gemeinschaft, die Gruppe, die natürliche Mitwelt, ja alle Beziehungen, in denen er lebt, umgreifendes Heilsein und Wohlergehen. Wahrscheinlich geht das Substantiv schalom auf eine Wurzel mit der Grundbedeutung ‚genug haben' zurück. Schalom ist die Lebensform, in der alle Miteinanderlebenden ‚genug haben', zunächst im materiellen Sinn der Erfüllung ihrer Grundbedürfnisse, sodann aber auch in der weiten, unterschiedliche Kommunikationsebenen berührenden Bedeutung, die auch im Deutschen mit der „Genüge" verbunden ist: jemandem Genüge tun, aber auch Genugtuung leisten, ja sogar: vergnügt sein. Schon hier deutet sich an: Im hebräischen schalom greifen Gerechtigkeit und Frieden fast ununterscheidbar ineinander und nichts könnte den elementaren biblischen Zusammenhang von Frieden, Gerechtigkeit und Freude schöner illustrieren als die Erwartung von Psalm 85,11, daß ‚Gerechtigkeit und Frieden sich küssen'.

Schalom ist (...) ursprünglich – und so noch bis heute – ein Gruß, eine elementare Form der Begegnung zwischen Menschen. (...) Schalom im Gruß ist mehr als ein Wort; mit ihm verbindet sich das Angebot von Obdach und Asyl, die Stillung von Hunger und Durst, Hilfe in der Not: ‚Friede (schalom) sei mit dir!'

Schalom ist also keine objektive Ordnung: weder die Ordnung einer zwangsbewehrten politischen Herrschaft, die den Unterworfenen Frieden gewährt, noch die Ordnung eines immerwährenden Kosmos als Urbild jener Harmonie, in der die Seele und die Gemeinschaft korrespondieren sollen. Die Wahrnehmung des Friedens ist getragen von Israels Erfahrung der Wirklichkeit im ganzen: nicht ein unwandelbares Sein, sondern die Befreiung aus sozialer Abhängigkeit und politischer Rechtlosigkeit steht an ihrem Anfang. (...)

Schalom ist ursprünglich weder Gegenbegriff zum Krieg, noch Frieden, der gleichbedeutend wäre mit der Ruhe des Friedhofs. Schalom schließt Streit und Konflikt ein – und doch ist er der Name für das Verbindende in allem Streit, weil er auf eine Macht verweist, derer die Streitenden nicht mächtig sind. Gewiß hat die Wahrnehmung des schalom ihren sozialen Ursprung in der Sphäre der kleinen, intakten Gemeinschaft, doch gehört es zum Eigentümlichen der Geschichte Israels, daß die Erinnerung an die gute Lebensform des schalom auch unter differenzierteren gesellschaftlichen Verhältnissen ihre kritische und orientierende Kraft behalten hat.

In der vorstaatlichen Periode Israels (ca. 1250-1050 v.Chr.) treffen wir allerdings auf eine unmittelbare Identifizierung des Gottes Jahwe mit kriegerischen Auseinandersetzungen. ‚Jahwe-Krieg' ist der aus späterer Zeit stammende Terminus für die Waffengänge vor der Entstehung einer staatlichen Organisation in Israel, und die ältere Forschung sah darin eine Erinnerung an die historische Institution eines ‚heiligen Krieges'. Es sind nicht zuletzt die aus vorstaatlicher Zeit stammenden zahlreichen Kriegstexte des Alten Testaments, die in der Geschichte der christlichen Kirche immer wieder dazu benutzt worden sind, um Kriege zu legitimieren und Waffengewalt zu verherrlichen. (...) So wird der Exodus aus Ägypten, das heißt die Befreiung von unterdrückender Fremdherrschaft unmittelbar mit Jahwes Geschichtshandeln verknüpft: ‚Jahwe ist der rechte Kriegsmann, Jahwe ist sein Name! Des Pharao Wagen und seine Macht warf er ins Meer, seine auserwählten Streiter versanken im Schilfmeer' (2. *Mose* 15, 3f.). Diese Identifizierung Gottes mit dem Krieg dürfte sich jedoch auf die Kämpfe der vorstaatlichen Zeit beschränkt haben. Zwar findet sich im Deuteronomium, dem 5. Buch Mose, und der deuteronomistischen Literatur eine ausgebaute Theorie des ‚Jahwe-Kriegs'. Doch hat die neuere Forschung wahrscheinlich gemacht, daß das Motiv des Jahwe-Kriegs erst Jahrhunderte später als heroisierende und martialisch ausgeschmückte Rückprojektion formuliert wurde, das zu dieser Zeit keine reale Entsprechung mehr hatte. (...)

Das Königtum Davids (ca. 1000 v.Chr.) und die Staatenbildung bringen jedoch einen grundlegenden Wandel in der Kriegführung. An die Stelle des auf freiwilligen Konsens der wehrfähigen Stammesmitglieder gestützten Volksheers tritt eine militärisch straff organisierte, gut bewaffnete Truppe, die auf einer Art Wehrpflicht beruht. (...) Der rasche ökonomische und kulturelle Aufschwung des jungen israelitischen Staates war Resultat einer ganzen Reihe weiträumiger Eroberungsfeldzüge gegen die palästinensischen Nachbarn. (...) Die Königs- und Tempeltheologie hat eine machtpolitische Vereinnahmung Gottes betrieben, die jede Art von Expansionskrieg legitimieren konnte. Mit dem Untergang des Königtums (586 v.Chr.) ist sie endgültig gescheitert, aber schon vorher traf sie auf immer entschiedener werdenden Protest: Im 9. Jahrhundert treten einzelne Propheten auf, die nicht in den Chor derer einstimmen, die den Krieg religiös rechtfertigen. (...) Beim Propheten Jesaja jedoch erfährt die Kritik machtpolitischer Selbstbehauptung im 8. Jahrhundert eine Grundsätzlichkeit, die erstmals zu einer prinzipiellen Trennung zwischen Gott und Militärmacht führt. (...) Für ihn schließen sich das Vertrauen auf die Militärmacht und das Vertrauen auf Gott gegenseitig aus. Um der Erhaltung des Gemeinwesens willen rät Jesaja zum vertrauensvoll-gelassenen Gewaltverzicht als Alternative zur militärischen Sicherheit. (...) Er sieht im Überleben die Grundbedingung des Friedens und im Verzicht auf militärische Selbstverteidigung die einzige Überlebenschance des Staates Juda. Die historische Entwicklung gab ihm recht: Die Sicherheitspolitik Hiskias (des damaligen Königs von Juda, Anm. *Koppe*) führte zu dem harten Vergeltungsschlag Sanheribs im Jahr 701; ganz Juda wurde dem Erdboden gleichgemacht, nur Jerusalem kam wie durch ein Wunder mit dem Schrecken davon. (...)

Jesaja: Der Gerechtigkeit Frucht wird Friede sein

Vor diesem Hintergrund bringt Jesaja die Grundelemente der Lebensform des schalom in einer wirkungsmächtigen Formel auf den Begriff: ‚Der Gerechtigkeit Frucht wird Friede sein, und der Ertrag der Gerechtigkeit wird ewige Stille und Sicherheit sein' (*Jesaja* 32,17). (...)

Aus dem prophetischen Protest ging schließlich in der Krise des Exils die eschatologische Erwartung eines weltumspannenden messianischen Friedens hervor. Er verbindet sich mit der Figur eines Recht und Gerechtigkeit wiederherstellenden Friedensfürsten (*Jesaja* 9,lff), dem Bild eines Friedens mit und in der Natur (*Jesaja* ll,lff) und jenem ,Urmodell der pazifizierten Internationale' (Ernst Bloch), in der – kraft der konfliktschlichtenden Weisung Gottes – Schwerter zu Pflugscharen und Spieße zu Sicheln umgeschmiedet werden: Die aus der Exilszeit stammende Heilsschilderung, die in das Jesaja- (2,2-4) und das Micha-Buch (4,1-5) Eingang gefunden hat, stellt den krönenden Abschluß dieser Entwicklungslinie dar (...): ,Und er wird richten unter den Heiden und zurechtweisen viele Völker. Da werden sie ihre Schwerter zu Pflugscharen und ihre Spieße zu Sicheln machen. Denn es wird kein Volk wider das andere das Schwert erheben, und sie werden hinfort nicht mehr lernen, Krieg zu führen' (*Jesaja* 2,2-4).

Jahwe hat hier nicht nur mit dem Krieg nichts mehr zu tun, der Prophet sieht ihn darüber hinaus als aktiven Friedensstifter zwischen den Völkern. (...) In der Vision Jesajas werden die Motive der traditionellen Zions- und Königstheologie transformiert. Weder ist von einem kriegerischen Ansturm der Völker die Rede, noch von der Ablieferung des Tributs der Unterworfenen, noch von einer Wallfahrt zur Verherrlichung von Stadt und Tempel Jahwes. (...) Die Friedensvision Jesajas setzt keine ideologische Missionierung oder hegemoniale Unterwerfung der Welt voraus. Sie denkt die konfliktschlichtende, friedensstiftende Weisung Gottes im Modell einer internationalen Schiedsgerichtsbarkeit, die die Bereithaltung von Waffen überflüssig macht. Schwerter werden zu Pflugscharen und Spieße zu Sicheln umgeschmiedet. Die im Wortlaut gegenteilige Aufforderung von Joel 4,10 (,Macht aus euren Pflugscharen Schwerter und aus euren Sicheln Spieße!'), die ein unbekannter Prophet aus nachexilischer Zeit an die vor das Schiedsgericht Gottes tretenden Völker adressiert, ist eine ironisch-sarkastische Umkehrung von Jesaja 2,4, die die Hoffnung auf die Aufhebung des Krieges als Institution bekräftigt: Selbst wenn Acker- und Winzergeräte in Waffen verwandelt würden, müßten sie – so will der Prophet sagen – vor der Rechtsweisung Jahwes zunichte werden." (*Huber/Reuter* 1990: 35-40)[38]

Der Mißbrauch des Schalom durch die westliche Kulturgemeinschaft

Die westliche, auch die moderne Friedenswissenschaft knüpft fast ausnahmslos an den hebräischen Friedensbegriff des *Schalom* als Ausgangspunkt abendländischer Friedensvorstellungen an und vernachlässigt ähnliche Vorstellungen anderer Kulturen, was häufig die Ursache für die Vermutung ist, die westliche Staaten- und Kulturgemeinschaft wolle ihre Friedens- und Ethikvorstellungen den anderen großen Kulturen unserer Zeit wenn nicht aufzwingen, so doch aufdrängen. Dies hat erhebliche Auswirkungen auf die Beziehungen mit Staaten konfuzianischer, buddhistischer oder islamischer Kultur, die sich nicht nur der militärischen, sondern auch einer christlich geprägten kulturellen (Über)Macht der westlichen Staatengemeinschaft ausgesetzt sehen, die durch deren Wirtschaftskraft und – in ihrem Gefolge – den ameri-

38 Huber/Reute übersehen wie die gesamte christliche Friedensbewegung, daß sowohl Jesaja als auch Micha ihre Friedensvision mit den Worten beginnen: „Am Ende der Tage wird es geschehen...". Der Friedenszustand tritt also erst bei Ankunft des Reiches Gottes ein und liegt außerhalb dessen, was dem Menschen vor Erreichen des Endes der Tage möglich ist.

kanisch/europäischen *way of life* noch verstärkt wird. Die friedenskulturelle Wirkung des Schalomgedankens wird dadurch erheblich beeinträchtigt.

2.1.4 Wechselwirkungen mit Ägypten (Aton) und Iran (Zarathustra)

So wird nur selten auf die Wechselwirkungen zwischen der hebräisch-christlich-abendländischen Friedenskultur mit ähnlichen Vorstellungen in anderen Kulturen hingewiesen.[39] Zu Recht wird in dieser Hinsicht von „eurozentrischem“ Denken gesprochen. Dabei sind die Parallelen unverkennbar und münden in die Frage, ob nicht andere Zivilisationen bei der Entstehung der altisraelischen Gottesvorstellung und Gesetzgebung Pate gestanden haben. Die Überzeugung der Hebräer und späteren Israeliten/Juden, daß es nur einen Gott gebe, wie es im 5. Buch Mose (Deuteronomium 6,4) heißt „Höre, Israel, der Herr, unser Gott ist Herr allein“, kann (die Betonung liegt auf „kann“) auf die Verehrung des Sonnengottes Aton zurückgehen, die unter Pharao Amenophis *IV.* (1375–1358), der den Namen Echnaton (der dem *Aton* dient) annahm, zur Staatsreligion erhoben wurde und die Amarna-Kultur (so genannt nach der Stadt, in die Echnaton seinen Regierungssitz verlegte hatte) auslöste. Das geschah zu etwa derselben Zeit, in der – wie vermutet wird – die Israeliten in Ägypten Frondienste leisteten und von Mose (zwischen 1400 und 1200) nach Kanaan geführt wurden (obschon in den ägyptischen Dokumenten bis heute darüber kein Hinweis gefunden wurde und auch in den Büchern Mose kein Pharao namentlich genannt ist). Der Schalom-Gedanke ist jedenfalls bei Aton bereits erkennbar. John A. Wilson kommentiert die Bedeutung des Aton in der Propyläen Weltgeschichte:

> „Im Gegensatz zum engen Horizont der Religion im Alten und Mittleren Reich sollte zu einem der wichtigen Unterscheidungsmerkmale des Aton die Liebe zu allem Lebenden in allen Ländern, die Anerkennung des Eigenwertes menschlicher Wesen auch außerhalb Ägyptens werden. Aber auch dieser Universalismus war schon vor der Amarna-Revolution nicht unbekannt. Als der unsichtbare Gott der Luft galt Amun jedenfalls auch vorher als unbegrenzt: ‚Herr der Medjai und Herrscher von Punt..., schön von Angesicht, der du kommst vom Gottesland . . . Glorie dir in allen fremden Ländern – bis zur Höhe des Himmels, bis zur Weite der Erde, bis zur Tiefe der großen grünen See! ... Einziger und alleiniger, der seinesgleichen nicht hat, ... der jeden Tag von der Wahrheit lebt‘.“ (*Wilson* 1961: 450)

39 Das hat sich in jüngster Zeit positiv verändert. Während *Huber/Reuter* 1990 (Friedensethik) sich noch ausschließlich auf die jüdisch-römisch-christlichen Ursprünge konzentrieren, referieren *Drewermann* 1982 (Der Krieg und das Christentum) und *Küng* 1998 (Weltethos für Weltpolitik und Weltwirtschaft) nachdrücklich auch andere, vor allem asiatische Positionen.

Zarathustra und Ezechiel: Wußten sie voneinander?

Das gleiche gilt für den iranischen Religionsstifter und Propheten Zarathustra (*Zoroaster*), der etwa zu derselben Zeit geboren wurde (um 598 v.d.Z.), in der die Israeliten in die Babylonische Gefangenschaft geführt wurden (597 und 586). Es liegt nahe, daß Zarathustra die Worte des zu seiner Jugendzeit in Babylonien wirkenden jüdischen Propheten Ezechiel gekannt hat. Sein Monotheismus könnte vom jüdischen Jahwe-Glauben beeinflußt worden sein. Aber auch das Umgekehrte oder wechselseitige Einflußnahmen sind denkbar. Es ist überdies dieselbe Zeit, in der die Texte der Bibel (Altes Testament), vor allem die fünf Bücher Mose, ihre endgültige Form gefunden haben. Der Experte für den antiken Iran, Franz Altheim, beschreibt diesen Vorgang wie folgt:

„Zarathustra war jüngerer Zeitgenosse des Jeremia von Anatoth, älterer des Deuterojesaja. Er steht in der Mitte der Männer, die den Höhepunkt jüdischen Prophetentums verkörpern. Das Zusammentreffen ist bedeutungsvoll. Prophetie in Ostiran und Prophetie in Juda sind Teile einer geschichtlichen Erscheinung. (...) Zarathustras Verkündigung gilt dem befriedeten und geschützten Gebiet diesseits des Oxos und Iaxartes, der Zarathustra feindliche Bereich der Räuber und Nomaden lag jenseits der beiden Ströme. Schon früh ist das ‚Land des Friedens' dem Ackerbau erschlossen. Herodot berichtet von einer Stauanlage an den Grenzen von fünf Stammesgebieten, die diese Länder bewässerte." (*Altheim* 1962: 142-144)

Es gibt Texte von Zarathustra und (Deutero)Jesaja[40]. die sich überraschend ähneln (*Altheim* 1962: 143). Noch erstaunlicher sind Übereinstimmungen der biblischen Gesetzgebung mit den Gesetzen Hammurabis. Das gilt vor allem für das Recht des *Talion*, der Bestrafung einer Untat mit der gleichen Untat (Auge um Auge), das sich bis auf den heutigen Tag – auch in Europa – in der Tradition der Blutrache fortgesetzt hat. Entsprechende Bestimmungen, wenn auch nicht so konkret und systematisch wie bei Hammurabi gefaßt (siehe weiter vorn), finden sich im 3. Buch *Mose* (Leviticus 24, 17-22). Eine Besonderheit des jüdisch-israelischen Rechts ist der Anspruch auf die Auserwähltheit Israels und der zwingende Bezug auf den zugleich liebenden und strafenden *Jahwe* (Gott), der als zusätzliches Disziplinierungsinstrument eine entscheidende Rolle spielt, die sich in keiner anderen Religion wiederfindet, auch wenn die Nachfolgereligionen – Christentum und Islam – Teile dieses Gottesverständnisses übernommen haben.

Sklavenfreilassung, Schuldenerlaß und Asylgewährung

Andererseits enthält das israelische Recht friedenskulturelle Aspekte, die teils älteren Überlieferungen entsprechen, teils weit darüber hinausgehen. So etwa

40 Die Bibelforschung ist sich nicht sicher, ob es nach dem Jesaja, der um 740 in Jerusalem wirkte, nicht noch einen Propheten gleichen Namens (Deuterojesaja) gegeben hat, der während und nach dem Babylonischen Exil wirkte.

die Bestimmung, einen hebräischen (wohlgemerkt: einen *hebräischen*, nicht einen fremdstämmigen) Sklaven nach sieben Jahren (Sabbatjahr) freizulassen (2. Buch *Mose* Exodus 21,2). Ebenso wichtig war der allgemeine Schuldenerlaß im Sabbatjahr, der allerdings wiederum nicht für Fremde galt (5. Buch *Mose*, Deuteronomium 15,1-3) und die Armenfürsorge (*Mose* Deuteronomium 15,7-11). Noch wichtiger war das alle fünfzig Jahre auszurufende Jobeljahr, das die Wiederherstellung alter Landrechte vorsah:

„Ihr sollt das fünzigste Jahr weihen und sollt Freilassung im Land für all seine Bewohner verkünden; als Jobeljahr soll dies euch gelten. Ein jeder kehre zu seinem Besitz zurück und ein jeder zu seinem Geschlecht." (3. Buch *Mose* Leviticus 25,10)

Eine weitere Besonderheit war die Errichtung von sechs Asylstädten für Israeliten und Fremdlinge, die ohne Vorsatz einen Menschen getötet haben (4. Buch *Mose* Numeri 35,9-15 und 5. Buch *Mose* Deuteronomium 19,1-13). Das Verzeichnis dieser historischen Städte findet sich bei *Joshua* 20,7-8. Doch abgesehen von den genannten Beschränkungen für Fremde, galt der auch von Hammurabi eingeführte Grundsatz des gleichen Rechts für alle, Fremde eingeschlossen: „Das Recht eines Fremden darfst du nicht beugen." (*Mose* Deuteronomium 24,17) Sicher ist eines: Hammurabis Gesetzestexte wurden um 1760 aufgezeichnet, die entsprechenden Vorschriften in den Büchern Mose mehrere Jahrhunderte später, wahrscheinlich erst nach dem Babylonischen Exil.

Friedenskultur stabilisiert Staatswesen

Zusammenfassend kann davon ausgegangen werden, daß es in den antiken Zivilisationen an den Ufern von Indus, Nil, Euphrat, Tigris und Jordan[41] ein Bewußtsein für Friedenskultur gab, das von einsichtigen Persönlichkeiten (Propheten) den damaligen Völkern und ihren Herrschern kontinuierlich vermittelt wurde, zwar nicht immer mit dem gewünschten Erfolg, aber doch mit einer entscheidenden Wirkung, nämlich der Stabilisierung von Staatswesen und frühen Gesellschaftsformen, die die Fähigkeit zu zivilisatorischen Hochleistungen überhaupt erst zum Tragen kommen ließ und durch die Dauer dieser Kulturen belegt wird. Sie sind nicht untergegangen, sondern wurden von anderen Herrschern und Völkern abgelöst, die sich teils den vorgefundenen Zivilisationen assimilierten (wie alle Eroberer Ägyptens), teils ihre überlegenen Kulturen einbrachten (wie die Hellenen Alexanders). Die für Exis-

41 Große Zivilisationen haben sich fast ausnahmslos an wasserreichen Flüssen (Indus, Euphrat, Tigris, Oxos, Iaxartes, Jordan und im Fernen Osten am Huangho) oder Seeküsten (Phönizier, Griechen, Römer) entwickelt, die als Quellen für die Bewässerung von Städten und Ackerbaugebieten sowie als Verkehrsadern für die Herbeischaffung von Baumaterialien und für den Handel unerläßlich waren. An Küsten und Strömen wuchsen in der Regel auch die Wälder, deren Holz für den Hausbau und als Energieressouce unverzichtbar war.

tenz, Entfaltung und Vermittlung dieser Zivilisationen unverzichtbaren Friedensperioden haben die Unterbrechungen durch kriegerische und oft auch friedliche Invasionen immer wieder überstanden.

2.2 Sinnstiftende Ethik: Friedenskulturelle Ansätze in Ostasien

Der Blick nach Ostasien bestätigt diese Annahme. Zwar wurden Geschichte und Philosophie der östlichen Reiche, vor allem Chinas und Japans, gründlich erforscht, doch im Hinblick auf ihre friedenskulturellen Elemente noch weniger als die antiken Zivilisationen Westasiens und Ägyptens bearbeitet, obschon die Quellenlage einfacher ist. Das kann daran liegen, daß die zivilisatorische Entwicklung von ihrem Ausgangspunkt, dem Gelben Fluß (*Huangho*), gradliniger als in anderen Weltregionen verlief und von Anbeginn von einer zwar immer wieder reformierten, aber doch kontinuierlichen „Staatsphilosophie" und einem damit zusammenhängenden Rechtswesen geprägt war, das auch das kommunistische China nicht völlig unterdrücken konnte, dem Konfuzianismus. Kung Fu Tse (latinisiert Konfuzius, eigentlich *Kong Qiu* und später *Kung Fu Tse*[42] Meister Kong), wurde 551 v.d.Z. geboren. Die staatliche Organisation der Chinesen bestand damals bereits seit 2500 Jahren, wenn auch in Form zahlreicher, häufig in Kriege verwickelter kleinerer Königreiche, von denen eines, Qin, in der Mitte der chinesischen Landmasse lag und sich deshalb „Reich der Mitte" gab, eine Bezeichnung, die später auf das gesamte Kaiserreich übertragen wurde.

2.2.1 Kung Fu Tse: Sinnstiftung und Autorität

Das Verdienst des Kung Fu Tse dürfte darin gelegen haben, eine sinnstiftende Verhaltensethik geschaffen zu haben, die stark an Formen, Autoritäten, Hierarchien und Rituale gebunden war sowie den Interessen und Bedürfnissen aller kleineren Herrscher entgegenkam und gerade deshalb den Grundstein für das sich dreihundert Jahre später konstituierende zentrale Kaisertum legte.[43] Dies ist an sich eine friedenskulturelle Leistung, die in der antiken

42 Unter der Vielzahl von Schreibweisen chinesischer Namen habe ich mich für die Endsilbe „Tse" entschieden, also Kung Fu Tse, Lao Tse, Mo Tse, in Zitaten jedoch die von den einzelnen Autoren gewählte Schreibweise belassen.

43 Die Äußerungen von Kung Fu Tse sind – wie Texte anderer Philosophen der frühen Antike auch – von Schülern aufgezeichnet worden, häufig mehrere Generationen später. Eine gute Einführung in das Denken des Kung Fu Tse liefern die von Moritz übersetzten und herausgegebenen Gespräche (Lun-yu): *Moritz*, Ralf 1982: Konfuzius, Gespräche, Stuttgart.

Welt ihresgleichen vergeblich sucht, auch wenn keine direkt auf Frieden bezogenen Äußerungen des Kung Fu Tse bekannt sind. Eine Äußerung allerdings könnte friedenskulturell ausgelegt werden. Als ein Schüler den Meister fragte, woran eine gute Regierung zu erkennen sei, entspann sich folgender Dialog:

Notfalls auf Rüstung verzichten

„Sie muß die Ernährung sichern, muß ausreichend gegen Feinde gerüstet sein, muß danach trachten, daß das Volk Vertrauen in die Regierung hat. Zi-gong fragte weiter: Wenn man aber nun eines von drei Dingen aufgeben muß, worauf könnte man am ehesten verzichten? Der Meister: Auf die Rüstung." (*Kung Fu Tse* bei *Moritz* 1982, 73, 205)

Eine andere Äußerung kann den Anspruch auf Weltgeltung erheben:

„Was du selbst nicht wünschst, das tue auch anderen nicht an." (*Kung Fu Tse* bei *Moritz* 1982, 71, 194)

Der (reform)katholische Theologe Hans Küng hat darauf hingewiesen, daß dieser Ausspruch die Grundsubstanz eines „Weltethos" darstellt, das es neu zu entdecken gelte:

Die universale Geltung der Goldenen Regel der Menschlichkeit

„Was ich damit meine, läßt sich verhältnismäßig einfach am Beispiel jener Goldenen Regel der Menschlichkeit aufzeigen, die man in allen großen religiösen und ethischen Traditionen antrifft. Hier einige ihrer Formulierungen:

Konfuzius (ca. 551-489 v. Chr.): ‚Was du selbst nicht wünschst, das tue auch nicht anderen Menschen an' (Gespräche 15,23).

Rabbi Hillel (60 v. Chr. – 10 n. Chr.): ‚Tue nicht anderen, was du nicht willst, daß sie dir tun' (Sabbat 31 a).

Jesus von Nazaret: ‚Alles, was ihr wollt, daß euch die Menschen tun, das tut auch ihr ihnen ebenso' (Mt 7,12; Lk 6,31).

Islam: ‚Keiner von euch ist ein Gläubiger, solange er nicht seinem Bruder wünscht, was er sich selber wünscht' (40 Hadithe von an-Nawawi 13).

Jainismus: ‚Gleichgültig gegenüber weltlichen Dingen sollte der Mensch wandeln und alle Geschöpfe in der Welt behandeln, wie er selbst behandelt sein möchte' (Sutrakritanga I. 1 1.33).

Buddhismus: ‚Ein Zustand, der nicht angenehm oder erfreulich für mich ist, soll es auch nicht für ihn sein; und ein Zustand, der nicht angenehm oder erfreulich für mich ist, wie kann ich ihn einem anderen zumuten?' (Samyutta Nikaya V, 353.35-354.2).

Hinduismus: ‚Man sollte sich gegenüber anderen nicht in einer Weise benehmen, die für einen selbst unangenehm ist; das ist das Wesen der Moral'" (Mahabharata XIII. 1 14.8) (*Küng* 1998: 140)

Kants Kategorischer Imperativ vorweg genommen

Es entspricht dies inhaltlich dem Kategorischen Imperativ, den Immanuel Kant in die Worte gekleidet hat:

„Handle so, daß die Maxime deines Willens jederzeit zugleich als Prinzip einer allgemeinen Gesetzgebung gelten könne." (*Kant*, Ausgabe *Messer* 1925, Bd. 2: 436)

Kung Fu Tse aber ging es nicht um den Menschen als solchen, sondern um die *Disziplinierung des Menschen* um seiner selbst willen und um die Überwindung des Kleinkönigtums seiner Zeit. Er lebte übrigens etwa zur selben Zeit wie Sunzi, der Verfasser des Lehrbuchs „Die Kunst des Krieges" (vgl. 1.3.1), dessen Leitgedanke dem Denken des Kung Fu Tse recht ähnlich war:

„Die Kunst des Krieges wird von fünf konstanten Faktoren bestimmt, die alle berücksichtigt werden müssen. Es sind dies: das Gesetz der Moral; Himmel; Erde; der Befehlshaber; Methode und Disziplin." (*Sunzi* 1988: 21)

Die rigide Forderung des Kung Fu Tse nach Einordnung des Einzelnen in eine hierarchische Gesellschaftsstruktur entsprach den Notwendigkeiten einer straffen Heeres- und Kriegführung ebenso wie einer straffen Gesellschaftsordnung. Eben darum blieb Kung Fu Tse nicht ohne Widerspruch. Ein jüngerer Wissenschaftler, Klaus Schlichtmann, hat die friedenskulturelle Auseinandersetzung während jener Epoche beschrieben:

„Der ‚achsenzeitliche' Diskurs, der auch in die Zeit der Kämpfenden Staaten (Zhunguo, 453/403-221 v.Chr.) fällt, ist von entscheidender Bedeutung für die geistesgeschichtliche Entwicklung Chinas gewesen. Er fand wesentlich zwischen den ‚großen Drei' der chinesischen Tradition: Laozi (Lao Tse, wahrscheinlich 6. Jh. v.Chr.), Kong Qui (Konfuzius, traditionelle Daten: 551-479) und Mozi (Mo Tse, ca. 480-381) statt.[44] Wie in Indien, in Griechenland und in der jüdischen Tradition war dieser Diskurs auch ein Friedensdiskurs, dessen Dimensionen in die Zukunft wiesen und in dem die philosophischen Standorte zu Krieg und Frieden bestimmt wurden. (...)

Der bürokratische Beamtenstaat – China war ein Musterbeispiel dafür – mit seiner Agrargesellschaft tendierte maßgebend zum Pazifismus. Die Bedrohung kam von außen. Die Tatsache, daß die Politik damit schon frühzeitig ‚vom Problem der Steppenvölker beherrscht und gelenkt' wurde (*Gernet* 1979: 107), ist in diesem Zusammenhang signifikant. Aus den Umwälzungen der Zeit der Kämpfenden Staaten – die expansionistischen Bestrebungen des Qin (318-210), die chinesische Expansion nach Süden (Burma, Vietnam) und spätere Kolonisation im Norden und Nordwesten durch das frühe Han-Reich zwischen 136 und 56 vor Chr. – war ein geeintes mächtiges China hervorgegangen. Chinesische Garnisonen waren ‚von Korea bis ins Herz Asiens' stationiert, ‚die Aufnahme diplomatischer Beziehungen und die Kontrolle der großen Handelswege schufen für die Kaufleute eine besonders günstige Situation' (*Gernet* 1979: 117). Die Han-Dynastie (206 v.Chr. bis 9 n.Chr. für die Frühere und 25-220 für die Spätere Dynastie) schlug eine ‚Politik der Geschenke gegenüber ihren Nachbarn ein', die zu einer ‚Integration der Barbaren' führte. Im Konfuzianismus gab es zudem als religiöses oder quasi-religiöses Element die Ahnenverehrung – eine Kulturtradition, der der Krieg ebenfalls ein Greuel und ein Helden- und Kriegerethos eigentlich fremd ist. Der Ahnenkult setzt Frieden voraus. Erst in der ‚Grenzsituation', an

44 *Jaspers*, Vom Ursprung und Ziel der Geschichte, S. 20: „In China lebten Konfuzius und Laotse, entstanden alle Richtungen der chinesischen Philosophie, dachten Mo-Ti [Mo Tse], Tschuang-Tse, Lie-Tse und ungezählte andere." Eine vierte Schule, die Legisten, sollte hier ebenfalls erwähnt werden, ist aber für den Friedensdiskurs, um den es hier geht, nicht von Belang.

den Grenzen des Reiches, erscheint der Krieg in der Konfrontation mit der aggressiven ‚Außenwelt' der Barbaren, als Verteidigungskrieg.

Aus dem mit der Achsenzeit einsetzenden Diskurs ging die Schule des Konfuzius als dominante, ethisch bestimmende und die Staatsauffassung entscheidend prägende Ideologie hervor, wenngleich die anderen beiden ‚Schulen' (und zahlreiche weitere) mehr oder weniger kontinuierlich weiterbestanden. (...)

(Mo Tse) verfocht eine monotheistische Religionslehre, in der Gott als König im Himmel regierte, einen auf Prinzipien der Gleichheit und Gerechtigkeit gründenden Universalismus sowie die Vorstellung einer – ähnlich wie im Christentum – grenzenlosen (unterschiedslosen) Liebe, allerdings zum gegenseitigen Nutzen.(...) Im Gegensatz (dazu) stellte die Schule des Konfuzius eher ein System der Ethik, eine Morallehre dar, als eine Religion. Der bekannte konfuzianische Gelehrte und ‚Chefideologe' der Han-Zeit, Dong Zhongshu (Tung Chungshu, ca. 175-105 v.Chr.), stützte sich bei seinen Lehrsätzen gern auf die von Konfuzius geschätzte Lokalchronik von Lu, das Chun Qiu (Shunjü), eines der berühmten ‚Fünf Klassiker'[45] und beschreibt ‚das Zusammenspiel von persönlicher und sozialer Ethik' so: ‚Der Weg der Menschlichkeit besteht darin, die Menschen zu lieben und nicht sich selbst zu lieben; der Weg der Pflicht besteht darin, sich selbst richtig zu stellen und nicht die Menschen richtig zu stellen... Die Menschlichkeit geht von mir aus, die Pflicht kommt auf mich zu...' (...)

Im Zentrum der konfuzianischen Gesellschaftslehre standen die fünf Tugenden: Zwischenmenschlichkeit (ren), Pflicht (yi), Sittlichkeit (li), Weisheit/Wissen (zhi) und Zuverlässigkeit (hsin). Diese fünf Tugenden waren in den fünf Beziehungen der Menschen untereinander – Fürst-Vasall-Beamter, Vater-Sohn, Älterer Bruder-Jüngerer Bruder, Ehemann-Ehefrau und Freund-Freund – zu verwirklichen." (*Schlichtmann* 1999: 18-36)

2.2.2 Mo Tse: Widerspruch gegen staatlichen Zwang

Mo Tse erwies sich als überzeugter Pazifist und Kriegsgegner (vgl. Auszug). Seine Schriften wurden denn auch in späterer Zeit verbrannt (wie die des Kung Fu Tse übrigens auch), doch seine Lehre blieb dank Weitergabe durch seine Schüler erhalten. Sie konnte sich freilich gegen die später zur Staatsphilosophie erklärte konservative Ethik des Kung Fu Tse nicht durchsetzen. Die Darstellung der Lehre des Mo Tse[46] bei Drewermann gibt einen Eindruck der Denkweise dieses frühen Pazifisten und Kriegsgegners:

Nationale Egoismen versus Weltbürgertum

„Als Gründer der Mohisten gilt Mao-tse oder Mo Ti, der, ebenso wie die Taoisten, sich gegen die Gesetzeslehren der Konfuzianer wandte und im Volke großen Anklang fand. Die Mohisten dachten sich den Himmel als ein persönliches Wesen, unter dessen Walten sie

---

45 Die „Fünf Klassiker" oder „Kanonischen Bücher" (Go kyö) sind (1) das Buch der Wandlungen (Yi Jing), (2) das Buch der Urkunden (Shu Jing), (3) die Frühlings- und Herbstannalen (Lokalchronik von Lu, Chun Qiu), (4) das Buch der Riten (Li Ji) und (5) das Buch der Lieder (Shi Jing). Fußnote *Schlichtmann*.

46 Auf Deutsch liegt eine neue Übersetzung in zwei Bänden vor: *Schmidt-Glintzer*, Helwig (Hg. und Übers.) 1975: MO TI – Solidarität und allgemeine Menschenliebe, und: MO TI – Gegen den Krieg, Düsseldorf und Köln, Eugen Diederichs 1975. FN *Schlichtmann*.

eine universale Liebe predigten, die keine Unterschiede nach Verwandtschaft oder nach Klassenzugehörigkeit anerkannte. Kampf und Krieg untereinander würden nach Meinung der Mohisten sogleich aufhören, wenn an die Stelle des Egoismus ein universelles Wohlwollen träte. Tatsächlich hat Mo Ti den Krieg ausdrücklich verboten, weil er dem Prinzip der universalen Liebe widerspricht und für das Volk nur Nachteile im Gefolge hat. Man brauchte m. a. W. nur die Menschlichkeit grenzenlos zu denken, dann würden die Partikularinteressen von selbst verschwinden. Politik wäre dann nicht mehr die Verwaltung rein nationaler Egoismen, die immer wieder zu Kriegen Anlaß gegeben haben, sondern die Organisation eines befriedeten Weltbürgertums.[47]

Mo Tse: Verdammung des Angriffskrieges

Wenn nun die Sache im Großen gemacht und ein Staat angegriffen wird, dann sprechen sie nicht mehr ihr Verdammungsurteil, sondern sind im Gegenteil voll des Lobes und nennen es Gerechtigkeit. Kann man da noch sagen, daß sie den Unterschied zwischen Gerechtigkeit und Ungerechtigkeit verstehen? Das Töten eines Menschen gilt als ungerecht, und es steht darauf eine Todesstrafe. Führen wir diese Erwägung weiter, dann ist die Tötung von zehn Menschen eine zehnfache Ungerechtigkeit und sollte mit zehn Todesstrafen geahndet werden, und die Tötung von hundert Menschen ist eine hundertfache Ungerechtigkeit und verdient hundert Todesstrafen. Die Edelen des Reiches verstehen das sehr wohl und nennen es Ungerechtigkeit. Kommen wir nun aber zu der Ungerechtigkeit im Großen, nämlich dem Angriff auf einen Staat, dann verurteilen sie diese nicht mehr, im Gegenteil, sie rühmen sie und nennen sie gerecht. Da haben wir einen Mann, welcher, wenn er etwas Schwarzes sieht, es schwarz nennt, sieht er dagegen viel schwarz, so nennt er es weiß. Wir werden von einem solchen annehmen, daß er den Unterschied zwischen weiß und schwarz nicht kennt. Ein anderer kostet etwas Bitteres und nennt es bitter, wenn das Bittere aber in größeren Mengen vorhanden ist, so nennt er es süß. Von einem solchen Menschen wissen wir, daß ihm der Unterschied zwischen süß und bitter unbekannt ist. Wenn nun jemand ein geringes Unrecht kennt und es verurteilt, dagegen ein großes Unrecht wie das Bekriegen eines Staates nicht erkennt und verurteilt, es vielmehr preist, können wir dann wohl von ihm behaupten, daß er sich des Unterschiedes zwischen Recht und Unrecht bewußt ist? So sehen wir denn, daß die Edelen des Reichs das Unterscheidungsvermögen für Recht und Unrecht verloren haben.[48]

Aber so erhaben und richtig diese Vorstellungen sind, was macht Mo Ti angesichts der Tatsache, daß das ethische Prinzip einer allgemeinen Menschenliebe nicht geübt wird und allenthalben Kriegsgefahren drohen? Als Ethiker muß Mo Ti konzedieren, daß es ein Recht auf Selbstverteidigung gibt. Als einer der größten Ethiker der Menschheit bekommt er es im 4. Jh. v. Chr. fertig, den Krieg als Verbrechen zu geißeln, weil in jedem Krieg zahllose Menschen verwundet und ermordet werden müssen; ja, er wagt es, die ‚Eroberer' und Kriegstreiber unter den Politikern Kriegsverbrecher zu nennen. Aber auch und gerade Mo Ti weiß ethisch kein anderes Mittel, als inmitten einer friedlosen Welt den Krieg unter Umständen zu rechtfertigen. Dasselbe gilt von den Dialektikern Hui Shih und Kuag-sun Lung, die im 3. Jh. v. Chr. wie die Mohisten eine universale Liebe und den Pazifismus lehrten. (Wie pazifistisch die

47 *Drewermann* benutzt die Formulierung „national". Es ist freilich umstritten, ob die antiken Reiche als „Nationen" im Verständnis unserer Neuzeit verstanden werden können. Nicht die Zugehörigkeit zu einer Volksgruppe war für frühere Reiche konstitutiv, sondern die Anerkennung der jeweiligen Herrschaft bzw. Dynastie.

48 Dieser Text wurde mir von Klaus *Schlichtmann*, Tokio, zur Verfügung gestellt.

Mohisten dachten, bewiesen sie in der kategorischen Ablehnung der Kämpfe der Feudalfürsten: ‚(...) mit scharfen Waffen ausgerüstet, ziehen sie aus, um irgendeinen friedlichen Staat anzugreifen. Sobald sie dessen Gebiet betreten, fangen sie an, das Getreide abzumähen, Bäume zu fällen, (...) Ahnentempel anzuzünden, die Bewohner zu ermorden. (...) Die Soldaten werden vorwärts in die Schlacht getrieben, indem man ihnen sagt: In der Erfüllung seiner Pflicht zu sterben, ist die höchste Ehre. Eine große Zahl von Feinden zu töten, ist die nächsthöchste und verwundet zu werden, die nächste. Was jedoch das Ausbrechen aus Reih‘ und Glied und Flucht betrifft – dafür ist die Strafe der Tod ohne Hoffnung auf Gnade!‘ (Zit. bei A. *Cotterell*: Der Erste Kaiser von China, 127 – FN von *Drewermann*.)

Statt den Krieg religiös durch die Versöhnung des Menschen mit sich selbst und seinem Ursprung von innen heraus zu überwinden, wird aus dem Frieden, der ein innerer Zustand ist, jetzt eine Pflicht des sittlichen Handelns bzw. ein streitbares Arrangement mit dem Unfrieden; die Heilung der Krankheit des menschlichen Herzens, die die Religion versucht, verwandelt sich somit in ein Verfahren, die Symptome, die Äußerungsformen der Krankheit, vor allem den Krieg, mit äußeren Mitteln zu unterdrücken. Dieses Unterfangen ist von vornherein aussichtslos, und doch erscheint es immer wieder als notwendig. Aus der Utopie des Religiösen wird jetzt vollkommen konsequent das Dilemma des Ethischen.“ (*Drewermann* 1984: 132-135)

2.2.3 Lao Tse: ein rationaler Pazifist

Von weit größerem Einfluß war der Einspruch des Lao Tse, dessen Auftreten zeitlich nicht genau belegt ist Er hat offensichtlich schon vor Kung Fu Tse und Mo Tse gelehrt (um 600 v.d.Z.), falls er nicht ins Reich der Legende gehört. Das erst hundert Jahre oder noch später niedergeschriebene und ihm zugeordnete Tao Te King[49] „dürfte nach der Bibel und dem Kommunistischen Manifest eines der am weitesten verbreiteten und meist übersetzten Bücher sein“ (*Walf* 1990: 84). Seine friedenskulturelle Bedeutung hat ebenfalls Drewermann beleuchtet:

„Bei Laotse, dem Begründer des Taoismus, etwa findet man bereits um 500 v. Chr. Texte wie diese: ‚Unter allen Dingen sind Soldaten Werkzeuge des Bösen, Den Menschen verhaßt. Darum meidet sie der religiöse (Taobesessene) Mensch (...) Soldaten sind Waffen des Bösen, Sie sind nicht die Waffen des Edlen. Wenn man nicht anders kann, als Soldaten zu verwenden, Ist die beste Politik ruhige Zurückhaltung. Sogar im Sieg liegt keine Schönheit, Und wer ihn schön nennt, ist einer, Der sich an der Schlächterei freut; Und wer sich an der Schlächterei freut, Wird in seinem Ehrgeiz, die Welt zu beherrschen, keinen Erfolg haben (...) Die Hinschlachtung von Scharen müßte voll Kummer betrauert werden, Ein Sieg müßte mit dem Bestattungsritus gefeiert werden.‘ Oder: ‚Wer sich durch das Tao vornimmt, dem Herrscher über Menschen zu helfen, Wird sich jeglicher Eroberung durch Waffengewalt entgegenstellen. Denn eine solche muß notwendig zurückprallen. Wo Heere sind, wachsen Dornen und Gestrüpp. Die Aushebung einer großen Streitmacht hat ein Jahr der Dürre im Gefolge.‘ (*Lin Yutang* 1955: 115f.)

---

49 Der Tao Te King ist eine Sammlung von Sinngedichten und kaum zu übersetzen. Tao ist der schöpferische Urgrund, Te die Kraft, die aus dem Tao geschöpft werden kann, und King (Ching) bedeutet Buch. In der modernen chinesischen Sprache heißt Tao Te Moral. Demzufolge kann Tao Te King mit „Buch der Moral“ übersetzt werden.

Nach Ansicht der Taoisten ist Gewaltanwendung letztlich selbstschädigend, ein Mittel, das dem gewünschten Erfolg der Eroberung und der Herrschaft über Menschen gerade im Wege steht. Die Argumentation der Taoisten verstand sich als ein innerer Pragmatismus,der die Fehler eines äußeren und vordergründigen Denkens hinter sich gelassen hat und an die Überwindung des Harten durch das Weiche, des Steins durch das Wasser glaubte. ‚Ich habe drei Schätze', erläuterte Laotse seine ‚Narrheit': ‚Der erste ist die Liebe. Der zweite heißt: nie zu viel. Der dritte ist: nie der Erste sein.

Durch Liebe hat man keine Angst, Durch nie zu viel tun hat man Weite (der Kraftreserven), Durch das sich nicht unterfangen, der Erste zu sein, Kann man seine Anlagen entwickeln und reifen lassen. Wenn jemand Liebe und Furchtlosigkeit preisgibt, Beschränkung und Kraftreserven preisgibt, Das Hintenbleiben preisgibt und vorausstürmt, Ist er dem Untergang geweiht. Denn die Liebe ist siegreich im Angriff, Und unverwundbar in der Verteidigung. Der Himmel bewaffnet mit Liebe Die, welche er nicht zerstört sehen will.' *(Lin Yutang 1955:* 115, 191, 198)

Im Grunde ist diese friedenliebende Lehre Laotses ganz und gar religiös geprägt; sie ist in Wahrheit jenseits aller Ethik im abendländischen und konfuzianischen Sinne, indem sie gerade der moralischen Tugendlehre mit ihren allzu praktischen Einteilungen in Gut und Böse als einem Übel, als einer Form der Unmenschlichkeit widerspricht. Konfuzius versuchte vor allem (...) die öffentliche, politische Ordnung sittlich zu begründen und zu erneuern – in scharfem Gegensatz zu den Taoisten, die gerade die moralisierende Unterteilung des Menschen in Gut und Böse für den Anfang allen Übels hielten. (Vgl. *Lin Yutang*, 96f.) Wer sein Handeln im Sinne der Moral nach Gut und Böse bemißt, muß nach Meinung Laotses ständig gegen sich selbst ankämpfen; er erzieht sich damit nur zur Unwahrheit und zur Abspaltung ganzer Teile seiner selbst, und so wird er gerade infolge seines guten Willens viel Böses wirken. Statt dessen geht es darum, sich in sich selber zu versenken und das innere Gesetz, das Tao, den Willen Gottes im eigenen Herzen zu befolgen. Daher sagt Laotse:

‚Beim Verdrängen großen Hasses wird gewiß einiger Haß zurückbleiben. Wie kann das für befriedigend angesehen werden? Darum hält der Weise das linke Kerbholz und schreibt der Gegenpartei nicht die Schuld zu. Der Tugendhafte ist für das Verdrängen, der Lasterhafte für das Festnageln der Schuld. Aber ‚der Weg des Himmels' ist unparteiisch; Er steht immer auf seiten des Guten.' *(Lin Yutang 1955:* 198f.)

Man könnte im Sinne dieser Lehre des Bösen nur dann Herr werden, ja, es ließe sich ein Reich des Friedens überhaupt nur denken, wenn die Menschen zu einem einfachen und ursprünglichen Leben zurückfinden würden, wo man weder Wagen noch Schiffe, Panzer noch Waffen, also weder Handel noch Krieg brauchte und die Menschen sich der Speisen erfreuten, ihre Kleider verschönerten, in ihrem Heim zufrieden und in ihrem Brauchtum glücklich wären. (*Lin Yutang 1955:* 199) Aber wie kann man so leben, und wie lassen sich solche paradoxen Lehren in die ‚Realpolitik' des Alltags übersetzen?

Wer sich auf ein Heer verläßt, geht unter

Laotses großer Schüler Tschuangtse hat dazu drei historische Beispiele überliefert, die sich auf die Möglichkeit von Abrüstung, Friedensverträgen und auf die unmittelbare Kriegsvermeidung beziehen, und seine Ausführungen bezeugen klassisch das religiöse, nicht vordergründig ethische Anliegen der taoistischen Lehrmeister. Von der Rüstung urteilte Tschuangtse: ‚Der Weise verläßt sich nie auf etwas, auf das sich andere verlassen. Daher verläßt er sich nicht auf ein Heer. Die gemeinen Leute verlassen sich auf Dinge, auf die man sich nicht verlassen kann; also auf ein großes Heer. Wo ein Heer vorhanden ist, wäre es wider die menschliche Natur, nicht zu versuchen, zu erhalten, was man haben will. Und wenn man sich auf das Heer verläßt, geht man unter.' (*Lin Yutang* 1955: 116f.) Der Sinn dieses sehr gerafften Gedankenganges ist wohl der: jeder sucht für sich nach einem Mittel, das ihm Schutz bietet und vor den Angriffen anderer gewappnet macht. Aber gegen jedes Mittel gibt es ein Gegenmittel; darum schützen nur diejenigen Mittel, auf die andere nicht kommen. Nun verlassen sich die oberflächlichen Köpfe, die Unweisen, allemal auf das, woran jeder denkt: gegen einen fremden Angriff muß man sich mit Waffen rüsten; schon das ist eine fragliche Methode, denn der andere kann vielleicht ein noch größeres Heer mit einer noch besseren Bewaffnung aufstellen. Aber vor allem begibt man sich mit einem solchen Denken in den Bahnen von Gewalt und Gegengewalt selber in einen Kreislauf, der gewalttätig macht. Ist man womöglich eines Tages selber im Besitz eines entscheidenden Machtvorteils, so liegt es in der Natur der Sache, diesen Vorteil auch zu nutzen. Nur – je mehr Gewalt man ausübt, desto mehr Gegengewalt wird man erzeugen, und nach derselben Logik, mit der man soeben der Sieger war, wird man bald schon der Besiegte sein. ‚Wer zum Schwerte greift, wird durch das Schwert umkommen', heißt es in der Bibel (*Matthäus* 26,52).

Lao Tse zu Rüstung und Krieg

Wäre also die Konsequenz die Forderung nach augenblicklicher Abrüstung? Mitnichten. So wie es dem Taoismus auch sonst nicht um Gut und Böse im Sinne der traditionellen Ethik geht, sondern um einen Standpunkt innerer Wahrheit, in dem der moralische Gegensatz von Gut und Böse aufgehoben ist, so auch in der Frage von Rüstung und Krieg. Es ist sinnlos und zweckwidrig, zu rüsten, aber es ist auch schädlich, mit moralischen Argumenten die Abrüstung zu betreiben, und zwar nicht der daraus entstehenden politischen Gefahren wegen, sondern weil es überhaupt Schaden anrichten muß, das Gute zu wollen und es sich moralisch vorzunehmen, ein guter Mensch zu sein. Als der Fürst *Wu* von Wei zu *Hsu Wukuei* sprach: ‚Ich liebe mein Volk und tue recht. Ich denke an Abrüstung', antwortete dieser: ‚Wenn man das Volk liebt, beginnt man schon, ihm weh zu tun. Wenn man in einer gerechten Sache abrüstet, ist das der Anfang der Wiederaufrüstung (...) Obwohl Euere Durchlaucht der Humanitäts- und Gerechtigkeitslehre zu folgen wünschen, fürchte ich, daß Ihr in der Heuchelei enden werdet. Das Materielle führt zu Materiellem; mit der Leistung stellt sich der Hochmut ein; und der Krieg kommt, wenn die Umstände sich ändern (...) Ihr sollt Euch (...) in Euch selbst versenken und die Dinge ohne Euer Eingreifen ihrer Natur gemäß gehen lassen. Dann werden die Leute dem Tod bereits entronnen sein. Wozu braucht man da noch die Abrüstung?' (*Lin Yutang* 1955: 117.) Tschuang-Tse meint offenbar, daß bereits der Wille, ein moralisch einwandfreier, gerechter, edelmütiger Herrscher zu sein, das Gegenteil hervorbringt – an Beispielen weltbeglückender Regenten, denen die Ideale der Menschenliebe wichtiger waren als die Menschen, mangelt es in der Geschichte ebensowenig, wie an den Zeugnissen des Schadens, den sie hinterlassen haben. Vor allem richtet sich diese von oben verordnete oder sich selber anbefohlene Art der moralischen Erziehung des Menschengeschlechts doch immer nach außen: man rüstet selber ab, also sollte auch der andere dem guten Beispiel folgen; tut er es nicht, ist man moralisch entrüstet und fängt wieder an aufzurüsten – die amerikanische Politik des Moralisten Jimmy Carter könnte nicht treffender beschrieben werden. Was bleibt, ist das gekränkte und enttäuschte Gefühl, wenigstens selber ein untadeliger Mensch zu sein. Nur: wem nützt dieses Gefühl? Es ist das pure Pharisäertum. Also geht es um einen dritten Standpunkt jenseits von Auf- und Abrüstung, und dieser Standpunkt liegt ebenso sehr außerhalb der Ethik wie des politischen Handelns insgesamt; er ist rein religiöser Natur – ‚in sich Versenken', sagte Tschuangtse, und er meinte damit offenbar, daß derjenige, der in sich selbst gefestigt genug ist, um mit sich und dem Tao in Einklang zu leben, wie von selber die Angst verliert, die nach Rüstung und Waffen verlangt.

Dasselbe gilt von dem Abschluß von Friedensverträgen. Nach Tschuang-Tses Meinung sind sie nutzlos. Denn wenn es erst einmal nötig ist, Verträge zu schließen, die den ‚Frieden' regeln oder die ‚Abrüstung' festschreiben, liegt dem gesamten Tun und Denken die Friedlosigkeit, Treulosigkeit und Angst bereits zugrunde, und diesen Zustand überwindet man nicht durch fiktive Übereinkünfte ohne innere Substanz. Darum gilt: ‚Mit Treulosen Treueverpflichtungen eingehen, ergibt bloß treulose Verpflichtungen.‘ (*Lin Yutang 1955:* 199) Es ist dieselbe Einsicht, die Jahrhunderte später die Bergpredigt in dem Gebot ausdrücken wird, man solle das Schwören und das eidesstattliche Erklären insgesamt drangeben und sich statt dessen um die innere Wahrhaftigkeit und das Vertrauen zu Gott und den Menschen bemühen (*Matthäus* 5,33-37).(...)

Was bei diesen Lehren der Taoisten so sehr beeindruckt, ist die Strenge, mit der sie sich weigern, aus der Tiefe ihrer religiösen Weisheit ein ethisches Postulat zu machen. Sie wissen, daß man weder den Krieg noch das Böse überhaupt durch moralische Selbstunterdrückung überwinden kann. Darum geht es ihnen darum, den Willen so zu klären, daß er wirklich anstrebt, was er will, und deshalb versuchen sie, in sokratischem Sinne die Menschen darüber aufzuklären, daß sie die falschen Mittel für ein richtiges Ziel wählen oder sogar etwas anstreben, daß sie bei näherer Betrachtung gar nicht wollen können. Nicht Gut und Böse, Frieden und Krieg ist, so besehen, das eigentliche Problem, sondern daß die ursprüngliche Wahrheit und Einfachheit zerstört ist, von der aus sich die angeblich so wichtigen Dinge von selber relativieren würden. Erst jemand, der sich innerlich stark, weise und reich genug fühlt, kann das Richtige tun. Denn: ‚Wo die Kraft nicht ausreicht, da muß man betrügen; wo das Wissen nicht ausreicht, da muß man lügen; wo der Besitz nicht ausreicht, da muß man rauben.‘ (*Dschuang Dsi* 1972: 270) In die Sprache der modernen Psychologie übersetzt, müßte man sagen: erst das Gefühl der Angst zwingt zur Unwahrhaftigkeit, zum Selbstbetrug und zur Verfälschung des Daseins; der Mangel an Selbsterkenntnis, die Unbewußtheit, die daraus entsteht, muß zu einem ständigen Doppelspiel, zu einer inneren Aufspaltung führen; und aus dem Gefühl der Ohnmacht und Minderwertigkeit, das sich daraus herleitet, ergibt sich die Gewaltsamkeit und Gewalttätigkeit gegen sich selbst und andere sowie der Wunsch, den Mangel an Sein durch äußeren Besitz, durch Staffagen und Augenblendereien nach außen hin zu ersetzen. Letztlich ist es der Verlust des Tao, nicht das Problem des Krieges, das es zu lösen gilt. Die Einheit mit dem Tao aber läßt sich nicht ‚machen‘ oder organisieren, man kann nur durch Einkehr bei sich selbst sowie durch innere Ruhe und Wahrhaftigkeit die Voraussetzungen dafür bereitstellen, daß sie zustande kommen kann.

Die Spirale von Gewalt und Gegengewalt auflösen

Wir haben die religiösen Vorstellungen der Taoisten so ausführlich wiedergegeben, weil sie in der Tat den einzigen Weg darstellen, auf dem sich die Spirale von Gewalt und Gegengewalt, von Angst und Angstverbreitung zur Angstsicherung, von Terror und Gegenterror, von Angriffskrieg und Verteidigungskrieg von innen her auflösen könnte. Wenn irgendeine religiöse Antwort zur Lösung der furchtbaren Menschheitsgeißel des Krieges möglich ist, dann wird sie ganz so ausfallen müssen, wie sie die Taoisten schon ein halbes Jahrtausend vor Christus, aber in einer auffallenden Parallelität zu den späteren Weisungen der Bergpredigt, gegeben haben. Vor allem daß die taoistische Lehre bewußt an die Wurzel des Krieges, an den Faktor der menschlichen Angst rührt, zeugt von einer unübertrefflichen Tiefe in der Erfassung der Kriegsproblematik ebenso wie in ihrer Lösung. Die Taoisten wußten, daß es sinnlos ist, gegen den Wahnsinn und die Unmenschlichkeit des Krieges mit moralischen Deklarationen ins Feld zu ziehen. Statt zum tausendsten Mal den Krieg moralisch zu ächten, argumentierten sie mit außerordentlichem psychologischem Scharfsinn, indem sie dem Kriegswilligen nachwiesen, daß er bereitsteht, etwas zu tun, das seinen wahren Zielsetzungen widerspricht, oder daß er zu einem richtigen Ziel die falschen Mittel einsetzt. Psychologisch richtiger und menschlich überzeugender läßt sich religiös gegen den Krieg nicht vorgehen, und mehr als die Taoisten zur Lösung des Kriegsproblems sagten, ist schlechterdings vom religiösen Standpunkt her in Form bloßer Lehre überhaupt nicht zu sagen. (...) Um so wichtiger ist es, sich vor Augen zu halten, wie politisch wirkungslos die taoistische Lehre geblieben ist und bleiben mußte. Der Gegensatz besteht prinzipiell, und man muß ihn ein für allemal als wesentlich begreifen lernen.“ (*Drewermann* 1984: 108-123)

Worte aus dem Tao Te King

Wenn du jemals einen Führer dieser Welt im Sinne des Weges beraten solltest,
dann sag ihm, daß er die Welt nie durch Waffengewalt einschüchtern darf,
denn das könnte auf ihn zurückfallen.

Wo ein Kriegsheer lagerte, blühen nur noch Dornbüsche;
auf einen langen Krieg folgen schlechte Jahre.

Der Gute siegt, und damit ist es genug, aber er wagt nicht,
durch Waffengewalt einzuschüchtern; er siegt, aber er prahlt nicht ;
er siegt, aber er ist nicht hochmütig; er siegt, aber nur, wenn es nicht anders geht;
er siegt, aber er wendet nur soweit nötig Gewalt an.
Wenn das Starke dem Schwachen Gewalt antut, so heißt das: es stellt sich gegen den Weg. Was sich gegen den Weg stellt, wird sehr bald zu Ende gehen. (30)

Waffen sind Instrumente des Unheils und werden von allen Geschöpfen gehaßt.
Wer dem Weg folgt, besteht deshalb nicht auf ihrem Gebrauch.

Der Edle bevorzugt die linke Hand, wenn er zu Hause ist,
aber die rechte, wenn er in den Krieg zieht.
Waffen sind Instrumente des Unheils und nicht die Instrumente des Edlen.
Ist man gezwungen, sie zu gebrauchen,
so ist es am besten, wenn man keinen Gefallen daran findet.

Ein Sieg ist kein Grund für laute Freude; wer sich dennoch über einen Sieg freut,
der hat auch Freude am Töten von Menschen. Wer Freude hat am Töten von Menschen, kann sein Ziel in der Welt nicht erreichen.

Bei Freudenfesten ist der Ehrenplatz links, bei Trauerfeiern ist er rechts;
bei der Armee steht der Leutnant links und der General rechts.

Das bedeutet: ein Krieg ist vergleichbar mit einem Begräbnis. Wenn viele Menschen getötet werden, solle man sie mit Tränen des Mitleids beweinen. Aus diesem Grund läßt sich ein Sieg im Krieg mit einem Begräbnis vergleichen. (31)

Ein guter Soldat sucht die Gewalt nicht; ein guter Kämpfer wird nicht wütend;
ein guter Sieger rächt sich nicht; ein guter Arbeitgeber bleibt bescheiden. Das ist die Tugend des Nicht-Streitens; das heißt: die Kunst, andere zu führen;
das heißt: mit dem Himmel im Einklang sein. (68)

In der Kriegführung kennt man folgende Taktik:
ich mache nicht den ersten Schritt zum Angriff,
sondern warte ab wie ein Gast;
ich wage nicht, einen Zoll vorzurücken, sondern weiche einen Fuß zurück.

Das heißt: vorwärts gehen ohne Straße, die Ärmel hochkrempeln,
ohne den Arm zu zeigen, den Feind überwältigen, ohne anzugreifen,
stark sein, ohne Waffen zu gebrauchen.

Es gibt kein größeres Unglück, als den Feind zu unterschätzen.
Wer den Feind unterschätzt, verliert seine größten Schätze.

Darum gilt: Wenn zwei Parteien die Waffen gegeneinander erheben,
siegt diejenige, die es schweren Herzens tut. (69)

(*Lao Tse* 1990)

2.3 Indien: Brücke zwischen Orient und Okzident

Bei der Vermittlung ethischer Vorstellungen zwischen Ostasien einerseits und Westasien sowie dem Mittelmeerraum andererseits könnte der Norden Indiens (hineinreichend bis ins heutige Afghanistan) die Rolle einer Brücke gespielt haben. Vielleicht gingen von dort sogar die entscheidenden Impulse aus. Daß schon sehr frühe Handelsbeziehungen zwischen dem fernen China zu den Zivilisationen im Westen (sowohl auf dem See- wie auf dem Landwege) bestanden haben, steht außer Zweifel. Immerhin hatte sich China unter der Mongolenherrschaft zeitweise über ganz Innerasien bis an die Grenzen Baktriens und Persiens erstreckt (13. und 14. Jahrhundert). Und ebenso wenig dürfte außer Zweifel sein, daß Kaufleute über neueste kulturelle Entwicklungen berichteten, wenn nicht sogar unter ihnen Zorastrianer und Buddhisten waren. Die iranischen Völkerschaften, die in das heutige Persien einwanderten und zeitweilig Ägypten und Mesopotamien beherrschten, stammen aus Nordwestindien (Iran = Land der „Edlen", der Arier). Die altindischen (hinduistischen) Weisheiten, die in den vier *Weden* (Weda = Wissen) aufgezeichnet sind, deren Entstehung teils bis ins 4. Jahrtausend, teils nur bis 1500 v.d.Z. datiert werden, sind in einer vorsanskritischen Sprache gehalten, die jener, die Zarathustra gebrauchte, sehr ähnlich ist. Bruchstücke dieser Texte sind in der Tat schon vor 1500 v.d.Z. in Mesopotamien gefunden worden.

Zarathustra und Lao Tse waren Zeitgenossen

Die starren religiös-gesellschaftlichen Strukturen in Mesopotamien, die in diesen Texten festgehalten wurden und zum Teil bis heute im vedischen Kastensystem (Brahmanismus/Hinduismus) fortleben, waren dem iranischen Propheten sicherlich bekannt. Der historisch verbürgte Zarathustra war ein Zeitgenosse des freilich historisch nicht belegten Lao Tse (6. Jahrhundert v.d.Z. vgl. 2.2.3). So wie dieser – bzw. seine und des Mo Tse Schüler – gegen die disziplinierende Staatsphilosophie des Kun Fu Tse Widerspruch eingelegt hatte, protestierte Zarathustra mit seinen monotheistischen Vorstellungen und dem Glauben an das Gute und an das Böse, zwischen denen sich Menschen entscheiden können, gegen das rigide Kastensystem in Indien. Und ähnlich wie Lao Tse und Mo Tse in China die Gewaltfreiheit zum Ethos zwischenmenschlicher Beziehungen erklärten, trat in Indien wahrscheinlich schon im 8. Jahrhundert eine Bewegung zu Tage, die sich gleichfalls der Gewaltlosigkeit, der *ahimsa*, verschrieb: der Jainismus (Dschainismus), genannt nach seinen ersten Begründern, dem legendären Parschawa (um 750) und dem historischen Mahawira (Held), die von ihren Schülern den Ehrennamen „Dschaina" (Sanskrit = Sieger) erhielten, weil sie ihre Unwissenheit und Begierden durch ein asketisches Leben besiegt hatten. Obwohl sich die Bewegung rasch über ganz Südasien verbreitete, blieb sie doch mit ihrer Lehre von dem universellen Gebot des Nicht-Verletzens (*ahimsa*) aller Lebewesen[50] und der darauf gründenden radikalen Ablehnung jeglichen Fleischgenusses großen Teilen der Bevölkerung fremd.

2.3.1 Buddha begründet die Lehre von der Gewaltfreiheit (ahimsa)

In die „Lücke" zwischen brahmanischem Rigorismus und jainischem Radikalismus stieß der aus adliger Familie (Kriegerkaste, die zweithöchste Kaste nach den Brahmanen/Priestern) stammende Siddhattha Gotema (*Siddharta Gautema,* um 563-483), später von seinen Jüngern *Buddha* (der Erleuchtete) genannt.

„Während die Griechen noch über die gewonnenen Perserkriege nachdachten, war es in Indien bereits über 100 Jahre her, daß der Buddha im Hirschpark von Sarnath das Rad der Lehre von dem universellen Mitleid mit allen Geschöpfen und der Einheit mit dem Urgrund aller Dinge in Bewegung gesetzt hatte. Die Gedanken des Buddha haben in der Geschichte der Menschheit wohl am meisten zugunsten des Friedens gewirkt; nur auf das Abendland, dessen Fortschrittsglaube gerade in unseren Tagen die Welt an den Rand des Abgrunds zu führen droht, haben sie wenig Eindruck gemacht." (*Drewermann* 1984: 108/109)

Buddha suchte und fand einen Mittelweg zwischen Hinduismus und Dschainismus, doch auch er stellte *ahimsa* und die Überwindung allen Leidens – auch des Krieges – durch Meditation in den Mittelpunkt seiner, allerdings nur von seinen Schülern übermittelten Lehre:

„Wie die Forderung universeller Güte gemeint war, suchen tausende von Sätzen des Buddha zu erläutern; niemals sind diese Sätze moralisierend, sondern sie ergeben sich aus der Übung der ‚Andacht', der meditativen Versenkung. So sagte der Buddha z. B. zu Rahula: ‚Selbstlose Liebe entfalte in deiner Andacht! Dann wirst du niemandem etwas Böses wünschen. Erbarmen entfalte in deiner Andacht! Dann wirst du niemanden verletzen wollen. Mitfreude entfalte in deiner Andacht! Dann wirst du niemanden beneiden. Gleichmut entfalte in deiner Andacht! Dann wirst du den Ärger überwinden. Unschönes betrachte in deiner Andacht! Dann wirst du frei von leidenschaftlichem Begehren. Die Unbeständigkeit betrachte in deiner Andacht! Dann wirst du den Ichdünkel überwinden.'" (*Schmidt, Kurt* (Hg.): Buddhas Reden, 191, zitiert bei *Drewermann* 1984: 109)

ahimsa und Bergpredigt

Die Lehre des „Erleuchteten" verbreitete sich schnell in alle Himmelsrichtungen. Sie wurde in Griechenland ebenso bekannt wie im antiken Rom, dort allerdings seit dem 4. Jahrhundert n.d.Z. durch den „Alleinvertretungsan-

---

50 Kleinlebewesen und Ungeziefer eingeschlossen – fundamentalistische Jains fegen noch heute mit einem Handbesen den Boden vor den Füßen, damit sie nicht aus Versehen ein solches Kleinlebewesen zertreten.

spruch“ der christlichen Kirchen mit Gewalt wieder zurückgedrängt, die – welch ein Paradox! – behaupteten, die „wahre Lehre“ der Gewaltlosigkeit zu besitzen, wie sie Jesus von Nazareth in der Bergpredigt bekannt hatte: „Selig die Friedensstifter! Sie werden Kinder Gottes genannt werden“ (*Matthäus* 5,9) und „Selig, die Verfolgung leiden um der Gerechtigkeit willen! Ihrer ist das Himmelreich“ (*Matthäus* 5,10).[51]

Ihren wahren Siegeszug trat die neue Lehre in Mittel- und Ostasien an, während sie in Indien, dem Geburtsland des Buddha, einem sich reformierenden Hinduismus und später dem Islam weichen mußte. Erst Anfang des 20. Jahrhunderts entwickelte Mohandas (Mahatma) Gandhi *ahimsa* zu einer gewaltfreien politischen Strategie, ohne sich zum Buddhismus als solchem zu bekennen (vgl. 4.4.3). In Tibet und weiten Bereichen Mittelasiens entwickelte sich eine besondere, aber in der Grundlehre übereinstimmende Spielart des Buddhismus, der Lamaismus. Sri Lanka, Burma, Thailand (Siam), Kambodscha, Laos, Vietnam sind die klassischen buddhistischen Länder, die sich in der Geschichte dennoch nicht durch Gewaltlosigkeit auszeichneten, wie denn auch viele buddhistische Mönche mit Waffengewalt aktiv in politische Konflikte eingegriffen haben. Schon für das Jahr 168 ist der bewaffnete Aufstand einer buddhistisch beeinflußten Bewegung, der sogenannten „Gelben Turbane“, bezeugt. Dessen ungeachtet stand und steht im Zentrum der Gedanken Buddhas nicht ein Kollektiv, sondern der einzelne Mensch, der durch Meditation, Friedfertigkeit, auch Gewaltlosigkeit, und vor allem Gelassenheit seine innere Ruhe und damit Erlösung von den Leiden in der Welt finden sollte.

Auch in China dürfte die Lehre des Buddha recht bald bekannt geworden sein. Er lebte fast genau zur selben Zeit wie Kung Fu Tse und einhundert Jahre vor Mo Tse. Offiziell wurde seine Lehre erst im Jahr 61 n.d.Z. während der zweiten Kaiserdynastie (*Han* 25-220) eingeführt und wurde im Verlaufe der folgenden drei Jahrhunderte zur vorherrschenden „Verhaltensweise“ in Ost und Südasien. Ein Chinese konnte durchaus der konfuzianischen Ideologie und dem traditionellen Ahnenkult anhängen, aber in seinem persönlichen Verhalten die buddhistische Meditationslehre praktizieren.

Religion und Frieden in Japan

Im Jahr 372 wurde der Buddhismus in Korea offiziell eingeführt und gelangte über dieses Land 552 nach Japan (nachdem chinesische Schrift und Kultur schon zuvor über die koreanische Halbinsel in Japan Eingang gefunden hatten). Nach zunächst harten Auseinandersetzungen mit dem Konfuzianismus

---

51 Bei Lukas, der ebenfalls von der Bergpredigt berichtet, fehlen diese beiden Seligpreisungen. Stattdessen berichtet er von einem Ausspruch des Jesus, der gedanklich dem Bericht bei Matthäus gleichkommt: „Liebet eure Feinde, tut Gutes denen, die euch hassen, segnet, die euch fluchen, und betet für die, die euch verleumden.“ (*Lukas* 6,27-29)

(und in Japan mit dem Shintoismus) arrangierte sich der Buddhismus mit der konfuzianischen Staatsphilosophie und dem shintoistischen Kaiserkult, eben weil er keine „Glaubenswahrheiten“ im Sinne religiöser Traditionen vertrat.[52] Ähnlich wie im Römischen Reich wurde jede Religionsausübung toleriert, solange die Autorität des Kaisers, die in seiner Vergöttlichung zum Ausdruck gebracht war, nicht in Frage gestellt wurde.

Amerikaner und Europäer beenden den Frieden mit Gewalt

Das galt auch für die ersten Europäer (Portugiesen), die sich 1543 im Land der Aufgehenden Sonne niederließen. Ihnen folgten schon sechs Jahre später katholische Priester, die die christliche Lehre verbreiten durften und Anhänger gewinnen konnten. Als sie jedoch in den Verdacht gerieten, sich in politische Auseinandersetzungen Japans einzumischen und die „Göttlichkeit“ des Kaisers in Zweifel zu ziehen, wurden 1643 alle Christen liquidiert und ein Jahr später alle „Fremden“ des Landes verwiesen. 1598 hatte Tokugawa (der als oberster Feudalherr – Shogun – anstelle des Kaisers – Tenno – die tatsächliche Macht ausübte) die langen Bürgerkriege beendet und die Isolierung Japans von der Außenwelt eingeleitet, die eine über zwei Jahrhunderte dauernde Friedensperiode – sicherlich auch unter buddhistischem Einfluß – begründete, in der die japanische Kultur und Kunst sich zu höchster Blüte entfaltete. 1853 zwangen die Vereinigten Staaten und die europäischen Mächte Japan mit Waffengewalt, sich den westlichen Handels- und Weltmachtinteressen zu beugen.

Schließlich ging der Shintokult mit dem Konfuzianismus und dem asketischen Zen-Buddhismus im sogenannten *Bushido* (Kriegerweg) sogar eine besonders enge Verbindung ein: die Ethik der Samuraikrieger (und auch der Soldaten im 2. Weltkrieg), von denen Treue gegenüber dem Kaiser und den Vorgesetzten, Waffentüchtigkeit, Todesverachtung (*Kamikaze*), Selbstdisziplin und Güte gegenüber Schwachen gefordert wird. Die Nähe zwischen einer tief verankerten Friedenskultur und einer militaristisch geprägten Kriegskultur ist gerade für Japan bezeichnend und noch heute in diesem Land wahrzunehmen.

Dessen ungeachtet hat der Buddhismus friedenskulturelle Impulse vermittelt insofern er Glaubenskämpfe, wie sie im christlichen und später im muslimischen Einzugsbereich zur Regel wurden, verhinderte. Bei allen Kriegswirren und aller Militanz in Einzelfällen sind im buddhistischen Einzugsbereich Inseln, ja ganze Regionen des Friedens entstanden, in denen sich Menschen und Gesellschaft gewaltfrei, das heißt friedlich, entfalten konnten.

---

52 Deshalb gibt es bis heute aus buddhistischer Sicht keine grundsätzliche Unvereinbarkeit zwischen Buddhismus und Christentum. Es sind die christlichen Kirchen, die mit ihrem Anspruch auf Exklusivität eine solche Praxis für ihre Anhänger nicht zulassen. Ähnlich verhalten sich Judentum und Islam, also alle monotheistischen Religionen.

Darum hat Drewermann sicher Recht, wenn er behauptet, daß „die Gedanken des Buddha in der Geschichte der Menschheit wohl am meisten zugunsten des Friedens gewirkt haben". (*Drewermann* 1984: 108f.)

2.3.2 Das Reich des Ashoka: eine Friedenszone in der Antike

Auch in Indien, wo sich im Anschluß an die verschwundene Induskultur (vgl. 2.1.1) zahlreiche kleinere Staaten vorarischer und arischer Bevölkerung bekämpften, ohne daß es – vermutlich wegen der Abwesenheit längerer Friedensperioden – zur Entstehung einer größeren Zivilisation gekommen wäre, konnte sich der Buddhismus, vor allem unter der indischen Maurya-Dynastie (321-185 n.d.Z.), begründet von Raja (König) Chandragupta, ungehindert ausbreiten. Seine Blütezeit erreichte er unter dessen Enkel Ashoka (272-236), der nach der Eroberung des Königreichs von Kalinga (etwa 260), bei der Tausende von Menschen erschlagen wurden, jeglicher weiteren Kriegspolitik entsagte. Die Erwähnung Ashokas ist deshalb von Bedeutung, weil er diesen plötzlichen Sinneswandel in zahlreiche Stelen eingravieren ließ, die im ganzen Reich aufgestellt wurden und von denen viele noch heute erhalten sind, so wie wir Hammurabis Gesetzeswerk ebenfalls einer in Stein gehauenen Inschrift verdanken. Auf diese Weise verfügen wir über authentische Berichte über eine friedenskulturelle Hochleistung, deren es in der Geschichte sicherlich mehrere gegeben hat, von denen wir keine Berichte kennen, sehr im Gegensatz zu den Berichten über Kriege und Schlachten. Das mag auch der Grund dafür sein, daß Ashoka in griechischen und römischen Quellen namentlich nicht erwähnt ist. Damals wie heute galt offensichtlich: Friedenszeiten waren und sind keine berichtenswerten Ereignisse. Luciano Petech, ein weiterer Autor der Propyläen Weltgeschichte, schreibt dazu:

Ein authentischer Bericht über eine friedenskulturelle Hochleistung

„Ashokas Herrschaft (etwa 272-236) bedeutet einen der Gipfelpunkte der indischen Geschichte. Vor allem beruht zum erstenmal die Chronologie nicht mehr auf Hypothesen, sondern schwankt nur innerhalb sehr enger Grenzen, da es möglich ist, sie an Hand der Erwähnung gleichzeitig regierender hellenistischer Herrscher auf den Inschriften zu kontrollieren. (...) Weiterhin muß betont werden, daß die Quellen, die sich auf ihn beziehen, reich und sicher sind. Er ist eine der volkstümlichsten Gestalten der buddhistischen Literatur: der König, der das Gesetz beschützte, das Vorbild des Laienhörers, Mittelpunkt eines ganzen Kranzes von Sagen, die allerdings leider die historische Gestalt überwuchern und unter sich begraben; der wichtigste Text ist das Ashokavadana, dessen Sanskrit-Original verloren gegangen, uns aber in zwei chinesischen Übersetzungen erhalten ist.

Vor allem aber beginnt mit Ashoka die indische Epigraphik. Seine Inschriften sind zahlreich und werden noch ständig in verschiedenen Gegenden der Halbinsel zutage gefördert. Zum größten Teil folgen sie einem großartigen, von der kaiserlichen Kanzlei in großzügigen Zusammenhängen erdachten und ausgeführten Propagandaplan, der auf der ständigen Wiederholung einiger Grundbegriffe beruht. Diese Propaganda auf Stein teilt sich in drei Textgruppen. Zunächst die vierzehn Felsedikte, von denen acht mehr oder weniger vollständig erhalten sind. In Dhauli und Jaugada in Orissa, dem alten Kalinga, werden zwei von den vierzehn Edikten durch zwei Sondertexte ersetzt, die deshalb als Kalinga-Edikte bezeichnet werden. Dann die zwei kleinen Felsedikte, die an zwölf verschiedenen Plätzen gefunden wurden. Und schließlich die sieben Säulenedikte, die vollständig nur auf einer, ursprünglich in Topra, heute aber in Delhi befindlichen Säule erhalten sind. Sechs von diesen Texten wurden auch an fünf anderen Orten gefunden. Und hierher gehört auch noch das zweisprachige griechisch-aramäische Edikt von Kandahar, dessen Inhalt den allgemeinen Tenor der Edikte widerspiegelt, ohne sich auf eines insbesondere zu beziehen. Der Rest sind meistens Gedächtnisinschriften, die auf Säulen und Grottenwänden eingemeißelt sind.

Die Inschriften des Ashoka sind (...) in der offiziellen Sprache des Reiches abgefaßt, die auch im Süden, in vollständig dravidischem Gebiet, gebraucht wurde, wo nur wenige sie verstanden haben können. Sie ist eine Verwaltungs- und nicht die Volkssprache, denn die Inschriften wenden sich an die Beamten und Würdenträger und nicht unmittelbar an das Volk. Ihr Alphabet ist, mit Ausnahme der westlich des Indus gefundenen Inschriften, die in Kharoshthi aufgezeichnet sind, das Brahmi-Alphabet. (...) Selbstverständlich sind die zwei fragmentarischen aramäischen Inschriften von Taxila und Pul-i-Darunteh ebenso wie die zweisprachige von Kandahar in den Alphabeten dieser Sprachen geschrieben. Ashoka selbst wird auf diesen Inschriften normalerweise mit den Beinamen Devanampiya (Göttergeliebter) und Piyadasi (von anmutigem Aussehen; Priyadrasi auf aramäisch, Piodasses auf griechisch) bezeichnet. Nur auf den Fassungen der Felsedikte in Maski und Gujarra erscheint der Name Ashoka. Sein Herrschertitel ist einfach der vedische Titel Raja.

Der Raja bereut öffentlich seine Kriegstaten

Die Inschriften (...) geben uns andererseits eine Vorstellung von seinen religiösen Anschauungen und seinen ethischen Propagandataten. Im neunten Jahr nach seiner Krönung (etwa 260) eroberte er Kalinga oder unterdrückte dort wohl einen Aufstand. Der Feldzug war hart und blutig; gut hunderttausend Menschen verloren ihr Leben, hundertfünfzigtausend wurden deportiert, und noch sehr viel größer war die Zahl derer, die den Anstrengungen und Krankheiten des Krieges erlagen. Dieses Morden führte zu einer Gefühlserschütterung, einem wahren seelischen Schock, demzufolge Ashoka dem Krieg entsagte und sich vollständig der Praxis der Gewaltlosigkeit (*ahimsa*) verschrieb.

‚Selbst ein Hundertstel oder ein Tausendstel all jener Männer, die zu jener Zeit in Kalinga erschlagen wurden, die starben und verschleppt wurden, würde jetzt von Devanampiya als sehr beklagenswert betrachtet werden. Und Devanampiya denkt, daß selbst einem, der ihm Unrecht tut, vergeben werden soll, was vergeben werden kann. Und selbst die Bewohner der Wälder, die zu der Herrschaft von Devanampiya gehören, selbst diese befriedet und bekehrt er. Und sie hören von der Macht zu strafen, die Devanampiya trotz seiner Reue besitzt, und sie schämen sich ihrer Sünden und werden nicht getötet. Denn Devanampiya erstrebt für alle Wesen Gewaltlosigkeit, Selbstzucht und Unparteilichkeit, wenn Gewalt angewendet wurde' (13. Felsedikt).

Nach der buddhistischen Überlieferung wurde Ashoka vom Mönch Ugagupta zum Buddhismus bekehrt. Das trifft wahrscheinlich insofern zu, als nicht nur die Überlieferung in diesem Punkt einhellig und bestimmt ist, sondern auch aus den Edikten hervorgeht, daß er ein Laienhörer (*upsaka*) wurde. Sicher ist, daß er eine Wallfahrt zu den heiligen Stätten des Buddhismus (*dhammayata*) unternahm, deren Verlauf er an den wichtigsten Stationen durch Inschriften markierte. Aber die Lehre oder das Gesetz (*dhamma*), die Ashoka in seinen Edikten predigt, hat nichts Theologisches oder Doktrinäres an sich und bietet nur vage Analogien zum kanonischen Buddhismus. Sie nähert sich allenfalls einem Volksbuddhismus, das heißt einer Religion, die sich nur mit den Fragen der praktischen Moral beschäftigt und die theoretischen

Aspekte vollständig beiseite läßt. Man hat sogar mit einer gewissen Wahrscheinlichkeit behaupten können, daß das Dhamma von Ashoka sich lediglich auf die gängigen moralischen Vorstellungen seiner Zeit und nicht speziell auf den Buddhismus bezieht. So ist zum Beispiel das Ziel, zu dem er seine Untertanen führen möchte, nicht das Nirvana, sondern einfach das Paradies (*svraga*) des Volksglaubens (9. Felsedikt). Auf zwei Inschriften verleiht er der nichtbuddhistischen Sekte der Ajivika Grotten als Versammlungs- und Kultstätten. Nur zwei seiner Edikte haben unmittelbaren Bezug auf die buddhistische Gemeinschaft. Das eine, das von Bairat, empfiehlt Mönchen und Laien die Lektüre nicht leicht zu identifizierender Texte, die aber jedenfalls Teilen der ältesten kanonischen Pali Texte zu entsprechen scheinen. Und wie um hervorzuheben, daß es sich hier um einen Sonderfall handelt, heißt das Gesetz hier nicht mehr einfach Dhamma, sondern Saddhamma, das Gute Gesetz, entsprechend der durch Gebrauch der Texte geheiligten Formel. Das andere aus den letzten Regierungsjahren stammende Edikt in Kaushambi wendet sich gegen die Urheber der Schismen im Sangha und könnte vielleicht zu den Nachrichten über ein Konzil in Beziehung gesetzt werden, das in Ashokas Regierungszeit abgehalten worden ist.

In einem seiner Edikte informiert uns der König darüber, daß er ein Jahr lang ‚mit der Gemeinde zusammengelebt‘ habe (*sanghe upete*), ein Satz, der auf verschiedene Weise gedeutet werden kann. Denn seine auf Stein in allen vier Himmelsrichtungen Indiens verewigten Predigten haben zwar etwas von salbungsvoller Kirchlichkeit an sich, die gleichwohl nicht völlig von der praktischen Regierungstätigkeit abzulösen ist. So hätte ein Fürstbischof des Mittelalters seine Herde belehren können.

‚Verdienstvoll ist Gehorsam gegen Vater und Mutter; Freigebigkeit gegen Freunde, Bekannte und Verwandte, gegen Brahmana und Shramana (buddhistische und anderen Sekten angehörige Mönche – Anm. Koppe) ist verdienstvoll. Sich des Tötens von Tieren zu enthalten ist verdienstvoll. Mäßigung in den Ausgaben und im Besitz ist verdienstvoll‘ (3. Felsedikt).

Toleranz gegenüber anderen Religionen und Gerechtigkeit gegenüber jedermann

Wie man sieht, war Ashoka völlig tolerant und gedachte in seinem praktischen Verhalten keinerlei Unterscheidung zwischen alter und neuer Religion zu machen. Über allen seinen Predigten steht, still und liebevoll, die wunderbare Erklärung : ‚Alle Menschen sind meine Kinder (*save munise paja mama*)‘ (1. Kalinga-Edikt). Aber die Verwaltungstätigkeit des Herrschers behält ihre volle Bedeutung: ‚Deshalb sehe ich es als meine Pflicht an, die Wohlfahrt aller Menschen zu fördern, aber die Wurzel alles diesen liegt in der Anspannung aller Kräfte und in der Verrichtung der Geschäfte‘ (6. Felsedikt). Andererseits wird die Strenge der Gesetze nur zum kleinen Teil gemildert:

‚Denn das Folgende ist zu wünschen, daß nämlich bei Gerichtsverfahren wie bei der Bestrafung Gerechtigkeit herrsche. Und mein Befehl geht sogar so weit, daß Gefangenen und zu einer Strafe oder zum Tode Verurteilten ein Strafaufschub von drei Tagen gewährt werde. So werden entweder ihre Verwandten [die königlichen Beamten] dazu überreden, ihnen das Leben zu schenken, oder wenn niemand da ist, der sie überredet, werden sie fromme Stiftungen machen oder fasten, um Glückseligkeit in der anderen Welt zu erlangen‘ (4. Säulenedikt).

Diese Hinweise auf die praktischen Verwaltungsbedürfnisse eines großen Reiches tragen dazu bei, das allzu Moralisierende und in gewissem Sinn Salbungsvolle auf den Inschriften dieses großen Predigers auf dem Thron zu berichtigen.

Ashoka war, nach seinem eigenen Bekenntnis, kein Eroberer. Soweit wir sehen, hat er nach der Eroberung von Kalinga keinen einzigen Feldzug mehr geführt; er selbst sagt : ‚Diese Eroberung wird von Devanampiya als die wichtigste erachtet, nämlich die durch das Sittengesetz (*Dhammavijaya*)‘ (13. Felsedikt).

Aber das von seinem Namen und seinem Großvater ererbte Reich war groß genug, um seiner ganzen Anspannung zu bedürfen, damit trotz den gewaltigen Verkehrs- und Verwaltungsschwierigkeiten ein Auseinanderfallen des Staates vermieden wurde. (...) Es ist (...) klar, daß das Reich Ashokas den größten Teil Indiens, Pakistans und Afghanistans diesseits des Hindukush umfaßte. Wir wissen nicht, ob es auch bis nach Sindh, Ostbengalen und Assam reichte. Nicht zu ihm gehörte sicherlich der äußerste Süden (ungefähr vom vierzehnten Breitengrad an), denn das 14. Felsedikt erwähnt als unabhängige Staaten die Königreiche der Cola, Pandya, Keralaputra und Satiyaputra, das heißt also die südlichste Spitze der Halbinsel.

Die ganze hellenistische Welt hatte Kontakte zu Indien

(...) Singhalesische Chroniken berichten, daß Mahinda als Gesandter seines Bruders (oder Vaters) Ashoka die Insel Ceylon aufsuchte; er ließ sich dort endgültig nieder und wurde der Begründer des Buddhismus auf der Insel. Im Westen erwiderten die diplomatisch-religiösen Gesandten Ashokas die Besuche der Botschafter der hellenistischen Staaten, wie aus einer berühmten Liste des 13. Felsediktes hervorgeht. (...) Die ganze griechische und hellenistische Welt hatte also Kontakte mit Indien. Wie immer in der Geschichte Eurasiens erwies sich die Bildung eines großen Reiches oder eines Staatensystems von relativ beständigem Gleichgewicht als notwendige und hinlängliche Voraussetzung für die Anbahnung mehr oder weniger enger diplomatischer und Handelsbeziehungen. Bedauerlicherweise ist hiervon keine Spur in den griechischen und lateinischen Quellen erhalten geblieben, die zwar Chandragupta und Bindusara erwähnen, aber den Namen Ashoka nicht kennen. Im übrigen wurden die direkten Beziehungen mit Ausnahme von Ägypten wenige Jahre später unmöglich, als um 250 der Partheraufstand und derjenige des *Diodotos* von Baktrien die direkten Wege durch den Iran nach dem Mittelmeer abschnitten.

Den Beziehungen zur hellenistischen Welt müßten ebensolche mit dem Orient entsprochen haben. Aber Ashoka selbst berichtet uns nichts darüber; und die uns im Mahavamsa erhaltene Liste der vom Dritten Konzil in verschiedene Länder entsandten Missionare ist nur von geringem Nutzen, da die meisten der dort erwähnten Orte an den Grenzen von Ashokas Reich liegen." (*Petech* 1962: 401-405)

Daß auch Beziehungen zu China bestanden haben, ist dennoch sicher. Schon die Tatsache, daß manche Texte Ashokas ins Chinesische übersetzt wurden, deutet darauf hin. Es gab also in der Tat nicht nur kommerzielle, sondern auch (friedens)kulturelle Kontakte quer durch die damals bekannte Welt vom Pazifischen Ozean bis zum Mittelmeer. Das bestätigt die eingangs geäußerte Vermutung, daß sich die großen Kulturen der Antike wechselseitig befruchteten. Dabei ist nach Drewermanns Einschätzung dem sogenannten Abendland das schlechtere Zeugnis auszusztellen:

„Betrachtet man das Bemühen der großen religiösen und ethischen Lehrer der Menschheit, des Krieges Herr zu werden, so bekommt man einen zutiefst deprimierenden Eindruck: alles, was irgend vernünftig und menschlich richtig wäre, ist zum Problem des Krieges wer weiß wie oft gesagt worden – genützt hat es so gut wie nie. Die wichtigsten Gedanken, die zu dieser Frage vorgetragen wurden, sind bemerkenswerterweise vor allem außerhalb des von Bibel und Griechentum geprägten Abendlandes entstanden." (*Drewermann* 1984: 108)

2.4 Kriegskultur: griechische, römische und christliche Antike

Diese Beobachtung Drewermanns ist in der Tat bemerkenswert, obschon er die positiven Auswirkungen der antiken Friedensvorstellungen unterschätzen dürfte, denn auch damals schon waren Friedenszeiten die Voraussetzung für die Entwicklung der Gesellschaft, den Auf- und Ausbau von Wirtschaftsbeziehungen und die Entfaltung kultureller Tätigkeiten im Verständnis von Kenneth Boulding.

Die griechische Philosophie ging andere Wege

Dennoch hat Drewermann Recht: Der Beginn der rationalen (im Gegensatz zur mythischen) griechischen Philosophie fällt zeitlich gesehen in eben jene „Achsenzeit" (vgl. FN 33), in der von Jesaja über Zarathustra und Buddha bis hin zu Lao Tse und Mo Tse die stärksten friedenskulturellen Impulse zu erkennen sind. Nicht so in der griechischen und römischen Antike. In dieser hat sich eher ein kriegskulturelles Denken entfaltet, das auch die Friedensbotschaft des zeitlich späteren Jesus von Nazareth bis zur Unkenntlichkeit verstellte, den kämpferischen Geist des Islam beflügelte und später die europäische Geschichte bis ins 20. Jahrhundert dominierte. Kung Fu Tse, Mo Tse und Buddha waren Zeitgenossen des Pythagoras (um 580-500) und des Heraklit (um 544-483); Kung Fu Tse starb etwa 50 Jahre vor Platon (428) und 100 Jahre vor der Geburt des Aristoteles. Inzwischen scheint erwiesen, daß die Kunde von der asiatischen Philosophie über die indische Landbrücke, die innerasiatischen Karawanenwege (Seidenstraße seit etwa dem 3. Jahrhundert v.d.Z.) und die Seewege auch nach Griechenland gedrungen war (vgl. 2.3).

2.4.1 Alexander: Krieg um der Macht und des Ruhmes willen

Die direkteste Berührung mit dem hellenistischen Kulturraum kam in Zusammenhang mit dem Vorstoß Alexanders (356–323) zum Indus (327/325) zustande:

> „Beispielhaft für einen kulturellen Vergleich zwischen Orient und Occident ist vielleicht die berühmte Szene, als Alexander ‚der Große' mit seinen Truppen zum Indus kam; da soll der indische Fürst Mophis (Taxiles) ihn gefragt haben: ‚Wozu sollen wir, Alexander, miteinander Krieg führen und streiten, da du nicht gekommen bist, um uns das Wasser und die nötigen Lebensbedürfnisse zu nehmen, wofür verständige Menschen allein kämpfen?' Und der indische Jaina-Philosoph Kalanos (Sphines) soll in einer Gleichnishandlung Alexander ‚dem Großen' die Absurdität seiner Eroberungszüge auf diese Weise zu verdeutlichen gesucht haben: er forderte ihn auf, eine ausgedorrte Haut mit den Füßen gleichmäßig niederzutreten – es gelang natürlich nicht; denn wenn der Beherrscher der Welt auf die eine Seite der Ochsenhaut trat, so erhob sich die andere – und nicht anders, wollte Kalanos sagen,

werde es dem Reich des jugendlichen Eroberers ergehen. Während das indische Denken um 300 v. Chr. erhebliche Anstrengungen machte, den Frieden als Wahrheit des Menschen, als Ruhe der Seele zu begreifen, schickte sich das so erfolgreiche Griechentum gerade an, die Grundlagen des Hellenismus, der Wiege des Abendlandes, zu legen." (*Drewermann* 1984: 109)

In der Tat waren Alexanders Eroberungszüge nicht nur Raubzüge, er wollte ein Weltreich schmieden, in dem alle Menschen – Griechen, Perser, Ägypter, Baktrier, Parther, Inder – gleichberechtigt und friedlich zusammenlebten (insofern war er dem Denken des Mo Tse recht nahe). Die meisten antiken Reiche fielen ihm übrigens kampflos in die Hände – nach den griechisch-persischen Kriegen (5.-4. Jahrhundert) und dem Zusammenbruch des persischen Großreiches nach der Schlacht von Issos (333) war der Kampfgeist ermüdet.

Die hellenistischeKultur in Westasien

Darüber hinaus war Alexander besessen von einer Eigenschaft, die die griechischen Philosophen entwickelt hatten, nämlich der Neugier – nicht nur nach Erkenntnissen, sondern nach Ausweitung der geographischen Grenzen. Griechische Händler und Handwerker ließen sich im Laufe der Jahrhunderte rund um das Mittelmeer und auch in Westasien nieder und gründeten dort neue blühende Städte. So war auch Alexanders Feldzug über den Indus provoziert von solchem jugendlichen Wissensdurst in Verbindung mit Abenteuerlust: wo waren die Grenzen „seines Weltreichs" im Osten und im Süden? Er sollte es nie erfahren, und doch hatte er trotz seines frühen Todes auch einen Teilerfolg hinterlassen: die hellenistische Kultur wurde binnen kurzer Zeit von den besiegten Völkern aufgesogen und prägte fast tausend Jahre lang Westasien und Ägypten bis sie unter dem Ansturm des Islam ihre Kraft verlor (aber diesen ebenfalls beeinflußte – siehe weiter unten).

Allerdings dürften die griechischen Philosophen an diese Art der Eroberung eines Weltreichs nicht gedacht haben. Sie dachten über Begriffe, mathematische Probleme, naturwissenschaftliche Phänomene und den Kosmos und die Organisation ihrer Städte nach. Einer der berühmtesten, Aristoteles (384-322) war Alexanders Lehrer. Ein anderer, Diogenes von Sinope (414-324), der häufig in Lumpen in den Straßen lebte (daher die Legende vom „Diogenes in der Tonne") soll – ebenfalls nach einer Legende – den ehrgeizigen und Ruhm begehrenden Alexander auf seine Art zurechtgewiesen haben: Als Diogenes in der Sonne lagerte, soll der vorübergehende Alexander ihn gefragt haben, ob er ihm einen Wunsch erfüllen könne, worauf der Philosoph ihn gebeten habe, er möge ihm aus der Sonne gehen.

Philosophisches Disputieren und Erziehung zum Krieg schlossen im antiken Griechenland ebenso wie im antiken Rom einander nicht aus. Die griechischen Stadtstaaten, allen voran *Athen* und *Sparta*, zerfleischten sich in unaufhörlichen Bürgerkriegen, für die sie einen anderen Begriff als für die Kriege gegen äußere Feinde (Barbaren) benutzten: *polemos* für den Krieg gegen

Barbaren, *stasis* für den Bürgerkrieg[53], der seinen Tiefpunkt im 27jährigen Peloponnesischen Krieg (431-404) fand, der uns dank des sachlichen Berichts des Thukydides im einzelnen bekannt ist (vgl. die Darstellung im ersten Kapitel).

2.4.2 Platon: Frieden nach innen, Krieg nach außen

Die griechische politische Philosophie wurde von Platon in seinen Werken „Der Staat" (*politeia*) und „Gesetze" (*nomoi*) und seinem Schüler Aristoteles mit seiner Studie „Politik" (*politika*) begründet.[54] Beider Aussagen zu Krieg und Frieden beeinflussen bis heute die westliche Kriegs- und Friedensphilosophie, wobei der Krieg grundsätzlich bejaht und der Frieden als ein mehr oder weniger nebensächliches Produkt der Gesellschaft, als Pause zwischen einzelnen Kriegen, behandelt wird. Auf beide Philosophen wird im Folgenden ausführlicher eingegangen, weil deren Denken bis heute häufig als Begründung für politisches Verhalten in Sachen Frieden und Krieg angeführt wird. Friedo Ricken, Professor an der Hochschule für Philosophie München, beschreibt zunächst Platons Aussagen:

„Die philosophischen Aussagen Platons über Krieg und Frieden sind von dem skizzierten Hintergrund der von ihm erlebten griechischen Geschichte und seines Urteils über die Politik Athens her zu interpretieren. Wer diese hermeneutische Forderung nicht beachtet und Platon etwa unter dem Eindruck faschistischer totalitärer Systeme des zwanzigsten Jahrhunderts liest, erliegt, wie Popper als bekanntestes Beispiel zeigt, leicht der Gefahr von Fehldeutungen.

Im zweiten Buch der *Politeia* untersucht Platon, wie der Krieg entsteht. Der Ursprung des Staates liegt darin, daß der einzelne Mensch allein seine vielfältigen Bedürfnisse nicht befriedigen kann, sondern auf die Hilfe der anderen angewiesen ist (359b-c). Sokrates schildert zunächst einen Staat von Menschen mit äußerst bescheidenen Ansprüchen, den Glaukon als ‚Staat von Schweinen' (372d) bezeichnet. Diesem ‚wahren' und ‚gesunden' wird ein verweichlichter, aufgedunsener kranker Staat (372e) gegenübergestellt. Die vielfältigen nichtnotwendigen Bedürfnisse lassen die zu ihrer Befriedigung erforderlichen Berufe und damit die Zahl der Bürger anschwellen. Das Territorium des ‚Schweinestaates' reicht nicht mehr aus, um sie zu ernähren. ‚Also müssen wir das Gebiet der Nachbarn beschneiden, wenn wir genügend Land haben wollen zu Viehweide und Ackerland, und jene wiederum das unsere,

---

53 „Feindschaft unter Verwandten heißt Zwist (stasis), unter Fremden Krieg (polemos). (...) Wenn Griechen mit Barbaren und Barbaren mit Griechen kämpfen, so führen sie – so sagen wir – einen Krieg und sind natürliche Feinde; diese Feindschaft ist Krieg (polemos) zu nennen; wenn aber Griechen mit Griechen kämpfen, die doch natürliche Freunde sein sollen, dann ist Griechenland im Augenblick krank und lebt in Zwist; diese Feindschaft ist Zwist (stasis) zu nennen." (*Platon* 1984: 27)

54 Platons Gedanken sind als Dialoge zwischen verschiedenen Personen aufgezeichnet. Neben dem Hauptwerk *politeia* (Der Staat) ist die Dialoggruppe *nomoi* (Gesetze) besonders wichtig, obwohl nach wie vor umstritten ist, ob die *nomoi* tatsächlich Platon zuzuschreiben sind. Sie können auch von seinen Schülern verfaßt worden sein. Die Zitierweise folgt der üblichen nach Nummern und Buchstaben geordneten Einteilung, desgleichen bei Aristoteles.

wenn auch sie sich dem Trieb nach unbegrenztem Erwerb von Hab und Gut hingeben und die Grenzen des Notwendigen überschreiten [...] So werden wir denn den Krieg haben' (373d-e).

Krieg zur Deckung der Bedürfnisse

Der Krieg hat nach Platon ökonomische Ursachen, die wiederum durch das Wesen der menschlichen Begierde bedingt sind. Das Bedürfnisvermögen des Menschen ist plastisch. Die im zweiten Buch nur angedeutete Unterscheidung zwischen notwendigen und nicht-notwendigen Begierden ist in der Pathologie der Verfassungen im achten Buch, bezeichnenderweise in dem Abschnitt über die radikale Demokratie, ausgeführt (558d-559c). Notwendig sind die Begierden, denen wir uns nicht entziehen können, und deren Befriedigung für uns nützlich ist, nicht-notwendig die, von welchen wir uns, wenn wir uns Mühe geben, befreien können und die nichts Gutes bewirken. (...)

Damit ist die Aussage der Stelle jedoch nicht erschöpft. Sie deutet auch die Utopie eines vollkommenen Friedens an, und sie nennt den Preis, der für ihn gezahlt werden müßte. Wären alle Staaten von der Anspruchslosigkeit des ‚Schweinestaates', so gäbe es keinen Krieg. Aber bereits die Bezeichnung ‚Schweinestaat' zeigt, wie Platon diese Möglichkeit bewertet. Der ‚gesunde Staat' kennt noch keine Kultur. Erst im ‚aufgedunsenen Staat' finden Musik, bildende Kunst, Dichtung und Kunsthandwerk einen Platz; erst hier gibt es Betten und Tische. Danach hat es den Anschein, als sei für Platon der Krieg eine notwendige Folge der kulturellen Entwicklung, so daß die Menschen in dem Konflikt ständen, zwischen dem Frieden und der Kultur wählen zu müssen. (...) Ob der Krieg Gutes oder Schlechtes bewirke, solle offenbleiben. Eindeutig negativ beurteilt werden dagegen seine Ursachen: Wenn sie eintreten, werden sie für die Staaten, im privaten wie im öffentlichen Bereich, zu einer Quelle größten Unheils. (...)

Der Sieg: ein notwendiges Übel

Eindeutiger äußern sich die ‚*Nomoi*'. Hier lehnt Platon den Krieg als Ziel des Staates und der Politik entschieden ab. Auch der Sieg sei kein Gut, sondern nur ein notwendiges Übel. Der Krieg sei mit einem ärztlichen Eingriff zu vergleichen. Wie es gelte, den Körper in einem Zustand zu erhalten, der eine Behandlung erübrigt, so müsse es Ziel der Gesetzgebung und Politik sein, den Krieg überflüssig zu machen. Die Bestimmungen für den Krieg müßten dem Frieden dienen und nicht umgekehrt (628c-d). (...)

Die Ausführungen über die Entstehung des Krieges (...) haben das ethische Problem deutlich werden lassen. Krieg und Frieden sind Relationen zwischen Staaten. Ob Friede oder Krieg ist, liegt niemals in der Hand eines Staates allein, denn der friedliebende Staat kann Opfer eines Angriffs werden. Damit stellt sich auf der Ebene der zwischenstaatlichen Beziehungen die Frage des ‚Gorgias', ob es besser sei, Unrecht zu tun oder Unrecht zu erleiden. Die Antwort des Sokrates ist bekannt: Am besten sei es, weder Unrecht zu tun noch es zu erleiden; sei das nicht möglich, so sei es besser, Unrecht zu erleiden als es zu tun (508d-509d). Ob aber die erste Möglichkeit auch nur für das Individuum verwirklicht werden könne, ist für Platon zweifelhaft. Wer es vermeiden wolle, Unrecht zu erleiden, müsse sich mit den Herrschenden identifizieren, aber dadurch sei er in der Gefahr, selbst Unrecht zu tun (509c-511a). So wird, wie das Schicksal des Sokrates zeigt, das Unrechtleiden oft der einzige Weg sein, um dem Unrechttun zu entgehen. Auf die Beziehung zwischen Staaten läßt diese Lösung sich jedoch schwerlich übertragen. Die Entscheidung, Opfer eines Unrechts zu werden, kann der einzelne für seine Person, aber nicht für andere treffen. Der Politiker trägt als Hirte Verantwortung für das Wohl der ihm anvertrauten Menschen. Die Ereignisse des Peloponnesischen Krieges zeigen, daß eine Niederlage für die Bürger Tod oder Sklaverei bedeutete. Die Frage, wie es möglich sei, weder Unrecht zu tun noch Unrecht zu erleiden, ist deshalb für den Staat von erheblich größerem Gewicht als für den Einzelnen. (...)

Daß ebenso wie der Einzelne auch der Staat gehalten sei, kein Unrecht zu tun, und zwar nicht nur bei den innerstaatlichen Regelungen, sondern auch was die Beziehungen der Staaten untereinander angeht, daran läßt Platon keinen Zweifel. Der Frühdialog ‚Thrasymachos‘ bringt dafür ein utilitaristisches Argument: Ein Staat, der einen anderen unterworfen hat, wird seine Macht nur aufrechterhalten können, wenn er den unterlegenen gerecht behandelt, denn die Ungerechtigkeit führt zu Aufruhr, Haß und Kampf, die Gerechtigkeit aber zu Eintracht und Freundschaft (351b-d). Auch dem Feind zu schaden, verbiete die Gerechtigkeit; daß es gerecht ist, dem Freund zu nützen und dem Feind zu schaden, sei eine Maxime der Gewaltherrscher (335e-336a). Kriege zu beginnen kennzeichnet nach dem achten Buch der *Politeia* den Tyrannen. Er will sich dadurch dem Volk als Führer unentbehrlich machen. Die für den Krieg erforderlichen hohen Steuern lassen die Bevölkerung verarmen und zwingen sie, sich ganz auf den Erwerb des Lebensnotwendigen zu konzentrieren, wodurch sie von Anschlägen auf den Tyrannen abgelenkt werden. Schließlich gibt der Krieg ihm die Möglichkeit, politische Gegner ohne Aufsehen zu beseitigen, indem er sie ausweglosen Situationen aussetzt (566e-567a).

Gerechtigkeit auch gegenüber dem Besiegten

Die ausführlichste Auseinandersetzung mit einer militaristischen Staatskonzeption findet sich im ersten Buch der *Nomoi* (624a-632d). Der Kreter Kleinias und der Gast aus Athen diskutieren über das Ziel der Gesetzgebung Kretas. Beide stimmen in der Hochschätzung der kretischen Gesetze überein. Kleinias vertritt die pessimistische Auffassung, alle Staaten befänden sich mit allen andauernd und ohne Unterbrechung im Krieg. Der Gesetzgeber habe deshalb alle Anordnungen im Hinblick auf den Krieg getroffen. Jeder Wert sei durch den der militärischen Überlegenheit bedingt; ohne sie seien Besitz, Arbeit und Institutionen wertlos, denn ‚alle Güter der Besiegten werden den Siegern zuteil‘ (626b). Die Gesetzgebung müsse von der Voraussetzung ausgehen, daß im privaten und öffentlichen Leben jeder mit jedem und auch der Einzelne mit sich selbst Feind sei. Das einzige Verhältnis zwischen Staaten und gesellschaftlichen oder politischen Gruppierungen, das Kleinias kennt, ist das des Über- bzw. Unterlegenseins.

Charakteristisch für die Position des Atheners ist bereits das Beispiel, anhand dessen er sie darstellt. Viele Söhne eines Vaters und einer Mutter sind miteinander verfeindet; die eine Gruppe ist gerecht, die andere ungerecht. Einer der Brüder soll nun die Aufgabe des Richters übernehmen. Der Athener erwägt drei Möglichkeiten. Der Richter könnte die Ungerechten zum Tod verurteilen und hinrichten lassen. Er könnte sie zweitens dazu bringen, sich freiwillig der Herrschaft der Gerechten zu unterwerfen. Er könnte schließlich die streitenden Parteien miteinander versöhnen und ihnen Gesetze geben, welche die Freundschaft für die Zukunft sichern. Der Athener läßt keinen Zweifel daran, daß diese dritte Lösung vor den anderen den Vorzug verdient; er hebt auch hervor, daß sie an den Richter die höchsten Ansprüche stellt. (...)

Die Ölbäume des Feindes nicht fällen

Ein Beitrag Platons zu der Frage, wie der Staat es vermeiden könne, Unrecht zu tun, sind schließlich auch seine Forderungen im fünften Buch der Politeia (469b-471c), wie die Kriegsführung zu humanisieren sei. Dabei darf allerdings nicht übersehen werden, daß sie nur für die Kriege der Griechen untereinander gelten sollen. Die Kriege gegen die Nichtgriechen sollten auch weiterhin mit der ganzen Brutalität geführt werden, wie sie bisher in den Kriegen zwischen Griechen üblich sei, denn die Barbaren seien von Natur aus Feinde der Griechen. Aber wenn Platon in diesem Punkt auch ganz dem Nationalismus seiner Zeit verhaftet ist, so dürfen seine Vorschläge doch, betrachtet man die andauernden kriegerischen Auseinandersetzungen zwischen den griechischen Kleinstaaten zu seiner Zeit, als ein wichtiger Schritt gewertet werden, den engen Horizont der Polis zu sprengen und in größeren politischen Einheiten zu denken. (...) Wichtiger als die einzelnen vorgeschlagenen Maßnahmen ist, daß Platon dazu rät, den Krieg aus einer umfassenderen Perspektive zu betrachten. (...) Es darf nicht Ziel des Krieges sein, den anderen Staat zu unterjochen, sondern es muß darum gehen, ihn mit Wohlwollen und Geduld zur Einsicht und Besonnenheit zu bringen. Die Art und Weise, wie der Krieg geführt wird, muß diesem Ziel entsprechen. Der Krieg darf deshalb keine langfristigen Folgen haben. Das Land des Gegners soll nicht verwüstet, die Ölbäume sollen nicht gefällt und die Häuser nicht niedergebrannt werden. Wenn Platon vorschlägt, allen griechischen Städten solle verboten werden, Griechen zu Sklaven zu machen, so steht dahinter einmal das Ziel der Versöhnung. Betont wird auch der Gedanke der gemeinsamen Abstammung. Nicht zuletzt geht es ihm um das Gut der nationalen Freiheit. Nur wenn die griechischen Städte mehr und mehr lernen, daß der Krieg gegeneinander kein geeignetes Mittel ist, um Differenzen beizulegen, können sie der Unterjochung durch die Barbaren entgehen. In diesem Sinne ist die Humanisierung der Kriegsführung nicht Selbstzweck, sondern Mittel zur militärischen Überlegenheit." (Ricken 1988: 1-16)

Rechtfertigung für alle Autokraten

Wenn auch der Autor dieses Kommentars darauf drängt, Platon aus seiner Zeit heraus und nicht aus der Sicht der totalitären Regime des 20. Jahrhunderts zu interpretieren, so besteht doch kaum Zweifel daran, daß seine Philosophie 2500 Jahre lang Fürsten und Autokraten dazu gedient hat, kriegerische Brutalität zu rechtfertigen, christliche Theologen nicht ausgenommen, wie beispielsweise Augustinus (vgl. 2.4.8). Einer der modernen Kritiker der Platonschen Philosophie, auf den hier exemplarisch verwiesen sein soll, Karl Popper (*Popper* 1957: 175), hat

„Platons Staatslehre als den Versuch auf(ge)faßt, die ‚geschlossene Gesellschaftsordnung' der Adelszeit gegenüber der ‚offenen' des gleichberechtigten humanitären Individualismus zu restaurieren. Um Platon nun diesen reaktionären Konservatismus zuzuschreiben, muß Popper den gesamten ideellen ‚Oberbau', also die Ideenlehre, die Wissenschaftslehre, die Ethik als eine bewußt errichtete, nur äußere Fassade erklären und in Platon den ‚Pionier' für die zahlreichen Propagandisten sehen, die ihre antihumanitären, unmoralischen Ziele hinter dem Appell an Moral und humanitäre Gefühle zu verbergen gelernt haben." (Kommentar des Herausgebers und Übersetzers einer Platon-Ausgabe, *Vretska* 1982: 79)

Der Krieg als Schöpfer der Kultur?

Friedenskulturelles Denken, soweit manche Überlegungen Platons überhaupt als solches gedeutet werden können, galt ausschließlich der Beendigung innergriechischer Bürgerkriege (*stasis*). Und der Vorschlag, keine Sklaven zu machen, bezieht sich natürlich ausdrücklich nur darauf, daß Griechen keine anderen Griechen versklaven sollen, denn die griechische Städtekultur war von Sklavenarbeit abhängig (*Platon*, Politeia: 469d/eA). Zu hinterfragen ist auch Platons Annahme, daß Kultur (hier durchaus im Sinne von Kenneth Boulding zu verstehen, nämlich schreiben, dichten, musizieren, tanzen, Theater spielen, bildende Kunst, Kunsthandwerk u.a.), ja selbst zivilisatorische Errungenschaften wie Bett und Tisch, nur im Gefolge kriegerischer Kraft entstehen können und der Mensch deshalb zwischen „Frieden und Kultur wählen“ müsse. Schon Platon hat also Heraklits Behauptung, der Streit sei der Vater aller Dinge, direkt auf den Krieg bezogen. Andererseits hat Platon in den *nomoi* darauf gedrängt, Krieg nicht als Selbstzweck zu betreiben, sondern dem wünschenswerten Frieden unterzuordnen. Er läßt aber keinen Zweifel daran, daß zur Vermeidung von Unrecht, der von einem Staat gegenüber einem anderen ausgehen könne, eine starke Verteidigungsbereitschaft notwendig bleibe. Nachhaltige friedenskulturelle Impulse konnten von diesem Denken nicht ausgehen, denn es blieb letztlich kriegskulturell geprägt.

2.4.3 Aristoteles: Das Ziel des Krieges soll Frieden sein

Das gilt auch für Aristoteles, dessen politische Philosophie im Unterschied zu seiner „Metaphysik“ zunächst eine weit geringere Rolle als die Platons spielte. Während Platon der christlichen Welt durch römische Autoren vermittelt wurde, blieben die Werke des Aristoteles in der beginnenden christlichen Philosophie und Theologie über ein Jahrtausend unerwünscht und damit unbeachtet. Die westliche Geisteswelt erhielt erst im 12. Jahrhundert durch arabische Kommentatoren wieder einen Zugang zu Aristoteles. Dann aber wurde er durch Thomas von Aquin (1225-1274) zur größten philosophischen Autorität des Mittelalters und beeinflußte das christlich-philosophische und politische Denken gemeinsam mit Platon bis in unsere Zeit. Wiederum wird auf den Kommentar von Friedo Ricken verwiesen:

„Das ‚Beste ist weder Krieg noch Bürgerkrieg – man muß vielmehr beten, daß es dazu nicht kommen muß –, sondern wechselseitiger Friede und Wohlwollen‘ (*Platon* 628c). Aristoteles hat diesen Gedanken des späten Platon aufgenommen und ausgeführt. Vereinfachend könnte man sagen: Bei Platon steht der negative Gedanke im Mittelpunkt, wie der Staat es vermeiden könne, Unrecht zu erleiden. Bei Aristoteles wird der Friede deutlicher als bei Platon zu dem positiven Ziel der Politik schlechthin. Anthropologische und moralphilosophische Überlegungen sollen zeigen, daß der Mensch nur im politischen Frieden sein Glück finden kann. Frieden ist mehr als die Abwesenheit von Krieg. Aristoteles versucht, den Begriff des Lebens im Frieden inhaltlich zu füllen, um ihm eine umso stärkere Motivationskraft zu geben. Gegenüber dem Ideal des friedlichen und im Frieden lebenden Staates sind dessen militärische Notwendigkeiten weniger betont als bei Platon.

Durch Muße zum Frieden?

Die beiden historischen Ereignisse, die das Leben des Aristoteles (384-322) umrahmen, sind der Königsfriede von 387 und der Tod Alexanders des Großen im Jahr 323. Zwischen dem Ende des Peloponnesischen Krieges und der Geburt des Aristoteles liegen zwanzig Jahre. (...) Mit der Schlacht von *Mantineia* endet das Zeitalter der griechischen *Polis*; wenige Jahre später beginnt mit *Philipp* II. von Makedonien (382-336) das Zeitalter des Hellenismus. (...) Aus der verschiedenen Bewertung des praktischen und des theoretischen Lebens folgt die von Krieg und Frieden. Als eines der Kriterien des Glücks nennt Aristoteles das der Muße, das von dem der Zweckfreiheit nur schwer zu unterscheiden ist. Die größten und schönsten Leistungen, zu denen der Mensch aufgrund der ethischen Tugenden fähig ist, sind die in Politik und Krieg. Aber sie entbehren der Muße; sie haben ihr Ziel nicht in sich. Das gilt vor allem für den Krieg. ‚Wir führen Krieg, damit wir in Frieden leben können [...] Denn niemand wählt den Krieg um des Krieges willen, und niemand rüstet um des Krieges willen zum Krieg. Denn jemand müßte durch und durch ein Mörder sein, wenn er sich die Freunde zu Feinden machen wollte, damit Kampf und Blutvergießen entstehe‘ (1177b5-6, 9-12). Durch die Zuordnung zum theoretischen Leben erhält der Friede utopische Züge. Das theoretische Leben ist ein übermenschliches Leben. Der Mensch ist zu ihm nicht fähig, insofern er Mensch ist, sondern insofern er am Göttlichen teilhat. Das menschliche Glück ist das Glück des praktischen Lebens. Weil die Menschen als leibseelische Wesen Bedürfnissen und Emotionen unterworfen sind, kann ihr Zusammenleben nur durch die ethischen Tugenden gelingen, und hier nennt Aristoteles nach der Gerechtigkeit die Tugend des Krieges, die Tapferkeit (1178a10). Wie die Politik hat der Krieg die Aufgabe, dem Frieden und dem Glück zu dienen. Es ist bezeichnend, daß Aristoteles die tapferen Taten im Krieg zum Größten und Schönsten rechnet, dessen der Mensch als Mensch fähig ist. Das kann nur so verstanden werden, daß der Krieg für ihn zu den grausamen und bitteren, aber dennoch unvermeidlichen Realitäten des menschlichen Lebens gehört. (...)

Diesem Ziel des Staates müssen Gesetzgebung und Erziehung entsprechen. Aristoteles unterstreicht die Bedeutung der Muße für das Leben und den Bestand des Staates. Die Menschen müssen lernen, im Frieden zu leben; dazu sind sie nur imstande, wenn sie zur Muße fähig sind. Erziehung zum Frieden besteht in der Erziehung zur Muße. Viele Staaten bestehen nur, solange sie Krieg führen. ‚Wenn sie aber die Herrschaft erlangt haben, gehen sie zugrunde, indem sie wie das Eisen ihre Schneide verlieren, sobald sie in Frieden leben. Und daran ist ihr Gesetzgeber schuld, indem er sie nicht dazu erzogen hat, daß sie der Muße zu leben verstehen.‘ (1334a6-10). Dieses Erziehungsziel wird anthropologisch begründet. Aristoteles geht aus von der Zweiteilung der Seele in das Vernunftvermögen und das Strebevermögen, das auf die Vernunft hören kann. Das Vernunftvermögen gliedert sich nochmals in das der theoretischen und das der praktischen Vernunft. Zwischen den Vermögen besteht eine teleologische Ordnung, nach der das weniger gute Vermögen um des besseren willen ist. Daraus ergibt sich, daß die theoretische Vernunfttätigkeit Ziel der beiden anderen Vermögen ist. Dieser anthropologischen Wertordnung entspricht die zwischen Arbeit und Muße und zwischen Krieg und Frieden. ‚Der Krieg‘ ist um des Friedens willen; die Arbeit um der Muße willen; das Notwendige und Nützliche um des Guten willen‘ (1333a35f.). Der Gesetzgeber muß sich nach dieser Hierarchie der Ziele richten. Er muß also dahin streben, daß die Staatsbürger imstande sind, zu ‚arbeiten und Krieg zu führen, aber noch mehr, ihre Muße richtig zu benutzen und den Frieden zu erhalten, ferner das Notwendige und Nützliche zu tun, aber noch mehr das Gute, und auf dies Ziel hin muß man sie erziehen, sowohl die Kinder als auch die übrigen Lebensalter, soweit dieselben noch der Erziehung bedürfen‘ (1333a41-b5). Daraus ergeben sich die Tugenden, die Ziel der Erziehung sind. Für den Krieg und die Arbeit braucht es Tapferkeit und Ausdauer, für den Frieden und die Muße Philosophie, für den Krieg ebenso wie für den Frieden Besonnenheit und Gerechtigkeit (1334a11-25). Der Schwerpunkt des Erziehungsprogramms, den das Ende des siebten und das achte Buch entfalten, liegt folgerichtig auf dem Musischen. Ich möchte nochmals darauf hinweisen, wie sehr Aristoteles betont, daß der Mensch nicht von Natur aus zur Muße und zum Frieden fähig ist, sondern dazu erzogen werden muß. Er muß etwas lernen, um seine Muße sinnvoll gestalten zu können. Die Erziehung zur Muße und der Unterricht, der zur Muße befähigt, haben im Unterschied zum Erlernen einer Arbeit ihr Ziel in sich selbst (1338a 4-13).

Krieg gegen Barbaren ist Jagd auf wilde Tiere

Aristoteles hat den Krieg gegen Menschen, welche die Natur dazu bestimmt hat, beherrscht zu werden, die es aber nicht wollen, ausdrücklich für gerecht erklärt. Sein Rassismus ist ausgeprägter als der Platons. Während für Platon die Kriege gegen die Barbaren notwendig waren, um die Freiheit der Griechen zu verteidigen, ist für Aristoteles der Krieg gegen die Barbaren ebenso wie die Jagd auf wilde Tiere ein Teil der Erwerbskunst (1256b23-26; vgl. 1252b6-9). (...)

Trotz der Ideale der Muße und des Friedens ist auch die Aristotelische Staatskonzeption stark von militärischen Gesichtspunkten bestimmt. (...) Im Unterschied zu Platon ist der Krieg für Aristoteles nicht auf die Verteidigung des eigenen Landes beschränkt; er sieht in der militärischen Stärke auch eine wesentliche Voraussetzung der Außenpolitik. Wenn Platon in den *Nomoi* schreibe, der Gesetzgeber müsse Land und Leute berücksichtigen, so sehe er den Staat zu isoliert. Ebenso wichtig sei es, die Nachbarländer im Auge zu haben. Auf jeden Fall brauche der Staat eine schlagkräftige Streitmacht. Wenn er sich auf sich selbst zurückziehe und auf außenpolitische Aktivitäten verzichte, so diene sie dazu, die Gegner abzuschrecken. Wolle er jedoch außenpolitisch tätig werden, so brauche er eine Militärmacht, die nicht auf die Verteidigung des eigenen Territoriums beschränkt, sondern darüber hinaus imstande sei, in benachbarten Ländern einzugreifen und verbündeten Staaten zu Hilfe zu kommen (1225a20-28).

Wichtiger als solche Einzelheiten ist der grundsätzliche Hinweis, daß die Muße die Tugenden der Besonnenheit, Tapferkeit und Ausdauer als notwendige Bedingungen voraussetze. ‚Denn, wie das Sprichwort sagt: Muße ist nicht für Sklaven, Staaten aber, deren Staatsbürger nicht tapfer die Gefahr zu bestehen vermögen, werden Sklaven des ersten besten, der sie angreift' (1334a20-22)". (*Ricken* 1988: 16-26)

Die These vom Untermenschentum geht auf Aristoteles zurück

Auf den ersten Blick schaut es so aus, als habe Frieden bei Aristoteles einen höheren Stellenwert als bei Platon. Aber der erste Eindruck trügt. Aristoteles ist der Philosoph der griechischen Elite seiner Zeit. Nur für sie gilt die Muße als Lebensinhalt, nicht für die Hörigen und Sklaven, die die niederen und harten Arbeiten verrichten mußten, damit die „freien" Griechen der Muße nachgehen konnten. Vor allem sein Ausspruch, daß ein Krieg „gegen diese Menschen (Nomaden, Bauern, Räuber, Fischer und Jäger – Ergänzung von *Koppe*), die zwar von Natur dazu da sind, beherrscht zu werden, dazu aber nicht willens sind", ein „von Natur aus gerechter" sei, läßt auf eine elitäre Haltung schließen, die einem Hammurabi, einem Kung Fu Tse, einem Zarathustra, einem Jesaja oder einem Buddha und Ashoka absolut fremd ist. Hitlers These vom „Untermenschen" findet in Aristoteles eine erschreckende Bestätigung. Dieses Denken des Aristoteles darf ebenso wenig wie Platons These von der Notwendigkeit, gegen „Barbaren" Krieg zu führen, und die Rechtfertigung der von den christlichen Kirchen begangenen Greuel im Verlaufe der Kreuzzüge oder in der Handhabung der Inquisition mit dem Verweis auf Sitten und Gebräuche in der damaligen Zeit beschönigt werden. Immerhin ist beachtenswert, daß solches Denken anderen Zivilisationen zur gleichen Zeit fremd war. Offenbar beginnt mit der politischen Philosophie der Griechen ein Erzübel, das die christliche Zivilisation des Abendlandes in einem hohen Maße kennzeichnet, nämlich die Ausgrenzung von anderen Völkern.

Es gibt allerdings einen Text, der die hier angeführten aristotelischen Positionen zumindest abgemildert erscheinen läßt. Es handelt sich jedoch um einen (Pseudo)aristotelischen Text[55], der keinen Anspruch darauf erheben kann, wirklich die Denkweise des Aristoteles wiederzugeben. Der Text ist in Form eines Briefes an Alexander gerichtet und offensichtlich aus dem Arabischen übersetzt. Er enthält Ratschläge über die beste Form einer Weltregierung. Im ersten Teil empfiehlt der Autor, die Eliten der besiegten Völkerschaften nach Griechenland umzusiedeln, so wie viele Griechen von den Persern nach Asien verpflanzt wurden. Das würde seinen Ruhm mehren, auch bei den Nachkommen der Umgesiedelten, die auf die Frage, wo sie herstammen, antworten könnten: „Das hat der große Alexander getan."[56] Dann fährt der Autor fort:

> „Auch wenn Du viele berühmte Taten und sagenhafte Werke vollbracht hast, solltest Du diese durch gute Werke zum Wohlergehen der Städte krönen. Dies würde geschehen, wenn zwei Sachen zusammenfallen: Gedeihen und Gerechtigkeit. (...) Jede dieser beiden Sachen für sich allein würde zur Folge haben, daß die eine vergnügliches und luxuriöses Leben inmitten von Korruption und Rechtlosigkeit, während die andere ein sittliches Dasein und tugendhaftes Verhalten inmitten von Mühsal und Not bewirkt. Wer also die Würde und Majestät des Königtums verliehen bekommt, sollte sich bemühen, mit beidem zusammen Recht und Gerechtigkeit anzustreben. (...) Glücklich ist, wer den strahlenden Tag erlebt, wenn alle Menschen eine Herrschaft und ein Königreich akzeptieren. Dann werden sie keinen Krieg und keine Not mehr kennen und sich dem widmen, was ihre Wohlfahrt und die Wohlfahrt ihrer Städte und Länder fördert. Sie alle werden sich der Sicherheit und Ruhe erfreuen und ihren Tag in Ruhe und Wohlbefinden des Körpers, in Erziehung und Verfolgung dieses edlen Zieles, Philosophie, einteilen – sie werden prüfen, was erreicht wurde, und zu verwirklichen trachten, was noch nicht erreicht wurde." (*Aristoteles* – pseudo – bei *Stern* 1986: 3-8, aus dem Englischen übersetzt von *Koppe*)

Ob dieser zunächst friedenskulturell anmutende Text, abgesehen davon, daß er offensichtlich nicht von Aristoteles selbst stammt und die darin entwickelte These einer Weltregierung auch wieder nur für die „Edlen" dieser Zeit gedacht war und ein Stück Autokratismus enthält, wirklich in eine neue, friedenskulturelle Richtung aristotelischen Denkens weist, bleibt eine offene Frage.

---

55 Pseudo-Texte waren zu dieser Zeit und noch in der frühen christlichen Literatur (Apostelbriefe eingeschlossen) üblich. Der anonyme Autor war entweder ein Schüler seines Meisters und maß sich an, dessen Denken fortzusetzen, oder wollte einfach für eine bessere Verbreitung seines Textes sorgen, der unter seinem richtigen Namen möglicherweise keine Beachtung gefunden hätte.

56 In der Tat hat Alexander der Völkervermischung Vorschub geleistet, in dem er griechische und makedonische Männer mit persischen Frauen zwangsverheiraten ließ, wahrscheinlich weniger von multikulturellen Motiven getrieben als von der Sorge, seinen Kriegern Frauen zu verschaffen, damit sie ihre sexuellen Bedürfnisse nicht durch Vergewaltigungen befriedigten. Er selbst heiratete drei iranische Prinzessinen, die bekannteste war Roxane. Die Befriedigung sexueller Bedürfnisse von Soldaten spielt auch heute noch eine Rolle, sei es in Form der Einrichtung von Militärbordellen wie während des zweiten Weltkriegs oder die von den Kriegsakteuren geduldeten oder sogar beabsichtigten Vergewaltigungen während der jüngsten Kriege auf dem Balkan. Auch der Ruf nach Bordellen für die deutschen KFOR-Soldaten gewinnt Raum.

2.4.4 Die Stoa: eine friedenskulturelle Antiphilosophie?

Andererseits kann davon ausgegangen werden, daß viele Griechen, seien sie Bürger oder Sklaven gewesen, vor allem die Kaufleute, sich der Bedeutung von Friedenszeiten durchaus bewußt waren. Sie dürften Sympathie für die Lehre der *Kyniker* gehabt haben, begründet von Antisthenes (um 44-?), ein etwas älterer Zeitgenosse Platons und ebenfalls Schüler des Sokrates, und der darauf aufbauenden *Stoa*, begründet von Zenon von Kition (354–262).[57] Die Stoa wurde lange Zeit mit dem Begriff des „Gerechten Krieges" in Zusammenhang gebracht und als eine Fortsetzung der Staatsphilosophie des Platon und des Aristoteles mißinterpretiert, besonders von Marcus Tullius Cicero (vgl. 2.4.5) und als Rechtfertigung für die imperiale Eroberungspolitik Roms genutzt. Der Pseudo-Aristoteles kann als der Versuch gelten, Aristoteles und Stoa miteinander zu verknüpfen. In diesem Verständnis wurde die Stoa während der römischen Kaiserzeit fast zu einer Art Staatsreligion. Schließlich beeinflußte sie ebenso wie Platons *politeia* und Aristoteles' *politika* das augustinische und spätmittelalterliche Denken des allumfassenden Kaisertums.

Eine gründlichere Analyse zeigt jedoch, daß die Stoa keineswegs einer militärischen Eroberungsstrategie Vorschub leisten wollte, sondern pazifistische Gedanken enthielt, also friedenskulturelle Elemente, die von den Verteidigern einer kriegskulturellen Ethik verdrängt wurden. Maximilian Forschner, Professor für Philosophie an der Universität Erlangen, hat dazu eine aufschlußreiche Studie vorgelegt:

„(...) Durch Alexanders Eroberungen gewann erstmals die politische Idee realistische Konturen, die (damals bekannten) Völker der bewohnten und als humanerweise bewohnbar erachteten Erde in einem Weltreich zu verbinden und mit einem einheitlichen Recht und einer gemeinsamen Kultur zu befrieden.

Rom übernahm mit den Diadochenreichen dieses noch latent vorhandene Ziel Alexanders und gab ihm im Imperium Romanum und der Pax Romana die dauerhaftere, politisch eindrucksvolle Gestalt. ‚Die einzelnen Völker gingen in diesem Weltreich auf oder auch unter: ein Prozeß, der die Vorstellung erleichterte, daß der einheitlichen bewohnten Erde, der οικουμενη (ökumene), auch eine einheitliche Menschheit entspreche' (*Nestle* 1938: 37f.). (...)

Kosmopolis, Weltstaat, Weltbürgerbund, Humanitas

Kosmopolis, Weltstaat, Weltbürgerbund, Humanitas – dies sind Stichworte, mit denen in der Regel bekannte Kerngedanken der politischen Philosophie der Stoa angedeutet werden. Plutarch glaubte denn auch, Alexander habe Zenons philosophischen Traum ins Werk gesetzt. Was liegt näher, als in der Stoa die ‚Staatsphilosophie des Hellenismus' zu sehen, die möglicherweise schon mit Alexander die wenn auch flüchtige Verwirklichung ihrer Idee

---

57 Der Name „Kyniker" leitet sich wie viele philosophische Schulen vom Versammlungsort, einem Stadion, ab, wurde aber wegen ihrer Verachtung für jeglichen Luxus und Anstand (vgl Diogenes in der Tonne) mit dem Begriff „Kyon" (= Hund) in Zusammenhang gebracht. Die Schule der „Stoa" heißt ebenfalls nach ihrem Versammlungsort, einem torartigen Gebäude in Athen.

eines Weltstaats pries, und dann angeblich nachweislich durch Panaitios und Poseidonios die Römer mit der Aufgabe betraute, den Erdball im stoischen Sinn der humanitas (ανδρωποτης) zu ordnen. Was die Stoa über Krieg und Frieden dachte, kommt so unter das anrüchige Vorzeichen einer Rechtfertigung, gar einer Verherrlichung imperialer Politik. ‚Beide Gedanken, sowohl der der Ökumene wie der der Humanität, waren expansionistisch in dem Sinne, daß sie den politischen Führern der damaligen zivilisierten Welt, den Römern, die Aufgabe zuwiesen, das Licht der hellenistischen Zivilisation über die ganze Erde zu verbreiten' (*Ehrhardt* 1959: 187).

Wenn Gedanken einer philosophischen Schule eine derartige Rolle und Tendenz zugesprochen wird, lohnt es sich allemal, die Quellen selbst zu überprüfen. Dies ist im gegebenen Fall um so dringender, als die stoische Theorie über lateinische Patristik (Lehre von den Kirchenvätern, Anm. *Koppe*), Mittelalter, Renaissance und Aufklärung die abendländischen naturrechtlichen Vorstellungen von einem gerechten Krieg wohl am nachhaltigsten geprägt hat. (...)

Kosmopolitismus und Pazifismus der Stoa

In der gegenwärtigen Forschung ist unbestritten, daß die Stoa eine ihrer starken Wurzeln im Kynismus hat. Die Kyniker waren sozial- und kulturkritische Individualisten mit nur geringen theoretischen Neigungen und Leistungen. Von Antisthenes, Diogenes und Krates wissen wir allerdings, daß sie Idealstaaten konzipiert und diese Konzepte (in welcher Form auch immer) veröffentlicht haben. In ihnen verband sich eine radikale Kritik bestehender menschlicher Gesellschaft mit einer ebenso radikalen politischen Utopie. Über Argumentationsweise und inhaltliche Details ist uns wenig überliefert. Als sicher gilt jedenfalls, daß die Kyniker zwar nicht Recht und Gesetz, wohl aber jede Machtpolitik verwarfen, daß Ruhm und guter Ruf ihnen lächerlich war, daß sie Besitz verachteten, daß sie nicht die politische Tätigkeit, sondern die Muße (οχολη) zum höchsten Gut erklärten, daß sie kosmopolitisch dachten in der Ablehnung wertender menschlicher Differenzierungen nach Herkunft und Abstammung und in ihrem Selbstverständnis als Weltbürger ohne eigenes Haus und eigene Heimat. Antisthenes fand (...) den Krieg sinnlos und verderblich.

In Diogenes' Politeia soll von der ‚Nutzlosigkeit der Waffen' (αχοητια τῶν οπλων) die Rede gewesen sein. Er und Krates (ein Lehrer des Stoa-Gründers Zenon) fanden jedenfalls in kynischer Abhärtung und Bedürfnislosigkeit die einzig sichere Quelle und Garantie des Friedens: Die Abirrung der Menschen von der Einfachheit des Lebens, die die Natur uns kampflos ermöglicht, haben zu Streit und Krieg geführt; die Beseitigung des Luxus und der Abbau aller auf nichtigen Meinungen beruhenden Wünschen führen allein wieder zum Frieden. Deshalb ‚muß man so lange philosophieren, bis die Feldherrn als Eselstreiber erscheinen' (*Krates*).

Diogenes Laertius notiert nun explizit, daß die Politeia des Zenon von Kition in der Tradition der Idealstaaten von Antisthenes, Diogenes und Krates steht. Wir haben also guten Grund, die eben genannten Gedanken auch für den Schulgründer der Stoa in Anspruch zu nehmen, zumal das Krates-Zitat von den Eselstreibern aus den Chreiai des Zenon selbst stammt und alles, was uns über seine Politeia berichtet wird, sich in den Traditionsbestand des Kynismus fügt.

Alle Menschen sind Mitbürger

Zenons Kosmopolitismus eines einheitlichen Welt- und Menschenstaats stellt sich in schroffen Gegensatz zu geschichtlich gewordenen Staaten. Plutarch berichtet, die Politeia Zenons laufe auf den zentralen Punkt zu: ‚daß wir nicht Poleis und Völkerschaften gemäß leben sollen, die jeweils durch eigene Vorstellungen vom Gerechten getrennt sind, sondern alle Menschen für Volksgenossen und Mitbürger halten, damit ein einheitlich geordnetes Leben sei, wie das einer Herde, die nach einem gemeinsamen Gesetz weidet und sich nährt'.

Dies ist zweifellos genuines Gedankengut Zenons, darf allerdings nicht, wie Plutarch es gerne möchte, in den Zusammenhang und Dienst einer hellenistisch geprägten Imperialpolitik gestellt, sondern muß kynisch gelesen und belassen werden: als eine Kosmopolis in Gedanken, in der die vernünftig gewordenen vaterlandslosen Weltbürger sich verbunden wissen. (...)

Zenon soll wie Diogenes in seiner Politeia von der Nutzlosigkeit der Waffen gesprochen haben, kann also schwerlich für die theoretische Stützung einer gewaltsamen Einigungs- und Befriedungsstrategie realpolitischer Art in Anspruch genommen werden. (...)

Auch Chrysipp, das dritte Schuloberhaupt, scheint die kosmopolitischen Grundanschauungen seiner Vorgänger geteilt zu haben. Unsere Quellen sind zwar aus vergleichsweise später Zeit, aber sie erhalten teils Originalzitate, teils durchaus glaubwürdiges doxographisches Material. Ihr signifikantester Zug ist eine schroffe Antithese: Auf der einen Seite steht ein einheitliches Gesetz, das über Götter und Menschen herrscht, mit dem Gebot der rechten Vernunft bzw. Allnatur bzw. des Zeus identifiziert wird und die Verfassung der einen großen Weltstadt ausmacht. Auf der anderen Seite stehen die vielen zufälligen, geschichtlich gewordenen Einzelstaaten, die nach Gesetzen, Sitten und ökonomischer Praxis voneinander getrennt sind und einander (nicht selten) befehden. Ihre Entstehung verdanken sie der Habsucht, dem Mißtrauen und der Treulosigkeit der Menschen, die sich mit den Gesetzen der Natur nicht zufriedengeben und zum vermeintlichen Nutzen nach Sondergesetzen zu partikularen Gruppen verbinden.

Frieden ist ein naturgemäßes Gut

Die Ordnungsleistung der idealen Polis, auf die wir von Natur ausgerichtet sind, schließt jeden Krieg unter Menschen aus und realisiert den Frieden als naturgemäßes Gut, das um seiner selbst willen zu wünschen ist.

Aufgrund der vorhandenen (spärlichen) Quellenhinweise muß man zusammenfassend sagen: Die politische Philosophie der Alten Stoa hat sich möglicherweise im Entwurf eines utopischen Ideals erschöpft, das die Ordnung der Beziehungen vollendet vernünftiger und naturgemäßer Menschen darstellt. Dies hieße, sie hat keine politische Theorie im engeren Sinn entwickelt, sondern lediglich ihre universalistische Moralphilosophie in rechtliche und politische Termini gekleidet. (...) Welche Mittel und Strategien zur Etablierung, Aufrechterhaltung und Verbesserung eines Rechtszustands die Vertreter des Kynismus und der Alten Stoa – wenn überhaupt – ins Auge gefaßt, empfohlen und moralisch gebilligt haben, wissen wir nicht. Vom Inhalt ihrer Abhandlungen (...) ist über Grundsätzliches hinaus nichts auf uns gekommen.

Das Beispiel eines aktiven Pazifisten der Antike

Ihre belegbare generelle Ablehnung der Waffengewalt als Mittel der Politik und ihr durch die kynisch-stoische Populartradition verbürgter individualistisch-moralischer Pazifismus ließen wohl noch ein differenzierendes Spektrum von Beurteilungsmöglichkeiten und Einstellungen gegenüber konkreten Fällen von Kriegen offen. So war zum Beispiel der von Gedanken der kynisch-stoischen Diatribe durchdrungene römische Ritter und Philosoph C. Musonius Rufus darauf bedacht, der stoischen Theorie von der Verwerflichkeit des Krieges durch persönlichen Einsatz Geltung zu verschaffen. Tacitus berichtet, er habe sich in den Wirren des Dreikaiserjahres (69 nach Chr.) unter die Soldaten eines Feldherrn des Vespasian gemischt und ‚versucht, die Soldaten zu ermahnen, indem er ihnen die Güter des Friedens und die Gefahren des Krieges auseinanderlegte. Darüber lachten viele, noch mehr empfanden es als eine Belästigung. Und manche jagten ihn weg und versetzten ihm Fußtritte. Doch auf Zureden der Besonnensten und auf Drohungen anderer hin gab er es auf, seine Weisheit, die hier nicht am Platz war (*intempestiva sapientia*) weiter zu verkünden‘ (*Tacitus*, Historien, Buch III, Kap. 81). Ein dazu höchst unterschiedliches Beispiel bietet

Marc Aurel. Seine Selbstgespräche sind erfüllt von dem Gedanken, daß alle Menschen als vernunftfähige Wesen Bürger des einen Kosmos und einer Polis sind und in Frieden und Freundschaft miteinander leben sollen.

Das ebenso gräßliche wie lächerliche Kriegführen und das Verlangen nach Kriegsruhm stehen in krassem Gegensatz zur vernünftigen Veranlagung des Menschen. Gleichwohl verbringt er einen großen Teil seines Lebens im Feldlager, um den Ansturm der Barbaren von den Grenzen seines brüchig gewordenen Imperiums abzuwehren. Eine Interpretation, die in diesem Zusammenhang nur von lebensmüdem, weltabgekehrtem Stimmungspazifismus spricht, der sich durch die Praxis selbst widerlege, greift sicher zu kurz. Für einen Stoiker war hier wohl das schwierig zu bestimmende Verhältnis idealer Moralität zu Bemühungen um einen Zustand des Rechts und der verbindlichen Sitte in einer (noch) nicht tugendhaften Menschenwelt angesprochen." (*Forschner* 1988: 1–7)

Verglichen mit Platon und Aristoteles ist die Philosophie (und Lebenspraxis) der Stoiker sehr viel stärker, wenn nicht sogar ausschließlich von einem friedenskulturellen Denken geprägt, das zwar in den nachfolgenden Jahrhunderten nicht die gleiche Bedeutung wie die Philosophie der beiden „Großen" erlangt hat, aber dennoch nicht in Vergessenheit geriet.

2.4.5 Cicero: Vom Eroberungskrieg zum „gerechten" Krieg

Das kriegskulturelle Theorem vom Gerechten Krieg (*bellum iustum*) wurde schon von Cicero (106–43) formuliert und hat bis heute nahezu alle Kriege in den Augen der verantwortlichen politischen Akteure gerechtfertigt.[58] Auch hierzu hat Forschner wesentliches ausgesagt:

„Ein Erstes läßt sich ohne Einschränkung behaupten: Cicero übernimmt von den Griechen das ethische Fundament der politischen Philosophie. Speziell stoischen Ursprungs ist die Eigenart seines Gedankens, daß Gerechtigkeit bzw. die Formen des *ius naturae* Grundlage eines Staates, seiner inneren Ordnung ebenso wie seiner Handlungen nach außen sein müssen; und daß dieses Gesetz, das in der Übereinstimmung der rechten Vernunft mit der Natur besteht und allen (normalsinnigen) Menschen einsichtig ist, einheitliche, ewige und unveränderliche Geltung besitzt.

Der Gerechte Krieg als Rechtfertigung der Eroberungskriege Roms

Diese fundamentale Prämisse leitet selbstverständlich auch seine Überlegungen zum Krieg. So gesehen ist die Frage von sekundärem Belang, in welcher Weise Cicero seine Vorstellungen eines *bellum iustum* an die alte Rechtstradition einer ritualisierten römischen Praxis erlaubter Kriegseröffnung anbindet. Worum es ihm ging, war die eigenständige Aneignung der philosophischen (d. h. griechischen) Tradition zur Lösung des Problems, unter welchen Voraussetzungen und wie ein Staat sich moralisch gerechtfertigt mit anderen Staaten kriegerisch auseinandersetzen kann. Sekundär ist demgegenüber auch die Frage, ob Cicero mit guten oder schlechten Gründen darlegt, daß Rom den naturrechtlichen Erfordernissen für einen *bellum iustum* (fast) immer entsprochen hat. (...) So heißt es (...), Cicero habe (...) gesagt, ein gerechter Krieg könne nur geführt werden, wenn es darum geht, sich Genugtuung zu verschaffen oder Feinde abzuwehren. (...)

58 Das gilt für die Akteure der beiden Weltkriege ebenso wie in jüngster Zeit für den Golfkrieg, den Somaliakrieg und die Kriege in Ex-Jugoslawien.

So gesehen läßt die Formel wohl einen breiten Spielraum für Möglichkeiten gerechter Kriegseröffnung zu. Und es deutet manches darauf hin, daß im 2. Jh. vor Chr. über die adäquate Interpretation dieses Spielraums im Blick auf das *Imperium Romanum* in der (griechischen) Philosophie diskutiert wurde, daß Cicero (...) diese Diskussion aufnahm und seinerseits jedenfalls die Ausdehnungspolitik Roms nach naturrechtlichen Gesichtspunkten des *Suum cuique* zu rechtfertigen versuchte. (...)

Eine bei Nonius erhaltene Anekdote, die in diesem Zusammenhang stand, deutet darauf hin, daß die philosophische Kritik an Rom möglicherweise indirekt über eine rückwärtsgewandte Kritik an Alexander vorgetragen wurde. Die Stelle lautet: ‚Denn als man ihn (einen gefangenen, vor Alexander geführten Seeräuber) fragte, von welch verbrecherischem Impuls getrieben er mit einem einzigen Kaperschiff das Meer verunsichere, antwortete er: von demselben wie du den ganzen Erdkreis'.(...)

Ein wichtiger Hinweis zu diesem Problem findet sich in einen Referat des Augustinus darüber, wie Cicero in *De re publica* nach Gerechtigkeitsgesichtspunkten das Verhältnis Roms zu seinen Provinzen sah. Wenn zuerst, so heißt es da, ‚behauptet wurde, nur durch Ungerechtigkeit könne ein Staat Bestand haben und sich vergrößern, und als stärkstes Argument hierfür der Satz aufgestellt worden war, es sei ungerecht, daß Menschen anderen Menschen, die sie beherrschten, dienten, eine Ungerechtigkeit indessen, der eine mächtige Bürgerschaft, die einen großen Staat ihr eigen nennt, folgen muß, um über Provinzen gebieten zu können – so wurde darauf von Seiten der Gerechtigkeit erwidert, das sei deswegen gerecht, weil solchen Menschen die Hörigkeit nützlich sei und zu ihrem Wohl geschehe, wenn sie zu Recht geschehe, d.h. wenn Ruchlosen die Möglichkeit zu Untaten genommen wird und die Unterworfenen sich nach ihrer Unterwerfung in einem besseren Zustand befinden als zuvor. Oder sehen wir nicht, daß von der Natur selbst immer dem Tüchtigsten die Herrschaft zum größten Nutzen der Schwachen gegeben ist?'(...) Daß Einsicht und Tüchtigkeit Herrschaftsansprüche legitimieren und daß Uneinsichtige unter diese Herrschaft notfalls gezwungen werden dürfen, blieb bis in die Neuzeit eine Selbstverständlichkeit der abendländischen politischen Philosophie. (...)

Krieg als letztes Mittel

Diese grundsätzlichen Gesichtspunkte werden nun von Beziehungen zwischen einzelnen Personen auf die staatliche und die zwischenstaatliche Ebene, speziell auf den Kriegsfall übertragen. In diesem prinzipiellen, d. h. moralischen Sinn spricht Cicero von *iura belli*, d.h. von Ansprüchen und Verpflichtungen, die es auf zwischenstaatlicher Ebene vor allem zu wahren gilt. Der erste Grundsatz lautet hier: Krieg darf nur das letzte Mittel sein, um einen Streitfall zu entscheiden bzw. einen Zustand des Unrechts zu beenden. (...) Der zweite Grundsatz besagt denn auch: Als letztes Mittel hat der Krieg niemals Züge eines Endzwecks (im Sinn etwa einer Aktualisierung bestimmter sittlicher Tüchtigkeiten), sondern muß auf ein bestimmtes Ziel jenseits seiner selbst bezogen sein: ein menschliches Leben in Frieden und Rechtlichkeit. Der dritte Grundsatz der *iura belli* ergibt sich aus der Bedingung der veranlassenden Kriegsgründe, dem Gedanken des Maßes für Rache und Strafe und dem verbindlichen Ziel eines Lebens in Frieden und Rechtlichkeit: ‚Nach errungenem Sieg sind diejenigen zu schonen, die im Krieg nicht grausam und unmenschlich waren'.

Das Imperium hat immer Recht

Bei Kriegen *de imperio* denkt Cicero allem Anschein nach nicht an solche, die zum Zweck der Errichtung einer Groß- und Weltmacht geführt werden, sondern an solche mit Gegnern, die Rom den Rang als bereits etablierte Großmacht streitig machen und ihre eigene Vormacht an seine Stelle setzen wollen. Die Tatsache des römischen Imperiums, die für Cicero die Existenz eines Rechtszustandes bedeutet, ist vom 4. Jahrhundert an gegeben und als solche von der philosophischen Reflexion über die Voraussetzungen eines sittlich gerechtfertigten Krieges zu berücksichtigen. Was immer er Genaues über Entstehung und Errichtung dieses Imperiums gedacht haben mag, seine bis ins 18. Jahrhundert höchst einflußreichen naturrechtlichen Prinzipien über Krieg und Frieden, die auch in der gegenwärtigen Diskussion dieses Themas Berücksichtigung verdienen, unterscheiden sich fundamental von jener atavistisch-romantischen Position, die Kriege als für die sittliche Stärke und Gesundheit der Völker notwendig und einen dauerhaften Frieden nicht für erstrebenswert hält." (*Forschner* 1988: 8 -17)

2.4.6 Pax Romana: Frieden durch Vertrag und Unterwerfung

Das Kriegsverständnis des Cicero wurde zur Grundlegung des römischen Friedensverständnisses, der *pax Romana* und – auf dem Höhepunkt kaiserlicher Herrschaft über die damalige „Welt" des Mittelmeerraums einschließlich großer Teile West- und Mitteleuropas, aber ohne Asien jenseits des Euphrat – der *pax Augusta*: . Die folgende Darstellung ist wiederum der Studie „Friedensethik" von Huber/Reuter entnommen:

„Der Frieden des römischen Weltreiches, die *pax Romana*, (...) wurde zum ideologisch-politischen Programm einer Herrschaftsordnung, die Beständigkeit beansprucht. Nicht zufällig ist *pax*, das lateinische Wort für Frieden, unter Hinzufügung entsprechender Adjektive bis heute der Name für politische Strukturen geblieben, in denen die Abwesenheit von Krieg durch die Dominanz eines Machtzentrums garantiert wird. So pflegt man von *pax Americana* und *pax Sovjetica* bis hin zur *pax atomica* zu sprechen, wenn man über den Abstand der Zeiten hinweg eine Konzeption von Frieden als monozentrisch und gewaltförmig erzwungener Ordnung charakterisieren möchte.

Ordnung durch Diktat

Schon im Ausgang der römischen Republik hatte sich die Hoffnung angebahnt, daß die militärisch herbeigeführte und rechtlich geordnete *pax Romana* zu einem dauernden, die ganze zivilisierte Welt umfassenden Zustand werden könne. Mit dem Prinzipat des Augustus erreicht die friedensideologische Verklärung der gegenwärtigen Wirklichkeit ihren Höhepunkt. (...) Mit diesen rund zwei Jahrhunderten zwischen 40 v.Chr. und 143 n.Chr. ist der Zeitraum markiert, der von Zeitgenossen und Nachgeborenen immer wieder als der Weltfrieden des Goldenen Zeitalters verherrlicht und beschworen worden ist. (...) Solche Urteile klingen wie ein spätes Echo auf jene Romrede des Aelius Aristides, die das Erscheinungsbild der *pax Romana* wie folgt beschreibt: Vor der Herrschaft der Römer war ‚das Unterste zuoberst gekehrt und alles bewegte sich in blindem Zufall; seit eurem Auftreten aber fanden Verwirrung und Aufruhr ein Ende. Überall kehrte Ordnung ein und helles Licht im Leben und im Staat, Gesetze erschienen und der Götter Altäre fanden Glauben'. In einem riesigen Gebiet, von der Mündung des Rheins bis zur Dobrudscha, der Bretagne bis zum Rand der Sahara, von der Straße von Gibraltar bis Konstantinopel und bis zum Euphrat herrscht der *pax*-Frieden. Aristides schildert, wie kein Krieg mehr das Land verwüstet und die Städte zerstört. Kunst und Handwerk blühen, die Landwirtschaft gedeiht – selbst am Rhein wird Wein angebaut, Handel und Wandel florieren; überall gilt dasselbe Recht. (...)

In der Tat waren mit Augustus die Greuel des jahrelangen Bürgerkriegs zu Ende gegangen. Er rief ein Jahrhundert des Friedens aus. In dem kurz vor seinem Tod verfaßten Tatenbericht hat Augustus selbst zwei symbolische Akte hervorgehoben, durch die er deutlich sein Selbstbild als Friedensbringer für das römische Reich ausdrückt. Zum einen erinnert er daran, daß er den Tempel des Janus Quirinus dreimal schließen ließ, was nur zulässig war, ‚wenn im gesamten Herrschaftsbereich des römischen Volkes, zu Wasser und zu

Lande, ein durch Siege gefestigter Friede eingekehrt sei'. Zum anderen hebt er hervor: ,Als ich aus Spanien und Gallien nach erfolgreicher Tätigkeit in diesen Provinzen ... nach Rom zurückkehrte, beschloß der Senat, einen Altar des *Augustusfriedens* aus Anlaß meiner Rückkehr errichten zu lassen' (Res gestae 12). Doch dieses Selbstzeugnis spiegelt auch in knappen Worten die Ambivalenz von Anspruch und Wirklichkeit der *pax Augusta* wider. Der Hinweis auf die dreimalige Schließung des Tempels läßt erkennen, daß die pax natürlich keineswegs einen ununterbrochenen Frieden im Reich bedeutet hatte. (...)
Von der Grundbedeutung her ist *pax* von Anfang an das, wozu *eirene* erst spät und am Rande wurde, nämlich ein im zweiseitigen Verhältnis von Vertragspartnern gedachter Rechtsbegriff. *Pax* ist verwandt mit pangere (gutmachen/binden) und abgeleitet von pacisci (einen Vertrag schließen). Der Rechtscharakter der *pax* gibt dem Begriff in seinen verschiedenen Anwendungsbereichen sein besonderes Gepräge. Der militärische (und) der politische (...) Aspekt der *pax* sind zugleich diejenigen Dimensionen des römischen Friedens, an denen sich das Verhältnis von Idealbild und historischer Realität aufzeigen läßt.

Si vis pacem, para bellum

Unter militärischem Aspekt ist der Friede der geplante und willentlich beabsichtigte Endzweck des Krieges. *Pax* ist Funktionsbegriff einer militanten Befriedungsaktion. Deshalb kann es heißen: *si vis pacem, para bellum* – wenn du den Frieden willst, bereite den Krieg vor – auch dies eine Grundregel militärpolitischer Logik, die sich bis heute erhalten hat. Für den als Gegensatz zum Krieg gefaßten Frieden wird – paradoxerweise – der Krieg selber zum Mittel des Friedens. Der Krieg wird geführt, um dem Gegner die Friedensbedingungen zu diktieren: *Pacem dare* ist die euphemistische Bezeichnung für den Diktatfrieden, ein Schlüsselbegriff der römischen Staatslehre, dessen Gewaltförmigkeit in der Formel *leges pacis imponere* (die Gesetze des Friedens auferlegen) unverhüllt zum Ausdruck kommt. Pax setzt das Niederkämpfen (*debellare*) und völlige Bezähmen (*perdomare*) des Feindes voraus. Es ist der jeweils Mächtigere, der Frieden gibt oder ihn verweigert. Weltherrschaft und Friedensideologie gehen Hand in Hand. (...)
Eine deutliche Sprache sprechen die römischen Münzen: Mars erscheint mit Ölzweig und gesenkter Lanze. Und *Pax* wird nicht wie *Eirene* mit dem Füllhorn des Reichtums abgebildet, sondern mit dem Lorbeerkranz des Siegers, bewaffnet mit Lanze, Speer und Schild, den Fuß im Nacken eines besiegten Feindes. (...) So bedeutete die *pax Romana* natürlich alles andere als einen wirklichen ,Weltfrieden', das als ,Welt' anerkannte Gebiet war mit den Grenzen des Reiches identisch – an seinen Rändern herrschte der akute, mindestens latente Kriegszustand. Wo *das Imperium Romanum* endete, da begann dieser Friedens-Ideologie zufolge die Barbarei, die *terra pace inops*, das Land, das des Friedens erst bedürftig war. Kriege gegen äußere Feinde wurden demnach gar nicht unbedingt als Unterbrechung des Friedens empfunden – selbst wenn Augustus vorsichtshalber die Türen des Janustempels wieder öffnen ließ. Mit den Schrecken des Krieges bezahlte die Peripherie für die *pax* des Zentrums. (...)

Eintracht für alle, die sich dem Joch des Friedens beugen

Die *pax Romana* soll unter dem Aspekt des Rechts Ruhe (*otium*) und Sicherheit (*securitas*) gewährleisten. (...) Frieden und Eintracht, *pax et concordia*, gehören zusammen, denn der Herstellung des Friedens korrespondiert auf seiten der Befriedeten die Eintracht als Ergebnis, auf seiten der Römer ist sie Voraussetzung des Sieges. Nur innerhalb des pazifierten Raumes hat *concordia* eine Bedeutung, nicht über ihn hinaus. (...). Das *securitas*-Versprechen schloß nicht nur den Schutz vor physischer Gewalt, sondern auch die allgemeine Rechtssicherheit ein." (*Huber/Reuter* 1990: 31-34)

Die römische *pax* als Friedensmodell gänzlich zu verwerfen, wäre indessen irrig. Für die Menschen, die innerhalb dieser Friedenszone lebten, war es ohne

Zweifel ein unschätzbarer Vorteil, vor der Geißel des Krieges bewahrt zu sein. Auch wenn die *pax* in den Götterhimmel erhoben wurde, so herrschte im Römischen Reich relative Religions-, Kult- und Kulturfreiheit, so lange Kaiserkult und Rechtsordnung nicht in Frage gestellt wurden. Zivilisationstechniken konnten sich ungehindert ausbreiten (Wasserregulierung, Landwirtschaft und Weinbau, Städte- und Bäderbau). Doch dem Modell „Frieden durch Gewalt" war der Wurm des Verfalls bereits mitgegeben. Und vor dem „Vertragsfrieden" hatte schon Tschuangtse gewarnt: „Denn wenn es erst einmal nötig ist, Verträge zu schließen, die den ‚Frieden' regeln oder die ‚Abrüstung' festschreiben, liegt dem gesamten Tun und Denken die Friedlosigkeit, Treulosigkeit und Angst bereits zugrunde, und diesen Zustand überwindet man nicht durch fiktive Übereinkünfte ohne innere Substanz" (vgl. 2.2.3).

2.4.7 Die Kirche kündigt den inneren Frieden auf

Das „Weltreich" stieß mit der Zeit eben doch an Grenzen, die mit Legionen und Verträgen allein nicht mehr zu sichern waren. Die „Barbaren", deren Bekämpfung und Niederwerfung das eigentlich Ziel der *pax Augusta* war, drängten mit Erfolg ins Reich und an die Herrschaft. Das Kaisermodell scheiterte an der Unzulänglichkeit und Unfähigkeit seiner Repräsentanten. Und nicht zuletzt ging das Imperium Romanum am Verfall der inneren Eintracht, der *concordia*, zugrunde, die Cicero als unverzichtbaren Bestandteil des (inneren) Friedens bezeichnet hatte.

Rasche Ausbreitung des Christentums dank römischer Toleranz

Die sich konstituierenden christlichen Kirchen, die ihre rasche Ausbreitung eben jener toleranten Kultur der römischen Zivilisation verdankten, hatten nichts Eiligeres zu tun, als diesen Frieden zu kündigen. Paulus (10-64), den viele für den eigentlichen Begründer des Christentums halten, obwohl er der einzige Apostel war, der Jesus zu seinen Lebzeiten nicht gesehen hat, brauchte auf der Überfahrt nach Italien keine Räuber und Piraten zu fürchten, wohl aber Stürme, von denen einer ihn bei Malta in Seenot geraten ließ – die Pax Romana schützte ihn. Kaum waren die zu diesem Zeitpunkt bereits in Bistümern organisierten Christen im 4. Jahrhundert erst toleriert (313 Toleranzedikt unter Konstantin), dann die Kirche zur offiziellen „Reichskirche" erklärt (380 Reichsreligion unter Theodosius), begannen sie, Juden, Heiden und sich abspaltende Christengemeinden (Häretiker, Ketzer) zu verfolgen und die nunmehr christlichen Kaiser zu veranlassen, im ganzen Reich gegen diese Menschengruppen Krieg zu führen. Schon in den ersten Jahren dürften die Opfer dieser Verfolgung zahlreicher gewesen sein, als die Opfer der sogenannten Christenverfolgungen (Nero 64, Decius 249, Valerian 257, Diokletian 303–313), die weniger um ihres Glaubens willen als wegen der Weigerung, den Kaiserkult anzuerkennen, gefoltert und getötet wurden. Der Verfasser der „Kriminalgeschichte des Christentums", Karlheinz Deschner, schreibt dazu:

„Seriösere Forscher schätzten die Zahl der christlichen Opfer gelegentlich, nicht unwidersprochen, auf 3000, auf 1500 – *in allen drei Jahrhunderten!* Wie problematisch diese Zahl sein mag: die Christen erschlugen im Mittelalter und Neuzeit mehr Juden häufig *in einem einzigen Jahr*, manchmal *an einem einzigen Tag*!" (*Deschner* 1996: 199-200)

Jesus verspricht Erlösung im Jenseits, aber keinen Frieden im Diesseits

Von den christlichen Kirchen sind ab dem 4. Jahrhundert keine friedenskulturellen Impulse ausgegangen, vor allem weil sie sich von diesem Zeitpunkt an auf die Machtpolitik der Herrscher einließen, die sie ihrer Glaubensvorstellung von einem allmächtigen Gott unterwerfen wollten. Jesus von Nazareth hat sich zu Frieden und Krieg nicht geäußert, seine Lehre zielte auf den einzelnen Menschen, der sich durch sein – gewaltfreies – Verhalten von persönlicher Schuld befreien, Versöhnung üben und sich auf das kommende „Weltgericht" und seine „Erlösung" vorbereiten sollte. Vielleicht hatte die Fragestellung „Frieden und Krieg" für ihn gar keine Bedeutung: „Ihr werdet von Kriegen und Kriegsgerüchten hören. Habt Acht, laßt euch dadurch nicht erschrecken." (*Matthäus* 24,6) Dieser Satz enthält ebensowenig eine Verurteilung des Krieges wie der andere: „Wenn ein König mit einem anderen Könige Krieg führen will, setzt er sich nicht zuvor hin und überlegt, ob er mit zehntausend Mann dem entgegentreten kann, der mit zwanzigtausend Mann gegen ihn anrückt? Geht das nicht, so schickt er eine Gesandtschaft ab, solange jener noch fern ist, und sucht um eine friedliche Verständigung nach." (*Lukas* 14,31,32) Vielmehr ist zu vermuten, daß Jesus auch dieses Problem – ähnlich wie die Steuerfrage – als eine Angelegenheit des Kaisers betrachtete, denn er war mit Sicherheit kein Aufrührer gegen die römische Besatzung: „Gebt also dem Kaiser, was des Kaisers gebührt, und Gott, was Gott gebührt." (*Matthäus* 22,2, *Markus* 12,17, *Lukas* 20,25) Es ist auffällig, daß in diesem eher seltenen Falle alle drei Evangelisten diese Aussage im gleichen Wortlaut überliefern. Da die Evangelien auf mündlicher Überlieferung beruhen und erst 100 bis 150 nach der Kreuzigung des Jesus schriftlich fixiert wurden, ist es durchaus denkbar, daß mit diesen Worten das Wohlwollen der römischen Besatzung erworben werden sollte, denn die urchristliche Gemeinde bedurfte dieses Wohlwollens, um sich ausbreiten, ja vielleicht um überleben zu können.

Feinde zu lieben hindert nicht daran, Feinde zu erschlagen

Auch die Goldene Regel (*Matthäus* 7,12; *Lukas* 6,31) und die siebente Seligpreisung „Selig die Friedensstifter! Sie werden Kinder Gottes genannt werden." (*Matthäus* 5,9), die bei Lukas (6,20–22) fehlt, sowie das Gebot der

Feindesliebe „Liebet eure Feinde, tut Gutes denen, die euch hassen, und betet für die, die euch verfolgen und verleumden." (*Matthäus* 5,44) und „Schlägt dich jemand auf die eine Wange, so halte ihm auch die andere hin." (*Lukas* 6,29) lassen sich nur individualethisch und nicht als erklärte Absage an Krieg deuten. Das Gebot der Feindesliebe ist wahrscheinlich in der weiteren Geschichte der Kirchen und der christlichen Staaten das am wenigsten beachtete, denn es hat seit dem 4. Jahrhundert bis heute keine Kirche daran gehindert, den Gerechten Krieg und das Erschlagen (und im Mittelalter das grausame Foltern) von Feinden (selbst wenn diese Christen waren) wenn nicht zu rechtfertigen, so doch zu dulden. Das jüngste Beispiel in dieser langen Geschichte sind sowohl katholische wie auch orthodoxe Priester (und auch muslimische Mullahs), die die „ethnischen Säuberungen" in Ex-Jugoslawien regelrecht anfeuerten, während ihre Bischöfe sich nur halbherzig von solchen Greueln distanzierten.[59] Das schließt nicht aus, daß es immer wieder einzelne Christen gab, die sich gegen die Gewaltpraxis ihrer Kirchen auflehnten (u.a. der bereits erwähnte Franz von Assisi oder der Dominikaner Franziskus Maria Stratmann – vgl. 3.4.1), aber gemäß dem Sprichwort, daß eine Schwalbe noch keinen Sommer macht, in der Millionenmasse desinteressierter Christen und vieler ihrer Bischöfe und Priester nicht ins Gewicht fallen.

2.4.8 Augustinus liefert die Theorie zum christlichen Krieg

Theorie und Ideologie für solches „wider-christliches" Verhalten lieferte der bedeutendste „Kirchenvater" des frühen Christentums: Aurelius Augustinus, Bischof von Hippo (354-430). Dieser Denker und Theologe hat als erster, rund neunhundert Jahre nach Heraklit erkannt, daß Frieden dennoch das eigentlich dauerhafte Beziehungsmuster zwischen Personen und Staaten ist und Krieg nur einen – wenngleich häufigen – Störfaktor darstellt: [60]

> „Wie es also zwar ein Leben ohne Schmerz geben kann, aber keinen Schmerz ohne Leben, so gibt es auch einen Frieden ohne allen Krieg, niemals aber einen Krieg ohne allen Frieden." (*Augustinus* 1955: 55)

Überhaupt verdanken wir Augustinus einige grundsätzliche Definitionen des Friedensbegriffes. Anita und Walter Dietze haben diese Definitionen in der

---

59 Erst gegen Ende des Kosovokrieges hat sich der serbische Patriarch Pavle eindeutig gegen die eigene Staatsführung (Milosevic) gewandt. Von der katholischen Kirche Kroatiens ist bislang kein Zeichen gekommen, daß sie die Vertreibung von mehreren Hunderttausend Serben aus der Krajina (1995) mißbilligt hätte. Die in Kroatien tätigen Franziskaner, die doch der Gewaltfreiheit ihres Gründers nachfolgen sollten, gehören leider zu den eifrigsten „Feindesverfolgern" in Jugoslawien. Fairerweise muß hinzufügt werden, daß die Franziskaner in Bosnien-Herzegowina dieses Verhalten ihrer kroatischen Brüder ausdrücklich mißbilligt haben und zusammen mit zahlreichen Franziskanern in aller Welt an der Spitze der Friedensbewegung stehen.

60 Vgl. dazu *Buchheim* 1991: 425ff.

Einleitung zu ihrer Dokumentensammlung „Ewiger Friede?" herausgearbeitet:

„Hauptsächlich unterscheidet er zwischen ewigem Frieden (*pax aeterna*) und zeitlichem Frieden (*pax temporalis*). Ewiger Friede und ewige Gerechtigkeit sind seiner Meinung allein im Zustand jenseitiger, transzendenter Vollendung möglich und wirklich. Irdischer Friede und irdische Gerechtigkeit dagegen stellen bloß unvollkommene Abbilder oder – im extremen Fall – schlimme Zerrbilder dieser makellosen Transzendenz dar, ‚zeitlich' in doppeltem Wortsinn, nämlich innerhalb der Zeitlichkeit und dort nur eine Zeit lang gültig. Weswegen Augustinus noch die zusätzliche Unterscheidung zwischen wahrem Frieden einerseits und falschem oder schlechtem Frieden andererseits einführt, ‚*pax vera*' abhebt von ‚*pax mala*' oder ‚*pax falsa*'. Außerdem läßt er durchblicken, daß neben der ‚*pax vera*' auch noch eine ‚*pax apparens*', ein scheinbarer Friede, möglich wäre: scheinbar, weil ungerecht und daher dem Willen Gottes nicht entsprechend. Die augustinischen Differenzierungen machen Schule und werden von seinen Nachfolgern fortgesetzt. Kurz nach der Mitte des dreizehnten Jahrhunderts stellt etwa Thomas von Aquin ‚*pax perfecta*' und ‚*pax imperfecta*' einander gegenüber, während Bertold von Regensburg in einer seiner Friedenspredigten eine definitorische Dreiteilung anbietet: ‚Der erste fride..., daz ist der fride mit gote; der ander fride, daz ist fride mit dir selber. Der dritte fride, daz ist fride mit dinem naehsten.' Nach und nach greifen diese Parzellierungen des Friedensbegriffes immer mehr um sich. Sie durchdringen schließlich die gesamte mittelalterliche Gedankenwelt." (*Dietze* 1989: 9)

Den Krieg eindämmen?

Andererseits hat Augustinus den Begriff des „gerechten Krieges" (*bellum iustum*) in Anlehnung an Cicero ausgeführt, mit dem er freilich den Krieg eher eindämmen und verhindern als rechtfertigen wollte, denn die Kriterien, die er zu diesem Zwecke entwickelte, sind derart angelegt, daß es den *bellum iustum* eigentlich nicht geben kann. Augustinus war sich einerseits bewußt, daß das Gebot der Gewaltlosigkeit, wie es Jesus von Nazareth verkündigt hatte, zu befolgen war. Andererseits war das Christentum seit wenigen Jahren Staatsreligion, doch die Mächtigen der damaligen Zeit gingen ihren Kriegsgeschäften nach wie ehedem. Also mußte es zumindest einen gerechten Grund (*causa iusta*) für einen Krieg geben. Das hieß, eine der kriegführenden Parteien mußte eindeutig und allein im Unrecht sein, um Christen den Soldatendienst zu erlauben, der ihnen bis dahin unter Strafe der Exkommunikation verboten war. (Vgl. im 1. Kapitel *Deschner*) Es mußte ferner eine rechte Absicht (*intentio recta*) verfolgt werden: Das anzustrebende Wohl des Staates mußte das in Kauf zu nehmende Übel des Krieges und seiner Folgen übersteigen. Der Krieg mußte schließlich von einer (von Gott) autorisierten Obrigkeit (*legitima potestas*) geführt werden. Mit anderen Worten: Nicht auf Eroberung, Rache oder Bestrafung durfte ein Krieg gerichtet sein, sondern ausschließlich auf die Herstellung von Frieden. Damit führte Augustinus die entsprechenden Überlegungen von Platon, Aristoteles und Cicero konsequent weiter. Er war es auch, der frühzeitig den inneren Zusammenhang von Frieden und Gerechtigkeit erkannte: *pax iustitiae opera* – der Frieden ist das Werk der Gerechtigkeit (vgl. *Meyers* 1991: 89f.).

Christen führen Krieg gegen Christen

Augustinus war freilich lebenserfahren genug, um erkennen zu können, wie schlecht es um den gerechten Grund, die rechte Absicht und auch um die Obrigkeiten aller Zeiten bestellt war. Doch mit der Lehre vom gerechten Krieg konnten die Bischöfe den Soldaten ihrer Zeit zumuten, ihrer Obrigkeit gehorsam zu sein und in den Krieg zu ziehen, zugleich aber die Obrigkeiten jederzeit bezichtigen, zu Unrecht Krieg zu führen. Der Keim zur Pervertierung des Denkens war damit gelegt: zeitweise erklärte sich die Kirche selbst zur Obrigkeit und führte Krieg (und keineswegs nur Kreuzzüge). Augustinus selbst wütete gegen Nestorianer, Donatisten und Arianer (alles Christen!) sowie gegen Juden und Heiden schrecklicher als Nero seinerzeit gegen Christen. Er bat sogar den Kaiser, diese Menschen durch Krieg zu strafen (und das hieß: vernichten) – auch das mit dem Argument des gerechten Krieges. Und wieder nehmen viele Theologen von heute ihren Kirchenvater in Schutz und erklären sein kriegskulturelles Verhalten teils in der Überzeugung, er habe nach Gottes (nicht des Jesus!) Gebot gehandelt, teils mit dem Hinweis, daß auch Augustinus ein Kind seiner grausamen Zeit gewesen und von dieser geprägt gewesen sei.

2.4.9 Das Ende der Antike

Mit Augustinus endete die Antike. 46 Jahre nach seinem Tod (430) endete das weströmische Kaisertum mit der Absetzung des letzten Kaisers, Romulus (Augustulus), durch den Germanenfürsten Odoaker. Ostrom (Byzanz) konnte sich noch fast eintausend Jahre länger halten, erlebte auch noch kurze Blütezeiten, aber keine längeren Friedensperioden. Es endete seinerseits mit der Eroberung Konstantinopels durch die osmanischen Türken (1453). Augustinus aber hatte das Tor zum Frühmittelalter geöffnet und die Vorstellungswelt des christlichen „Abendlandes" bis in die Neuzeit mit seinen Gedanken geprägt, in denen kriegskulturelle Überlegungen bei weiten überwogen. Zusammen mit Alexander und den römischen Kaisern wurde er auf diese Weise zum Wegbereiter des Kolonialismus und einer europäischen Kriegskultur, in der sich häufig machtpolitische Interessen hinter vermeintlich religiösen Rechtfertigungen des Kriegshandelns verbargen. Der damit verbundene Verlust von Frieden führte zunächst in das dunkle frühe Mittelalter, doch die Friedensvorstellungen der Antike wirkten fort.

3 Vom Mittelalter bis zur frühen Neuzeit

Das dritte Kapitel beschreibt einen Zeitabschnitt, der – gemessen an der schriftlich dokumentierten Geschichte – relativ kurz ist, nämlich rund 1200 Jahre vom Ende des weströmischen Kaisertums (476) bis zum Westfälischen Frieden (1648). Er ist gekennzeichnet durch den Niedergang der antiken Zivilisationen, vor allem in Westasien und im Mittelmeerraum und die gewaltsame Konkurrenz zwischen Christentum und Islam, aber auch zwischen orthodoxem und lateinischem Christentum, eine Konkurrenz, die klassische Macht- und Eroberungspolitik mit religiös-missionarischem Eifer verknüpft, der auch vor der physischen Liquidierung des Gegners/Andersgläubigen nicht Halt macht, von kürzeren Ausnahmen abgesehen, zu denen die Blütezeit des Kalifats in Bagdad, das „Goldene Zeitalter" Andalusiens und die Regierungszeit des Hohenstaufenkaisers Friedrich II. gehören. Dabei spielte der „Reichsgedanke", also der Versuch, das Römische Reich wiederherzustellen, eine entscheidende Rolle. Die Fragen lauten, welche Friedensvorstellungen der Antike trotz dieses Niedergangs weiterwirkten und welche zivilisatorischen Kräfte am Werke waren, um schrittweise das um sich greifende brutale Faustrecht wieder einzudämmen und durch Rechtsordnungen/Friedensordnungen zu ersetzen, die positive gesellschaftliche Entwicklungen ermöglichten, die dann zur Entstehung nationaler Friedensräume und zur Entfaltung der „westlichen" Zivilisation der Neuzeit führten.

Interessant ist, daß auch in allen anderen Weltregionen diese Periode durch ähnliche Verfallserscheinungen (China, Japan, Indien, das vorkolumbianische Amerika) gekennzeichnet war. Das deutet auf eine erneute „Achsenzeit" (vgl. Abschnitt 2, Fußnote 33) hin, deren Höhepunkt im 13. Jahrhundert zu suchen ist. Für Europa und Asien dürfte sie einen gemeinsamen Auslöser gehabt haben: die zwar relativ kurze, aber ereignisreiche Zeit der Mongolenherrschaft, die zeitweise von Donau und Oder bis Indien und China reichte. Die Mongolen waren das einzige Volk, dem es gelang, ganz China zu beherrschen und dort eine Kaiserdynastie zu gründen (1279-1368). Es war die Zeit, als Kaufleute und Missionare aus dem Westen relativ sicher durch das mongolische Riesenreich bis nach China reisen konnten, der bekannteste der Venezianer Marco Polo, der siebzehn Jahre (1275-1292) lang als Statthalter der chinesischen Provinz Kiang-nan dem Großkhan Kubilai diente. Die gebotene Kürze hat zur Folge, daß sich die weiteren Darstellungen auf die Vorgänge im europäischen Abendland beschränken müssen[61]

3.1 Der zivilisatorische Verfall des Abendlands

Die Aufkündigung des inneren Friedens (*pax et concordia*) im Römischen Reich durch die von den christlichen Kirchen veranlaßten Gewaltmaßnahmen in Form „gerechter" Kriege gegen christliche Häretiker, Juden und Heiden war ohne Zweifel eine der Ursachen des zivilisatorischen Niedergangs dieses Reiches. Allerdings überdauerte die oströmische Reichshälfte (Byzanz/Konstantinopel[62]) den Untergang Westroms um fast 1000 Jahre und kannte noch kurze Blütezeiten, beispielsweise im 6. Jahrhundert, als unter Kaiser Justinian die Kodifizierung des geltenden Rechts (*corpus juris civilis* – 554) erfolgte, die für die Rechtsordnung bis in die Neuzeit eine ähnliche Bedeutung hatte wie Hammurabis Rechtsetzung (um 1700 v.d.Z.) für die Antike (vgl. 2.1.2).[63] Die islamisierten Araber und ab dem 11. Jahrhundert die Türken (Seldschuken/Osmanen) eroberten allerdings Schritt für Schritt das kleinasiatische und balkanische Umfeld Ostroms bis sie mit der Zerstörung von Byzanz/Konstantinopel (1453) auch diese letzte Bastion römischer Zivilisation vernichteten.

Aushöhlung der *pax Romana* und Völkerwanderung

Hinzu kamen seit dem 4. Jahrhundert die als „Völkerwanderungen" begrifflich verharmlosten Eroberungszüge, in deren Gefolge germanische, aber auch innerasiatische Völkerschaften (Turkvölker, Hunnen, Mongolen u.a.) in das Reichsgebiet einsickerten. Zwar hatte es auch in früheren Perioden zwischen dem 12. Und 8. Jahrhundert v.d.Z. Völkerwanderungen gegeben, beispielsweise der Griechen oder der Hyksos, Hethither, Phrygier und anderer Völker, und schon damals wurden Städte und Landschaften verheert, doch die zivilisatorischen Strukturen und Errungenschaften blieben weitgehend erhalten und wurden sogar weiter entwickelt wie im Falle der phönikischen (punischen) und

61 Zur Vertiefung der Darstellung dieses Zeitraums wird noch einmal auf *Toynbee*, Arnold 1998: „Menschheit und Mutter Erde – Die Geschichte der großen Zivilisationen", Berlin, verwiesen.

62 Byzanz wurde im 4. Jahrhundert in Konstantinopel umbenannt, doch der Name blieb zur Bezeichnung des oströmischen – byzantinischen – Reiches erhalten. Umgangssprachlich, auch im diplomatischen Verkehr, wurden beide Namen synonym verwandt.

63 Dabei ist allerdings zu beachten, daß der Corpus Juris Civilis unter dem Vorbehalt des notfalls durch Gewalt erzwungenen Bekenntnisses zum christlichen Glauben stand, ein Vorgang der den antiken Gesellschaft weitgehend fremd war.

griechischen Landnahmen. Zum Ende der Antike dagegen brachen diese Strukturen binnen weniger Generationen zusammen, verödeten die Städte, verfielen Kanäle und Badeanlagen, ging der landwirtschaftliche Ertrag zurück, letzteres vermutlich auch die Folge des Raubbaus an den Wäldern für Energiegewinnung, Schiffsbau und Erweiterung von Anbauflächen im Zusammenwirken mit klimatischen Veränderungen, vor allem in Nordafrika.[64] Am längsten hielt sich die (west)römische Zivilisation in Gallien/Frankreich. Einen eindeutigeren Beweis dafür, daß Zivilisationen nur im Frieden gedeihen und nicht des Krieges als Impulsgeber bedürfen, kann es kaum geben.

Das dunkle Zeitalter

Das wird auch bestätigt durch den faktischen Stillstand der Zivilisation (auf niedrigem Niveau) im Verlaufe der kontinuierlichen Kämpfe zwischen Kleinfürsten und Bischöfen während fast des ganzen Mittelalters bis zur Stabilisierung größerer Staatseinheiten ab dem 10. und 11. Jahrhundert (westfränkisches/französisches Königtum, deutsches Königtum/Kaisertum und „Römisches Reich Deutscher Nation") und dem allmählichen Wiederaufleben städtischer Kultur, die jedoch bis in die frühe Neuzeit nicht an die urbanen Leistungen der antiken Reiche heranreichte. Der Hundertjährige Krieg (1338-1453) zwischen den Königen Frankreichs und Englands sowie der Dreißigjährige Krieg (1618-1648), an dem fast alle europäischen Fürstenhäuser beteiligt waren und der vor allem die deutschen Reichsgebiete verheerte, verursachten noch einmal einen dramatischen zivilisatorischen Rückschritt, auch wenn diese Kriege keineswegs alle Regionen betrafen und auch nicht ununterbrochen einhundert beziehungsweise dreißig Jahre dauerten, sondern immer wieder von Ruhepausen unterbrochen wurden, in denen die verfeindeten Heere neue Kräfte zu schöpfen versuchten und Bauern ihre Felder bestellen konnten, die dann erneut von den Soldatesken geplündert oder verbrannt wurden. So entstand der Begriff des „dunklen Zeitalters", das Barbara Tuchman in ihrem erzählerischen Geschichtswerk „Der ferne Spiegel: das dramatische 14. Jahrhundert" eindrucksvoll beschrieben hat. An dieser Einschätzung ändern auch nichts die Versuche der späteren Geschichtsschreibung, die karolingische, ottonische und salische Kultur zu einer Meisterleistung der Verschmelzung römischer, christlicher und germanischer Elemente hochzustilisieren: es war ganz offensichtlich eine erbärmliche Zivilisation, die die Nachfolge der griechisch-römischen Zivilisation antrat.

---

64 Vermutlich das gleiche Phänomen wie 2000 Jahre zuvor im Industal (vgl. 2.1.1) und später in allen nahöstlichen Regionen; der einst so fruchtbare „Halbmond" wurde zu einer Dürrezone. Heute ist uns zwar der Zusammenhang von Wald und Klima bekannt, dennoch wird immer noch Raubbau an den lebenserhaltenden Feucht- und Urwäldern betrieben mit der Folge von Versteppung ganzer Landschaften in Afrika und Südasien.

Friedenszone England und ihre Folgen

Und es waren die kürzeren und längeren Friedensperioden, die neuen gesellschaftlichen und zivilisatorischen Fortschritt brachten. Zunächst in England, das sich seit seiner Befriedung durch Wilhelm den Eroberer (1066), der *Magna Charta Libertatum* (1215/17), die eine seit dem römischen Rechtsfrieden nicht mehr gekannte Rechtssicherheit begründete, den Rosenkriegen (1455-1485) und den Cromwellschen Revolutionskriegen (1644-1658) zu einer Friedenszone entwickelte, die sowohl die industrielle Revolution als auch die Konzentration auf die imperiale Kolonialpolitik ermöglichte, freilich erstere mit der Schaffung eines verelendeten Industrieproletariats verbunden, letztere mit der negativen Folge der Zurückdrängung oder gar Auslöschung eigenständiger Zivilisationen in Asien, Afrika und Amerika. Auch andere europäischen Mächte verdankten ihren Aufstieg der Begründung neuer innerstaatlicher/nationaler Friedensordnungen: Portugal und Spanien nach Beendung der *Reconquista* (1492), die Niederlande seit der Lossagung von Spanien (1581), Frankreich seit Henri IV. (1553-1610) und dem Edikt von Nantes (1598). Die von diesen Ereignissen ausgegangenen friedenskulturellen Effekte wurden freilich von den zugleich beginnenden und verstärkten Machtkämpfen zwischen diesen sich abzeichnenden Nationalstaaten konterkariert, die auch der Westfälische Friede (vgl. 3.5.4) nicht beenden konnte. Italien und Deutschland konnten diese Entwicklung erst im 19. Jahrhundert nachvollziehen und hatten an der kolonialen Aufteilung der Welt erst sehr viel später teil; sie mußten sich gewissermaßen mit den Krümeln begnügen, die ihnen die anderen Kolonialmächte, vor allem England, hinterlassen hatten.

3.2 Die Unfriedensordnung des abendländischen Mittelalters

Die Friedensordnung, eigentlich „Unfriedensordnung“, des beginnenden Mittelalters beruhte nach wie vor auf dem von Augustinus weiter entwickelten Gedanken der *pax Romana* in Verbindung mit dem Theorem des „gerechten Krieges“, den zu führen nicht nur der in Byzanz verbliebene oströmische Kaiser, sondern auch der Papst in Rom, das weströmische Kaisertum (um das sich Papst und deutsche Könige einen erbitterten und immer wieder mit Waffengewalt ausgetragenen Streit lieferten), sonstige Könige, Patriarchen, Bischöfe und Fürsten für sich in Anspruch nahmen. Die Übernahme des Begriffes der *pax* in das Alltagsleben und die Gemeinwesenorganisation der jungen Nachfolgestaaten bestätigt das: *paix, pace, paz, peace*. Der römische Begriff der *pax* traf auf Friedensvorstellungen der germanischen (vor allem sächsischen und fränkischen) Völkerschaften und Fürstentümer, die in ähnlicher Weise unter Frieden vorrangig die Innenbeziehungen ihrer Volksleute verstanden, nicht aber die Beziehungen zwischen unterschiedlichen Völkerschaften. Eine umfassende Darstellung von Friedensbegriffen hat Wilhelm Janssen 1995 veröffentlicht, der nachfolgende Beschreibung des germanischen Wortes Frieden entnommen ist:

Römische pax und germanischer Frieden

„Wie die sprachlich verwandten Wörter ‚frei' ‚freien', ‚Freund' geht ‚Friede' (althochdeutsch: fridu; mittelhochdeutsch: fride) auf die indogermanische Wurzel pri – ‚lieben, schonen' zurück, meint also ursprünglich einen Zustand der Liebe und Schonung, wobei freilich das Moment aktiver gegenseitiger Hilfe und Stütze stärker betont ist als das einer gefühlsmäßigen Bindung und Zuneigung. ‚Friede' ist von vornherein ein sozialer Begriff er kennzeichnet eine bestimmte Form des menschlichen Zusammenlebens. Im Gegensatz etwa zu dem ihm etymologisch nahestehenden ‚frei' hat ‚Friede' seinen ursprünglichen Sinn niemals völlig verloren; vielmehr ist er in allen Bedeutungsvarianten, die der Begriff ‚Friede' im Verlaufe seiner Entwicklung ausgebildet hat, stets mehr oder weniger stark gegenwärtig. Dabei ist festzuhalten, daß bereits dieser ursprüngliche Begriff von Friede zwei Bedeutungsnuancen umschloß, die sich später schärfer ausprägen und voneinander abheben sollten. Entscheidend war nämlich, ob man den Friedenszustand vom ‚lieben' oder ob man ihn vom ‚schonen' her verstand. Dementsprechend ließ sich ‚Friede' einmal als ein Verhältnis gegenseitiger Verbundenheit in Tat und Gesinnung (wie es vor allem zwischen Blutsverwandten herrschte), das andere Mal als Zustand bloßer Gewaltlosigkeit begreifen. Und es hat den Anschein, als sei die immanente Bedeutungsentwicklung von fridu vor allem in diese zweite Richtung verlaufen. Dafür spricht die im Mittelalter sehr verbreitete Gegenüberstellung von Sühne und Friede, wobei ‚Friede' eben nur das (zumeist zeitlich befristete) Aussetzen der Gewalttätigkeit meint. Dafür spricht ferner die noch heute übliche Venwendung von ‚Friede' in der alltäglichen Umgangssprache (‚Laß mich in Frieden', d. h. ‚störe mich nicht'). (...)

Weite Strecken der Entfaltung des Friedensbegriffs sind nicht am Wort ‚Friede', sondern am lateinischen Begriff *pax* zurückgelegt worden. Das begreift sich ohne weiteres, wenn man bedenkt, daß es vor allem die christliche Theologie war, die – biblische Anregungen und antike philosophische Bemühungen aufgreifend – den Friedensbegriff zu einem Gegenstand der Reflexion gemacht und versucht hat, diesen noch weitgehend formalen Begriff inhaltlich aufzufüllen und zu präzisieren. Und auch als die Diskussion über Wesen und Bedeutung des Friedens in der Neuzeit zu einem guten Teil von der Moraltheologie auf die Sozial- und Staatsphilosophie übergegangen war, wurde diese Diskussion lateinisch geführt. Dazu kommt ferner, daß wir die Kenntnis über die Bedeutung von ‚Friede' als Rechtsbegriff im frühen und hohen Mittelalter ganz überwiegend lateinischen Quellen verdanken, bei deren geistlichen Verfassern stets der Verdacht besteht, daß ihr theologisches Verständnis der *pax* nicht ohne Einfluß auf ihren Sprachgebrauch geblieben ist. Für die Interpretation von ‚Friede' ist deshalb der unausgesetzte Blick auf die fremdsprachigen Entsprechungen (*pax, paix, peace*) notwendiger, als es bei anderen Begriffen der Fall sein mag. Denn gerade der Begriff der *pax* hat so nachhaltig auf den Begriff ‚Friede' eingewirkt, daß sich wenigstens seit dem späteren Mittelalter eine strenge Entsprechung von ‚fride' und ‚*pax*' feststellen läßt. (...)

Die Theologisierung des Friedensbegriffs

Die durch die Theologie vorgenommene Interpretation von *pax* (= fride) hatte tiefgreifende Folgen. Bezeichnete der germanische Friedensbegriff – wie erwähnt – ursprünglich einen Tatbestand des sozialen Lebens, so begriff die christliche Theologie die *pax* – vereinfacht formuliert – als ein kosmisches Ordnungsprinzip. (...) Dazu kam ferner, daß *pax* im Vollsinne allein dem Endzustande, der Versöhnung und Vereinigung alles Lebendigen in Gott, zugesprochen wurde; und, von dieser *pax* schlechthin her gedacht, konnten alle in dieser Zeitlichkeit begegnenden Formen der *pax* nur als abgeschwächte, gleichsam getrübte Erscheinungen der ‚*pax* an sich' gelten. Im christlichen Friedensbegriff überwogen also der ‚moralische' und der ‚eschatologische' Aspekt, während der politisch-soziale Sinn von ‚Friede' in den Hintergrund gerückt wurde, zugleich aber – und das ist von großer Bedeutung – entscheidende Züge des ‚moralischen' und ‚eschatologischen' Friedensverständnisses annahm. Zur vollen Auswirkung kam dies freilich erst zu einer Zeit, als sich die christliche Welt- und Geschichtsauffassung zu einer weltimmanenten Heilslehre säkularisiert hatte und der politische Friedensbegriff selbst mit moralischen und endzeitlichen Kategorien befrachtet wurde. (...)

Friede und Recht

Friede – und das gilt für ‚Friede' in seinen beiden Bedeutungen – war nur innerhalb der Rechtsgemeinschaft möglich, im Grenzfall war es sogar erst der Friede selbst (als *pax facta*, ‚gemachter' Friede), der eine solche Rechtsgemeinschaft herstellte. Friede und Recht standen also in einer unauflöslich engen, wenn auch (...) keineswegs spannungslosen und unproblematischen Verbindung. Wie nun der mittelalterliche Aufbau des sozialen Lebens eine Vielzahl nebeneinander-, übereinander- und ineinander geordneter Rechtsbereiche und Rechtsgemeinschaften kannte, so gab es entsprechend auch eine Vielzahl von ‚Frieden'. (...) Der mittelalterliche Friede begegnet konkret als *pax specialis*, als ‚Sonderfriede', sei es als Sippen-, Haus-, Ding-, Dorf-, Stadt-, Land-, Königs- oder Gottesfriede usw. Friede meinte hier vor allem einen erhöhten Schutz des jeweiligen Rechtsbereiches, der sich praktisch in der Form realisierte, daß Störungen dieser Rechtsordnung in besonderem Maße geahndet wurden: Rechtsbruch war zugleich Friedensbruch. Dabei waren – auch das ist von Bedeutung – diese Frieden nicht nur ihrer Struktur nach verschieden, sondern auch in ihrer ‚Intensität' sehr abgestuft: der Hausfriede z. B. schloß jegliche Gewalttätigkeit aus, während sich der Landfriede im allgemeinen sehr wohl mit kriegerischen Auseinandersetzungen (in Form rechter Fehde) vertrug. (...) Für das Mittelalter waren Friede und Recht identisch. Das gilt zumindest für die Bedeutung von ‚Friede', wie sie in den Begriffen des Gottes-, des Land-, des Stadtfriedens usw. enthalten ist. (...) Ein solcher Frieden konnte obrigkeitlich ‚geboten' oder von den streitenden Parteien ‚gelobt' werden. Zweck des gelobten oder gebotenen Friedens war es, einen Zustand der Sicherheit als Voraussetzung für eine friedliche (sei es gerichtliche, sei es vertraglich vereinbarte) Streiterledigung, eine Sühne, zu schaffen. Für beide Ausprägungen des Friedensbegriffs kennt das Lateinische die Bezeichnung *pax*; besondere Akzente ließen sich durch umschreibende Formeln oder erläuternde Adjektive ausdrücken: so begegnet z. B. der Begriff der *induciae pacis* als Kennzeichnung des von der Sühne abgehobenen Friedens, des Waffenstillstands, für den im allgemeinen das Wort ‚treuga/treuva' zur Verfügung stand. Und umgekehrt findet sich für den endgültigen, ohne Fristvorbehalte geschlossenen Sühnefrieden der Begriff der *pax perpetua*. (...)

Aus dem Mangel an Eindeutigkeit und Prägnanz, der dem mittelalterlichen Begriff ‚fride' (*pax*) anhaftete, erklärt sich die Praxis der Quellen, den jeweils gemeinten Bedeutungsgehalt von ‚Friede' durch charakteristische Zwillingsformeln kenntlich zu machen: fride und reht (*pax et iustitia*), fried und sicherheit (*pax et securitas*), frid und gemach (*pax et tranquillitas*), fridu und genade (*pax et caritas*) – um nur die wichtigsten, außerordentlich häufig belegten Beispielen zu nennen." (*Janssen* 1995: 227-231)

3.2.1 Fehde und Gottesfrieden auf Zeit

Dieses aus heutiger Sicht nur schwer zu begreifende Friedensverständnis fällt durch eine Besonderheit auf: es will Gewalt gar nicht beenden, sondern „erträglicher" machen und vor allem in gesetzliche Bahnen lenken. Ritter dürfen sich weiter gegenseitig erschlagen und „Bauern legen", aber nur an bestimmten Tagen und nach genau festgelegten Regeln. Das erinnert an Aristoteles, demzufolge Krieg „gegen diese Menschen (Nomaden, Bauern, Räuber, Fischer und Jäger), die zwar von Natur dazu da sind, beherrscht zu werden, dazu aber nicht willens sind", ein „von Natur aus gerechter" sei (vgl. 2.4.3). Und was die Adeligen und Ritter betrifft, so werden deren Machtkämpfe, bei denen es in der Regel um Landbesitz und Regalien[65] ging, nicht mit Krieg, sondern mit „Fehde" (*vehede* = Feindschaft, Streit) bezeichnet. Diese Begriffswahl wiederum erinnert an Platon, der den gewalttätigen Streit der Griechen untereinander auch nicht Krieg (*polemos*), sondern Bürgerkrieg (*stasis*) nannte (vgl. 2.4.2). Da die meisten Appelle zur „Friedenswahrung" von Päpsten, Bischöfen und Äbten ausgingen (und derer gab es im Mittelalter unzählige), wurde diese Form der begrenzten Friedenswahrung mit „Gottesfrieden", in den lateinischen Texten aber nicht mit *pax Dei* sondern mit *treuga Dei* bezeichnet,. Im Unterschied zur *pax*, die einen dauerhaften Friedenszustand erwarten läßt, bedeutet *treuga* (verwandt mit dem Wort „Treue"[66]) eine zeitlich begrenzte Waffenruhe. Auch hier ist die Analogie zum griechischen Friedensbegriff der *eirene* deutlich, die ursprünglich auch nur die Waffenruhe zwischen den kämpfenden Parteien bezeichnete. Daß solchen Appellen kaum Erfolg beschieden war, mag zum einen daran gelegen haben, daß die Könige, Herzöge, Ritter und Adeligen es sich nicht leisten konnten oder wollten, solche Regeln einzuhalten, da sie die jeweils günstigste Stunde für den Kampf nutzen wollten, und zum anderen daran, daß Päpste, Bischöfe und Äbte selbst an den Kämpfen um Land, Einkünfte und damit um Macht beteiligt waren, und zwar an vorderster Stelle. Solche Fehden waren nicht mit früheren Kriegen oder Schlachten mit Hunderten oder gar Tausenden von Gefallenen zu vergleichen, sie wurden von den Adeligen mit wenigen Gefolgsleuten, gelegentlich sogar von ihnen allein in Form von Duellen ausgetragen (vgl. hierzu *Borst* 1995, insbesondere die Kapitel „Krieg" und „Frieden"). Insofern bedeutete die Fehde eine Einhegung des Krieges, die der Bevölkerung zugute kam.

---

65 Regalien sind ursprünglich dem König (*regalis*) zustehende Einkünfte, Steuern, Abgaben, aber auch Gerichtsbarkeiten u.a., die nachgeordneten Lehnsherren, Bischöfen oder Äbten verliehen werden konnten, meist als Gegenleistung für Dienste, beispielsweise bei der Unterstützung der Königswahl, bei Kriegszügen oder im Streit mit dem Papst. Ein kurioses Überbleibsel solcher Regalien war die Salzsteuer, die von der Bundesregierung erst in den achtziger Jahren abgeschafft wurde.

66 Einer der wenigen Fälle, wo die lateinische Sprache ein germanisches Wort entlehnt hat.

Die Perversion der *treuga Dei*

Wie ein solcher „Gottesfriede" – *treuga Dei* – zu verstehen ist, schildert eine neuere Studie des Mediävisten Wilfried Hartmann, Professor an der Universität Regensburg:

„Zum erstenmal wurde ein zeitlich begrenztes Fehdeverbot in den Akten des Konzils von Toulouges (Roussillon) ausgesprochen, das ins Jahr 1027 gehört. Aus der Zeit zwischen 1037 und 1042 besitzen wir dann ein Schreiben Raimbalds von Arles an die italienischen Bischöfe, in dem der Erzbischof von Arles die *treuga Dei* theologisch begründet. Als Ursprung der *treuga* wird dabei ein Himmelsbrief angegeben, in dem die Bischöfe des Arelat aufgefordert worden waren, an folgenden Tagen Frieden zu halten: vom Abend des Mittwoch bis zum Sonnenaufgang am Montag sollen unter allen Christen, Freunden und Feinden, Nachbarn und Fremden, ein sicherer Friede und eine feste *treuga* herrschen. (...) Daß der Sonntag von Waffenwerk frei sein soll, wird mit dem allgemeinen Gebot zur Sonntagsheiligung begründet. Der Donnerstag ist wegen der Himmelfahrt Christi, der Freitag wegen der Kreuzigung, der Samstag wegen der Grablegung und der Sonntag wegen der Auferstehung des Herrn geheiligt. (...)

Der älteste ausführliche Text stammt von einem katalanischen Konzil des Jahres 1033. Dort finden sich die beiden Teile des Gottesfriedens, der Schutz von Personen und Objekten und das Waffenverbot für bestimmte Zeiten, in klassischer Weise vereint: ‚... von diesem Tag an soll niemand mehr in eine Kirche einbrechen noch in die Häuser, die in einem Umkreis von 30 Schritten um sie herum liegen. ... Solche Kirchen aber, die zu Festungen umgebaut worden sind, stellen wir nicht unter Schutz. ... Weiterhin: daß ein Kleriker, der keine Waffen trägt, oder Mönche und Nonnen von niemandem angegriffen oder bedroht werden dürfen. Häuser von Kanonikern oder Mönchen sollen nicht geplündert oder aufgebrochen werden. Wer dies tut, soll der Exkommunikation unterliegen. Keiner soll in unserer Diözese etwas Unrechtes tun gegen Pferde und ihre Fohlen, gegen Ochsen, gegen Kühe und ihre Kälber, gegen Esel, Schweine und ihre Ferkel, noch gegen Schafe, Widder und ihre Jungen, noch gegen Ziegenböcke und Ziegen und ihre Jungen. ... Die Häuser der Bauern und der Kleriker aber, die keine Waffen tragen, soll keiner verbrennen oder zerstören. Den Bauern und die Bäuerin soll niemand angreifen oder ihrer Kleider berauben, noch verwunden oder zum Krüppel schlagen oder töten, noch ihnen Wachs oder einen Bienenschwarm wegnehmen; auch die Esel und Eselinnen, die im Joch beim Pflügen sich befinden, unterstellen wir diesem Schutz. Die Ernte eines Menschen soll keiner verbrennen noch die Olivenbäume abhauen'.

Die treuga hat sich nach diesen Verlautbarungen nicht mehr in ihrer Substanz, sondern nur noch in ihrer Ausführung im Einzelnen verändert: der Extremfall war bereits mit diesem katalanischen Frieden von 1033 erreicht, daß nämlich im ganzen Jahr nur noch an 80 Tagen gekämpft werden durfte. Der Kanonist und Bischof Ivo von Chartres (1040-1116) hat sich später mit dem inneren Widerspruch befaßt, der sich daraus ergab, daß an eben diesen verbleibenden 80 Tagen doch getötet, gebrandschatzt und vergewaltigt werden durfte. Er bezeichnet es als schizophren (phreneticum), daß die halbe Woche gewütet werden durfte und die andere halbe Woche Frieden gehalten werden mußte." (*Hartmann* 1992: 30-31)

Die Schizophrenie der *treuga* wurde schon damals erkannt

Die immer wieder bis heute anzutreffende Rechtfertigung solchen offensichtlichen „Unfriedensverhaltens" durch Verweis auf den historischen Kontext nach dem Motto „so war es nun einmal in diesen Zeiten“ verliert an Glaubwürdigkeit, wenn schon Zeitgenossen wie Bischof Ivo die Schizophrenie der *treuga* erkannten. Dennoch wird für das Fehderecht von Huber und Reuter in ihrem Band „Friedensethik“ wie folgt Verständnis gezeigt:

„Die Fehde betrachten wir als vorrechtliches Mittel der Konfliktlösung, das glücklicherweise durch das Gewaltmonopol des neuzeitlichen Staates überwunden wurde. Eine sol che Betrachtungsweise übersieht indes, daß das Mittelalter selbst die Fehde als eine rechtmäßige, rechtsförmig geordnete Form des Konfliktaustrags betrachtet und ausgestaltet hat. Wo ein durchgängig organisiertes und mit wirksamen Sanktionsmitteln ausgestattetes Gerichtswesen fehlte, erschien die Selbsthilfe durch die Fehde als unausweichlich. Eigentumsauseinandersetzungen bildeten ihren häufigsten Anlaß. Vermutlich steht das Lehensrecht im Hintergrund der mittelalterlichen Fehde; jedenfalls stellt sie im hohen Mittelalter nicht ein allgemeines Selbsthilfeinstrument dar, sondern ist auf Lehensträger beschränkt. Bürger und Bauern haben in der Regel keine Möglichkeit, auf das Rechtsmittel der Fehde zurückzugreifen. (...)

Die Fehde ist ein durch den Frieden begrenzter Kampf um das Recht. Ausgeschlossen ist die Fehde für diejenigen sozialen Gemeinschaften, deren Bestand von dauerhaftem Frieden, nämlich von einem Verhältnis ungebrochenen Vertrauens abhängig ist. Das Haus – als zugleich familiäre und ökonomische Gemeinschaft – ist auf verläßlichen Frieden ebenso angewiesen wie die Sippe, also der weitere Familienverbund. Wo die Fehde in das Haus oder in die Sippe eindringt, zerbricht die Gemeinschaft nicht nur auf begrenzte, sondern auf unabsehbare Zeit. Zu den Orten, die vor der Fehde geschützt sind, gehören insbesondere die Kirchen. Sie sind deshalb Zufluchts- und Asylorte nicht nur für Mensch und Tier, sondern auch für Getreide und Hausrat, für Kostbarkeiten und Urkunden. Schließlich bestehen feste Grenzen für die in der Fehde erlaubten Grausamkeiten. So ist es zwar erlaubt, die Felder, Obstwiesen und Weingärten des Feindes abzuernten; doch seine Obstbäume und Weinstöcke selbst sind geschützt. (...)

Frieden in der Heimat, Krieg im „heiligen“ Land

Schon der Aufruf zum ersten Kreuzzug durch Papst Urban II. auf dem Konzil von Clermont-Ferrand im Jahr 1095 ist sowohl mit einer *treuga Dei,* die sich auf die klassischen Zeiten der Woche und des Jahres bezieht, als auch mit einer *pax Dei* für die waffenlose Bevölkerung und den Besitz der Kreuzfahrer verknüpft. Der heilige Krieg der Christenheit gegen die Feinde des Glaubens, die bewaffnete Wallfahrt in das Heilige Land wird mit einem heiligen Frieden im Innern verbunden, dessen Funktion leicht zu durchschauen ist: den Kreuzfahrern soll der Abschied durch die Gewißheit erleichtert werden, daß ihr heimisches Besitztum in Sicherheit ist. Die Gewähr geordneter Zustände in der Heimat bildet für die Kreuzritter die Voraussetzung für ihre Fahrt in das Heilige Land. Auch daran zeigt sich noch einmal, daß der Gottesfrieden nicht auf eine Überwindung, sondern nur auf eine Einhegung der kriegerischen Gewalt gerichtet war und gerichtet sein konnte.“ (*Huber/Reuter* 1990: 55)

Diese ohne Zweifel schweren Herzens vollzogene, aber letztendlich doch wertekonservative Rechtfertigung einer grausamen Rechtsordnung hat insofern aktuelle Bedeutung, als mit analogen Begründungen auch heute noch oder wieder kriegskulturelle (bellizistische) Propaganda betrieben wird (vgl. erstes Kapitel). Richtig ist dennoch, daß für die leidenden Betroffenen am untersten Ende der von oben, den Lehnsherren (zu denen – wie bereits erwähnt – auch der Papst selbst, die Bischöfe und Äbte gehörten, vor allem auch arme

Adelige, die sich ihren Unterhalt als „Raubritter“ beschafften) ausgehenden Gewaltspirale sowohl die *pax Dei* wie auch die *treuga Dei* ein Segen, eine Entlastung waren. Doch sie brachte den Menschen weder Frieden (denn an den Tagen, an denen Gewalt „erlaubt“ war, konnten sie dennoch erschlagen und beraubt werden) noch irgendeine Besserung ihrer sozialen Lage.

Wie die Gesellschaft damals aussah, hat Johan Galtung beschrieben:

„Es gab damals fünf Klassen – nicht drei, wie immer gesagt wird. Die Geistlichkeit, der Klerus; die Adelsleute; die Bürger; dann kamen die arbeitenden Menschen, einfache Handwerker, Landarbeiter, Leibeigene – und dann der Rest: eine Mischung aus Juden, Zigeuner, fahrendem Volk, den Rechtlosen aller Art. Doch dieses System hat nicht ewig gedauert – im 11. Jahrhundert begann eine Zeit des Aufbruchs, und in der Mitte des 14. Jahrhunderts, zur Zeit des schwarzen Todes, gab es den letzten Anstoß zum Zusammenbruch. Und es entstand etwas anderes. Wirtschaftlich gesehen, war die Lebensweise natürlich ganz und gar nicht ‚nachhaltig‘. Man wußte nichts von Ökologie – wir heute handeln auch gegen die Ökologie, aber wir wissen das! Der Adel hatte seine Ideologie, und die bestand im Monopol auf Gewalt. Der Sohn eines Adligen wurde sozusagen auf zwei Ziele hin sozialisiert – zu töten und getötet zu werden. Auf die Lösung von Konflikten wurde keine Zeit verschwendet, eher galt: je mehr Konflikte, desto besser. All das hatte vielleicht gewissen Stil, bedeutete aber eine klare Gewaltverherrlichung.“ (*Galtung* 1998b: 100-101)

Diese Zustände hatten natürlich für das Verhältnis Frieden/Krieg und Frieden/Gewalt eine entscheidende Bedeutung. Nur mühsam konnte die Fehde als Ausdruck einer faktischen Anarchie überwunden werden.

3.2.2 Vom Landfrieden zum Reichsfrieden

Größere Chancen zur Beendigung der Fehde wurden dem „Landfrieden“ eingeräumt, den Kaiser und Könige von Karl dem „Großen“ bis Ende des 15. Jahrhunderts immer wieder ausriefen, der aber aus dem gleichen Grund wie die *treuga Dei* an den Interessen der Reichsfürsten und des Adels scheiterte. Ein Beispiel ist der von Kaiser Heinrich IV. im Jahr 1103 in Mainz „für vier Jahre“ verkündete „Reichsfrieden“. Hintergrund war der 1096 ausgerufene erste Kreuzzug, dessen Teilnehmer, zum Teil verarmte Ritter und Kriminelle, denen die Kirche einen „Ablaß“ ihrer Sünden versprochen hatte, beim Durchzug durch die Rheinlande plünderten, vergewaltigten und vor allem Juden totschlugen. Deshalb wurden im Reichsfrieden die Juden ausdrücklich unter Schutz gestellt:

„Wir besitzen dieses Friedensgesetz nur in einer einzigen Überlieferung, die recht merkwürdig ist. Am Rand einer aus Augsburg stammenden Handschrift, die Schriften von Kirchenvätern enthält, ist folgender Text eingetragen, den ich hier auf deutsch wiedergebe: ‚Im Jahre der Fleischwerdung des Herrn 1103 hat Kaiser Heinrich in Mainz einen Frieden mit seiner Hand gefestigt und eingesetzt, und die Erzbischöfe und Bischöfe haben ihn mit eigenen Händen bekräftigt. Der Sohn des Königs (Heinrich V.) hat geschworen und die Großen (*primates*) des ganzen Reiches, also die Herzöge, Markgrafen, Grafen und viele andere. Herzog Welf und Herzog Bertold und Herzog Friedrich beschworen denselben

Frieden bis zum Pfingstfest und von da an auf vier Jahre; sie beschworen, sage ich, einen Frieden für die Kirchen, die Geistlichen, die Mönche und die Laien, und hier vor allem für die Kaufleute, die Frauen, die nicht mit Gewalt genommen werden sollten, und die Juden'." (*Hartmann* 1992: 38)

Religionskriege treten an die Stelle der Fehde

Erst 1492 wurde unter Kaiser Maximilian I. auf dem Reichstag zu Worms im Rahmen einer grundlegenden Reichsreform ein „Ewiger Landfrieden" verfügt, der die Rechtsgemeinschaft des Reiches sicherstellen sollte. Das Fehderecht war damit endgültig abgeschafft, was jedoch nicht bedeutete, daß nunmehr im Reiche Friede herrschte. Einen neuen Fehdegrund lieferte wenige Jahre später das Auseinanderbrechen der religiösen Einheit der Katholischen Kirche, für manche Fürsten ein willkommener Vorwand, sich der kaiserlichen wie auch der päpstlichen Herrschaft zu entziehen und ihre Machtansprüche auf andere Weise zu befriedigen. 1517 hatte Martin Luther die evangelische Reform eingeleitet und damit den Protestantismus in Europa begründet. 1518 folgt Ulrich Zwingli mit einer Reform in der Schweiz, 1541 Johann Calvin (*Jean Cauvin*) in Genf, von wo sie nach Frankreich übersprang und dort 1562 die Hugenottenkriege auslöste. 1534 hatte sich die englische (anglikanische) Kirche von Rom losgesagt, wenig später hält der Calvinismus unter John Knox seinen Einzug in Schottland. In England kommt es in der Folge ebenfalls zu Religionskriegen, die schließlich in die Cromwellsche Revolution (vgl. 3.1) münden, weil die Freiheit des Glaubensbekenntnisses zu den entscheidenden Auslösern des Aufstandes gegen den König gehörte. In dieser Zeit begann die religiös motivierte Auswanderung nach Amerika, die ihren spektakulärsten Höhepunkt in der Reise der „Pilgerväter" (*Pilgrim Fathers*) fand, die 1620 den Atlantik überquerten. In der Regel gingen von diesen Vorgängen wiederum (noch) keine friedenskulturellen Impulse aus, mit einer Ausnahme: die Anhänger der Gesellschaft der Freunde, gegründet 1647 von George Fox, die „Quäker", gaben ein für diese Zeit seltenes Zeichen der Verurteilung des Krieges in Form einer Erklärung an den englischen König:

Quäker setzen ein Friedenszeichen und verweigern die Gefolgschaft im Krieg

„Wir lehnen grundsätzlich jeden Krieg und allen Kampf mit der Waffe ab, für welches Ziel und unter welchem Vorwand es auch sei: Dies ist unser Zeugnis vor der ganzen Welt. (...) Und wir wissen sicher und bezeugen der Welt, daß der Geist Christi, der uns in alle Wahrheit führt, uns niemals bewegen wird, gegen irgendeinen Menschen mit der Waffe zu kämpfen weder für sein Reich, noch für die Reiche dieser Welt."

Fox veranlaßte 1680 eine Reihe der bedrängten Freunde, sich in Amerika niederzulassen, wo ihm die Regierung ein großes Stück Land überlassen hatte und wohin er ihnen zwei Jahre später folgte. Die Quäker nahmen auch andere Verfolgte auf und gehörten zu den wenigen Siedlern, die sich mit den

Indianern friedlich und vertraglich einigten, ohne sie von ihren Wohnplätzen zu vertreiben. Das friedenskulturelle Zeugnis der Quäker ist bis auf den heutigen Tag lebendig, Quäker gehören auch heute noch zu den gesuchtesten und erfolgreichsten Streitschlichtern.

Doch zurück zum „Reichsfrieden" von 1492. Wie schon die früheren Ansätze des Gottes- und des Landfriedens sollte dieser Frieden vor allem Rechtssicherheit nach innen schaffen. Diese wurde jedoch schon durch die Reformation (seit 1529 „Protestantismus" genannt, weil auf dem Reichstag zu Speyer die lutherisch gewordenen Stände gegen die Beschlüsse der katholischen Mehrheit „protestiert" hatten) sowie die Ritteraufstände (1522/23) und die Bauernkriege (1524/25) in Frage gestellt. Auch der Augsburger Konfessions- und Landfrieden von 1555 brachte keinen Frieden. Die nahezu kontinuierlichen Kämpfe mündeten schließlich in den Dreißigjährigen Krieg (1618-1648).

Christliche Fürsten dürfen gegen andere christliche Fürsten Krieg führen

Erschwerend kam hinzu, daß der Reichsfrieden keine Sicherheit im Verkehr der Fürsten untereinander bot. Im Gegenteil: In Analogie zur *pax Romana*, die – was oft übersehen wird – auch nur ihre Wirkung nach innen entfaltet hatte (vgl. 2.4.6), gab es keine Friedenspflicht gegenüber anderen Staaten: so wie in der Antike in Anlehnung an Platon, Aristoteles, Cicero und Augustinus „Barbaren" nicht nur mit Krieg überzogen werden durften, sondern – erst um der Staatssicherheit und dann um des „wahren Glaubens" und der „rechten Lehre" willen – notfalls vernichtet werden mußten, so durften Könige und Fürsten um der „Staatsraison" willen Kriege nach Belieben führen – auch christliche Staaten untereinander.

Voraussetzung für die Überwindung der chaotischen Gewaltbeziehungen in der frühen Neuzeit des 16. Jahrhunderts war unter anderem der Verzicht auf die Rechtfertigung des Krieges zur Durchsetzung bestimmter Glaubensverständnisse, des Krieges „im Zeichen des Kreuzes". Die staatsrechtliche Grundlage für diesen Schritt hatte in Frankreich Jean Bodin (1529-1596) gelegt, der unter dem Eindruck der mörderischen Bartholomäusnacht (Pariser Bluthochzeit, 1572) in seinem Werk *De la République* (1577) einen Begriff fürstlicher Souveränität entfaltete, die sich auf die Verschiedenheit der religiösen Bekenntnisse gründete und Henri IV. bestärkte, mit dem Edikt von Nantes (1598) den französischen Bürgerkrieg zu beenden (vgl. 3.1). Allerdings nahm Bodin damit die Absage an eine universale Reichsidee in Kauf und bereitete den Weg zur absoluten fürstlichen Allmacht vor, die ein dreiviertel Jahrhundert später von Thomas Hobbes in seinem „Leviathan" (1651) ausformuliert wurde (vgl. 4.1.1).

3.2.3 Mit den Kreuzzügen beginnen die „heiligen" Kriege

In der Tat waren die „Kreuzzüge" im hohen Mittelalter das hervorstechendste und zugleich perverseste Beispiel von Kriegen „im Namen des Kreuzes". Mit dem Slogan „Deus lo volt" (Gott will es) hatte Papst Urban II. 1095 die „Christenheit" aufgerufen, die heiligen Stätten in Palästina zu „befreien". Juden und Christen (und auch Zoroastrer), nicht nur in Palästina, sondern im gesamten Reich der Kalifen waren anfänglich geduldet, denn sie wurden von Mohammed als „Gläubige des Buches" bzw. „Besitzer der Schrift" (gemeint war die Bibel, was auf Zarathustra nur indirekt zutraf) anerkannt, die ja auch eine der Grundlagen des Islam war und ist. Sie mußten zwar eine Art Steuer zahlen, konnten aber darüber hinaus ungestört sowohl ihrem Alltag wie auch ihren religiösen Pflichten nachgehen (vgl. *Schimmel* 1960, *Rajewsky* 1980, *Schimmel* 1990). Auch Pilgerreisen waren möglich und wurden mehrmals vertraglich abgesichert. Erst als die islamisierten Seldschuken ab 1057 in das Kalifenreich einbrachen und die Grundlage der späteren osmanischen (türkischen) Herrschaft legten, gerieten diese Gemeinden und die Pilgerreisenden unter Druck, zumal Palästina – wie so oft in seiner Geschichte – erneut zum umkämpften Durchgangsgebiet nach Ägypten wurde.

Es ging gar nicht um den Glauben, es ging um Macht

Ob freilich diese Vorgänge ein ausreichender Anlaß für ein militärisches Eingreifen der abendländischen Reiche nach den von Augustinus aufgestellten Kriterien der Verhältnismäßigkeit und der Schonung des Feindes waren, muß bezweifelt werden. Der Papst nutzte vielmehr die allgemeine Volksfrömmigkeit, die inneren Kämpfe in Frankreich und Deutschland (er hatte sowohl den deutschen Kaiser wie auch den französischen König mit dem Bannstrahl belegt) und die Machtkämpfe zwischen dem arabischen Kalifen und den türkischen Seldschuken, um mit dem ersten Kreuzzug 1096-99 ein kirchen- und machtpolitisches Ziel zu erreichen: die Einheit der christlichen Staaten unter der Führung des Papsttums. Nur dieser erste Kreuzzug war ein „Erfolg", insofern er zur Errichtung des Königreichs von Jerusalem führte, das unter schwierigsten Bedingungen bis 1244 bestand. Bei der Eroberung Jerusalems richteten die Kreuzfahrer ein Blutbad unter Juden und Muslimen an, das selbst für die damalige Zeit ohne gleichen war.

Die weiteren Kreuzzüge – insgesamt waren es nach der offiziellen historischen Zählweise sieben – sollten der Entlastung Jerusalems dienen, waren aber allesamt Fehlschläge. Der vierte Kreuzzug wurde von Venedig, das sein Hauptinteresse in ungestörten Handelsbeziehungen zum Nahen Osten sah, vereitelt, indem es das Kreuzfahrerheer nach Byzanz umlenkte, wo es gewaltsam ein „Lateinisches" Kaisertum (1204-1261) errichtete mit dem ebenfalls kirchenpolitischen Ziel, die christliche Orthodoxie unter die Herrschaft der Päpste zu zwingen, nachdem es bereits 1054 zur endgültigen Trennung beider Konfessionen (das Große Schisma) gekommen war. Der siebente Kreuzzug (1270) schließlich sollte Tunis, die Wirkungsstätte von Augustinus, von der muslimisch-arabischen Herrschaft befreien. Zu nennen ist schließlich der nicht numerierte Kinderkreuzzug 1212. Mehrere tausend Kinder aus Frankreich und vom Niederrhein erreichten jedoch nie Palästina, viele starben auf der Reise und die Überlebenden wurden von skrupellosen Schiffseignern in die türkische und arabische Sklaverei verkauft.

Keines dieser Ziele wurde erreicht. Der Versuch der Schaffung einer umfassenden christlichen Zivilisation, letztlich die Erneuerung des Römischen Reiches in Ost und West unter der Autorität der Päpste, durch das Mittel des Krieges, war gescheitert. Er war gescheitert an den christlichen Herrschern und Lehnsherren, die ihre Rivalitäten auch während der Kreuzzüge weiter austrugen, er war gescheitert auch an der mangelnden Infrastruktur und er war gescheitert an der noch ungebrochenen Kraft des Islam, der durch die Kreuzzüge eher an Vitalität gewann.

Der *djihad* wendet sich gegen die Christenheit

War bis dahin der *djihad*, der „Heilige Krieg", in erster Linie gegen die „ungläubigen Heiden" gerichtet (in diesem Fall allerdings mit größter Grausamkeit, sofern sie sich nicht unterwarfen und sich zum Islam bekehrten; taten sie dies, so wurden sie ohne Ansehung ihres Volkstums und ihrer Hautfarbe als muslimische Vollbürger anerkannt), richtete er sich nunmehr auch gegen die Christen, die sich plötzlich als „Ungläubige" abgestempelt sahen, obwohl es auch im weiteren Verlauf der islamischen Herrschaft, vor allem unter den türkischen (osmanischen) Sultanen, die die arabischen Kalifen abgelöst hatten, immer wieder zur Duldung christlicher Gemeinden kam. Damit war eine muslimische Tradition begründet, die immer wieder zum Vorschein kam und mit fundamentalistischer Kraft jeder Verständigung mit der westliche Zivilisation und Kultur entgegensteht.[67] Hier setzt Huntingtons Sorge um den „Kampf der Kulturen" an (vgl. 1.3.2), die zwar nicht unbegründet ist, aber die anderen älteren und auch aktuellen Stränge einer friedenskulturellen Orientierung des Islam übersieht, auf die einzugehen es sich mehr lohnen sollte, als einen Kampf der Kulturen zu beschwören.

Kreuzzug gegen die Katharer

Die Kreuzzugsidee richtete sich keineswegs nur gegen den Islam. War schon der 4. Kreuzzug (1202-1204) gegen das östliche Christentum der Orthodoxie

---

67 Zu nennen sind die aktuellen Vorgänge in Afghanistan (Errichtung eines Terrorregimes der fundamentalistischen Taliban auf der Grundlage des koranischen Rechts, der Scharia), im Iran (das im Vergleich mit Afghanistan etwas mildere islamische Regime der Ayatollas), in Algerien (Terror radikaler Islamisten) und in mehreren anderen Staaten mit islamischen Bevölkerungsmehrheiten, wo auf die Errichtung islamischer Regime hingearbeitet wird (Ägypten, Pakisten, Türkei, Dagestan, Sudan, Nigeria u.a.).

gerichtet, so wurden auch andere Machtkämpfe als Kreuzzüge und damit als „heilige" Kriege deklariert. Der bekannteste und zugleich grausamste war die physische Vernichtung der Katharer (die Reinen, eine Sekte, die das Armutszeugnis des Jesus radikal zu verwirklichen trachtete und sich dazu ebenso totalitärer Maßnahmen bediente, wie sie die offizielle Kirche selbst praktizierte) im Krieg gegen die „Albigenser" (1209-1229), wie die Katharer nach der Festung Albi in Südfrankreich, ihrem letzten Zufluchtsort, auch genannt wurden.[68] Dieser Kreuzzug wurde vom französischen König gemeinsam mit dem Papst betrieben; für den König es die einmalige Chance, das Territorium Frankreichs bis ans Mittelmeer auszuweiten. Ein anderer Versuch, nämlich die Ursprungsbewegung des Katharertums, die bogumilische Kirche auf dem Balkan, zu vernichten, scheiterte (1235-1241), weil der mit der Durchführung betraute ungarische König sich plötzlich eines Mongoleneinfalls erwehren mußte (vgl. *Koppe* 1997: 15).

Die Inquisition: ein Tiefpunkt abendländischer Unkultur

Zugleich gaben die Albigenserkriege dem Papst den willkommenen Anlaß, auf dem Laterankonzil (1215) für alle zukünftigen Fälle die „Heilige Inquisition" zu begründen, die in den folgenden Jahrhunderten mehr als hunderttausend vermeintliche Häretiker (Männer, Frauen und Kinder) folterte und grausam zu Tode brachte. In Spanien, wo sich die Inquisition vor allem gegen die zum Christentum gezwungenen Muslime (Mauren) und Juden richtete, bestand das Amt eines „Großinquisitors" noch bis zum Jahr 1834. Das letzte Todesurteil war 1781 vollstreckt worden. Auch die Hexenverfolgungen (die übrigens von protestantischen Kirchen übernommen wurden, besonders bekannt sind die exzessiven Hexenverfolgungen in Salem, Massachussetts, 1626) gingen – vor allem in den deutschsprachigen Regionen – auf das Konto der Inquisition, die vom Papst zugleich als Instrument der Unterwerfung weltlicher Macht unter kirchliches Regiment gedacht war (vgl. *Behringer* 2000). Die Kirche selbst hob das mit der Inquisition beauftragte „Heilige Offizium" sogar erst 1965 auf.

Kreuzzüge auch gegen Slawen im Osten

Wenig beachtet wird auch, daß die Osterweiterung des Reiches von den deutschen Königen häufig in Form von grausamen „Kreuzzügen" gegen die sla-

---

68 Auf die Bezeichnung „Katharer" ist wahrscheinlich der Begriff „Ketzer" zurückzuführen. Reste dieser Bewegung hielten sich noch Jahrhunderte lang in den Wäldern des südfranzösischen Luberon-Gebirges, wo später auch Hugenotten während der Verfolgung Zuflucht fanden. Die den Katharern nahestehenden Waldenser (genannt nach ihrem ersten Bischof Valdes) zogen sich in hochgelegene Täler des Piemont zurück. Reste beider Gemeinschaften vereinigten sich später mit den Kalvinisten, einige wenige ursprüngliche Gemeinden bestehen noch heute.

wischen, litauischen und ungarischen „Heiden" durchgeführt wurde (vgl. *Deschner* 1997: 450f. und 563f.). Schließlich und endlich müssen auch die *Reconquista* Spaniens und die *Conquista* Lateinamerikas im Verständnis einer Kreuzzugsideologie interpretiert werden, die in besonderer Weise geeignet war, die Gier der Kolonisatoren nach Gold und Macht zu kaschieren.

Diese Auseinandersetzungen ließen – von Ausnahmen abgesehen, die im folgenden behandelt werden – kaum friedenskulturelle Vorstellungen entstehen. Das christliche Abendland war vielmehr über Jahrhunderte hinweg, vom 5. bis zum 20. Jahrhundert, von einer theologisch wie juristisch (schein)begründeten Kriegskultur der herrschenden Eliten geprägt. Die große Masse der Bevölkerungen empfand den Krieg als große Not, übernahm freilich unter dem Einfluß der Akteure, vor allem der Kirche, stereotype Feindbilder, die ihrerseits friedenskulturelles Denken behinderten und bis in unsere Zeit nachwirken (französisch-englische und deutsch-französische „Erbfeindschaften").

3.3 Der Islam tritt das Erbe Alexanders an

Wenn es eine Kraft gegeben hat, die fähig war, das Erbe des von Alexander geschaffenen hellenistischen Reiches und des antiken Roms zu übernehmen und fortzuführen, dann waren es die Araber. Alexander kam aus dem bis dahin unbedeutenden Makedonien und hatte sein Großreich innerhalb von siebzehn Jahren geschaffen. Die Römer waren aus dem noch kleineren Umland um Rom herum aufgebrochen und brauchten rund 500 Jahre, um ihr Römisches Reich zu erobern. Die Araber brauchten keine zwanzig Jahre nach dem Tod ihres Religionsstifters Mohammed (632), um den ganzen Mittleren Osten (einschließlich Ägyptens, Syriens und Persiens) zu erobern (650) und weitere 50 Jahre, um bis nach Innerasien und Indien vorzustoßen. 711 überschritten sie die Meerenge von Gibraltar und zerstörten das Westgotenreich in Spanien. Sie wurden 732 von Karl Martell in der Schlacht von Tours und Poitiers gestoppt und zurückgeworfen. In Asien wurden sie erst im 13. Jahrhundert von den Mongolen aufgehalten, die sich indessen bald zum Islam bekannten und den islamischen Einfluß bis nach Südostasien und Teile Chinas ausdehnten. Die meisten Regionen fielen ihnen übrigens fast ohne Gewalt im Handstreich zu. Der arabisch-islamische Einfluß blieb selbst dann erhalten, nachdem sich das Großreich der Kalifen aufgrund innerer Zwistigkeiten (Spaltung zwischen Sunniten und Schiiten im Streit um die rechte Nachfolge des Propheten) und Übernahme der Herrschaft durch die Türken in zahlreiche kleinere Staaten und autonome Provinzen aufgeteilt hatten. Im Mittleren Osten stützten sie sich auf die kulturellen Leistungen des Hellenismus, im Mittelmeerraum hatte die Aushöhlung des römischen Friedens durch die kirchliche Gewaltherrschaft ein Vakuum entstehen lassen, in das der Islam ohne größere Schwierigkeiten eindringen konnte. Viele Christen (beispielsweise die Nestorianer) in Asien und Afrika erlebten die arabisch-islamische Invasion als Befreiung von christlich-kaiserlicher Verfolgungswut.

Treibende Kraft des arabischen Siegeszugs war der unerschütterliche Glaube an den Propheten Mohammed, der aus jüdischen, christlichen und altarabischen Elementen eine Religion entwarf, den *Islam* (Ergebung in Gottes Willen), und die Glaubensartikel in einem Buch, dem *Koran* (Rezitation), festhielt, der von seinen Anhängern erst später seine endgültige Form erhielt.[69] Auch Mohammed stand in der Nachfolge Platons, insofern er das Konzept des Friedens auf die Glaubensgemeinschaft, die *ummah*, beschränkte, auf die „Welt des Islam" (*dar al islam*), jenseits derer die „Welt des Krieges" (*dar al harb*) existiert. Die Unterscheidung zwischen *djihad* und *harb* ist wichtig. Ist der erste Begriff generell als das „Bemühen um den rechten Pfad Allahs" zu verstehen (Mohammed soll gesagt haben: der beste *djihad* ist die *hadj,* die Pilgerreise nach Mekka) und erst als Reaktion auf die Kreuzzüge einseitig als „heiliger" Krieg gedeutet worden, so ist mit dem anderen Begriff Krieg im klassischen Sinne, nämlich gebotener Krieg gegen die „Ungläubigen" gemeint, gewissermaßen die gewaltsame Unterkategorie des *djihad* (vgl. *Rajewsky* 1980 und *Schimmel* 1990).

Das allgemeine Friedensgebot im Islam, das *salam* (vgl. Einleitung), galt nur für Muslime und kommt bis heute im muslimischen Friedensgruß *salam aleikum* (Frieden sei mit Euch) zum Ausdruck. „Ungläubige" waren von diesem Frieden ausgeschlossen. Mit nichtmuslimischen Staaten oder Personen waren jedoch Verträge möglich, für die der Begriff *sulh* benutzt wurde, der ähnlich dem griechischen *Eirene* die Waffenruhe bedeutete. So heißt der Frieden von Versailles auf arabisch *sulh Versailles* (vgl. *Lewis* 1991: 132-137).

Trotz religiöser Spaltungen und Machtkämpfe um die religiöse und politische Nachfolge Mohammeds war bis Ende dieses ersten islamischen Jahrhunderts das Kalifenreich von Persien bis nach Marokko etabliert. Aus dem hellenistischen, römischen und christlichen Gedankengut hat Mohammed auch die Überwindung der Unterscheidung nach Völkerschaften übernommen: wer sich zur hellenistischen oder römischen Zivilisation bekannt hatte, war Bürger des Reiches, wer sich zu Jesus bzw. Mohammed bekannte, war Glied der christlichen bzw. muslimischen Gemeinschaft. Aber so wie christliche Gruppen sehr bald um das „wahre" Glaubensverständnis mit Waffen kämpften, stritten sich auch Muslime schon in der ersten Generation mit Gewalt um die „wahre" Interpretation des Korans und der Absichten des Pro-

---

69 Der Koran unterscheidet sich hinsichtlich seiner Entstehung in keiner Weise von den Schriften anderer Sinnstifter wie Lao Tse, Kung Fu Tse, Mo Tse, Zarathustra, Buddha, Moses, Sokrates oder Jesus. Wir verdanken die Kenntnis ihrer Gedanken und Lehren ausschließlich der mündlichen Tradition, die zum Teil erst hunderte Jahre später schriftlich fixiert wurde, im günstigsten Falle von ihren unmittelbaren Schülern.

pheten – und damit um politische Macht. Nur die christlichen Kirchen grenzten später „andersfarbige" Völker (Schwarzafrikaner und Indios) aus, zeitweise betrachteten sie diese nicht einmal als Menschen, was unter anderem die Rechtfertigung der Vernichtung der Indios erleichterte.[70]

Arabischen Gelehrten verdanken wir das Wissen des Aristoteles

Die Araber des Islam hatten im Osten des ehemaligen Römischen Reiches die antike, insbesondere die hellenistische Kultur überaus schnell angenommen und bewahrt. Bagdad, die Hauptstadt der Kalifen, Alexandria, Damaskus, Buchara und die Städte der Omajaden in Andalusien, vor allem Cordoba, und zeitweise auch die Städte Siziliens wurden während der arabischen und noch während der staufischen Herrschaft, zu Zentren von Wissenschaft und Kultur. Anders als die frühen Christen, die nur die Bibel als „lesenswert" anerkannt und alle anderen Schriften verbannt oder gar verbrannt hatten, sicherten die Araber das geistige Erbe der Antike. Sigrid Hunke, die Verfasserin des Buches „Allahs Sonne über dem Abendland. Unser arabisches Erbe" schreibt:

> „391 holt sich Patriarch Theophilos vom Kaiser Theodosios die Erlaubnis, den größten Wallfahrtsort der antiken Welt, die letzte und nun größte Akademie den Flammen überliefern zu dürfen. Unersetzliches geht damit der Menschheit in dieser wohl größten Tragödie der Geistesgeschichte für ewig verloren." (*Hunke* 1990: 198)

Um so größer war das Verdienst der Araber, trotz dieser systematischen Zerstörung antiken Kulturgutes doch noch einiges gerettet zu haben. Ihnen verdanken wir die Kenntnis der aristotelischen Werke. In Isfahan (Persien) wirkte Avicenna (*Ibn Sina* 980-1037) und übersetzte Aristoteles, vermittelte die griechische und ägyptische Medizin über das dunkle Mittelalter hinweg in die beginnende Neuzeit, brachte die Zahl Null und weiteres mathematisches Wissen aus Indien in die arabische Welt und über diese in die abendländische Welt. Sein Einfluß auf die mittelalterliche Scholastik war einzigartig (vgl. 3.3.2). In Cordoba lebte Averroes (*Ibn Roschd* 1126-98) und wurde als „Der Kommentator" des Aristoteles berühmt. Ebenfalls in Cordoba (später erst nach Fes in Marokko und dann nach Ägypten vertrieben) lehrte Rabbi Mose ben Maimonides und versuchte, Religion und Vernunft in Übereinstimmung zu bringen und wurde ebenfalls einer der Väter der Scholastik. Dort entstand auch eine berühmte Talmud-Schule, die für die Wahrung der jüdischen Tradition von hoher Bedeutung war.

---

70 Allerdings wurde schon frühzeitig, vor allem von dem Dominikaner Bartolomé de Las Casas (1474-1566), erkannt, daß auch Indios dem von Gott erschaffenen Menschengeschlecht angehörten. 1542 wurde die Versklavung von Indios verboten, nicht aber die Zwangsarbeit (ecomienda), gegen die Las Casas weiter ankämpfte und die erst 1720 aufgehoben wurde. Das Verbot der Versklavung von Indios hatte eine negative Konsequenz: es verstärkte die „Einfuhr" von Sklaven aus Afrika.

Das Goldene Zeitalter Andalusiens

Das 10., 11. und 12. Jahrhundert (nach Errichtung des Kalifats unter Abd Ar-Rahman III.) waren das Goldene Zeitalter Andalusiens.[71] Die Gesellschaft war multikulturell und multireligiös, unterwarf sich allerdings vorbehaltlos der arabischen Kultur. Der erste Emir, Abd Ar-Rahman I., hatte die Witwe des besiegten letzten westgotischen Königs Roderich, Prinzessin Ailo, geheiratet. Viele Araber taten es ihm nach.und ehelichten einheimische Frauen[72] Der Islam blieb freilich die offizielle Religion und jene Juden und Christen, die nicht bereit waren, zum Islam überzutreten, mußten die üblichen Abgaben leisten, lebten aber in der Regel unbehelligt. Sie wußten genau, daß sie in Andalusien freier und auch besser lebten als in den verkommenen und verarmten Städten des christlichen Abendlandes (beispielsweise in Nordspanien, in den meisten Regionen Frankreichs nördlich der Alpen oder in Rom, dessen Einwohnerzahl von mindestens einer Million zum Ende der Kaiserzeit auf unter 30.000 im 16. Jahrhundert gesunken war und erst wieder im 17. Jahrhundert 150.000 Menschen zählte). Ein Beispiel sind wiederum die Bäder, beschrieben von Gabriele Crespi in ihrer Studie „Die Araber in Europa“:

> „Auf dem Sevillaner Territorium gab es an die 8000 Dörfer, alle mit öffentlichen Bädern (*hammam*) und stattlichen Häusern. (...) Die Pflege und Hygiene des Körpers sind ein religiöses Gebot des Islam. Der Ritus verlangt vor jedem Gebet Waschungen. So hatte das Bad in der muslimischen Wohnung von jeher eine große Bedeutung. auch in den bescheidensten Häusern gab es Wannen, die man mit kaltem und lauwarmem Wasser füllte. Die wohlhabenderen Familien besaßen richtige Bäder, die auch ziemlich kostspielig waren. Deshalb breitete sich in den muslimischen Ländern sehr bald die Gewohnheit aus, sogenannte *hammam* oder öffentliche Bäder zu bauen. Selbst das kleinste Dorf besaß neben der Moschee auch seinen eigenen *hammam*. In den Städten häuften sie sich, so zählte man allein im Bagdad des 13. Jahrhunderts über 5000 und in Kairo 117. (...) Anfangs konnten auch die Christen die Bäder jeden Tag aufsuchen, mit Ausnahme des Freitags oder eines religiösen Feiertags. Im späten Mittelalter gingen sie aber davon ab, da sie glaubten, der Besuch des *hammam* sei ein Zeichen von Verweichlichung und Charakterschwäche.“ (*Crespi* 1992: 170, 248)

3.3.1 Normannen und Hohenstaufer: Kulturen versöhnen

Außer dem größeren Teil Spaniens (nur die nordwestliche Region blieb unter christlicher Herrschaft) hatten Sarazenen Sizilien und Teile Süditaliens er-

---

71 Der Name *al-Andalus* ist unbestimmten Ursprungs. Manche Historiker meinen, diese spanische Region sei nach einem der ersten muslimischen Fürsten benannt, andere glauben, daß sie auf die Vandalen zurückzuführen sei, die dort gesiedelt hatten.

72 Sie folgten damit dem Beispiel Alexanders, der 324 v.d.Z., ein Jahr vor seinem Tod, in Susa eine Massenhochzeit zwischen Makedonen/Griechen und Orientalinnen veranlaßt hatte. Der wahre Grund dürfte der Umstand gewesen sein, daß die Makedonen/Griechen ebenso wie die Araber nach Frauen verlangten. Dieses Verlangen sollte in geregelte Bahnen gelenkt werden (vgl. 2.4.3 FN 56).

obert und dort von der Mitte des 9. bis zur Mitte des 11. Jahrhunderts ihre Kultur verbreitet[73], die auch von den Normannen, die anschließend bis Ende des 12. Jahrhunderts die Herren Süditaliens waren, akzeptiert wurde. In Spanien kam es für einige Zeit sogar zu freundschaftlichen Beziehungen mit den kleinen christlichen Königreichen Leon, Aragon und Kastilien im Norden der iberischen Halbinsel. Spanische Adlige traten in den Dienst der Kalifen, muslimische Herren in den der katholischen Könige.[74] Von Andalusien aus waren die Araber schon im 8. Jahrhundert tief nach Norden ins südliche Frankenland vorgestoßen, wo sie Karl Martell 732 bei Tours und Poitiers zurückschlug. Darüber hinaus hatten sie an der französischen Mittelmeerküste eine Reihe von Stützpunkten errichtet. Karl, der „Große", versuchte einige Jahre später vergeblich, den muslimischen Einfluß an der südlichen Grenze seines Reiches einzudämmen. Dann aber mit der beginnenden *Reconquista* im 11. Jahrhundert wurde überall dort, wo muslimische Gebiete erobert werden konnten, alles getan, um die geistigen Spuren der islamischen Herrschaft und Kultur auszulöschen. Mit dem Fall Granadas 1492 endet die arabische Herrschaft in Spanien, auch wenn ihre Kultur noch über Jahrhunderte im Untergrund weitergelebt hat, immer gefährdet durch die Schergen der Inquisition.

Einen ganz anderen, wenn auch einmaligen Weg beschritt der Hohenstaufen-Kaiser und König von Sizilien, Friedrich II. (1194-1250), ein Enkel von Kaiser Friedrich Barbarossa. Der junge Stauferfürst hatte die meiste Zeit seines Lebens in Sizilien und Apulien verbracht und sprach fließend Arabisch. Schon die vorangegangene Normannenherrschaft hatte – ähnlich wie in Andalusien, nur ging in Süditalien die Initiative von christlichen Fürsten aus – allen Religionen und Völkern in ihrem Machtbereich kulturelle und religiöse Freiheit gewährt sowie die arabische Kultur und Kunst nach Kräften gefördert. Der Staufer fand also eine friedenskulturell aufgeschlossene Gesellschaft vor, die allerdings in den Jahren zuvor harten Verfolgungen ausgesetzt war. Wiederum wird eine Schilderung von Gabriele Crespi übernommen:

„(…) Im Jahre 1189 kam es zu einer schrecklichen Verfolgung der Muslime (in der kurzen Zeitspanne von rund 30 Jahren zwischen dem Ende der Normannenherrschaft und der araberfreundlichen Politik des Stauferkönigs – Anm. *Koppe*). Die Entkommenen flüchteten auf die westlichen Gebirgszüge ins Mazaratal. Der neue König, Sohn von Friedrich Barbarossa (...), war Kaiser Heinrich VI.. Er kam im November 1194 nach Palermo. Im gleichen Jahr wurde in Jesi sein Sohn Friedrich geboren. (...) Während der langen Jahre der Minderjährigkeit des jungen Königs von Sizilien, der bereits mit vier Jahren seine Eltern verlor und unter die Vormundschaft des Papstes gestellt worden war, kam es überall auf der Insel zu Verfolgungen der Muslime, bis sie im Jahre 1200 in einem großen Gemetzel bei Palermo besiegt wurden. Der letzte Gewaltakt gegen sie wurde von Friedrich ausgeführt, der

73 Die Sarazenen sind nach einem Wüstenstamm Arabiens genannt. Dieser Name bürgerte sich später für alle Araber ein.

74 Wer sich über die Höhen und Tiefen dieser Zeit informieren möchte, sei auf den Roman von Frank Baer, Die Brücke von Alcántara, hingewiesen.

nun erwachsen war, als er die letzten Rebellen ausmerzte und ihren Anführer (...) zusammen mit dessen beiden Söhnen hinrichten ließ. Die übrigen wurden nach Lucera deportiert, um eine muslimische Kolonie zu gründen; sie sollten dem Kaiser bis in den Tod die Treue bewahren (...) und wahrscheinlich hielten sie auch bis 1268 zu Konradin, mit dem die Herrschaft der Hohenstaufen in Süditalien erlosch.

Am Hofes des Königs und Kaisers riefen Muezzine zum Gebet

Mit dem Sieg über die letzten Muslime erlosch in Sizilien jedoch nicht der Geist des Islam, den Friedrich in der Organisation des Staates lebendig erhielt. Seit seiner Jugend war er mit der arabischen Sprache vertraut. Nach einem muslimischen Historiker des 13. Jahrhunderts wurde er vom Kadi der Muslime erzogen. Oft besuchte er das Bad, und Tänzerinnen erfreuten seine Tafelrunden. Er richtete einen Harem ein und ließ seine Gemahlin von Eunuchen bewachen. Auch an seinem Hof rief der *mu'addin* (...) zum Gebet. In kirchlichen Kreisen häuften sich Verdacht und Mißtrauen, und man warf ihm Sympathie für den muslimischen Glauben und orientalische Ausschweifungen vor. Zynisch und skrupellos, religiösen Dingen wahrscheinlich gleichgültig gegenüber, (...) war er vor allem vom wissenschaftlichen und intellektuellen Aspekt der orientalischen Kultur angezogen. Die besten Gelehrten Europas versammelten sich an seinem Hof, der zu einer Leuchte der Kultur wurde: unter ihnen findet man Guglielmo Figuerra, Lanfranco Cigala, Sordello und Michele Scoto, der das Verbindungsglied zwischen dem Kreis um Friedrich und dem Übersetzungszentrum in Toledo darstellte. Bis zu seinem Tode blieb er bei Hofe und übersetzte die Werke des Aristoteles mit den Kommentaren von Averroes aus dem Arabischen. Im Auftrag des Kaisers übersetzte der Jude Jacob Ben Abbamati Ben Simson Ben Anatoli, ein Schüler des spanischen Juden Maimonides, die fünf Bücher der Logik des Aristoteles mit der Einführung von Porphyrios aus dem Arabischen ins Hebräische. Von seinem Astrologen ließ der Herrscher eine arabische Abhandlung über die Falkenjagd übersetzen, die zur Grundlage von Friedrichs Werk über dieses Thema wurde und zur ersten modernen naturwissenschaftlichen Arbeit. Sein größtes persönliches Verdienst war die Gründung der Universität von Neapel, der ersten staatlichen Universität Europas. Hier verwirklichte er seinen Traum, indem er die drei großen mittelalterlichen Kulturen in Eintracht und gemeinsamer Arbeit zusammenführte. Er übergab ihr eine breitgefächerte Sammlung arabischer Handschriften, ließ zahlreiche Werke übersetzen und schickte Abschriften davon an die Universitäten von Paris und Bologna; mit den orientalischen Fürsten hatte er zeitlebens zahlreiche Kontakte. (...)

Aber gerade (...) die neue Weise, sich den nichtchristlichen Völkern zu nähern, sollte ihn in einen schwerwiegenden Gegensatz zum Heiligen Stuhl bringen, der sich vom Reich umgeben und bedrängt sah und fürchtete, seine Feudalrechte auf den Süden zu verlieren. (...) Ohne diese starken Einflüsse und Beiträge aus der Welt des Islam wäre das christlich-mittelalterliche Europa nie zu dem geworden, was es *de facto* dann war." (*Crespi* 1992: 296f., 312)

Staatsmacht ohne Kirche und Religion

Diese friedenskulturelle Leistung steht im mittelalterlichen Abendland in der Tat einzigartig da. Das erregte das Mißfallen des Papstes, der ihn mit dem „Bann" belegte, der inzwischen jedoch an Wirkung verloren hatte. Friedrich übte seine Staatsmacht unabhängig von Kirche und Religion aus. Doch auch er mußte Kompromisse schließen und ging auf Kreuzfahrt (5. Kreuzzug 1228-1229), die sich von den anderen Kreuzügen dadurch unterschied, daß er Jerusalem nicht durch Gewalt, sondern durch Vertrag mit dem ägyptischen

Sultan *al-Malik a-Kamil* für sich gewann. Bei seinem Einzug in die Stadt gab er Anweisung, daß der Muezzin weiterhin zum Gebet rufen solle. Er umgab sich in seiner neuen Hauptstadt Lucera (Apulien) mit muslimischen und jüdischen Gelehrten, was ihm seitens der Kirche den Schimpfnamen „Emir von Lucera" eintrug. Begraben wurde er in einem muslimischen Gewand, was dem Gerücht Vorschub leistete, er sei insgeheim zum Islam übergetreten. Richtiger dürfte die Annahme sein, daß er sich von Vernunft und nicht von Religion leiten ließ und die damalige Überlegenheit der arabisch-islamischen Kultur erkannt hatte. Mit Konradin (1252-1268), der im Alter von 16 Jahren auf Befehl des Bruders des französischen Königs, Karl von Anjou, in Neapel hingerichtet wurde, ging die Glanzzeit der Stauferfürsten zu Ende.

3.3.2 Arabische Kultur läutet abendländische Renaissance ein

Auch wenn dieser Vorgang in der Geschichte einzigartig dasteht und nur eine kurze Zeitspanne umfaßte, so reichte er doch aus, die Besinnung auf die Antike und die zivilisatorischen Leistungen der Araber in die Epoche der Renaissance einfließen zu lassen, die vielleicht gerade dadurch ihre entscheidenden Impulse erhielt. Wiederum bei Crespi ist zu lesen:

Heimliches Lernen von Arabern

„Aus dem islamischen Raum übernahmen die christlichen Europäer mit größter Aufnahmebereitschaft Formen künstlerischen Schaffens und der Lebensart, die ganz anders waren als die, die sie noch vor aller Anregung durch die Araber hatten. Ab und zu ließen sich die Europäer zwar zu einem ‚Dialog', zur geistigen Auseinandersetzung mit den Islam-Arabern herbei. Sie scheuten sich aber keineswegs, ununterbrochen insgeheim von den kulturell und zivilisatorisch viel fortgeschritteneren Arabern etwas zu lernen, deren höheres Niveau zu kopieren, ihnen ihre raffinierteren Techniken und Kniffe abzugucken. Umgekehrt profitierten die Araber, die zwar von der hochentwickelten griechisch-römischen Antike mit ihrem Riesenimperium unendlich viel übernommen hatten, vom Europa der Zeit nach dem Zusammenbruch des Imperium Romanum und nach den Völkerwanderungswirren, kaum je, weil es für sie dort nichts Interessantes zu holen gab. Insofern verlief die Weitergabe von Wissen, Gedankengut, zivilisatorischen Techniken, in jenem Moment der Menschheitsgeschichte unaufhörlich und irreversibel bloß in einer Richtung: aus dem Morgenland ins Abendland, und war das Aufeinandertreffen der Muslime und der christlichen Europäer nie ein echter Austausch, nie ein in sich ausgewogenes Geben und Nehmen, nie wechsel-, immer nur einseitig.

Nachdem die katholischen Spanier die letzten Araber aus Spanien vertrieben hatten, schlossen die islamische und die europäische Welt sich gegeneinander und jede in sich ab. Das Morgenland (abgesehen von den nachfolgenden Türken) erstarrte nach all dem Glanz und Feuerwerk, wie erschöpft und erstarrt in der beschaulichen Betrachtung der großen eigenen Vergangenheit und Herrlichkeit. Europa dagegen wurde ergriffen und mitgerissen vom Mythos der Selbstanbetung des Menschen und der Selbstverherrlichung des Abendlandes als des universalen Gralshüters jeglicher Kultur, jeglicher Wahrheit." (*Crespi* 1992: 296f., 312)

Keine Überbewertung, aber Anerkennung der arabischen Zivilisation

Das „Goldene Zeitalter" Andalusiens sollte freilich nicht überbewertet werden. Auch unter den muslimischen Fürsten herrschten Machtkämpfe wie überall im Mittelalter. Glanzvolle Perioden der Toleranz und kulturellen Symbiose der drei Religionen wurden immer wieder von Zeiten der religiösen Unduldsamkeit und Verfolgung abgelöst. Doch die allgemeine Anerkennung der arabischen Zivilisation, die im Unterschied zur römischen Zivilisation auch den ärmeren Volksschichten zugute kam (vgl. dazu weiter vorn den Hinweis auf die Badegewohnheiten in nahezu allen Dörfern), milderte die Exzesse und ermöglichte allen Beschwernissen zum Trotz ein weitgehend friedliches Zusammenleben.

Allein die lange Liste arabischer Worte, die in die europäischen Sprachen Eingang gefunden haben, zeugt schon von der Bedeutung der arabischen Zivilisation. Hier einige wenige Beispiele: Admiral, Anilin, Benzin, Chemie, Diwan, Elixier, Gitarre, Havarie, Intarsien, Konditorei, Laute, Matratze, Natron, Orange, Rakete, Schach, Tarif, Watte, Ziffer (vgl. *Hunke* 1990: 365-368). Wäre diese Zivilisation nicht zerstört worden, so wären manche Erfindungen und Entdeckungen – etwa das Wissen um Elektrizität, um die Beschaffenheit des menschlichen Körpers oder um die Nutzung von Dampf und Rückstoß – sehr viel früher gemacht worden und hätten in einem Klima der Toleranz und nicht des Hasses genutzt werden können. Doch unter dem vereinten Einfluß der Katholischen Kirche (Inquisition), der Herrschaftsgier der christlichen Könige sowie des Kulturneids und der Landgier verarmter Ritter brach die arabische Zivilisation zusammen und wich kulturellen Haßgefühlen, die bis heute öffentliche Meinung und praktische Politik beeinflussen. Eine Rückbesinnung auf diese Periode unserer Geschichte kann indessen dazu beitragen, diese Haßgefühle wieder zu verdrängen und einer Zivilisierung der internationalen Beziehungen und einer dauerhaften Völkerverständigung den Weg zu bereiten.

3.4 Geistige Erneuerung durch Städte und Universitäten

Zu welchem Datum der Beginn der Renaissance (Wiedergeburt, Erneuerung), die den Übergang vom Mittelalter zur Neuzeit prägt, festgelegt werden kann, ist umstritten. Mehrheitlich wird ihr die Zeitspanne von der Mitte des 14. Jahrhunderts bis zum Ende des 15. Jahrhunderts zugewiesen. In den italienischen Städten, die wie Florenz, Mailand, Bologna, Genua, Neapel, Pisa auf eine ungebrochene Kontinuität seit Ende der römischen Kaiserzeit zurückblicken konnten (Rom selbst ist hier ausgenommen – vgl. 3.3), dürfte die Kultur der Renaissance schon sehr viel früher eingesetzt haben, etwa zeitgleich mit der zivilisatorischen Blüte Andalusiens.

Venedig und Genua: Handel überbrückt Religionsgrenzen

Trotz unaufhörlicher Geschlechterfehden und Auseinandersetzungen mit päpstlichen und kaiserlichen Soldatesken hatten diese Städte etwas von der römischen Kultur über die Jahrhunderte hindurch bewahrt und von der arabischen Zivilisation neue Impulse empfangen. Sie organisierten das Bankwesen, eine der Voraussetzungen modernerer Handelsverkehrs. Venedig und Genua stiegen zu führenden Handelsmächten auf, die trotz der Wirren der Zeit und vor allem trotz der Kreuzzüge die Verbindungen und Beziehungen zum „Morgenland“, zum orthodoxen Byzanz und zum islamischen Kulturkreis nicht abbrechen lassen wollten.

Auch die befestigten römischen Städte in Südfrankreich und die reichen Städte Flanderns dürften die Auswirkungen der Renaissance frühzeitig verspürt haben. Im Vergleich dazu waren die städtischen Kulturen Deutschlands zwischen Rhein, Donau und Oder eher dürftig und zurückgeblieben. Während die Städte Italiens Einwohnerschaften von 20.000 bis 60.000 zählten, hatten die deutschen Städte im 12. Jahrhundert im Mittel 500 bis 1.500 Einwohner. Bis zum 15. Jahrhundert entwickelten sich „Großstädte“ mit über 10.000 Einwohnern, darunter Köln (eine römische Gründung!) mit über 30.000 Einwohnern.. Die Einwohnerzahlen in den Städten und auf dem Lande waren allerdings starken Schwankungen unterworfen, vor allem als Folge der Pestepidemien im 14., 15. und 16. Jahrhundert. In England ging die Bevölkerung im 13. Jahrhundert um 40 Prozent zurück, in Frankreich und den deutschen Gebieten um etwa 30 Prozent.[75]

Die Hanse schützt und stärkt den Handel

Stadtkultur war offensichtlich eine Vorbedingung für die Ausbreitung der Renaissance. Sie waren zugleich Orte beginnender Bürgerrechte. Überall in der Welt zogen Städte Menschen an. Sie waren dort von den drückenden Lebensbedingungen in den Dörfern frei („Stadtluft macht frei“), aber auch die Städte mußten sich gegen Eingriffe von Feudalherrschaften und Kirchenfürsten wehren. In Frankreich, Deutschland und Nordeuropa schlossen sich deshalb schon im 11. Jahrhundert Kaufleute und Handelsstädte zu einem Bund zusammen, der Hanse (ahd. „Kriegsschar“), die ihre Mitglieder nicht nur durch ihre Finanzkraft zu schützen wußten, sondern notfalls auch durch Söldner und ihre bewaffneten Handelsschiffe, die Koggen. Der Bund trat wie ein souveräner Staat auf und handelte auch so. Als der König von Dänemark die freie Durchfahrt durch den Belt zu verhindern trachtete, erklärte die Hanse ihm den Krieg, den sie mit dem Friedensvertrag von Stralsund 1370 siegreich beendete. Der Hanse gehörten zeitweise bis zu 170 Städte an, darunter Köln,

75 Vgl. zu diesem Thema *Kirsten/Buchholz/Kollmann* 1956: „Raum und Bevölkerung in der Weltgeschichte“ (Bevölkerungs-Ploetz).

Münster, Breslau und Krakau. Sie unterhielt Kontore in Brügge, Nowgorod, Bergen und London. Ihre Hochzeit im 13. und 14. Jahrhundert fiel mit der Hochzeit der Renaissance zusammen. Gewiß war die Hanse kein Kind der Renaissance, doch dürften Wechselwirkungen zwischen den Stadtkulturen Europas vorhanden gewesen sein. Im 17. Jahrhundert ging der Einfluß des Städtebundes zurück und im 19. Jahrhundert waren nur noch wenige Hansestädte übrig geblieben, darunter Hamburg, Bremen und Lübeck.

Verlangen nach Rechtssicherheit

Die Renaissance verdankt ihre Entstehung verschiedenen Zeitströmungen: der Notwendigkeit, Wissenschaft, Kunst und auch viele Aspekte des Alltags von der harten Bevormundung und geistigen Beengung durch Kirche und Theologie zu befreien; der aufstrebenden Stadtentwicklung und ihrem Bürger- und Handwerkertum; und nicht zuletzt dem Verlangen nach Beendigung der fürstlichen und lehnsherrlichen sowie bischöflichen und klösterlichen Willkür oder – positiv ausgedrückt – der Notwendigkeit, Rechtssicherheit und damit Friedensverhältnisse herzustellen. Die Renaissance war aber vor allem ein Zeichen für die Beendigung des Niedergangs nach dem Zerfall des Römischen Reiches und den dunklen Jahrhunderten des Mittelalters.

Die Voraussetzungen für solchen Wandel hatte – zumindest anteilig – die arabische Zivilisation geschaffen, die trotz des erfolgreichen Zurückdrängens aus dem Wirkungsbereich des christlichen Abendlandes bleibende Spuren hinterlassen hatte, sei es, daß die Kenntnis dieser Zivilisation durch Kaufleute und wandernde Scholaren (so wie zweitausend Jahre zuvor die Kenntnis der asiatischen Kulturen ihren Weg ins antike Griechenland gefunden hatten) verbreitet wurde, sei es, daß sie trotz Verfolgung insgeheim weitergegeben wurden, oder sei es auch nur, daß die mittelalterlichen Verhältnisse nicht mehr haltbar waren und den Erfordernissen der damaligen Zeit nicht mehr entsprachen, also ein allgemeiner und dringender Reformbedarf entstanden war.

Mit der Erneuerung der Stadtkultur ging eine Erneuerung des geistigen Lebens einher, die sich in der Gründung von Universitäten niederschlug: die ersten wiederum arabische Gründungen in Fes 859 und Kairo 970, dann folgten Parma 1065, Bologna 1119, Paris 1157, Salamanca 1218, Neapel 1224, Oxford 1249, Coimbra 1290, Prag 1348, Krakau 1364, Wien 1365, Heidelberg 1386, Köln 1388. Die Scholastiker – oft von der Kirche verfolgt – versuchten, die Theologie mit Prinzipien der Vernunft und der Natur zu versöhnen, aber auch Jurisprudenz, Medizin und die freien Künste fanden in den Universitäten Platz zur Suche nach neuen Erkenntnissen und Vertiefung überkommener Lehren. Damit erhielt die sich abzeichnende abendländische Zivilisation einen ihrer entscheidenden Impulse: gesellschaftlicher Fortschritt durch rationale Wissenschaft. Ob diese Impulse tatsächlich die Entfaltung einer friedlicheren Gesellschaft bewirkt haben, bleibt freilich nach wie vor eine offene Frage.

3.4.1 Die Lehre vom „gerechten" Krieg wird verfeinert

Im Umfeld der gesellschaftlichen Dynamik der Renaissance konnten sich neue (oft zugleich alte) Friedensvisionen entfalten, die während der mittelalterlichen Gewaltverhältnisse keine Chance hatten. Die Debatte konzentrierte sich zunächst noch auf die Problematik des gerechten Krieges und die Einhegung von Gewalt. Augustinus (vgl. 2.4.8) hatte es in der Tat meisterhaft verstanden, den aristotelischen Gedanken, daß jeder Krieg den Frieden zum Ziele haben müsse, mit dem jesuanischen Gebot der Friedensliebe (Gewaltfreiheit und Feindesliebe) zusammenzuführen, indem er einerseits Friedensstiftung und Gewaltfreiheit nur innerhalb der christlichen Welt gelten ließ, zum anderen den Krieg selbst zum Friedensstifter erklärte:

„Der Krieg wird geführt, damit der Friede errungen wird; sei deshalb, auch wenn du Krieg führst, ein Friedensstifter!" (*Augustinus* bei *Huber/Reuter* 1990: 51)

Versuche zur Einhegung des Krieges

Wenn wir uns die Verfeinerungen der augustinischen Lehre durch Thomas von Aquin (1225-1274) und Francisco di Vitoria (1483-1546) vor Augen führen, dann wird diese Pervertierung des Friedensgedankens noch sichtbarer (vgl. *Beestermöller* 1991 und *Justenhoven* 1991), was nicht ausschließt, daß es den beiden Gelehrten wirklich um die Einhegung des Krieges ging und ihr Eintreten für Frieden sehr viel deutlicher als bei Augustinus erkennbar wurde:

„Wie schon bei Augustin so behält auch im Mittelalter die Lehre vom gerechten Krieg ihren systematischen Ort innerhalb der Lehre vom Frieden. Thomas von Aquin (1225-1274) etwa behandelt das Problem des Friedens in seiner *Summa Theologiae* im Rahmen der Erörterungen über die dritte theologische Tugend, die Liebe.

Er beginnt mit einer Entgegensetzung zwischen Frieden und Krieg, die an Schärfe kaum zu überbieten ist. Der Frieden gilt ihm als Frucht der Liebe; der Krieg dagegen zählt zu den Sünden, die dem Frieden zuwider sind. Der modernen Einsicht, daß ‚Krieg nach Gottes Willen nicht sein soll' (so der ökumenische Rat der Kirchen 1948) steht diese Ausgangsthese sehr nahe. Krieg wird in ihr zunächst als Widerspruch zum Frieden gefaßt. Da aber der Frieden zu den sittlichen Pflichten der Christen gehört, erscheint die Beteiligung am Krieg als mit diesen Pflichten unvereinbar.

Man muß sich diesen Ausgangspunkt vergegenwärtigen, um sich vor einem allzu geringschätzigen Urteil über die Lehre vom gerechten Krieg zu bewahren. Die schroffe Antithese zwischen Krieg und Frieden bildet ihre Basis. Von hier aus wendet sie sich dem Argument zu, daß in bestimmten Situationen, in denen der Frieden durch äußeren Rechtsbruch und fremde Gewalt zerstört ist, dessen Wiederherstellung gar nicht anders möglich sei als durch die Mittel des Kriegs. Die Lehre vom gerechten Krieg münzt nun dieses bekannte Argument zur ‚Rechtfertigung' des Kriegs in einen kritischen Maßstab um. Sie fordert nämlich, daß die Unausweichlichkeit des Kriegs und die Pflicht zur Teilnahme an ihm wirklich am Maßstab des Friedens geprüft werden.

Die Lehre vom gerechten Krieg bildet einen Fall der Kompromißethik in herausragendem Sinn. Sie versucht, die Kriterien dafür zu formulieren, unter welchen Bedingungen das Unvereinbare – nämlich Frieden und Krieg – doch miteinander verbunden werden kann: dann nämlich, wenn der Krieg konsequent der Aufgabe des Friedens untergeordnet wird. Damit nimmt sie die alte platonische These auf, daß nur der Frieden den Krieg zu rechtfertigen vermag. Nur als um des Friedens willen nötige ultima ratio kann ein Krieg als gerecht anerkannt werden.

Diese These wird in den drei uns schon von Augustin her bekannten Grundelementen entfaltet: der Kriegserklärung durch die autorisierte politische Gewalt (*auctoritas principis*); dem Vorliegen eines gerechten und schwerwiegenden Grundes, dem auf keine andere Weise Genüge getan werden kann (*causa iusta*); der Orientierung an der Wiederherstellung des Friedens und dem Streben nach einer Hilfe für die Guten durch die Züchtigung der Bösen (*recta intentio*). Als ein Element innerhalb der *recta intentio* tritt in der weiteren Entwicklung der *debitus modus* hinzu, das heißt die Beschränkung der Kriegführung auf legitime Kriegsmittel; unter ihnen wird auf lange Zeit die Unterscheidung zwischen Kriegsbeteiligten und Unbeteiligten, also zwischen Soldaten und Zivilisten, zwischen Kombattanten und Nichtkombattanten ein besonders wichtiges Kriterium sein. (...)

Thomas von Aquin erklärt Kreuzzüge zu gerechten Kriegen

Dennoch muß die Lehre vom gerechten Krieg von Anfang an kritische Rückfragen auf sich ziehen. In der Fassung, die Thomas von Aquin ihr gibt, bietet sie insbesondere in der Definition des gerechten Grundes Anlaß zu solchen Rückfragen. Die Rache gegenüber Ungerechtigkeiten nennt Thomas als Hauptdefinitionsmerkmal des gerechten Kriegs. Zu diesen Ungerechtigkeiten kann es auch gehören, daß dem wahren Glauben etwas in den Weg gelegt wird. Damit erklärt Thomas die häufigen Kriege der ‚Christgläubigen' gegen die ‚Ungläubigen'. Er öffnet also die Lehre vom gerechten Krieg für eine Rechtfertigung der Kreuzzüge." (*Huber/Reuter* 1990: 64f.)

In der Tat sind kritische Rückfragen notwendig, vor allem wenn in der Rückschau erkennbar wird, daß die Lehre vom gerechten Krieg nicht weitergeführt hat, sondern letztendlich zur Rechtfertigung fast jeden Krieges bis in unsere Zeit diente. Das oft zu hörende Argument, daß der Mißbrauch einer Sache diese nicht delegitimiere, ist immer dann unbrauchbar, wenn der Mißbrauch ganz offensichtlich den angestrebten Nutzen/Vorteil übersteigt.[76] Die Ergänzung der *legitima potestas*, die von Augustinus als dritte Bedingung für die Führung eines gerechten Krieges genannt wurde und von ihm als die kaiserliche, also für die damalige Zeit universale Gewalt verstanden wurde, durch die *auctoritas principis* (Fürstenautorität) bei Thomas deutet darüber hinaus auf die Verschiebung der Machtverhältnisse, die nach dem Ende des römischen Reiches eingetreten war: Nicht nur der Kaiser, sondern jeder (regierende) Fürst hält die Entscheidung über Frieden und Krieg in der Hand. Der Weg für ein neues Staatsverständnis, wie es Machiavelli, Hobbes und Grotius (vgl. 4.1.1) definiert haben, war bereits durch Thomas von Aquin vorgezeichnet.

Wichtig ist auch die Hervorhebung der Verhältnismäßigkeit der Mittel (*debitus modus*), daß also nicht mehr zerstört werden darf, als zur Erreichung des Friedens unbedingt notwendig sei, eine Forderung, die besonders schwer

76 Ein aktuelles Beispiel ist die Diskussion darüber, ob die Asylgesetzgebung oder das Sozialhilfegesetz schon allein deshalb geändert werden sollen, weil nachweislich Personen diese Gesetze mißbrauchen. Wie viele Gesetze müßten dann wohl geändert werden?

zu erfüllen ist, und auch bei den jüngsten Interventionen im Irak und vor allem im Kosovo zur Debatte stand.

Zehn Kriterien für den gerechten Krieg

Franziskus Maria Stratmann (Dominikaner und Mitbegründer des „Friedensbundes deutscher Katholiken" in den zwanziger Jahren) hat aus der mittelalterlichen Literatur über den *bellum iustum* zehn Kriterien herausgearbeitet und kommentiert:

„1. schweres Unrecht auf Seiten einer und nur einer der beiden streitenden Parteien;
2. schwere formelle moralische Schuld auf einer der beiden Seiten. Bloß materielles Unrecht genügt nicht;
3. zweifelsfreie Nachweisbarkeit dieser Schuld;
4. Unvermeidbarkeit der kriegerischen Auseinandersetzung nach Fehlschlagen aller mit ganzem Ernst und ganzer Kraft unternommenen friedlichen Verständigungsversuche;
5. Proportion zwischen Schuld und Strafmittel. Ein das Maß der Schuld überschreitendes Strafmaß ist ungerecht und unerlaubt;
6. moralische Gewißheit, daß der Sieg der gerechten Sache zuteil werden wird;
7. rechte Absicht, durch den Krieg das Gute zu fördern und das Böse zu vermeiden. Das aus dem Kriege zu erwartende Wohl des Staates muß das zu erwartende Übel übersteigen;
8. rechte Art der Kriegführung: Einhaltung der Schranken der Gerechtigkeit und Liebe;
9. Vermeidung schwerer Erschütterung anderer nicht unmittelbar in die Kriegshandlung verwickelter Staaten sowie der christlichen Gesamtheit;
10. Kriegserklärung durch eine gesetzlich dazu autorisierte Obrigkeit im Namen Gottes zur Vollstreckung seiner Gerichtsbarkeit.

Fehlt eine dieser Voraussetzungen, so wird der Krieg ungerecht. Wann sie in der Vergangenheit vorgelegen haben, in der Gegenwart vorliegen und in der Zukunft vorliegen werden, möge der Leser selbst beurteilen! Sollten sie sich in der heutigen Staatenordnung nicht realisieren lassen, so wird es vielleicht in einem Staatenbunde der Zukunft möglich sein. Dann könnte ein diesem Staatenbund zur Verfügung stehendes internationales Polizeiheer gegen einen rebellischen Gliedstaat eine wirkliche Strafexekution ausführen. Dann könnte auch die unter Menschen mögliche Sicherheit gegeben sein, daß auf der einen Seite das durch das internationale Rechtstribunal festgesetzte Recht stünde, auf der anderen Seite das Unrecht, auf der einen Seite die Ordnung, auf der anderen Seite die Unordnung. Dann würde auch die sicherste Gewähr bestehen, daß das Unrecht aus der Welt geschafft würde und zwar so, daß den Vollstreckern der Strafe, den Vertretern des Rechtes, vermöge ihrer großen Übermacht und ihrer nur ihnen zur Verfügung stehenden militärischen Machtmittel, möglichst wenig Schaden geschähe. (...) Und eine Strafe zu vollziehen, ist nicht so sehr Sache des Militärs als der Polizei." (*Stratmann* 1924: 103-104)

Auch diese Kriterien zeigen deutlich, wie schwer es ist, einen wirklich „gerechten" Krieg zu definieren. Werden die Vorgänge im ehemaligen Jugoslawien an Hand dieser Kriterien überprüft, dann würde sich schnell herausstellen, daß kein einziges dieser Kriterien zutrifft, wenn vom 10. Punkt insofern abgesehen wird, als keine der in die Balkankonflikte verwickelten Regierungen den Rang einer „autorisierten Obrigkeit im Namen Gottes" für sich in Anspruch nehmen kann.

3.4.2 Franz von Assisi und Bertrand von Regensburg: Gegenentwürfe

Das Theorem des gerechten Krieges wurde allerdings schon vor Thomas von Aquin durch erste „Friedensrufer" in Frage gestellt. Der bekannteste und für seine Zeit überzeugendste dürfte Franz (Franziskus) von Assisi (1181-1226) gewesen sein, der ein Jahr nach der Geburt von Thomas von Aquin (1125-1274) starb. Franz stammte aus wohlhabendem Hause und war eines Tages derart von der Armut der Bevölkerung auf der einen Seite und dem Luxus der Päpste und Bischöfe auf der andere Seite schockiert, daß er beschloß, mit einer Gruppe Gleichgesinnter fürderhin in Armut zu leben und Liebe und Gewaltlosigkeit zu predigen. Er hatte Glück, daß er nicht wegen Ketzerei auf dem Scheiterhaufen landete, denn im selben Jahr, in dem er seine Ordensgemeinschaft gründete, begann der Kreuzzug gegen die Katharer (1209). Im Unterschied zu diesen stellte er jedoch die Autorität der Kirche und des Papstes nicht in Frage. Dieser wiederum nutzte den „Protest" des jungen Franziskus als willkommenes Alibi, um nachzuweisen, daß innerhalb der Kirche selbst genügend Raum für eine Spiritualität der Armut und des Friedens gegeben sei: [77]

„Am bewegendsten hat Franz von Assisi den umfassenden Charakter des Friedens nicht nur zur Sprache gebracht, sondern auch gelebt. Die Seligpreisung der Friedensstifter aus der Bergpredigt Jesu versteht Franziskus als umfassende Lebensweisung: ‚Jene sind wahrhaft Friedensstifter, die in allem, was sie in der Welt erleiden, wegen jener Liebe, mit der unser Herr Jesus Christus liebt, sowohl im Denken und Fühlen (= Seele) als auch im sozialen Verhalten (=Leib) den Frieden bewahren'. Jede Begrenzung des Friedens durch die Gewalt wird hier gesprengt, indem Friedenstätigkeit und Leidensbereitschaft miteinander verbunden werden. Aus dieser Verbindung erwächst eine Kultur des Friedens, die den ‚Poverello' von Assisi zu einem höchst wirksamen Friedensstifter macht; aus einer Reihe italienischer Städte wird von seinen erfolgreichen Friedensaktionen berichtet.

Die Fähigkeit zum Mitleiden bildet den Grund für den umfassenden franziskanischen Friedensbegriff. Er ist keineswegs auf den Frieden unter den Menschen begrenzt. Das zeigt sich am deutlichsten in der Ausdehnung des Bruder- und Schwestertitels über den menschlichen, ja auch über den irdischen Bereich hinaus auf den Kosmos im ganzen. Der Sonnengesang sprengt jede anthropozentrische Fassung des Friedens. Die Versöhnung zwischen dem Fremden und Gegensätzlichen ist sein Thema. Sie ermöglicht, daß Franziskus sich nicht nur selbst als Bruder aller Menschen fühlt, sondern in allen Lebewesen und Dingen seine Schwestern und Brüder entdeckt. Allem und jedem will er mit letzter Ehrfurcht begegnen: das Feuer will er nicht löschen, Bäume nicht fällen, Buchstaben nicht durchstreichen, Tiere nicht schlachten, den Regenwurm nicht im Staub verkommen lassen. Nicht Selbstüberhebung, sondern solidarische Ehrfurcht ist es, in der er sich als Bruder der Son-

---

77 Solche Formen der „Gewissensberuhigung" werden auch heute noch praktiziert. So unterhält die katholische Kirche, die nach wie vor den gerechten Krieg befürwortet, die Internationale Friedensbewegung Pax Christi, deren Mitgliedern sie gelegentlich ein „irrendes Gewissen" bescheinigt. Auch die Sozialdemokratische Partei hat in den achtziger Jahren in ihren Reihen pazifistische Strömungen geduldet, aber sehr wohl darauf geachtet, daß diese nicht ins Gewicht fielen.

ne, der Sterne, des Wassers, des Windes, der Tiere, ja selbst des Todes wahrnimmt. Umfassender läßt sich der Frieden nicht denken als in einer derartigen kosmischen Weite.

Franziskus steht damit nicht allein. Alle Kreatur strebt von ihrer Natur her zum Frieden, erklärt wenig nach ihm Berthold von Regensburg (Anfang des 13. Jh. bis 1272) in seiner groß angelegten Friedenspredigt (um 1260). Er verdeutlicht diese Behauptung an der Triebstruktur des Menschen:

‚Nach Frieden verlangt alle Kreatur und nach nichts anderem als nach Frieden. Wonach der Mensch auch verlangt und was er auch unternimmt: er tut es einzig deshalb, um Frieden zu finden. – So steckt bisweilen etwas in mir, das man Hunger nennt. Dann esse ich, um vor eben diesem Hunger Frieden zu finden. Oder es steckt etwas in mir, das man Durst nennt. Dann trinke ich, um vor eben diesem Durst Frieden zu finden. Oder ich trete in eine warme Stube an ein Feuer und ziehe mir noch mehr Kleider über, um vor dem, was man Frost nennt, Frieden zu finden. Bisweilen steckt auch etwas in mir, das man Müdigkeit nennt. Dann lege ich mich zur Ruhe, um vor eben dieser Müdigkeit Frieden zu finden. Oder es bedrängt mich etwas, das man Erschöpfung nennt. Dann kann ich es kaum erwarten, bis ich mich hinlegen kann, um vor der Erschöpfung Frieden zu finden. Manchmal bedrängt mich auch etwas, das man Hitze nennt. Dann gelange ich mit Freuden ins Kalte, um vor der Hitze Frieden zu finden. – So gibt es sehr vieles, wonach die Menschen verlangen, um vor anderem Frieden zu finden. So z. B. drückt viele die Armut. Die schaffen dann Tag und Nacht, um endlich vor der Armut Frieden zu finden.‘

Das Wort ‚Frieden‘ hat einen weiteren und gefüllteren Inhalt, als dies in den Bemühungen um die Eingrenzung der Fehde zum Ausdruck kommt. Die Befriedigung der Grundbedürfnisse der Menschen hat es, wie Berthold von Regensburg zeigt, unmittelbar mit dem Frieden zu tun. Nahrung, Kleidung und Wohnung nennt er ausdrücklich; Gesundheit und Bildung ließen sich hinzufügen, um die moderne Fünfzahl der Grundbedürfnisse (*basic needs*) zu erreichen. Die Überwindung der Armut erwähnt er als Friedensziel und unterstreicht so auf seine Weise, wie unlösbar für das mittelalterliche Bewußtsein Frieden und Gerechtigkeit zusammengehören.“ (*Huber/Reuter* 1990: 59f.)

3.4.3 Marsilius von Padua: die erste Friedensdenkschrift

Während Thomas von Aquin und seine späteren Interpreten (vor allem Francisco di Vitoria – vgl. 3.4.1) ihre naturrechtlichen Erkenntnisse in die Tradition des Augustinus sowie in die Lehre und Überlieferungen der Kirche einbauten, gingen andere Scholastiker davon unabhängige Wege, wobei sie immer wieder Gefahr liefen, als „Häretiker“ verfolgt zu werden. Auch sie stützten sich auf die Staatslehre des Aristoteles, dessen Denken ihnen von den arabischen (islamischen) Gelehrten vermittelt worden war.

Fürstenautorität versus päpstliche Ansprüche

Das galt in besonderer Weise für Marsilius von Padua (eigentlich *Marsilio dei Mainhardini*, um 1275-1342/43), der ähnlich wie sein englischer Zeitgenosse William Ockham (um 1275-1347/50) klar zwischen weltlicher Autorität und kirchlichem Amt unterschied und sich im Gefolge des Investiturstreites zwischen Papst und Kaiser um das Recht der Einsetzung von Bischöfen und Äbten (10751122) eindeutig auf die Seite des Kaisers stellte. Er begründete das Fürstenrecht (weshalb sich Macchiavelli auf ihn beziehen konnte), machte dieses allerdings von der Zustimmung des Volkes abhängig, und wurde damit zum Vorläufer von John Locke (1632-1704), der das Prinzip der Volkssouveränität dem der Fürstensouveränität entgegenstellte. Es kann deshalb nicht erstaunen, daß seine Schriften von der Kirche als ketzerisch verworfen wurden. Er war zu dieser Zeit Rektor der Pariser Universität und flüchtete zu Kaiser Ludwig (der Bayer), dessen erfolgreiche Italien- und Papstpolitik er entscheidend beeinflußte.

Verteidiger des Friedens (*defensor pacis*)

Wichtig in unserem Zusammenhang ist vor allem, daß Marsilius den Anspruch der Päpste, auch in weltlichen Angelegenheiten das letzte Wort zu haben, als friedensstörend darstellte und diesen Standpunkt in dem wahrscheinlich ersten Dokument, das ausdrücklich der Friedenswahrung gewidmet war, ausführlich darlegte: *Defensor pacis* (Der Verteidiger des Friedens). Dort heißt es im Schlußkapitel:

> „Dieses Werk soll ‚Verteidiger des Friedens‘ heißen, denn es behandelt ausführlich die wichtigsten Ursachen, die Frieden oder Ruhe im Staate erhalten und bewahren, wie diejenigen, die das Gegenteil davon, den Streit, hervorrufen, verhindern oder beseitigen. (...) Ferner können Regierung und Volk, die primären Elemente des Gemeinwesens, daraus entnehmen, was zu beachten ist, um Frieden und Freiheit im eigenen Lande zu erhalten: Der erste Bürger oder der erste Bestandteil der Staatsverwaltung, d.h. der regierende – ein einziger Mensch oder mehrere – soll mit Hilfe der menschlichen und göttlichen Wahrheiten, die in diesem Buche niedergeschrieben sind, begreifen: Er allein hat die Befugnis, für das Volk im ganzen oder im einzelnen Vorschriften zu erlassen und gegebenenfalls jeden nach den bestehenden Gesetzen zu bestrafen, aber er darf nichts Ungesetzliches tun zumal nichts Wichtiges, ohne Zustimmung des Volkes, d.h. des Gesetzgebers. (...) Begreift jeder dies und vergißt es niemals, sondern hält es fest und beachtet es sorgfältig, so wird ein Reich und jede andere gut geordnete staatliche Gemeinschaft wohlbehalten bleiben in einem friedlichen oder ruhigen Dasein.“ (*Marsilius* 1971: 189/190)

Im weiteren Spätmittelalter und in der beginnenden Neuzeit wurde immer wieder – wenn auch vereinzelt und häufig verzweifelt – am Problem des Friedens gearbeitet. Fast alle Autoren solcher Traktate zeigten sich überzeugt, daß der Schlüssel zum Frieden in der Herstellung einer Weltautorität liege, auch wenn diese nach damaligem Verständnis weitgehend auf Europa beschränkt sein sollte.[78] Das war, wie das Beispiel der friedensstiftenden Funktion der Europäischen Gemeinschaft heute zeigt, kein abwegiger Gedanke, ganz gleich ob er sich als Reichsidee, als universelle Monarchie oder als völkerumspannendes republikanisches Gemeinwesen äußerte. Der Grund-

---

78 Kommentare und übersetzte Auszüge aus Originaltexten der Aufrufe und Entwürfe von Dante bis Anfang des 19. Jahrhunderts sind nachzulesen bei *Raumer* 1953, *Foerster* 1963 und *Dietze* 1989.

gedanke war die Herstellung eines den einzelnen Völkern und Staaten übergeordneten Gewaltmonopols in Verbindung mit einem wirksamen Streitschlichtungsmechanismus. Die Modelle des Internationalen Gerichtshofs in Den Haag und der Vereinten Nationen – mit allen ihren Mängeln und Unzulänglichkeiten – waren bereits vorgedacht.

3.5 Friedensvorstellungen bis zum Westfälischen Frieden

In diesem Sinne forderte Dante Alighieri (1265-1321) in seiner etwa um 1300 erschienenen dreibändigen Schrift über die Monarchie eine *pax universalis* unter der Autorität des römisch-deutschen Kaisers:

Dante empfiehlt die universelle Monarchie

„Wenn wir ein einzelnes Hauswesen betrachten, dessen Zweck es ist, den Hausgenossen eine gute Lebensweise zu sichern, so muß einer da sein, der sie leitet und beherrscht, der sogenannte Hausvater oder dessen Stellvertreter, gemäß dem Ausspruch des Philosophen (gemeint ist Aristoteles – Anm. *Koppe*): ‚Jedes Haus wird von dem Ältesten regiert.' Und dessen Pflicht ist es, wie Homer sagt, die anderen zu leiten und ihnen Gesetze aufzulegen. (...) Wenn wir eine einzelne Gemeinde betrachten, deren Zweck die bequeme Hilfeleistung mit Personen und Sachen ist, so muß einer der Leiter der anderen sein, sei es, daß er von einem dritten eingesetzt wurde oder daß einer von ihnen durch die Zustimmung der anderen eine hervorragende Stellung einnimmt; sonst gelangt man nicht zur gegenseitigen Hilfeleistung; ja es geht, wenn mehrere nach dem Vorrang trachten, die ganze Gemeinde zugrunde. Wenn wir aber eine einzelne Stadt betrachten, deren Zweck ein gutes und sich selbst genügendes Leben ist, so darf es nur ein Regiment geben, und dies nicht nur in einer richtigen, sondern auch in einer schlechten Staatsverfassung. Wenn es anders geschähe, so würde nicht nur der Zweck des bürgerlichen Lebens verfehlt, sondern die Stadt würde aufhören, das zu sein, was sie war. Wenn wir endlich ein einzelnes Reich betrachten, dessen Zweck derselbe ist wie der einer Stadtgemeinde, nur mit noch größerer Aussicht auf Ruhe, so muß einer König sein, der da herrscht und waltet, sonst verfehlen nicht nur die in dem Reiche Lebenden den Zweck, sondern das Reich geht zugrunde, gemäß jener unfehlbaren Wahrheit: ‚Ein jegliches Reich, das mit sich selber uneins ist, das wird wüst.' (...) Woraus klar wird, daß zum Heile der Welt die Monarchie oder das Kaisertum notwendig ist. (...)

Und da unter den zwei Möglichkeiten, für sich betrachtet, das Bessere zugleich das Beste ist, so folgt, daß die eine der zwei Möglichkeiten, von einem einzigen Herrscher und mehreren Herrschern, nicht nur Gott wohlgefälliger ist, sondern die Gott wohlgefälligste. Daraus folgt, daß das Menschengeschlecht sich im besten Zustande befindet, wenn es von einem einzigen regiert wird. Und so ist zum Heile der Welt die Monarchie notwendig." (*Dante* bei *Foerster* 1963: 27-31)

Pierre Dubois (um 1250-1322), französischer Theologe, Jurist, und Diplomat, entwickelte etwa um dieselbe Zeit Reformpläne für die Politik Frankreichs. Die christlichen Staaten sollten untereinander Frieden wahren, einen Staatenbund gründen und ihre Streitfragen einem internationalen Schiedsgericht zur Entscheidung vorlegen.

Dubois: Staatenbund und internationales Schiedsgericht

„Zur Wiedereroberung und Behauptung des Heiligen Landes muß eine gewaltige Kriegsschar aufgeboten werden. (...) Wenn so viele Menschen dorthin ziehen und dort bleiben sollen, wird es notwendig sein, daß die katholischen Fürsten in Eintracht leben und keine Kriege gegeneinander führen. Denn wenn sie dort weilen und erfahren, daß ihre Ländereien verwüstet und vom Krieg heimgesucht werden, dann würden sie das Erbe des Herrn verlassen und in ihr eigenes Land zurückkehren, um es zu verteidigen, wie es früher schon oft geschehen ist. Deshalb wäre es gut, wenn unter allen Katholiken, wenigstens unter denen, die der römischen Kirche gehorchen, der Friede dadurch gesichert würde, daß sie sich gleichsam zu einem einzigen Staat zusammenschließen, der aber so fest geeint sein müßte, daß er durch nichts getrennt werden könnte. (...)

Um den Frieden zu sichern, soll der Papst ein Konzil sämtlicher Könige und Fürsten einberufen, das die Leitung aller Staatsgeschäfte in Händen hat. Der Krieg zwischen christlichen Staaten ist verboten, Friedensbrecher trifft die Strafe der Gütereinziehung, und sie werden überdies ins Heilige Land versetzt, damit sie dort an vorderster Front gegen die Ungläubigen kämpfen. Die konfiszierten Güter bilden den Grundstock der Kriegskasse. Die Ländereien Widerspenstiger werden eingekreist, ausgehungert und besetzt. Wer sich über ein ihm zugefügtes Unrecht zu beklagen hat, soll ein internationales Schiedsgericht anrufen, statt Krieg zu führen.“ (*Dubois* bei *Foerster* 1963: 35-37)

Frieden, um Krieg gegen die Türken führen zu können

Dieses Traktat war wie die meisten dieser „Friedensentwürfe“ nur auf den Frieden unter den damaligen christlichen Staaten gerichtet, um einerseits den Einfluß des Papstes (vor allem in seiner Eigenschaft als Territorialfürst und in Abwehr seines oberherrschaftlichen Anspruchs) zurückzudrängen und andererseits den Ansturm der „ungläubigen“ muslimischen Türken besser abwehren zu können. Im 14. und 15. Jahrhundert zerfiel das römisch-deutsche Kaisertum, fast in allen europäischen Staaten herrschte Anarchie, die Pest raffte bis zu einem Drittel der Bevölkerungen hin, Rom und Byzanz waren auf Jahrhunderte zerstritten, das Osmanische Reich begann nach der Niederlage der Serben auf dem Amselfeld (*Kosovo Polje* 1389) und mit der Eroberung von Byzanz (1453) seinen Siegeszug nach Südosteuropa und bedrohte Wien und die habsburgischen Lande. Insoweit waren diese Traktate Appelle an die europäischen Fürsten, endlich untereinander Frieden zu schließen.

Typisch dafür ist der Friedensentwurf des böhmischen Königs Georg Podiebrad von 1464. Hintergedanke dieses dem französischen König und dem Hohen Rat der Stadt Venedig übersandten „Bündnis- und Föderationsvertrags“, als dessen eigentlicher Verfasser ein französischer Abenteurer und Fabrikant, Antonio Marini, anzusehen ist, war es ohne Zweifel, einerseits Papst und deutschen Kaiser aus den böhmischen Angelegenheiten (Abspaltung der Hussiten von der römischen Kirche) herauszuhalten, andererseits ein Bollwerk gegen den Türkensturm zu schaffen. Der Plan enthielt überdies modern anmutende Ideen: Verzicht der föderierten Staaten auf eigene Kriegführung, eine Art Bundesrat der beteiligten Fürsten, eine Bundesversammlung ihrer Vertreter, ein gemeinsames Kabinett und sogar ein Bundesgericht. Hier zwei der wichtigsten Artikel des Entwurfes:

Klage vor einem Bundesgericht

„Art. 3. Drittens geloben wir im Sinne dieser Übereinkunft: Wenn einer oder mehrere unserer Untertanen Verwüstungen, Plündereien, Räubereien, Brandschatzungen oder irgendwelche andere Freveltaten in den Königreichen, Fürstentümern und Ländereien eines unserer Bundesmitglieder begangen haben, so soll nach unserem Willen dadurch der Friede und die Eintracht nicht als verletzt gelten und nicht gestört werden, sondern die Übeltäter sollen von demjenigen vor Gericht gebracht werden, in dessen Herrschaftsbereich sie ihren Wohnsitz haben oder auf dessen Gebiet sie angetroffen werden, damit der Schaden, den sie angerichtet haben, von ihren Gütern wieder ersetzt wird und sie auch sonst je nach der Schwere ihres Vergehens gebührend bestraft. Wenn aber einer von uns, in dessen Herrschaftsbereich der Übeltäter seinen Wohnsitz gehabt hat oder in dessen Gebiet das Verbrechen begangen und der Übeltäter festgenommen wurde, sich gleichgültig oder säumig in der Ausführung dieser Bestimmungen zeigt, dann soll ihn die gleiche Strafe treffen wie den Übeltäter. Wenn einem aus unseren Reihen Unrecht oder Schaden zugefügt wurde, kann er vor der untenerwähnten Bundesversammlung oder dem Bundesgericht Klage führen.

Kein Friede ohne Gerechtigkeit

Art. 9. Da jedoch der Friede ohne Gerechtigkeit und die Gerechtigkeit ohne den Frieden nicht gewahrt werden kann und da der Friede aus der Gerechtigkeit erwächst und durch sie aufrechterhalten wird, verbinden wir den Frieden mit der Gerechtigkeit. (...) Und damit wir die einzelnen Fälle ordnungsgemäß behandeln, haben wir zunächst ein allgemeines Bundesgericht ins Auge gefaßt, das im Namen von uns allen und unseres ganzen Bundes jeweils an dem Ort, an dem die Bundesversammlung weilt, tagen soll und von dem wie von einer Quelle die Bäche der Gerechtigkeit nach allen Richtungen ausströmen sollen." (*Podiebrad* bei *Foerster* 1963: 43)

3.5.1 Erasmus von Rotterdam: der erste Friedenswissenschaftler

Doch die wirklich entscheidenden Fürsten wollten von solchen Plänen und Traktaten nichts wissen. Die Friedenswissenschaft lief deshalb schon in diesen Zeiten Gefahr, nicht beachtet oder für ihre unbequemen Forschungserkenntnisse geduckelt und gebeutelt zu werden.

So ging es erkennbar dem ersten Friedenswissenschaftler der neueren Geschichte, Desiderius Erasmus von Rotterdam (1466-1536, nach der Mode seiner Zeit latinisiert von Gerard Gerards, wie er nach seinem Vater Gerards, einem unverheirateten Priester, genannt wurde), der ein Jahrhundert vor dem Begründer des modernen Völkerrechts, Hugo de Groot (1583-1645), besser unter seinem ebenfalls latinisierten Namen Hugo Grotius bekannt, Verfasser des Traktats *De iure belli ac pacis* (1625), lebte. Erasmus erhielt 1516 von dem zu dieser Zeit erst fünfzehnjährigen Burgunderherzog Karl, dem späteren Kaiser Karl V., den Auftrag, eine Studie über die Wahrung des Friedens anzufertigen. Er kleidete seine Untersuchung – der damaligen Zeit gemäß – in ein allegorisches Gewand, indem er den Frieden als Person auftreten und über sein Schicksal klagen ließ: *Querela Pacis* – Die Klage des Friedens. 1517 war die Arbeit fertig. Darin heißt es:

„Kaum ein Friede ist so ungerecht, als daß er nicht dem scheinbar gerechtesten Kriege vorzuziehen wäre. Betrachte zuvor die einzelnen Umstände, welche der Krieg erfordert oder mit sich bringt, und du wirst sehen, was du für einen Gewinn erlangt hast. Des Papstes Gewalt ist die höchste. Wenn aber die Völker und Fürsten jahrelang durch unchristliche Kriege in Unruhe versetzt sind, wo bleibt dann die Gewalt des Papstes die Macht welche Christus am nächsten ist. Dort wahrlich sollten sie ihre Gewalt gebraucht haben, wären sie nicht selbst von ähnlichen Begierden beherrscht. Ruft der Papst zum Kriege auf, so leistet man Gehorsam. Gebietet er Frieden, warum folgt man dann nicht ebenso? (...)

Der größte Teil des Volkes haßt den Krieg und bittet um Frieden. Nur einige wenige, deren gottloses Glück aus dem Unglück der Allgemeinheit herrührt, wünschen den Krieg. Entscheidet selbst, ob es gleichgültig ist oder nicht, daß deren Schlechtigkeit mehr gelten soll als der Wille aller frommen Menschen. Ihr seht bisher, daß nichts mit Bündnissen ausgerichtet wurde, daß weder Heirat und Verschwägerungen, noch Gewalt und Rachsucht geholfen haben. Zeigt nun dieser Gefahr gegenüber, was Versöhnlichkeit und Wohltaten vermögen. Ein Krieg sät den anderen, Vergeltung zeugt Vergeltung. Möge nunmehr eine Freundschaft die andere gebären und eine Wohltat die andere hervorlocken. Derjenige soll für königlicher gehalten werden, der mehr von seinem Rechtsanspruch abläßt." (*Erasmus* bei *Foerster* 1963: 53, 58)

Diese Studie war als Vorbereitung einer der ersten internationalen Friedenskonferenzen gedacht und stellte das erste wichtige Dokument dar, in dem Frieden um des Menschen willen formuliert und jeder Art von Krieg eine eindeutige Absage erteilt wird. In die Sprache der modernen Friedenswissenschaft übersetzt hatte Erasmus argumentiert, daß militärische Gewalt kein geeignetes Mittel sei, Streitigkeiten zwischen Fürsten oder Staaten zu regeln, weil sie der Wohlfahrt des Staates und seiner Bürger mehr schade als nutze. Als er seine Arbeit dem Kanzler des Herzogs überreichte, war der junge Fürst längst anderen Sinnes geworden und wollte von Frieden nichts mehr wissen. Und doch hat diese kleine Schrift die Öffentlichkeit der damaligen Zeit wie auch spätere Generationen nachhaltig geprägt.

Erasmus kann auch als ein Anti-Machiavelli verstanden werden.[79] Niccolò Machiavelli lebte und wirkte fast zur gleichen Zeit: 1469-1527. Mit seiner Schrift „Der Fürst" (*Il Principe*) wollte auch er seine Zeit zur Ordnung rufen. Sein gesellschaftliches Umfeld waren die Kriege zwischen den italienischen Städten und dem Kirchenstaat, in dem er den Kern einer Befriedung Italiens sah. Doch dazu bedurfte es eines starken und vor allem skrupellosen Fürsten. Das Vorbild war für ihn Cesare Borgia (1474-1507), dem es in der Tat binnen kurzer Zeit gelang, den Kirchenstaat zu reformieren, wobei er in der Wahl seiner Mittel keine Rücksicht zeigte. Er verlor an Bedeutung, als sein Vater, der Renaissancepapst Alexander VI (Rodrigo Borgia) 1503 – ver-

79 Der eigentliche „Antimachiavell" stammt aus der Feder des damaligen preußischen Kronprinzen und späteren Königs Friedrich II. und wurde auf Anregung des von ihm hochgeschätzten Voltaire geschrieben und, um die Anonymität des Königs zu wahren, auch von diesem veröffentlicht. Friedrich lehnt in seiner Schrift die amoralischen Überlegungen Machiavellis ab, hat sich aber in späteren Jahren von seinem Text distanziert, wahrscheinlich weil er als Herrscher manchen Ratschlag des Italieners befolgen mußte.

mutlich an Gift – starb. Cesare selbst starb im Alter von erst 33 Jahren. Machiavellis Buch begründete wie kein anderes zuvor oder später die absolute Herrschaft von Fürsten und ihre Stellung über dem Gesetz:

Machiavelli: Frieden durch rationale Gewalt

„Wer (…) Staaten erobern und behalten will, muß zwei Dinge beachten: Erstens muß er das Geschlecht ihres bisherigen Fürsten auslöschen, zweitens darf er weder ihre Gesetze noch ihre Abgaben ändern; auf diese Weise verschmelzen in kürzester Zeit alte und neue Herrschaft zu einem Ganzen. (…) Daher muß ein Fürst, wenn er sich behaupten will, die Fähigkeit erlernen, nicht gut zu sein, und diese anwenden oder nicht anwenden, je nach dem Gebot der Notwendigkeit. (…) Auch darf es ihn dann nicht kümmern, in den Ruf solcher Laster zu geraten, ohne die er schwerlich seine Herrschaft bewahren könnte. (…) Daher muß er eine Gesinnung haben, aufgrund derer er bereit ist, sich nach dem Wind des Glücks und dem Wechsel der Umstände zu drehen und (...) vom Guten so lange nicht abzulassen, wie es möglich ist, aber sich zum Bösen zu wenden, sobald es nötig ist." (*Machiavelli* 1986: 15, 119, 121, 139)

Dennoch darf Machiavelli nicht vorgeworfen werden, in Krieg und Gewalt die alleinigen Mittel zur Herstellung friedlicher Verhältnisse gesehen zu haben. Er selbst hatte als Beauftragter der Republik Florenz in zahlreichen diplomatischen Missionen mit Erfolg dazu beigetragen, daß seine Heimatstadt von den Kriegswirren der damaligen Zeit weitgehend verschont blieb. Dennoch kann kein Zweifel daran bestehen, daß Machiavellis Thesen den Interessen der fürstlichen Herrscher mehr entgegen kamen als der Friedensruf seines Zeitgenossen Erasmus. Machiavelli verstärkte ungewollt das kriegskulturelle Denken und machte es noch schwerer, den Friedensvorstellungen der kommenden Jahrhunderte Resonanz zu verschaffen. Jenseits des nach ihm geprägten polemischen Begriffs „Machiavellismus" kann er als Gründer der Schule des politischen Realismus' gelten.

Sebastian Franck: Das Kriegsbüchlin des Friedes

Ganz anderer Art war das „Kriegsbüchlin des Friedes" des Sebastian Franck (um 1500-1542), eines reformatorischen Humanisten, der – selbst aus ärmlichen Verhältnissen stammend, er war Seifensieder und Buchdrucker – vor allem das Elend der Armen und Schwachen sah, die unter der Geißel des Krieges zu leiden hatten. „Der Krieg habe viele ‚Fehlgriffe' und ‚Konditionen', bis er gerecht genannt werden könne – vollends ‚in diesen letzten Zeiten', in denen ein christlicher Krieg so selten ist wie Störche im Winter." (*Franck* bei *Raumer* 1953: 29) Aus dieser Sichtweise kam er zu dem Schluß:

„Item daß Kriegen viehisch, wider die Natur und Vernunft, eine lautere Unsinnigkeit und nicht menschlich sei. Und wie der Satan nicht dann mit Gottes Kraft und Wort, also mag der Krieg nicht dann durch den Frieden als mit seinem Gegenteil bekrieget und abgetrieben werden. Hitz muß die Kälte austreiben, das Licht die Finsternis. Also will ich hie, mit des Frieds Waffen wider alle Unsinnigkeit zu kriegen gerüstet, streiten und kriegen." (*Franck* bei *Raumer* 1953: 257).

3.5.2 Die Utopien: Gegenwelten zur Realität

Eine wichtige Rolle spielten in dieser Zeit auch die utopischen Essays, die der zerrütteten Welt des ausgehenden Mittelalters den Spiegel vorhielten. Die Friedenswissenschaftler Eberwein und Reichel beschreiben die drei wichtigsten Texte wie folgt:

> „Eine weitere Etappe in der Fortentwicklung des Friedensgedankens markierten die Theoretiker der klassischen Utopien: Thomas Morus (1478-1535), Tomaso Campanella (1568-1639) und Francis Bacon (1561-1626). Ähnlich Hobbes gingen auch sie von einer Kritik zeitgenössischer Verhältnisse aus, gelangten jedoch zu anderen Konsequenzen. Während Morus in ‚Utopia' (1516) und Campanella im ‚Sonnenstaat' (*Citta del Sole,* 1602) den inneren Frieden im wesentlichen über die Neuordnung der Eigentumsverhältnisse verwirklichen wollten, eine Neuordnung, von der sie sich zugleich eine Erneuerung der Sozialmoral durchaus in christlich-humanistischem Verständnis erhofften, hob Bacon in seiner Schrift ‚Neu-Atlantis' (*Nova Atlantis*, 1624) ganz auf die überragende Bedeutung des naturwissenschaftlich-technischen Fortschritts ab. Die Konsequenzen bildeten den Übergang zu den Friedensplänen des Rationalismus und der Aufklärung." (*Eberwein/Reichel.* 1976: 17)

Die friedenskulturelle Bedeutung der Utopisten darf allerdings nicht überschätzt werden. Es war auch nicht ihre Absicht, eine Friedensvorstellung zu entwickeln, vielmehr wollten sie durch Beschreibung der gesellschaftlichen und vor allem sozialen Verhältnisse auf die Versäumnisse in ihren Ländern und ihrer Fürsten aufmerksam machen. Die Grundbedingung der Existenz ihrer Phantasiestaaten ist zwar „ewiger Frieden", doch wird gerade dieser Aspekt bei den drei Autoren nicht ausgeführt, bestenfalls als selbstverständlich unterstellt.

Thomas Morus: Frieden durch besseres Taktieren

Das Land Utopia[80] als eine phantastische romanhafte Reisebeschreibung von Thomas Morus (Thomas More) geschildert, ist nicht nur sehr wohl auf eine starke militärische Verteidigung vorbereitet, es hat auch brutale Kriege geführt, ist aber dann zu der Einsicht gekommen, daß durch geschicktes Taktieren und Manipulieren des Feindes der Frieden besser gewahrt werden könne als durch nackte Gewalt.[81] Das erste Buch enthält zwar die Aussage

> „Auf alle Fälle scheint mir eins sicher: unmöglich kann es im öffentlichen Interesse liegen, bloß für den Kriegsfall, den ihr doch nicht zu haben braucht, wenn ihr nicht wollt, einen unermeßlichen Schwarm von dieser Sorte Menschen (gemeint sind Soldaten – Anm. von *Koppe*) durchzufüttern, die den Frieden verdirbt, für den man sich doch viel eher einrichten sollte als für den Krieg!" (*Morus* 1964/1983: 27)

doch das zweite Buch handelt vom „Kriegswesen" wie folgt:

---

80 Utopia, von Morus als Kunstwort aus dem Griechischen erdacht: *ou topos* – Kein Land oder Nirgendwo.

81 In dieser Hinsicht dürfte Erasmus auf Morus Einfluß genommen haben. Beide waren miteinander befreundet und Erasmus hatte die letzte Drucklegung der Utopia zu Lebzeiten des Verfassers 1532 in Basel besorgt.

„Den Krieg verabscheuen die Utopier aufs höchste als etwas ganz Bestialisches, womit sich jedoch keine Art wilder Bestien so beständig beschäftigt wie der Mensch. Entgegen der Sitte beinahe aller Völker halten sie nichts für so unrühmlich, als im Kriege Ruhm zu suchen. Zwar betreiben sie ständig ihre militärische Ausbildung, und zwar nicht nur der Männer, sondern auch der Frauen, an hierfür festgesetzten Tagen, um nicht im Bedarfsfall untüchtig zu sein zum Kriege. Jedoch fangen sie nicht leichten Herzens einen Krieg an, es sei denn, um entweder ihre Grenzen zu schützen oder um die Gegner, die in das Gebiet ihrer Freunde eingedrungen sind, zu vertreiben, oder aus Mitleid mit irgendeinem von Tyrannei bedrückten Volk, das sie mit ihrer Macht vom Joche der Tyrannen und der Sklaverei befreien wollen; das tun sie allein aus Menschenliebe. Ihren Freunden freilich gewähren sie ihre Hilfe nicht immer nur zur Verteidigung, sondern zuweilen auch, um früheres Unrecht zu vergelten und zu rächen. Indessen tun sie das nur dann, wenn sie vor Eröffnung der Feindseligkeiten um Rat gefragt sind und den Kriegsgrund gebilligt haben, wenn ferner die zurückgeforderten Streitobjekte noch nicht zurückgegeben sind und sie selber die Kriegserklärung veranlaßt haben. Einen solchen Beschluß fassen sie nicht nur dann, wenn (ihren Freunden) bei einem feindlichen Einfall Beute weggeführt ist, sondern auch dann, und zwar mit viel größerem Kriegseifer, wenn deren Kaufleute bei irgendeinem Volke unter dem Scheine des Rechtes schikaniert werden, sei es, indem man unbillige Gesetze zum Vorwand nimmt oder indem an sich gute Gesetzesbestimmungen verkehrt ausgelegt werden." (*Morus* 1964/1983: 115/116)

Tomaso Campanella: Der Papst an der Spitze eines kommunistischen Gemeinwesens

Während Thomas Morus beim Schreiben seiner Utopia die englischen Verhältnisse vor Augen hatte, erlebte Tomaso Campanella die neapolitanischen Verhältnisse unter spanischer Herrschaft. Wegen seiner Opposition gegen die Spanier verbrachte er 27 Jahre in den Gefängnissen Neapels. Als Angehöriger des Dominikanerordens entging er der Verbrennung auf den Scheiterhaufen der Inquisition. Später wandte er sich von der katholischen Kirche ab. In seinem Essay „Der Sonnenstaat" kennen die Einwohner keinen persönlichen Gott; an seiner Stelle wird die Sonne als „sein Antlitz und seine lebendige Erscheinung" verehrt (*Foerster* 1967: 125). Daß Campanella Kenntnis von der ägyptischen Sonnenverehrung unter Echnaton hatte, kann angenommen werden. Im „Sonnenstaat" entwickelt er ein extrem kommunistisches Gesellschaftsmodell, in dem alles von der Behörde geregelt ist: Arbeitszeit (4 Stunden täglich), kein Privateigentum, sogar Anzahl der Kinder. Allerdings verbindet er diese Ordnung mit einer idealen Theokratie (Gottesstaat), an deren Spitze ein ebenso idealer Papst steht.

Ob Utopia seinen Einwohnern tatsächlich Freiheit gewährte, kann bezweifelt werden. Vieles deutet daraufhin, daß die gesellschaftlichen Regeln nur dank autoritärer Erziehung und eiserner Disziplinierung einzuhalten waren. Wie so etwas in der Praxis ausschaute, zeigt der „Jesuitenstaat" in Paraguay, der mehr nach Campanellas denn nach Morus' Vorstellungen organisiert war (von der „Sonnengott"-idee abgesehen, auf die sich die Jesuiten nicht einlassen konnten bzw. durften). 1609 hatte der Jesuitenorden für die Guarani-Indios und Mestizen sogenannte „Reduktionen" (die den späteren

Indianer-Reservaten in Nordamerika entsprachen) eingerichtet, in denen unter strenger Aufsicht eine Art Selbstverwaltung herrschte, die am ehesten mit dem Ausdruck „Theokratie“ bezeichnet werden kann, aber den darin lebenden Menschen zahlreiche, für die damaligen Verhältnisse im spanischen Südamerika ungewohnte soziale Vorteile verschaffte. Das Gebiet, das um 1750 etwa dreißig solcher Reduktionen mit rund 100.000 Bewohnern umfaßte, war freilich kein souveräner Staat, sondern unterstand der Aufsicht des spanischen Gouverneurs in Paraguay. Es war ein Experiment, das geduldet wurde, solange es den Interessen der spanischen Behörden diente, weil es die immer wieder aufständischen Indios befriedete, aber 1768 abgebrochen wurde, weil es die weltliche spanische Herrschaft auch in umliegenden Regionen zu bedrohen begann. Die Jesuiten wurden des Landes verwiesen. Dennoch ist diesem Experiment eine friedenskulturelle Bedeutung nicht abzustreiten, insofern es die Sorge um den Menschen und nicht das Machtinteresse eines Herrschers oder einer am Profit interessierten Schicht in den Vordergrund stellte. Dieser Aspekt mag für die Utopien insgesamt Geltung haben.

Francis Bacon: Dem Fortschritt den Weg bahnen

Das utopische Essay „Neu-Atlantis“ von Bacon war anderer Art. Es sollte den sich abzeichnenden wissenschaftlichen und technischen Fortschritt in Medizin, Landwirtschaft, Manufaktur und selbst Arbeitsorganisation popularisieren. Deshalb dürfte für diese Utopie in besonderer Weise das Vorhandensein friedlicher Verhältnisse eine selbstverständliche Bedingung gewesen sein, denn unter Kriegs- und Gewaltbedingungen hätte sich solcher Fortschritt nicht entfalten können. Auch sollte beachtet werden, daß die Utopisten zum Mittel des Romans gegriffen hatten, weil eine direkte Kritik an den Herrschern ihrer Zeit lebensgefährlich gewesen sein dürfte. Schließlich wurde Thomas Morus, der das höchste Amt der englischen Monarchie bekleidet hatte, nämlich das des Lordkanzlers, 1535 enthauptet, weil er sich weigerte, den Eid auf die Suprematie des Königs (Heinrich VIII.) als Oberhaupt der Kirche zu leisten, und Campanella verbrachte ein halbes Leben in den Gefängnissen der spanischen Inquisition.

3.5.3 Der Neue Kineas und der Große Plan

In die Reihe der letzten Friedenspläne vor dem Dreißigjährigen Krieg gehören „Der Neue Kineas“ (*Le Nouveau Cynée*) von Emeric Crucé (1590-1648) und „Der Große Plan“ (*Le Grand Dessein*) des Maximilien de Béthune, Herzog von Sully (1560-1641).

Emeric Crucé: Frieden für den ganzen Erdkreis

Die an die Monarchen seiner Zeit gerichtete Denkschrift „Der Neue Kineas oder Abhandlung über die Gelegenheiten und Mittel, einen allgemeinen Frieden sowie die Freiheit des Handels auf dem ganzen Erdkreise zu begründen“ wurde von dem ansonsten unbekannten Pariser Gelehrten Crucé 1623 veröffentlicht. Er starb übrigens im Jahr des Westfälischen Friedensschlusses.

„Der Titel ‚Nouveau Cynée‘ (Der neue Kineas) ist einer der seit der Renaissance so beliebten Rückgriffe auf die Antike. Kineas war ein Vertrauter des Königs Pyrrhos von Epeiros, der als ein zweiter Alexander im Westen ein großes Reich begründen wollte und die Römer unter so großen Verlusten besiegte, daß er seinen Namen durch den Begriff Pyrrhus-Sieg unsterblich machte. Kineas hatte vorher zum Frieden geraten. Wozu, fragte er, soll der Sieg über die Römer dienen? Pyrrhos erwiderte, dann sei der Weg frei für die Eroberung Siziliens. Kineas fragte weiter, wozu das nützen soll. Auch Sizilien sei nur ein Vorspiel zu noch größerem Ruhm, antwortete Pyrrhos, denn dann würde Libyen und Karthago eine leichte Beute sein und kein Feind würde ihm noch widerstehen können. Kineas fragte abermals weiter, was dann geschehen solle. Pyrrhos lachte: Nun, dann wollen wir, mein Bester, sagte er, ganz in Ruhe und Muße genießen, alle Tage mit Schmausereien und Lustbarkeiten zubringen (...). Nachdem Kineas den Pyrrhos auf diesen Punkt gebracht hatte, sagte er zu ihm: Ei, was hindert uns denn, wenn wir wollen, jetzt gleich in Schmausereien zu leben und der Ruhe miteinander zu genießen, da wir schon ohne alle Mühe dasjenige bei der Hand haben, wozu wir erst durch Blutvergießen, durch viele Strapazen und Gefahren und eine Menge Übel, die wir teils selbst erlitten, teils anderen zugefügt haben, gelangen werden?

Das Motiv, daß Krieg nicht lohne, ist einer der Grundgedanken Crucés. Ihn versucht er den ‚Allerdurchlauchtigsten, Großmächtigsten und Unüberwindlichen Monarchen‘ plausibel zu machen, in deren Arbeitskabinetten er seinem Buch einen Platz wünscht. Denn wenn die Großen in ihrer von Gott verliehenen Herrlichkeit auch keinen guten Rat nötig hätten, so fügt er hintergründig hinzu, dann ließen sich doch die Vernünftigen und Wohlmeinenden unter ihnen gern belehren, deren es allerdings, wie er später schreibt, nur wenige gibt. Deshalb appelliert er nicht so sehr an ihre Vernunft, sondern an ihr Selbstinteresse.“ (*Raumer* 1967: 144)

Crucé hat sich mit Kineas insofern identifiziert, als auch er den Monarchen seiner Zeit von Krieg und Gewalt abraten wollte. Wichtig ist, daß er als erster – zurückgreifend auf die Stoa (vgl. 2.4.4) – in seinem Plan nicht mehr zwischen Völkern und Religionen unterschied, sondern alle Menschen umfassen und auch dem Kaiser keine Vorzugsstellung einräumen wollte:

„(...) Damit hätten wir die Gründe und Vorwände zu einem Kriege zurückgewiesen. Indes findet sich noch eine andere Ursache. Ich meine die Feindschaft und, wenn ich so sagen soll, die Abneigung, die zwischen manchen Völkern ihrer alten Zwistigkeiten oder Religionsverschiedenheit wegen herrscht. Denn wie, wird einer Fragen, sollten sich in ihrem Denken und Fühlen so verschiedene Völker zusammenbringen lassen wie der Türk und der Perser, der Franzose und der Spanier, der Chinese und der Tatar, der Christ, der Jude oder der Muselmann?

Ich behaupte, dergleichen Feindschaften sind rein politisch und können die Verbindung, so zwischen den Menschen besteht und bestehen soll, nicht zerstören. Die räumliche Entfernung, die getrennten Wohnplätze tun der Blutsverwandtschaft keinen Eintrag, ebensowenig wie hierdurch die Wesensverwandtschaft aufgehoben werden kann, welche die wahre Grundlage menschlichen Verstehens und Zusammenlebens ist. Warum sollte ich als Franzose einem Engländer, Spanier oder Inder übelwollen? Ich bring‘s nicht über mich, wenn ich denke, daß es Menschen sind wie ich, daß ich gleich ihnen irrendes, sündiges Geschöpf bin und daß alle Nationen durch ein natürliches und daher unauflösliches Band miteinander verbunden sind. Danach kann niemand einen andern als Fremdling ansehn, der sich nicht von der allgemeinen und eingewurzelten Anschauung leiten läßt, die er von seinen Vätern übernommen. (...)

Nichtsdestoweniger müßte man, den Mißlichkeiten eines solchen Falles (Friedensbruch – Anm. *Koppe*) vorzubauen, eine Stadt bestimmen, darin alle Herrscher ihre ständigen Botschafter unterhielten, um die möglicherweise auftretenden Zwistigkeiten durch den Urteilsspruch der ganzen Versammlung ins reine zu bringen. Die Gesandten der interessierten Parteien brächten die Beschwerden ihrer Gebieter vor, während die übrigen Abgeordneten unvoreingenommen darüber entschieden. Um dem Entscheid größeres Gewicht zu geben, würde man auch die großen Republiken um ihre Meinung befragen, welche ebenfalls an dem nämlichen Orte ihre Vertreter hätten. Ich sage die großen Republiken, wie die der Venediger und Schweizer, nicht die kleineren, welche aus eigner Kraft gar nicht bestehen können und auf fremde Hülfe angewiesen sind. Handelte einer dem Schiedsspruche eines so erlauchten Gremiums zuwider, so zöge er sich dadurch die Ungnade aller andern Fürsten zu, die gewiß wirksame Mittel fänden, ihn zur Vernunft zu bringen.

Der angemessenste Ort für eine solche Versammlung ist wohl das Gebiet von Venedig, insofern dieses nämlich für alle Regenten gleichsam neutraler und unparteiischer Boden ist; außerdem liegt es in der Nähe der bedeutendsten Reiche dieser Erde: des Papstes, der beiden Kaiser und des Königs von Spanien. Es liegt nicht fern von Frankreich, Tatarenland, Rußland, Polen, England und Dänemark. Was Persien, China, Äthiopien und das östliche und westliche Indien betrifft, so liegen diese Länder zwar ziemlich weit ab, doch wird dieser Nachteil durch die Schiffahrt wettgemacht; auch muß man zu einem so löblichen Ende eine weite Reise nicht scheuen. (...)

Wir wollen keinen Scheinfrieden, keinen Frieden auf drei Tage, sondern einen dauernden Frieden auf freiwilliger und gleicher Grundlage, einen Frieden, der jedem gibt, was ihm gebührt, dem Bürger sein Privilegium, dem Fremden Gastrecht und aller Welt die Freiheit in Handel und Verkehr." (*Crucé* bei *Raumer* 1953: 303f.)

In der Tat hat Crucé damit einen wirklich universalen Frieden skizziert und den Friedensrahmen nicht nur auf das christliche Abendland beschränkt. Zudem hat er den Frieden auch mit der Notwendigkeit begründet, „aller Welt die Freiheit in Handel und Verkehr" zu geben und damit einen Gedanken formuliert, den rund 150 Jahre später Adam Smith mit seinem Werk „Der Wohlstand der Nationen" (*Wealth of Nations*) ausgeführt hat (vgl. 4.2.2).

Der Herzog von Sully: Gleichgewicht der europäischen Mächte

Der Herzog von Sully wiederum hatte sein Essay 1532 dem zwanzig Jahre vorher ermordeten König Henri IV. zugeschrieben, wohl um mehr Aufmerksamkeit zu gewinnen, was ihm auch gelang, denn bis in die Neuzeit hinein beriefen sich Völkerrechtler auf diesen Entwurf, der nicht mehr und nicht weniger als eine Europäische Föderation als Garantin des Friedens vorsah. In der Form erscheint der Große Plan als ein Bericht über die Vorstellungen des französischen Königs. Sully (und wohl auch dem König) ging es – sein Essay wurde veröffentlicht, als der Dreißigjährige Krieg gerade seinen Höhepunkt erreicht hatte, vierzig Jahre zuvor hatten in Frankreich Religionskriege drei Jahrzehnte lang gewütet – vorrangig um eine Lösung, die den Katholiken, Reformierten (Calvinisten und Hugenotten) und Protestanten (Lutheraner) gerecht werden sollte. Im übrigen war der Text so allgemein gehalten, mit

Ausnahme der Beschreibung der politischen und geographischen Abgrenzungen der beteiligten Staaten, daß jeder Rechtsgelehrte das hineindenken konnte, was er sich vorstellte. Vielleicht war es gerade diese Form des Plans, vielleicht aber auch der Grundgedanke eines europäischen Gleichgewichts der Mächte, die auf die Völkerrechtler der kommenden Jahrhunderte eine so große Faszination ausübten. Auch stellt sich die Frage, ob der Große Plan tatsächlich als „Friedensentwurf" gewertet werden kann, denn das kurioseste Element ist Sullys Überlegung, den erreichten Frieden der Föderation von Monarchien und Republiken durch einen „heiligen Krieg (...) gegen den Feind des christlichen Namens", also einen „Kreuzzug als Dauerform zur Sicherung des europäischen Lebens" zu führen. Mit dieser Formulierung kehrt der antike griechische Gedanke des natürlichen Dauerkrieges in die Friedensdiskussion zurück. Im vorliegenden Falle ist es vernünftiger, den Kommentar von Raumer als Auszüge aus dem Plan selbst wiederzugeben:

„(...) Der militärische Aufmarsch von 1610, der geplante Zug nach Jülich, der in Frankreich und in der ganzen Welt soviel Rätselraten erregt hatte, war nur als die erste Etappe zu einer Neuordnung Europas gedacht gewesen, deren Ziel die Bildung von 15 ungefähr gleich starken Staaten – 6 Erbmonarchien, 5 Wahlmonarchien, 4 Republiken – war. Dieses Ziel sollte womöglich auf friedlichem Wege erreicht werden; da jedoch mit dem Widerstand des Hauses Habsburg zu rechnen war, mußte ein Waffengang ins Auge gefaßt werden, an dessen gutem Ausgang indes im Hinblick auf Heinrichs zahlreiche Bundesgenossen nicht zu zweifeln war. Neben den deutschen Protestanten, neben zahlreichen andren Fürsten und Republiken ist es vor allem England, welches als Träger dieser europäischen Föderation gegen die Übermacht des Hauses Habsburg erscheint: Königin Elisabeth war Mitwisserin, ja Anregerin des Zusammenschlusses gewesen, und die Errichtung des europäischen Gleichgewichts föderierter Staaten an Stelle der Universalmonarchie einer einzelnen Macht stellte sein eigentliches Ziel dar. Ein Ziel, das freilich von einem noch Höheren und Größeren seine tiefe Rechtfertigung und seinen eigentlichen Sinn empfängt. Die *République Chrétienne* ist eine Republik des inneren Friedens, deren Glieder alle aufkommenden Streitfälle in einem der Gewalt entzogenen Schlichtungsverfahren bereinigen; und sie beweist ihre Christlichkeit darin, daß sie gegen den Feind des christlichen Namens in der Einigkeit, die Christen ziemt, den heiligen Krieg führt – den Kreuzzug als Dauerform zur Sicherung europäischen Lebens. Schon im Hinblick auf dieses erhabene, wahrhaft christliche Ziel muß der Verdacht, daß eine solche Politik im eigennützigen Interesse und in der Ruhmesliebe eines einzelnen Volks ihre Wurzel hatte, verstummen. Dieser Verdacht findet aber noch eine ganz besondere und, wie es scheint, zwingende Widerlegung, auf die daher Sully großen Wert legt. Heinrich IV. verband mit seinem *Grand Dessein* keinerlei territoriale noch sonstige politische Ambitionen. (...)

Was die territoriale Seite der Neuordnung anlangt, so stellte sie allerdings auf der europäischen Landkarte das Unterste zuoberst. Beschreibt man sie von Frankreich aus, das in der Mitte steht, und beginnt an seiner Nordgrenze, so sollten die Generalstaaten um die spanischen Niederlande (...) erweitert werden; im Osten sollte die Schweiz, der andere Kleinstaat von internationalem Rang, durch die Einverleibung des Elsaß, der Freigrafschaft Burgund und Tirols auf europäisches Normalmaß gebracht werden. Ähnlich *tabula rasa* machte Sullys Länderplan für Italien. Savoyen war die große Rolle eines bedeutend erweiterten Königreichs der Lombardei zugedacht, Venedig die Herrschaft über Sizilien, dem Papst die Ausbreitung in Unteritalien. Dazwischen bildeten die mittelitalienischen Städte fortan einen eigenen Staat, und über allem der Papst eine ‚Italienische Republik'. In Osteuropa war die Vergrößerung von Böhmen und Ungarn vorgesehen – beide auf Deutschlands

Kosten: die Wenzelskrone sollte über Schlesien, die Stephanskrone über Österreich einschließlich Wien, über Kärnten, Krain und Steiermark herrschen. Dagegen verlor Spanien alle europäischen Außenbesitzungen außer ein paar Inseln; begrenzt auf die Iberische Halbinsel, mochte es sich mit seinem Überseereich schadlos halten." (*Raumer* 1953: 70f.)

Sullys Plan hatte, wie alle Friedensentwürfe vor ihm, keinen Erfolg. Ob er Erfolg gehabt hätte, wenn König Henri IV. nicht ermordet worden wäre (1610), ist sehr fraglich, denn die Interessen der europäischen Fürsten waren nach wie vor an Machterhalt und Machtausweitung orientiert. Dennoch hat Sully den Dialog über Friedensschaffung und Friedenswahrung durch politische Mittel bis in die neuere Zeit hinein befruchtet, auch wenn es noch dreihundert Jahre bis zu einer ersten praktischen Umsetzung seines Grundgedankens mit der Konstituierung des Völkerbundes währte (1919).

3.5.4 Der Westfälische Friede: ein Wendepunkt?

Als der Herzog von Sully seinen „Großen Plan" 1623 veröffentlichte, war der Dreißigjährige Krieg in vollem Gange (1618-1648). Es sollte noch 25 Jahre währen, bis die Herrscher in Europa sich zum Frieden bereit fanden, vielleicht weniger aus Einsicht, denn aus Ermüdung und Sorge um den Verfall der Staatsfinanzen. Wieder hatte nach der Dynamik der Renaissance der gesellschaftliche und wirtschaftliche Fortschritt einen Rückschlag erlitten. Die Städte verarmten, die Nahrungsmittelproduktion ging zurück, Menschen verhungerten. In manchen Regionen war die Zahl der Einwohner auf 30 Prozent des Vorkriegsstandes gesunken, ein Verlust, den später nicht einmal die beiden Weltkriege zu verzeichnen hatten. Deshalb mag der Westfälische Friede von Münster und Osnabrück (1648) vielen Zeitgenossen und vor allem den bedrängten Menschen und den Friedensrufern als eine Erfüllung ihrer Sehnsucht erschienen sein, obwohl außerhalb seines Einflußbereichs das Kriegführen und Morden ungehindert weiterging. Die spanischen Erbfolgekriege (1701-1714), die Nordischen Kriege (1700-1721), der Österreichische Erbfolgekrieg (1740-1748) und die Schlesischen Kriege (1740/42, 1744/45, 1756/63) zeichneten sich bereits ab.

Die Entwicklung in anderen Kulturkreisen

Auch jenseits des europäisch-abendländischen Kulturkreises herrschten keineswegs friedliche Verhältnisse. In der vorkolumbianischen Zeit der beiden Amerikas waren Kämpfe und Gewalt ähnlich den Bürgerkriegen in der griechischen Antike an der Tagesordnung, schlossen aber die Entwicklung größerer Zivilisationen (z.B. das Reich der Inkas) nicht aus. Erst die *Conquista* Mittel- und Südamerikas durch Spanier und Portugiesen und dann die meist gewaltsame Besiedelung Nordamerikas durch Franzosen, Holländer und Engländer brachten eine Veränderung der dortigen Verhältnisse, aber durchaus keinen Frieden. Der Preis war die Auslöschung von 90 Prozent der Ureinwohner durch Gewalt und Seuchen und die Versklavung und Ausbeutung der verbliebenen Indios.

Bürgerkriegsähnliche Zustände gab es auch in China und Ostasien, ebenso wie in Indien und Südostasien. Doch die Friedensperioden waren länger und besondere kriegskulturelle Erscheinungen im Abendland, wie die Verteufelung von Fremden und Andersgläubigen, die sich wechselseitig als „Ungläubige" oder „Ketzer" befeindeten, waren zwar auch vorhanden, aber sehr viel weniger ausgeprägt. Ein charakteristisches Beispiel für friedenskulturelle Toleranz war die Herrschaft der aus der Mongolei stammenden muslimischen Mogule in Indien. Unter Akbar dem Großen (1542-1605) wurde der Gegensatz zwischen den Religionen weitgehend überbrückt. An seinem Roten Palast in Agra finden sich in Stein gehauen der Halbmond des Islam, das Kreuz der Christen und der Davidsstern der Juden. In seinem Harem wohnten Frauen fast aller Religionen.[82] Auch dieser relative Frieden in Süd- und Ostasien wurde durch die Kolonialpolitik der europäischen „Großmächte", erst der Niederlande und dann Englands und Frankreichs (Indochina) nachhaltig gestört.

China: Schießpulver erfunden, aber nicht für den Krieg genutzt

Ob ohne die Einmischung der Europäer die Entwicklung in den kolonisierten Ländern anders verlaufen wäre, läßt sich im nachhinein nicht sagen. Es sei nur darauf hingewiesen, daß beispielsweise die Papierherstellung sowie die Eisen- und Stahlbearbeitung in China, Japan, Indien und Vorderasien mindestens ebenso weit, wenn nicht weiter entwickelt waren als in Europa. Das Schießpulver wurde im 8. Jahrhundert in China erfunden, also fünf Jahrhunderte vor seiner Erfindung in Europa. Es war in ganz Asien für Feuerwerkszwecke verbreitet, wurde aber vor den Europäern nicht zu Kriegszwecken genutzt. Schon um 1100 kannten die Chinesen den Raketenantrieb. Aus allen dieses Überlegungen kann nur eines mit Sicherheit gesagt werden: Zu Beginn der Neuzeit hatte sich kriegskulturelles Denken gegenüber allen Friedensvorstellungen durchgesetzt, allerdings auch eine weitgehende Trennung von Politik und Religion. Die Entscheidung zwischen Frieden und Krieg lag von nun an allein in den Händen der Regierenden.

---

82 Akbars Versuch, Islam und Hinduismus miteinander zu einer Religion zu verschmelzen, scheiterte. Er hatte wahrscheinlich Kenntnis von einer Sekte, die um 1530 gegründet worden war, hinduistische und muslimische Elemente zusammenfügte und sich in Nordwestindien (Pandschab) durchsetzte: die Sikhs („Schüler" ihres Gründers Nanak). Da sie sich als Minderheit immer wieder verteidigen mußten, auch heute noch, entwickelten sie eine Art Militärgesellschaft, deren Fähigkeiten von den Briten genutzt wurden. Noch heute werden Sikhs in mehreren asiatischen Ländern als Soldaten und Polizisten bevorzugt.

4. Vom Westfälischen Frieden bis zum 20. Jahrhundert

Im Jahrhunderte langen Streit um die Frage der Autorität über die Entscheidung zwischen Frieden und Krieg hatte mit dem Westfälischen Frieden letztendlich die weltliche Obrigkeit über die päpstlichen und kirchlichen Herrschaftsansprüche obsiegt. Die Obrigkeit übernahm vom *bellum iustum* nur das, was sie wirklich interessierte: das *ius ad bellum*, das Recht auf Krieg. Das geschah zu einer Zeit, die durch drei Bedingungen geprägt war:

Rahmenbedingungen: Europa im 17. Jahrhundert

1. Die Völker waren durch die Religionskriege in Frankreich, Italien und Deutschland, die immer zugleich auch Kriege um Macht und Land waren, erschöpft. In manchen Regionen war die Bevölkerung auf weniger als ein Drittel geschrumpft. Landwirtschaft, Produktion und Handel lagen danieder (vgl. 3.5.4).
2. Das mit der Renaissance allmählich wieder aufgeblühte Städtewesen und Kulturleben in Verbindung mit dem sich ausbreitenden Handel und der entstehenden vorindustriellen Warenproduktion (Manufakturwesen) bedurfte für seine weitere Entfaltung, wenn nicht eines dauerhaften Friedens, so zumindest längerer Friedensperioden (vgl. 3.4).
3. Die „Aufklärung", für die Namen stehen wie René Descartes (1596-1650), der Philosoph des Rationalismus (*cogito, ergo sum*), François-Marie Voltaire (eigentlich Arouet, 1694-1778), der Aufklärer schlechthin, Denis Diderot (1703-1784) und die Enzyklopädisten, die das ganze Wissen ihrer Zeit sammelten und verfügbar machten, Samuel von Pufendorf (1632-1694), der Begründer der Naturrechtslehre, Paul Baron von Holbach (1723-1789), der die Ethik von der Bevormundung durch die Theologie befreite, und viele andere, hatte das ausschließlich religiös fixierte Menschenbild abgelöst und den Menschen selbst in den Mittelpunkt des Denkens und Handelns gerückt.

Damit waren die Voraussetzungen für eine Befriedung der abendländischen Gesellschaft im Grunde gegeben, doch der inzwischen fest verwurzelte Partikularismus ließ dennoch nur wenig Raum für die Entwicklung einer europäischen Zivilisation, nicht zuletzt weil andauernde Friedenszeiten fehlten. Die Entwürfe für einen umfassenden Frieden in Form einer universellen Monarchie oder Wiederbelebung des ehemaligen römischen Reiches unter einem deutschen Kaiser waren mit den Ereignissen im 15. und 16. Jahrhundert gegenstandslos geworden.

4.1 Nationale Friedensräume entstehen

Dennoch hatten diese Entwürfe eine gewisse Wirkung entfaltet. Statt des Reiches als Friedensraum entstanden nationale befriedete Binnenräume, die zivilisatorische (rechtliche und wirtschaftliche) Entwicklungen ermöglichten, die sich auch über die Grenzen verbreiteten (z.B. die Dampfmaschine, der automatische Webstuhl).[83] Zugleich aber traten diese befriedeten Räume in immer stärkeren Wettbewerb untereinander, der den Keim zu jenen nationalstaatlichen Kriegen legte, die bis ins 20. Jahrhundert andauerten. Es ging um Macht, um Ansehen und Einfluß, um Reichtum durch Handel und vor allem Ausbeutung, um Eroberung von Kolonien (deren Nutzen als Rohstoffressource übrigens sehr viel geringer war, als die nationalistische Geschichtsschreibung die Öffentlichkeit glauben machte).

4.1.1 Hobbes und Grotius begründen die absolute Fürstengewalt

Kurzum, die Friedensordnung von Münster und Osnabrück hatte den Grundstein für eine nationalstaatliche Ordnung gelegt, die dauerhaften – internationalen – Frieden verhinderte. Einer der geistigen Väter dieser Ordnung war ohne Zweifel Thomas Hobbes (1588-1679). Er begriff

> „Frieden – modern gesprochen – als innere Sicherheit, innere Rechtssicherheit, letztendlich garantiert und erzwungen durch das Gewaltmonopol des Staates. Der Friede als *pax civilis effectiva* wird höchster und absoluter Staatszweck, dem sich alle anderen Werte unterzuordnen haben." (*Meyers* 1991: 96)

Hobbes wird damit zum Philosophen der im Herrscher begründeten absoluten Staatsgewalt (*Leviathan*), der einerseits seine Untertanen daran hindert, sich gegenseitig totzuschlagen (*homo homini lupus*), andererseits aber das Recht in Anspruch nimmt, die Staatsinteressen gegenüber anderen Herrschern bzw. Staaten mit kriegerischer Gewalt durchzusetzen.[84]

---

83 In Analogie zur *pax Romana* bezeichnete England sein Kolonialimperium (das spätere *Commonwealth*) als den Bereich der *pax Britannica* und versuchte, mit diesem Begriff seine Kolonialpolitik als Friedenspolitik zu legitimieren.

84 Vgl, dazu *Meyers* 1991: 80f. Meyers gibt in seinem Buch eine umfassende Darstellung der historischen Verkehrsformen von Krieg und Frieden.

„Staat ist eine Person, deren Handlungen eine große Menge Menschenkraft der gegenseitigen Verträge eines jeden mit einem jeden als ihre eigenen ansehen, auf daß diese nach ihrem Gutdünken die Macht aller zum Frieden und zur gemeinschaftlichen Verteidigung anwende." (*Hobbes* 1966: 155/156)

Das Staatsinteresse und die Autorität des Fürsten bestimmten von nun an nicht nur faktisch, sondern ganz legal über Frieden und Krieg. Das *ius ad bellum* hatte sich für die nächsten Jahrhunderte durchgesetzt und verhinderte das Entstehen einer auf umfassendem gemeinsamen Frieden beruhenden abendländischen (europäischen christlichen bzw. säkularen) Zivilisation.[85] Ergänzt wurde dieses Staatsverständnis durch ein modern anmutendes Völkerrecht, das Hugo Grotius (1583-1645) entwickelt hatte. Huber/Reuter bescheiben seinen Denkansatz wie folgt:

„Zur Lösung dieser Aufgabe greifen Philosophen wie Juristen der frühen Neuzeit auf den Gedanken des Naturrechts zurück. Unter ihnen kommt dem holländischen Juristen Hugo Grotius eine Sonderstellung zu; denn zu Recht sieht man in ihm den Begründer des neuzeitlichen Völkerrechts. (...) Der neue Ansatz von Grotius besteht darin, daß er die Menschheit als eine über den Staaten stehende Rechtsgemeinschaft versteht. Da das Naturrecht universal gilt, gibt es nicht nur ein Staatenrecht, sondern auch ein die Staaten verbindendes Völkerrecht. Allerdings denkt Grotius die Gemeinschaft zwischen den Völkern nicht im Modell des Weltstaats; diese bereits zu seiner Zeit durchaus geläufige Vorstellung lehnt er ausdrücklich ab. Vielmehr begreift er diese Gemeinschaft als eine Verbindung freier Staaten, die sich elementaren sittlichen Pflichten unterwerfen. In der klassischen Alternative zwischen Weltregierung und Völkerbund entscheidet sich bereits Grotius für das Modell des Völkerbunds. (...)

Verrechtlichung des Krieges

Die Vision eines dauerhaften, gar eines ewigen Friedens weist Grotius freilich als wirklichkeitsfremde Utopie zurück. (...) Die schlechthinnige Verdammung des Kriegs, wie sie uns bei Erasmus von Rotterdam begegnet, weist er als eine Übertreibung ab, die sich mit der geschichtlichen Wirklichkeit nicht verträgt. Im Gegenzug gegen solche utopischen Konzepte ist er an der Einhegung, und das heißt vor allem: der Verrechtlichung des Krieges interessiert. Deshalb tritt in seinem großen Werk *De iure belli ac pacis* neben das Recht des Friedens das Kriegsrecht. (...) Grotius (sieht sich) zu der Konsequenz genötigt, daß wenn nur auf beiden Seiten eine legitime Obrigkeit als kriegführend auftritt, ein Krieg auch von beiden Seiten gerecht sein kann. Die Wendung, die sich schon bei seinen Vorläufern angebahnt hat, wird von Grotius endgültig bestätigt; die Lehre vom gerechten Krieg wird zur Lehre vom *bellum iustum ex utraque parte* weiterentwickelt. Damit aber verliert der Begriff des gerechten Krieges nicht nur seinen diskriminierenden Charakter, sondern zugleich seine kritisch-unterscheidende Funktion. (...) Die Entscheidung über das *ius ad bellum* liegt ausschließlich in der Hand des Souveräns; eine Pflicht zum Ungehorsam im Fall eines ungerechten Krieges kann es nicht mehr geben.

Mit dem Namen des Hugo Grotius verbindet sich aber nicht nur die Lehre vom *bellum iustum ex utraque parte*, sondern auch der Versuch, die Handlungen im Krieg rechtlichen

---

85 Dieser Aspekt hat einen historischen Strang begründet, der bis heute erkennbar ist, insofern er auch zur Begründung des Nationalstaates im 19. und 20. Jahrhundert beigetragen hat und in der Friedensforschung die Frage nach der Friedensfähigkeit des Staates auslöst. Vgl. *Krippendorff*, Ekkehart 1985: Staat und Krieg. Die historische Logik politischer Unvernunft, Frankfurt am Main.

Normen zu unterwerfen. Auch im Krieg bleibt der Mensch ein dem Recht verpflichtetes Sozialwesen. Auch dem Feind gegenüber ist er an Treu und Glauben gebunden. Zu den kriegsrechtlichen Konsequenzen, die Grotius aus dieser Überzeugung ableitet, gehört die Unterscheidung von Kombattanten und Nichtkombattanten, das Verbot von Folter und grausamen Kriegshandlungen sowie der Ausschluß von Kriegshandlungen gegen entwaffnete Feinde.

Das Werk *De iure belli ac pacis*, in dem Grotius solche Regeln entfaltet, erscheint im Jahr 1625. Es gehört zu den tiefen Paradoxien der europäischen Entwicklung, daß der Durchbruch zu einem *ius publicum Europaeum*, zu einem Völkerrecht für Europa, das rechtliche Regeln der Kriegführung einschließt, ausgerechnet im Zeitalter des Dreißigjährigen Krieges erfolgt, eines Krieges, der an Länge und Grausamkeit alles Bisherige in den Schatten stellt. Diese Paradoxie wiederholt sich Jahrhunderte später bei dem Versuch, die seit Grotius entwickelten Regeln des Kriegsrechts durch völkerrechtliche Vereinbarungen verbindlich zu machen. Dieser Versuch vollzieht sich in dem halben Jahrhundert zwischen 1899, dem Jahr der ersten Haager Konferenz, und 1949, dem Jahr der Genfer Konvention. Er fällt also in das halbe Jahrhundert, das durch die beiden von Europa ausgehenden Weltkriege gekennzeichnet ist – zwei Kriege, die in größter denkbarer Grausamkeit alle Regeln eines Rechts im Krieg verletzt haben. Immer dann, wenn mit besonderer Entschiedenheit versucht wurde, den Krieg dem Recht zu unterwerfen, hat er selbst gezeigt, was er in Wahrheit ist: die Institution der Rechtsverletzung schlechthin. Zwar bleibt das Bemühen, den Krieg mit den Mitteln des Völkerrechts zu humanisieren, ein wichtiger Versuch, sich seiner Grausamkeit entgegenzustemmen. Doch die Lehre aus den Erfahrungen unseres Jahrhunderts reicht weiter. Es genügt nicht, den Krieg zu humanisieren; wir müssen die Institution des Kriegs überwinden." (*Huber/Reuter* 1990: 80-82)

4.1.2 Leibniz: Frieden für Europa durch das deutsche Reich?

Eben diese Verrechtlichung des Krieges wurde in der Folge zum Gegenstand der weiteren Friedensvorstellungen. Es bedurfte nicht länger der Kreuzzugsidee als Motiv für die Herstellung des Friedens in Europa. Auch der „Türkensturm" hatte an Kraft verloren. Dennoch spielte beides nach wie vor eine Rolle als Begründung.

Gottfried Wilhelm Leibniz (1646-1716) verfaßte 1670 eine Denkschrift unter dem Titel „Bedenken, welchergestalt Securitas publica interna et externa et Status praesens im Reich jetzigen Umständen nach auf festen Fuß zu stellen", die nur bedingt als Friedensentwurf interpretiert werden kann. Nach seinen Vorstellungen sollte ein deutscher Reichsstaat für Frieden in Europa sorgen und die Machtinteressen der einzelnen europäischen Nationen, insbesondere Frankreichs, Englands, Hollands, Spaniens und Portugals, auf die Eroberung und Unterwerfung der überseeischen Gebiete gelenkt werden. Hier zeichnete sich ein Eurozentrismus ab, der sich in der Folge eher als verhängnisvoll, denn als friedensfördernd erweisen sollte. Hauptinstrument der innereuropäischen Friedenswahrung sollte auch bei diesem Gelehrten ein internationaler Gerichtshofes, *arbitrium rerum*, sein, wie ihn schon Pierre Dubois und Georg Podiebrad vorgeschlagen hatten (vgl. 3.5). Die nachstehende Darstellung ist Foersters Dokumentation „Die Idee Europa 1300-1946" entnommen:

„Die Glaubenskämpfe und die Konsolidierung der europäischen Herrscherhäuser führten im 16. und 17. Jahrhundert zu einem chaotischen Zustand, der im Dreißigjährigen Krieg seinen vorläufigen Höhepunkt fand. Zugleich aber erwiesen die überseeischen Entdeckungen durch den Augenschein das als Realität, was bis dahin eine Glaubensüberzeugung gewesen war: Europa war der Mittelpunkt der Welt. Aus dieser Erkenntnis konnte ein Weltbürgersinn entstehen, das Gefühl gemeinsamer Größe, auch wenn die jeweils eigene Nation an erster Stelle rangierte. In Leibniz, der auf allen Gebieten die Gegensätze zu überbrücken trachtete (auch zwischen den Konfessionen), prägte sich dieses Nebeneinander von Europäertum und Nationalgefühl besonders deutlich aus. Er beschäftigte sich früh mit europäischer Politik. Mit vierundzwanzig Jahren schrieb er die hier zitierte Denkschrift. Es handelt sich um eine Arbeit auf Bestellung des kurfürstlich-mainzischen Rats Johann Christian von Boineburg, durch den Leibniz Zugang zur politischen Tätigkeit gefunden hatte. Es würde zu weit führen, die tagespolitischen Erwägungen zu schildern, aus denen heraus Boineburg durch Leibniz eine Allianz der deutschen Kleinstaaten propagieren ließ. Jedenfalls bildete die Schwäche des Reichs für die großen Nachbarn, vor allem für Frankreich, den ständigen Anreiz, eine Universalmonarchie über ganz Mitteleuropa zu errichten. Dem sollte durch einen deutschen Reichsbund entgegengetreten werden. Leibniz vertieft sich in dieser Schrift in alle Kniffligkeiten der Kabinettspolitik, doch schweift er immer wieder zu gesamteuropäischen Betrachtungen ab, die er offensichtlich für bedeutsamer hält. Ganz Europa würde durch ein starkes (deutsches) Reich zur Einigkeit gelangen und könne sich dann die übrigen Ländereien der Erde desto bequemer unterwerfen. Jedem europäischen Staat weist Leibniz dabei seine besondere Aufgabe zu. Eine einheitliche Regierung für ganz Europa wäre zwar wünschenswert, sei jedoch nicht zu erhoffen. Ein *arbitrium rerum*, ein internationaler Gerichtshof, müsse daher die innereuropäischen Angelegenheiten ordnen." (*Foerster* 1963: 73)

4.1.3 John Locke: Frieden durch zivile Organisation

Die Übertragung naturrechtlicher Kategorien auf das Staatsverständnis und der Entscheidung über Frieden und Krieg in die alleinige Verfügungsgewalt der Herrscher, von Hobbes philosophisch und von Grotius rechtlich begründet, war allerdings nur ein Aspekt der Aufklärung. Ihr anderer wesentlicher Aspekt war gerade die Infragestellung der Hobbes'schen Staatslehre. Als Hauptvertreter dieser Schule der Aufklärung gilt John Locke (1632-1704), der gegen Hobbes das Prinzip der Volkssouveränität stellte, das später über Montesquieu (*séparation des pouvoirs* – vgl. FN 87) und Rousseau (Gesellschaftsvertrag) weiterwirkte und sowohl in der amerikanischen Unabhängigkeitserklärung als auch in der französischen Revolution einen Niederschlag fand:

„Um politische Gewalt richtig zu verstehen und sie von ihrem Ursprung herzuleiten, müssen wir sehen, in welchem Zustand sich die Menschen von Natur aus befinden. Es ist der Zustand vollkommener Freiheit, innerhalb der Grenzen seine Handlungen zu lenken und über seinen Besitz und seine Person zu verfügen, wie einem am besten erscheint – ohne jemandes Erlaubnis einzuholen und ohne von dem Willen eines anderen abhängig zu sein. (...) Damit nun die Menschen davon abgehalten werden, sich gegenseitig in ihren Rechten zu beeinträchtigen und einander Schaden zuzufügen, und damit das Naturgesetz beobachtet werde, das den Frieden und die Erhaltung der ganzen Menschheit verlangt, so ist in jenem Zustand die Vollstreckung des Naturgesetzes in die Hand aller gegeben." (*Locke* 1974: 4 und 7)

Für das Friedensverständnis der damaligen Zeit bedeutete das eine Beschränkung der absoluten Herrschergewalt und eine Beteiligung des Volkes an der Entscheidung über Frieden und Krieg. Letztendlich ging es Locke um eine zivile, vom Volk getragene Organisation der Staatsmacht. Damit war zwar noch keine allgemeine Friedensethik begründet, wohl aber friedenskulturellen Ideen neuer Raum zur Entfaltung gegeben.

William Penn: Frieden durch Gerechtigkeit

Das galt vor allem für William Penn (1644-1718) und sein „Essay über den gegenwärtigen und künftigen Frieden Europas“ aus dem Jahre 1692. Der englische Quäker, der seine demokratischen und genossenschaftlichen Vorstellungen in seinen Ländereien in Amerika (Pennsylvanien) zu verwirklichen trachtete, stellte in den Mittelpunkt seiner Betrachtungen die Forderung nach Gerechtigkeit, die sich durch Krieg nicht erfüllen lasse.[86]:

„II. Von dem Weg zum Frieden, der eher auf der Gerechtigkeit beruht als auf dem Krieg

Da die Gerechtigkeit eine Erhalterin ist, fördert sie den Frieden mehr als den Krieg. Zwar ist *Pax quaeritur bello* eine viel gebrauchte Redewendung. Der Friede ist das Ziel des Krieges, und in diesem Sinne machte Oliver Cromwell sie zu seinem Wahlspruch, aber wenn wir offen und gerecht sein wollen, zeigt uns der allgemeine Gebrauch dieser Wendung doch, daß die Menschen ihren Willen lieber durch Krieg durchsetzen als durch den Frieden und daß man sie, da sie den Frieden brechen, um ihren Willen zu bekommen, nur schwer dazu bewegen kann, an den Frieden zu denken, ehe ihre Gelüste auf irgendeine Weise befriedigt sind. Wenn wir die Geschichte aller Zeiten überblicken, sehen wir, daß die Angreifer im allgemeinen vom Ehrgeiz getrieben werden; der Siegerstolz und die Größe des Herrschaftsbereiches gelten mehr als das Recht. Doch da solche Ungeheuer selten auf Erden erscheinen, will ich jetzt versuchen, es deutlich zu machen, daß sie nie den Frieden der Welt hätten zerstören und ganze Länder verwüsten können, wie es geschehen ist, wenn das Mittel, das ich zum Wohle unseres gegenwärtigen Zeitalters vorgeschlagen habe, damals in Übung gewesen wäre. (...)

Da der Krieg nicht anders gerechtfertigt werden kann als durch erlittenes Unrecht und nicht erfüllte Rechtsansprüche, steht es fest, daß die meisten Kriege aus solchen Forderungen entstanden sind. Das sieht und erkennt man am besten im eigenen Land, denn das, was innerhalb einer Nation den Bürgerkrieg verhindert, ist das, was auch einen auswärtigen Krieg verhindern könnte, nämlich die Gerechtigkeit. Wie wir in gewissen Königreichen und Republiken sehen, wird dort der Krieg zwischen der Obrigkeit und dem Volk geschürt, wo man der Gerechtigkeit schwere Fesseln anlegt; und wir sehen, daß da Krieg dann niemals ausbleibt, und wenn das Volk auch ungesetzlich handelt, so müßte dies die Fürsten eigentlich ebenso zur Vorsicht mahnen, wie wenn das Volk ein Recht darauf hätte, so zu handeln. Doch ich muß sagen, daß das Heilmittel fast immer schlimmer ist als die Krankheit. Die Aggressoren bekommen selten das, wonach sie streben, und wenn sie gewinnen, erfüllen sie selten ihre Versprechungen. Das Blutvergießen und das Elend, das solche Unternehmungen gewöhnlich mit sich bringen, wiegt auf Erden und im Himmel schwerer als das, was sie verloren oder erlitten haben oder was sie gewinnen, wenn sie sich bemühen,

86 Die demokratische Verfassung Pennsylvaniens wurde rund einhundert Jahre später zum Vorbild für die Verfassung der Vereinigten Staaten von Amerika.

ihre Lage zu bessern; und dieser Mißerfolg scheint die Stimme des Himmels, das Urteil Gottes über diese gewalttätigen Unternehmungen zu sein.

Doch um zum Thema zurückzukommen, sage ich, die Gerechtigkeit ist der Weg zum Frieden zwischen der Regierung und dem Volk, zwischen einem Menschen und dem anderen, zwischen einer Gemeinschaft und der anderen. Sie verhütet Zwist und setzt ihm schließlich ein Ende. Denn abgesehen von der Scham und der Furcht davor, länger zu hadern, unterstehen ja beide einer Regierung und müssen ihre Wünsche und Abneigungen mit der Genugtuung, die das Gesetz gibt, in Übereinstimmung bringen. So wird der Friede durch die Gerechtigkeit gewahrt, die ein Ausfluß der Regierung ist, wie die Regierung in der Gesellschaft und die Gesellschaft im allgemeinen Übereinkommen ihren Ursprung hat." (*Penn* bei *Foerster* 1963: 79-80)

4.2 Vom europäischen zum universellen Frieden

Allmählich setzte sich die Erkenntnis durch, daß Frieden nicht auf Europa begrenzt werden könne, sondern universellen Charakter haben und mit Gerechtigkeit für alle Menschen verknüpft werden müsse. Diese Gedanken wurden im Plan des Ewigen Friedens von Charles-François Castel de Saint-Pierre – kurz Abbé de Saint-Pierre (1658-1743) genannt – aufgegriffen, der 1713 eine Konkretisierung des Großen Plans des Herzogs von Sully veröffentlichte und diesen konsequent weiterführte. Wir verdanken Einzelheiten darüber einer Kommentierung durch Jean Jacques Rousseau (1712-1778) aus dem Jahr 1756, die aber erst nach seinem Tod im Jahr 1778 veröffentlicht wurde. Für Rousseau steht Frieden in engem Zusammenhang mit der Verwirklichung des Gesellschaftsvertrages (*contrat social*). Krieg ist für ihn kein Übel an sich, sondern nur das Symptom schlechter Regierungsformen.

4.2.1 Abbé de Saint-Pierre: ein Plan des Ewigen Friedens

Der Westfälische Friedensschluß hatte überall in Europa die Hoffnung geweckt, daß durch vernünftiges Handeln die Geißel des Krieges überwunden werden könne. Die Traktate über den Frieden verlassen die Ebene der deklamatorischen Aufrufe und nehmen die Form vertragsähnlicher Entwürfe an, die zugleich dem modernen Verfassungs- und Rechtsstaat den Weg bereiten. An erster Stelle ist der Plan des Ewigen Friedens des Abbé de Saint Pierre zu nennen:

Streitbeilegung durch Bundesschiedsspruch

„1. Die vertragschließenden Herrscher werden untereinander einen ewigen und unwiderruflichen Bund schließen und Bevollmächtigte ernennen, um an einem festgelegten Ort einen ständigen Bundestag oder Kongreß zu halten, auf dem alle Streitigkeiten der vertragschließenden Parteien auf dem Wege des Schiedsspruchs oder des Urteils geregelt oder beigelegt werden.

2. Man soll die Zahl der Souveräne bezeichnen, deren Bevollmächtigte auf dem Bundestag eine Stimme erhalten werden; wer eingeladen werden soll, dem Vertrage beizutreten, die

Reihenfolge, die Zeit und die Art und Weise, nach welcher der Vorsitz von dem einen auf den anderen in gleichen Abständen übergehen soll; und schließlich, den ungefähren Anteil der Abgaben für die gemeinsamen Ausgaben und wie sie erhoben werden sollen.

3. Der Bund soll jedem seiner Mitglieder das Eigentum und die Regierung aller Staaten, die er gegenwärtig besitzt, verbürgen, ebenso wie die Wahl oder Erbrechtsfolge, entsprechend den Grundgesetzen eines jeden Landes, und, um mit einem Schlage die Ursache der Streitigkeiten zu beseitigen, die unaufhörlich von neuem entstehen, wird man übereinkommen, den gegenwärtigen Besitz und die letzten Verträge zur Grundlage aller gegenseitigen Rechte der vertragschließenden Mächte zu machen und für immer gegenseitig auf jeden anderen, früheren Anspruch verzichten, die alle durch Schiedsspruch des Bundestages geregelt werden sollen, ohne daß es erlaubt wäre, sich mit Gewalt Genugtuung zu verschaffen oder die Waffen zu erheben, unter welchem Vorwand es auch sei.

4. Man wird die Fälle einzeln verzeichnen, in denen jeder vertragsbrüchige Verbündete mit dem Banne Europas belegt und als öffentlicher Feind geächtet werden soll; so zum Beispiel, wenn er sich weigern sollte, die Schiedssprüche der großen Allianz anzuerkennen, wenn er Vorbereitungen zum Kriege träfe und über Verträge verhandelte, die sich gegen den Bund richten, oder zu den Waffen griffe, ihnen Widerstand zu leisten oder irgendeinen der Verbündeten anzugreifen. Man wird in dem gleichen Artikel übereinkommen, daß man gegen einen im europäischen Bann befindlichen Staat gemeinsam und auf allgemeine Kosten rüsten und offensiv vorgehen wird, bis er die Waffen niederlegt, die Schiedssprüche und Weisungen der Bundesversammlung ausgeführt, die Ungerechtigkeiten wiedergutgemacht, die Kosten zurückerstattet und selbst für die vertragswidrigen Kriegsvorbereitungen Genugtuung geleistet hat.

5. Die Abgeordneten des europäischen Bundes werden stets ermächtigt sein, auf dem Bundestag gemäß den Anweisungen ihrer Höfe die Regelungen zu treffen, die sie für wichtig halten, um der europäischen Republik und jedem ihrer Mitglieder alle nur möglichen Vorteile zu verschaffen, und zwar mit Stimmenmehrheit im vorläufigen Urteil und fünf Jahre später mit drei Vierteln der Stimmen bei der endgültigen Urteilsfällung. An diesen fünf Grundartikeln jedoch wird man nur mit gemeinsamer Zustimmung aller Verbündeten etwas ändern dürfen.

Ich übersehe nicht, daß diese fünf so verkürzten und in allgemeinen Richtlinien niedergelegten Artikel tausend kleine Schwierigkeiten enthalten, über welche verschiedene Leute weitere Aufklärung verlangen könnten; aber diese kleinen Schwierigkeiten sind leicht zu beheben, wenn es nötig ist; bei einem derart wichtigen Unternehmen spielen sie keine Rolle. (...)

Die Vorteile eines europäischen Schiedsgerichts

Erinnern wir uns ebenso der Vorteile des europäischen Schiedsgerichts für die verbündeten Herrscher:

1. Völlige Gewißheit, daß ihre gegenwärtigen und zukünftigen Streitigkeiten stets ohne jeden Krieg beendet werden; eine Sicherheit, die für sie unvergleichlich nützlicher ist als für einen Privatmann diejenige, niemals einen Rechtshandel zu haben.

2. Gründe der Streitigkeiten werden beseitigt oder auf unbedeutende zurückgeführt durch die Auslöschung aller früheren Ansprüche, wodurch die Verzichtleistungen ausgeglichen werden und der Besitz gesichert wird.

3. Völlige und dauernde Sicherheit für die Person des Herrschers, seine Familie, seine Staaten und die durch die Gesetze eines jeden Landes festgelegte Thronfolgeordnung, sowohl gegen die Ansprüche unrechtmäßiger und ehrgeiziger Prätendenten als auch gegen die Aufstände rebellischer Untertanen.

4. Absolute Sicherheit, daß alle Verpflichtungen zwischen den Herrschern erfüllt werden, durch die Bürgschaft der europäischen Republik.

5. Absolute und dauernde Freiheit und Sicherheit des Handels, sowohl von Staat zu Staat als auch eines jeden in entfernteren Gegenden.

6. Gänzlicher und dauernder Fortfall der außerordentlichen, militärischen Ausgaben zu Lande und zu Wasser in Kriegszeiten und beträchtliche Verminderung ihrer ordentlichen Ausgaben in Friedenszeiten.

7. Spürbare Fortschritte der Landwirtschaft und Vermehrung der Bevölkerung, des Staatsschatzes und der Einkünfte der Herrscher.

8. Erleichterung aller Einrichtungen, die den Ruhm und das Ansehen des Staatsoberhauptes, die öffentlichen Hilfsquellen und das Glück der Völker vermehren können.

Ich überlasse es, wie schon gesagt, der Urteilskraft der Leser, alle diese Artikel zu prüfen und den Friedenszustand, der sich aus dem Bund ergibt, mit dem Kriegszustand zu vergleichen, der die Folge der europäischen Unordnung ist.“ (...)

Die Beschäftigungen der Könige oder derer, die sie mit ihren Ämtern bekleiden, richten sich allein auf zwei Ziele: ihre Herrschaft nach außen auszudehnen und sie im Inneren unbeschränkter zu machen. Jede andere Absicht bezieht sich entweder auf eines von beiden oder dient ihnen nur zum Vorwand. Solche Vorwände sind: das öffentliche Wohl, das Glück der Untertanen, der Ruhm der Nation; Worte, für alle Zeiten vom Kabinett geächtet und in den öffentlichen Edikten so plump angewandt, daß sie stets nur unheilvolle Anordnungen ankündigen, so daß das Volk im voraus zittert, wenn seine Herren ihm von ihrer väterlichen Fürsorge reden.(...)

Böse Vorahnung: Die Fürsten werden den Frieden lächerlich machen

Fügen wir endlich zu den großen Vorteilen, die für den Handel aus einem allgemeinen und ewigen Frieden entstehen müssen, hinzu, daß sie wohl an sich und unbestreitbar sind, aber daß sie, indem sie allen gemeinsam angehören, doch für niemanden wirklich vorhanden sein werden, denn solche Vorteile lassen sich nur durch ihre Unterschiede wahrnehmen, und zur Vergrößerung der persönlichen Macht darf man nur die allerbesten erstreben. Unaufhörlich durch den äußeren Anschein der Dinge getäuscht, würden die Herrscher diesen Frieden ablehnen, selbst wenn sie seine Vorteile erwägen – was aber geschähe, wenn sie diese durch ihre Minister erwägen ließen, deren Interesse stets denen des Volkes und meist auch denen des Herrschers entgegengesetzt sind? Die Minister brauchen den Krieg, um sich unentbehrlich zu machen, um den Herrscher in Schwierigkeiten zu stürzen, aus denen er sich nicht ohne ihre Hilfe befreien kann, und um eher den Staat zugrunde zu richten, falls es nötig ist, als ihr Amt zu verlieren. (...) Durch den ewigen Frieden würden sie alle diese Hilfsmittel verlieren.(...)Was werden sie also tun, um das zu verhindern? Das, was sie stets getan haben, sie werden ihn lächerlich machen.“ (*Saint Pierre* bei *Foerster* 1963: 87-94)

Saint-Pierre war also nicht sehr optimistisch, was die Umsetzung seines Plans betraf. Die Nähe zur kritischen Friedensforschung unserer Zeit ist unverkennbar: ein Abbau von Gewalt nach innen und nach außen – und damit umfassender Frieden – setzt den Aufbau von Gerechtigkeit und Teilhabe der Bürgerinnen und Bürger an der Macht voraus. Und die Taktik des Lächerlichmachens des Friedens und derer, die sich für ihn einsetzen, gehört nach wie vor zum Instrumentarium der Regierenden gleich welcher Staatsform.

4.2.2 Immanuel Kant: Zum ewigen Frieden

Die letzte der großen Friedensdenkschriften vor der Französischen Revolution stammt aus der Feder von Immanuel Kant (1724-1804). Es ist interessant, daß er als Überschrift denselben Begriff gewählt hat, den auch Saint-Pierre benutzt hatte: Ewigen Frieden (1795). Das konnte Zufall sein, doch mit Sicherheit hat er die Schriften Rousseaus gekannt.

Die satirische Seite des Kantschen Traktats

Und ähnlich wie Saint-Pierre war Kant hinsichtlich der Verwirklichung ewigen Friedens eher skeptisch. Er hätte wohl sonst nicht diesen ungewöhnlichen Einstieg für sein Traktat gewählt, nämlich den Titel „Zum ewigen Frieden" von dem – von Kant selbst als „satirisch" bezeichneten – „Schilde jenes holländischen Gastwirths, worauf ein Kirchhof gemalt war" zu entlehnen und daran gleich im ersten Satz die Überlegung zu knüpfen, ob diese Überschrift für

> „die Menschen überhaupt, oder besonders die Staatsoberhäupter, die des Krieges nie satt werden können, oder wohl gar nur die Philosophen gelte, die jenen süßen Traum träumen, mag dahin gestellt sein." (*Kant* 1925: 733)

Kant hatte in seinem Traktat zunächst noch die alte heraklitische These vom „Normalzustand" Krieg übernommen (vgl. 1.4.1). So heißt es zu Beginn des zweiten Abschnitts:

> „Der Friedenszustand unter Menschen, die nebeneinander leben, ist kein Naturzustand (*status naturalis*), der vielmehr ein Zustand des Krieges ist, d.i. wenn gleich nicht immer ein Ausbruch von Feindseligkeiten, doch immerwährende Bedrohung mit denselben." (*Kant* 1925: 739)

Kant schloß daraus: „Er (der Frieden) muß also gestiftet werden." Er hatte allerdings die klare Vision eines letztlich doch dauerhaften Friedens unter der Voraussetzung, daß in allen Staaten „republikanische" Verfassungen eingeführt würden, weil es schwer vorstellbar sei, daß die Bürger die „Drangsale des Krieges über sich selbst beschließen müßten".

Auch hatte Kant, der zwischen idealistischer Moralität und kritischer Vernunft hin und her gerissen war, erkannt, daß Friedensgestaltung immer nur ein Näherungsprozeß sein könne, den er im letzten Satz des Traktats wie folgt beschrieb:

> „Wenn es Pflicht, wenn zugleich gegründete Hoffnung da ist, den Zustand eines öffentlichen Rechts, obgleich nur einer ins Unendliche fortschreitenden Annäherung wirklich zu machen, so ist der ewige Friede (...) keine leere Idee, sondern eine Aufgabe, die, nach und nach aufgelöst, ihrem Ziele (weil die Zeiten, in denen gleiche Fortschritte geschehen, hoffentlich immer kürzer werden) beständig näher kommt." (*Kant* 1925: 778)

Wenn aber Kant schon die entscheidende Voraussetzung, nämlich den Zustand eines öffentlichen Rechts, das er sich im Blick auf den ersten Definitivartikel seines Traktats nur im Rahmen einer republikanischen Verfassung vorstellen kann, in einer „ins Unendliche fortschreitenden Annäherung" sieht und damit ins Unerreichbare verweist, dann ist letztlich Frieden unerreichbar, auch wenn wir dem Ziel – mit Kants Worten – „beständig näher" kommen (vgl. 1.2 und *Koppe* 1995).

Zu erinnern wäre auch an eine selten zitierte Nachschrift aus dem folgenden Jahr (1796) mit dem Titel „Verkündigung des nahen Abschlusses eines Tractats zum ewigen Frieden in der Philosophie", dessen letzter Absatz lautet:

„Das Gebot: du sollst (auch wenn es in der frömmsten Absicht wäre) nicht lügen, zum Grundsatz in die Philosophie als eine Weisheitslehre innigst aufgenommen, würde allein den ewigen Frieden in ihr nicht nur bewirken, sondern auch in alle Zukunft sichern können." (*Kant* 1925: 743)

Hier geht es Kant ganz bescheiden nur um den Frieden in der Philosophie, damals noch weitgehend synonym mit Wissenschaft überhaupt. Kant dürfte sehr wohl gewußt haben, daß die Lüge nicht aus der Philosophie, geschweige denn aus der Welt zu schaffen ist. Sein Frieden beruht auf einer Idee, auf einem Traum des Philosophen, wie er selbst eingesteht.

Das Übel sind die stehenden Heere

Und doch hat er im Traktat rationale republikanisch-völkerrechtliche Begründungen und Bedingungen für die Herstellung des Friedenszustandes entwickelt, vielleicht nicht zuletzt aus der pazifistischen Überzeugung heraus, daß stehende Heere (*miles perpetuus*) von Übel seien, weil

„zum Tödten oder getödtet zu werden in Sold genommen zu sein, einen Gebrauch von Menschen als bloßen Maschinen und Werkzeugen in der Hand eines Andern (des Staats) zu enthalten scheint, der sich nicht wohl mit dem Rechte der Menschheit in unserer eigenen Person vereinigen läßt." (*Kant* 1925: 735)

Allerdings läßt Kant analog zu Artikel 51 der Charta der Vereinten Nationen gelten, daß es „Ganz anders (...) mit der freiwilligen periodisch vorgenommenen Übung der Staatsbürger in Waffen bewandt (sei), sich und ihr Vaterland dadurch gegen Angriffe von außen zu sichern". Dieser Vorbehalt hat für ihn allerdings nur den Charakter einer Übergangslösung so lange, bis eine republikanische Verfaßtheit aller Staaten erreicht sei, die – wie er hofft – Frieden garantiere. Zwar legte Kant ausdrücklich Wert darauf, die „republikanische Verfassung nicht (wie gemeiniglich geschieht) mit der demokratischen zu verwechseln" (*Kant* 1925: 743), da letztere sich auf das Prinzip „alle Gewalt geht vom Volke aus" stütze, das der republikanischen Gewaltenteilung[87]

87 Leider hat Kant den französischen Begriff der „séparation des pouvoirs", wie ihn Montesquieu formuliert hatte, nicht mit „Machtteilung", sondern mit „Gewaltenteilung" übersetzt – mit der Folge, daß im deutschen Verfassungsrecht bis heute die Funktionen der Gesetzgebung (Legislative), Regierung (Exekutive) und Rechtsprechung (Judikative) einerseits sowie kriminelle, politische und strukturelle Gewalttätigkeit andererseits mit ein- und demselben Wort bezeichnet werden: Gewalt. „Gewal-

zuwider laufe, doch wissen wir inzwischen, daß demokratisch verfaßte Staatswesen – seit es sie gibt – in der Tat untereinander Frieden gewahrt haben. Heute dürfen wir „republikanisch" ohne Bedenken mit „rechtsstaatlich-demokratisch" übersetzen. Für Kant aber war die Trennung der Gewalten, also der Machtbefugnisse, das entscheidende Merkmal einer republikanischen Verfassung. In der Demokratie hob sich aus seiner Sicht diese Gewaltenteilung wieder auf, weil alle Gewalt – die Betonung liegt auf *alle* – vom Volke ausgehe, weshalb er in der Demokratie einen „Despotism" (*Kant* 1925: 743) zu erkennen vermeinte. In der Tat gibt es kein Beleg dafür, daß demokratische Staaten – seit wir von solchen sprechen können – untereinander Kriege geführt hätten (wohl aber führen demokratische Staaten bis heute immer wieder Krieg mit Staaten, die das demokratische Modell westlicher Prägung nicht oder noch nicht übernommen haben).

Kant entwickelt den Gedanken eines Weltbürgerrechts

Noch wichtiger aber dürfte sein, daß Kant als erster Autor seinen Entwurf mit einem echten Weltbürgerrecht verknüpfte, den Begriff der „Menschenrechte" benutzte und die menschenverachtende Kolonialpolitik der damaligen Großmächte verurteilte. Im Unterschied zu seinen oft eurozentrisch denkenden Vorgängern hat er erkannt, daß ewiger Friede universell sein muß, wenn er denn überhaupt zustande kommen sollte:

„Vergleicht man hiemit das *inhospitale* Betragen der gesitteten, vornehmlich handeltreibenden Staaten unseres Weltteils, so geht die Ungerechtigkeit, die sie in dem *Besuche* fremder Länder und Völker (welches ihnen mit dem *Erobern* derselben für einerlei gilt) beweisen, bis zum Erschrecken weit. Amerika, die Negerländer, die Gewürzinseln, das Kap etc. waren bei ihrer Entdeckung für sie Länder, die keinem angehörten; denn die Einwohner rechneten sie für nichts. In Ostindien (Hindustan) brachten sie unter dem Vorwande bloß beabsichtigter Handelsniederlagen fremde Kriegesvölker hinein, mit ihnen aber Unterdrückung der Eingebornen, Aufwiegelung der verschiedenen Staaten desselben zu weit ausgebreiteten Kriegen, Hungersnot, Aufruhr, Treulosigkeit, und wie die Litanei aller Übel, die das menschliche Geschlecht drücken, weiter lauten mag.

China und Japan, die den Versuch mit solchen Gästen gemacht hatten, haben daher weislich, jenes zwar den Zugang, aber nicht den Eingang, dieses auch den ersteren nur einem einzigen europäischen Volk, den Holländern, erlaubt, die sie aber doch dabei wie Gefangene von der Gemeinschaft mit den Eingeborenen ausschließen. Das Ärgste hiebei (oder, aus dem Standpunkte eines moralischen Richters betrachtet, das Beste) ist, daß sie dieser Gewalttätigkeit nicht einmal froh werden, daß alle diese Handlungsgesellschaften auf dem Punkte des nahen Umsturzes stehen, daß die Zuckerinseln, dieser Sitz der allergrausamsten und ausgedachtesten Sklaverei, keinen wahren Ertrag abwerfen, sondern nur mittelbar und zwar zu einer nicht sehr löblichen Absicht, nämlich zu Bildung der Matrosen für Kriegsflotten und also wieder zu Führung der Kriege in Europa, dienen, und dieses Mächten, die von der Frömmigkeit viel Werks machen und, indem sie Unrecht wie Wasser trinken, sich in der Rechtgläubigkeit für Auserwählte gehalten wissen wollen.

---

tenteilung" hat auch Eingang in das Grundgesetz (Art. 20) gefunden. Korrekt müßte es „Machtteilung" heißen.

Da es nun mit der unter den Völkern der Erde einmal durchgängig überhand genommenen (engeren oder weiteren) Gemeinschaft so weit gekommen ist, daß die Rechtsverletzung an *einem* Platz der Erde an *allen* gefühlt wird: so ist die Idee eines Weltbürgerrechts keine phantastische und überspannte Vorstellungsart des Rechts, sondern eine notwendige Ergänzung des ungeschriebenen Kodex sowohl des Staats- als Völkerrechts zum öffentlichen Menschenrechte überhaupt und so zum ewigen Frieden, zu dem man sich in der kontinuierlichen Annäherung zu befinden nur unter dieser Bedingung schmeicheln darf. (*Kant* 1925: 749-751)

4.2.3 Adam Smith warnt vor den Kosten des Krieges

Hatte Kant mit seinem Traktat eine Friedensordnung vorgezeichnet, die durch politische Einsicht, durch Einführung republikanischer Verfassungen und die Herstellung einer unabhängigen Rechtsordnung auf der Grundlage der Gewaltenteilung (Machtteilung) verwirklicht werden sollte, so hatte wenige Jahre zuvor (1776) der schottische Ökonom Adam Smith (1723-1790) auf die hohen Kosten der Kriegführung und die damit verbundene Verarmung der Staaten und ihrer Einwohner hingewiesen. Auch Kant hatte die Ausbeutung fremder Länder bereits heftig kritisiert (vgl. Zitat weiter oben). Was Erasmus von Rotterdam rund 260 Jahre früher in seiner „Klage des Friedens" ausgeführt hatte, daß nämlich Krieg keinen Gewinn bringen könne (vgl. 3.5.1), belegte Smith in seinem Werk „Der Wohlstand der Nationen – Eine Untersuchung seiner Natur und seiner Ursachen" (*An Inquiry into the Nature and Causes of the Wealth of Nations*) mit konkreten Beispielen:

Kriegswirren stören Handel und Gewerbe

„(...) Handel und Gewerbe führten nach und nach zu Ordnung und guter Verwaltung, wodurch auch Freiheit und Sicherheit der Bürger untereinander im ganzen Lande zunahmen. Früher lebte man fast immer in dauerndem Kriegszustand mit den Nachbarn und in sklavischer Abhängigkeit vom Grund- oder Dienstherren. (...) Im Gegensatz hierzu brachten in Italien die Wirren gegen Ende des 15. und zu Anfang des 16. Jahrhunderts den Handel und das Gewerbe in der Lombardei und in der Toskana zwar fast zum Erliegen, doch gehören diese Länder immer noch zu den am dichtesten besiedelten und am besten genutzten in Europa. Auch in Flandern brachte der Bürgerkrieg und die nachfolgende spanische Regierung den blühenden Handel Antwerpens, Gents und Brügges zum Erliegen, trotzdem ist Flandern immer noch ein Gebiet in Europa, das äußerst wohlhabend, hochentwickelt und erfolgreich ist. Kriege und gewaltsame Regierungswechsel lassen die Quellen des Reichtums, der nur vom Handel herrührt, leicht versiegen. Demgegenüber ist der Wohlstand, der seinen Ursprung im Fortschritt der Landwirtschaft hat, weitaus dauerhafter. Er läßt sich nur durch solche gewaltsame Umwälzungen vernichten, wie etwa die Plünderungen durch kriegerische und barbarische Nomadenvölker, die Westeuropa in der Zeit vor und nach dem Untergang des Römischen Reiches für ein oder zwei Jahrhunderte heimsuchten. (...) Der Kreislauf oder Güterstrom zieht zwangsläufig einen Geldbetrag an sich, der ausreichend ist, niemals aber mehr. Im Falle eines Krieges außer Landes wird indes in der Regel diesem Kreislauf etwas entzogen, denn nunmehr werden weniger Menschen zu Hause versorgt, da viele im Ausland leben und dort unterhalten werden müssen. Weniger Waren werden umgesetzt, so daß auch weniger Geld für den Umlauf benötigt wird. (...) Der letzte Französische Krieg kostete Großbritannien über 90 Millionen Pfund Sterling, wozu außer 75 Millionen neuer Staatsschulden auch eine um zwei Schilling je Pfund erhöhte neue Grundsteuer und die jährlichen Anleihen beim Tilgungsfonds gehörten. (...) So betrugen die Kriegskosten des Jahres 1761 über neunzehn Millionen Pfund, und keine Vorräte hätten ausreichen können, um eine solche enorme Verschwendung in einem einzigen Jahr zu finanzieren. Auch keine jährliche Produktion, nicht einmal die von Gold und Silber, hätte dazu ausreichen können. So übersteigt alles Gold und Silber, das Spanien und Portugal jährlich einführen, nach den zuverlässigsten Quellen gewöhnlich kaum die Höhe von sechs Millionen Pfund Sterling, eine Summe, die in manchen Jahren nicht einmal ausgereicht hätte, um die Kosten des letzten Krieges für vier Monate zu decken." (*Smith* 1978: 335, 344, 360)

Diese Gedanken lassen erkennen, daß Smith im Krieg den großen Störer gedeihlicher Entwicklung von Wirtschaft und Handel sah, der auch durch kurzzeitige Gewinne aus siegreichen Kriegen nicht wegzudiskutieren war, eine Einsicht, die heute mehr denn je gilt. Ähnliches dürfte auch für Friedrich List (1789-1848), den deutschen Nationalökonomen im Vorfeld der deutschen Einigung gegolten haben, der sich seine Vorschläge zu einer Zollpolitik, die noch nicht entwickelte Länder vor der Dominanz reicher Staaten schützen sollte, nur in einem Klima des Friedens vorstellen konnte. Insofern dürfen die Überlegungen von Smith und List zu den Friedensvorstellungen gehören, die schließlich in die Friedenspolitik nach dem Zweiten Weltkrieg Eingang gefunden haben. Allerdings hat List mit seinen Empfehlungen zur Schutzzollpolitik die Konfrontation sowohl mit anderen Schutzzollstaaten wie auch mit dem freihändlerischen Großbritannien – und später USA – verstärkt, die das Gleichgewichts der Mächte empfindlich störte und als einer der Faktoren wirkte, die zur militärischen Explosion des Ersten Weltkriegs führte.

Zwar übernahmen die meisten Regierungen Teile der wirtschaftlichen Reformvorschläge von Smith und List, aber nur insoweit sie ihre nationalen und imperialistischen Ziele nicht in Frage stellten. Insbesondere erkannten sie vor Mitte des 19. Jahrhunderts weder die Brisanz der Arbeiterfrage noch die der Demokratiefrage. Politik blieb weiterhin eine Angelegenheit der Kabinette, revolutionäre Ansätze (die Französische Revolution ausgenommen) wurden im Keim durch den Einsatz von Militär erstickt. Die Friedensvorstellungen des 18. Jahrhunderts hatten nach wie vor keine Chance.

4.3 Die Friedensdividende fließt in die Rüstung

Die Französische Revolution (1789), von der sich viele Menschen, vor allem die Intellektuellen jener Zeit (Kant eingeschlossen), bessere Lebensbedingungen und vor allem Frieden erwartet hatten, erfüllte diese Hoffnungen nicht. Napoleon setzte zwar der Schreckensherrschaft ein Ende und wurde für kurze Zeit Hoffnungsträger, doch seine Kriege brachten Europa keinen Frieden. Nach dem Ende der napoleonischen Herrschaft (1815) wurde eine Politik des „Gleichgewichts der Mächte" betrieben, die einen wenn auch prekären Frieden gewährleistete. Großbritannien war daran interessiert, daß sich auf dem „Kontinent“ eine *balance of power* einstellte, Rußland, Österreich und Preußen schlossen die sogenannte „Heilige Allianz“, die die absolute Herrschaft der Monarchen in diesen Ländern wiederherstellte (Restauration) und alle demokratischen Ansätze mit militärischer Gewalt niederschlug (1830 und 1848). In Frankreich wechselten Monarchie, Republik, Kaiserreich einander ab, bis sich als Folge des verlorenen Krieges 1870/71 demokratische Verhältnisse stabilisierten. England/Großbritannien behielt die demokratischen Errungenschaften seiner konstitutionellen Demokratie bei. In Italien und Deutschland setzten sich das Haus Savoyen und Preußen als Führungsmächte durch und erzwangen mit Unterstützung demokratischer Kräfte die nationale Einheit erst Italiens (1861/70) und dann Deutschlands (1871). Auf dieser Basis wurde das Gleichgewicht der Mächte erneuert und hielt sich bis 1914. Die Vereinigten Staaten von Amerika, die sich im Unabhängigkeitskrieg gegen Großbritannien (1775-1783) als Demokratie konstituiert hatten, waren noch nicht reif genug, im 19. Jahrhundert am „Konzert der europäischen Mächte“ teilzunehmen.

Kriegszeiten werden kürzer, Friedenszeiten werden länger

Und doch gingen von dieser Epoche entscheidende Impulse für die Erneuerung der Staatenwelt aus. Die Kriegsperioden waren im 19. Jahrhundert kürzer, Friedensperioden entsprechend länger geworden. Auch die Ausmaße der Kriege hatten sich verändert, vielleicht unter dem Einfluß neuer völkerrechtlicher Vereinbarungen, wahrscheinlicher aber aufgrund der Tatsache, daß die Söldnerhaufen des Mittelalters und des 17. Jahrhunderts, die sich in Feindes- und Freundesland mehr oder weniger selbst versorgen mußten, seit Beginn des 18. Jahrhunderts durch stehende und damit diszipliniertere Armeen abgelöst worden waren. Im 19. Jahrhundert wurden die Kriegszeiten noch kürzer (vgl. Kap. 1.1.3) und in den langen Friedenszeiten konnten sich Wirtschaft und Industrie erholen. Adam Smith und Friedrich List waren gerechtfertigt. Doch die Erträge – heute würden wir sagen: die Friedensdividende – dieser Entwicklung wurden wenig zu friedenskulturellen Zwecken genutzt, obschon das Schulwesen und die Universitäten sowie die allgemeine Versorgung der Bevölkerung sich ständig verbesserten. Vielmehr verschlangen der Unterhalt der schon von Kant kritisierten stehenden Heere, die laufende Rüstung (vor allem durch die ständige Weiterentwicklung der Waffentechnik, die sich den zunächst zivilen wissenschaftlichen und industriellen Fortschritt zu eigen machte) und die Kolonialverwaltungen einen großen Teil der Wertschöpfung, von den Kosten der Kriege ganz abgesehen.

Umkehrung von Ursache und Wirkung

Dieser Umstand führte im 19. Jahrhundert zur Umkehr von Ursache und Wirkung, insofern die Behauptung aufgestellt wurde, nicht der Friede, sondern der Krieg habe den gesellschaftlichen Fortschritt zu Wege gebracht. Die fünf Milliarden Goldfranken, die Frankreich nach dem Krieg von 1870/71 als Kriegsreparation an das soeben gegründete Deutsche Reich zu leisten hatte, brachten einen nur kurzen wirtschaftlichen Aufbruch (sogenannte „Gründerzeit“). Frankreich konnte sich von diesem Aderlaß jahrzehntelang nicht erholen. Stattdessen – oder besser: dennoch – kam der bislang eher verachtete, weil gefürchtete Soldatenstand zu hohen Ehren, das kriegskulturelle Klima erreichte seinen Höchststand – trotz oder gerade im Jahrhundert der Romantik und des Biedermeier. Es war die Zeit, in der „hinten in der Türkei die Völker aufeinander schlagen“ und der Bürger „abends froh nach Haus“ kehrt und „Fried und Friedenszeiten segnet“ (vgl. 1.1.4).

4.3.1 Die Friedensdebatte endet in Resignation

Kant hatte mit seinem Traktat eine kurze, inhaltsreiche, aber letztlich in die Resignation mündende Debatte über Frieden und Krieg, vor allem in Deutschland, ausgelöst. Den Fürsten resp. Staatsmännern ging es nicht um Frieden wie bei Erasmus, Penn und Kant, sondern um Friedensschlüsse mit dem Ziel der Wiederherstellung der alten Ordnung, die freilich aufgrund der von Napoleon erzwungenen und während des Wiener Kongresses zum Teil beibehaltenen Veränderungen (Aufhebung zahlreicher deutscher Kleinstaaten durch den „Reichsdeputationshauptschluß“ 1803, Verzicht der Habsburger auf die römisch-deutsche Kaiserwürde und Bildung des Rheinbundes 1806) zugleich eine Neuordnung wurde.

Die deutsche Einigung wurde wichtiger als Frieden

Die deutschen Intellektuellen der damaligen Zeit sorgten sich weniger um Friedenswahrung als um die deutsche Einigung – gleich ob im Zeichen einer konstitutionellen Monarchie oder einer repräsentativen Demokratie, weniger um des inneren Friedens willen, als um die Schaffung eines „kriegstüchtigen“ deutschen Nationalstaats. Fast alle großen Gelehrten und Dichter um die Jahrhundertwende nahmen an dieser Debatte teil – teils zustimmend, teils kritisch, teils ablehnend: Wieland, von Humboldt (Wilhelm), Schiller, Herder, Lichtenberg, Schlegel (der sich über Kants Ablehnung der Demokratie empörte), Fichte, Heine, Seume, Claudius, Görres, Hölderlin, Novalis, Paul (Jean), Gentz, Klopstock, Schelling, von Arnim und viele andere.[88]

Marx und Engels: Frieden durch Überwindung des Klassengegensatzes

Natürlich erhoben auch Marx (1818-1883) und Engels (1820-1895) ihre Stimme. Huber/Reuter kommentieren die Friedensvorstellung der beginnenden Arbeiterbewegung wie folgt:

---

88 Eine gute Darstellung der Friedensdebatte um 1800 bei Anita und Walter *Dietze* 1989.

„Für Karl Marx und Friedrich Engels liegt die Ursache kriegerischer Gewalt im Ausbeutungsverhältnis zwischen Kapital und Lohnarbeit liegt. An diese Diagnose knüpft sich eine Friedenshoffnung, die das Kommunistische Manifest von 1848 folgendermaßen formuliert: ‚In dem Maße, wie die Exploitation des einen Individuums durch das andere aufgehoben wird, wird die Exploitation einer Nation durch die andere aufgehoben. Mit dem Gegensatz der Klassen im Innern der Nation fällt die feindliche Stellung der Nationen gegeneinander‘ (*Marx-Engels* 1959, Bd 4, 479).

Am Anfang der sozialistischen Arbeiterbewegung steht also die Überzeugung, daß durch die Aufhebung des Klassengegensatzes der Krieg abgeschafft und der ewige Frieden hergestellt werden kann. Der Kampf um die Überwindung des Klassengegensatzes gilt deshalb als das entscheidende Mittel zur Verwirklichung eines dauerhaften Friedens. Freilich liegt die Konsequenz nicht weit, daß auch Kriege, wenn sie den revolutionären Prozeß beschleunigen, als Fortschritte zum Frieden gedeutet werden können. Indes ist dieses Zutrauen zur positiven Funktion kriegerischer Auseinandersetzungen unter den marxistischen Theoretikern immer umstritten. Gegen Ende des 19. Jahrhunderts nimmt es insbesondere wegen der sprunghaften Weiterentwicklung der Waffentechnik erkennbar ab.

Nun kommt etwa Friedrich Engels zu der Diagnose, daß ein europäischer Krieg, der die Verwüstungen des Dreißigjährigen Krieges, auf drei bis vier Jahre zusammendrängt, hervorrufen würde, die erhoffte sozialistische Revolution nicht etwa fördern, sondern jede solche Hoffnung zunichte machen würde (*Marx-Engels* 1959, Bd. 21, 350f.). Deshalb geht die II. Sozialistische Internationale zur Forderung nach einer europäischen Abrüstung über und tritt für eine Politik der Friedenswahrung ein. Doch sie verbindet dieses Interesse an der Verhütung des Krieges auch weiterhin mit der These, daß ein eventuell ausbrechender Krieg den revolutionären Prozeß fördern könne. Sollte – so erklärt der Stuttgarter Kongreß der II. Internationale im Jahr 1907 – ein Krieg in Europa ausbrechen, so müsse auf dessen rasche Beendigung gedrängt, die durch den Krieg entstandene Situation aber zugleich zur ‚Beseitigung der kapitalistischen Klassenherrschaft‘ genutzt werden (...) So trifft der Ausbruch des Ersten Weltkriegs die sozialistischen Parteien in einer Situation, in der sie nicht über eine gemeinsame Strategie zur Erhaltung oder Wiederherstellung des Friedens verfügen. In ihrer Mehrheit sehen sie keine andere Möglichkeit, als die Politik ihrer Länder im Krieg – unter anderem durch die Bewilligung der Kriegskredite – aktiv zu unterstützen. Spätestens hier treffen sich die sozialdemokratischen Parteien mit der bürgerlichen Friedensbewegung: der Kriegsbegeisterung des Ersten Weltkriegs vermögen sie beide keinen Widerstand entgegenzusetzen.“ (*Huber/Reuter* 1990: 108f.)

Nietzsche: Rüstung ist eine Inhumanität

Auch Friedrich Nietzsche (1844-1900) schaltete sich in diese Debatte mit einem bemerkenswert friedenskulturellen Kommentar ein, dessen Aktualität für das Kriegsverhalten im letzten Jahrzehnt des 20. Jahrhunderts unverkennbar ist:

„Keine Regierung giebt jetzt zu, dass sie das Heer unterhalte, um gelegentliche Eroberungsgelüste zu befriedigen; sondern der Vertheidigung soll es dienen. Jene Moral, welche die Nothwehr billigt, wird als ihre Fürsprecherin angerufen. Das heisst aber: sich die Moralität und dem Nachbar die Immoralität vorbehalten, weil er angriffs- und eroberungslustig gedacht werden muss, wenn unser Staat nothwendig an die Mittel der Nothwehr denken soll; überdiess erklärt man ihn, der genau ebenso wie unser Staat die Angriffslust leugnet und auch seinerseits das Heer vorgeblich nur aus Nothwehrgründen unterhält, durch unsere Erklärung, wesshalb wir ein Heer brauchen, für einen Heuchler und listigen Verbrecher, welcher gar zu gern ein harmloses und ungeschicktes Opfer ohne allen Kampf überfallen möchte. So stehen nun alle Staaten jetzt gegen einander: sie setzen die schlechte Gesinnung des Nachbars und die gute Gesinnung bei sich voraus. Diese Voraussetzung ist aber eine Inhumanität, so schlimm und schlimmer als der Krieg: ja, im Grunde ist sie schon die Aufforderung und Ursache zu Kriegen, weil sie, wie gesagt, dem Nachbar die Immoralität unterschiebt und dadurch die feindselige Gesinnung und That zu provociren scheint. Der Lehre von dem Heer als einem Mittel der Nothwehr muss man ebenso gründlich abschwören, als den Eroberungsgelüsten.

Der bewaffnete Friede ist der Unfriede der Gesinnung

Und es kommt vielleicht ein grosser Tag, an welchem ein Volk, durch Kriege und Siege, durch die höchste Ausbildung der militärischen Ordnung und Intelligenz ausgezeichnet, und gewöhnt, diesen Dingen die schwersten Opfer zu bringen, freiwillig ausruft: „wir zerbrechen das Schwert" – und sein gesammtes Heerwesen bis in seine letzten Fundamente zertrümmert. Sich wehrlos machen, während man der Wehrhafteste war, aus einer Höhe der Empfindung heraus, – das ist das Mittel zum wirklichen Frieden, welcher immer auf einem Frieden der Gesinnung ruhen muss: während der sogenannte bewaffnete Friede, wie er jetzt in allen Ländern einhergeht, der Unfriede der Gesinnung ist, der sich und dem Nachbar nicht traut und halb aus Hass, halb aus Furcht die Waffen nicht ablegt. Lieber zu Grunde gehen, als hassen und fürchten, und zweimal lieber zu Grunde gehen, als sich hassen und fürchten machen – diess muss einmal auch die oberste Maxime jeder einzelnen staatlichen Gesellschaft werden! – Unsern liberalen Volksvertretern fehlt es, wie bekannt, an Zeit zum Nachdenken über die Natur des Menschen: sonst würden sie wissen, dass sie umsonst arbeiten, wenn sie für eine ‚allmähliche Herabminderung der Militärlast' arbeiten. Vielmehr: erst wenn diese Art Noth am grössten ist, wird auch die Art Gott am nächsten sein, die hier allein helfen kann. Der Kriegsglorien-Baum kann nur mit Einem Male, durch einen Blitzschlag zerstört werden: der Blitz aber kommt, ihr wisst es ja, aus der Wolke – und von der Höhe." (*Nietzsche* 1999: 678-679)

Ungeachtet dieser Debatte und aller Schrecken der napoleonischen Kriege wurde also das neunzehnte Jahrhundert nicht zu einem Jahrhundert der Kriege, sondern zu einer Epoche prekären Friedens, in der Krieg nicht willkürlich, sondern rationaler denn jemals zuvor als Mittel der Politik, als Mittel der Herstellung nationaler Einheiten und schließlich als Mittel der Disziplinierung auch nach innen angedroht wurde. Der Friedensforscher Ekkehart Krippendorff hat diese Politik wie folgt beschrieben:

„So mag es erstaunen, daß erst vor dem Hintergrund der Französischen Revolution und der Erfahrung der napoleonischen Kriege die Wahrheit über das Verwandtschaftsverhältnis von Krieg und Politik, ihr Zwillingscharakter, von Clausewitz auf jenen Begriff gebracht wurde, der noch immer die präziseste und klarste Formulierung des Bellizismus ist: ‚Der Krieg ist nichts anderes als eine Fortsetzung des politischen Verkehrs mit Einmischung anderer Mittel. Wir sagen: mit Einmischung anderer Mittel, um damit zugleich zu behaupten, daß dieser politische Verkehr durch den Krieg selbst nicht aufhört, nicht in etwas ganz anderes verwandelt wird, sondern daß er in seinem Wesen fortbesteht, wie auch die Mittel gestaltet sein mögen, derer er sich bedient.' (...) Nicht ob der Staat die von seinen Vertretern interpretierten Interessen der BürgerInnen militärisch-kriegerisch wahrnimmt, sondern nur wann er dies tut, ist die staatsmännisch relevante Frage." (*Krippendorff* 1992: 29; vgl. auch 1.3)

Eine heroisierende Geschichtsschreibung und Erziehung verdrängte jede Form der Friedensbereitschaft und Friedensfähigkeit. Das *ius ad bellum* hatte sich mehr denn je durchgesetzt. An die Stelle von Friedensüberlegungen traten völkerrechtliche Versuche, den Krieg zu bändigen, einzuhegen und rechtlich in vermeintlich hinnehmbare Formen zu zwingen: Rechtsnormen für das Führen von Krieg, das *ius in bello*, kodifiziert in den Haager Landkriegsordnungen, in den Konventionen des Internationalen Roten Kreuzes und zuletzt in Konventionen über das Verbot bakteriologischer/biologischer und chemischer Waffen (vgl. *Dülffer* 1999), die seither immer wieder beschworen, aber ebenso immer wieder gebrochen wurden.

Trotz Vorbereitungen für Krieg Hoffnung auf Frieden

Gerade wegen der erkennbaren Reduzierung von Kriegszeiten, den Fortschritten des Völkerrecht und der rasanten Zunahme des industriellen Fortschritts und des weltweiten Handels bestand Hoffnung, daß der Krieg überwunden würde, auch wenn die europäischen Kabinette sich insgeheim und offen für einen neuen Waffengang vorbereiteten, der dann mit ungeheurer Wucht am 3. August 1914 ausbrach. Daß diese Hoffnung nicht ganz verloren ging, dafür sorgte die ebenfalls im 19. Jahrhundert entstandene Friedensbewegung (vgl. 4.4)

4.3.2 Europas Exportartikel Nr. 1: Krieg

In anderen Kontinenten verlief die Entwicklung nicht viel anders. Die Vereinigten Staaten von Amerika, als Ursprungsland der Demokratie gepriesen, und ebenso Kanada, stolz auf die Eroberung des „Westens“, gründeten ihre Größe und ihren Reichtum auf die Ermordung und Enteignung der amerikanischen Urbevölkerung, zweihundert Jahre nachdem die ersten (spanischen) Eroberer das südliche Amerika erobert, die dortigen Ureinwohner massakriert und deren Gold und Silber geraubt hatten. Afrika, der bevölkerungsschwächste Kontinent, wurde einfach zerschlagen und ohne Rücksicht auf vorgefundene Kulturen unter den europäischen Mächten aufgeteilt. Mehrere hunderttausend seiner Menschen wurden unter grausamen Bedingungen als Sklaven nach Amerika verschifft.

Opium: Ostasiatische Märkte werden mit Gewalt geöffnet

China, durch innere Machtkämpfe geschwächt, wurde durch Rußland, Großbritannien und die Vereinigten Staaten gezwungen, sich wirtschaftlich Europa auszuliefern. Als sich die chinesische Regierung weigerte, den gefährlichen Import von Opium zuzulassen und 1839 20 000 Kisten dieses Volksgiftes im Werte von 4 Mill. Pfund verbrennen ließ, kam es zum Opiumkrieg; China mußte Hongkong abtreten und fünf weitere Häfen dem europäischen Handel öffnen. Die letzte Intervention europäischer Mächte endete erst 1900 mit dem sogenannten Boxerkrieg, an dem sich Expeditionstruppen aus Großbritannien, Frankreich, Rußland, Deutschland, Österreich, Italien sowie aus den USA und aus Japan beteiligten.

Japan, das sich nach langen Bürgerkriegen selbst befriedet hatte, wurde 1854 von den USA mit Unterstützung europäischer Mächte militärisch gezwungen, sich ebenfalls dem westlichen Handel zu öffnen. Es kopierte allerdings binnen weniger Jahrzehnte das westliche Industriesystem, vor allem das Rüstungswesen, und trat nach innenpolitischen Reformen zum Ende des Jahrhunderts selbst als imperiale Macht auf, entriß China die Insel Formosa (Taiwan), nahm am Boxerkrieg auf Seiten der europäischen Mächte teil, annektierte Korea (1910) und zwang Rußland im Russisch-Japanischen Krieg, Port Arthur und den südlichen Teil der Halbinsel Sachalin abzutreten. Diese Politik war allerdings in Japan selbst nicht unumstritten.

4.3.3 Verpaßte Chance: die Haager Friedenskonferenzen

Weithin unbekannt ist, daß Japan zum Ende des Jahrhunderts, zusammen mit dem russischen Zaren Nikolaus I., einen letzten verzweifelten Versuch unternahm, die Grundlagen für einen dauerhaften Weltfrieden zu legen. Es unterstützte von allen Regierungen am nachhaltigsten das russische kaiserliche Manifest vom 24. August 1898, das hier abzudrucken sich lohnt, weil es eines der ganz seltenen Dokumente ist, mit dem eine verantwortliche Regierung sich die Essenz der Friedensentwürfe zu eigen gemacht hat:

„Die Aufrechterhaltung des allgemeinen Friedens und eine mögliche Herabsetzung der übermäßigen Rüstungen, welche auf allen Nationen lasten, stellen sich in der gegenwärtigen Lage der ganzen Welt als ein Ideal dar, auf das die Bemühungen aller Regierungen gerichtet sein müßten. Das humane und hochherzige Bestreben Sr. Majestät des Kaisers, meines erhabenen Herrn ist ganz dieser Aufgabe gewidmet. In der Überzeugung, daß dieses erhabene Endziel den wesentlichen Interessen und den berechtigten Wünschen aller Mächte entspricht, glaubt die kaiserliche Regierung, daß der gegenwärtige Augenblick äußerst günstig dazu sei, auf dem Wege internationaler Beratung die wirksamsten Mittel zu suchen, um allen Völkern die Wohlthaten wahren und dauernden Friedens zu sichern und vor allem der fortschreitenden Entwicklung der gegenwärtigen Rüstungen ein Ziel zu setzen.

Im Verlaufe der letzten zwanzig Jahre hat der Wunsch nach einer allgemeinen Beruhigung in dem Empfinden der gesitteten Nationen besonders festen Fuß gefaßt. Die Erhaltung des Friedens ist als Endziel der internationalen Politik aufgestellt worden. Im Namen des Friedens haben große Staaten mächtige Bündnisse miteinander geschlossen. Um den Frieden besser zu wahren, haben sie in bisher unbekanntem Grade ihre Militärmacht entwickelt und fahren fort, sie zu verstärken, ohne vor irgendeinem Opfer zurückzuschrecken.

Alle ihre Bemühungen haben dennoch noch nicht das segensreiche Ergebnis der ersehnten Friedensstiftung zeitigen können. Da die finanziellen Lasten eine steigende Richtung verfolgen und die Volkswohlfahrt an ihrer Wurzel treffen, so werden die geistigen und physischen Kräfte der Völker, die Arbeit und das Kapital zum großen Teile von ihrer natürlichen Bestimmung abgelenkt und in unproduktiver Weise aufgezehrt. Hunderte von Millionen werden aufgewendet, um furchtbare Zerstörungsmaschinen zu beschaffen, die heute als das letzte Wort der Wissenschaft betrachtet werden und schon morgen dazu verurteilt sind, jeden Wert zu verlieren infolge irgendeiner neuen Entdeckung auf diesem Gebiet. Die nationale Kultur, der wirtschaftliche Fortschritt, die Erzeugung von Werten sehen sich in ihrer Entwicklung gelähmt und irregeführt. Daher entsprechen in dem Maße, wie die Rüstungen einer jeden Macht anwachsen, diese immer weniger und weniger dem Zweck, den sich die betreffende Regierung gesetzt hat. Die wirtschaftlichen Krisen sind zum großen Teil hervorgerufen durch das System der Rüstungen bis aufs äußerste und die ständige Gefahr, welche in dieser Kriegsstoffansammlung ruht, machen die Heere unserer Tage zu einer erdrückenden Last, welche die Völker mehr und mehr nur mit Mühe tragen können. Es ist deshalb klar, daß, wenn diese Lage sich noch weiter so hinzieht, sie in verhängnisvoller Weise zu eben der Katastrophe führen werde, welche man zu vermeiden wünscht und deren Schrecken jeden Menschen schon beim bloßen Gedanken schaudern machen.

Diesen unaufhörlichen Rüstungen ein Ziel zu setzen und die Mittel zu suchen, dem Unheil vorzubeugen, das die ganze Welt bedroht, das ist die höchste Pflicht, welche sich heutzutage allen Staaten aufzwingt. Durchdrungen von diesem Gefühl, hat Se. Majestät geruht, mir zu befehlen, daß ich allen Regierungen, deren Vertreter am kaiserlichen Hofe beglaubigt sind, den Zusammentritt einer Konferenz vorschlage, welche sich mit dieser ernsten Frage zu beschäftigen hätte. Diese Konferenz würde mit Gottes Hilfe ein günstiges Vorzeichen des kommenden Jahrhunderts sein. Sie würde in einem mächtigen Bündel die Bestrebungen aller Staaten vereinigen, welche aufrichtig darum bemüht sind, den großen Gedanken des Welfriedens triumphieren zu lassen über alle Elemente des Unfriedens und der Zwietracht. Sie würde zugleich ihr Zusammengehen besiegeln durch eine solidarische Weihe der Grundsätze des Rechts und der Gerechtigkeit, auf denen die Sicherheit der Staaten und die Wohlfahrt der Völker beruht." (*Friedens-Warte* 1999: 256/257)

Der Internationale Schiedsgerichtshof konstituiert sich

Der deutsche Kaiser und die deutsche Regierung haben dieses Manifest nur halbherzig unterstützt. Dennoch kamen auf dieser Grundlage die beiden Haager Friedenskonferenzen 1899 und 1907 zustande. Das wichtigste Ergebnis der Konferenzen war die Errichtung des Internationalen Schiedsgerichtshofes in Den Haag, eine Reihe von Bestimmungen zur „Humanisierung" der Kriegsführung, die in den sogenannten „Landkriegsordnungen" ihren Niederschlag fanden (vgl. *Dülffer* 1999). Tatsächliche Friedensvereinbarungen und Abrüstungsmaßnahmen wurden nicht beschlossen. Dieser Fehlschlag hatte in Japan zur Folge, daß die „Kriegspartei" die „Friedensdiplomaten" wieder ablöste, zu denen Shidehara Kijuro gehört hatte, der sich als junger Diplomat bereits für das Zustandekommen der Haager Konferenzen eingesetzt hatte, als Außenminister in den zwanziger Jahren seine Friedenspolitik weiter verfolgte und schließlich nach seiner „inneren Emigration" während des zweiten Weltkriegs nach 1945 als Ministerpräsident aus Überzeugung den sogenannten „Friedensartikel" für die neue Verfassung vorschlug (und nicht der amerikanische Oberbefehlshaber MacArthur, wie häufig angenommen wird; MacArthur hat sich überrascht und erstaunt gezeigt, als Shidehara Kijuro ihm den ersten Entwurf vorlegte). Ein überzeugter Pazifist als Staatsmann hatte damals wie heute Seltenheitswert (vgl. *Schlichtmann* 1999: 463ff.).

4.4 Von der Friedensbewegung zur Friedenswissenschaft

Trotz des offensichtlichen Scheiterns der Friedenspläne und Friedensentwürfe hatte sich das Bewußtsein für Frieden als eine der entscheidenden Voraussetzungen für das Wohlergehen der Staaten und die Wohlfahrt der Bevölkerung geschärft. Die Entwicklung der Kommunikationsmittel im 19. Jahrhundert (vor allem der Zeitungen, aber auch des Buchwesens), die beginnende Pressefreiheit und das Engagement von Persönlichkeiten[89] kennzeichneten die Friedensdebatte in der zweiten Hälfte dieses Jahrhunderts, die sich mit einer sich ebenfalls verstärkenden „heroisierenden" nationalistischen Geschichtsschreibung (Leopold Ranke, Heinrich von Sybel, Heinrich von Treitschke) und den Krieg verherrlichenden bürgerlich-konservativen Publizistik auseinandersetzen mußte.

Thron und Alter gegen Friedenssehnsucht

Ohne Übertreibung kann festgestellt werden, daß sich Monarchie und Kirche (Thron und Altar) verbündeten, um sich der zunehmenden Friedenssehnsucht der Menschen entgegenzustemmen. Da diese Sehnsucht sich folgerichtig dem wachsenden Internationalismus zuwandte, der wiederum im Zentrum der marxistisch-sozialistischen Bewegung stand, und beides – Internationalismus und Sozialismus – in hohem Maße vom Judentum aufgrund seiner transnationalen Verbreitung unterstützt wurde, weckte die Friedensbewegung entgegen ihren eigenen Überzeugungen die von den Kirchen unterstützten antisemitischen Vorurteile in einer nach wie vor tiefreligiösen Bevölkerung.

Obgleich die Kirchen, vor allem die katholische, von ihrem eigenen Selbstverständnis her ebenfalls internationalistisch orientiert waren, hatten sie sich seit dem 18. Jahrhundert auf die Unterstützung nationaler Tendenzen festgelegt. Den Höhepunkt erreichte diese Tendenz im ersten Weltkrieg, als Geistliche aller Konfessionen (die katholischen Bischöfe und Priester unbeschadet der Friedensappelle des Papstes) die Truppen der verschiedenen Kriegsgegner segneten und zum mutigen Kämpfen motivierten. Die Verquickung von Antisemitismus und Politik im Vorfeld des ersten Weltkriegs verdeutlichte sich mit der „Affaire Dreyfus", ein französischer Offiziers jüdischen Glaubens, der 1894 wissentlich und fälschlich der Spionage für das

89 Der Sammelband *Rajewsky/Riesenberger* 1997: Wider den Krieg. Große Pazifisten von Kant bis Böll, enthält die Lebensbilder folgender Pazifisten: Immanuel Kant, Elihu Burrit, Richard Cobden, Frédéric Passy, Bertha von Suttner, Alfred Herrmann Fried, Otto Umfried, Jean Jaurès, Jane Addams, Arthur Ponsonby, Lew N. Tolstoj, Bart de Ligt, Mohandas K. Gandhi, Marc Sagnier, Franziskus M. Stratmann, Ludwig Quidde, Heinrich Ströbel, Georg F. Nicolai, Käthe Kollwitz, Friedrich W. Foerster, Paul Oestreich, Carl von Ossietsky, Dietrich Bonhoeffer, Bertrand Russell, Albert Schweitzer, Albert Einstein, Reinhold Schneider, Pablo Picasso, Abraham Johannes Muste, Martin Luther King, Cesar Chavez, Dorothy Day, Joan Baez, Daniel und Philip Berrigan, Alva Myrdal, Danilo Dolci, Heinrich Böll.

Deutsche Reich beschuldigt wurde. Vier Jahre später wurde der Prozeß nach einer Kampagne des Schriftstellers und Pazifisten Emile Zola (*J'accuse* – Ich klage an) wieder aufgenommen, Dreyfus aber erst 1906 rehabilitiert.

4.4.1 Friedensbereitschaft schlägt in Kriegsbereitschaft um

Mit anderen Worten: Trotz hoher friedenskultureller Disposition der Bevölkerungen aller europäischen Staaten blieben sie, besonders in Krisenzeiten, für die kriegskulturelle Herausforderung der Staatsführungen empfänglich. Der britisch-amerikanische Friedensforscher Nigel Young hat in einer Studie nachgewiesen, daß es bis kurz vor Ausbruch des ersten Weltkriegs eine überdurchschnittlich hohe Friedensbereitschaft der Öffentlichkeit in allen Ländern gab, die bei Ausbruch des Krieges Anfang August 1914 in eine begeisterte Kriegsbereitschaft umschlug (Nigel Young 1987: 139). Symbolhaft kam diese Begeisterung in der Ermordung des französischen Pazifisten und Sozialistenführers Jean Jaurès (1859-1914) am 31. Juli 1914 zum Ausdruck. Der Museumsdirektor und Historiker Adolf Wild hat diesen Augenblick und die Bedeutung von Jaurès festgehalten:

Jean Jaurès: Ein Pazifist wird ermordet

„31. Juli 1914, noch ist Frieden. Aber die Ereignisse überstürzen sich, die fatale Automatik der Mobilmachungen und Kriegserklärungen läuft an. Die Stimmung ist zur Siedehitze gesteigert. Da krachen in einem Pariser Cafe Schüsse. Ein wirrer und verhetzter Rechtsextremist, ein Einzelgänger, hat den französischen Sozialistenführer Jean Jaurès, eine international herausragende Figur, niedergestreckt. Ein jäher Entsetzensschrei geht durch das Land. Verkörperte doch gerade Jaurès alle Hoffnung auf eine aktive Kriegsverhinderung durch die Parteien der Arbeiterbewegung in Europa. Der Schock legt sich lähmend auf seine Anhänger. Als am Tag darauf die Einberufungen herausgehen, gibt es keinen Widerstand mehr, nur noch den Taumel nationalen Zusammenstehens. (...) Gegen Jaurès hatte sich auch ausgewirkt, daß er inzwischen für den Hauptmann Dreyfus, den Juden, den als deutschen Spion verurteilten Offizier, Stellung genommen hatte.

Er hat sich und seine Freunde damit in den größten politischen und moralischen Konflikt der Dritten Republik gestürzt. Es geht um ein Ideal, die Wiederherstellung des Rechts und der Ehre eines unschuldig Verurteilten, es geht zugleich aber auch um die Zerschlagung des reaktionären Blocks aus Adel, Kirche, Offizierskorps und Rechtsparteien, die um der Erhaltung von Macht und Autorität willen oder schlicht aus Antisemitismus den Rechtsbruch decken. Auch ohne Mandat, als Leitartikler, Autor und Redner, ist Jaurès eine Autorität. Seine Artikelserie „Die Beweise", als Buch ein Bestseller, bestimmt die Auseinandersetzung. (...)

Zweifellos beeinflußt von den bürgerlichen Pazifisten und unter Mißachtung aller marxistischen Lehren erklärt er 1903 im Parlament in einer großen Rede: ‚Der Friede in Europa ist schon jetzt möglich. Ich meine den tiefen, dauerhaften, organisierten und endgültigen Frieden.' Herrschte nicht in Europa seit 32 Jahren Frieden, so lange wie nie zuvor? Gingen die Regierungen nicht halbwegs geregelt miteinander um? Eines Tages werde ein europäischer Sicherheitspakt geschlossen und eine gleichzeitige Abrüstung vereinbart werden. Dann würden auch annektierte Minderheiten zu ihrem Recht kommen. Bis dahin aber müsse die Friedensbewahrung die Richtschnur allen außenpolitischen Handelns sein,

Konflikte müßten schiedsgerichtlich gelöst und durch Verträge eine internationale Ordnung aufgebaut werden. (...)

Dem Kongreß der sozialistischen Partei, der am 14. Juli zusammentritt, legt er eine Resolution vor, die, um die Regierungen zur Schiedsgerichtsbarkeit zu zwingen, den ‚gleichzeitigen und international organisierten Generalstreik' vorsieht. Jaurès setzt sich durch. Er will den Regierungen die maximale Drohung entgegenhalten. (...) Die Rechtspresse ist außer sich über die Entschließung der Sozialisten. Von ‚umlegen' und ‚an die Wand stellen' ist die Rede. Die Hetze schreibt einen Täter herbei. Dieser ‚Herr Jaurès, dieser Mann Deutschlands muß aus dem Weg geräumt werden.' (...) In der ‚Humanité' vom 31. Juli ruft Jaurès alle Beteiligten, Völker wie Regierungen, auf, eisern die Nerven zu behalten und der ruhigen Vernunft zu folgen. An diesem Tag erklärt Deutschland den ‚Kriegsgefahrzustand'. Jaurès beginnt nun auch an den Verteidigungsfall zu denken. Am Abend bestürmt er den Staatssekretär im Außenministerium, nun endlich Druck auf Rußland auszuüben. Er erfährt, die Situation sei hoffnungslos. Mit Freunden geht er in ein Café zum Essen. Da peitschen durch ein Fenster die Schüsse. Wenig später sprechen in Europa die Kanonen." (*Wild* 1987: 69ff.)

Bertha von Suttner: Die Waffen nieder!

Es blieb der Protest von BürgerInnen, die aus Überzeugung und humanistischem Engagement an pazifistischen Forderungen festhielten, lange bevor die moderne Wissenschaft und Forschung sich unter dem Eindruck der beiden Weltkriege und der neuen Massenvernichtungsmittel, vor allem der Atombombe, dem Friedensproblem zuwandte. An erster Stelle der pazifistischen Bewegung zum Ausgang des neunzehnten Jahrhunderts ist Bertha von Suttner zu nennen, die 1889 ihren Roman „Die Waffen nieder" veröffentlichte, Alfred Nobel zur Stiftung des Friedensnobelpreises anregte und diesen selbst 1905 erhielt, ebenso wie der Wiener Schriftsteller Alfred H. Fried, der 1892 die Deutsche Friedensgesellschaft gründete und seit 1899 „Die Friedenswarte" herausgab (vgl. *Porsch* 1999), das wichtigste Blatt der pazifistischen Bewegung für die kommenden fünfzig Jahre, an der in der Folge renommierte Wissenschaftler wie der Historiker und Friedensnobelpreisträger (1927) Ludwig Quidde und der Völkerrechtler Walther Schücking (vgl. *Bodendiek 1999*) mitarbeiteten.[90]

4.4.2 Pazifismus: Friedensvorstellungen im politischen Alltag

Mit den Beiträgen in der Friedens-Warte zeichnete sich der Beginn friedenswissenschaftlicher Forschung der Neuzeit bereits ab. Die ältesten friedens-

---

90 Die Friedens-Warte, begründet 1899 von Alfred H. Fried, wurde 1924 bis 1962 von Hans Wehberg in Gemeinschaft mit Ludwig Quidde und Walther Schücking weitergeführt. Die Redaktion wurde während der nationalsoziaslistischen Herrschaft in die Schweiz verlegt, wo sie bis 1974 verblieb. Seither wird die Friedens-Warte in unregelmäßigen Abständen von Arno Spitz in Berlin herausgegeben und verlegt. Zum einhundersten Jahrestag des Erscheinens der ersten Ausgabe wurde ein Jubiläumsheft „100 Jahre Friedens-Warte" (1999, Bd. 74, Heft 1-2) veröffentlicht.

wissenschaftlichen Untersuchungen im modernen Verständnis reichen dennoch ins neunzehnte Jahrhundert zurück. So hat in den Jahren 1817 bis 1819 die *Massachusetts Peace Society* erstmalig Untersuchungen über Menschenverluste in Kriegen und Vergeudung von Ressourcen als Folge von Kriegführung veranlaßt. (*Wiberg* 1984: 167) Interessant ist auch der Fall des Belgiers Louis Bara, der 1849 im Rahmen eines von einer belgischen Friedensgesellschaft ausgeschriebenen literarischen Wettbewerbs harte Kritik an der damaligen Friedensbewegung äußerte, weil diese sich nicht eingehend mit der Frage wissenschaftlicher Forschung befaßt habe. (*Wiberg* 1984: 108) Seltenheitswert hat ein Buch, das bislang in keiner friedenswissenschaftlichen Bibliographie aufgetaucht ist: eine „Geschichte der Seuchen, Hungers- und Kriegsnoth zur Zeit des Dreissigjährigen Krieges", verfaßt 1890 von einem Militärarzt namens Gottfried Lammert, der die Auswirkungen des Krieges in einer Weise beschrieb, die zu der damals herrschenden Geschichtsschreibung in offenem Widerspruch stand und als ein Beispiel früher friedenswissenschaftlicher Arbeit gelten kann. Egbert Jahn schließlich hat herausgefunden, daß es in den Jahren zwischen 1890 und 1930 unter den Völkerrechtlern mehr Pazifisten als in jeder anderen Wissenschaftsdisziplin gegeben habe. (*Jahn* 1982: 153)

Zum Begriff des Pazifismus

Der Begriff „Pazifismus" bzw. „Pazifisten" ist relativ jungen Datums. Er wurde 1901 von dem damaligen (französischen) Präsidenten der „Internationalen Liga für Frieden und Freiheit", Emile Arnaud, geprägt (vgl. *Holl* 1978: 767). Der Begriff bürgerte sich sehr schnell ein. Die Anhänger der Friedensgesellschaften (siehe weiter unten) benutzten ihn konsequent und regelmäßig, doch ebenso konsequent und regelmäßig wurde er von den Regierungen und der bürgerlich-nationalen Presse als Diffamation eben dieser Pazifisten als „Landesverräter" benutzt. Eine wichtige Begriffsklärung nahm Alfred Fried vor:

Reformpazifismus versus ursächlichen Pazifismus

„Es gibt einen ursächlichen Pazifismus und einen Reformpazifismus; einen Pazifismus, der sich lediglich gegen die äußere Erscheinung, gegen die Symptome des heutigen zwischenstaatlichen Zusammenlebens wendet, der den Krieg als solchen, der die Mittel zum Kriege, die Heere und die Rüstungen, bekämpft, und einen Pazifismus, der sich gegen die Ursachen dieser Erscheinungen wendet und erst durch eine grundsätzliche Veränderung des zwischenstaatlichen Zusammenlebens dessen schädliche Folgeerscheinungen vermeidbar zu machen sucht.

Der *Reformpazifismus* wendet sich unmittelbar gegen den Krieg; nicht gegen seine Ursachen. Er will also ein Ergebnis wandeln, eine Folge beseitigen oder in ihrer üblen Wirkung beschränken, ohne ihren Ursachen an den Leib zu gehen. Die Ursachen der Kriege liegen aber in der Anarchie der zwischenstaatlichen Beziehungen, die notgedrungen die Gewalt als Regulator bedingt. Der Reformpazifismus wendet sich nicht gegen die zwischienstaatliche Anarchie; er läßt das Prinzip bestehen, sucht nicht die Quelle der Gewalt zu verstopfen, bemüht sich lediglich, die üblen Folgen dieses Prinzips, seine Folgeerscheinung als Krieg zu beseitigen. Da die Beseitigung einer Wirkung ohne Beeinflussung der Ursache nicht möglich ist, so geht er Kompromisse ein. Er sucht die Folge nach Möglichkeit *hinauszuschieben,* ihr Wesen für den Fall ihres Eintritts zu *mildern.* Das heißt, er sucht den sogenannten ,Frieden' zu fristen, den Krieg zu humanisieren. Ein solches Verfahren ist sinnwidrig. Über den plumpen Widerspruch, der darin liegt, hilft sich der Reformpazifismus mit Glaubenssätzen hinweg. Er erklärt den Krieg als ein ,Element der göttlichen Weltordnung' oder als Naturgesetz, gegen das nicht angekämpft werden kann und sucht ihn sogar als nützlich hinzustellen.

Reformpazifistisch ist daher die gesamte Friedensbetätigung der zeitgenössischen Staatskunst, der Staatsoberhäupter, Minister, Parlamentarier und Diplomaten, die allerorten nur bestrebt sind, den Frieden ,zu erhalten', die sich rühmen, Kriege ,hinausgeschoben' oder ,vermieden' zu haben, deren ganzes Tun einfach darin gipfelt, einen Waffenstillstand zu verlängern, ohne daß sie an die Möglichkeit einer an der Wurzel rührenden Beseitigung der von allen gefürchteten Gefahr nur zu denken wagen. Sie bleiben immer nur an der Oberfläche haften, quälen sich an den Symptomen ab und bekunden durch die Art ihrer Betätigung, daß der Krieg den Hauptinhalt ihrer Politik, den Anfang und das Ende ihrer Staatskunst bildet. Reformpazifistisch ist daher die Betätigung jener Völkerrechtsgelehrten, Militärs, Menschenfreunde etc., die sich bemühen, durch Aufstellung von Rechtsregeln und Humanitätsvorschriften die Wirkung des Krieges abzuschwächen. Reformpazifisten sind aber auch jene Vereinigungen und Parteien, die sich keineswegs mit schicksalsergebenen Glaubenssätzen begnügen, schon an die Möglichkeit einer Beseitigung dieser Geißel glauben und sogar gewillt sind, dabei mitzuwirken, dennoch aber ihren Kampf gegen die Erscheinungen richten. Sie suchen diese unmittelbar oder durch Schwächung bzw. Beseitigung der dabei verwendeten Mittel, ferner durch Empfehlung von anderen, ihnen wünschenswerter erscheinenden Mitteln zu bekämpfen. So wirken sie im Bannkreis reformerischer Ideen und können infolgedessen zu zweckmäßigen Ergebnissen nicht gelangen. Hierher gehören die Antimilitaristen, die das Heer bekämpfen, jene Parteien, die grundsätzlich die Rüstungserfordernisse verweigern, aber auch jene Anhänger der Friedensidee, die da meinen, der Krieg könne durch bloße Verringerung oder gar Abschaffung der Rüstungen oder durch einfache Herstellung von Einrichtungen der zwischenstaatlichen Rechtssprechung beseitigt werden.

Der *ursächliche Pazifismus* wendet sich nicht unmittelbar gegen die Folge ,Krieg', sondern – wie schon die Bezeichnung sagt – gegen deren Ursache. Durch deren Beseitigung, das ist durch Errichtung einer Ordnung des zwischenstaatlichen Zusammenlebens anstelle der Anarchie will er nicht nur statt der Folge ,Krieg' eine andere Folge hervorbringen, sondern auch jenem in der heutigen Weltverfassung als ,Friede' bezeichneten Zustand einen anderen Inhalt geben. Für den ursächlichen Pazifismus ist es klar, daß der Krieg solange nicht vermeidbar, aber auch der wirkliche Friede solange nicht erreichbar ist, als im zwischenstaatlichen Leben jenes Prinzip obwaltet, das die Gewaltanwendung bedingt. Das Verfahren des ursächlichen Pazifismus ist folgerichtig und daher allein zweckmäßig.

Bei allen Lebensregungen der Geisteswelt finden wir den Gegensatz zwischen Folgenwandlung (Reform) und Ursachenwandlung (Revolution), finden wir die Neigung zur Folgenwandlung am Anfang jeder Erneuerung, jedes Fortschritts. Es ist nur zu klar, daß sich die Menschen zuerst gegen das Augenfällige wenden, wenn eine Einrichtung ihren Ideen nicht mehr entspricht, und daß sie daher vorerst nur die augenfällige Wirkung bekämpfen und ändern wollen; während sie erst später in das Wesen der zu wandelnden Dinge eindringen, ihre Ursachen erkennen, um sich schließlich vernunftgemäß gegen diese zu wenden. Ein Blick auf die Geschichte der Medizin lehrt uns dies aufs deutlichste. Auch hier bekämpfte man früher die Symptome der Krankheiten und ging erst später daran, die Krankheit durch Beseitigung ihrer Ursachen zu bekämpfen. Man erkannte, daß die Krankheit nur einem fehlerhaften Zustand des Organismus ihr Entstehen verdankt und schickte sich an, den Organismus zu ordnen, ihn widerstandsfähiger zu machen, um so der Krankheit vorzubeugen. Dieselbe Wandlung zeigen die Verfahrensarten des Pazifismus. Der ursächliche Pazifismus bedeutet die Überwindung des Anfangs, den Höhepunkt der Idee, deren Sieg." (*Fried* 1916: 5-8)

Eine andere Definition offeriert der englische Wissenschaftler Martin Ceadel:

„Pazifismus ist die Überzeugung, daß jeder Krieg immer ein Unrecht ist und deshalb nie auf ihn zurückgegriffen werden darf. (...) Pazifismus gründet sich auf die Annahme, daß Krieg, auch wenn er manchmal notwendig erscheint, immer ein irrationales und unmenschliches Mittel des Streitaustrags ist und deshalb seiner Vermeidung eine überragende politische Priorität eingeräumt werden muß." (*Ceadel* 1980: 3)

Die erste Definition beschreibt den absoluten (ethischen) Pazifismus, die zweite seine pragmatische (rationale) Variante. Die politische Bedeutung beider pazifistischen Richtungen beschreibt Ceadel wie folgt:

Reine Lehre oder Maximierung politischer Relevanz?

„Der Pazifismus wirkt in seinen Beziehungen zur Gesellschaft in zwei gegensätzliche Richtungen: in Richtung der Wahrung der reinen Lehre oder in Richtung einer Maximierung seiner politischen Relevanz." (*Ceadel* 1980: 16f.)

In einer anderen Arbeit unterscheidet Ceadel *war or modern-war pacifism* (Kriegs- oder moderner Kriegspazifismus) und *force pacifism* (Gewalt- oder Machtpazifismus). Der erste Begriff bejaht unter bestimmten Bedingungen Krieg zur Friedensherstellung, der zweite schließt Krieg aus, aber nicht unbedingt andere Formen der Gewaltanwendung. Hier ist an Einstein zu denken, der als überzeugter Pazifist dennoch die militärische Niederringung des Nazi-Regimes (und anderer faschistischer, autoritärer oder totalitärer Regime) befürwortete (vgl. *Nathan/Norden* 1975: 257-263). Zugleich ist in diesem Zusammenhang an Blauhelm- oder internationale Polizeieinsätze zur Friedenssicherung und Friedensherstellung (*robust peace keeping*) oder auch an Embargo- und Boykottmaßnahmen zu denken. Beide Auffassungen stehen in unauflöslichem Gegensatz zum absoluten Pazifismus (Gewissens- oder Gesinnungspazifismus, Fundamentalpazifismus), der jede Form von Gewaltanwendung ablehnt (*Ceadel* 1987).

Eine weitere Definition stammt von dem kanadischen Historiker Norman Ingram; sie bezieht sich zwar auf den französischen Pazifismus der Zwischenkriegszeit, dürfte aber für die Mehrheit der heutigen PazifistInnen zutreffen.

„Ich bezeichne als Pazifisten jene Männer und Frauen sowieso die Mitglieder von Vereinigungen, für die Frieden eine prioritäre, logische und verträgliche Zielvorstellung ist, kurzum, für die Frieden ein Prinzip ist, dem sie sich nicht verweigern können." (*Ingram* 1993: 29)

Von den Friedensgesellschaften und der pazifistischen Bewegung[91] gingen die wichtigsten Impulse für die Wissenschaft aus, sich nunmehr systematisch

---

91 Zur pazifistischen Bewegung liegen inzwischen zahlreiche Untersuchungen vor. Beispielhaft sei hier auf *Holl* 1978, 1988 und *Benz* 1988 verwiesen.

unter Anwendung moderner Methoden der Quellenforschung dem Thema Frieden und Krieg zuzuwenden. Die sich daraus entwickelnde Friedenswissenschaft wurde anfangs von einzelnen WissenschaftlerInnen der verschiedensten Disziplinen betrieben, bis sich nach 1945 der Begriff der Friedensforschung bzw. der Friedens- und Konfliktforschung allgemein durchsetzte.

4.4.3 Exkurs: Gandhis Gewaltfreiheit

In Indien, wo sich seit der Herrschaft der Mogule (vgl. 3.5.4) mehrere hinduistische und muslimische Staaten mit funktionsfähigen Verwaltungen konsolidiert hatten, beschritten die britischen Kolonialherren einen anderen Weg. Sie beließen einige der vorhandenen Regionalstrukturen und stützten die lokalen hinduistischen und muslimischen Herrscher, notfalls mit militärischer Hilfe, gegen die eigenen Untertanen, übten aber die Oberherrschaft aus, erhoben Abgaben und kontrollierten die Wirtschaft, soweit diese die Interessen der britischen Kaufleute berührten. Die wachsende Freiheitsbewegung ließ sich vom Konzept des gewaltfreien Widerstandes[92] leiten, das Mohandas Karamchand Gandhi (1869-1948), genannt Mahatma, entwickelt hatte (vgl. Einleitung). Gernot Jochheim, Gandhi- und Gewaltfreiheitsforscher, beschreibt den Weg des Mahatma:

Mohandas Gandhi: Die Einheit von Moral und Handeln

„Im allgemeinen verbindet man den Namen Gandhis mit dem Kampf der Inder gegen die englische Kolonialherrschaft. Gandhi war jedoch nicht der Initiator dieses Befreiungskampfes; er wurde aber 1919, beinahe 5Ojährig, sein Führer. Und er gab diesem Kampf die gewaltlose Prägung, die freilich mehr als einmal gefährdet wurde. Gandhis Methoden lagen verblüffend einfache Überlegungen zugrunde: Ungerechte Herrschaft, und das war koloniale Fremdherrschaft zweifellos, kann nur dann bestehen, wenn die Unterdrückten sie direkt durch die Teilnahme am Herrschaftssystem – etwa um eines persönlichen Vorteils willen – oder indirekt durch Gleichgültigkeit oder Resignation stützen. Demnach lassen sich Herrschaftsverhältnisse erschüttern, wenn die Unterworfenen ihre Unterstützung aufkündigen und die Gesetze, welche diese Verhältnisse aufrechterhalten (sollen), nicht mehr beachten. (…)

In einer Nicht-Kooperations-Kampagne rief Gandhi z.B. dazu auf, offizielle Empfänge und Veranstaltungen der Kolonialherren zu meiden, alle zivilen und militärischen Ämter abzulehnen, auf Ehrentitel und Auszeichnungen zu verzichten, keine Anleihen der englischen Regierung zu zeichnen, keine englischen Waren zu kaufen. Durch eintägige Generalstreiks wurde den Engländern klargemacht, wie begrenzt ihre Möglichkeiten zur Durchsetzung von Maßnahmen waren. Die bekannteste Kampagne des Zivilen Ungehorsams

---

92 Die Begriffe „gewaltfrei“ und „gewaltlos“ werden meistens synomyn verwandt. Es gibt jedoch einen Unterschied: „gewaltfrei“ handelt derjenige, der über Gewaltmittel (Waffen) verfügt, aber darauf verzichtet sie anzuwenden; „gewaltlos“ handelt derjenige, der keine Waffen besitzt. Gandhi hat sowohl gefordert, auf Waffengewalt zu verzichten, also gewaltfrei zu handeln, als auch die indische Bevölkerung, die über keine militärischen Gewaltmittel verfügte, aufgerufen, gewaltlos ihre Rechte durchzusetzen.

wurde durch Gandhis Salzmarsch 1930 eingeleitet, der mit einer lediglich symbolischen Handlung endete – dem Aufheben einiger Salzbrocken am Meer – und der nichtsdestoweniger in aller Welt Aufsehen hervorrief. Für die indische Bevölkerung war er das Signal, die kolonialen Salzgesetze massenhaft zu übertreten.

Als Gandhi in den indischen Unabhängigkeitskampf eingriff, hatte er seine ‚Handlungstheorie' längst entwickelt. (...) Gandhi war bekannt geworden durch einen zwei Jahrzehnte währenden Kampf gegen die Rassendiskriminierung, genauer: gegen die Diskriminierung der indischen Wanderarbeiter und ihrer Familien in den englischen Kolonialgebieten im südlichen Afrika und den angrenzenden Burenrepubliken Oranjefreistaat und Transvaal. (...)

In Indien führte Gandhi alsbald zwei gewaltfreie Kampagnen durch: 1917, in Champaran, unterstützte er den Kampf indischer Pächter gegen die verschärfte Ausbeutung durch englische Grundbesitzer. Im Jahr darauf organisierte Gandhi einen gegen indische Fabrikanten gerichteten Lohnstreik, während dem er – zum erstenmal – das Mittel des Hungerstreiks einsetzte. Hier deutet sich ein Konfliktfeld an, das im Zusammenhang mit Gandhi zu wenig beachtet wird: Die Auseinandersetzungen mit dem kolonialen Herrschaftssystem stellten nur die eine Seite der Aktivitäten Gandhis dar. Auf der anderen Seite führte er einen hartnäckigen Kampf gegen die Ungerechtigkeiten innerhalb der indischen Gesellschaft. Diese zu überwinden war sogar sein erstes Anliegen. In den ungelösten sozialen Problemen seines Landes – im Kastenwesen, im Problem der Unberührbaren, in der untergeordneten Stellung der Frauen, in den Spannungen zwischen Hindus und Moslems – sah Gandhi die Ursachen für die Ausbrüche von Gewalt zwischen den Menschen. Mit einem umfassenden Aktions- und Erziehungsprogramm sollten diese Unrechtsstrukturen abgebaut werden. (...)

Gewaltlosigkeit und Wahrheit: zwei Seiten einer Münze

Gandhi hat seine gewaltfreien Kampagnen und Widerstandsprojekte, die er (...) als ‚Satyagraha' (Wahrheit – Anm. *Koppe*) bezeichnete, als Experimente verstanden, um gerechte soziale Verhältnisse zu erreichen. Gandhi hatte selbst immer durchaus klare Vorstellungen darüber, was in einer Streitfrage gerecht und erstrebenswert wäre. Aber, und dies unterscheidet ihn von gewaltsamen Revolutionären, er hatte nicht das Bewußtsein – oder sollte man sagen die ‚Anmaßung' –, daß es erlaubt sei, anderen Menschen Schaden zuzufügen, sie möglicherweise zu töten, um ein als richtig und gerecht erkanntes Ziel zu erreichen. Der Kern von Gandhis Begründung der Gewaltlosigkeit lautet: Man kann Wahrheit nur herausfinden, wenn man gegenüber jenen, die für ein Unrecht verantwortlich sind, keine Gewalt anwendet. Tut man es, wird unklar bleiben, ob sich das gerechte Ziel – also Wahrheit – durchgesetzt hat oder ob lediglich die Angst vor den Folgen der Gewalt den Gegner zu Zugeständnissen bewogen hat. Das gewaltlose Handeln ist ‚Ahimsa', semantisch die Verneinung von ‚Himsa', was ‚Gewalt' bedeutet. ‚Ohne Ahimsa ist es nicht möglich, Wahrheit zu suchen und zu finden. Ahimsa und Wahrheit sind so miteinander verflochten, daß es praktisch unmöglich ist, sie zu entflechten und zu trennen. Sie sind wie die beiden Seiten einer Münze oder eher wie eine glatte, ungeprägte Metallscheibe. Wer kann sagen, welches die Vorderseite und welches die Rückseite ist! Trotzdem ist Ahimsa nur das Mittel, die Wahrheit ist das Ziel.'

Hier wird das zweite Element in der Begründung der Gewaltlosigkeit durch Gandhi angesprochen, nämlich die Beziehung zwischen Zielen und Mitteln. Für Gandhi galt nicht der Satz ‚Der Zweck heiligt die Mittel', sondern er vertrat die Auffassung, daß mit schlechten Mitteln keine guten Ziele zu erreichen seien. In den Mitteln müsse das Ziel bereits erkennbar sein. (...) Es kommt bei der Veränderung gesellschaftlicher Verhältnisse nach Gandhi also in erster Linie auf das Tun, auf das Handeln an, auf den ‚Prozeß'. ‚Wenn wir sorgfältig auf das Mittel achten, wird uns früher oder später die Erreichung des Zieles zufallen.' In diesem Sinne nannte sich Gandhi ‚praktischer Idealist', eine Haltung, die einen zwingenden pädagogischen Impuls ausstrahlt. Dies wird in der Antwort deutlich, die Gandhi gab, als er nach dem Weg zum Frieden gefragt wurde: ‚Es gibt keinen Weg zum Frieden. Der Frieden ist der Weg.'" (*Jochheim* 1987: 111f.)

Erfolg und Mißerfolg des Gandhischen Konzepts

Die Friedensvorstellung von Gandhi war also höchst komplex, sie hatte dennoch einen Teilerfolg: Im Unterschied zu anderen „Entkolonialisierungen" konnte Indien 1946 seine Unabhängigkeit ohne den Einsatz von Gewalt erringen. Dagegen ist das zweite Konzept des Mahatma gescheitert, nämlich die Versöhnung zwischen Hindus und Muslimen sowie die Überwindung des Kastensystems im Alltag, vor allem in den ländlichen Gebieten (gesetzlich ist das Kastensystem in Indien aufgehoben). Pakistan (und später Bangla Desch) und Indien gingen getrennte Wege und streiten seit einem halben Jahrhundert um die geteilte Provinz Kaschmir, teils in offenen Kriegen, teils in Grenzscharmützeln. Seit 1998/99 bedrohen sich beide Staaten mit Atomwaffen. Die besondere Tragik des „Apostels der Gewaltfreiheit" war, daß er selbst einem Gewaltakt zum Opfer fiel: am 30. Januar 1948 wurde er von einem fanatischen Hindu ermordet.

Gandhis „Experiment der Gewaltlosigkeit" ist deshalb so bedeutsam, weil erstmalig eine Friedensvorstellung in die politische Praxis umgesetzt wurde und für weitere, allerdings regional beschränkte Situationen, als Vorbild diente. Genannt wurde bereits weiter oben die amerikanische Bürgerrechtsbewegung, zu nennen sind auch Cesar Chavez für Mexiko und Danilo Dolci für Italien (vgl. *Rajewsky/Riesenberger* 1987: 326f. und 385f.).

4.4.4 Frieden und Krieg: eine Bilanz

Auf den weiteren Verlauf der jüngsten Geschichte wird hier nicht eingegangen. Die Entwicklung vom Ersten zum Zweiten Weltkrieg, die Errichtung des Sowjetsystems, Aufbau und Untergang der faschistischen Regime in Italien, Deutschland, Spanien und einigen anderen Staaten, mit wahrscheinlich weit über zweihundert Millionen Toten, wird hier nicht eingegangen. Die Kenntnis der tragischen kriegskulturellen[93] Ereignisse vor und während – und teilweise nach – dem zweiten Weltkrieg wird für das Verständis der Grundgedanken meines Buches vorausgesetzt.

93 Der „kriegskulturelle" Charakter der beiden „Weltkriege" wird dadurch unterstrichen, daß in den direkt beteiligten Staaten (Deutschland eingeschlossen) nicht nur die Toten und die zerstörten Städte und Landschaften beklagt werden, was durchaus verständlich wäre, vielmehr werden beide Kriege gewissermaßen als „kulturelle Höhepunkte" der jeweiligen Nationalgeschichte, mit Stolz auf die „heroische Leidensfähigkeit" von Soldaten und Zivilbevölkerung – gleich ob auf Seiten der Sieger oder der Verlierer – gefeiert.

Und doch war die Periode, die Anfang des 17. Jahrhunderts begann und die wir als „Neuzeit“ bezeichnen, zwar von kleinen und in der erste Hälfte des 20. Jahrhunderts von zwei grausamen Weltkriegen gekennzeichnet (obgleich die Bezeichnung „Weltkrieg“ irreführend ist – vgl. 1.1.3; die Franzosen nennen den Ersten Weltkrieg einfach *La Grande Guerre*, den Großen Krieg), aber mehr noch von Friedensperioden, denen wir einen in der Geschichte der Menschheit bisher unerreichten gesellschaftlichen und wirtschaftlich-technologischen Fortschritt verdanken. Jost Dülffer, Martin Kröger und Rolf-Harald Wippich haben in einer Untersuchung „Vermiedene Kriege – Deeskalation von Konflikten der Großmächte zwischen Krimkrieg und Erstem Weltkrieg (1856-1914)“ die Gründe für diese „Friedenszeiten“ untersucht, ohne jedoch eine schlüssige Antwort zu finden:

„Das 19. Jahrhundert war ein vergleichsweise friedliches Zeitalter, wenn man an das 20. Jahrhundert denkt. Zwischen 1815 und 1914 gab es in jenem ‚langen Jahrhundert‘ nur einen Krieg, an dem direkt oder indirekt alle europäischen Großmächte beteiligt waren: Es war der Krimkrieg zwischen 1854 und 1856. Wie der Name schon sagt, blieben die Kampfhandlungen im wesentlichen lokal beschränkt; der Krieg selbst drohte jedoch zeitweilig zu einem großen und allgemeinen europäischen Krieg zu werden. (...) Genau diese Ausweitung geschah nicht. (...) Es gibt jedoch in der Forschung eine Tendenz, den Ersten Weltkrieg als gleichsam natürliches Ergebnis der Entwicklung des Mächtesystems anzusehen, als einen normalen Anpassungsprozeß. Hier wird genau umgekehrt gefragt: Wie kam es, daß der große und allgemeine Krieg ein halbes Jahrhundert lang vermieden wurde? (...) Der große Krieg wurde bis 1914 in verschiedenen Krisen des Staatensystems oder wichtiger Großmächte untereinander vermieden. Die Fähigkeit, sich dabei gewonnener Erfahrungen zu bedienen oder die Bereitschaft, die gemachten Erfahrungen auch in Zukunft anzuwenden, schwand zunehmend, ohne daß damit die europäische Katastrophe des Ersten Weltkriegs bis zum Schluß zur unumstößlichen Notwendigkeit geworden wäre.“ (*Düllfer* 1997: 1 und 29)

Die diesem Kapitel zugrunde liegenden Überlegungen bestätigen dreierlei: erstens die Tatsache, daß – exemplarisch von Jost Düllfer für das 19. Jahrhundert nachgewiesen – Friedenszeiten erheblich länger als Kriegszeiten dauerten (vgl. Grafik S. 35) und die Realisierung von Frieden keineswegs eine aussichtslose Sache ist; zweitens, daß die Friedensbereitschaft der Bevölkerungen im Verständnis von Kenneth Boulding sehr viel größer ist, als eine einseitige Medienberichterstattung vermuten läßt; drittens die Uneinsichtigkeit der Akteure (Torheit der Regierenden im Verständnis von Barbara Tuchman – vgl. 1.6.1) und den kriegsfördernden Einfluß des Militärs und der Rüstungsindustrie. Der Streit zwischen friedenskulturellen und kriegskulturellen Kräften ist noch längst nicht entschieden, doch die Chancen für einen dauerhafteren Frieden stehen gut!

Damit schließt zunächst die Geschichte der Friedensvorstellungen. Sie wird im nächsten und letzten Kapitel mit einer kurzen Geschichte der modernen Friedenswissenschaft/Friedens- und Konfliktforschung fortgesetzt.

5. Friedenswissenschaft im 20. Jahrhundert

Der letzte Abschnitt folgt einem anderen Muster. Nicht mehr die Friedensvorstellungen stehen im Vordergrund, sondern die Versuche, die Ursachen von Krieg und Gewalt (Kriegsursachenforschung) ebenso wie die Ursachen für friedfertiges Verhalten (Friedensursachenforschung) zu erforschen. Das bedeutet nicht mehr und nicht weniger, als die Friedensvorstellungen der Vergangenheit und der Gegenwart auf ihre Stimmigkeit und Umsetzung in gesellschaftliche Praxis hin zu untersuchen. Die Friedenswissenschaft begleitet die nach wie vor existierende Friedensbewegung mit Sympathie, aber doch mit wissenschaftlicher Distanz. Sie beansprucht nicht, neue Friedensvorstellungen zu präsentieren, wohl aber Erkenntnisse bereitzustellen, an Hand derer Friedensvorstellungen überprüft werden können, und Rahmenbedingungen für ihre nachhaltige Realisierung zu benennen. Sie muß überdies bereit sein, ihre Erkenntnisse der Kritik innerhalb der eigenen Disziplin eben so wie der Kritik seitens der Friedensbewegung und der gesellschaftlichen Akteure auszusetzen. In diesem Zusammenhang wird der Begriff Friedensforschung synonym mit Friedens- und Konfliktforschung verwandt, die in der Regel in Instituten (innerhalb und außerhalb von Universitäten) oder von einzelnen WissenschaftlerInnen betrieben wird, während Friedenswissenschaft als Oberbegriff für die Gesamtheit von Forschung und Lehre im akademischen Raum benutzt wird.

5.1 Die Anfänge der Friedenswissenschaft/Friedensforschung

Die ältesten, zum Teil heute noch aktiven Vereinigungen, die sich die Förderung der Friedenswissenschaft/Friedensforschung zur Aufgabe gemacht hatten, wurden Anfang unseres Jahrhunderts gegründet. 1910 entstand in den Vereinigten Staaten die Stiftung *Carnegie Endowment for International Peace* in New York (heute in Washington), ein Jahr später die *World Peace Foundation* in Boston. Seit 1917 ist das *American Friends Service Commit-*

tee, eine Einrichtung der Quäker-Bewegung, in Philadelphia tätig. 1919 wurde das erste Forschungsinstitut an einer Universität gegründet, in dem bis heute systematisch die Problematik Frieden und Krieg untersucht wird: Die *Hoover Institution on War, Revolution and Peace* an der Stanford Universität in Kalifornien.

Diese Gründungen erfolgten im Vorfeld und unter dem Eindruck des Ersten Weltkriegs. Sie sind deshalb nur im Spannungsfeld zwischen Politik, Wissenschaft und gesellschaftlichem Engagement zu erklären und zu verstehen. Vor allem in den Vereinigten Staaten blieb nach dem Weltkrieg die Frage virulent, ob sich die USA auch künftig in das Kriegsgeschehen in anderen Kontinenten einmischen oder ob sie in *splendid isolation* verharren sollten. Die Tendenz, sich aus den Händeln und Kriegen anderer Staaten herauszuhalten, war stark. Schließlich war Nordamerika nach dem Bürgerkrieg 1862-1865 und der Beendigung der faktischen Ausrottung der amerikanischen Urbevölkerung im Verlaufe der Eroberung des amerikanischen Westens zu einer Friedenszone geworden, die den ungeheuren industriellen Aufstieg ermöglichte, der die Basis für die heutige Weltmachtrolle der USA legte.

Diese Frage wurde nicht nur vom klassischen Völkerrecht beleuchtet, sondern auch von einer neuen politikwissenschaftlichen Disziplin, den Internationalen Beziehungen (*international relations*), die sich die in der amerikanischen Psychologie entwickelte Methode der detaillierten Beobachtung von Verhaltensweisen (Behaviorismus[94]) zu Nutze machte und sich dabei nicht nur auf die Bewertung historischer und militärisch-sicherheitspolitischer Fakten beschränkte, sondern auch wirtschafts- und handelspolitische Interessen berücksichtigte. Auf diese Weise wurde langfristig eine interdisziplinäre Forschung eingeleitet, aus der sich später die moderne Konfliktforschung (Konfliktursachenforschung und Konfliktregelungsforschung – *conflict analysis* und *conflict resolution*) entwickelte.

Quincy Wright: A Study of War

Ein „monumentales Werk“ wurde die erste und bislang umfassendste Untersuchung des Krieges als gesellschaftliche Institution genannt: „*A Study of War*“ von Quincy Wright. Eine Vorstudie unter dem Titel „*The Causes of War and the Conditions of Peace*“ war bereits 1935 in New York erschienen. Damit hatte Wright die moderne Kriegs- und Kriegsursachenforschung begründet. Der Auszug im Anhang (vgl. 6.3) vermittelt nur einen sehr begrenzten Einblick, wie tief der Autor das Phänomen Krieg von den Anfängen der Menschheit (und ebenso bei Tieren) zu erfassen versucht. Gestützt auf diese Untersuchung (und auf die Arbeiten von Lewis Fry Richardson – siehe weiter unten) entwickelte J.

94 Diese Methode wurde erstmals von J.B. Watson in seinem Aufsatz „Psychology as the behaviorists view it“, Philadelphia 1913, beschrieben. Vgl. auch *Feger* 1964, *Horn* 1988 und *Senghaas-Knobloch* 1989 und 1990.

David Singer in den fünfziger Jahren die quantitative Friedensforschung mit dem bis heute bestehenden *Correlates of War Project* (CoW) der Universität Michigan in Ann Arbor, wo auch Wright viele Jahre tätig war. Im Rahmen dieses Projektes wurde eine der heute benutzten Methoden zur Zählung von Kriegen ausgearbeitet (*Gantzel/Meyer-Stamer* 1986: 3).

Albert Einstein und die Atombombe

Ihre entscheidenden Impulse aber erhielt die sich abzeichnende Friedens- und Konfliktforschung in der Folge des Zweiten Weltkriegs, der Ausweitung des sowjetischen Machtbereichs in Asien und Europa sowie der Entwicklung und des zweimaligen Einsatzes der Atomwaffe (Hiroshima und Nagasaki). Neben Aggressionsforschern beteiligten sich vor allem auch Naturwissenschaftler (in erster Linie Physiker) an diesem neuen Forschungsbereich. Albert Einstein, der in den zwanziger und beginnenden dreißiger Jahren in Deutschland und später im amerikanischen Exil öffentlich pazifistische Überzeugungen vertreten hatte, 1939 aber Präsident Roosevelt erst zum Kriegseintritt und dann zum Bau der Atomwaffe ermutigte, weil er glaubte, nur so könne das verbrecherische nationalsozialistische Regime in Europa beseitigt werden, wurde alsbald zu einem der konsequentesten Warner vor dem Einsatz der Atombombe, deren vernichtende Wirkung er besser als jeder andere beurteilen konnte. Zusammen mit dem britischen Philosophen und Pazifisten Bertrand Russell veröffentlichte er am 9. Juli 1955, als das atomare Wettrüsten bereits politische Realität geworden war, das Russell-Einstein-Manifest (Wortlaut im Anhang), das seither als das Grunddokument der Friedenswissenschaft gilt. Zusammen mit anderen Wissenschaftlern[95] forderten sie die Regierungen der Welt auf, die zwischen ihnen strittigen Fragen friedlich zu regeln:

> „Angesichts der Tatsache, daß in jedem künftigen Weltkrieg mit Sicherheit Kernwaffen eingesetzt werden und daß diese Waffen die fortdauernde Existenz der Menschheit gefährden, fordern wir die Regierungen der Welt auf, für die Regelung aller zwischen ihnen strittigen Fragen friedliche Mittel zu finden." (DGFK Informationen Nr. 1981/1: 31)

Die Pugwash-Bewegung/Interdisziplinäre Wissenschaft

Aus dieser Initiative entwickelte sich zwei Jahre später die erste und nach wie vor aktive Wissenschaftlervereinigung, deren Mitglieder wissenschaftliche Forschung mit politischen Initiativen an die Adresse der Regierungen und der Öffentlichkeit verbinden, die Pugwash-Bewegung für Wissenschaft und Weltgeschehen, so genannt nach ihrem ersten Konferenzort, der kleinen Stadt Pugwash in der kanadischen Provinz Nova Scotia. Die moderne Friedenswis-

95 Max Born, Percy W. Bridgman, Leopold Imfeld, Frédéric Joliot-Curie, Herman J. Muller, Linus Pauling, Cecil F. Powell, Joseph Rotblat, Hideki Yukawa.

senschaft ist also nicht allein von anhaltendem Kriegsgeschehen (zum Zeitpunkt der ersten Pugwash-Konferenz wurden bereits wieder fünfzehn Kriege geführt) und der Gefahr erneuter Massenvernichtung durch totalitäre Regime geprägt, sondern mehr noch von der Sorge um die Vernichtung der Menschheit durch Massenvernichtungswaffen. Sie ist vor allem ein interdisziplinäres Unternehmen, das Kenneth Boulding besonders plastisch beschrieben hat (Wortlaut im Anhang 6.2).

5.1.1 Friedensforschung in den Vereinigten Staaten von Amerika

Die erste wissenschaftliche Institution, die den Begriff Friedensforschung in ihren Namen aufnahm, war bereits unmittelbar gegen Ende des Zweiten Weltkriegs 1945 in St. Louis, Missouri, entstanden: das *Peace Research Laboratory* (inzwischen nach seinem Gründer – Theodor F. Lentz – *Lentz Peace Research Laboratory* genannt, heute in Florida), wo nach wie vor Untersuchungen über Kriegsursachen, Friedensbedingungen und individuelles Konfliktverhalten durchgeführt werden. 1951 folgte das *Institute of War and Peace Studies* an der Columbia Universität in New York. Ein erster akademischer friedenswissenschaftlicher Ausbildungsgang für Studenten wurde 1948 am *Manchester College*, Indiana, eingerichtet. Damals wie heute waren solche Kurse höchst umstritten. Anläßlich einer ersten Tagung der VertreterInnen von 220 friedenswissenschaftlichen *peace studies programs* im Dezember 1987 in der *University of California* wurde in einem Rückblick auf die Entwicklung solcher Kurse ein Dekan der Universität New York zitiert, der 1985 bei der Einführung eines solchen Kurses an seiner Hochschule in der New York Times einen Leserbrief geschrieben hatte:

> „In den Zwanzigern hatten Leute, die solchen Unsinn lehrten, zumindest den Mut, ihre Position als Pazifismus zu definieren. Sie maskierten ihre Ansichten nicht als eine neue wissenschaftliche Disziplin." (*Koppe* 1988: 1)

Die damalige Geschäftsführerin der amerikanischen Vereinigung für Friedensforschung, *Consortium on Peace Research, Education and Development* (COPRED), gab eine schlichte Antwort:

> „Friedenswissenschaft ist ein akademischer Wissensbereich, und wie jeder Wissensbereich gehört er an die Universität." (*Koppe* 1988: 1)

In den folgenden Jahrzehnten entstanden in den Vereinigten Staaten an fast allen bedeutenden Universitäten ähnliche Institute sowie eine Reihe wissenschaftlicher Gesellschaften, von denen hier neben dem bereits erwähnten *Correlates of War Project* an der Universität Ann Arbor, Michigan, beispielhaft nur das *Institute of Behavioral Scienc*e in Boulder, Colorado, das *Program on the Analysis and Resolution of Conflicts* (PARC) in Syracuse, N.Y., das *Program on Negotiation* an der *Harvard Law School* und *das Program on Nonviolent Sanctions in Conflict and Defense* an der Universität Harvard, beide in Cambridge, Massachusetts, sowie das *Institute for World Order* in New York genannt sein sollen.[96]

Unterstützt werden diese Forschungs- und Lehreinrichtungen von einer Fülle privater Mäzene und Stiftungen. In den achtziger Jahren wurde bekannt, daß die Eigentümer der McDonalds-Kette sechs Millionen Dollar für das Friedensforschungsinstitut der Notre-Dame-Universität in Indiana gestiftet hatten. In den angelsächsischen Ländern wären weite Bereiche der Forschung ohne ein privates Stiftungswesen undenkbar. Inzwischen vergibt auch der amerikanische Kongreß Förderungsmittel über das unter Präsident Reagan errichtete *United States Institute for Peace* (USIP) in Washington, das nach dem Modell der nicht mehr existierenden Deutschen Gesellschaft für Friedens- und Konfliktforschung (DGFK) gegründet wurde und keineswegs nur konservativ orientierte Projekte unterstützt, wie anfangs gemutmaßt worden war.

5.1.2 Die Organisation von *Peace Studies*

Kennzeichnend für die Friedenswissenschaft in den Vereinigten Staaten ist zum einen, daß sie sich nicht auf reine Forschung beschränkt, sondern eng mit der akademischen Lehre verknüpft ist. Zum anderen ist kennzeichnend, daß sich die friedenswissenschaftliche Forschung in den USA keineswegs vorrangig auf die Frieden-Krieg-Problematik eingrenzen läßt, sondern gleichrangig das Phänomen der Gewalt in der Gesellschaft untersucht und Konfliktlösungsstrategien auf kommunaler, nationaler, regionaler und globaler Ebene entwickelt.[97] Ein typischer Studiengang dieser Art ist das seit den achtziger

---

96 Weiter sind zu nennen: *Peace Studies Program* an der Cornell Universität in Ithaca, New York State, *Center for Conflict Resolution* in Madison, Wisconsin, *Center for Nonviolent Conflict Resolution* am Haverford College, Pennsylvania, *Institute for Conflict Analysis and Resolution (ICAR)* an der George Mason Universität und *Conflict Resolution Clinic, Inc.* in Fairfax, Virginia (die sich 1992 zu einem *Applied Practice and Theory Program* APT) zusammengeschlossen haben), *World Peace through Law Center* in Washington. Das *Consortium on Peace Research, Education and Development* COPRED, ist die Vereinigung für Friedensforschung in den USA und Kanada. Sein Sekretariat „wandert" von Universität zu Universität. Zu den nicht hochschulgebundenen Einrichtungen gehören die *International Society for Research on Aggression* in Yellow Springs, Ohio, die *Peace Research Society (International)* in Philadelphia, Pennsylvania, *The Fund of Peace*, New York, das in den achtziger Jahren als Reaktion auf den Vietnamkrieg entstandene *Center for Defense Information* in Washington, das *Institute for Defense and Disarmament Studies* in Brookline, Massachusetts, und das *World Watch Institute* in Washington. Zwei NaturwissenschaftlerInnenvereinigungen, die *Federation of American Scientists* in Washington und die *Union of Concerned Scientists* in Cambridge, Mass. haben es sich zur Aufgabe gemacht, die Militär- und Rüstungspolitik kritisch zu beobachten.

97 Besonders deutlich wird die Verknüpfung von internationalen und innerstaatlichen (sozialen) Konflikten im PARC-Projekt der Universität Syracuse. (*Kriesberg* 1982

Jahren bestehende *peace studies program* an der Colgate Universität, Hamilton, N.Y., das mit einem Magistertitel abgeschlossen werden kann. Es ist wie folgt strukturiert:

1. Einführung in die Friedenswissenschaft.

2. Gewalt und Gewaltlosigkeit; Bewegungen für Frieden und sozialen Wandel; Krieg, Staat und Gesellschaft.

3. Internationale Ethik; Rüstungskontrolle und Abrüstung; Kriegs- und Friedensbilder in den Medien; andere Themen aus den Bereichen Soziologie und Anthropologie nach Wahl.

4. Internationale Konflikte und globale Lösungen:

A. Die Politik des Kalten Krieges; Kriegstheorien und Kriegspraktiken; Politische Geographie; Geographie der Dritten Welt; Wissenschaft, Technologie und Krieg; Atomwaffen; Kolonialismus und Entwicklung.

B. Landwirtschaft und Versorgung mit Nahrungsmitteln; Weltwirtschaft; Nahrung und Hunger in der Welt; Die Dritte Welt im internationalen System; Europäische Sicherheit und Integration; Internationale Energieprobleme; Europäische Erfahrungen mit Krieg und Frieden.

5. Konflikt und Frieden innerhalb der Gesellschaft und auf individueller Ebene:

A. Literatur zum Thema Holocaust; Soziale und politische Ethik; Politik in Südafrika; Soziale Bewegungen; Religiöse Vorstellungen und soziale Ethik; Systemanalyse; Theoretische und angewandte Einführung in die zunehmend komplexer werdenden Interaktionen kontemporärer Probleme; Quantitative Forschungsmethoden.

B. Verteidigungs- und Außenpolitik einzelner Staaten: Amerikanische Außenpolitik; USA und Vietnam; Amerikanische Verteidigungspolitik; Sowjetische Außenpolitik; Deutsche Politik und Außenpolitik.

6. Ein Praktikum bei einer staatlichen oder einer nichtstaatlichen Organisation.

7. Teilnahme an einem Forschungsseminar über Friedens- oder Konflikttheorien.

Dieses Studienangebot, das von Nigel Young entwickelt wurde, der zuvor mehrere Jahre lang Friedenserziehung an der englischen Universität Bradford gelehrt hatte, kann relativ leicht abgewandelt werden, weil es (im Unterschied zu den in der Regel eng gefaßten Studienangeboten an deutschen Universitäten) nicht auf wenige Fragestellungen beschränkt ist. Wenn für ein solches breites Angebot die Lehrkräfte an der Hochschule selbst nicht ausreichen, vermitteln *peace studies networks* Gastvorlesungen und Lehraufträge von Lehrkräften benachbarter Universitäten oder Colleges. So stehen die Universitäten Colgate, Cornell und Syracuse (alle New York State) in engem Verbund und kooperieren ihrerseits mit dem *Five Colleges Program in Peace and World Security Studies* in Massachusetts. Ein anderes Programm mit dem Schwerpunkt *Nuclear Age* wurde von dem Netzwerk *Options* erarbeitet und von über zwanzig Universitäten und Colleges in vierzehn Bundesstaaten übernommen.

---

und 1992). Vgl. auch *Thomas*, Daniel C./*Klare*, Michael T. (Hg.) 1989: Peace and World Order Studies, Boulder, Colorado (USA).

Friedensforschung und Zweifel an US-Politik

Diese erstaunliche Entwicklung, die erst Mitte der siebziger Jahre eingesetzt hatte, verweist wiederum auf konkrete politische Hintergründe. Die überraschende Ausbreitung der *peace studies* an den Universitäten und Colleges hatte mit hoher Wahrscheinlichkeit ihre Ursache in den Zweifeln, die in Zusammenhang mit dem amerikanischen Eingreifen in den Vietnamkrieg an der Friedensfähigkeit der amerikanischen Politik sich gerade unter den Studierenden breit gemacht hatten und von den zurückkehrenden Vietnamsoldaten genährt wurden. Die bis dahin vom Verteidigungsministerium an den Universitäten angebotenen *Reserve Officers Training Courses* (ROTC), die gegen entsprechende Verpflichtung, eine bestimmte Zeit in den Streitkräften zu dienen, attraktive Stipendien und Praktika bieten (also eine Rolle hatten, die in etwa den Universitäten der Bundeswehr in Hamburg und München entspricht, der Unterschied liegt in der dezentralen Organisation), mußten mangels Zulauf praktisch eingestellt werden.[98] Es kam allerdings nicht wie Mitte der sechziger Jahre zu revoltenähnlichen Protesten an den Universitäten, vielmehr organisierten HochschullehrerInnen und StudentInnen umfassende Informationskampagnen, an denen sich die Universitäten durch die Einrichtung der beschriebenen *peace studies* beteiligten.

Verstärkt wurde diese Entwicklung durch die in den Vereinigten Staaten während der achtziger Jahre sich zunehmend abzeichnenden innergesellschaftlichen Konflikte, ausgelöst durch wachsende Armut, wirtschaftliche und soziale Diskriminierung der schwarzen MitbürgerInnen, Einwanderung aus den lateinamerikanischen Elendsgebieten sowie durch steigende Drogenabhängigkeit und Kriminalität. Das wiederum erklärt das wachsende Interesse an sozialer Konfliktbewältigung (*conflict resolution*, vgl. *Kriesberg* 1982 und 1986, *Burton* 1986), für die in bester amerikanischer Tradition nicht in erster Linie an die staatliche Verwaltung appelliert wird, sondern an das Engagement von BürgerInnen sowie kirchlicher und humanitärer Vereinigungen. Da die Mehrheit der Universitäten und Colleges von den einzelnen Bundesstaaten, von Kommunen und Religionsgemeinschaften sowie privaten Stiftungen getragen wird, kam und kommt diese Entwicklung den neuen Studiengängen zugute. Hinzu kommt, daß das amerikanische Gesellschaftssystem einen Bedarf voraussetzt, wenn eine Leistung – auch an der Hochschule – angeboten werden soll. Deshalb werden die meisten Studiengänge von ausführlichen Hinweisen auf Berufsmöglichkeiten nach Abschluß eines Studiums begleitet. Das gilt auch für friedenswissenschaftliche Studien. An erster

98 Am Ende der Präsidentschaft von George Bush wurde als Folge des in Zusammenhang mit dem Golfkrieg sich abzeichnenden Offiziersmangels ein 35-Millionen-Programm für Werbung und Erziehung zum Dienst in den Streitkräften angekündigt. Inzwischen hat das amerikanische Militär wieder einen stärkeren Zugang zu den Universitäten und Colleges gefunden: *Tempora mutantor, nos et mutamur in illis…*

Stelle wird der Bedarf an Angestellten in der Administration auf Bundes-, Staats- und Gemeindeebene genannt. Befähigung zum Konfliktmanagement wird zunehmend als eine wichtige Voraussetzung für eine Vielzahl von Tätigkeiten in Verwaltung und Industrie angesehen. Als große Gruppe von Arbeitsplatzanbietern oder -vermittlern erweisen sich dabei soziale Vereinigungen: Die Hilfsorganisationen der Religionsgemeinschaften und die *Society of Professionals in Dispute Resolution* (SPIDR), die bundesweit Kommunen, Gruppen, Unternehmen oder Personen berät, wie gesellschaftliche Konflikte außerhalb der oft unzureichenden Rechtswege beigelegt werden können. Eine ähnliche ebenfalls bundesweite Rolle spielen die *Educators for Social Responsability* (ESR). Das *Peace Resource Book 1988/89* (*Conetta* 1988) nennt 7000 nationale und lokale Gruppen und Programme. Nicht jede Gruppe hat einen oder eine hauptamtliche MitarbeiterIn, aber zahlreiche Einrichtungen haben mehrere MitarbeiterInnen, deren Kenntnisse und Ausbildung in Konfliktarbeit hilfreich sind.

5.1.3 Analytische und empirische Ansätze

Entscheidender als die formale Organisation von Friedenswissenschaft in den Vereinigten Staaten sind jedoch die Impulse, die von der amerikanischen Forschung für die Analyse der internationalen und gesellschaftlichen Schichtungen der Friedensproblematik ausgegangen sind. Nahezu alle heutigen analytischen und empirischen Ansätze wurden zunächst in den Vereinigten Staaten entwickelt und von dort nach Europa und schließlich in die Bundesrepublik Deutschland vermittelt. Nur einige der wichtigsten Friedens- und Konfliktforscher und -forscherinnen können im Rahmen dieser Darstellung genannt werden: Kenneth E. Boulding, der lange Jahre das *Institute of Behavioral Science* an der Universität Colorado in Boulder geleitet hat, wurde bereits erwähnt. Er hat insbesondere das methodische Instrumentarium verfeinert, mit dem sich FriedensforscherInnen dem Friedensproblem nähern können (vgl. *Boulding* im Anhang 6.1 und 6.2).

5.1.3.1 Kybernetik, Funktionalismus, Behaviorismus

Einen ähnlich umfassenden Ansatz hatte Karl W. Deutsch entwickelt. Der 1912 in Prag geborene (gestorben 1992), später in die Vereinigten Staaten emigrierte Politikwissenschaftler hat viele Jahre an der Harvard Universität gelehrt. Seine Analyse internationaler Beziehungen kann mit Fug und Recht als das Grundlagenwerk der modernen Friedens- und Konfliktforschung bezeichnet werden. Deutsch berücksichtigte bei seiner Analyse machtpolitische, psychoanalytische, kybernetische, ökonomische und soziale Faktoren. In seinem Buch „Analyse internationaler Beziehungen“ (Kapitel 11 „Wie Konflikte zwischen Staaten entstehen) gibt er eine der besten Beschreibungen mathematischer Modelle von Konfliktprozessen und der sogenannten Spieltheorien enthält (*Deutsch* 1968).[99] Deutsch, der nach seiner Emeritierung mehrere Jahre lang das Internationale Institut für Vergleichende Gesellschaftsforschung am Wissenschaftszentrum Berlin leitete, hat sich zum Abschluß seiner wissenschaftlichen Karriere noch einmal dem Problem der Komplexität zugewandt, und zwar in Zusammenhang mit der Datenverarbeitung für Weltmodelle, die für die Prognose von Entwicklungslinien unerläßlich sind. Die Studie „Politische Kybernetik“ gilt als sein Hauptwerk. Kybernetik ist eine wissenschaftliche Fragestellung, die Steuerungs-, Regelungs-, Informations- und Kommunikationsproblemen nachgeht, die bei komplexen Systemen auftreten. Sie ist der später entwickelten Systemanalyse verwandt, mit deren Hilfe unbekannte Faktoren aufgespürt werden können, die dann zur Beherrschung komplexer Systeme eingesetzt werden. Beide analytischen Verfahren wurden zunächst für die moderne Technik entwickelt und dann auch auf soziale Systeme angewandt, wobei Deutsch sich große Verdienste bei der Einführung der Kybernetik in die Internationalen Beziehungen erworben hat, vergleichbar Bouldings Anwendung der Systemanalyse in der Konfliktforschung.

Funktionalistische Friedenstheorie/„Objektive“ und „subjektive“ Daten

Ähnliche strukturbildende Rollen haben John W. Burton und Ole R. Holsti für die Friedensforschung gespielt. Burton, der zunächst in Australien dem diplomatischen Dienst angehörte, ging, da er in seinem Land keinen Spielraum für ein konfliktorientiertes Politikverständnis fand, nach England und schließlich in die Vereinigten Staaten, wo er einer der Mitbegründer der funktionalistischen Friedenstheorie wurde, die im wesentlichen auf Kommunikationsmechanismen zur Verständigung unter staatlichen Akteuren abzielt. Holsti ist ein weiterer typischer Vertreter des behavioristischen Ansatzes. In seiner Arbeit (gemeinsam mit Richard A. Brody und Robert C. North) „Das Messen von ‚Affekt‘ und ‚Aktion‘ in internationalen Reaktionsmodellen aus Anlaß der Kuba-Krise 1962“ vertritt er die Annahme, daß letztlich alle Entscheidungen in Urteilen von Individuen wurzeln. Es sei deshalb unerläßlich, in Konfliktanalysen die Beurteilung von individuellen Verhaltensweisen einzubeziehen:

> „Es sind ernstzunehmende Zweifel geäußert worden, ob Kriterien der Beurteilung und des Affekts quantifiziert werden können, und bisher war man geneigt, sich auf ‚harte‘ Variablen und Häufigkeitsdaten zu stützen, national Güter und Bevölkerungsmassen zu messen oder Truppen oder Flugzeuge oder Schiffe oder Megatonnen zu zählen, in der Annahme, daß die politischen Entscheidungträger dem ‚objektiven‘ Wert, den die Wissenschaftler diesen Kapazitäten zusprechen, vertrauen. So wichtig diese ‚objektiven‘ Daten auch sind,

---

99 Vgl. auch *Deutsch/Senghaas 1981:* Die brüchige Vernunft von Staaten. In diesem gemeinsamen Aufsatz stellen die beiden Autoren die Übertragung Freudscher psychoanalytischer Kategorien auf das Verhalten von staatlichen Akteuren dar.

so können sie doch versagen, wenn es darum geht, ausreichend zu berücksichtigen, wie die Menschen auf diese Faktoren reagieren. Darüber hinaus sind objektive Daten gewöhnlich für jährliche, vierteljährliche oder monatliche Zeiträume erstellt. Wird man sich auch darauf verlassen können, daß diese Indizes die Existenz von krisenfördernden Umweltbedingungen bloßlegen, wie sie 1914 in Europa oder während des kalten Krieges nach 1945 bestanden, so werden sie sich doch als weniger nützlich erweisen, um einen kurzen Zeitraum zu untersuchen und um die menschlichen Faktoren aufzuspüren, durch die Konflikte entstehen. Darum ist es für den Wissenschaftler, der kurzfristige Veränderungen im internationalen System, wie etwa Krisensituationen, zu analysieren sucht, besonders wichtig, subjektive Daten in sein Modell aufzunehmen." (*Holsti/Brody/North* 1970: 422)

Es dauerte lange Zeit, bis sich dieser verhaltensorientierte Ansatz in der auf sogenannte objektive Daten fixierten europäischen Wissenschaft durchsetzte. Folgerichtig lautete der Titel der sechsundzwanzig Jahre nach Erstveröffentlichung und zwanzig Jahre nach Publizierung dieses Aufsatzes in deutscher Sprache erschienenen Friedensanalysen Band 24 „Die vergessene Dimension internationaler Konflikte: Subjektivität." (*Senghaas-Knobloch* 1990: 29-61)

5.1.3.2 Gradualismus, Gewaltlose Aktion, Weltfriedensordnung

Andere friedenswissenschaftliche Impulse gingen von Amitai Etzioni und Charles E. Osgood aus, die Modelle der gewaltfreien Deeskalation von Konflikten entwickelten. Diesem Ansatz lag die Sorge vor dem atomaren Rüstungswettlauf in den fünfziger und sechziger Jahren zugrunde, dessen krisenhafte Zuspitzung während der Kubakrise 1962 die Welt an den Rand eines mit atomaren Schlägen und Gegenschlägen auszutragenden dritten Weltkriegs brachte. Etzioni und Osgood suchten nach Wegen, eine Deeskalierung einzuleiten, die einerseits einseitige Maßnahmen voraussetzt, andererseits keiner Seite einen strategischen Vorteil einräumt. Beide Wissenschaftler haben ihre grundlegenden Arbeiten Anfang der sechziger Jahre veröffentlicht, Osgood 1960 mit dem *Aufsatz „A Case for Graduated Unilateral Disengagement*" und zwei Jahre später mit dem Buch „*An Alternative to War or Surrender*", in dem er die GRIT-Theorie der *Graduated Reciprocation in Tension Reduction* (abgestufte Erwiderung zur Spannungsreduktion) vorstellt. Etzioni hat diese Strategie in direktem Zusammenhang mit der Kubakrise in seinem Buch „*The Hard Way to Peace*" überprüft und seine Ergebnisse unter dem Titel „Das Kennedy Experiment" vorgestellt (*Osgood:* 1960 und 1970, *Etzioni:* 1964 und 1970).

Gradualistische Strategie

Der Gradualismus leitet seinen Namen von der Tatsache ab, daß er auf mehreren voneinander abhängigen Schritten oder Stufen aufgebaut ist. Die Durchführung eines jeweils folgenden Schrittes hängt von dem Erfolg des vorhergehenden ab. Die Bedingungen für das Funktionieren einer entsprechenden Politik hat Osgood wie folgt formuliert:

„Das Auslösen einer Erwiderung
1. Unsere einseitigen Handlungen müssen von einem Gegner als Verminderung seiner äußeren Bedrohungen empfunden werden.
2. Unsere einseitigen Handlungen müssen von ausdrücklichen Aufforderungen zur Erwiderung begleitet sein.
3. Einseitige Handlungen müssen unabhängig davon ausgeführt werden, ob der Gegner sich verpflichtet, sie zu erwidern.
4. Einseitige Handlungen müssen unabhängig von ihrer Erwiderung durch den Gegner in Fortsetzungen geplant und über lange Zeit hinweg fortgesetzt werden.
5. Einseitige Handlungen müssen bereits vor ihrer Ausführung angekündigt und den verbündeten, neutralen und gegnerischen Ländern als Teil einer zusammenhängenden Politik verständlich gemacht werden.

Erhaltung der Sicherheit
1. Einseitige Handlungen müssen in ihrem potentiellen Risiko abgestuft sein, wenn sie erwidert und nicht durch einen Gegner ausgenutzt werden sollen.
2. Einseitige Handlungen müssen ihrer Natur nach verschiedenartig und (für einen Gegner) nicht voraussagbar sein, was den Ort ihrer Anwendung und den Zeitablauf in Serien betrifft.
3. Einseitige Handlungen dürfen niemals unser „Kernland" gefährden oder unsere grundsätzliche Fähigkeit verringern, einen Vergeltungsschlag zu führen.
4. Einseitige Handlungen mit einem spannungsmindernden Charakter müssen von einer ausdrücklich entschlossenen Haltung auf allen Gebieten begleitet sein." (*Osgood* 1970: 382)

Radikale Alternative: Gewaltlose Aktion

Die radikale Alternative zum Krieg, die gewaltlose Aktion (soziale Verteidigung), hat im Spektrum der amerikanischen Friedenswissenschaft ebenfalls ihren Platz. Sie geht zurück auf Henri David Thoreau (1817-1862), der mit seinem Essay „Über die Pflicht zum Ungehorsam gegen den Staat" (*The Resistance to Civil Government*) jedem Bürger und jeder Bürgerin das Recht zuerkennt, gegen unrechtmäßige und ungerechte Maßnahmen der eigenen Regierung, auch wenn diese gesetzlich begründet sind, gewaltfreien Widerstand zu leisten. Er hat dieses Prinzip ausdrücklich auch auf Krieg bezogen, zu seiner Zeit auf den amerikanisch-mexikanischen Krieg von 1846 bis 1848. Vertieft wurde dieser Ansatz von dem amerikanischen Moralphilosophen John Rawls in seiner „Theorie der Gerechtigkeit" (*A Theory of Justice*). Nach seiner Definiton äußert sich ziviler Ungehorsam in „einer öffentlichen, gewaltlosen, gewissensbestimmten, aber gesetzwidrigen Handlung, die gewöhnlich eine Änderung der Gesetze oder der Regierungspolitik herbeiführen soll" (*Rawls* 1975: 401). Dabei müssen drei Bedingungen erfüllt sein: der Ungehorsam muß sich gegen wohlumschriebene Fälle schwerwiegender Ungerechtigkeit richten; die Möglichkeiten aussichtsreicher legaler Einflußnahme müssen erschöpft sein; das Funktionieren der Verfassungsordnung darf nicht gefährdet werden (vgl. *Habermas* in: *Glotz*1983: 34).

Die Umsetzung dieses Ansatzes auf gewaltlosen Widerstand gegen eine militärische Aggression wird unter anderen von Gene Sharp vertreten, der seinen Untersuchungen mit einem *Program on Nonviolent Sanctions in Conflict and Defense* an der renommierten Harvard Universität, Cambridge, Mass. nachgehen konnte. Der zentrale Gedanke, der solchen friedenswissenschaftlichen Untersuchungen zugrunde liegt, wird von Sharp wie folgt beschrieben:

„Der Gedanke, daß Widerstand ohne militärische Waffen gegen einen Gegner wirksam sein könnte, der militärische Machtmittel einsetzen kann, wird häufig abgelehnt. Es gilt als selbstverständlich, daß der Widerstand gegen einen militärischen Angriff frontal zu erfolgen habe, und zwar mit denselben Kampfmitteln, zur gleichen Zeit und am gleichen Ort. Da der nichtmilitärische Widerstand das nicht vermag, wird der ganze Gedanke nicht der Betrachtung für wert erachtet. Wer sich aber nur mit Problemen der Militärstrategie etwas eingehender beschäftigt hat, weiß, daß es nicht immer das klügste ist, einem feindlichen Angriff frontal zu widerstehen, und zwar genau deshalb, weil der Feind dort Widerstand erwartet und daher dort seine Schlagkraft konzentriert hat. (...) Wenn es sogar in militärischen Konflikten nicht die klügste Strategie ist, dort zu widerstehen und anzugreifen, wo der Gegner seine Kampfkraft konzentriert hat, besteht kein Grund, eilfertig eine andere Art der indirekten Strategie zu verwerfen, welche die politische Macht und das militärische Potential eines Feindes mit anderen Mitteln angreifen will als durch das Gegenüberstellen von Kampfmitteln derselben Art. Eine solche Strategie ermöglicht vielleicht eine bedeutende Verstärkung der Kampfkraft eines Landes, die seine potentielle militärische Kampfkraft noch bei weitem übertrifft. Es ist darum zu prüfen, ob es nicht eine erfolgversprechende Verteidigungskonzeption gibt, in welcher militärischen Aktionen des Gegners immer indirekt begegnet wird; eine Verteidigungspolitik, in welcher der Kraftaufwand des Gegners gegen seine eigene Machtposition gewendet wird in einer Art politischem Jiu Jitsu. Die Quellen seiner Kraft sollen dadurch gedrosselt oder verschlossen werden, was zur unvermeidlichen Folge haben wird, daß seine politische und militärische Position bedeutend geschwächt wird oder in sich zusammenbricht". (*Sharp* 1970: 486-487)

Weltfriedensordnung und Friedenswirtschaft

Zu den Untersuchungen über nichtmilitärische (politische, gewaltfreie oder zumindest gewaltarme) Dimensionen des Friedensproblems gehörten auch rechtliche, ökonomische und psychologische Forschungen. Eine – der Arbeit von Quincy Wright über den Krieg durchaus vergleichbare – umfassende und grundlegende Untersuchung über die völkerrechtlichen Aspekte einer Weltfriedensordnung haben Richard Falk und Saul A. Mendlowitz in einem sechsbändigen Werk „*The Strategy of World Order*" vorgelegt, in dem die Problemkreise der Kriegsprävention (I), des Völkerrechts (II), der Vereinten Nationen (III), der Abrüstung und Entwicklung (IV), der Regionalzusammenschlüsse (V) und der Rolle des Individuums in einer Weltordnung (VI) abgehandelt werden.

Der bereits in anderem Zusammenhang genannte Kenneth E. Boulding kann alsBegründer der ökonomischen Friedensforschung angesehen werden. Eine seiner ersten Arbeiten (1945!) trug den bezeichnenden Titel „Friedenswirtschaft" (*Boulding* 1945). 1989 faßte er seine langjährigen Untersuchungen in einem kleinen Beitrag „*A Proposal for a Research Program in the History of Peace*" zusammen, der im Anhang wiedergegeben ist (vgl. auch 1.1), und in dem er darauf hinwies, daß nach seinen Untersuchungen die Gesellschaft im Durchschnitt weniger als zehn Prozent ihrer Aufwendungen und Aktivitäten auf Kriegsvorbereitung und Krieg richte, die verbleibenden neunzig Prozent dienten friedlichen Verrichtungen des Zusammenlebens. Er leitete daraus die Forderung an die Friedenswissenschaft ab, sich sehr viel intensiver mit den nichtmilitärischen Mechanismen des Zusammenlebens von Menschen zu befassen, als dies bislang der Fall ist.

Psychologie und Frieden

Beeindruckend sind auch die Beiträge der amerikanischen Psychologie zum Spannungsfeld Frieden und Krieg, die sich über die behavioristische und neobehavioristische Schule fast in der gesamten Friedens- und Konfliktforschung niedergeschlagen haben (vgl.5.1 und 5.1.3.1). Der Anstoß dazu war allerdings aus Europa gekommen, unter anderem von Sigmund Freud, der 1915 einen Text „Zeitgemässes über Krieg und Tod" veröffentlichte und dieses Thema 1932 mit einem Brief an Einstein, der später unter dem Titel „Warum Krieg?" veröffentlicht wurde[100], weitergeführt hatte. Führte Freud, der bei der Besetzung Österreichs (1938) nach England emigrierte, das menschliche Aggressionsverhalten auf Trieb und Instinkt zurück, so vertrat Erich Fromm, der 1934 Deutschland verließ und sich in den Vereinigten Staaten niederließ, die Auffassung, daß das Aggressionsverhalten eher von kulturellen und sozialen Einflüssen bestimmt werde (vgl. auch *Eibl-Eibesfeldt* 1988, *Horn* 1988, *Selg* 1982, *Senghaas-Knobloch* 1989).

5.1.3.3 Rapoport: Musiker, Mathematiker, Friedenswissenschaftler

Abschließend ist ein Wissenschaftler zu nennen, der mehr als andere die Fülle der friedenswissenschaftlichen Gegenstände behandelt hat und dessen Einfluß überall – vor allem auch in der entstehenden europäischen Friedensforschung – nachweisbar ist: Anatol Rapoport. Der 1911 in Rußland geborene und als Kind 1922 nach Amerika übergesiedelte Wissenschaftler studierte in Chicago Mathematik, später in Chicago und Wien Musik, diente während des zweiten Weltkriegs in der US-Luftwaffe und widmete sich dann der Bedeutungslehre, der mathematischen Biologie und schließlich der Friedenswissenschaft. 1955 bis 1970 forschte und lehrte er am *Mental Health Institute* der Universität Michigan in Ann Arbor, wo auch andere Friedensforscher (Boulding, Singer, Small) ihren Untersuchungen nachgingen. Seit 1970 bis zu seiner Emeritierung gehörte er dem *Department of Psychology* der Universität Toronto, Kanada, an. Die besondere Qualität der Untersuchungen Rapoports liegt in der Verknüpfung mathematischer Denkweisen mit sozialwissenschaftlichen Beobachtungen. Am bekanntesten sind seine spieltheoretischen Arbeiten (*Rapoport*: 1960, 1965). Die Gesamtheit seiner Arbeiten liegt inzwischen fast vollständig in deutscher Übersetzung unter dem Titel „Ursprünge der Gewalt. Ansätze der Konfliktforschung" vor (*Rapoport* 1990):

---

100 Der Brief ist bei *Krippendorff* 1970: 115-123 veröffentlicht.

„Rapoport versucht, die Wurzeln menschlicher Konflikte zu entdecken. Im ersten Teil, ‚Der psychologische Ansatz', behandelt er die ‚sogenannte Aggression', die evolutionäre Perspektive, die Verhaltensperspektive und die Einstellungsperspektive. (...) Im zweiten Teil, ‚Der ideologische Ansatz', wird die Rolle dargestellt, die Ideologie im Leben spielt. Es schließt mit der Aufforderung, neue Ideologien zu entwickeln, die das Überleben sichern, statt zur Auslöschung zu führen. Der dritte Teil betrifft den strategischen Ansatz (...)Es wird gezeigt, wie Krieg intellektualisiert und annehmbar gemacht worden ist. Fesselnde Information wird über die Art und Weise gegeben, in der ‚Spieltheorie' zuerst eingeführt wurde und zu Ansehen kam.(...) Der vierte Teil, ‚Der systematische Ansatz', handelt vom Kriegssystem, vom Wettrüsten und einer systematischen Weltsicht. (...) Der längste und schöpferischste Teil des Buches ist der letzte mit dem Titel ‚Auf der Suche nach Frieden'. Hier behandelt der Autor die verschiedenen Arten von Pazifismus, Vorstellungen von einer neuen Weltordnung, Konfliktlösung und -schlichtung, Friedensforschung, Friedenserziehung. Das Schlußkapitel wirft die Frage auf: ‚Kann es eine Friedenswissenschaft geben?' (...) Rapoports Bemühungen liegt die innerste Überzeugung zugrunde, daß Kriege von Menschen gemacht werden, besonders von Menschen mit Waffen. Wie Jesaja vor 2800 Jahren glaubt er fest daran, daß Menschen abrüsten können. Menschen können daher Frieden machen – und wenn dies zutrifft, stellt sich die Frage, wie dies zuwege gebracht werden kann." (*Klassen*, Klappentext zu *Rapoport* 1990)

Friedensforschung in Kanada

Die Tätigkeit Rapoports weist auf die Friedens- und Konfliktforschung in Kanada hin, wo bereits in den fünfziger Jahren die *Canadian Peace Research and Education Association* (heute *Canadian Peace Research Institute*) in Oakville, Ontario, entstand. Ebenfalls in Ontario besteht das Peace Research Institute – Dundas, wo Hanna Newcombe seit 1963 Buchveröffentlichungen und Beiträge zur Friedensproblematik (vorrangig aus dem angelsächsischen Raum) gesammelt und monatlich im *Peace Research Abstracts Journal* veröffentlicht hat.

In der kanadischen Hochschullandschaft sieht es ähnlich wie in den Vereinigten Staaten aus. Entsprechend dem *United States Institute for Peace* (USIP) wurde auch in Kanada staatlicherseits das *Canadian Institute for International Peace and Security* (CIIPS) gegründet, dessen Initiatoren sich ebenfalls eingehend über die Arbeitsweise der DGFK informiert hatten. Allerdings wurde das Institut angeblich aus finanziellen Gründen Ende 1992 wieder geschlossen und sein Archiv der kanadischen Armee übergeben, wo es für wissenschaftliche Studien zwar zugänglich ist, aber kaum genutzt werden kann.

Die Fülle der von amerikanischen Universitäten und einzelnen Wissenschaftlern ausgegangenen friedenswissenschaftlichen Impulse ist damit keineswegs erschöpfend dargestellt. Es wurde dennoch relativ ausführlich darauf eingegangen, weil diese aus den sechziger und siebziger Jahren stammenden wissenschaftlichen Initiativen die Grundlage der modernen Friedens- und Konfliktforschung darstellen und die Friedenswissenschaften auch in anderen Regionen nachhaltig befruchteten, zunächst in Nord- und Westeuropa, später in Japan und Australien/Neuseeland und schließlich – wenngleich mit unterschiedlichen Ansätzen – auch in Ländern der Zweidrittelwelt.

5.2 Friedensforschung in Europa und Deutschland

In Europa hat die Friedenswissenschaft Ende der fünfziger Jahre[101] einerseits unter dem Einfluß der amerikanischen Friedensforschung, andererseits durchaus eigenständig als Reaktion auf den Zweiten Weltkrieg (Kriegsschuld, faschistische Diktatur, Holocaust), den Ost-West-Konflikt und die damit verbundene Konfrontationspolitik (Rüstungswettlauf, Theorie und Praxis der atomaren Abschreckung) sowie die sich abzeichnende Verelendung in der Zweidrittelwelt (Entkolonialisierungskriege, sogenannte Stellvertreterkriege, Entwicklung) in Forschungseinrichtungen und an Hochschulen Eingang gefunden. Karl Kaiser hat in seiner Studie „Friedensforschung in der Bundesrepublik", die 1969 von der Stiftung Volkswagenwerk zur Begründung von Förderungsmaßnahmen und Einrichtung von Forschungsinstituten in Auftrag gegeben worden war (also rund ein Jahrzehnt nach der Etablierung erster friedenswissenschaftlicher Institute in anderen europäischen Ländern, vor allem in Großbritannien, den Niederlanden und den skandinavischen Ländern) das Erfordernis ganz neuer Bearbeitung der Friedensproblematik noch einmal beschrieben:

Abgrenzung zu *strategic studies*

„(a) In den fünfziger Jahren setzte in wachsendem Maße Kritik an den Ergebnissen der Wissenschaft von den Internationalen Beziehungen ein. Die Kritik richtete sich vor allem, aber nicht ausschließlich, auf den Teil der Internationalen Beziehungen, der sich nach dem Kriege unter dem Begriff der Strategic Studies entwickelt hatte und sich vornehmlich mit den für die Friedensproblematik relevanten Fragen beschäftigte, nämlich Fragen der Verteidigungspolitik, der Sicherheitspolitik, des Verhältnisses von Waffentechnik und Kriegführung, der Dezisions- und Kommunkationsprobleme in der Sicherheitspolitik, Rüstungskontrolle und Rüstungsbeschränkung.

Überwindung des Drohsystems

Wissenschaftler aus der Disziplin der Internationalen Beziehungen, aber auch aus benachbarten Disziplinen, kritisierten in zunehmendem Maße die Grundannahmen, Modelle, Methoden und Ergebnisse dieser Forschungsrichtung, in deren Mittelpunkt das Konzept des Nationalinteresses, das Gleichgewichtsdenken und Wettbewerbsmodelle standen, und zwar mit dem Argument, daß damit kein Ansatz zur Überwindung des Drohsystems der Nachkriegszeit geschaffen würde. Auch hätten die Strategic Studies wie die Internationalen Beziehungen ihr Augenmerk zu sehr auf zwischenstaatliches Verhalten gerichtet und die gesellschaftlichen und innenpolitischen Komponenten vernachlässigt. In ihrem Bemühen, die nuklearen Waffen mit rationalen Methoden zu beherrschen, so lautete die Kritik, habe diese wissenschaftliche Ausrichtung ungewollt zur Stützung und Erstarrung des nuklearen Drohsystems beigetragen. Darüber hinaus habe die gerade in diesem Zweig häufig anzutreffende Politikberatung oft zu einer unkritischen Übernahme der Grundwerte und Grundannahmen staatlichen Handelns geführt und sich damit den Weg zu einer Überwindung des heutigen Systems verbaut. (...)

---

101 Nur ein Institut wurde bereits 1945 gegründet, das Institut Français de Polémologie in Paris, das jedoch in den sechziger Jahren seine Tätigkeit wieder eingestellt hat.

Lebensbedingung des technischen Zeitalters

(b) Zum anderen ist die moderne Friedensforschung eine Reaktion auf die Entwicklung des heutigen internationalen Systems. Seine prekäre Stabilität in Verbindung mit den ungeheuren Zerstörungspotentialen, die zur Vernichtung der Menschheit führen können, machen den Frieden – in den Worten C.F. v. Weizsäckers – einfach zur ‚Lebensbedingung des technischen Zeitalters'. Wenn sich also die Friedensforschung als überfällige Reaktion auf diesen Zustand versteht, so greift sie jedoch über jene Impulse hinaus, die auch am Anfang der Friedensforschung und der Internationalen Beziehungen nach dem Ersten Weltkrieg standen: Im Schatten dieses präzedenzlosen Zerstörungspotentials hat sich nämlich ein Drohsystem entwickelt, das ein Höchstmaß an Organisation und unter Mobilisierung ganzer gesellschaftlicher Systeme eine eigene Rationalität und automatische Selbsterhaltungsmechanismen entwickelt hat. Der modernen Friedensforschung geht es darum, dieses in sich verhärtete System durch eine qualitative Veränderung zu überwinden. Nicht nur die Erhaltung des Friedens wird angestrebt, sondern die Schaffung einer neuen Friedensgesellschaft. Aus diesem Grunde sind die Ziele der neueren Friedensforschung ungleich weitgreifender und ehrgeiziger als die ihrer Vorgängerin nach dem Ersten Weltkrieg.

Gesamtsystemarer Ansatz

(c) Drittens schließlich bezog die moderne Friedensforschung wesentliche Impulse aus der Entwicklung neuer wissenschaftlicher Methoden und – damit zusammenhängend – einer Auffächerung der Methoden und – damit zusammenhängend – einer Auffächerung der Ansatzhöhe der Analyse. Die neuere Friedensforschung setzt gesamtsystemar an, d.h. ihr Gegenstand reicht von Konflikten in kleinsten Gruppen bis hin zu den großen zwischenstaatlichen Auseinandersetzungen und bearbeitet im Zwischenraum eine Vielfalt ökonomischer, technologischer, demographischer usw. Probleme.

Multidisziplinäre Forschungskooperation

Indem die neuere Friedensforschung ungleich breiter angesetzt ist als ihre Vorgängerin, die vor allem (wenn auch nicht ausschließlich) zwischenstaatliche Beziehungen und institutionelle Lösungen wie den Völkerbund zum Gegenstand hatte, schließt sie eine Vielzahl von Disziplinen mit den ihnen eigenen Methoden und Ansätzen in sich ein. Sie reichen von der Politikwissenschaft über die Soziologie und Sozialpsychologie zur Geschichtswissenschaft und zum Völkerrecht. So kommen auch die moderneren Friedensforscher aus den verschiedensten Disziplinen. Lewis Richardson war ein Meteorologe, Kenneth Boulding ein Nationalökonom, um nur zwei Beispiele zu nennen. Nicht das parallele Arbeiten, sondern das Zusammengehen verschiedener Wissenschaften ist jedoch entscheidend. Der multidisziplinäre Ansatz ist also ein wesentliches Merkmal der modernen Friedensforschung." (Kaiser 1970: 18-20)

5.2.1 Die Gründerjahre 1945 bis 1972

In dieser Beschreibung kommt die Definition der Friedenswissenschaft als einer normativen, das heißt sich an einem Wert orientierenden Wissenschaft zum Ausdruck, die sich im Unterschied zu zahlreichen anderen Disziplinen nicht allein auf die reine Erkenntnis oder den Fortschritt beschränkt. Ähnlich wie die Medizin darauf gerichtet ist, den Wert Gesundheit zu optimieren, will auch die Friedenswissenschaft den Gegenstand ihrer Forschung – Frieden – verwirklicht sehen. Sie kommt damit den Forderungen verantwortungsbewußter Naturwissenschaftler entgegen, die sich schon seit längerer Zeit bemühen, die möglicherweise für Menschen und Natur schädlichen Folgen ihrer Forschung zu bedenken (Technikfolgenabschätzung). Der von Kaiser genannte multidisziplinäre Ansatz der Friedensforschung erfuhr aufgrund dieser Überlegung zunehmend in den Naturwissenschaften große Unterstützung (vgl. IWIF 1992). Daß dieser normative Anspruch keineswegs selbstverständlich ist, zeigt das Beispiel *der Peace Research Society* (*International*) mit Sitz in den USA (vgl.4.5), die in ihrer Satzung ausdrücklich festgelegt hat, daß die Gesellschaft aus den wissenschaftlichen Ergebnissen ihrer Mitglieder keine politischen Vorschläge ableitet.

5.2.2 Anfänge in Frankreich und Großbritannien

In Europa waren für das normative Verständnis von Friedenswissenschaft zwei Wissenschaftler wegweisend: Gaston Bouthoul und Lewis Fry Richardson.

Gaston Bouthoul: Wegweiser und Einzelgänger

Gaston Bouthoul hatte gleich nach Kriegsende 1945 in Paris das Institut Français de Polémologie (vgl. FN 101) gegründet und 1951 ein Standardwerk veröffentlicht: *Les guerres. Éléments de Polémologie* (*Bouthoul* 1951). Doch angesichts drängenderer Bedürfnisse des Wiederaufbaus in fast allen europäischen Staaten blieb Bouthoul lange Jahre ein Einzelgänger. Es fällt übrigens auf, daß es die Friedenswissenschaft bis heute nicht vermocht hat, im französischen Wissenschaftsbetrieb – von einigen wenigen WissenschaftlerInnen abgesehen – eine nennenswerte Rolle zu spielen. Die Gründe dafür bedürfen noch einer eingehenden Untersuchung. Die Beobachtung, daß in Frankreich gerade das sicherheitspolitische Verständnis noch stark nationalstaatlich verwurzelt ist, wie die jahrzehntelange Nichtbeteiligung an der militärischen Kooperation innerhalb der NATO belegt, ist dafür ein gewichtiger Hinweis. Aber auch die Dominanz der englischen Sprache in der internationalen sozialwissenschaftlichen Kommunikation, die durch den Standort der UNESCO in Paris keine entscheidende Veränderung erfahren hat, dürfte in dieser Hinsicht eine Rolle spielen – nicht nur aus Gründen französischen Geltungsbedürfnisses, sondern weil sie französischsprachigen wissenschaftlichen Publikationen nur wenig Raum läßt.

Lewis Fry Richardson: Quantitative Friedensforschung

Für Großbritannien gilt ähnliches, wenn auch nicht im gleichen Ausmaß. Dort hatte der Quäker Lewis Fry Richardson, Mathematiker und Meteorologe, sich mit quantitativen Messungen befaßt und schon 1919 eine erste Arbeit zu Rüstungswettläufen veröffentlicht. Später versuchte er, auch Perzeptionen quantitativ zu erfassen. Er darf deshalb zu Recht als Begründer der quantitativen Friedens- und Konfliktforschung angesehen werden, auf den Rapoport, Singer und andere zurückgegriffen haben.[102] Seine Arbeiten über „Waffen und Unsicherheit“ (Arms and Insecurity) sowie über „Statistiken tödlicher Streitigkeiten“ *(Statistics of Deadly Quarrels)* wurden erst 1960 posthum veröffentlicht (*Richardson* 1960a/b). Zu seinen Ehren wurde das erste englische Friedensforschungsinstitut benannt: *Richardson Institute for Peace and Conflict Research* in London, das inzwischen von der Universität Lancaster übernommen wurde und bis heute tätig ist.

5.2.3 Ein Rückblick: Georg Nicolai

Nicht unerwähnt darf ein dritter Wissenschaftler bleiben, der lange Zeit in Vergessenheit geraten war und dessen umfangreiches Werk erst seit 1983 dank einer privaten Verlegerinitiative wieder zugänglich ist – für die deutsche Öffentlichkeit zum ersten Mal übrigens. Es handelt sich um den Arzt und Biologen Georg F. Nicolai, vor dem ersten Weltkrieg Arzt an der weltweit angesehenen Berliner Charité. Der Pazifist und Kriegsdienstverweigerer war von der deutschen Militärgerichtsbarkeit, die sich scheute, eine so bekannte Persönlichkeit zum politischen Märtyrer zu machen, in den Kriegsjahren mehr oder weniger totgeschwiegen worden. Er fügte – als Arzt zum Dienst in der Festung Graudenz verpflichtet – alle politischen, philosophischen, rechtlichen, historischen und naturwissenschaftlichen Argumente zu einem – gemessen an den damaligen Umständen – monumentalen Werk zusammen: „Die Biologie des Krieges“. Das Manuskript konnte in die Schweiz geschmuggelt werden, wo es im Juni 1917 als Buch erschien und weltweites Aufsehen erregte – mit Ausnahme im Deutschen Reich. Binnen weniger Jahre erschien es in englischer, dänischer, schwedischer, finnischer, rumänischer, russischer, spanischer und schließlich sogar in japanischer Sprache. Obwohl Nicolai nach dem Krieg der deutschen Delegation für die Vorbereitung des Völkerbundes in Bern angehörte, konnte er seine wissenschaftliche Tätigkeit im Deutschland der zwanziger Jahre nicht mehr ausüben. Nationalistische Professoren und Studenten boykottierten jede Lehrtätigkeit, so daß er sich entschloß, nach Südamerika auszuwandern, wo er bis zu seinem Tode 1964 ein angesehener Gelehrter war. Ähnlich wie Rapoport, Richardson und von Weizsäcker hat er in seiner friedenswissenschaftlichen Arbeit Natur-, Geistes- und Sozialwissenschaften zusammengeführt.

---

102 Zur Einführung dieses methodischen Ansatzes in der deutschen Wissenschaft vgl. *Rattinger* 1975, *Weede* 1975 und *Simonis* 1977.

5.3 Erste Institute entstehen

Vor dem Hintergrund der amerikanischen Entwicklung und der europäischen „Einzelgänger“ können die Jahre von 1957 bis 1972 als die „Lehr- und Gründerjahre“ der Friedenswissenschaft bezeichnet werden. Noch im herkömmlichen Verständnis der Disziplin der Internationalen Beziehungen war 1957 in London das *International Institute for Strategic Studies* (IISS) entstanden, das sich zu einem erheblichen Teil aus den Beiträgen seiner Mitglieder finanziert. Die besondere Leistung dieses Instituts besteht in der sorgfältigen weltweit vergleichenden Untersuchung von Verteidigungs- und Rüstungsausgaben. Andere Untersuchungen des Instituts zu internationalen Konflikten bewegen sich indessen auch innerhalb der Parameter moderner Friedensforschung. 1958 wurden die Studiengesellschaft für Friedensforschung mit Arbeitsstellen in Zürich und München sowie die Forschungsstätte der Evangelischen Studiengemeinschaft (FEST) in Heidelberg gegründet (vgl. 5.2.2). 1959 entstand das *Peace Research Institute Oslo* (PRIO) in Norwegen und die Vereinigung Deutscher Wissenschaftler (VDW) in Hamburg (heute in Berlin). In den sechziger Jahren folgten das *Peace and Conflict Research Programme* der Universität Lancaster, Großbritannien, das *Hjesberg Peace Research College* und das *Copenhagen Peace Research Institute* (COPRI) in Dänemark, das bereits erwähnte (inzwischen *aufgelöste) Polemologisch Instituut* der Universität Groningen, Niederlande, das *Stockholm International Peace Research Institute* (SIPRI) in Schweden, das *Tampere Peace Research Institute* (TAPRI) in Finnland sowie eine Reihe weiterer Institute und Programme an mehreren Universitäten der skandinavischen Länder, der Niederlande, Belgiens, Großbritanniens und inzwischen auch Irlands.[103]

Internationale und europäische Kooperation: IPRA und EuPRA

Die Fülle der friedenswissenschaftlichen Initiativen in mehreren Ländern machte schon frühzeitig eine Koordinierung notwendig. So entstand 1965 am Polemologischen Institut in Groningen die *International Peace Research Association* (IPRA), deren Sekretariat von Hochschule zu Hochschule wandert und zur Zeit im *Tampere Peace Research Institute* (TAPRI) in Finnland Gastrecht genießt. Später entstanden Regionalvereinigungen für Lateinamerika, Nordamerika (das bereits erwähnte COPRED, vgl. 4.5), Asien, Afrika und (seit 1990) in Europa die *European Peace Research Association* (EuPRA), die von der Arbeitsstelle Friedensforschung Bonn (AFB – *Peace Research Information Unit Bonn* – PRIUB) betreut wird. Es ist kein Zufall, daß die EuPRA erst nach dem Zusammenbruch der Ost-West-Konfrontation gegründet wurde, als es möglich war, ohne politische Behinderungen in ganz

103 Vgl. hierzu die Veröffentlichungen der Arbeitsstelle Friedensforschung Bonn (AFB).

Europa tätig zu werden, denn die europäische Friedensforschung hatte zu keinem Zeitpunkt einseitig für westeuropäische Friedenslösungen optiert.

5.3.1 Die Anfänge in der Bundesrepublik

Hiroshima und die Wiederbewaffnung der Bundesrepublik – analog zu der Aufrüstung in der damaligen DDR auf der Gegenseite – hatten 1957 achtzehn deutsche Wissenschaftler, unter ihnen Carl Friedrich von Weizsäcker bestimmt, in ihrer Göttinger Erklärung auf die Folgen der Stationierung von Atomwaffen auf deutschem Boden hinzuweisen (Weizsäcker 1980: 29f.). Dieser Text (Wortlaut im Anhang) kann als das Grunddokument der modernen Friedenswissenschaft in Deutschland bezeichnet werden[104]:

Göttinger Erklärung der Achtzehn

„In der Bundesrepublik ging der erste Impuls von der Göttinger Erklärung der achtzehn Atomwissenschaftler aus. Angesichts der möglichen atomaren Bewaffnung der Bundeswehr vollzogen sie 1957 mit einem öffentlichen Manifest einen entscheidenden Schritt über ihre Tätigkeit in der ‚reinen' Wissenschaft hinaus in das Feld der politischen Verantwortung. Sie verweigerten die Mitarbeit an der weiteren Entwicklung zerstörerischer Waffen und forderten statt dessen die Nutzung der Kernenergie für friedliche Zwecke, insbesondere im Hinblick auf eine Verbesserung der Lebensbedingungen in der Dritten Welt. Ihre fundamentale ethische Frage bezog sich auf die verantwortbaren Ziele, um derentwillen Wissenschaft heute betrieben wird." (*Scharffenorth/Huber* 1973: 19)

Der Erkenntnisstand über die Gefahren einer friedlichen Nutzung der Atomenergie war zu diesem Zeitpunkt noch nicht genügend fortgeschritten, um die Anwendung von Atomenergie auch im zivilen Bereich radikal in Frage zu stellen. Später haben Weizsäcker und andere Unterzeichner der Göttinger Erklärung diese Gefahren erkannt und sich folgerichtig gegen Atomkraft und für die Entwicklung alternativer Energieträger ausgesprochen (*Weizsäcker* 1980: 52f.).

In einem engen Zusammenhang mit der Göttinger Erklärung stand 1959 die Gründung der „Vereinigung Deutscher Wissenschaftler" (VDW), die sich als deutsches Pendant zur Pugwash-Bewegung (vgl. 5.1.1) versteht und bis heute in immer wieder neuen Studiengruppen friedenswissenschaftliche Themen erörtert und bearbeitet. Der VDW ist es unter anderem zu verdanken, daß Klaus Gottstein aufgrund einer Reise durch die Vereinigten Staaten 1963 einen ersten umfassenden Bericht über *Peace Research* in den USA und Kanada verbreiten konnte (erschienen als VDW-Rundbrief 1963). Die Vereinigung unterhielt lange Jahre in Hamburg eine Forschungsstelle unter Leitung von Carl Friedrich von Weizsäcker, aus der eine Reihe deutscher FriedensforscherInnen hervorgegangen sind.

---

104 Zu Einzelheiten der Entwicklung der Friedensforschung in der Bundesrepublik bis 1990, aber auch in anderen Ländern vgl. *Kaiser* 1970, *Koch* 1970, *Scharffenorth/Huber* 1973 und *Wasmuht* 1998.

Friedensforschung und Protest

Auch die ein Jahr zuvor (1958) in der Schweiz und in München zugleich gegründete „Studiengesellschaft für Friedensforschung" war unter dem Eindruck der allseits zu beobachtenden Militarisierung der zwischenstaatlichen und innergesellschaftlichen Beziehungen entstanden. Sie stand einem Freundeskreis um den späteren Bundespräsidenten Gustav W. Heinemann nahe, der die Wiederbewaffnung und Einbindung der Bundesrepublik in das westliche Militärbündnis abgelehnt hatte und deshalb 1950 als Bundesinnenminister zurückgetreten war. Der deutschen Gruppe der Studiengesellschaft unter Vorsitz der Psychologin Christel Küpper kam das Verdienst zu, mit besonderer Energie die Förderung der Friedens- und Konfliktforschung in der Bundesrepublik betrieben zu haben. Der eigentliche Schwerpunkt der Gesellschaft, als deren wissenschaftlicher Leiter der Erziehungswissenschaftler Hans-Jochen Gamm tätig war, lag indessen bei der Entwicklung von Grundlagen der Friedenserziehung (*Küpper* 1968, *Gamm* 1968). Ein anderer erster Sammelpunkt der beginnenden Friedenswissenschaft war die 1964 von einem Physiker, Lothar Schulze, in Hannover gegründete „Gesellschaft zur Förderung von Zukunfts- und Friedensforschung", an der sich freilich die Unzulänglichkeit von Friedensforschung ohne ausreichende akademische Anbindung erwies. Dessen ungeachtet bot die Gesellschaft eine zeitlang interessierten WissenschaftlerInnen mit ihrer nur kurze Zeit erschienenen Vierteljahresschrift „Zukunfts- und Friedensforschungs-Informationen" ein Kommunikationsforum.

5.3.2 Die Forschungsstätte der Evangelischen Studiengemeinschaft

Ebenfalls 1958 war mit der Forschungsstätte der Evangelischen Studiengemeinschaft (FEST) in Heidelberg, die ihre Existenz dem Interesse der Evangelischen Kirche in Deutschland verdankt, ein erstes Institut gegründet worden, das sich systematisch der Erforschung der Bedingungen des Friedens widmet. Entscheidende Impulse hat sein langjähriger Leiter, Georg Picht, gegeben. Er gelangt von der Frage nach den großen Weltproblemen, von deren Lösung die Erhaltung der Menschheit abhängt, zunächst zu einer Revision des traditionellen Gegensatzpaares Frieden und Krieg:

> „Definiert man Frieden als einen Weltzustand, in dem die Menschheit biologisch existieren kann, so ist der Gegensatz zu Frieden nicht mehr Krieg, sondern Not." (*Picht/Huber* 1981: 22 und 27)

Wegen der gegenwärtigen Strukturen des internationalen Staatengefüges könne die Not von Millionen von Menschen jedoch nicht überwunden werden, obwohl technisch und materiell Möglichkeiten dazu vorhanden wären.

Das traditionelle Friedensverständnis als Schutz des Bürgers vor direkter Gewalt durch den Staat müsse demnach vertieft werden. Frieden müsse heute auch den Schutz vor struktureller Gewalt, die Not hervorbringt, einschließen. In einem dritten Schritt analysiert Picht die Bedeutung der modernen, räumliche und zeitliche Grenzen transzendierenden Formen von Kommunikation für die Erhaltung der Menschheit und kommt zu dem Ergebnis: Da die Menschheit in der technischen Welt

„...ohne die modernen Kommunikationssysteme nicht existieren kann, werden sich alle Staaten darauf einstellen müssen, mit der Freiheit des Informations- und Meinungsaustausches zu existieren (...) In der technischen Welt ist nur ein Friede möglich, der sich mit der Freiheit der Gedanken vereinigen läßt." (*Picht/Huber* 1971: 31)

Die drei Parameter des Friedens, die sich aus der Analyse des heutigen Weltzustandes ergeben, sind untrennbar miteinander verbunden. Picht folgert daraus:

„Jede politische Ordnung [muß] friedlos sein und Gewalt erzeugen, die einen dieser Parameter unterschlägt (...) Freiheit läßt sich nur solange schützen, als wir vor Not und Gewalt gesichert sind. Schutz gegen Not erfordert Schutz vor offener wie struktureller Gewalt; wer aber vor dem Druck von struktureller Gewalt bewahrt wird, gewinnt Freiheit." (*Picht/Huber* 1971: 33; vgl. *Scharffenorth* 1973: 41)

Stichworte: Auschwitz, Hiroshima, Sahel

Picht hat diese Überlegungen mit den beiden Stichworten „Auschwitz" und „Hiroshima" verknüpft (*Picht* 1981). Bernhard Moltmann hat diese Gedanken in seiner Studie „Perspektiven der Friedensforschung" nachgezeichnet:

„Hiroshima steht für das Faktum, daß die Menschen und Völker heute über die technischen Möglichkeiten verfügen, global ihrem Leben ein Ende zu setzen. Diese Fähigkeit hat in ihrer militärischen Gestalt eine nahezu unvorstellbare Vollkommenheit erreicht.(...) Die mit Hiroshima verbundenen Ereignisse verweisen auf die Sinnlosigkeit der Vorstellung, im internationalen System militärischer Gewalt mit instrumentell verstandener Gegengewalt zu begegnen. (...) Auschwitz steht als Zeichen für eine perfekt organisierte, entgrenzte Machtanwendung des deutschen Staatsapparates. Es dokumentiert das Versagen der Zivilisation, einen ‚Zivilisationsbruch' (so Dan Diner u.a.): die Einzelnen haben zu Hunderttausenden versagt. (...) Sich diesem Zeichen stellen heißt, gemeinsam in bisher nur von Einzelnen vollzogener Weise nach dem Zusammenhang von Gewalt, Macht und Recht zu fragen. (...) Den beiden genannten Stichworten wäre aus heutiger Sicht noch ein drittes – wiederum ein Ortsname – hinzuzufügen, ohne daß mit der Reihenfolge eine Relativierung der genannten Herausforderungen einherginge: Sahel. Der Name für den zentralafrikanischen, teils fruchtbaren, teils in Wüste verwandelten Landstrich steht für die Wechselbeziehung zwischen ökologischem Zusammenbruch, politischer Krise und menschlichem Leid.

Trotz gestiegener Ausbeutung natürlicher Ressourcen bis hin zur Zerstörung der gegebenen Zusammenhänge von Erzeugung und Regeneration, sinken die Aussichten, alle Menschen zu ernähren und deren Bedürfnisse zu befriedigen. Gleichzeitig öffnet sich die Schere zwischen dem Wohlstand weniger und der Armut vieler Menschen nicht im nationalen, sondern auch im internationalen Vergleich. Der *oikos* – als der geregelte Zusammenhang von Natur, Mensch und Wirtschaften – ist hier in einer Weise gefährdet, die den Ausmaßen einer atomaren Katastrophe durchaus entspricht" (*Moltmann* 1988: 15-18)

Neben der VDW war die FEST der Ort, wo die erste Generation deutscher FriedensforscherInnnen arbeiten und publizieren konnte. Es dauerte jedoch noch fast ein Jahrzehnt, ehe 1968 die *Arbeitsgemeinschaft für Friedens- und Konfliktforschung* (AFK) zustande kam und für die Einrichtung von Friedensforschungsinstituten warb.

5.3.3 Gustav Heinemann gibt den entscheidenden Anstoß

Den entscheidenden Anstoß für die weitere Entwicklung gab Gustav W. Heinemann 1969 anläßlich seiner Wahl zum Bundespräsidenten. In seiner Antrittsrede vor dem Bundestag setzte er sich für die Förderung der Friedens- und Konfliktforschung ein:

„Der Mensch ist im Begriff, den Mond zu betreten und hat doch immer noch diese Erde aus Krieg und Hunger und Unrecht nicht herausgeführt. Der Mensch will mündiger sein als je zuvor und weiß doch auf eine Fülle von Fragen keine Antwort. Unsicherheit und Resignation mischen sich mit der Hoffnung auf bessere Ordnungen. (...) Nicht der Krieg ist der Ernstfall, in dem der Mann sich zu bewähren habe, wie meine Generation in der kaiserlichen Zeit auf den Schulbänken lernte, sondern der Frieden ist der Ernstfall, in dem wir alle uns zu bewähren haben. Hinter dem Frieden gibt es keine Existenz mehr. (...) Hilfreich wäre es, wenn auch wir der Friedensforschung, das heißt einer wissenschaftlichen Ermittlung nicht nur der militärischen Zusammenhänge zwischen Rüstung, Abrüstung und Friedenssicherung, sondern zwischen allen Faktoren, also z.B. auch den sozialen, den wirtschaftlichen und den psychologischen, die gebührende Aufmerksamkeit zuwenden würden." (*Kaiser* 1970: 242)

Zur Vorbereitung entsprechender Maßnahmen war der Wissenschaftsrat, der die Bundesregierung auf dem Gebiet der Wissenschaftspolitik berät, um ein Gutachten gebeten worden, das im Mai 1970 vorlag und Aussagen zur Friedensforschung enthielt, die weithin unbekannt geblieben sind. Bemerkenswert ist besonders, daß dieses unabhängige Gremium mit seinen Formulierungen Positionen beschrieb, die eher einem kritischen als einem traditionellen Verständnis von Friedensforschung entsprachen:

Verhütung von Krieg

„Beweggrund für die Friedensforschung ist die politische und soziale Aufgabe, den Frieden in der Welt zu ermöglichen und zu sichern, die Friedensforschung soll also die Probleme erforschen, die den Frieden in der Welt bedrohen, und die Bedingungen für die Erhaltung bzw. Schaffung des Friedens ermitteln. Zunächst geht es dabei um Methoden der Verhütung der bewaffneten internationalen Konflikte, insbesondere der Verhinderung eines Weltkriegs mit Atomwaffen. Der Frieden ist aber nicht lediglich ein Problem der Internationalen Beziehungen, sondern auch der inneren Verhältnisse in den Staaten; hier handelt es sich einmal um die Probleme der Umweltveränderungen durch die Entwicklung von Wissenschaft und Technik und ihre sozialen Folgen, zum anderen um die Probleme von Macht und Herrschaft sowie sozialer und politischer Ungleichheit. Zu den Problemkreisen, denen sich die Friedensforschung widmen muß, gehört auch der Gegensatz zwischen reichen und armen Ländern.

Macht und Herrschaft

Vor diesem Hintergrund ist die Friedensforschung im einzelnen dadurch gekennzeichnet,
- daß sie um eines politischen und sozialen Zieles willen erfolgt,
- daß sie interdisziplinär ist,
- daß sie nicht auf die herkömmlichen politischen Strukturen festgelegt ist, sondern sich an übergreifenden Interessen der Menschheit orientiert.

Engagierte Wissenschaft

Zu der allgemeinen Zielsetzung, die Welt so einzurichten, daß darin jetzt und in Zukunft menschenwürdiges Leben möglich ist, kann die Wissenschaft einen wesentlichen Beitrag leisten, der sich nicht auf die Form einer nicht auf praktische Folgen bedachten wissenschaftlichen Theoriebildung beschränkt. Dementsprechend versteht sich Friedensforschung nicht als eine neue Disziplin im herkömmlichen Wissenschaftsgefüge, sondern versucht, Wissenschaft im Bewußtsein ihrer politischen und sozialen Konsequenzen zu betreiben. Sie ist ‚engagierte Wissenschaft', die auf Veränderung der bestehenden Verhältnisse gerichtet ist, soweit diese durch Unfrieden und die Austragung von Konflikten mit Gewalt gekennzeichnet sind. Das bedeutet nicht, daß der Frieden als das Ende aller Konflikte verstanden wird, sondern als Eliminierung unerwünschter Formen des Austragens von Konflikten. Zu den Aufgaben der Friedensforschung gehört es Denkmodelle zu erarbeiten, die nicht nur für die Beseitigung der unmittelbaren Ursachen, sondern auch auf die Aufhebung der tieferliegenden Gründe für gewaltsame Konflikte durch Entwicklung neuer Formen menschlichen Zusammenlebens und Ordnungen abzielen; die Voraussetzungen, die Plausibilität und die Durchführbarkeit solcher Utopien müssen im Lichte aller verfügbaren Kenntnisse und Methoden geprüft werden.(...) Ein unabdingbarer Bestandteil der Friedensforschung, dem besondere Bedeutung zukommt, ist die Konfliktforschung. Sie befaßt sich in erster Linie mit der Diagnose, d. h. der Beobachtung und Analyse von Konflikten verschiedener Art, und versucht, aus deren struktureller Übereinstimmung Schlüsse für eine Voraussage des Ausganges und für Lösungsmöglichkeiten zu ziehen." (DGFK 1983a: 14-15)

Im Gutachten werden dann neben dem klassischen Feld der internationalen Konflikte und der Entwicklungsländerproblematik ausdrücklich einige Forschungsbereiche aufgezählt, mit denen sich die Friedensforschung beschäftigen müsse und die anderen Bereichen als denen der internationalen Beziehungen zuzuordnen sind:

Industriegesellschaften und marginale Gruppen

„Zusammenhänge zwischen innergesellschaftlichen und internationalen Konflikten: Konfliktverhalten in Groß- und Kleingruppen und ihre Auswirkungen auf die Außenbeziehungen; internationale Krisen als Folge innerstaatlicher Auseinandersetzungen; Wirtschaftssysteme als Drehscheibe zwischen inneren und äußeren Konflikten; Einfluß der Rüstungsetats auf die Nationalwirtschaften.

Gewaltfreie Aktionen

Konfliktpotentiale in Industriegesellschaften, Probleme der marginalen Gruppen; Zusammenhang der wissenschaftlich-technischen und der politisch-sozialen Entwicklung, z.B. im Hinblick auf die zu erwartende biologische Technik sowie neue Formen in Ethik und Moral. Neue Wege der Konfliktaustragung z.B. gewaltfreie Aktionen, Formen des zivilen Widerstandes.

Allgemeine Untersuchungen über die Funktion von Konflikten in politischen und sozialen Systemen. Entwicklung von Modellen für gerechtere Ordnungen." (DGFK 1983a: 15)

5.3.4 Die Deutsche Gesellschaft für Friedens- und Konfliktforschung

Noch im selben Jahr (1970) wurde von der Bundesregierung gemeinsam mit den damaligen Landesregierungen, den beiden Kirchen und dem Zentralrat der Juden sowie den Spitzenverbänden von Arbeitgebern und Arbeitnehmern *die Deutsche Gesellschaft für Friedens- und Konfliktforschung* (DGFK) gegründet, die bis zu ihrer 1983 erzwungenen Selbstauflösung rund 360 Untersuchungen im gesamten Spektrum der Friedenswissenschaft gefördert hat.[105]

Werden die von der DGFK geförderten wissenschaftlichen Arbeiten an den Ansprüchen und Vorgaben gemessen, die im Gutachten des Wissenschaftsrates genannt sind, so fällt auf, daß sie vorrangig in den beiden erstgenannten Bereichen – internationale Konflikte und Entwicklungsländerproblematik – tätig wurde. Das kam bereits in der Ausschreibung ihrer Förderungsprogramme[106] zum Ausdruck. Sie umfaßten zwei Problemfelder: I – Friedenswahrung und Übergangsstrategien in Europa, sowie II – Konflikte zwischen westeuropäischen Industriestaaten und Entwicklungsländern und deren friedliche Überwindung. Im Schwerpunkt II hat die DGFK eine Reihe wegweisender kritischer Untersuchungen gefördert (vgl. *DGFK* 1983). Allerdings legte sie nachweislich immer auch Wert darauf, daß ein Viertel der zur Verfügung stehenden Förderungssumme für Projekte außerhalb dieser Schwerpunkte bereitgestellt wurde. Wenn ihr gelegentlich zum Vorwurf gemacht wurde, sie habe keine oder nicht genügend kritische Untersuchungen gefördert, so muß geltend gemacht werden, daß kaum Anträge aus den Reihen der kritischen FriedensforscherInnen vorgelegen hatten (vgl. *Arend* 1989, *Reusch* 1986). Die Gründe für diese Art von Enthaltsamkeit waren unklar. In Gesprächen wurde dem Autor (in seiner Eigenschaft als Vorstand der DGFK) von kritischen FriedensforscherInnen erklärt, daß kritische Projekte sowieso keine Förderungschancen hätten, andere gaben vor, die DGFK durch ihre Enthaltsamkeit „politisch schonen" zu wollen. Der Autor selbst hatte den Eindruck gewonnen: die KollegInnen hatten einfach keine Lust, Anträge zu schreiben. Aber auch die anderen Projekte waren nicht unkritisch. Die wenigen kritischen Untersuchungen zur Gewalt im Alltag (vgl. *Bahr* 1972) sowie die rüstungs- und entwicklungskritischen Projekte erregten ohnehin genügend Ärgernis im konservativen Lager, das weit in die sozialdemokratische Bundestagsfraktion hineinreichte.

Die bayerische Staatsregierung, die die öffentliche Förderung der Friedensforschung als besonders ärgerlich empfand, hatte bei einem bis dahin

105 Vgl. Dokumentation zur Tätigkeit der Deutschen Gesellschaft für Friedens- und Konfliktforschung (DGFK) 1970 – 1982, Bonn 1983. Vgl. auch *Arend* 1985 und *Wasmuht* 1998.

106 Die Schwerpunktprogramme der DGFK sind nachzulesen in: DGFK-Informationen 1-2/73, Bonn 1973.

weitgehend unbekannten Hochschullehrer ein wissenschaftliches Gutachten über „Die staatlich geförderte Friedens- und Konfliktforschung in der Bundesrepublik Deutschland von 1970 bis 1979“ in Auftrag gegeben (*Arndt* 1981), das dem bayerischen Ministerpräsidenten Franz Josef Strauß zum Anlaß diente, die Auflösung dieses einmaligen Förderungsexperiments zum Ende des Jahres 1983 in Gang zu setzen. Hauptерkenntnis und Hauptvorwurf des Gutachters gipfelten in der Feststellung daß die DGFK die Hälfte ihrer Bewilligungen Projekten der „kritischen Friedensforschung“ habe zukommen lassen:

„Genau die Hälfte aller von der DGFK geförderten Forschungsprojekte (49,6 %) sind dem wissenschaftlichen Ansatz der ‚Kritischen Friedensforschung‘ verpflichtet, der nach unseren Beobachtungen und Erfahrungen gewöhnlich mit einer entsprechenden politischen Richtung verbunden ist. Fast zwei Fünftel (38,7%) sind zur ‚traditionellen Friedensforschung‘ zu rechnen, den Rest (uneinordbare nicht gerechnet) machen mit 8,8% ‚Nicht-Friedensforscher‘ aus, die mit historischen, juristischen, theoretischen Methoden usw. arbeiten und von denen wir die streng illusionslos an Hand historischer Tatsachenermittlung vorgehenden Forscher als ‚konkrete Lageanalytiker‘ bezeichnen. (...) Von den 137 DGFK-geförderten Forschungsprojekten, die wir untersuchten, zählen also 88% zum einen oder anderen Flügel der ‚Friedensforschung‘ im oben erörterten Sinne einer ‚historischen Gestalt‘, von den Bewilligungsmitteln gingen sogar 95,3% an diese Friedensforschung. Unter den 50%, die der Kritischen Friedensforschung zuzurechnen sind, gehört wiederum die Hälfte (also ein Viertel aller Fördererprojekte) zum radikaleren Flügel der Systemveränderer, die in aller Regel keinesfalls eine Variante des Sowjetkommunismus vertreten (gelegentlich sogar den ‚realen Sozialismus‘ Moskaus kritisieren, wenn auch nicht so stark wie den heimischen ‚Kapitalismus‘), dafür aber die ganze Bandbreite ‚progressiver‘ bis ‚utopischer‘ Positionen erkennen lassen unter den verschiedensten Nennungen wie ‚wahrer Sozialismus‘, ‚Aktionsforschung‘, ‚Partizipationsforschung‘, ‚Basisdemokratische Sensibilisierung‘ usw. Die verbleibende ‚gemäßigtere‘ Hälfte der der Kritischen Friedensforschung zuzurechnenden Projekte (…) zeigt fließende Übergänge zu den ‚traditionellen Friedensforschern‘, aber auch zu den radikalen Kollegen weiter links; das Verbindende aller ‚Friedensforscher im engeren Sinne‘ ist dann schließlich das Engagement an ‚Veränderung‘ überhaupt in Richtung auf ‚strukturell friedlichere Zustände‘. (...) Der gemäßigte Flügel der Kritischen Friedensforscher tut dies mit stärkster Anlehnung an das Konzept der angeblich auch in ‚nur negativ friedlichen‘ Staaten und Gesellschaften vorhandenen, repressiven ‚strukturellen Gewalt‘, die Szientisten unter den traditionellen Friedensforschern vertreten ihr Anliegen unter stärkster Dominanz positiver, meist quantitativer Methoden, und die ‚westlichen Normativisten‘ innerhalb der traditionellen Friedensforscher gehen von Wertprämissen liberal-demokratischer Provenienz auch bei der Analyse von Außen- und Weltpolitik aus; allein die ‚konkreten Lageanalytiker‘ sind bei ihrer Forschung keinem Programm und keiner Veränderungs- oder Erhaltungsmaxime verpflichtet.“ (DGFK 1981: XXI – XXII)

Im politischenSpannungsfeld gescheitert

Abgesehen davon, daß die Beschreibung der Ansätze in diesem Gutachten weitgehend den Vorgaben des Wissenschaftsrates entsprach, die der DGFK vorgegeben waren, und der Gutachter manche der geförderten WissenschaftlerInnen als „konkrete Lageanalytiker“ nicht der Friedensforschung zurechnen wollte (obschon die konkrete Lageanalyse ein wichtiger Bestandteil jeder friedenswissenschaftlicher Forschung war, ist und bleibt), bestätigte er, daß fast 90% der Bewilligungen der DGFK für Friedensforschungsprojekte verwandt wurden, daß also die DGFK genau ihrem Satzungsauftrag entsprechend gehandelt hat. Da der Gutachter in seinem 168 Seiten umfassenden Text keinen Aufschluß darüber gab, welche Projekte er welchen Kategorien zuordnete, ließen sich seine Berechnungen nicht überprüfen (vgl. *Koppe* 1981: XXXI-XLIV) Die bayerische Staatsregierung zog dessen ungeachtet ihre Konsequenzen und erklärte zum l. Dezember 1980 den Austritt des Freistaates Bayern aus der DGFK, deren Ende damit vorgezeichnet war. Nach und nach folgten die anderen CDU-regierten Bundesländer mit Ausnahme von Berlin, wo damals der spätere Bundespräsident Richard von Weizsäcker Regierender Bürgermeister war. Mit dem Regierungswechsel 1982/83 war das Ende der DGFK besiegelt[107]. Nicht an der Kompetenz der beteiligten Wissenschaftler und Wissenschaftlerinnen, sondern im politischen Spannungsfeld war das Experiment einer öffentlichen Förderung der Friedens- und Konfliktforschung gescheitert:

> „Am 6. Mai (1983) hat der Wissenschaftsrat die ein Jahr zuvor von der Bundesregierung erbetene Stellungnahme zur weiteren Förderung der Friedens- und Konfliktforschung veröffentlicht. In dürren Worten lautet die Empfehlung des Wissenschaftsrates: Die Förderung der Friedens- und Konfliktforschung solle möglichst in der gleichen Weise wie bisher fortgesetzt werden, nur eben nicht durch die Deutsche Gesellschaft für Friedens- und Konfliktforschung. Der Wissenschaftsrat untermauert diese Begründung nicht mit wissenschaftlichen Erwägungen, sondern letztlich mit einem nach seiner Ansicht unabweisbaren politischen Argument: Es komme für ‚die geldliche Entwicklung der Friedens- und Konfliktforschung' wesentlich darauf an, ihre Förderung aus öffentlichen Mitteln auf dem ‚Fundament eines Konsenses der politisch verantwortlichen Instanzen zu organisieren; die Aussichten dafür, daß dies im Rahmen der DGFK gelingen könne, sind nach seiner Ansicht, wenn man die Schärfe der darüber in der Vergangenheit geführten Auseinandersetzungen bedenkt, als gering anzusehen.' " (*Koppe* 1983: 609-63)

Interessanterweise setzte die Deutsche Forschungsgemeinschaft (DFG), die anschließend, so wie der Wissenschaftsrat empfohlen hatte, die Förderung der Friedens- und Konfliktforschung übernommen hatte, nachdem sie bereits in den Vergabekommissionen der DGFK mitgewirkt (und mitgestimmt!) hatte, die Schwerpunktsetzung der DGFK weitgehend fort. So schlecht kann die Projektförderung der DGFK also nicht gewesen sein!

5.3.5 Die Friedensforschung auf ihrem Höhepunkt

Fast gleichzeitig mit der DGFK waren 1970 bis 1972 die Hessische Stiftung Friedens- und Konfliktforschung (HSFK) in Frankfurt am Main und das Max

107 Der wissenschaftlich-dienstleistende Bereich, den die DGFK aufgebaut hatte, wird von der Arbeitsstelle Friedensforschung Bonn (AFB) weitergeführt.

Planck-Institut zur Erforschung der Lebensbedingungen der wissenschaftlich-technischen Welt in Starnberg, ein Jahr später das Institut für Friedensforschung und Sicherheitspolitik an der Universität Hamburg (IFSH) sowie die Berghof Stiftung für Konfliktforschung in München und Berlin entstanden. Eine wichtige Rolle spielte auch seit 1970 der Fachbereich Politische Wissenschaft (Otto-Suhr-Institut) an der Freien Universität Berlin, wo an zwei Lehrstühlen – Internationale Politik und Friedensforschung (Ulrich Albrecht) sowie Innenpolitik und Gewaltfreiheit (Theodor Ebert) – friedenswissenschaftliche Themen im Mittelpunkt von Forschung und Lehre stehen. Das Max-Planck-Institut in Starnberg wurde allerdings schon 1980 mit Ausscheiden seines Direktors Carl Friedrich von Weizsäcker wieder geschlossen. Der Bedarf an Friedensforschung war nach Ansicht der Verantwortlichen in Regierungs- und Wissenschaftsbürokratie offenbar gedeckt. Aus der Erbmasse gingen einige kleinere Einrichtungen in Starnberg hervor, die vor allem auf den Gebieten alternativer Verteidigung und weltwirtschaftlicher Konflikte arbeiten, doch mit Mühe um finanzielle Unterstützung kämpfen müssen. Die Berghof Stiftung konzentrierte bis Mitte der neunziger Jahre ihre Mittel in einem hohen Maße auf kleinere Projekte, auch außerhalb des eigentlichen akademischen Bereichs, die sonst kaum eine Chance auf Förderung gehabt hätten, vor allem auch im Bereich der Friedenserziehung. So verdankt der Verein für Friedenspädagogik in Tübingen seine Arbeitsmöglichkeiten der Unterstützung durch diese Stiftung. 1995 beschloß die Berghof-Stiftung, ihre Mittel auf ein Berghof Forschungszentrum für konstruktive Konfliktbearbeitung (Research Center for Constructive Conflict Management) zu konzentrieren, das sich seither als anerkannter deutscher Partner der internationalen Mediationsforschung und -praxis durchgesetzt hat.

Zu nennen ist auch das einzige größere private Forschungsinstitut, das ausschließlich von Spenden und Beiträgen seiner Mitglieder lebt, das *Forschungsinstitut für Friedenspolitik* (FIFP), früher in Starnberg, jetzt in Weilheim, das zumindest den Versuch wagte, auf dem Gebiet der Militär- und Rüstungsforschung neue Wege zu gehen. Weiterhin gab und gibt es kleinere Institute mit wechselvollem Schicksal, die nur eines gemeinsam haben: wenig Geld, so zum Beispiel das Institut für Friedensarbeit und gewaltfreie Konfliktaustragung (IFGK – *Institute for Peacework and Nonviolent Settlement of Conflict*) in Wahlenau (Hunsrück).

Neue Initiativen in den neunziger Jahren

Erst Ende der achtziger Jahre zeichneten sich auf Länderebene wieder neue Initiativen ab: in Schleswig-Holstein entstand der *Projektverbund Friedenswissenschaften Kiel* (PFK), der inzwischen als *Schleswig-Holsteinisches Institut für Friedensforschung* (SCHIFF) an der Universität Kiel anerkannt ist und das insbesondere die Konfliktregion Ostsee ins Zentrum seiner Untersuchungen stellt. 1994 wurde mit Unterstützung des Landes Nordrhein-Westfalen das *Bonn International Center for Conversion* (BICC) gegründet, das aus der Tatsache, daß die friedenswissenschaftliche Auseinandersetzung zu schätzungsweise 90 Prozent in englischer Sprache geführt wird, die logische Konsequenz gezogen hat, seine Forschungsergebnisse in englischer Sprache zu veröffentlichen, vor allem das seit 1996 jährlich erscheinende *conversion survey,* mit dem die deutsche Friedensforschung international repräsentiert ist.[108] Im Mittelpunkt der BICC-Forschung stehen alle Fragen der Abrüstung und Umwandlung (Konversion) militärischer Einrichtungen in zivile Anlagen, aber auch Fragen der Konfliktprävention.

Internationale Anerkennung hat die *Stiftung Entwicklung und Frieden* (SEF) mit Sitz in Bonn gefunden, die auf Initiative des früheren Bundeskanzlers Willy Brandt 1986 ins Leben gerufen wurde und in Zusammenarbeit mit zahlreichen FriedenswissenschaftlerInnen zu allen Fragen der Friedensgestaltung Texte veröffentlicht und Gesprächsforen veranstaltet. Sie hat zur Gründung des *Instituts für Entwickung und Frieden* (INEF) an der Universität Duisburg beigetragen, das gemeinsam mit der SEF im Zweijahresrhythmus den Datenband *Globale Trends* herausgibt, eine immer wieder aktualisierte Zustandsbeschreibung der Weltverhältnisse.[109]

Studiengänge in Marburg und Hagen

Die Landesregierung von Niedersachsen richtete 1992 einen *Projektverbund Friedens- und Konfliktforschung in Niedersachsen* mit Sitz im Fachbereich 8 (Sozialpsychologie) der Universität Osnabrück ein, der allerdings über das Jahr 2001 hinaus noch nicht finanziell abgesichert ist. An der FernUniversität Hagen wurde eine Landesarbeitsgemeinschaft Friedenswissenschaft in Nordrhein-Westfalen gegründet, die in Kooperation mit anderen Universitäten des Landes friedenswissenschaftliche Studiengänge entwickelt. Sie knüpfte damit an einen Erfolg der Universität Marburg an, wo es Peter Imbusch und Ralf Zoll 1996 gelang, einen ersten Nebenstudiengang für Friedens- und Konfliktforschung einzurichten. Die umfangreichen Materialien wurden veröffentlicht, seit 1998 gemeinsam mit Hajo Schmidt und Georg Simonis von der FernUniversität Hagen, die ebenfalls einen (Neben)Studiengang vorbereitet:

Band 1 – Peter *Imbusch*/Ralf *Zoll* (Hg.): Friedens- und Konfliktforschung. Eine Einführung mit Quellen (2. Aufl.).

---

108 Inzwischen veröffentlichen mehrere deutsche Friedensforschungsvereinigungen ihre Ergebnisse in englischer Sprache. Die Arbeitsstelle Friedensforschung Bonn (AFB) hat in ihren zweimal jährlich erscheinenden *AFB-Informationen* eine Spalte eingerichtet, in der auf Veröffentlichungen aus der deutschen Friedensforschung in englischer Sprache aufmerksam gemacht wird. Außerdem erscheinen die AFB-Informationen seit einigen Jahren auch in englischer Sprache.

109 Leider mußte der Versuch, diesen Datenband auch in Englisch für die internationale Diskussion verfügbar zu machen, aus finanziellen Gründen wieder aufgegeben werden. Auch in der Friedensforschung wird gelegentlich an den falschen Enden gespart.

Band 2 – Thorsten *Bonacker*: Konflikttheorien. Eine sozialwissenschaftliche Einführung mit Quellen.

Band 3 – Berthold *Meyer*: Formen der Konfliktregelung. Eine Einführung mit Quellen.

Band 4 – Johan *Galtung*: Frieden mit friedlichen Mitteln. Friede und Konflikt, Entwicklung und Kultur.

Mit diesen Bänden steht der Friedensforschung das bisher umfangreichste Material für die Behandlung der Thematik Frieden und Krieg an deutschsprachigen Hochschulen zur Verfügung.

Diese Darstellung wäre unvollständig, wenn nicht noch einige andere Aspekte erwähnt würden: erstens die friedenswissenschaftlichen Bemühungen an einzelnen Lehrstühlen oder Instituten einer Reihe deutscher Hochschulen, Fachhochschulen eingeschlossen, von denen unter anderen die Freie Universität und die Technische Universität Berlin, die Universitäten Bremen, Frankfurt am Main, Hamburg, Kiel, Münster, Tübingen sowie die Fachhochschulen Düsseldorf, Fulda und Lüneburg zu nennen sind; zweitens die Zerstörung erster friedenswissenschaftlicher Initiativen an ostdeutschen Hochschulen nach der Wende im November 1989, die – zum Teil von westdeutschen FriedensforscherInnen gefördert – im Zuge einer undifferenzierenden „Abwicklung“ wieder eingestellt werden mußten (vgl. 5.4.2); drittens den erfolgreichen Aufbau eines Netzwerkes Friedensforscherinnen, dem inzwischen über 60 Frauen angehören[110], und viertens die sich abzeichnende Umorientierung der Friedenswissenschaft überhaupt, auf die im letzten Teil dieser Darstellung noch eingegangen wird.[111]

5.4 Inhaltliche Schwerpunktsetzungen

Die Friedenswissenschaft in Europa – Deutschland eingeschlossen – hat ihre eigenständigen Ansätze mit den aus Amerika eingeflossenen Impulsen zusammengeführt, wobei der Forschung zugute kam, daß zahlreiche WissenschaftlerInnen der 68er Generation einen Teil ihres Studiums in den Vereinigten Staaten absolvierten, insbesondere an den dortigen Friedensforschungszentren Ann Arbor, Stanford und Boulder. Während in den skandinavischen Ländern und den Niederlanden die Ansätze und Ergebnisse der amerikanischen Friedens-

---

110 Vgl. dazu Birckenbach, Hanne-Margret 1990: Friedensforschung und ihre feministischen Ansätze: Möglichkeiten der Integration. Reihe AFB-TEXTE, Bonn.

111 Vgl. dazu Friedensgutachten 1990, 1991, 1992 und Folgejahre, Münster, Jahrbuch Frieden 1990, 1991, 1992, 1993, München, und das Memorandum „Friedenssicherung in den 90er Jahren. Neue Herausforderungen an die Wissenschaft“ der Informationsstelle Wissenschaft und Frieden (IWIF), Bonn1992. Eine synoptische Darstellung der neuen Ansätze findet sich in AFB-INFO 1/92.

wissenschaft schon frühzeitig übernommen, kontinuierlich ausgewertet und kritisch aufgearbeitet wurden, vor allem am Polemologischen Institut in Groningen, in Lancaster und am *Peace Research Institut Oslo* (PRIO), aber auch in Uppsala, Lund, Tampere, Kopenhagen, Nimwegen, hatte sich die Einführung der Friedenswissenschaft in der damaligen Bundesrepublik erst zu Beginn der siebziger Jahre, dann aber fast schlagartig vollzogen. Sie stand in einem sehr direkten Zusammenhang mit der 68er Studentenbewegung und dem politischen Wandel, gekennzeichnet durch die Ablösung der christlich-liberalen durch die sozialliberale Regierung. Gründung und Auflösung der Deutschen Gesellschaft für Friedens- und Konfliktforschung erfolgte zeitgleich mit Beginn und Ende der sozialliberalen Koalition in Bonn. Das gab der Auseinandersetzung um Gegenstand und Methoden friedenswissenschaftlicher Forschung in Deutschland eine besondere Schärfe, wobei hinzukam, daß diese Auseinandersetzung vorrangig in einer polarisierten politischen Öffentlichkeit stattfand: Die wissenschaftlich notwendige Diskussion um Begriffe und Interpretationen von Erkenntnissen wurde auf diese Weise zu einem Streit zwischen FriedensforscherInnen hochstilisiert, den es in dieser Form nicht gegeben hat.[112]

5.4.1 Kritische Friedensforschung und Strukturelle Gewalt

Die Auseinandersetzung rankte sich in besonderer Weise um zwei friedenswissenschaftliche Begriffe, die in der europäischen Friedensforschung eine bestimmende Rolle spielten: *Kritische Friedensforschung* und *Strukturelle Gewalt*. Beide Begriffe waren der Versuch einer Antwort auf eine bis dahin vorherrschende Tendenz in der Friedens- und Konfliktforschung, vor allem in den Vereinigten Staaten, die – in der Meinung ihrer Kritiker – eher an einer Stabilisierung der internationalen und innerstaatlichen Beziehungen als an einer Aufdeckung der tatsächlichen Konfliktursachen und daraus abzuleitender Veränderungen der internationalen Beziehungen wie auch gesellschaftlichen Verhältnisse interessiert waren. Der schwedische Friedensforscher Herman Schmid war einer der Wortführer der Kritiker:

Zentrale Kritik: Friedensforschung stabilisiert Systeme

„Der eigentliche Kern der Friedensforschung konzentriert sich in dem Konzept der Kontrolle des internationalen Systems mit dem Ziel der Verhinderung größerer Systemstörungen, sowie im Konzept der Integration des internationalen Systems – mit dem Ziel, es zu stabilisieren. Das ist der ideologische Aspekt der Friedensforschung. Der institutionelle Aspekt ist die Voraussetzung für den ideologischen Aspekt und umgekehrt, beide bedingen sich gegenseitig. Um angewandt zu werden, muß die Friedensforschung den Bedürfnissen der Entscheidungsträger entsprechen. Um deren Interesse an einem stabilen Frieden zu befriedigen, müssen die Friedensforscher sich mit den Entscheidungsträgern des internationalen Systems verbünden. Angesichts dieser Situation kann eine Veränderung dieses Systems

112 Zu diesem Komplex vgl. *Hauswedell* 1997 und *Wasmuht* 1989.

von der Friedensforschung nicht befürwortet werden. Eine strukturelle Veränderung wäre eine Bedrohung der Mächtigen des internationalen Systems. Deshalb ist nur die adaptive Veränderung innerhalb des Systems möglich." (*Schmid* 1981: 51)

Noch deutlicher äußerte Lars Dencik die Kritik an der damaligen Friedensforschung in seinem Plädoyer für eine revolutionäre Konfliktforschung:

Radikale Antwort: Revolutionäre Friedensforschung

„Um ihre Aufgabe zu erfüllen, die darin besteht, Konflikte zu lösen (den realistischen Frieden einschließlich Freiheit von Unterdrückung und Ausbeutung zu fördern), statt Techniken zur Unterdrückung ihrer Symptome zu suchen, muß sich die Friedensforschung den heute (aus ideologischen Gründen) außer acht gelassenen Strategien der Polarisierung, der Hebung des Bewußtseins und der Revolution zuwenden, um diese Techniken zur Lösung von Konflikten zu verbessern. Dies ist die wissenschaftliche Erkenntnis, mit der eine neue Friedens- und Konfliktforschung – oder Revolutionsforschung – die von der traditionellen Friedensforschung ideologisch Verblendeten konfrontieren muß." (*Dencik* 1981: 268)

Die wissenschaftliche Auseinandersetzung über die Zielrichtung der Friedensforschung fand im wesentlichen in der vom *Peace Research Institute Oslo* (PRIO) seit 1963 herausgegebenen Zeitschrift *Journal of Peace Research* (JPR) statt. Die Debatte wurde in die deutsche Wissenschaft und Öffentlichkeit durch Dieter Senghaas mit seinem Sammelband „Kritische Friedensforschung" (Erstauflage 1972, inzwischen 6. Auflage 1981) vermittelt.

Konfliktmanagement und Konfliktaktivierung

„Die frühe Friedensforschung wurde als ein Mittel verstanden, vor allem die psychologischen und ideologischen Determinanten des Kalten Krieges zu erfassen. Der Konflikt stellte sich als eine ideologische Konkurrenz zweier Gesellschaftssysteme dar. Wie die inhaltlich eingegrenzte Friedensforschung war die Konfliktforschung im überwiegenden Maße an Konfliktkontrolle und Konfliktmanagement orientiert, was oft weniger nach der Intention der Wissenschaftler als in der Konsequenz zu einer Status-quo-Orientierung dieser Forschung führte. Die Idee, daß zu den Instrumenten und Techniken der Konfliktlösung auch Formen der Konfliktaktivierung gehören können, war dieser frühen, im wesentlichen systemanalytisch orientierten Konfliktforschung im großen und ganzen fremd.

Erst die konkreten politischen Erfahrungen der späten sechziger Jahre (wie der Vietnamkrieg, die vielfältigen virulenten innenpolitischen Auseinandersetzungen in allen Teilen der Welt und wachsende ökonomische und technologische Disparitäten zwischen den hochindustrialisierten Ländern des Nordens und der Dritten Welt) haben die Unzulänglichkeiten einer sich auf Konfliktkontrolle und Konfliktschlichtung konzentrierenden Wissenschaft gezeigt. Die in dem vorliegenden Band erscheinenden Arbeiten (...) sprengen den engen Rahmen einer puren ideologiekritischen und wissenschaftsinternen Diskussion; sie haben zu neuen, wegweisenden inhaltlichen Konzeptualisierungen geführt, die heute außerhalb der Bundesrepublik und in einem wachsenden Maße auch hierzulande zum wissenschaftlichen Selbstverständnis einer gesellschaftspolitisch bewußten, kritischen Friedens- und Konfliktforschung und einer kritischen Sozialwissenschaft gehören." (*Senghaas* 1981b: 9)

Das Konzept der strukturellen Gewalt

Diese Debatte wies in der Tat auf ein zentrales Defizit hin: es genügte offensichtlich nicht, allein die internationalen Beziehungen auf ihre Gewaltträchtigkeit hin zu untersuchen und mit Blick auf friedlichen Konfliktaustrag zu optimieren. Vielmehr lag es nahe, geeignete Erkenntnisse der Konfliktforschung, die sich schon immer mit dem Problem der Gewalt in ihren vielfältigen, auch indirekten Formen beschäftigt hatte, verstärkt auf die internationalen Gewaltverhältnisse, wie sie sich im Spannungsfeld Frieden und Krieg äußern, anzuwenden. Das Konzept der strukturellen Gewalt bot sich geradezu an. Es beruht auf der Erfahrung, daß Macht und Herrschaft keineswegs nur der militärischen Gewalt und der gewaltsamen Repression zu ihrer Ausübung bedürfen, sondern sich sehr viel subtilerer Instrumente bedienen können, um Privilegien und Vorteile zu sichern, ungerechte Strukturen durchzusetzen und aufrechtzuerhalten, Menschen in Abhängigkeit zu halten und ihre Arbeitskraft auszubeuten, beispielsweise durch Verweigerung von Bildung und Information.[113]

Die Erschließung dieser neuen Dimension der Friedensforschung ist dem norwegischen Friedensforscher (und Mathematiker) Johan Galtung zu verdanken, der das Konzept der strukturellen Gewalt auf einen Punkt zu bringen versuchte:

„Gewalt liegt dann vor, wenn Menschen so beeinflußt werden, daß ihre aktuelle somatische und geistige Verwirklichung geringer ist als ihre potentielle Verwirklichung.“ (*Galtung* 1981: 57)

Ein solches Konzept mußte zwangsläufig auf Schwierigkeiten der wissenschaftlichen Operationalisierung stoßen, von der politischen Umsetzung ganz zu schweigen. Auf einer Tagung „Zum Stand kritischer Friedensforschung“ im April 1971 in der Evangelischen Akademie Berlin-Wannsee, einigte sich eine Gruppe von FriedensforscherInnen auf eine Erklärung, die ebenfalls al ein Grunddokument der deutschen kritischen Friedensforschung bezeichn.. werden kann. Dort heißt es:

„Friedensforschung ist Forschung über Ursachen und Bedingungen von Gewaltanwendung. Sie fragt nach den Möglichkeiten und Grenzen friedlichen Konfliktverhaltens. Ihre Forschungsstrategie, die die strukturelle Dimension kollektiver Gewalt berücksichtigen muß, ist auf die Verminderung organisierter Gewaltpotentiale sowie kollektiver und individueller Gewaltanwendung gerichtet.“ (Wortlaut Anhang)

Kritik am neuen Gewaltbegriff

Die Kritik an diesem Konzept konnte nicht ausbleiben.[114] Sie bezog sich auf die Entgrenzung des Gewaltbegriffes, insofern die klare Grenze zwischen physischer Gewaltanwendung und Gewaltlosigkeit verwischt werde oder wie in jedem Einzelfall bestimmt werden könne, ob und in welchem Maße strukturelle Gewalt vorliegt. Diese Auseinandersetzung geriet im Rahmen der Projektpolitik der DGFK Ende der siebziger Jahre noch einmal in den Blick-

---

113 Zu den Begriffen und Konzepten von Frieden, Konflikt und Gewalt vgl. *Meyers* 1991.
114 Vgl. *Rönsch* 1972 und *Fetscher* 1977.

punkt, und zwar in Zusammenhang mit den Terroranschlägen der RAF (Rote Armee Fraktion). Bezeichnend für die Argumentationsweise war eine Kontroverse zwischen dem Politikwissenschaftler Peter Graf Kielmansegg und dem Friedensforscher Egbert Jahn, dokumentiert in den *DGFK-Mitteilungen* 1/1979 und 2/1979:

„Die Vorstellung von einer Allgegenwart der Gewalt, wie sie der Begriff der strukturellen Gewalt einführt, hat nun zwei Konsequenzen. Die eine: Wer zur Gewalt greift, überschreitet keine Grenze – wir alle leben, als Betroffene wie als Handelnde, immer schon jenseits dieser Grenze. Die zweite: Es gibt keine politische Ordnung, die nicht als illegitime Gewaltherrschaft begriffen werden könnte, und das heißt: Gegengewalt kann immer gerechtfertigt werden." (*Kielmansegg* in *DGFK-Mitteilungen* 1/79: 22)

„Das gesellschaftliche Wissen, das in unserer Zeitepoche über die Massenvernichtung von Menschen durch Hunger (mindestens 10 Millionen Menschen pro Jahr) und andere Formen der Verelendung erreicht ist und sich verbreitet, vor allem aber darüber, daß dies nicht mehr naturnotwendig ist, sondern durch gesellschaftliche Strukturen und letztlich auch durch soziale Interessen und politische Verantwortung bedingt ist, läßt sich durch keine restriktive Sprachpolitik mehr ausmerzen. (...) Der Begriff der strukturellen Gewalt ist zweifellos ein aufmüpfiger, ein rebellischer analytischer Begriff. (...) Aber Gewalt provoziert nicht notwendig Gegengewalt. Denn Gegengewalt ist ja auch Gewalt. (...) Der Gegenbegriff von Gewalt ist nicht Gegengewalt, sondern Gewaltfreiheit." (*Jahn* in *DGFK-Mitteilungen* 2/79: 27)

Das Dilemma der Begriffsdefinition

Wie schwierig die Begriffsbestimmung Gewalt anzuwenden ist, hat Czempiel an einem einprägsamen Beispiel geschildert:

„Wie beispielsweise die Diskussion um die Neue Weltwirtschaftsordnung zeigt, wird von einigen Ländern der Dritten Welt sogar als ‚Gewalt' der Industriestaaten empfunden, was aus deren Perspektive sich so überhaupt nicht darstellt. Ein industriell hochentwickelter Staat, der im internationalen Wirtschaftssystem seine Standortvorteile wahrnimmt, übt sicher keine Gewalt aus, wenn er durch die Ausnutzung seiner Vorteile anderen Ländern wirtschaftliche Vorteile nimmt und dadurch Hunger und Armut bewirkt. Hier hat also ein Verhalten, das beim besten Willen nicht als Gewalt bezeichnet werden kann, Folgen, die auf der Adressatenseite zu Recht als gewaltsam angesehen werden. Das herkömmliche Friedensverständnis endet hier sowieso; wahrscheinlich wird deswegen die internationale Politik der Gegenwart, vor allem im Nord-Süd-Bereich, nicht als Friedensproblem angesehen." (*Czempiel* 1986: 49f.)

Zusammenfassend kann im Rückblick festgestellt werden, daß die WissenschaftlerInnen, die sich seit Mitte der sechziger Jahre kritisch mit dem bis dahin vorherrschenden „engen" Friedens- und Sicherheitsverständnis auseinandersetzen und sich deshalb zur kritischen Friedensforschung[115] rechnen, die gesellschaftliche Dimension des Friedens in ihre Analysen und theoreti-

115 Jahn hat in diesem Zusammenhang darauf hingewiesen, da der Begriff „Kritische Friedensforschung" unglücklich sei, weil er sich schlechthin keine „unkritische" Friedensforschung vorstellen könne (*DGFK-Mitteilungen* 2/79: 20).

schen Reflexionen durchaus einbezogen haben. Ihr Gegenbegriff zu Frieden ist nicht allein Krieg, sondern Gewalt in allen ihren internationalen und innergesellschaftlichen Erscheinungsformen. Die Auseinandersetzung um engen oder weiten Friedensbegriff ist damit nicht zu Ende; sie hat aber an Schärfe verloren, zumal sich die Verfechter der revolutionären Friedensforschung zurückgezogen haben. Unbestritten blieb indessen die Kritik an den Begriffen Macht und Herrschaft, wie sie insbesondere in den Arbeiten von Ekkehart Krippendorff zum Ausdruck kommt (vgl. *Krippendorff* 1985, 1992, 1993).

Komplementäre Ansätze

In der Folge haben FriedensforscherInnen beide Ansätze mehr oder weniger als komplementär gelten lassen oder einfach ihren jeweils eigenen Ansatz verfolgt, ohne weiter auf diese Auseinandersetzung einzugehen. Die Polemik gegen diese Auseinandersetzung, die in der Öffentlichkeit häufig als Streit in der Friedensforschung kommentiert wurde, übersieht indessen ein wissenschaftliches Erfordernis: der Streit über die Begriffe Frieden und Gewalt ist im Interesse wissenschaftlichen Erkenntnisgewinns unverzichtbar. Ein Verdrängen dieses Streites wäre ebenso wie eine einseitige Bevorzugung eines – ganz gleich ob des „traditionellen" oder des „kritischen" – Ansatzes eine Verarmung der Friedenswissenschaft. Insofern hat der in den letzten Jahren zu beobachtende Verzicht auf die Weiterführung der Auseinandersetzung um den Friedensbegriff zu einer bedauerlichen Vernachlässigung der theoretischen Reflexion geführt, wobei Ausnahmen die Regel bestätigen.[116] (vgl. *Koppe* 1990a: 106-107).

5.4.2 Die Forschungsrealität

In der Forschungsrealität freilich standen – nicht zuletzt wegen der vorherrschenden politischen Rahmenbedingungen und auch der staatlichen Förderungspraxis – nach wie vor die traditionellen Ansätze mit einer Fülle empirisch angelegter Untersuchungen in den Bereichen Kriegsursachen, Abrüstung, Rüstungskontrolle, Konfliktmanagement im Vordergrund. Hierzu hat Senghaas eine einleuchtende Erklärung gefunden (vgl. 1.1.2):

> „Rüstungen (...) verschlingen nicht nur finanzielle Mittel; sie sind auch zum Nachteil der politischen Debatte über die Möglichkeiten und Grenzen einer politischen Friedensgestaltung ‚aufmerksamkeitsfressend'. Mit dem vorliegenden Buch möchte ich nicht von der Abschreckungs- und Rüstungsanalyse ablenken (...), aber seine Absicht ist es sehr wohl, die Aufmerksamkeit auf Probleme umzulenken, die – wenigstens nach meiner Beurteilung – zur Zeit die wesentlichen sind: auf die langfristigen politischen Probleme der Friedensgestaltung, bei denen es sich auch um weltordnungspolitische handelt. Mit ihnen zu beschäftigen scheint mir wichtiger zu sein, als – wie in der Friedensdiskussion üblich gewor-

116 Zu diesen Ausnahmen gehören *Brock* 1990 und *Senghaas/Senghaas* 1992.

den – hinter den immer wieder neuesten Rüstungsrunden herzuhecheln." (*Senghaas* 1986: 17f.)

Das hat Senghaas 1986 geschrieben[117]. Zu Beginn der siebziger Jahre jedoch war das Konfliktbewußtsein aus damaliger Perspektive wohl zu Recht von der Sorge über die militärische Entwicklung im Ost-West-Konflikt beherrscht. Die Kubakrise lag noch nicht soweit zurück, das atomare Wettrüsten hatte seinen Höhepunkt erreicht, der Vietnamkrieg war in seinen Auswirkungen noch unabsehbar. Eine der zentralen Nahtstellen dieses Konflikts war die Demarkationslinie, die Europa und Deutschland teilte, mit der Berliner Mauer als bedrückendstem und zugleich realistischstem Symbol. Die beiden deutschen Staaten waren die Territorien mit der höchsten Konzentration an atomaren Waffen.

Weizsäcker: Kriegsfolgen und Kriegsverhütung

Diese bedrohliche Lage wurde mit der von Carl Friedrich von Weizsäcker herausgegebenen Veröffentlichung „Kriegsfolgen und Kriegsverhütung" (1971) analytisch, realistisch und perspektivisch genau beschrieben. Ausgangspunkt war die Göttinger Erklärung der Achtzehn (vgl. 5.3.1, Wortlaut im Anhang) und der interdisziplinäre Forschungsansatz der Vereinigung Deutscher Wissenschaftler (VDW).

Unerläßliche Datenquellen waren in dieser Zeit das SIPRI Jahrbuch des *Stockholm International Peace Research Institute* und *The Military Balance* des *International Institute for Strategic Studies* in London. Kriegsverhütungsforschung wäre eine durchaus angemessene Bezeichnung für diesen Ansatz der Friedens- und Konfliktforschung, der die Forschungsliteratur der siebziger und achtziger Jahre beherrschte, wenn man die Veröffentlichungen des IFSH in Hamburg und der HSFK in Frankfurt am Main durchsieht. Für viele Forscher und auch einige Forscherinnen wurde auf diese Weise das Zählen von Soldaten und militärischem Gerät, durchaus in der Absicht, den Unsinn militärischer Hochrüstung oder überhaupt von Rüstung nachzuweisen, zum Lebensinhalt. Nach dem Rüstungskontrollforschungsansatz müßten die Beteiligten nur dafür sorgen, daß ihre Waffen an Quantität und Qualität möglichst gleichwertig seien, um dann – beginnend mit den Atomwaffen – durch schrittweise Abrüstung die Kriegsgefahr zu mindern. Dann entstünde gemeinsame, wechselseitige oder kollektive Sicherheit. Zwanzig Jahre wurde nach Kriterien für eine Vergleichbarkeit militärischer Potentiale geforscht.

---

117 Ich verdanke diesem Buch von Dieter Senghaas, daß ich mich noch intensiver als zuvor mit Friedensursachenforschung beschäftigt habe, was letztlich zu dem vorliegenden Band führte.

Forschung über den Ost-West-Konflikt/Fragwürdige CIA-Daten

Der Abstand zwischen der traditionellen Sicherheits- und Strategieforschung und einer Friedens- und Konfliktforschung, wie sie noch Kaiser 1970 formuliert hatte, wurde immer geringer. Das Bemühen der einen um Optimierung von Verteidigung und Sicherheit unterschied sich kaum noch von dem Bemühen der anderen um Überwindung der Abschreckung und Minimierung von Gefahr. Auch die DGFK war an diesem Unterfangen beteiligt: In einem Arbeitskreis Sicherheitspolitik der DGFK, der nach deren Auflösung von der Arbeitsstelle Friedensforschung Bonn weitergeführt wurde, verglichen Vertreter beider Forschungsschulen ihre Ergebnisse und veröffentlichten diese in den zwei Sammelbänden „Kernwaffen im Ost-West-Vergleich" (*Forndran/Krell* 1983) und „Konventionelle Rüstung im Ost-Westbereich" (*Forndran/Schmidt* 1986). Die „Falle", in die die Friedensforschung dabei tappte, wurde zunächst nicht gesehen, vielleicht sollte sie nicht gesehen werden: die Zahlen – von wenigen Ausnahmen abgesehen – liefen letztlich auf ein und dieselbe Quelle hinaus, die sich wissenschaftlich kaum überprüfen ließ, nämlich auf den amerikanischen Geheimdienst CIA. Einigen gingen erst die Augen auf, als vor ein paar Jahren die CIA eingestand, jahrzehntelang absichtlich die sowjetische Rüstung um 50 bis 100 Prozent überbewertet zu haben, weil man ja nie hätte wissen können, wie die Sowjetunion gerüstet sei, und weil Verteidigungsbereitschaft motiviert werden sollte, vor allem bei den als lasch verrufenen Europäern, und schließlich weil die eigenen hohen Militärausgaben und die Überproduktion der eigenen Rüstungsindustrie gerechtfertigt werden mußten. Der kritische Ansatz geriet darüber, wenn nicht in Vergessenheit, so zumindest an den Rand. Er wurde zur Marginalie.

Forschung über den Nord-Süd-Konflikt

Das Überwiegen solcher Studien, nicht allein in der damaligen Bundesrepublik, sondern in der Friedensforschung allgemein, mag an der geographischen Nähe zur ideologischen Systemgrenze im Kalten Krieg gelegen haben. Stabilisierung des status quo, Überwindung des Abschreckungsdenkens und langfristige Aufhebung der Blockkonfrontation bestimmten die Forschungsinteressen – nicht immer NATO-konform und auch nicht ohne Ausnahmen (vgl. von *Schubert* 1993). An die zweite Stelle traten Untersuchungen über den sich anbahnenden Nord-Süd-Konflikt. In diesem Bereich kam es immerhin noch zu Theoriebildungen auf der Basis des Konzepts der strukturellen Gewalt: Imperialismustheorie, autozentrierte Entwicklung, Rüstung und Unterentwicklung, Metropolen/Peripherie-Theorie u.a..[118] Aber auch hier dürfte die besondere Nähe Europas zu den Entwicklungsländern und die Abhängigkeit

118 Vgl. hierzu besonders *Senghaas* 1972: Imperialismus und strukturelle Gewalt.

Westeuropas vom Welthandel, nicht zuletzt mit Blick auf die koloniale Vergangenheit der früheren europäischen Weltmächte, das Erkenntnisinteresse zumindest mitbestimmt haben.

Marginalisierung der Friedensforschung

Im Sinne der Galtungschen Kriterien für strukturelle Gewalt könnte diagnostiziert werden: die Friedensforschung wurde selbst zum Opfer der Marginalisierung, ob durch Einwirkung politischer Akteure (etwa mittels Druck auf die Förderungspolitik der DGFK, wie manche Autoren vermuteten) oder durch die – wiederum von den gesellschaftlichen Verhältnissen bestimmten – Eigeninteressen der ForscherInnen, ist dabei unerheblich. Tatsache ist, daß Studien zur Gewalt in ihren vielfältigen Formen für diesen Zeitraum selten sind (vgl. *Bahr* 1972). Historische (vgl. *Wette* 1987), quantitative (vgl. *Weede* 1975, 1986, *Rattinger* 1975, *Simonis* 1977) und psychologische (vgl. *Senghaas-Knobloch* 1989) Friedensforschung führten ein eher kümmerliches Dasein. Friedenserziehung (vgl. *Wulf* 1973, *Nicklas/Östermann* 1993) wurde klein geschrieben, was nicht ausschließt, daß in allen diesen Bereichen immer wieder engagierte Forscher und Forscherinnen tätig wurden.

Palette der Friedens- und Konfliktforschung/Kriegslisten

Internationale Bedeutung erlangte die Kriegsursachenforschung, deren gemeinsam von Klaus Jürgen Gantzel und Istvan Kende entwickelte Systematik sich gegenüber dem Forschungsansatz von Singer und Small (vgl. 4.4.3) durchsetzte und mit der *Arbeitsstelle Kriegsursachenforschung* (AKUF) an der Universität Hamburg inzwischen einen ständigen Ort gefunden hat, wo die Liste der Kriege seit 1945 geführt und ständig aktualisiert wird (*Gantzel/Meyer-Stamer* 1986 und *Gantzel/Schwinghammer/Siegelberg* 1993). Einen ähnlichen Ansatz verfolgt das *Heidelberger Institut für Internationale Konfliktforschung* mit einem Konflikt Simulationsmodell (KOSIMO), das über Internet abrufbar ist (Fragen einer europäischen Friedensordnung werden systematisch am Institut für Friedensforschung und Sicherheitspolitik an der Universität Hamburg (IFSH) untersucht, Friedensethik, ökologische Aspekte des Friedens und Probleme der Massenvernichtungswaffen (insbesondere der Atomsperrvertrag) sind traditionsgemäß Schwerpunkte in der Forschungsstätte der Evangelischen Studiengemeinschaft (FEST) in Heidelberg. Ein interessanter Aspekt der internationalen Beziehungen wird an der Universität Tübingen untersucht: Die Rolle von „Regimen", die nicht mehr der nationalstaatlichen Autorität unterliegen, aber auch noch keine wirkliche internationale oder übernationale Rechtspersönlichkeit begründen, vielmehr kraft eigener Initiative (beispielsweise multinationale Unternehmen oder nichtstaatliche Organisationen NGO/NRO) oder in Form von internationalen Abkommen oder Verträgen (beispielsweise der Atomsperrvertrag oder das

Abkommen über die atomwaffenfreie Zone Lateinamerika) politische Wirklichkeit gestalten. In einer vorläufigen Definition können internationale Regime als norm- und regelgeleitete Formen der internationalen Kooperation zur politischen Bearbeitung von Konflikten in verschiedenen Bereichen der internationalen Beziehungen bezeichnet werden (*Efinger/Rittberger* 1990: 264). Zu erwähnen bleiben auch Untersuchungen zur Konversion von Rüstungsproduktionen und Streitkräftestandorten (vgl. *Wellmann* 1989) sowie zum Waffenexport (vgl. *Sipri-Jahrbücher* und Publikationen des *BICC*).

Deutsch-deutsches Intermezzo

Bleibt anzumerken, daß FriedensforscherInnen natürlich auch vor der Beendigung des Ost-West-Konfliktes – wenn auch sehr beschränkt – wissenschaftliche Kontakte zu Instituten in Ländern des Warschauer Paktes unterhielten. In Einzelfällen waren diese Kontakte durchaus fruchtbar und nützlich, vor allem wenn sie – soweit dies möglich war – der ideologischen Rahmenbedingungen entkleidet waren.[119] Dank der Europäischen Vereinigung für Friedensforschung (EuPRA) konnten solche Kontakte weitergeführt werden. Dies galt zunächst auch für Institute und einzelne interessierte WissenschaftlerInnen in der ehemaligen DDR (vgl. *Koppe* 1990b). Nach dem Fall der Mauer wurden diese Kontakte verstärkt und eine Reihe von Initiativen an den ostdeutschen Universitäten unterstützt, die nach dem Vollzug der Einigung fast ausnahmslos der sogenannten „Abwicklung“ zum Opfer fielen. Von Einzelfällen in Magdeburg, Leipzig und Halle abgesehen, sind nennenswerte friedenswissenschaftliche Ansätze an den Hochschulen der neuen Bundesländer nicht zu verzeichnen. Dies steht in Zusammenhang mit dem erneuten Paradigmenwechsel nach dem gewaltigen Einschnitt, den das Ende der Ost-West-Konfrontation für die Friedensforschung bedeutet und auf den im letzten Abschnitt dieses Kapitels eingegangen wird.

---

119 Anekdotenhaft sei hier folgendes berichtet: Bei den mehr oder weniger regelmäßigen Kontakten mit dem DDR Institut für Politik und Wirtschaft in den achtziger Jahre, trafen wir auf Kollegen, die offen zugaben, über unsere Gespräche der Stasi berichten zu müssen. Im letzten Stadium haben wir dann gemeinsam beraten, was denn der Stasi zu erzählen sei, damit unsere Kontakte (vor allem Reisegenehmigungen für unsere Partner in die Bundesrepublik) weitergeführt werden konnten. Wir, die „Westler“, gewannen dabei interessante Aufschlüsse über den Umgang der DDR-Behörden mit ihren eigenen Leuten. Die „Ostler“ nahmen zur Kenntnis, natürlich mit Widerspruch, aber doch mit nur schwer zu verheimlichender innerer Zustimmung, daß es um die Friedenspolitik der DDR und der Sowjetunion weniger gut bestellt war, als die offizielle DDR-Sprachregelung verlauten ließ.

5.4.3 Entwicklungen in anderen Ländern

Bradford: das größte Hochschulinstitut für Friedensforschung

Friedenswissenschaftliche Institute und Studienmöglichkeiten an Hochschulen gibt es inzwischen in fast allen westeuropäischen Ländern.[120] Neben den bereits erwähnten Orten in England, den Niederlanden und den skandinavischen Staaten ist insbesondere das *Department of Peace Studies* der Universität Bradford zu erwähnen, das 1973 dank einer Quäker-Initiative gegründet wurde und zur Zeit über achtzehn ständige Mitarbeiter verfügt, zwanzig DoktorandInnen und rund vierzig ForscherInnen betreut. Es gilt als eines der größten friedenswissenschaftlichen Universitätsinstitute und eines der ganz wenigen, die einen Doktorgrad in *peace studies* vergeben.

Spanien, Österreich und die Schweiz

Im übrigen Westeuropa fällt die Häufung entsprechender Initiativen in Spanien auf (vgl. *Fischer* 1992). *Das Österreichische Studienzentrum für Frieden und Konfliktlösung* (ÖSFK) in Stadtschlaining und das *Internationale Institut für den Frieden* (IIF) in Wien, das in den 70er Jahren mit finanzieller Hilfe der sowjetischen Regierung als Begegnungsplattform für FriedenswissenschaftlerInnen gegründet worden war, sind inzwischen aus dem Spektrum friedenswissenschaftlicher Initiativen nicht mehr wegzudenken, wobei das ÖSFK sich durch friedenswissenschaftliche Ausbildungskurse und das IIF weiterhin als Diskussionsforum auszeichnen. Gemeinsam mit der (privaten) *Schweizerischen Friedensstiftung/Institut für Konfliktlösung* (SFS) in Bern veröffentlicht das ÖSFK den 1986 erstmals erschienenen „Friedensbericht". Weitere friedenswissenschaftliche Arbeiten werden an der Eidgenössischen Technischen Hochschule in Zürich sowie an den Universitäten Genf und Zürich geleistet.

Friedensforschung in Osteuropa

In den Staaten des ehemaligen sowjetischen Einflußbereiches sind friedenswissenschaftliche Institute (von Initiativen in den Ländern des ehemaligen Jugoslawien abgesehen, wo schon in den siebziger Jahren in Dubrovnik eine „Friedensuniversität" entstanden war, die nach längerer Unterbrechung während des Krieges in Bosnien ihre Tätigkeit wieder aufgenommen hat) bisher nicht gegründet worden, doch gibt es qualifizierte GesprächspartnerInnen in den dort vorhandenen politikwissenschaftlichen Instituten, an denen jüngere WissenschaftlerInnen die „alte Garde" abgelöst haben. Die früheren politischen Beschränkungen wurden inzwischen durch finanzielle Engpässe abge-

---

120 In den AFB-Mitteilungen, Bonn wird regelmäßig über friedenswissenschaftliche Institute und Projekte berichtet, die über das Internet abrufbar sind: http: //www.bonn.iz-soz.de/afb/

löst, die eine intensive Forschungsarbeit nicht zulassen. Die genannten österreichischen Institute bemühen sich ebenso wie die bereits genannte EuPRA oder auch SCHIFF, diesen Einrichtungen nach besten Kräften zu helfen und wissenschaftliche Kontakte zu ermöglichen.

Australien, Neuseeland, Indien, Israel

Außerhalb Nordamerikas und Europas gibt es an Hochschulen systematisch betriebene Friedens- und Konfliktforschung nur noch in Australien und Neuseeland, in Japan und in Indien. Die Forschung in Australien (und Neuseeland) ist ähnlich der europäischen Friedenswissenschaft strukturiert mit einer Akzentsetzung auf die Vorgänge im asiatisch-pazifischen Raum. Die Mehrzahl der indischen Friedensforschungseinrichtungen wiederum steht in der Tradition der Gandhischen Gewaltfreiheit (vgl. 4.4.3). In Israel wurde mit Hilfe des Landes Nordrhein-Westfalen am Jüdisch-Arabischen Zentrum der Universität Haifa das *Bertha-von-Suttner-Sonderforschungsprogramm* für Friedensforschung eingerichtet, in dessen Mittelpunkt die Bearbeitung der Konflikte im Nahen und Mittleren Osten steht.

Friedensforschung und Friedenserziehung in Japan

Die Friedenswissenschaft in Japan ist stark an den Folgen und Lehren der Atombombenabwürfe über Hiroshima und Nagasaki orientiert. Fast an allen Universitäten des Landes gibt es friedenswissenschaftliche Programme oder Vorlesungen. Japanische Friedensforscher haben eine eigene friedenswissenschaftliche Vereinigung und beteiligen sich aktiv an der Internationalen Vereinigung für Friedensforschung IPRA. Sie stellten in den siebziger Jahren den internationalen Generalsekretär und seit Oktober 2000 leitet erneut ein japanischer Wissenschaftler des IPRA-Sekretariat.

Eine Besonderheit stellt das private *Nomura Zentrum für Lebenslange Integrierte Erziehung* in Tokyo dar, das seine Tätigkeit bewußt als friedenspädagogische Arbeit versteht und sich ausdrücklich auf den Boden sowohl der Präambel zur japanischen Verfassung stellt, in der es heißt: „Wir, das japanische Volk, wünschen Frieden für alle Zeit und sind uns zutiefst der hohen Ideale bewußt, die die menschlichen Beziehungen regeln", wie auch des Artikels 9, der wie folgt lautet: „Im aufrichtigen Streben nach internationalem Frieden, gegründet auf Gerechtigkeit und Ordnung, entsagt das japanische Volk auf immer dem Krieg als souveränem Recht der Nation sowie jeglicher Androhung oder Anwendung von Gewalt als Mittel internationaler Streitschlichtung" (vgl. 4.3.3). Yoshika Nomura, die Gründerin des Zentrums, hat erkannt, daß diese weltweit einmalige „Friedensverfassung" einem humanistischen und philosophischen Prinzip entspricht, das durch Erziehung immer wieder ausgefüllt werden muß:

„Ich bin überzeugt, daß die Vorstellung, der Mensch sei nur lebensfähig, wenn zwischen der vertikalen Kette des Lebens und dem horizontalen Bereich der Umwelt ein Gleichgewicht besteht, als das Grundprinzip der Existenz zu gelten hat. Wenn wir uns darüber hinaus zu der Vorstellung durchringen können, daß alle Lebewesen, Menschen eingeschlossen, in einem engmaschigen Netz zueinander in bezug stehen, dann ist dieses Prinzip der Existenz zugleich das Prinzip jeglicher Koexistenz und damit des Friedens." (*Nomura* 1994: 44)

Das seit 1972 bestehende und inzwischen als gemeinnützig anerkannte Zentrum hat inzwischen über 30 Nebenstellen in ganz Japan, wo vor allem Frauen über die Notwendigkeit internationalen Zusammenlebens informiert werden, es führt in Zusammenarbeit mit der UNESCO regelmäßig internationale Konferenzen in Japan und außerhalb durch.

5.5 Trends und Perspektiven

Armut und Hunger bedrohen Frieden

Der bis noch vor wenigen Jahren enggeführte Friedens- und Sicherheitsbegriff, der sich vorrangig an militärischer Gewalt orientierte, ist seit dem Ende der globalen Blockkonfrontation einem umfassenderen Verständnis gewichen, das andere Bedrohungen von Frieden und Sicherheit des Individuums und seiner Gesellschaft gleichwertig einbezieht: die ökonomischen (weltwirtschaftlichen und nationalwirtschaftlichen) Verelendungsprozesse, die Millionen Menschen in den Tod oder in die Flucht treiben, und die ökologischen Verwerfungen, die nicht minder Tod und Migrationen auslösen – beides Prozesse, für die zu einem hohen Anteil die Eliten der Gesellschaft, aber auch die Bevölkerungen der reichen Nationen mit ihrer schier unersättlichen Konsumgier (und die damit einen Nachahmungseffekt in den Bevölkerungen der Zweidrittelwelt auslösen) verantwortlich sind (vgl. *Globale Trends* 1998). Der Golfkrieg und die Bürgerkriege im ehemaligen Jugoslawien werden nicht nur aus ihren historischen, ethnonationalistischen sowie macht- und herrschaftsorientierten Kontexten heraus gesehen, sondern auch vor dem Hintergrund ökonomischer Verelendung und ökologischer Katastrophen bewertet.

Weltordnungspolitik/*Global Governance*

Eine herausragende Rolle spielt seit Beginn der 90er Jahre der Begriff der „Global Governance" oder auch „Good Governance", also eines weltweiten und guten Umgangs der verantwortlichen staatlichen und nichtstaatlichen Akteure mit den ihnen anvertrauten Menschen, in der deutschsprachigen Literatur meistens mit „Weltordnungspolitik" übersetzt.

„1. Die Global Governance-Architektur ist polyzentrisch, weil die Staatenwelt, die Welt der Regionen und Kulturen polyzentrisch ist und jeder Versuch, diesen Polyzentrismus zu ignorieren, zum Scheitern verurteilt wäre. Die entscheidende Frage ist, wie die Blockade

für kooperatives Handeln durch das Machtgefälle im Staatensystem überwunden werden kann.
2. Global Governance beruht auf verschiedenen Formen und Ebenen der internationalen Koordination, Kooperation und kollektiven Entscheidungsfindung. Internationale Organisationen übernehmen diese Koordinationsfunktion und tragen zur Herausbildung globaler Sichtweisen bei. Regime übersetzen den Willen zur Kooperation in verbindliche Regelwerke. Aus dem Flickwerk sektoraler Ansätze könnte sich schrittweise ein verwobener Flickenteppich von kooperativen Strukturen entwickeln.
3. Global Governance beschränkt sich nicht auf mehr Multilateralismus auf globaler Ebene. Viele Probleme machen politische Antworten auf verschiedenen Handlungsebenen von der lokalen bis zur globalen Ebene notwendig. Es gibt Klimaschutzmaßnahmen, die international abgestimmt, national umgesetzt und lokal durchgesetzt werden müssen. Die von der Rio-Konferenz verabschiedete Agenda 21 enthält eine ‚lokale Agenda 21', die weltweit viele kommunale Initiativen für mehr Nachhaltigkeit in verschiedenen Lebensbereichen in Gang setzte.
4. Global Governance macht das traditionelle Verständnis von Souveränität endgültig zu einem anachronistischen Relikt einer Staatenwelt, wie sie längst nicht mehr existiert. Der Zwang zur Kooperation verlangt Souveränitätsverzichte, die Globalisierungseffekte schon erzwungen haben. Auch die Großmächte müssen sich, um kooperationsfähig zu werden, mit ‚geteilten Souveränitäten' abfinden, die – wie das Beispiel der EU zeigt – keinen Verlust, sondern einen Zugewinn an Handlungs- und Problemlösungsfähigkeit und weltpolitischem Gewicht bewirken können.
5. Global Governance verlangt eine Reorganisation der Regierungsapparate und institutionelle Innovationen, weil alle Politikbereiche – auch die Innenpolitik, die sich mit innerer Sicherheit, Einwanderungs- und Asylpolitik befaßt – in globale Zusammenhänge eingebunden sind. Notwendig ist die Bündelung isolierter Ressortzuständigkeiten in leistungsfähigen Policy-Netzwerken, aber auch die Reorientierung einzelner Politikbereiche. Beispielsweise muß die Entwicklungspolitik erstens stärker international koordiniert werden, zweitens sich von einer punktuellen Projektpolitik zu einer globalen Strukturpolitik weiterentwickeln, die alle Politikbereiche den Imperativen der Nachhaltigkeit und Kooperationsfähigkeit unterwirft. Es entsteht zwar ein großer Koordinationsaufwand, der aber Kohärenzgewinne verspricht.
6. Global Governance ist dennoch kein Projekt, an dem nur Regierungen oder internationale Organisationen beteiligt sind. Diese sind in vielen Fällen auf das Know-how und die Kooperation mit privaten Akteuren, also auf ‚public private partnership', angewiesen. Sie erwächst aus der Notwendigkeit, gesellschaftliche Akteure in die Lösung globaler Probleme einzubeziehen. Politik findet immer mehr in horizontal und vertikal vernetzten Strukturen statt. NGO erhalten in einzelnen Politikbereichen (Umwelt-, Menschenrechts- und Entwicklungspolitik) eine konsultative, korrektive und mitgestaltende Funktion.
7. Global Governance setzt voraus, was schon Kant in seinen drei ersten Definitivartikeln zum Ewigen Frieden eingefordert hatte: Erstens kann ein langfristig gesicherter Frieden nur in und zwischen rechtsstaatlich verfaßten Staaten entstehen; zweitens braucht die Weltpolitik zwar keinen steuernden Weltstaat, aber die regulierende Kraft eines verbindlichen Völkerrechts; drittens muß die sich herausbildende Weltgesellschaft auf einer ‚weltbürgerlichen Verfassung' mit ‚Weltbürgerrechten', also auf dem gemeinsamen Fundament von universellen Menschenrechten, aufbauen." (*Globale Trends 2000*: 1999: 390-392)

5.5.1 Friedenssicherung zur Jahrtausendwende

Zur Jahreswende 1991/92 hatte eine Gruppe von dreißig Sozial- und Naturwissenschaftlern die friedenswissenschaftlichen Herausforderungen in den 90er Jahren wie folgt beschrieben:

Nach dem Ende der Ost-West-Konfrontation

„Das Ende der Ost-West-Konfrontation und die Auflösung der Sowjetunion sowie die Umbrüche in Osteuropa (wie auch in Teilen der sogenannten Dritten Welt) zeitigen Folgen und Problemdimensionen, die in vielerlei Hinsicht weder voraussehbar waren noch ohne weiteres zu lösen sein werden. Es sind einerseits neue Freiräume für die Gestaltung einer weniger konfliktbelasteten Zukunft entstanden, andererseits wird diese historische Chance, unter veränderten Voraussetzungen eine dauerhafte europäische und globale Friedensordnung zu schaffen, mit dem brutalen Aufbrechen alter und neuer Konflikte konfrontiert. Zwar war die Einsicht, daß der Krieg wegen der globalen Auswirkungen von Massenvernichtungsmitteln – vor allem von Atomwaffen – nicht mehr führbar sei, für die Beendigung des Kalten Krieges mitentscheidend, doch der Krieg am Golf und der Krieg unter den Völkern Jugoslawiens ebenso wie die Konflikte zwischen und in den Republiken der ehemaligen Sowjetunion zeigen, daß Waffengewalt nach wie vor als Mittel der Konfliktregelung dient und als Fortsetzung von Politik angesehen wird, wo Politik im Grunde versagt.

Krieg um Wasser und Nahrung?

So sind im Schatten der Auflösung der Ost-West-Konfrontation und des globalen ideologischen Blockdenkens auf allen Ebenen Konflikte aufgebrochen, deren Austragungsformen dem eingeleiteten Entmilitarisierungs- und Abrüstungsprozeß zuwiderlaufen. Zugleich behindern sie die dringend gebotene Abwendung der sichtbarer gewordenen ökonomischen und ökologischen Gefahren, die die Existenz der menschlichen Zivilisation, der Weltgesellschaft insgesamt bedrohen. Entscheidende Faktoren sind in diesem Zusammenhang: Die sich abzeichnende Verdoppelung der Weltbevölkerung bis zum Jahr 2035, die Vervielfachung der ökologischen Belastungen (vor allem die sich abzeichnende Klimaveränderung), die zu erwartenden Auseinandersetzungen um Ressourcen (insbesondere Trinkwasser und Grundnahrungsmittel) und Energiequellen, die anhaltende Akkumulation von Reichtum in den Händen einer Minderheit der Weltbevölkerung, während eine große Mehrheit durch Not, Hunger und Krankheiten bereits täglich in ihrer Existenz bedroht ist. Das immense Wirtschafts- und Machtgefälle zwischen Nord und Süd, zwischen Osteuropa und Westeuropa, aber auch innerhalb der Wohlstandsregionen wie auch der Armutsregionen selbst, verstärkt die gegenwärtigen ethno-nationalistischen und religiös-fundamentalistischen Widersprüche; dies führt zu einem Aufschaukeln der vorhandenen Konfliktkonstellationen. Millionen Menschen haben sich in den vergangenen Jahren auf die Wanderung begeben, um der Armut und dem Hunger, der Zerstörung ihrer Umwelt und den Folgen von Krieg, Bürgerkrieg und Unterdrückung zu entfliehen. Millionen werden folgen. Solange nicht die globalen Ursachen und Zusammenhänge dieser Entwicklungen ins Visier neuer Lösungsansätze genommen werden, werden die Zuwanderungswilligen vor allem als Belastung der Ökonomie der Gastländer wahrgenommen und als Feindbilder mißbraucht. Die neue Woge von Ausländerfeindlichkeit und Rechtsextremismus hat hier eine Wurzel." (*IWIF* 1992: III)

Ein so breites Spektrum konfliktgeladener Vorgänge wirft erneut die Frage nach ihrer inter- oder multidisziplinären Bearbeitung auf: Einerseits ist die multidisziplinäre Dimension solcher Bearbeitung unabweisbar, andererseits stellt sie Institute wie auch ForscherInnen vor nahezu unlösbare Aufgaben. Die Skizze auf der nächsten Seite gibt nur einen ersten Einblick in die Spannbreite der Beteiligung wissenschaftlicher Disziplinen an der Friedens- und Konfliktforschung.

Enger und weiter Friedensbegriff/Schnittstellen sichtbar machen

„Ein denkbares Einvernehmen darüber, daß der Friedensbegriff nicht eng geführt werden, sondern Gegenstand des wissenschaftlichen Diskurses sein sollte, beantwortet freilich nicht einen anderen, pragmatischen Einwand gegen einen allzu ausufernden Friedens- und Sicherheitsbegriff: Die Sorge, daß ein weiter Friedensbegriff kaum überschaubar und noch weniger handhabbar sei. (...) Ein weites Friedensverständnis schließt jedoch nicht aus, daß der/die einzelne WissenschaftlerIn sich einem bestimmten Forschungsbereich zuwendet, um diesen zu analysieren und zu bearbeiten. Andere werden die Verknüpfungen der verschiedenen Ebenen und Felder zum Gegenstand ihrer Untersuchungen machen. Beide können aus ihren jeweiligen Erkenntnissen Schlüsse ziehen und in die theoretische Reflexion einbringen. Das wiederum bedeutet nicht, daß sich Friedensforschung zur Wirtschafts- oder Umweltforschung entwickeln muß. Der Beitrag der Friedensforschung sollte vielmehr darin bestehen, die Schnittstellen zu erkunden, an denen beispielsweise wirtschaftliche, ökologische oder gesellschaftliche Erscheinungen und Vorgänge beginnen, den äußeren und/oder inneren Frieden zu gefährden. Das sind vor allem jene Gefährdun gen, die grenzüberschreitende Wirkung haben und damit die Interessen von Nachbarstaaten beeinträchtigen. (...) In allen diesen Fällen kann die Friedenswissenschaft auf Expertisen der relevanten Disziplinen zurückgreifen oder sich um Kooperation mit diesen bemü hen, um die friedenspolitische (in den meisten Fällen potentiell friedens- und sicherheitsgefährdende) Dimension solcher Vorgänge zu untersuchen und in vielen Fällen überhaupt erst sichtbar zu machen.“ (*Koppe* 1990a: 109)

5.5.2 Interdisziplinarität und Curricula

Es ist sicher kein Zufall, daß bekannte Friedensforscher wie Richardson (Statistiker), Boulding (Ökonom), Rapoport (Mathematiker), Weizsäcker (Kernphysiker), Albrecht (Ingenieur) oder Galtung (Mathematiker) nicht aus der Politikwissenschaft, sondern aus anderen sozial-, geistes- oder gar naturwissenschaftlichen Disziplinen gekommen sind. Die Pugwash-Bewegung und die Vereinigung DeutscherWissenschaftler haben interdisziplinäre Wissenschaft und Kooperation von jeher praktiziert. Wirklich interdisziplinäre Institute wurden jedoch nicht gegründet (wenn davon abgesehen wird, daß in den größeren Instituten neben der Politikwissenschaft vereinzelt immer auch andere Disziplinen vertreten sind). Erst in den achtziger Jahren sind an deutschen Universitäten Kooperationsprojekte entstanden, an denen Sozial- und NaturwissenschaftlerInnen beteiligt sind: an der Ruhr-Universität Bochum eine *Arbeitsgruppe Völkerrecht/Physik*, die das Problem der Verifikation von Abrüstungsmaßnahmen untersucht; an der Technischen Hochschule Darmstadt das *IANUS-Pnojekt* (Interdisziplinäre Arbeitsgruppe Naturwissenschaft, Technik und Sicherheitspolitik); an der Universität Hamburg das *CENSIS-Projekt* (Arbeitsgruppe Naturwissenschaft und Internationate Sicherheit/*Center for Science and International Security*).

Friedenswissenschaftliche Curricula

Die Umsetzung eines so komplexen Wissens- und Forschungsgebiets in akademische Ausbildungsgänge stößt – wie auch in anderen Wissenschaften – auf erhebliche inhaltliche, didaktische und häufig auch hochschulrechtliche Schwierigkeiten (vgl. *Dominikowski* 1991). Da Friedenswissenschaft vorerst nur als ein begleitendes Fach, im günstigsten Falle als Nebenfach denkbar ist, stehen in der Regel nur ein Semester oder sogar nur ein Seminar zur Verfügung. Entweder muß dann der Gesamtstoff verkürzt oder nur ein Teilausschnitt der Thematik angeboten werden. Wie dies unterschiedlich geschehen kann, soll an drei Beispielen[121] erläutert werden, wobei es interessant ist, mit diesen Curricula das für die USA typische *peace studies program* der Colgate University (vgl.5.1.2) zu vergleichen.

Schematische Darstellung interdisziplinärer Berührungspunkte

	Militär	Gesellschaft	Umwelt	Wirtschaft
Theologie	Friedensethik	Menschenwürde	Schöpfung	Gerechtigkeit
Recht	VN	Menschenrechte	Umweltrecht	Globalisierung
PolWiss.	Prävention	Demokratie	Umweltschutz	Sozialstaat
Ökonomie	Waffenexport	Versorgung	Ressourcen	Nordsüdkluft
Ökologie	Konversion	Entsorgung	Ozonloch	Konsum/Pkw
Geschichte	Kriegsursachen	strukt. Gewalt	Verursachung	Wirtschaftskrieg
Geographie	Eroberung	2/3-Welt	Versteppung	Ressourcen
Psychologie	Hiroshima	Auschwitz	Sahel	Megapolis
Soziologie	Tötungsbereitsch.	Feindbilder	Fremdenhaß	Korruption
Medizin	Kriegsfolgen	Gentechnologie	Krebs/Streß	Kosten
Physik	Waffentechnik	High Tech	Raumfahrt	Atomkraft
Chemie	B + C Waffen	Plastikgesell.	Kunstdünger	Kosten
Pädagogik	Verweigerung	Gewaltfreiheit	Bewußtsein	Kaufverhalten
Philosophie	Friedensethik	Menschenrechte	Umweltethik	Gerechtigkeit
Informatik	High Tech Waffen	Neue Bildung	Daten	Globalisierung

Die Koordinaten können ebenso wie die Kästchen beliebig erweitert werden, denn auch andere Berührungen als die dargestellten sind denkbar.

Die Arbeitsgruppe Friedensforschung im Institut für Politikwissenschaft der Universität Tübingen hatte für das Wintersemester 1990/91 und das Sommer-

121 Diese Beispiele haben nur exemplarischen Wert. Natürlich gab und gibt es an zahlreichen Lehrstühlen in der Bundesrepublik vergleichbare Seminare oder Vorlesungsreihen, so in Berlin, Bremen, Frankfurt am Main, Göttingen, Hagen, Hamburg, Kiel, Marburg, Wuppertal.

semester 1991 im Hauptstudium ein Seminar „Friedens- und Konfliktforschung“ angeboten, das folgende Einheiten umfaßte:

A. Friedens- und Konfliktforschung: ihre Grundbegriffe und ihr Gegenstandsbereich.
B. Krieg und Frieden in Geschichte und Ideengeschichte.
C. Ursachen von Gewalt und Krieg.
D. Kriegsvermeidung (Strategien und Fallanalysen).
E. Friedensbewahrung (Friedenstheorien und Fallanalysen).
F. Friedenspraxis (Engagement für den Frieden).

Am Institut für Politikwissenschaft der Universität Münster wurde im Wintersemester 1993/94 ein Proseminar unter dem Thema „Die Idee des Friedens als Determinante der internationalen Beziehungen und ihre Rückkopplung in den innerstaatlichen Bereich“ angeboten. Das Seminar war in folgende Teileinheiten untergliedert:

1. Zum begrifflichen und organisatorischen Verständnis der Veranstaltungsreihe.
2. Wissenschaft und Frieden im Laufe der Geschichte von Heraklit bis Kant.
3. Die moderne Friedenswissenschaft (Amerika, Europa, Deutschland): Erforschung der Kriegsursachen und der Bedingungen des Friedens.
4. Frieden, Sicherheit und Gerechtigkeit: Fragestellungen der traditionellen und der kritischen Friedensforschung. Problemfall Interdisziplinarität.
5. Bedrohungen des Friedens 2000: Kriegsgefahren, wirtschaftliche Zusammenbrüche und ökologische Bedrohungen.
6. Gewalt: Ihre Ursachen und der Umgang mit Gewalt. Strukturelle Gewalt und Gewaltfreiheit.
7. Fallbeispiele: Virulente und vergessene Konflikte. Formen der Konfliktbearbeitung: Empathie, Prävention, Mediation, Intervention.
8. Friedenswissenschaft: akademischer und beruflicher Nutzen.

Friedens- und Konfliktforschung an der Universität Marburg

Ein bemerkenswerter Durchbruch wurde an der Philipps-Universität Marburg erzielt. Dort wurde 1996 mit dem Aufbau eines Nebenfach-Studiengangs „Friedens- und Konfliktforschung“ begonnen, der ausführlich dargestellt und begründet ist (*Imbusch/Zoll* 1999: 151-165):

„...*Gegenstand der Friedens- und Konfliktforschung in Marburg* sind gesellschaftliche Konflikte im weiteren Sinn. Für die Wahl eines konflikttheoretischen Ansatzes sprechen mehrere Gründe. Der wichtigste ist, daß Friedensforschung, besonders die praxisorientierte, ohne die Berücksichtigung der Entstehung und Entwicklung der jeweiligen Konflikte nicht betrieben werden kann, und dieses gilt vor allem für die Bemühungen um Konfliktregelungen. Die wissenschaftliche Analyse von Konflikten bildet also die Grundlage von Friedensforschung. Konflikte sind häufig vorkommende soziale Erscheinungen; sie sind für sich genommen erst einmal weder gut noch schlecht. Konflikte, mit denen sich die Friedens- und Konfliktforschung befaßt, lassen sich *definieren* als *gesellschaftliche Tatbestände, die auf Unterschieden in den sozialen Lagen und/oder auf Unterschieden in den Interessen- und Wertekonstellationen der Konfliktparteien beruhen. Gegenstand der Betrachtung sind Konflikte, die sich durch besondere Gewaltpotentiale auszeichnen.*

Ziel der Ausbildung ist die Vermittlung von *Fähigkeiten zur Analyse der Entstehung und Entwicklung von Konflikten.* Die Begrenzung auf analytische Qualifikationen wurde bewußt vorgenommen, um den Studiengang nicht mit unrealistischen Ansprüchen zu belasten. Die Behandlung von Konfliktregelungsformen bleibt deshalb zwar nicht ausgeschlossen, die Vermittlung von besonderer Konfliktlösungskompetenz geht aber deutlich über die analytische Auseinandersetzung hinaus und ist im gegebenen Rahmen nicht zu leisten.

Weitere generelle Ausbildungsziele beziehen sich auf die Qualifikationen, die oben als profilbildend für die Friedens- und Konfliktforschung benannt wurden: Fähigkeit und Bereitschaft,

- die Grenzen des eigenen Faches und der eigenen moralischen Prämissen zu erkennen und sich in andere wissenschaftliche und politische Perspektiven hineinzuversetzen sowie
- zur interdisziplinären oder multidisziplinären Zusammenarbeit und zur Koordination verschiedener Fachansätze. (...)

Das *Nebenfachstudium qualifiziert* nicht für ein bestimmtes Tätigkeitsfeld; es vermittelt konfliktanalytische Kompetenzen, die je nach Hauptfach und Studienschwerpunkten in sehr verschiedenen Bereichen des Berufslebens sinnvoll eingebracht werden können. Diese (notwendige) Unbestimmtheit teilt die Friedens- und Konfliktforschung mit anderen sozialwissenschaftlichen Fächern, etwa der Soziologie, wo Absolventinnen und Absolventen auf vielen Märkten jeweils mit Mehrheiten aus anderen Studiengängen durchaus erfolgreich konkurrieren. Immerhin haben seit den 60er Jahren gut 25.000 Sozialwissenschaftler und Sozialwissenschaftlerinnen eine ihren Qualifikationen angemessene berufliche Tätigkeit gefunden, eine Zahl, die eher nach Erklärungen verlangt als das Faktum, daß es auch in diesem Ausbildungsbereich Arbeitslosigkeit gibt. (...)

Zum *Kernbereich des Lehrangebotes* gehören die Erarbeitung von und die Auseinandersetzung mit:

a) der Entwicklung des Faches, zentralen Begriffen wie Frieden, Krieg, Gewalt, Konflikt, einer Systematik für die Strukturierung und Einordnung von Konfliktanalysen, Fragen der Friedensethik und Friedenserziehung;
b) verschiedenen Konflikttheorien und
c) verschiedenen Formen der Konfliktregelung. (...)

Die angestrebte Analysefähigkeit wird erreicht, so behaupten wir, wenn Studierende mit Hilfe des Fragerasters wenigstens Konflikte bearbeiten, die ökonomische, politische und kulturelle Gegenstände besitzen und solche, welche die Natur/Umwelt sowie die gesellschaftliche und die staatliche/internationale Ebene betreffen. Insgesamt werden also in der Regel sechs unterschiedliche Konfliktanalysen gefordert. Bei solchen Konfliktanalysen kommt es selbstverständlich auch zur Vertiefung von Fragen der Theorien und Regelungsformen von Konflikten und von Aspekten der Friedensethik und Friedenserziehung.

Die Lernziele, die sich auf die Relativierung der eigenen fachlichen und politischen Auffassungen bzw. auf die Fähigkeiten zur Zusammenarbeit beziehen, sollen durch die Angebotsbreite wie durch die Form der Vermittlung erreicht werden. Bereits die Einführung in konflikttheoretische Ansätze umfaßt soziologische, politikwissenschaftliche, sozialpsychologische, sozio-biologische und kybernetische Perspektiven. Ähnliches gilt, wenn auch nicht in dieser Breite, für die Behandlung der Konfliktregelungsformen. Bei den Konfliktanalysen sind verschiedene Fächer beteiligt, sei es über einzelne Lehrende (Multidisziplinarität), sei es über die Kooperation verschiedener Fachwissenschaftler mit einem gemeinsamen oder einem sich ergänzenden Ansatz (Interdisziplinarität). Methodisch setzen wir, um es zu wiederholen, erstens stark auf betreute Kleingruppenarbeit. Damit soll Zusammenarbeit, die Koordination von Personen und Perspektiven gelernt werden. Zweitens übernehmen Rollen-, Planspiele oder Szenarien eine wichtige Funktion. Damit versuchen wir zu gewährleisten, daß politischer und wissenschaftlicher Perspektivenwechsel in bedeutendem Umfang zu einem selbstverständlichen Teil des Studiums wird.

Wir sind der Überzeugung, daß die vorgestellte Konzeption sich auf andere Universitäten übertragen läßt und somit allgemeines Interesse beanspruchen kann. Wie bei allen Nebenfachangeboten hat sich die konkrete, detaillierte Ausgestaltung nach den Bedingungen der Hauptfächer zu richten, welche das Angebot nachfragen. So muß es z.B. quantitative Unterschiede vor allem zwischen Diplom- und Magisterstudiengängen geben. Insgesamt resultiert hieraus die Notwendigkeit, das mögliche Angebot als Baukastensystem zu konstruieren." (*Zoll* in: *Imbusch/Zoll* 1999: 155-164)

Inzwischen kann Friedens- und Konfliktforschung in allen Diplom- und in sieben Magisterstudiengängen der Universität als Nebenfach gewählt werden. Etwa 120 Studierende machen jährlich neu von dieser Möglichkeit Gebrauch. Das interdisziplinäre Studienangebot wird zur Zeit von Lehrenden aus elf Fachbereichen erbracht. Ein Zentrum für Konfliktforschung ist zuständig für die Koordination der Lehre, die Entwicklung von Kursprogrammen und von weiteren Abschlüssen wie etwa ein *Master of Conflict Studies-Degree*. In der Forschung vereinigt das Zentrum sonst eher selten kooperierende Fächer wie Sozial- und Erziehungswissenschaften mit Rechts- und Naturwissenschaften sowie Medizin.

Struktur des Lehrangebots in Marburg

Grundlegendes Angebot		Einführungen in: – *das Fach* (Geschichte, zentrale Begriffe, Systematik, Konfliktanalysen, Theorien, Regelungsformen, Ethik, Friedenserziehung) – *Konflikttheorien* und – *Konfliktregelungsformen*
vertiefendes Angebot	Konfliktanalysen	zu den Bereichen – der *politischen* – *ökonomischen* und – *kulturellen Reproduktion* zu den Konfliktebenen – Natur – Gesellschaft und – Staat/Internationales System
	weitere einschlägige Veranstaltungen	z.B. Vertiefungen zu – *Fachgeschichte* – *Konflikttheorien* – *Regelungsformen* – *zentralen Begriffen* – *Friedensethik* – *Friedenserziehung*

Weiterbildungsangebot an der FernUniversität Hagen

Einen grundständigen Studiengang „Friedens- und Konfliktforschung" einzurichten, ist in Nordrhein-Westfalen bisher noch nicht geglückt. Dafür wird es hier, genauer: an der FernUniversität Hagen, ab dem Sommersemester 2001 ein zweisemestriges Weiterbildungsangebot „Friedens- und Konfliktforschung" geben, das mit Unterstützung zahlreicher KollegInnen anderer Hochschulen des Landes realisiert wird. Das aus insgesamt 21-25 Semesterwochenstunden bestehende Teilzeitstudium für Postgraduierte aller Fächer gliedert sich in ein *Grund-* und *Hauptstudium*.

Das *Grundstudium* bietet in einem Pflichtbereich eine Einführung in frieenswissenschaftliche Methodik, Grundbegriffe und Theorien; in einem Wahlpflichtbereich hingegen soll der Inter- bzw. Transdisziplinarität der Friedenswissenschaft Tribut gezollt werden. Abgeschlossen wird das Grundstudium durch ein zusammenfassendes Basisseminar zu Grundbegriffen der Friedens- und Konfliktforschung.

Das *Hauptstudium* richtet seinen Schwerpunkt im Pflichtbereich auf analytisch-systematische Aspekte der Konfliktbearbeitung, fokussiert also die Problematik (potentiell) gewalttätiger Konflikte. Im Wahlpflichtbereich stehen den Studierenden zwei verschiedene Orientierungsmöglichkeiten offen: Die Spezialisierung auf den innergesellschaftlichen Bereich richtet sich an Studierende der Pädagogik, Soziologie und Psychologie, während die internationale Ausrichtung des Studienmaterials sich nicht zuletzt an Bedürfnissen von MitarbeiterInnen des Auswärtigen Amtes und anderer Ministerien, internationaler Organisationen wie UNO und OSZE, aber auch von Mitgliedern friedenspolitisch aktiver NGOs orientiert. Innerhalb des Hauptstudiums haben die TeilnehmerInnen ein Praktikum zu absolvieren; alternativ hierzu soll in Kooperation mit dem internationalen Konfliktbearbeitungsnetzwerk TRANSCEND[122] und/oder anderen Organisationen ein Workshop angeboten werden.

Das Weiterbildungsstudium Friedens- und Konfliktforschung endet mit einem Blockseminar, in welchem beide inhaltlichen Ausrichtungen des Wahlpflichtbereichs wieder zusammengefasst werden sollen. Darüber hinaus ist es Ziel des Seminars, eine inhaltliche Orientierungshilfe für die thematische Festlegung einer abschließenden Hausarbeit zu vermitteln, nach deren positiver Bewertung ein *Hochschulzertifikat* oder *-zeugnis* ausgestellt wird. Weitere Informationen unter www.fernuni-hagen.de/frieden.

---

122 „TRANSCEND is a network of invited scholars-practitioners working for peace and development through action, training, dissemination, and research", so steht es auf der Internetseite (www.transcend.org) der von Johan Galtung gegründeten, weltweit tätigen Nichtregierungsorganisation. Das Institut Frieden und Demokratie in Hagen ist diesem Netzwerk angeschlossen.

Frieden als Zivilisierungsprojekt

Trotz ihrer Komplexität spiegeln solche Curricula die Fragestellungen der Friedens- und Konfliktforschung nur unvollkommen wider. Die *Arbeitsgemeinschaft für Friedens- und Konfliktforschung* (AFK) hat auf ihrem Jahreskolloquium 1993 in Gummersbach versucht, die mehrjährige und überaus kontrovers geführte Debatte über die Aufgaben und Schwerpunkte der Friedens- und Konfliktforschung zusammenzufassen und in einer Erklärung „Frieden als Zivilisationsprojekt: Gewalt überwinden – Frieden gestalten – Zukunft gewinnen“[123] zur Diskussion zu stellen:

> „Die zentrale Herausforderung der Friedens- und Konfliktforschung ist die Untersuchung von Möglichkeiten, Gewaltkonflikte frühzeitig zu vermeiden sowie Strategien und Mechanismen zu ihrer zivilisierten Regelung oder Lösung zu entwickeln. Darüber hinaus ist nach wie vor die Analyse gewaltförmiger Konflikte notwendig (Kriegsursachenforschung). Daraus ergeben sich folgende Aufgaben:
>
> 1. Erforschung der politischen, ökonomischen, sozialen, psychischen, kulturellen und ökologischen Friedensursachen.
> 2. Analyse von Möglichkeiten der Entmilitarisierung, der friedlichen Konfliktbearbeitung und Mediation sowie der Gewaltprävention in den zwischenstaatlichen, zwischengesellschaftlichen und interkulturellen Beziehungen.
> 3. Erkundung von Möglichkeiten der innergesellschaftlichen Friedensarbeit in überschaubaren sozialen Räumen, als Teil einer umfassenden Analyse der Bedingungen des inneren Friedens, insbesondere seiner rechtlichen und institutionellen Grundlagen.
> 4. Untersuchung der Möglichkeiten, Menschen im Verlauf ihrer Sozialisation auf konstruktive Konfliktaustragung auf allen gesellschaftlichen Ebenen vorzubereiten und diese Fähigkeit in verschiedenen Handlungszusammenhängen anzuwenden.
> 5. Inszenierung von Dialogen über das Spannungsverhältnis von universellen Menschenrechten und jeweils besonderen Identitäten.
>
> Diese Aufgaben erfordern die Bereitschaft zur Kontroverse, internationale und interdisziplinäre Kooperation, die Erprobung vielfältiger Methoden und das Aufgreifen verschiedener theoretischer Zugänge unter Einbeziehung feministischer Ansätze.
>
> Für die Gestaltung von Frieden, die Ermöglichung von Entwicklung und die Gewinnung der Zukunft kommt es entscheidend darauf an, die Chancen zur Zivilisierung der Sicherheitspolitik entschlossen zu nutzen, die nach dem Ende des Kalten Krieges gegeben sind. Um die weitere Erosion ziviler Regelungsmechanismen und den Rückfall in Nationalismus, Chauvinismus und Rassismus zu vermeiden, ist die Zivilisierung der Konfliktbearbeitung unabdingbar.“ (*Vogt* 1994: 351)

---

123 Das Konzept der Zivilisierung stammt von Norbert Elias und geht davon aus, daß durch allmählichen Wandel von Einstellungen und Verhaltensweisen Gewalt in der Gesellschaft überwunden oder zumindest eingehegt werden kann (*Elias* 1989). Dieter Senghaas überträgt dieses Konzept explizit auf die Friedensforschung (*Senghaas* 1988).

Frauen in der Friedensforschung

Auffallend ist die besondere Erwähnung „feministischer Ansätze" in der Friedensforschung. Ausgangspunkt ist die von Friedensforscherinnen seit einiger Zeit ergriffene Initiative, sichtbar besonders seit dem XVI. Kolloquium der AFK 1989, als eine junge Wissenschaftlerin die provozierende Frage stellte: Ist Friedensforschung eine männliche Wissenschaft? (*Batscheider* 1991). Da die Annahme gerechtfertigt ist, daß nicht nur die Geltendmachung und Berücksichtigung feministischer Gesichtspunkte in Gesellschaft und Politik, sondern vor allem eine angemessene Beteiligung von Frauen an gesellschaftlichen und politischen Entscheidungen auf allen Ebenen, also auch in der Wissenschaft und damit in der Friedensforschung, ein wichtiger Faktor bei der Zivilisierung des Konfliktaustrags sein dürfte, kommt solchen feministischen Ansätzen eine hohe Bedeutung zu:

> „Zu fürchten hätte die institutionalisierte Friedensforschung eigentlich nichts, wenn im Rahmen von Paradigmenvielfalt die heimlichen Geschlechterannahmen und deren Folgen für die Analyse überprüft und die veralteten Orientierungslinien korrigiert würden. Je mehr feministische Arbeiten in der Friedensforschung begonnen werden, um so geringer ist die Gefahr einer Dogmatisierung, desto differenzierter können die Ergebnisse ausfallen und desto klarer würde hervortreten, daß Patriarchat kein universalistisches Prinzip meint, das die Geschlechterverhältnisse zu allen Zeiten in allen Gesellschaften unverändert gestaltet. Um eine Verbindung von institutionalisierter Friedensforschung und feministischer Friedensforschung auf den Weg zu bringen, ginge es in erster Linie darum, wissenschaftsimmanent Forschungsprogramme und Projektvorhaben hinsichtlich ihrer ‚weißen Flecken' abzuklopfen und so zu reformieren, daß Möglichkeiten sichtbar werden, feministische Ansätze in die bestehenden Schwerpunkte einzubeziehen." (*Birckenbach* 1990: 21)

5.6 Von Kriegsverhütung zu Zivilisierung des Konfliktaustrags

Damit schließt sich der Kreis zu jenen kritischen Friedensforschern und -forscherinnen, die vor dreißig Jahren die Ursachen der die Menschheit bedrängenden Konflikte nicht nur in den internationalen Beziehungen, sondern in erster Linie oder zumindest auch in den gesellschaftlichen Strukturen zu erkennen meinten. Trotz radikal veränderter Paradigma haben entscheidende Fragestellungen und Forschungsmethoden nichts von ihrer Bedeutung verloren. Die von Kaiser postulierten Prämissen der „gesamtsystemaren Ansatzhöhe" und „multidisziplinären Forschungskooperation" (vgl. 5.3.1) haben ihre Geltung uneingeschränkt behalten. Die in der AFK-Erklärung aufgezeigten Forschungsdesiderata finden sich bereits in der Wannsee-Erklärung zur Kritischen Friedensforschung (Wortlaut im Anhang) und auch im Gutachten des Wissenschaftsrates von 1970 (vgl. 5.3.4).

Richtungsstreit unter deutschen FriedensforscherInnen

Verändert hat sich allerdings der „Richtungsstreit“ in der deutschen und teilweise auch der skandinavischen Friedensforschung, der die angelsächsischen KollegInnen weitgehend unbeeindruckt ließ und läßt.[124] Ulrike Wasmuht hat in ihrer erwähnten Arbeit diesen „Richtungsstreit“ herausgearbeitet. Danach ging es beim ersten Richtungsstreit um die Auseinandersetzung zwischen traditioneller und kritischer Friedensforschung (vgl. 5.4.1 und *Wasmuht* 1998: 165ff.), beim zweiten Richtungsstreit um die „Entgrenzung des Gewaltbegriffs“ durch Einführung des Theorems der Strukturellen Gewalt (vgl. 5.4.1 und *Wasmuht* 1998: 281ff.). Hinter dem dritten Richtungsstreit steht die Frage: „Frieden schaffen mit Waffen?“ (*Wasmuht* 1998: 378ff.):

„Basierte die Forderung „Frieden schaffen ohne Waffen!“ in der ersten Hälfte der 80er Jahre noch auf einem Grundkonsens in der Friedensbewegung und in der Friedensforschung, soweit damit ‚ohne nukleare Waffen‘ gemeint war, so kann dies in den 90er Jahren angesichts des Bedeutungsverfalls der nuklearen Abschreckung nicht mehr behauptet werden. Der Ost-West-Konflikt ist in seiner ursprünglichen Form aufgelöst und die nukleare Konfrontation nicht mehr unmittelbare Kriegsgefahr. Doch die Auseinandersetzung darüber, wie Frieden herzustellen sei, ist nach wie vor geboten, nur unter anderem Vorzeichen. Ethnische Konflikte, die unter dem ‚Dach‘ der Ost-West-Konfrontation latent geblieben waren, wurden und werden manifest und mit allen den Konfliktparteien verfügbaren Mitteln und Formen an Grausamkeiten ausgetragen. Neue Konfliktlagen und damit zusammenhängende Neukonstruktionen ethnischer Identitäten, zur Rechtfertigung von Machtkämpfen durch fanatische Nationalismen verschärft, führen zu kriegerischen Konfliktaustragungsformen, die völlig neue Überlegungen zur Frage ‚Frieden schaffen mit oder ohne Waffen?‘ von seiten der Politik, aber auch der Wissenschaft erfordern. (...)

In der Auseinandersetzung um die Befürwortung oder Ablehnung militärischer Gewalt geht es m. E. nicht um eine ausschließlich wissenschaftliche Debatte, denn eine klare Antwort kann nicht aufgrund zielgenauerer Forschungsfragen, verbesserter Methoden oder einer gut erschlossenen Quellenlage gewonnen werden, sondern hier handelt es sich auch um eine Grundprämissenfrage, die nur jeder und jede einzelne für sich aufgrund eigener ethischer Bewertungen beantworten kann. Demzufolge ist der dritte ‚Richtungsstreit‘ wie auch der zweite über die ‚Entgrenzung des Gewaltbegriffs‘ und der erste über die Trennung zwischen ‚kritischer und traditioneller Friedensforschung‘ eine offene Debatte ohne ‚Ende‘ und einzig gültige Anwort (...)

Ausnahmefall Israel

Auch wenn es auf den ersten Blick so schien, so kam die Polarisierung zwischen ‚Bellizisten‘ und ‚Pazifisten‘ innerhalb der Friedensforschung analog zu Kreisen anderer Intellektueller und Vertretern der Friedensbewegung in der Bundesrepublik Deutschland nicht überraschend. Eine bereits begonnene Diskussion wurde wieder aufgenommen und vor dem Hintergrund der hochemotionalisierten allgemeinen Diskussion in der Öffentlichkeit weitergeführt, allerdings nuancierter und anhand eines speziellen Falles, des ‚Ausnahme-

---

124 Ein amerikanischer Kollege hat mir einmal gesagt (sinngemäß): „Deutsche Wissenschaftler sind großartig im Erfinden von neuen Begriffen, die nichts aussagen und für Theorie und Praxis ohne jede Relevanz sind, aber von anderen Deutschen dennoch ernst genommen werden, weil sie von Wissenschaftlern stammen.“

falles', den es bis dato nicht gab: die Notwendigkeit des Beistandes für Israel angesichts dessen Bedrohung durch irakische Giftgasangriffe. Wie sollte sich die Bundesrepublik verhalten, wenn unter der Ägide der Vereinten Nationen eine international zusammengesetzte Armee gemeinsam für die Befreiung Kuweits, d.h. für die Einhaltung völkerrechtlicher Vereinbarungen, kämpft? Wie muß die Bundesrepublik ihrer Verantwortung gegenüber Israel gerecht werden, das vor den Giftgasangriffen Iraks zu schützen ist? Anhand der Frage der direkten (wenn die grundgesetzlichen Voraussetzungen dazu gegeben sind) und der indirekten (die Bereitstellung von Kriegsgerät und Finanzierungshilfen) Beteiligung der Bundesrepublik an Kriegshandlungen im Nahen Osten polarisierten sich die Haltungen in der Friedensforschung weiter. (...)

Es ist auffällig, daß die Haltungen, die bezüglich der Befürwortung militärischer Gewalt am weitesten gehen, in den Reihen der institutionalisierten Friedensforschung geäußert wurden. So sind z.B. die Grundprämissen, Argumente und Bewertungen über die Frage des Einsatzes militärischer Gewalt in den von den drei Friedensforschungsinstituten – FEST, HSFK, IFSH – herausgegebenen jährlichen *Friedensgutachten* und dem institutionell unabhängigen *Jahrbuch Frieden*, das von Einzelpersonen herausgegeben wird, diametral entgegengesetzt. Wurde die Diskussion in Richtung Befürwortung militärischer Gewalt in ersteren angestoßen, so wurde diese in letzteren abgelehnt. Durchgängige Ablehnung findet die militärische Gewalt auch in der von Geldgebern, Bürokratie und Politik unabhängigen Monatszeitschrift *antimilitarismus information*, nicht so in der Fachzeitschrift *Sicherheit und Frieden*, die hauptverantwortlich von Dieter S. Lutz, Direktor des IFSH, herausgegeben wird. (...)

Deshalb gehe ich von einer neuen Debatte mit neuer Qualität innerhalb der Friedensforschung aus, weshalb ich bewußt von einem ‚dritten Richtungsstreit' spreche: eine Auseinandersetzung über letztendlich ethische Wertungen, die m. E. wissenschaftlich weder zu begründen noch zu belegen sind. Allerdings stimme ich Eva Senghaas-Knobloch zu, die darauf hinweist, daß die Friedensforschung nie ein Unternehmen von ausschließlich Pazifisten und Pazifistinnen war. (...)

Pazifismus und Bellizismus

Was unterscheidet letztlich eine Friedensforschung, die die Bandbreite aller ‚Optionen' unter einem Dach vereint noch von anderen Bereichen wie etwa der Disziplin Internationale Beziehungen, in welcher es schon traditionell immer den wissenschaftlichen Pluralismus gab, der alle ‚Optionen' von der Befürwortung ‚absoluter Gewaltfreiheit' bis hin zur Forderung nach ‚militärischer Gewalt' aufweist? Die ‚Identität' eines Wissenschaftsbereiches ist die Stärke desselben nach außen, wodurch Wirkungen erzielt werden können: bei der Suche nach Fördergeldern und Mäzenen, bei der Förderung wissenschaftlichen Nachwuchses, bei der Erstellung und öffentlichen Präsentation von wissenschaftlichen Untersuchungen und Ergebnissen und – bei der Einflußnahme in die gesellschaftliche Praxis. Mit der Relativierung der alten Ideale und Ziele der Friedensforschung, nämlich grundlegende Herrschafts- und damit Militärkritik zu üben, gibt sie einen großen Teil einer Identität auf, mit der sie Ende der 60er Jahre angetreten ist. Zu Recht wird diese Identität kritisch daraufhin überprüft, ob sie auch noch in den 90er Jahren trägt. Wie die ‚Pazifismus-Bellizismus'-Diskussion aufzeigt, ist diese Identität heute nicht mehr tragfähig. Ein Teil der Friedensforscher und Friedensforscherinnen fühlt sich nicht mehr eingebunden und angesprochen. Das heißt, es muß ein neues einigendes Band gefunden werden, das über gemeinsame Fragestellungen nach den Ursachen von Gewalt und Kriegen hinausgeht. Wie dieses aussehen wird und wie tragfähig das sein wird, werden die nächsten Jahre zeigen." (*Wasmuht* 1998: 378ff.)

Kriegskulturelle Friedensforschung?

Hat also die Hoffnung der sechziger Jahre, daß in Fortsetzung der Friedensbekundungen in der Vergangenheit von der Friedens- und Konfliktforschung neue friedenskulturelle Impulse ausgehen werden, getrogen? Zahlreiche FriedenswissenschaftlerInnen, vielleicht eine Mehrheit, haben unter dem Eindruck von Kriegen, die grausamer denn je geführt werden, kriegskulturelle Argumente übernommen, wie sie von Cora Stephan, André Glucksmann und anderen vertreten werden (vgl. 1.3.2), und die von Aristoteles den (Irr)Glauben übernehmen, daß das Ziel eines jeden Krieges der Frieden sei. Die Erfahrung zeigt, daß sie zwar Frieden meinen, daß aber am Ende der meisten Kriege „Sieg" – und zwar einer Partei – steht, der keinen dauerhaften Frieden gewährleistet. Daß Notsituationen auch zum militärischen Eingreifen Anlaß geben können, ist keineswegs eine Erkenntnis der modernen Friedensforschung; die *ultima ratio*, also des Militäreinsatzes als allerletztes Mittel, ist ein Gedanke, der auch schon in der Antike eine Rolle gespielt hat. Nur selten wurde er wirklich als „allerletztes Mittel" eingesetzt, in den meisten Fällen bereits als „vorletztes" Mittel. Was die Ausnahme sein sollte, war in der Geschichte eher die Regel. Ausnahmen waren wenige wirkliche Friedensschlüsse, wie jene zwischen den Nordischen Staaten zu Beginn des 19. Jahrhunderts und die Schaffung der „Friedenszone" der Europäischen Union. Und noch immer haben „Kriege im Namen des Friedens" ein vielfaches dessen zerstört, was eigentlich geschützt werden sollte. Das gilt für den zweiten Golfkrieg und die Somalia-Intervention ebenso wie für alle militärischen Aktionen im früheren Jugoslawien und besonders krass im Falle der Kosovo-Intervention.[125]

Präventions- und Mediationsforschung

Diese Feststellung darf nicht daran hindern, über Formen und Mittel nachzudenken, wie sogenannten „Schurkenstaaten" (was in der Regel auf eine autoritäre Staatsführung hinausläuft, denn die große Mehrheit aller Bevölkerungen möchte in Frieden leben, unterliegt aber häufig der Desinformation und

125 In keinem der drei Fälle ist es bisher zu einer überzeugenden Friedenslösung gekommen. Die Kosovo-Intervention hat sogar beschleunigt, was gerade vermieden werden sollte: erst waren die Serben dabei, ein „Albaner-reines" Kosovo zu erzwingen, dann haben es die Albaner unter den Augen der „Friedenstruppe" KFOR geschafft, ein fast „Serben-reines" Kosovo zu erkämpfen, so wie schon zuvor die bosnischen Serben unter den Augen und dem insgeheimen Einverständnis der IFOR/SFOR einen „Serben-reinen" bosnischen Teilstaat errichteten. Eine durchdachte und erkennbare Prävention mit Angeboten an alle Konfliktparteien hat es seitens der späteren Interventionsmächte zu keinem Zeitpunkt gegeben, allenfalls Verhandlungsangebote ohne genaue Kenntnis der regionalen Gegebenheiten. Erst der Sturz des serbischen Diktators Milosevic hat die Chance eines gerechten Friedens eröffnet, freilich ohne die durch Gewalt geschaffenen Fakten rückgängig machen zu können.

Manipulation – vgl. 1.1.3 und 1.2) das Handwerk gelegt werden kann. Untersuchungen und praktische Studien zur Versöhnung zwischen verfeindeten Volksgruppen, zur Mediation und Schlichtung zwischen Parteien sind inzwischen Gegenstand mehrerer friedenswissenschaftlicher Initiativen. Besonders zu nennen sind die bereits erwähnten Institute SCHIFF, INEF, das Berghof Zentrum für Konstruktive Konfliktbearbeitung, das ÖSFK, die Schweizerische Friedensstiftung, das dänische COPRI, die häufig mit MitarbeiterInnen vor Ort Friedenschancen ausloten. Auch die traditionellen Ansätzen verpflichtete Stiftung Wissenschaft und Politik, Ebenhausen, unterstützt Mediationsprojekte. Zu solchen Maßnahmen der Konfliktprävention gehört auch die gewaltfreie Unterstützung demokratischer Oppositionsgruppen (die im Falle Ex-Jugoslawiens zu keinem Zeitpunkt erfolgt ist) und eine gezielte und vor allem kontrollierte Embargopolitik, die nicht – wie im Falle des Irak – in hohem Maße die Bevölkerung schädigt (und dann noch mehr in die Arme eines Diktators treibt). Schließlich hat das Hamburger ISFH begonnen, Chancen und Möglichkeiten der Aufstellung und des Einsatzes internationaler Polizei zu untersuchen, deren Rolle streng von der militärischer Interventionstruppen unterschieden werden muß (*Lutz* 1998, *Koppe* 1998).

5.6.1 Paradigmenwechsel in der Friedensforschung

Interdependenz der Bedrohungsfaktoren

Trotz bellizistischer Tendenzen ist allerdings deutlicher denn je geworden, daß Friedenswahrung und Friedensgestaltung nicht mehr allein in Kriegsverhütung und allen damit zusammenhängenden nach wie vor wichtigen Forschungsaufgaben (Kriegsursachenforschung, Abrüstungs- und Rüstungskontrollforschung, Rüstungsexport und Entwicklung u.a.) zu sehen sind, sondern der Analyse und Bearbeitung aller globalen und grenzüberschreitenden Gefährdungen der menschlichen Existenz bedürfen. Das dürfte der entscheidende Paradigmenwechsel in der Friedensforschung sein, der unabhängig von jedem Richtungsstreit die internationale Kommunität der FriedenswissenschaftlerInnen zusammenhält und der sich schrittweise vom Ende des Ersten Weltkriegs über die Erfahrungen des Zweiten Weltkriegs bis hin zum Ende des Kalten Krieges vollzogen hat. Noch lange wurde Frieden als Abwesenheit von Krieg definiert und als Erfolg eines Mächtegleichgewichts (*balance of power*) angesehen. Dazu mußten Faktoren wie Militär (M), Rüstung (R), Kriegsführungsfähigkeit (K), Territorium (T), Wirtschaft/Ressourcen (W) und Bevölkerung (B) berücksichtigt werden:

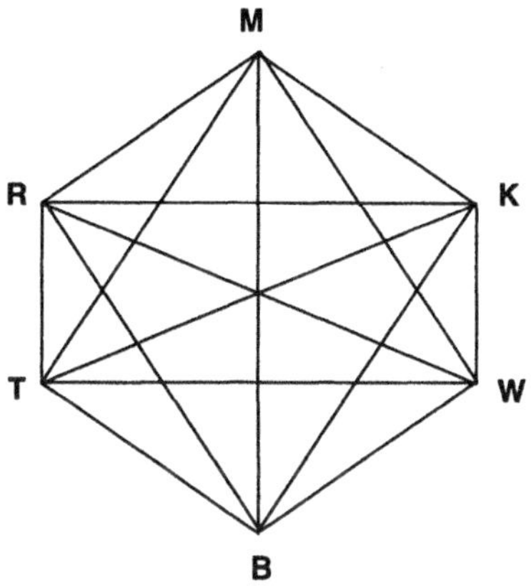

Jede Veränderung eines Faktors beeinflußt die Bedeutung der anderen Faktoren und jeder Versuch einer Macht, einen dieser Faktoren zu ihren Gunsten zu verändern, barg das Risiko des Konfliktes mit anderen Mächten. Auch heute geht es um die Wahrung beziehungsweise Wiederherstellung eines Gleichgewichts, das der Weltgesellschaft wie dem einzelnen Menschen ein Optimum an Existenzsicherheit – und damit Frieden – gewährleistet. Nur sieht ein solches Gleichgewicht sehr viel komplexer aus und wird von ganz anderen Faktoren bestimmt.

Dieses Modell ist natürlich erweiterungsfähig. Die Buchstaben stehen für einige der wichtigsten friedensrelevanten Faktoren: Bevölkerungswachstum (B), Gesundheit (G), Armut/Wohlstand (A), Konsumexplosion (K), Technologie (T), Ressourcen (R), Wirtschaftswachstum (W), Entwicklung (E), Schule/Bildung (S), Verhalten/Wertebewußtsein (V). Gewaltfaktoren wie Krieg, Rüstung und Umweltzerstörung sind ausdrücklich von dem Gleichgewichtsvieleck ausgenommen. Ihr Auftreten wird vielmehr als Indiz dafür betrachtet, daß das gesellschaftliche Gleichgewicht durch Gewalt von außen, die es abzuwenden gilt, gestört ist.

Im Unterschied zum ersten Modell, das die Erforschung von Kriegsursachen verlangt, fordert das zweite Modell die Erforschung der „Friedensursachen", auf die in der AFK-Erklärung hingewiesen wird. Diese keineswegs neue, aber bislang kaum bearbeitete Dimension einer friedenskulturellen Friedensforschung hatte Kenneth Boulding im Sinn, als er seinen Beitrag über „umfassenden Frieden" schrieb (*Boulding* 1989 – vgl. 1.1).

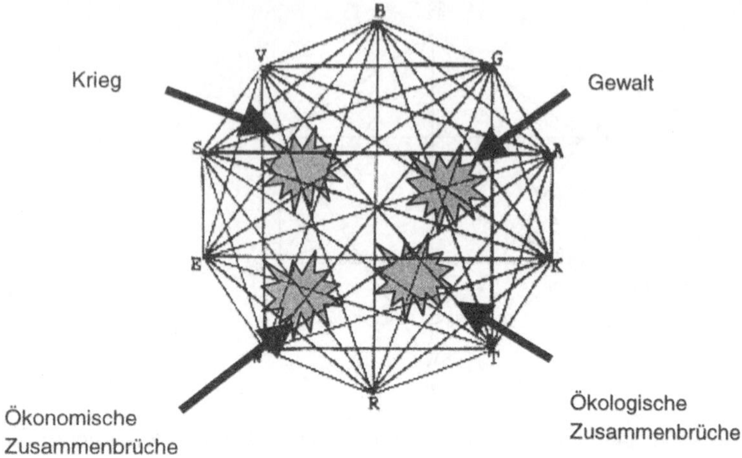

5.6.2 Senghaas: Das zivilisatorische Hexagon

Wir schauen – auch die Friedens- und Konfliktforschung – auf jene 10-15 Prozent Gewalt, die das Leben der Menschen und die Existenz der Gesellschaft bedrohen. Das ist zwar richtig, nur müßte dann auch erwartet werden, daß die Friedenswissenschaft sich mindestens ebenso intensiv um eine Erklärung der überwiegend gewaltfreien – oder zumindest gewaltarmen – friedlichen Beziehungen bemühen sollte, um von daher Aufschlüsse zu gewinnen, wie Gewalt eingehegt und das Beziehungsmuster Frieden schrittweise erweitert werden könnte.

Si vis pacem, para pacem

Die gleiche Auffassung vertreten Senghaas und seine Frau in einem gemeinsam verfaßten Beitrag „*Si vis pacem para pacem* – Überlegungen zu einem zeitgemäßen Friedenskonzept", in dem sie vorschlagen, eine Formulierung des Völkerrechtlers Wilhelm Grewe zum Ausgangspunkt einer immer noch nicht allgemein akzeptierten Definition des Friedens zu machen:

„Friede sowohl in inner- als auch in zwischenstaatlicher Hinsicht sollte verstanden werden als ein gewaltfreier und auf die Verhütung von Gewaltanwendung gerichteter politischer Prozeß, in dem durch Verständigungen und Kompromisse solche Bedingungen des Zusammenlebens von gesellschaftlichen Gruppen bzw. von Staaten und Völkern geschaffen werden, die nicht ihre Existenz gefährden und nicht das Gerechtigkeitsempfinden oder die Lebensinteressen einzelner oder mehrerer von ihnen so schwerwiegend verletzen, daß sie nach Erschöpfung aller friedlichen Abhilfeverfahren Gewalt anwenden zu müssen glauben. Um Frieden zu erreichen, sind deshalb anhaltende Bemühungen um Rechtsstaatlichkeit, Erwartungsverläßlichkeit, ökonomischen Ausgleich und Empathie erforderlich." (*Senghaas/Senghaas* 1992: 249, *Grewe* 1985: 30)

Auf der Grundlage dieses Gedankens hat Senghaas ein „Zivilisatorisches Hexagon" entwickelt.

„Wo zivilisierte Politik zur Zivilisierung des Zusammenlebens der Menschen innerhalb von modernen Gesellschaften beiträgt, wird ein solches Projekt idealiter von den folgenden sechs Sachverhalten gekennzeichnet:

Gewaltmonopol

1. Entprivatisierung von Gewalt (Gewaltmonopol): Wesentlich für jeden Zivilisierungsprozeß ist die Entprivatisierung der Gewalt bzw. die Herausbildung eines legitimen, in aller Regel staatlichen Gewaltmonopols, dem die einzelnen untergeordnet sind. Wo das Gewaltmonopol zusammenbricht, also die Wiederaufrüstung und Wiederbewaffnung der einzelnen Bürger eine Chance bekommen, findet statt, was in der neueren Diskussion im Hinblick auf entsprechende Vorgänge als ‚Libanisierung' bzw. ‚Jugoslawisierung' politischen Konfliktverhaltens bezeichnet wird. (...)

Rechtsstaatlichkeit

2. Kontrolle des Gewaltmonopols und Herausbildung von Rechtsstaatlichkeit (Verfassungsstaat): Ein Gewaltmonopol, das nicht durch Rechtsstaatlichkeit eingehegt wird, wäre im Grenzfall nichts mehr als eine beschönigende Umschreibung von Diktatur. Dann wären seine gesellschaftlichen Träger nichts anderes als eine von mehreren Konfliktparteien in einer potentiellen Bürgerkriegssituation. (...)

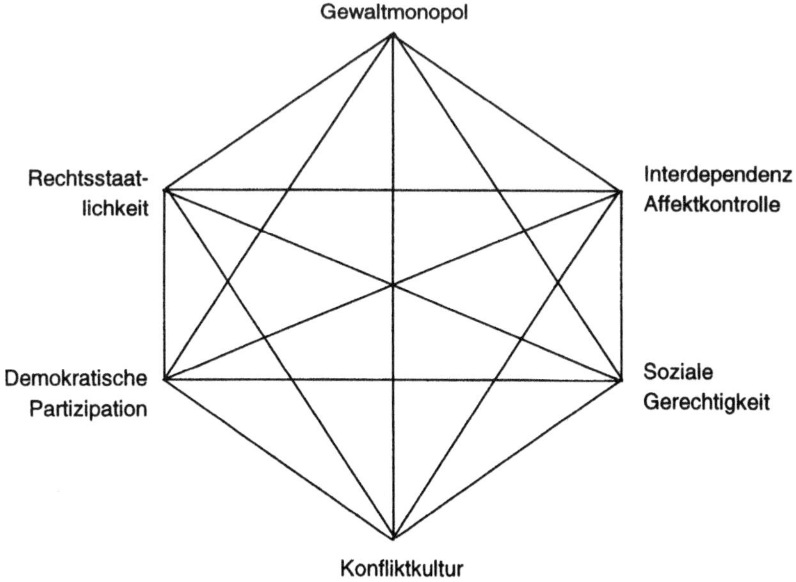

Interdependenzen und Affektkontrolle

3. Interdependenzen und Affektkontrolle: Die Entprivatisierung von Gewalt und die Sozialisation in eine Fülle von institutionalisierten Konfliktregelungen implizieren eine Kontrolle von Affekten. (...) Affektkontrolle – Ergebnis einer Sublimierung von Affekten – meint dabei die in differenzierten Gesellschaften sich aus diversen komplexen Handlungszusammenhängen ergebende Selbstkontrolle bzw. Selbstbeherrschung. Sie ist Grundlage nicht nur von Aggressionshemmung und Gewaltverzicht, sondern darauf aufbauend von Toleranz und Kompromißfähigkeit. (...)

Demokratische Beteiligung

4. Demokratische Beteiligung: Gesellschaften, in denen sich weiträumige Interdependenzgeflechte herausbilden, werden zu sozial mobilen Gesellschaften. In ihnen findet ein Transformationsprozeß statt, der sich stichwortartig wie folgt umschreiben läßt: Entbäuerlichung bzw. Proletarisierung, Entdörflichung bzw. Urbanisierung sowie für sozial mobil werdende Gesellschaften grundlegend: Alphabetisierung. Ein solcher Transformationsprozeß führt zur Herausbildung neuer Sozialschichten, die je nach ihrer Verortung in der Gesellschaft und abhängig von ihrer potentiellen Aufwärts- bzw. drohenden Abwärtsmobilität je spezifische Interessen artikulieren und verfechten. Seit einigen Jahrzehnten werden als Ergebnis fortschreitender Demokratisierung auch geschlechtsspezifische Rollenzuschreibungen und die ihnen zugrunde liegenden patriarchalen Beziehungen in Frage gestellt. (...)

Soziale Gerechtigkeit

5. Soziale Gerechtigkeit: Sozial mobilisierte Gesellschaften mit einer sich ausweitenden demokratischen Partizipation sind Gesellschaften, die durch einen hohen Grad an lobbyistischer Organisation von vielen (wenn auch nicht immer allen) Interessen und demzufolge durch ein hohes Ausmaß an potentieller bzw. tatsächlicher Politisierung gekennzeichnet sind. Unabweisbar wird in ihnen soziale Gerechtigkeit im doppelten Sinne des Begriffes, nämlich von Chancengerechtigkeit und Verteilungsgerechtigkeit, zu einem virulenten Problem. (...)

Konfliktkultur

6. Konstruktive politische Konfliktkultur: Gibt es in einer aufgegliederten, aber deshalb auch zerklüfteten Gesellschaft faire Chancen für die Artikulation und den Ausgleich von unterschiedlichen Interessen, kann unterstellt werden, daß ein solches Arrangement verläßlich verinnerlicht wird, eine Bereitschaft zur produktiven Auseinandersetzung mit Konflikten vorliegt und kompromißorientierte Konfliktfähigkeit einschließlich der hierfür erforderlichen Toleranz zu einer selbstverständlichen Orientierung politischen Handelns wird. Dann kann noch ein weiterer Faktor hinzutreten: Das Gewaltmonopol und die Rechtsstaatlichkeit werden in politischer Kultur verankert, denn ohne diese blieben beide ohne emotionale Grundlage. (...)
Diese sechs Bausteine des Zivilisierungsprojektes Frieden bzw. Komponenten von Zivilität fügen sich gewissermaßen zu einem zivilisatorischen Hexagon (s. Schaubild) zusammen."
(*Senghaas* 1995: 198-203)

Das „Hexagon" hat in den vergangenen Jahren zu manchen Kontroversen in der Friedenswissenschaft Anlaß gegeben, vielleicht gerade weil es einen friedenskulturellen Ansatz vertritt, der in der Friedensforschung umstritten ist. Insbesondere fällt auf, daß eine ökologische Komponente fehlt. Diese kann jedoch unter den Begriffen der Interdependenz und der Konfliktkultur eingeordnet werden, sowie auch die Komponente Ökonomie/Globalisierung unverzichtbarer Bestandteil von sozialer Gerechtigkeit und ebenfalls Konfliktkultur ist.

5.7 Zum Selbstverständnis von FriedensforscherInnen

Nicht erst der Wissenschaftsrat hat 1970 festgestellt, daß Friedensforschung „engagierte" Wissenschaft ist. Das berühmteste Beispiel ethisch verpflichteten wissenschaftlichen Selbstverständnisses ist der „Eid des Hippokrates" (460-375), demzufolge jeder Arzt der Erhaltung des Lebens verpflichtet ist.[126] Das *si vis pacem, para pacem* hat eine ähnliche Bedeutung für die Friedenswissenschaft. So haben häufig NaturwissenschaftlerInnen es abgelehnt, an der Entwicklung von Massenvernichtungswaffen mitzuwirken. Zwei Dokumente lassen das vorhandene und wachsende Bewußtsein von WissenschaftlerInnen, ihr Wissen und ihre Forschung in den Dienst des Friedens zu stellen, erkennen. So haben sich im Mai 1986 PsychologInnen während einer Konferenz in Sevilla auf eine „Erklärung zur Gewaltfrage" geeinigt, in der es u.a. heißt:

„Wir wenden uns gegen den Mißbrauch von Ergebnissen biologischer Forschung zur Legitimierung von Krieg und Gewalt. Einige dieser Forschungsergebnisse, die wir als solche nicht bestreiten, haben beigetragen zur Schaffung einer pessimistischen Stimmung in der öffentlichen Meinung. Wir glauben, daß die öffentliche und gut begründete Zurückweisung falscher Interpretationen von Forschungsergebnissen einen wirksamen Beitrag (...) zu künftigen Friedensbemühungen leisten kann. Der Mißbrauch wissenschaftlicher Theorien und Forschungsergebnisse zur Rechtfertigung von Gewalt ist nicht neu: er begleitet die gesamte Geschichte der modernen Wissenschaften." (Wortlaut im Anhang)

Zwei Jahre später, im September 1986, haben Präsidenten und Rektoren von 45 Universitäten aus allen Regionen der Welt in Talloires (Frankreich) ebenfalls eine Erklärung unterzeichnet, in der es heißt[127]:

„Wir glauben, daß die Universitäten der Welt tiefgreifend moralische Verantwortung tragen, um das Verständnis der schrecklichen Risiken des nuklearen Zeitalters zu steigern und diese Risiken zu vermindern. Von unseren Gesellschaften beauftragt, unsere Student-Innen auf das Leben vorzubereiten, sind wir als Erzieher verpflichtet, den globalen Tod abzuwenden. In einer Welt, die von Krieg, Hunger, Ungerechtigkeit und Leiden geplagt ist, glauben wir, daß Universitäten das Leben durch die Schaffung und Weitergabe von Wissen nähren." (Wortlaut im Anhang)

---

126 In der Literatur ist umstritten, ob die Eidesformel der Ärzte tatsächlich von Hippokrates stammt. Inhaltlich entspricht sie den aus der hippokratischen Schule überlieferten Schriften.

127 Mitteilung des Sekretariats der Rektorengruppe, das zum damaligen Zeitpunkt seinen Sitz im Department of Peace and Conflict Research der Universität Uppsala hatte.

In der öffentlichen Debatte wird gelegentlich von der „Bringschuld“ der Wissenschaft gesprochen. Sicher liegt in dieser Hinsicht manches im Argen. Doch in vielen Fällen hat die Friedenswissenschaft durch ihre veröffentlichten Analysen und Erkenntnisse diese Schuld eingelöst. Deshalb dürfte die „Holschuld“ der Politik noch mehr im Argen liegen. Es wäre wohl eine friedenswissenschaftliche Untersuchung wert, in dieses Defizit der Politik hineinzuleuchten. Dann dürfte sich erweisen, daß viele Politiker den Boten, der ihnen unbequeme Nachricht bringt, nicht hören wollen. So wie Präsident Reagan bei seinem Amtsantritt jene Wissenschaftskommission, die den bis dahin besten Weltlagebericht – *Global 2000* – für seinen Amtsvorgänger Carter erarbeitet hatte und diesen eigentlich hatte fortschreiben sollen, kurzerhand auflöste.

Die unwillkommenen Boten

Nun ist es jedoch keineswegs so, daß die Ergebnisse der Friedens- und Konfliktforschung nicht zur Kenntnis genommen würden. Die Eliten in Regierung und Wirtschaft kennen die Daten zur Weltlage genau. Aber sie halten sie immer noch für ärgerlich und störend, auch wenn sie im nachhinein häufig das tun müssen, was die Forschung als unvermeidliche Zwänge analysiert hatte: Haushaltsdefizite zwingen zu Abrüstung, Substanzverluste zwingen zu Umweltmaßnahmen, doch immer mit erheblichem Zeitverlust. Im Rückblick sind die Eliten nicht etwa dankbar, sondern über die unwillkommenen Boten nur noch verärgerter, gerade weil ihre Nachrichten gestimmt hatten. So wie auch die Voraussagen der Kassandra immer gestimmt haben, was nicht daran hindert, die Warnungen der Friedenswissenschaft weiterhin als Kassandrarufe zu diffamieren (vgl. *Koppe* 1993). Ob sich das in Zukunft ändern wird, wissen wir nicht. Wohl aber wissen wir, daß die Nischen, in die sich die Politik zurückzuziehen versucht, immer weniger und immer enger werden. Die Friedenswissenschaft braucht darob nicht zu resignieren. Sie ist mehr denn je als Warnung und um der Erkenntnis willen unverzichtbar.

Gesellschaftliche Abwehrmechanismen

Obschon Friedenswissenschaft, wenn auch oft nur mittelbar, in der Philosophie, in der Theologie, in der Historik, im Völkerrecht und heute vor allem in Politologie, Soziologie und Psychologie längst anerkannt und etabliert ist, stößt sie gerade bei denen, an die sie sich in der gesellschaftlichen Praxis wendet, auf Abneigung und Mißtrauen. Sie erleidet, wie Bert Röling einmal meinte, das Schicksal der Boten in Altertum und Mittelalter, denen der Herrscher den Kopf abschlagen läßt, weil sie schlechte Nachrichten oder einfach unwillkommene Nachrichten überbringen, die nicht in das Herrschaftskonzept passen. Röling, übrigens der Gründer des Ende 1992 leider aufgelösten Polemologischen Instituts an der Reichsuniversität Groningen, hatte dafür eine einleuchtende Erklärung:

„Wir wissen aus der psychologischen Forschung von den Abwehrmechanismen gegen ‚kognitive Dissonanzen', also von der Neigung, unwillkommene Informationen gar nicht erst zu empfangen oder jedenfalls nicht anzuerkennen." (*Röling* 1974: 36)

Doch ganz gleich, ob Friedenswissenschaft die ihr gebührende Anerkennung findet oder nicht: Sie trägt zu dem bei, was Elias in seinem Zivilisationskonzept so beschreibt:

„Erst mit den Spannungen zwischen den Menschen, mit den Widersprüchen im Aufbau des Menschengeflechts können sich die Spannungen und Widersprüche in den Menschen mildern. Dann erst braucht es nicht mehr die Ausnahme, dann erst kann es die Regel sein, daß der einzelne Mensch jenes optimale Gleichgewicht seiner Seele findet, das wir so oft mit großen Worten, wie ‚Glück' und ‚Freiheit' beschwören: ein dauerhaftes Gleichgewicht oder gar den Einklang zwischen seinen gesellschaftlichen Aufgaben, zwischen den gesamten Anforderungen seiner sozialen Existenz auf der einen Seite und seinen persönlichen Neigungen und Bedürfnissen auf der anderen. Erst wenn der Aufbau der zwischenmenschlichen Beziehungen derart beschaffen ist, wenn die Zusammenarbeit der Menschen, die die Grundlage für die Existenz jedes einzelnen bildet, derart funktioniert, daß es für alle, die in der reichgegliederten Kette der gemeinsamen Aufgaben Hand in Hand arbeiten, zum mindesten möglich ist, dieses Gleichgewicht zu finden, erst dann werden die Menschen mit größerem Recht von sich sagen können, daß sie zivilisiert sind." (*Elias* 1976: 453-454)

Frieden ist möglich

Wenn es denn stimmt, daß wir die Zivilisationen unserer Welt von der Antike bis heute nicht dem Krieg, sondern den kürzeren und längeren Friedensperioden verdanken, dann kann die Friedenswissenschaft in der Tat dazu beitragen, jene Prämissen und Mechanismen herauszufinden, die Frieden in Gegenwart und Zukunft auf ein sicheres Fundament stellen und dadurch den unerläßlichen Raum für die Kontrolle und Beseitigung aller anderen Faktoren schaffen, die den einzelnen Menschen und seine Zivilisation bedrohen. Doch das ist nur die eine Seite der Medaille. Die andere fordert die Mitwirkung der Menschen, ihren Beitrag zur dauerhaften Sicherung des Friedens in einer menschenwürdigen Umwelt. Über Bürgerinitiativen, Religionsgemeinschaften[128] sowie nationale und internationale Nichtregierungsorganisationen (*Non Governmental Organizations* – NGO) können sie auf die Akteure einwirken, ihre kriegskulturellen Verhaltensweisen abzulegen und zivilgesellschaftliche

128 Auf die friedensstiftende Rolle der Religionsgemeinschaften wird in diesem Buch nur insoweit eingegangen, als ihre Friedensvorstellungen, vor allem zur Zeit ihrer Entstehung, dargestellt sind. In der Praxis haben sie leider häufig eher zu Unfrieden als zu Frieden beigetragen. Das schließt nicht aus, daß Evangelische und Katholische Kirche in den vergangenen Jahrzehnten mit wissenschaftlichen Expertisen und Denkschriften auf die Friedenspolitik der Regierungen Einfluß zu nehmen versuchten. Das gilt vor allem für die Forschungsstätte der Evangelischen Studienstiftung in Heidelberg (FEST) und die Deutsche Kommission Justitia et Pax der (katholischen) Deutschen Bischofskonferenz. Auf die besondere friedenskulturelle Rolle der Gemeinschaft der Quäker wurde an verschiedenen Stellen hingewiesen.

Formen des Konfliktaustrags in den internationalen wie innergesellschaftlichen Beziehungen einzuführen. Wenn es eine Lehre auf der Geschichte von der Antike bis zur Gegenwart gibt, dann diese: Frieden ist möglich!

Einzelheiten zu allen genannten Einrichtungen der Friedens- und Konfliktforschung können über die AFB/PRIUB abgerufen werden, die ein entsprechendes Forschungsregister eingerichtet hat:

Arbeitsstelle Friedensforschung Bonn (AFB)
Beethovenallee 5 – 53173 Bonn
Tel.: 0228/356032, Fax 0228/356050, Email:
Internet: http: //www.priub.org

6 Anhang

Die für den Anhang ausgewählten Texte sollen einen Einblick in das theoretische Grundverständnis der modernen Friedenswissenschaft geben.

6.1 Im ersten Artikel von Kenneth Boulding werden die Argumente dargelegt, mit denen der Autor die Dringlichkeit einer umfassenden Erforschung der Friedensbedingungen in Vergangenheit und Gegenwart begründet. Er ist der Ausgangspunkt für die Entfaltung meiner Überlegungen zur friedenskulturellen Problematik.

6.2 Im zweiten Text von Kenneth Boulding wird eine forschungsstrategische Frage aufgegriffen, die bis heute in der Friedens- und Konfliktforschung unzureichend aufgegriffen wird, nämlich die Frage nach inter-, multi- oder transdisziplinärer Zusammenarbeit. Besonders interessant ist die Beschreibung der Beiträge, die die verschiedenen Disziplinen zur Frie denswissenschaft leisten können.

6.3 Die Geschichte des Krieges (Kurzfassung) von Quincy Wright (bereits in den dreißiger Jahren begonnen) ist der „Klassiker" der Kriegsursachenforschung. Der Text läßt unter anderem erkennen, daß noch nicht alle Aspekte dieses Zweiges der Friedenswissenschaft untersucht wurden.

6.4 Mit der gleichen Frage setzt sich Ernst-Otto Czempiel auseinander. Der Beitrag ist einerseits eine Kritik an der „Entgrenzung" des Gewaltbegriffes durch die Denkfigur der „strukturellen Gewalt"; andererseits entfaltet der Autor die seit dem Altertum bekannte These, daß Frieden untrennbar von Gerechtigkeit sei.

6.5 Mit ihrem Text „Si vis pacem, para pacem" grenzen sich Dieter Senghaas und Eva Senghaas-Knobloch ausdrücklich von der einseitigen Deutung des Friedens aus seinem Gegensatz Krieg heraus ab. Auch dieser Text bestärkt mich in meiner Auffassung, daß nicht Krieg das „Schicksal der Menschheit" ist, sondern Frieden das „Grundmuster der Gesellschaft" konstituiert.

Abschließend werden vier Grundsatzerklärungen zum Selbstverständnis der modernen Friedens- und Konfliktforschung wiedergegeben:

6.6 Das Russell-Einstein-Manifest (1955)

6.7 Die Göttinger Erklärung der Achtzehn (1957)

6.8 Die Wannsee-Erklärung zur Friedensforschung (1971)

6.9 Die Erklärung von Sevilla (1986)

6.10 Die Erklärung von Talloires (1988)

6.1 Kenneth E. Boulding: A Proposal for a Research Program in the History of Peace

Human activity, at virtually all times and places, can be divided fairly sharply into activity related to war and activity not related to war. The latter, which may be called "inclusive peace", consists of most economic life-plowing; sowing, reaping, manufacturing, buying, and selling. It includes a great deal of art, music, dance, education, a good deal of what goes on in the family, and so on. In the modern world, roughly 10 to 15 percent of human activity is devoted to war and preparations for war, as well as production and maintenance of the means of destruction; about 85 to 90 percent is devoted to "not war" or "inclusive peace". Within inclusive peace, of course, there are a great variety of situations: degrees of poverty and wealth, justice and injustice, tyranny and liberty, and the like. These distinctions are important, but they spill over the distinction between war and inclusive peace.

In the mass, war has probably always constituted a relatively small fraction of human activity; simply because in earlier days most human activity was devoted to staying alive, and because the surplus of food and other necessities, which is required for war, was very small. Today the surplus is much larger, especially in wealthy countries, and the potential for the war industry is therefore larger. In World War II, for instance, close to 42 percent of the American economy was involved in the war industry. On average, however, in the twentieth century this figure is certainly less than 10 percent.

Historians, nevertheless, have devoted a disproportionate amount of research and writing to war. This is probably because war is dramatic and is consequently often better recorded than "ordinary daily life". The economic historians, of course, give a good deal of attention to inclusive peace, simply because by far the larger proportion of economic activity is peaceful. That is not to say that economic conflict does not exist. Occasionally it breaks down into events like the Ludlow Massacre, but this is very rare. On the whole, economic activity is remarkably free of violence. Religious and cultural activity is also relatively free of violence as is sport- with the exceptions of those such as Liverpool soccer. Conflict is an almost essential component of drama, but it is rarely portrayed in the visual arts, and a great deal of poetry, especially lyric poetry, is contemplative rather than conflictual.

Many conflicts are relatively peaceful, do not result in direct violence, and are resolved or managed by other means. War is a special case of conflict. The boundary between war and inclusive peace is itself a very interesting region, a bit like the seashore or the tidal belt because it is a shifting boundary. It is managed by such means as diplomacy, negotiation, skill in establishing integrative relationships, and so on. This region has received little attention.

We are now in a period of human history in which war can no longer be tolerated because of the ever-present danger that it can break down into the total destruction of nuclear war. On a smaller scale, a similar change in military technology has happened before, for instance, with the invention of gunpowder, which destroyed the feudal system very rapidly and created national states. Now the nuclear weapon and the long-range missile have done for the institution of unilateral national defense pretty much what gunpowder did for the feudal baron. These have rendered military defense incapable of providing any security; they can lead only to mutual destruction. Stable deterrence is an illusion. Deterrence can be stable in the short run, but it cannot be stable in the long run and never has been. We are a society on death row under indeterminate sentence of death. Nuclear war could occur tomorrow or 200 years from now, but the probability is always there, and anything with a positive probability will eventually happen.

Our images of the future are inevitably derived from our images of the past, for we have had no experience with the future. There are two problems here. One is the question of how we derive our images of the past from our own experience of it, memory, reading, formal education, our conversations with others, and so on. Both our personal images of the past and what might be called the "collective image" in the minds of all the members of human society constantly change as time goes on. In part, images of the past change because the future becomes the past and is added to it. They also change as a result of scholarly research as new records are discovered in archaeological digs, old libraries and attics, and as new interpretations are made from analyses of existing records.

The second question is how we derive our images of the future from our images of the past. In systems with very stable parameters, we can make projections, as in celestial mechanics and the prediction of eclipses. In cases in which the parameters are not stable and are subject to unpredictable change, the future has irreducible uncertainty. In any system where information is an essential element, indeed the future always has an element of surprise in it, and prediction itself may change the system. The development of images of the future from our images of the past is particularly difficult in a situation like the present, in which we have had a system change and a sharp change in the parameters of the system. Under these circumstances, the immediate past is a very poor guide to the future. We need to have a larger image of a longer past, so that we can detect those episodes in the past that most closely resemble our present situation. In cases in which the present situation is genuinely unprecedented – as in many ways the present situation of the world is – the problem of developing images of the future with reasonable accuracy becomes even more difficult, perhaps even impossible, and we have to fall back on the understanding of the large, general principles that govern the process of society over time.

Therefore, in the interest of human survival, there is a desperate need to develop images of the relevant past (which may go back a long way) that are more accurate than those that most people have today. These images should particularly stress what might be called the "other side" of history, in which peace is seen essentially as the norm, and war is seen as an interruption in the long process of the development of knowledge and skill, especially in the management of conflict.

It may be that this proposal challenges the subculture of historians in a way that some perceive as threatening. The raw material of historians is the existing record of the past in its many different forms: writing, art, architecture and human artefacts of all kinds – bones, fossils, even carbon 14. It is not surprising that historians tend to take this record somewhat for granted without inquiring too much into what kind of sample it represents. The sad truth is that the records of the past are not only an extremely small sample of the totality of the reality that created them but also a very biased sample, particularly biased by durability. What leaves no record may quite properly be thought of as no business of the historian. Events that leave no records, however, may be just as significant to our understanding of the past as events that do. We cannot escape the problem, however, of correcting for imperfections in a sampling of the world, difficult as this may be. Fortunately the human mind is blessed – and occasionally cursed – by an extraordinary facility for imagination. We have some capacity for distinguishing between the possible and the impossible, or even between the more probable and the less probable, in our images of the world. When records are not available, we may have to fall back on fiction – a remarkable, though not always appreciated, capacity of the mind. It is rather clear that Mr Pickwick never existed except in the mind of Charles Dickens. Thus, there are no historical records of him. Conversely he might have existed, and our image of nineteenth-century England would be incomplete without him, for what might be is as much a part of the system as what was or is. Historians probably do more writing of fiction than they admit, but they should not be too ashamed to confess this; perhaps they should be ashamed of hiding it.

Of the 80 billion human beings or so who ever lived – and that number is at least in part a work of fiction or speculation-only a very small proportion have left any records whatsoever. I have never seen any estimates of how many of these 80 billion have had recorded names, but the number must diminish very rapidly as we go back through the centuries. The proportion of warriors whose existence has been recorded is probably much larger than the proportion of farmers. It is not surprising, therefore, that the history of peace does not get written. Partly this is because it is simply not in the historical record.

This bias in the record is apt to cause a great overestimation of the importance of destructive power, threat power, and military power in the total pattern of human activity in space-time. Economic historians do pay a good deal of attention to productive power in the development of productivity and exchange. This has resulted in a more than exponential increase of the total stock of human artefacts, of which weapons are a very small part. However, there is another form of power, the history of which has been almost completely neglected. This may be called "integrative power", the power that arises from persuasion – the ability to invoke loyalty, respect, affection, love. This is the power, ironically enough, that creates armies and underlies the whole institution of organized war, and it is the power that underlies the rise of the great world religions, of art, of poetry, architecture, philosophy ... all those things we think of as civil, to which things military are but an appendix. Certainly the history that has been taught in schools throughout the world produces a very different picture of the past than its most probable reality. Historians are surely responsible for some of these false images.

The following topics are suggested as illustrative of areas that peace historians might study:

1. The incidence of peace and organized violence in Paleolithic, early and late Neolithic societies, and historically recorded hunting-gathering societies. This might be a joint project with anthropologists.
2. The relation of human demography to war and peace. This is a very large, but very important subject which has been much neglected. The expansion of the human race from its presumed origins in Africa to all the other habitable continents, the timing of which is still somewhat obscure, suggests that the opportunity for flight into relatively unoccupied territory is an important aspect of the structure of human conquest and conflict. The evolutionary process tends to operate differently in geographically expanding ecosystems than it does in geographically contained ones, like the Oceanic Islands. The same would be true of cultural evolution, as exemplified, for instance, by the spread and differentiation of languages. Why some cultures have expanded geographically and others have not is very puzzling and has something to do with the dynamics of war and peace.
3. The impact of the development of agriculture on the incidence of war and peace. This would include the impact of the surplus of storable food from agriculture on not only the rise of cities but also on the development of armies, which are, after all, movable cities. A study of the organization and bureaucracies of the early empires would be illuminating.
4. There seem to be two patterns of development following military conquest. In one case, the conquerors destroy the culture of the conquered peoples and impose their own culture on them, extending even to language. The spread of Arabic as a result of the conquests by Islam would be a good example, although why Arabic was imposed on the ancient civilization of Egypt – when it did not succeed in imposing itself on Persia, India, or Indonesia – is an interesting question. In a second pattern of conquest, the conquered absorb the conquerors into their culture. China is perhaps the most spectacular example of this; the Chinese seem to have turned all their conquerors into Chinese. There may be other examples. The Vikings who conquered Normandy became French, and when they conquered England

they became English. Conversely, both the Spanish and the English conquerors imposed their language and culture on the Americas, though some earlier languages and cultures survived as subcultures within the larger society. Just what constitutes the "unconquerableness" of a culture is very hard to identify, and some careful historical studies would certainly shed light on this interesting perplexity.

5. Episodes of the diminution (or rise) of internal violence within countries or regions: Germany after the Treaty of Westphalia in 1648, the Tokugawa period in Japan, the Tudors in England, the cycles of internal violence in China, and other examples.
6. The impact of technical changes in weaponry and defensive structures, as well as the influence of changes in the means of transportation of the mode of destruction and the impact of these changes on the extent of political organization. For instance, was it the effective cannon that essentially led to the disappearance of the feudal castle and the feudal baron? The disappearance of duelling after the development of the effective pistol would be another very interesting and instructive study, as would an investigation of the rise and fall of cavalry as a means of destruction. In general, an understanding of the seesawing between improvements in offensive weapons and in defensive structures, with the offensive ones usually winning out, would be of great value.
7. The role of religion, especially the world religions, in peace and war. This is a very large subject, but many aspects of it would be most illuminating, particularly how religious ideas create the willingness to sacrifice and take risks. Some possible specific studies would include:

a) How effectively did the "truce of God" work in Christian Europe in the early Middle Ages?
b) How did the Treaty of Westphalia in 1648, which ended the extraordinarily destructive Thirty Years' War, come about? (There are parallels here to our own time in the ideological conflict between the United States and the Soviet Union, which in turn has some parallels to the Catholic-Protestant controversy.)
c) How did Islam in its early days mobilize such an extraordinary integrative power, especially in the Arab world, and why was it accepted beyond the Arab world (for instance, in Persia, India, and Indonesia)? Why did this power fail in Spain? After being dynamic in its first seven centuries or so, why did Spain become a culture that discouraged the rise of modern science? Were the Mongols or the Turks responsible for this and, if so, how?
d) Does Buddhism have the best record of the world religions for internal peace, and if so, why?
e) Does Marxism have any of the aspects of a religion, and what accounts for its remarkable success? (The parallel with Islam is quite interesting)

8. The "gentling" process in human history. How, for instance, did the feudal baron or Hagar the Horrible turn into a courtier, the glory-driven dueller into a civil gentleman, the terrorist into a civil government, the ruffian into a polite member of society? Has religion played a role here? And what other factors have been influential?
9. Withdrawals from warlike activity, for instance, into monasticism, the peace churches, and trade and finance. How do niches open up in society to accommodate this type of activity and organization?
10. The social, cultural, and economic consequences of military defeat. The history textbooks tend to glorify victory and present defeat as a disaster, whereas there are many examples of military defeat being followed by successful economic development and a cultural upsurge. It was not the victory at Marathon but the utter defeat of Athens ten years later that may well have set off the extraordinary cultural explosion of Greece in the next 150 years, from Euripides to Euclid. The capture of Constantinople, and the elimination of Byzantium, by the Turks in 1453 is sometimes credited with sparking the Italian Renaissance, and it is perhaps significant that it almost coincides with the births of Christopher Columbus and Amerigo Vespucci (1451). One thinks of Edinburgh after the crushing defeat of the Scots at Culloden, with the economic upsurge that produced the new town, Adam Smith, Hume, and an extraordinary cultural upsurge. One thinks also of Paris after 1871, following France's defeat by Germany, when it became the cultural capital of the world for at least two generations, while Germany stagnated culturally. Then, economically, it was Japan and Germany that won World War II, after France's military defeat. Counter-examples can unquestionably be given-perhaps Carthage – but this whole area is one requiring very careful historical study.
11. Comparative studies of societies that are similar in a great many respects but differ in their historical patterns of internal violence and development. Argentina and Australia would be two examples.
12. Transformations of national images. Sweden would be an interesting example, with its conversion from an imperial, aggressive military power to a civil, peaceful, neutral society enjoying remarkable economic success and rising indeed from one of the poorer countries in Europe to one of the richer in a little over 100 years. Coupled with this perhaps would be a history of "defensive defens", for instance, in Switzerland and similar societies that have specialized in diminishing the threat of others rather than increasing their threats to others.
13. The economics of the war industry. This area has received a fair amount of attention in recent years, but on a larger historical scale much remains to be done. More work is needed on the extent to which large war industries have prevented economic development, especially by what might be called a "cancer effect". That is, the development of a large internal brain drain into the war industries, which prevents the utilization

of these resources for economic development. The economic costs of being a great power, and of empire for the imperial power, have received some attention but could benefit from much more historical work. The evidence suggests certainly that in the nineteenth and early twentieth centuries, empire was a severe economic drain on all the imperial powers and that the countries that did not indulge in empire, like the Scandinavian ones, did much better economically than the great powers. A good history of how the Spanish Empire crippled Spain economically for almost 400 years is needed. Studies exploring the cost to the Russians and to the Chinese of their empires would also be very interesting.

14. The history of peace movements, especially before about 1820. There are very few studies of peace movements before the nineteenth century, perhaps because of the absence of records. The role of the ideas of peace in the great world religions is an area particularly in need of further study.
15. The rise of stable peace since the middle of the nineteenth century, first probably in Scandinavia, spreading to North America after about 1870, then to Australasia, Japan, and Western Europe after World War II. Stable peace is a situation in which two independent countries have no plans whatever for going to war with each other or, if they do, such plans are well laden with dust. Stable peace, on the whole, has not been the result of peace movements but of shifts in national images and what is believed to be the national interest. A study of beliefs about national interests would be a very important part of a larger study of stable peace, which historians seem to neglect. The assumption that national interest is something objective is nonsense. The national interest is what the nation is interested in, and this can change noticeably over time, as we have seen, for instance, with Sweden, in which the imperial powers abandoned their empires; with the shift between isolationism and interventionism in the United States; and many other examples. This study should be given a very high priority; it is considerably relevant to the present world situation. Alt these suggestions are merely illustrative; some of them may be the fantasies of a non-historian, and many others will undoubtedly emerge.

This program in the history of peace will require the collaboration of historians of many kinds who know how to handle the records of the past: military; political, diplomatic, economic, cultural, and other historians. The project also needs the input of theoreticians, who will ask of history those questions that need to be but seldom are asked by professional historians. It will also involve collaboration with the social sciences.

aus: Peace & Change. A Journal of Peace Research, Vol. 14. No. 4, October 1989, S. 461-469.

6.2 Kenneth E. Boulding: Möglichkeiten und Grenzen interdisziplinärer Friedensforschung

Dieser Beitrag sollte vorrangig als meine persönliche Meinung angesehen werden. Ich stütze mich dabei auf die allgemeinen Konzepte interdisziplinärer Forschung und versuche das einzubringen, was ich im Laufe meiner langjährigen Erfahrung mit der Friedensforschungsbewegung, der ich seit ihren frühesten Tagen verbunden bin, von anderen Disziplinen gelernt habe. Im Grunde ist interdisziplinäre Forschung nur das, was im eigenen Kopf vor sich geht. Leider hatte ich nicht die Zeit, die interdisziplinären Vorstellungen zu überprüfen, die in den Köpfen aller Friedensforscher vorzufinden sind. Die nachstehenden Überlegungen sollten deshalb als ein höchst unvollständiges Essay betrachtet werden, als ein Beispiel aus einer Reihe individueller Untersuchungen über die Auswirkung interdisziplinärer Aktivitäten auf das Denken bestimmter Individuen. Man könnte es vielleicht als den ersten Versuch zu einer „Naturgeschichte" interdisziplinären Denkens bezeichnen. Es handelt sich also nur um meine persönlichen Eindrücke, die möglicherweise Teil einer umfassenderen Geschichte und Beschreibung interdisziplinärer Forschung sein können. Das Unternehmen Friedensforschung stellt sich mir als eine lose, weitgehend amorphe Gruppe von Menschen dar, die über die ganze Welt verstreut sind. Sie sind zwar regional auf Nordamerika, Westeuropa, Japan und Indien konzentriert, doch finden wir auch vereinzelte Forscher in sozialistischen Ländern und anderen Kontinenten, die den Kontakt mit dem unsichtbaren Kollegium halten. Auch ist es nicht leicht zu sagen, wer wirklich Friedensforscher ist und wer nicht. An dem einen Ende der Skala verschmilzt die Friedensforschung fast unmerklich mit den Vertretern der allgemeinen internationalen System- und Konfliktforschung, am anderen Ende ist die Grenze fließend hin zu radikalen, aktivistischen und sozialistisch engagierten Gruppen, denen es manchmal mehr um die Verbreitung fest verwurzelter Ideologien als um die Anwendung wissenschaftlicher Methoden geht. Der Kern der Friedensforschungsbewegung besteht jedoch aus einer Gruppe von Personen, die sich wissenschaftlichen Methoden zur Untersuchung sozialer Systeme und der praktischen Anwendung ihrer Erkenntnisse zur Verbesserung der Lage der Menschheit mit Blick auf die Minderung der Kosten von Konflikten – vor allem der gewaltträchtigen und destruktiven Aspekte dieser Konflikte – verpflichtet fühlen.

Diese Gruppe war von Anfang an interdisziplinär orientiert. In einer kürzlich erschienenen Bibliographie der Friedensforschung (1) habe ich eine Grobeinschätzung der fachlichen Zugehörigkeit der betroffenen Wissenschaftler vorgenommen. Es ist manchmal recht schwierig, diese Identifizierung vorzunehmen, weil Friedensforscher oft keiner bestimmten Disziplin zuzuordnen sind oder zunächst in einer Disziplin tätig werden, dann aber zu einer anderen überwechseln. Nach dieser Grobeinschätzung würde ich etwa 35% der Friedensforscher den politischen Wissenschaften zuordnen, 21% der Soziologie, 14% dem Recht und dem Völkerrecht, 8% der Systemforschung und jeweils knapp 6% den Wirtschaftswissenschaften, der Geschichte, der Psychologie und der Anthropologie. Der hohe Prozentsatz an Politikwissenschaftlern ist nicht überraschend, wenn man bedenkt, daß Krieg und Frieden Phänomene sind, die man primär mit politischen Einheiten in Verbindung bringt. Die interdisziplinäre Ausrichtung der Friedensforschung ist aber keinem Zweifel unterworfen. Dafür gibt es überzeugende Gründe. So könnte man argumentieren, daß angewandte sozialwissenschaftliche Forschung zwangsläufig interdisziplinär angelegt sein muß, einfach weil das soziale System unteilbar ist: jede Disziplin erforscht einzelne Aspekte dieses Systems, aber jedes echte Weltproblem tangiert immer das Sozialsystem als ganzes. Die Anwendungsbezogenheit der Friedensforschung erzwingt deshalb ihre Interdisziplinarität. Das gilt für die Arbeitsbeziehungen, die Entwicklungsforschung, die Kriminalistik, die Umweltforschung ebenso wie für jedes andere Praxisfeld. Jedes Praxisfeld hat wirtschaftliche, soziologische, politische und juristische Aspekte, zu seiner Erforschung bedarf es der Mitwirkung von Historikern und Geographen, denn bei dem Forschungsgegenstand handelt es sich um etwas, das sich durch Zeit und Raum vollzieht. Er betrifft generell Systeme, insoweit theoretische Systeme über den Bereich einer einzelnen Disziplin hinaus reichen. Und er betrifft umfassendere philosophische und ethische Überlegungen, weil alle sozialen Systeme mit menschlichen Werten und Bewertungen verknüpft sind.

Die Feststellung, die Friedensforschungsbewegung sei hinsichtlich der Beteiligten und der zur Lösung anstehenden Probleme interdisziplinär angelegt, ist eine Sache. Eine ganz andere Sache ist die Frage, ob sie mit Blick auf Inhalte und Ergebnisse als interdisziplinär bezeichnet werden kann. Ich fürchte, wir müssen eingestehen, daß die Inhalte von Veröffentlichungen der Friedensforschung weit weniger interdisziplinär als die Friedensforscher selbst ausgerichtet sind. Im großen und ganzen gesehen betreiben Politologen Politologie, Soziologen Soziologie, Ökonomen Ökonomie und so weiter und so fort. Sowohl im Bereich der Theorie wie auch in dem der Empirie bleibt auch die Friedensforschung dem einzeldisziplinären Charakter unterworfen, der die gesamte Szene der Sozialwissenschaften beherrscht. In dieser Hinsicht ist Friedensforschung nicht besser und nicht schlechter als jede andere angewandte Wissenschaft und auch dafür gibt es gute Gründe oder zumindest Entschuldigungen. Das Sozialsystem der Welt in seiner Gesamtheit ist zwar einerseits eine Einheit, andererseits derart breit und komplex, daß es äußerst schwierig ist, theoretische Modelle zu entwickeln. die es in dieser Gesamtheit erfassen. Hinzu kommt, daß die einzelnen Disziplinen der Sozialwissenschaften ihre jeweils eigene Geschichte und in erheblichem Ausmaß auch ihre eigene Methodologie haben.

Die Anthropologie beispielsweise beruht fast ausschließlich auf der Technik kontinuierlicher Beobachtung mittels Informanten, die der zu erforschenden Kultur angehören. Die Soziologie verfügt über eine ausgeklügelte Technik der Befragung und der Auswertung sozialer Statistiken. Ökonomen verlassen sich meistens auf quantitative Informationen, die hauptsächlich von dritter Seite – Steuerbehörden und statistischen Ämtern – bereitgestellt werden. Demographen hängen natürlich auch von statistischen Ämtern, von Geburten- und Sterberegistern, von Gesundheitsstatistiken und dergleichen ab. Die Politikwissenschaft ist gespalten. Die ältere Schule zieht historische Daten und beschreibende Analysen heran, die jüngere Schule bemüht sich – wahrscheinlich unter dem Eindruck der Quantifizierungsmethoden, die sich in anderen Sozialwissenschaften durchgesetzt haben – um Quantifizierung politischer Daten und Entwicklung einer polimetrischen Wissenschaft. Auch die Geschichtswissenschaft blickt auf eine lange Tradition individueller Interpretation historischer Geschehnisse zurück. Aber auch in diesem Fach gibt es eine neue Bewegung der Cliometrie, die versucht, historische Daten, vor allem demographische, ökonomische und zunehmend sozialgeschichtliche Daten quantitativ auszuwerten. In der Geographie wiederum treffen wir auf eine Fülle höchst unterschiedlicher Methoden, die zur Folge haben, daß wir uns einer Reihe unabhängiger Disziplinen – von der physikalischen Geographie bis zur Sozialgeographie – gegenübersehen. Auch die Psychologie ist ein loser Verband nahezu unabhängiger Disziplinen, die von der experimentellen Tierpsychologie über die Psychoanalyse bis zur klinischen Psychologie reichen und die allesamt über ihre eigenen Methodologien und eigene theoretische Grundlegungen verfügen. Die Sozialpsychologie konzentriert sich zumeist auf Experimente mit Kleingruppen und ist methodologisch auf die Identifizierung der Beziehungen zwischen einer relativ kleinen Zahl sozialer Variablen ausgerichtet.

In der Tat ist es schwierig, angesichts eines solchen Durcheinanders wirklich interdisziplinär arbeiten zu wollen. Der einzelne Forscher kann die Fülle dieser methodologischen und theoretischen Ansätze kaum meistern. Sie decken in der Regel nur einen bestimmten Ausschnitt der Aspekte des sozialen Gesamtsystems ab und schließen die anderen Aspekte aus. So ist beispielsweise eine Tendenz zu erkennen, die ich als Imperialismus der Ökonomen bezeichnen möchte, weil sie versucht, die Gesamtheit der Sozialwissenschaften für die Ökonomie zu vereinnahmen, also etwa die Soziologie bei der Anwendung eines verallgemeinerten Theoriekonzepts der wirtschaftlichen Austauschbeziehungen oder die Politologie bei der Entwicklung von Theorien des öffentlichen Kaufverhaltens. Natürlich kann eine ökonomische Theorie in vielfacher Weise verallgemeinert werden, doch bleibt sie dennoch auf das Phänomen der Austauschbeziehungen beschränkt. Dieses ist in der Tat ein allgemeines soziales Phänomen, aber keineswegs die einzige Sozialbeziehung; es kann deshalb auch nicht als Universalerklärung für alle sozialen Phänomene angeführt werden.

Die Aufspaltung der Forschung über soziale Systeme in so vielfältige Disziplinen kann teilweise historisch mit dem Versagen der Ökonomie, die

Fülle der Aspekte des sozialen Lebens zu umfassen, erklärt werden. Die Ökonomie war ohne Zweifel die erste Sozialwissenschaft (wenn wir einmal von der klassischen und mittelalterlichen Jurisprudenz absehen). Seit der Mitte des neunzehnten Jahrhunderts haben sich Psychologie und Soziologie jener Bereiche des sozialen und humanen Lebens angenommen, die von der Ökonomie ausgeklammert wurden. Die politischen Wissenschaften haben eine komplexere historische Entwicklung hinter sich. Man könnte davon ausgehen, daß Machiavelli, Montesquieu und Locke das Fundament für die Politikwissenschaften gelegt haben, so wie dies Adam Smith ein Jahrhundert später für die Wirtschaftswissenschaften tat. Die moderne Politikwissenschaft als selbständige Sozialwissenschaft datiert freilich auch erst seit der zweiten Hälfte des vergangenen Jahrhunderts und hat ebenfalls einen Freiraum belegt, der entstand, als die Wirtschaftswissenschaften aufhörten, politische Ökonomie zu sein, und ihr Forschungsgebiet auf Preissysteme und verwandte Fragestellungen verengten. Die Anthropologie als die Wissenschaft von den primitiveren Gesellschaften nahm in der zweiten Hälfte des neunzehnten Jahrhunderts eine neue Entwicklung und belegte ebenfalls ein frei gebliebenes Feld des intellektuellen Ökosystems.

Die Parzellierung der Forschung über die Gesellschaft in vier oder fünf verschiedene Disziplinen gab ihr eine Dynamik, die sicher nicht zustande gekommen wäre, wenn die Sozialwissenschaften ein einheitliches Denksystem geblieben wären. In jeder Disziplin wirkte eine ausreichende Zahl von Wissenschaftlern, um eine intellektuelle Subkultur entstehen zu lassen, in der sich eine kritische Forschung entwickeln konnte. Die Erweiterung von Kenntnissen unterliegt wie jeder andere allgemeine evolutionäre Prozeß dem Gesetz von Mutation und Selektion. Der Mutation entspricht die Einbringung neuer Ideen, neuer Theorien und neuer Daten, der Selektion die Kritik dieser Neuerungen, ihre Zurückweisung oder ihre Akzeptierung durch das Fachkollegium. Diese Kritik ist es, die die Disziplin zur Disziplin macht. Die große Gefahr der Interdisziplinarität liegt gerade darin, daß sie der Disziplinlosigkeit Vorschub leistet, wenn es keinen organisierten Rahmen für die kontinuierliche kritische Selektion der Ideen, Theorien und Daten mehr gibt. Ich habe die Disziplin bewußt als eine intellektuelle Subkultur definiert, in der ein junger Mensch durch Anerkennung eines erfolgreichen Nachweises möglicher Irrtümer seiner Kollegen, vor allem der älteren Kollegen, aufsteigen kann. So lange der persönliche Erfolg unabweisbarer Kritik gewährleistet bleibt, dürfte es schwer sein, sich mit schlechten Arbeiten, unzureichenden Theorien, falschen Analysen und unvollständigen Daten hervorzutun. In einem breiteren Bereich ist solche Disziplin sehr viel schwieriger einzuhalten, ganz einfach weil es schon aus Gründen der Kommunikation eine optimale Größe der Disziplin geben muß. Wenn sie zu groß wird, dann wird sie entweder in Subdisziplinen zerfallen, wie wir es immer wieder beobachten konnten, oder den Charakter der Disziplin verlieren und der Disziplinlosigkeit weichen. Die enorme Fülle an Unsinn, die nette, redegewandte und wohlmeinende Hüter der Menschheit und ihrer Zukunft öffentlich von sich geben, bezeugt den hohen Wert der Disziplin und die Gefahr, wenn man auf sie verzichtet.

Für die disziplinierten Disziplinen haben wir freilich einen Preis zahlen müssen, nämlich die erwähnte Tendenz in der empirischen Forschung, sich in Einzeldisziplinen zu zersplittern, oft ohne Rücksicht auf die Tatsache, daß für eine umfassende Beschreibung und Behandlung aller Teile des sozialen Systems die Anwendung der methodologischen Ansätze vieler Disziplinen erforderlich ist. So gehören heute Bankwesen, Gesellschaftsrecht und Arbeitsbeziehungen zur Wirtschaftswissenschaft; Familien-, Religions- und Verbrechensforschung haben sich bei der Soziologie angesiedelt; staatliche Beziehungen, Gemeindeautonomie und internationale Organisationen sind bei der Politikwissenschaft untergeschlüpft; Kleingruppenforschung ist Sache der Sozialpsychologen, Dokumentenforschung der Historiker, Kartographie der Geographen und Rattenverhalten der Psychologen.

Als Folge dieser disziplinären Aufsplitterung werden wichtige Aspekte der empirischen Forschung vernachlässigt. Beispielsweise ist es sehr selten, daß sich ein Soziologe oder Anthropologe oder selbst ein Politologe mit Bankproblemen befaßt. Bankiers gleichen jedoch in vielem einer primitiven Gesellschaft mit Tabus und Gebräuchen; sie haben ihre eigenen politischen Strukturen, ausgeklügelte Hackordnungen und Kommunikationsregeln, die kaum jemals untersucht wurden. Ich kenne nur eine Untersuchung einer Bank durch einen Politologen, die höchst aufschlußreich war. Mir ist keine Untersuchung des Bankwesens durch einen Anthropologen bekannt. Wenn Ökonomen das Banksystem untersuchen, stützen sie sich lediglich auf Zahlenmaterial aus zweiter Hand. Nur selten befragen sie Bankiers, erkundigen sie sich nach deren Freunden, versuchen sie herauszufinden, wer und was wirklich die Entscheidungen eines Bankiers bestimmt. Das Forschungsfeld Bank wird auf diese Weise steril und formal. Noch schlimmer ist, daß eine Reihe empirischer Fakten in den Rissen zwischen den Disziplinen einfach verlorengeht. Wer untersucht schon die Soziologie des Marktes oder die Psychologie der Preiserhöhung, die wirtschaftlichen Interessen der Kirchen, wer rückt politikwissenschaftlich den Gewerkschaften zu Leibe? Allmählich bildet sich zwischen den Disziplinen ein Niemandsland heraus. Die ökonomische Soziologie ist beispielsweise ein solcher Wüstenstreifen; wer sich da hineinwagt, läuft Gefahr, von beiden Disziplinen abgewiesen zu werden. Politische Ökonomie ist eine alte Disziplin, die in den letzten Jahren wieder etwas aufgelebt hat. Politische Soziologie beginnt, sich gerade als Disziplin durchzusetzen. Im Grunde ist niemand zuständig, sich der Gesellschaft als Gesamtheit anzunehmen, vielleicht mit Ausnahme der Philosophen, die freilich alles tun, um den Dingen nicht allzu sehr auf den Grund zu sehen – aus Sorge, sie könnten auf etwas stoßen, was nicht die Billigung der logischen Positivisten der Wiener Schule findet.

Eine Reaktion auf diese Situation war der Versuch, eine Interdisziplin der Systemforschung aufzubauen. Die Bewegung der Systemforschung, die einige Berührungspunkte mit der Friedensforschungsbewegung aufweist, verdankt ihr Entstehen zu einem großen Teil dem verstorbenen Biologen Ludwig von Bertalanffy. Ihr offizieller Geburtstag kann auf die Gründung der späteren *Society for General Systems Research* im Dezember 1954 datiert werden. Sie entstand mehr oder weniger zufällig. Vier Personen interessierten sich für das Problem theoretischer Sy steme, die auf mehr als nur eine Disziplin Anwendung finden können (das war unsere erste Definition eines Allgemeinen Systems), trafen zufällig im *Center for Advanced Study in the Behavioral Sciences* in Stanford (1954/1955) zusammen, entdeckten ihr gemeinsames Interesse und beschlossen, eine Gesellschaft zu bilden. Die Gründerväter waren: der bereits genannte Bertalanffy, Biologe; Anatol Rapoport, Mathematiker, Netzwerk- und Spieltheoretiker; der inzwischen verstorbene Ralph Gerard, Physiologe; und ich selbst, Ökonom. Die Gesellschaft bewährte sich; sie veröffentlicht ein Jahrbuch und eine Zeitschrift. Inzwischen wurde eine weitere Zeitschrift gegründet, obwohl sich die Allgemeine Systemforschung (*General Systems*) in der universitären Rollenstruktur noch nicht endgültig legitimiert hat. Eigentlich überlebt sie nur als Folge eines gewichtigen Nebeninteresses von Wissenschaftlern, die ihren Unterhalt in anderen Disziplinen verdienen.

Die Philosophen zeigten sich über diese Entwicklung nicht sehr erfreut, weil sie zurecht fürchteten, daß jemand in ihr Gebiet eindringt und dort, wenn auch noch unzureichend, das tut, was sie selbst zu tun versäumten. Physiker und Chemiker zeigten sich mehr oder weniger desinteressiert. Sie halten sich für die Aristokraten unter den Wissenschaftlern und sind nur schwer zu überzeugen, daß auch sie von anderen etwas lernen könnten. Nur einige Biologen, Sozialwissenschaftler und eine beträchtliche Zahl an Praktikern – Ingenieure, Ärzte, Architekten, Ökologen, Kommunikationsexperten u.a.m. – haben inzwischen herausgefunden, daß die Beschäftigung mit Allgemeiner Systemtheorie überaus nützlich sein kann, um den eigenen Horizont zu erweitern und zu erfahren, was in anderen Disziplinen vor sich geht. Ob sich daraus wirklich eine eigene Disziplin entwickeln wird, bleibt abzuwarten. Jede erste Generation einer neuen Wissenschaft neigt zu Selbstüberschätzung und Disziplinlosigkeit. So dauerte es beispielsweise vierzig Jahre, bis das Hauptwerk von Adam Smith, *The Wealth of Nations*, ernsthafter Kritik unterzogen wurde. Es kann sein, daß auch die Allgemeine Systemtheorie sich der entscheidenden Phase kritischer Bewertung, Selektion und Disziplin nähert. Sie umfaßt ein sehr viel weiteres Feld als die üblichen Theorien sozialer Systeme, auch wenn diese natürlich gewichtiger Teil der allgemeinen Theorie sind und zusammen mit geologischen, meteorologischen, physikalischen und chemischen Systemen in den Rahmen der Biosphäre eingebettet sind. Selbst das soziale System als solches kann von seiner umfassenderen Umwelt nicht isoliert werden, wie wir gerade in unseren Tagen der Energiekrisen und ökologischen Schwierigkeiten feststellen müssen.

Es gibt wirklich keine interdisziplinäre Methodologie, wenn man einmal von statistischen Erhebungen absieht, deren Prinzipien natürlich für quantitative Untersuchungen in allen Disziplinen Geltung haben. Und es gibt mit Sicherheit keine besondere Methodologie für den Bereich der Friedensforschung. Jede Untersuchung bedarf der Methodologie, die sich aus der Sicht des Forschers, seines Ansatzes und seiner Fähigkeit am besten eignet. Der Methodenfächer reicht von der reinen Theorie und abstrakten Philosophie über Repräsentativumfragen, Interviews, anthropologische Studien, beobachtende Teilnahme bis zur statistischen Feinuntersuchung sozialer und ökonomischer Daten durch Korrelat- und Faktorenanalyse. Jede Methodologie, die im Bereich des Sozialsystems anwendbar ist, ist auch für die Friedensforschung brauchbar.

Wenn irgend etwas die Krieg-Frieden-Beziehung im Sozialsystem auszeichnet, dann ist es die Tatsache, daß sich die Entscheidungen auf eine kleine Gruppe mächtiger Entscheidungsträger konzentrieren. Das Element der unvorhersehbaren Reaktion ist deshalb besonders stark ausgebildet, desgleichen der Interaktionsprozeß zwischen den Entscheidungsträgern. Die im wirtschaftlichen Bereich geltende Annahme, daß angesichts der Vielzahl von Entscheidungsträgern die individuellen Eigenheiten kaum eine Rolle spielen, hat deshalb in diesem Bereich keine Geltung. Es muß folglich etwas über die Einschätzung des internationalen Systems im Sinne des *Mehr-Körper-Problems* ausgesagt werden. Das ist das schwierigste Problem in jeder Wissenschaft, ganz gleich ob es sich um Natur- oder Sozialwissenschaften handelt. Ein Ein- oder Zwei-Körper-Problem kann präzise bestimmt und gelöst werden. Ein Viel-Körper-Problem, etwa die Molekulartheorie der Gase oder die Ökonomie des Marktes, kann auch gelöst werden, weil sich die individuellen Eigenschaften der einzelnen beteiligten Körper gegenseitig aufheben und darum vernachlässigt werden dürfen. Wirklich schwierig sind die Drei-, Vier- oder Fünf-Körper-Probleme, auf die wir meistens bei den Interaktionsprozessen stoßen, die Krieg oder Frieden bestimmen. Auf dieser Ebene greift im Grunde kein methodischer Ansatz, nicht nur, weil die Systeme so überaus komplex sind und eine Vielzahl möglicher dynamischer Raster zulassen, sondern auch, weil die unvorhersehbaren Faktoren individueller Entscheidungen sich eben nicht aufheben, vielmehr sich manchmal gegenseitig verstärken, manchmal auch nicht.

Aus diesem Grunde dürfen wir keine schnellen Antworten oder einfachen Lösungen auf diese Art von Problemen erwarten. Am ehesten dürfen wir eine Klärung der Problemlage erhoffen. Im übrigen muß die Forschung darauf bedacht sein, jede nur mögliche Änderung im System zu erfassen. Vorhersagen sind in solchen Systemen außerordentlich schwierig. Theoretisch sind sie sogar ausgeschlossen, von Allgemeinheiten einmal abgesehen. Allenfalls können Informationen gesammelt und ausgewertet werden, die dann eine Art Frühwarnsystem ermöglichen, eine Radaranlage, die uns vor Hindernissen und Schwierigkeiten innerhalb einer vernünftig absehbaren Zeitspanne warnt. Am anderen Ende der Skala kann uns die Forschung vielleicht Erkenntnisse über bestimmte allgemeine Charakteristiken des Systems vermitteln, die den Übergang von einem System zu einem anderen erleichtern, also etwa von einer labilen in eine stabilere Friedenssituation.

Interessanter als das Problem der Methodologie ist die Frage, ob in den vergangenen fünfundzwanzig Jahren die Friedensforschungsbewegung irgend etwas hervorgebracht hat, das einer allgemeinen Theorie des Friedens, des Krieges und der Konflikte im internationalen System nahekäme. Friedensforschung ist in einem hohen Maße individualistisch ausgerichtet und unter den Friedensforschern gibt es eine Fülle theoretischer Positionen. Dennoch habe ich gelegentlich das optimistische Gefühl, daß sich aus dieser Vielfalt und aus diesen Interaktionen etwas abzeichnet. Ohne Zweifel gibt es weiterhin große Unterschiede zwischen den nordamerikanischen und europäischen Forschungsansätzen, zwischen sozialistischem und liberalem Forschungsverständnis, zwischen denen, die ideologisch gefärbt scheinen, und jenen, die das Methodologische betonen. Trotz solcher Verwirrung scheint sich etwas abzuheben, das ich einmal formulieren möchte. Diese Formulierung verpflichtet natürlich nur mich persönlich und manch einer wird mit mir nicht übereinstimmen, aber ich kann mir nicht helfen, ich habe das Gefühl, daß irgend etwas vor sich geht.

Von den Ökologen habe ich gelernt, daß das soziale System auf einer äußerst komplexen Interaktion beruht, an der Personen, materielle und organisatorische Artefakte sowie biologische, physikalische und chemische Prozesse aller Art beteiligt sind. In diesem riesigen ökologischen Interaktionssystem ist die Krieg-Frieden-Beziehung nur ein relativ kleines Subsystem. Ich erinnere mich an die berühmte Debatte auf der Tagung der *International Studies Association* in St. Louis 1974 (2) zwischen der britischen Schule, die dazu neigt, das internationale System als ein fein gesponnenes Spinnennetz interagierender Organisationen jeglicher Art zu betrachten, und der amerikanischen Schule, die mit Hans Morgenthau identifiziert wird (was so pauschal nicht stimmt), dem man vorwirft, das internationale System als einen Billardtisch zu verstehen, auf dem die nationalen Staaten wie feste und kompakte Billardkugeln als unabhängige und sich selbst genügende Einheiten mit ihrer jeweils eigenen Dynamik aufeinanderprallen und interagieren.

Die Metapher, die sich mir während dieser Debatte aufdrängte, war eher, daß das internationale System einem mit Spinnweben überzogenen Billardtisch gleicht, auf dem die Billardkugeln – die nationalen Staaten – zwar relativ unabhängig miteinander kollidieren, zurückgeworfen werden und interagieren, wobei aber diese Bewegungen und Interaktionen dauernd von einem großen Netz hierarchischer Strukturen, persönlicher Beziehungen, familiärer Bindungen, religiöser Zugehörigkeiten, staatlicher Instanzen, internationaler staatlicher und nichtstaatlicher Organisationen, multinationaler Konzerne, handelsbedingter Verflechtungen, wirtschaftlicher Interessen, gefühlsmäßiger und politischer Interessen, moralischer Ideale behindert und verkompliziert werden. Hinzukommt noch ein Gutteil reine Unberechenbarkeit, Zufall, Glück und Pech. Zusammenhänge entstehen und vergehen, zerbrechen und bilden sich neu in unzähligen Kombinationen. Und nahezu kein Modell, das wir mit Blick auf diese breite und verworrene Komplexität entwerfen, kann diese auch nur annähernd widerspiegeln.

Konfligierende und dialektische Prozesse sind in dieser Komplexität immer nur ein Teil des Gesamtbildes. Ökologische Interaktionen, die Wachstums- oder Schwundraten einer Bevölkerung beeinflussen, sind sehr viel bedeutsamer und einflußreicher als jedes andere einfache Konfliktmuster. Darwins Metapher vom Lebenskampf war höchst unglücklich gewählt. Kampf ist nur ein Teil des gesamten Interaktionsprozesses, in biologischen Systemen sogar nur ein unbedeutender Teil; in sozialen Systemen kommt ihm eine sehr viel geringere Bedeutung zu, als die meisten Historiker und Dialektiker meinen. Der weitaus größere Teil der sozialen Prozesse beruht auf Interaktionen und nicht auf Konflikten. Der Begriff Kampf ist deshalb für die Beschreibung hochkomplexer Systeme völlig ungeeignet.

Von den Geographen meine ich gelernt zu haben, wie man die Systeme, die wir untersuchen wollen, grob beschreiben kann. Stellen wir uns eine Weltkarte zu einem bestimmten Zeitpunkt und in einem so großen Maßstab vor, daß jeder einzelne Mensch durch einen Punkt dargestellt werden könnte. Die Karte müßte sehr groß sein – etwa 1 000 x 2 000 Meter. Das kann man sich gerade noch vorstellen. Jeder Punkt bezeichnet ein menschliches Wesen. Das ergibt ein System von unvorstellbarer Komplexität, das wiederum aus etlichen Milliarden Nervenzellen von unermeßlich komplexer Struktur besteht. Im besten Falle können wir diese Struktur dadurch vereinfachen, daß wir die vier Milliarden Punkte in vier große farbig zu kennzeichnende Gruppen gliedern. Leuchtend Rot für alte jenen, die sich aktiv der Gewalt verschrieben haben – Töten, Schießen, Plündern, Zerstören. Das dürfte eine sehr kleine Gruppe sein. Rosa sollten wir diejenigen kennzeichnen, die zwar nicht aktiv an Gewalt teilhaben, sich aber in gewissem Sinne dafür vorbereiten oder deren Beruf es ist, für künftige Gewaltausübung Vorsorge zu treffen. Hierzu gehören die bewaffneten Streitkräfte in aller Welt und die sie fördernde Kriegsindustrie. Das dürfte schon eine erheblich größere Anzahl ausmachen, etwa 4 bis 5 Prozent der Weltbevölkerung. Orange könnten wir den Kreis von Personen kennzeichnen, der in der gewaltfreien Konfliktaustragung tätig ist: Juristen, Vermittler, Schiedsleute, Demonstranten, Eheberater, Diplomaten – zusammengenommen sicher keine große Gruppe, vielleicht ein Prozent der Bevölkerung, aber immerhin bemerkbar. Dann kennzeichnen wir blau alle Personen, die an keiner Gewalt beteiligt sind und sich auch nicht dafür vorbereiten: Bauern, Lehrer, Ärzte, Geschäftsleute, Arbeiter, Beamte und so weiter in der ganzen Welt. Sie dürften zur Zeit etwa 95 Prozent der Menschheit ausmachen und stellten immer die überwältigende Mehrheit dar. Jetzt stellen wir uns vor, wir würden für jeden Tag der Menschheitsgeschichte eine solche Karte auf durchsichtigen Folien herstellen und diese in chronologischer Abfolge übereinanderschichten, so daß wir einen riesigen durchsichtigen Block erhalten. Das ganze ergibt dann ein stark vereinfachtes Modell unseres Forschungsgegenstandes. In diesem Raum-Zeit-Block erkennen wir kleine rote Kristalle – Schlachten mit roten Trauben Gefallener. Doch die blaue Farbe dürfte dominieren, allerdings durchsetzt mit rot-, rosa- und orangefarbenen Flecken. Und in der Zuordnung dieser Flecken versuchen wir bestimmte Muster zu entdecken.

Von Physikern und Chemikern habe ich gelernt, daß selbst komplexe Systeme dazu neigen, sich in unterschiedlichen Erscheinungsformen oder „Phasen“ darzustellen. Der Phasencharakter einfacher Systeme wird beispielsweise in den unterschiedlichen Aggregatzuständen von Wasser deutlich: Dampf, Flüssigkeit und verschiedene Formen von Eis. Die Variablen Druck und Temperatur reichen offenbar aus, um eine bestimmte Phase, in der Wasser stabilisiert werden kann, zu bestimmen. Niedrige Temperatur und hoher Druck führen zu den verschiedenen Eisformen. Bei mäßiger Temperatur und Druck ist Wasser flüssig, bei hoher Temperatur und niedrigem Druck geht es in gasförmigen Zustand über. Die Grenzen zwischen den einzelnen Phasen/ Zuständen sind zwar scharf gezogen, doch gibt es auch zwischen den einzelnen Phasen Übergänge, wenn etwa supergekühltes Wasser flüssig bleibt, weil nichts vorhanden ist, das die Kristallbildung auslöst.

Biologische Organismen durchlaufen Wachstumsphasen von der Befruchtung der Eizelle über Fötus, Säugling, Kind, Heranwachsenden und jungen Erwachsenen bis zum reifen und schließlich alten Erwachsenen. Diese Phasen sind nicht scharf voneinander abgegrenzt, aber doch hilfreiche Klassifizierungen. Der Phasenübergang vom Leben zum Tod ist dagegen eindeutig (was übrigens seit jüngster Zeit auch umstritten ist). Ähnliche Phasen können in Sozial- und Ökosystemen unterschieden werden, wobei in der Regel die Übergänge zwischen den einzelnen Phasen um so unscharfer werden, je komplexer die Systeme sind. Was allerdings die Phasen Krieg und Frieden im Krieg-Frieden-System anbelangt, so sind die Übergänge relativ klar. Historiker bestimmen die Frage, wann zwischen zwei Ländern Krieg oder Frieden herrscht, gewöhnlich anhand gegebener Daten. Wenn wir auf unsere Raum-Zeit-Karte blicken, können wir in manchen Regionen eine Art Raupen-Muster erkennen: blaue Friedensperioden sind durch rote Kriegsperioden unterbrochen. Das Problem des Phasenübergangs vom Friedenszustand zum Kriegszustand und umgekehrt ist für die Friedensforschung von größtem Interesse und steht – wie wir sehen werden – mit der Dezisionstheorie in Zusammenhang.

Wir können weiter grobe Muster erkennen, die allgemeine Systemphasen darstellen. Ich unterscheide vier solcher Phasen:

a) andauernder Kriegszustand, lange rote „Zylinder“ in unserem Raum-Zeit-Modell;
b) unbeständiger Kriegszustand, also die Situation, in der Krieg zwar als Norm angesehen wird, aber durch Friedensperioden unterbrochen wird;

c) unbeständiger Frieden, ein Zustand, in dem zwar auch Kriegszustände durch Friedensperioden unterbrochen sind, wobei aber Frieden als die Norm und Krieg als die Unterbrechung dieser Norm betrachtet werden;
d) und schließlich andauernder Frieden, vollblaue „Zylinder", in denen wir allenfalls ein paar rosa Punkte finden, weil zwischen zwei gegebenen Einheiten Krieg als so unwahrscheinlich angesehen wird, daß er in den Entscheidungsprozessen faktisch keine Rolle spielt.

In der Geschichte der Menschheit gibt es Beispiele für alle vier Phasen; und die Frage, welche sozialen Variablen einen Gleichgewichtszustand bestimmen, ist von ausschlaggebender Bedeutung. Wir können nicht jede Variable so einfach wie Druck und Temperatur identifizieren; wir haben es vielmehr mit einer multidimensionalen Struktur zu tun. Aber vielleicht können wir dennoch die beteiligten Determinanten in zwei große Kategorien aufteilen, die wir mit Spannung/Druck (*strain*) und Stärke/Widerstand (*strength*) bezeichnen. Leider ist der Begriff *strength* im Englischen sehr vieldeutig. Er kann sowohl Druckresistenz im Sinne von Materialstärke bedeuten, wie auch – in anderem Zusammenhang, vor allem im internationalen System – die Fähigkeit, auf andere Druck auszuüben. Wir benutzen hier den Begriff *strength* im Sinne von Widerstand gegen Druck und den Begriff *force* im Sinne der Ausübung von Druck auf andere.

Von Ingenieuren habe ich gelernt, daß ein Phasenübergang oder ein Wandel des Systemzustandes immer dann eintritt, wenn Druck größer ist als Widerstand. Ich kann ein Stück Kreide zerbrechen, weil ich einen Druck ausübe, der größer als die Materialstärke ist. Dagegen kann ich eine Eisenstange nicht durchbrechen, weil der Druck, den ich anzuwenden imstande bin, schwächer als die Materialstärke ist (mit Hilfe einer Maschine kann ich freilich den Druck so verstärken, daß die Stange schließlich doch bricht). Der Übergang von Frieden zu Krieg und umgekehrt ist ein ganz ähnliches Phänomen. Zwei Nationen leben in Frieden, aber die Spannung im gegenseitigen Verhältnis nimmt zu, etwa als Folge des Wettrüstens, eines Regierungswechsels, ideologischer Expansionsabsichten oder imperialistischer Rivalität. Die Stärke des Systems findet in einem solchen Falle Ausdruck im Widerwillen, einen Krieg zu beginnen. Der Übergang vom Frieden zum Krieg bedeutet, daß irgendeine Partei entschieden hat, daß der Druck größer als die Stärke ist. Das darauf folgende neue Kriegssystem wird durch einen kriegerischen Akt eingeleitet, unabhängig davon, ob eine formelle Kriegserklärung abgegeben wird oder nicht. Ganz ähnlich vollzieht sich der Übergang vom Krieg zum Frieden, wenn nämlich der Kriegszustand sich für die eine oder andere Partei als zu starker Druck erweist und die Entscheidung getroffen wird, um Frieden zu bitten. Die Systemstärke des Kriegszustandes hängt von der Beurteilung der Kosten ab, die durch Fortsetzung des Krieges, durch eine Niederlage oder auch durch eingegangene Verpflichtungen verursacht werden. Eine Schwierigkeit liegt darin, daß es nicht leicht ist, Stärke von Druck zu unterscheiden, solange es dafür keine unabhängigen Maßstäbe gibt. Wir messen die Stärke von Material an dem Gewicht pro Quadratzentimeter, das erforderlich ist, um es unter bestimmten Bedingungen zu zerbrechen. Solange wir kein unabhängiges Maß für Druck haben, können wir auch Stärke nicht messen. Ob es möglich sein wird, Druck und Stärke in sozialen Systemen zu messen, bleibt abzuwarten, doch liegt die Vermutung nahe, daß es möglich ist, zumindest grobe Messungen vorzunehmen, etwa mittels Inhaltsanalysen, Datenanalysen und anderes mehr. Daß es solche Methoden gibt, habe ich von der Soziologie und Politometrie gelernt.

Ob es möglich sein wird, umfassendere Parameter für Spannung und Druck als Determinanten globaler Systemphasen zu entwickeln, vor allem für die Determinanten des Übergangs von unbeständigen zu beständigen Friedenszuständen, ist eine offene Frage. Solche Übergänge waren zu bestimmten Zeiten und in bestimmten Regionen zu beobachten, beispielsweise in Nordamerika nach 1870, in Skandinavien schon bald nach 1815, in Europa vielleicht seit 1945. Bei den dynamischen Prozessen, die diese Übergänge ermöglichten, waren ohne jeden Zweifel besondere Glücksumstände beteiligt. Vor allem in Nordamerika spielten drei Glücksumstände eine Rolle: das *Rush-Bagot Agreement* aus dem Jahre 1817, das zu einer Teilabrüstung im Gebiet der Großen Seen führte; die Niederlage der „Falken" im Streit um den 54,40. Breitengrad; und die Nichteinmischung der Briten während des amerikanischen Bürgerkrieges. Der Frieden wurde dank einer waffenfreien Grenze und dank wechselseitig akzeptabler nationaler Vorstellungen zur Gewohnheit. Für die Zukunft ist es von größter Bedeutung, daß wir solche Prozesse genau genug erkennen, um einerseits den Einfluß des Zufalls reduzieren und das Managementelement verstärken zu können.

Ich habe sowohl selbst als Ökonom wie auch von Psychologen gelernt, daß der Schlüssel zu den Interaktionen in sozialen Systemen bei den Entscheidungsprozessen zu suchen ist. Der Übergang von Frieden zu Krieg und umgekehrt kann stets auf bestimmte Entscheidungsstrukturen der Gesellschaft zurückgeführt werden, in der Regel auf Strukturen, die auf einen relativ kleinen Kreis mächtiger Entscheidungsträger begrenzt sind. Die Schwierigkeit, vor der die Friedensforschung – wie wir bereits gesehen haben – steht, liegt eben darin, daß sie es mit einem System von Interaktionen einiger weniger Personen in bestimmten Krisensituationen zu tun hat. Sie kann sich nicht mit statistischen Gesetzen, vergleichbar der Molekulartheorie der Gase oder wirtschaftlichen Marktgesetzen, behelfen, wo individuelle Besonderheiten unberücksichtigt bleiben können; sie hat es auch nicht mit einfachen bilateralen Systemen zu tun, in denen nur zwei Körper aufeinander einwirken. Das Mehr-Körper-Problem gehört zu den schwierigsten Problemen jeder Wissenschaft, und das internationale System ist dafür ein wichtiges Beispiel.

Dennoch können wir manches über das Verhalten von Entscheidungsträgern und ihre Interaktionen in Erfahrung bringen. Am Anfang einer Entscheidung steht eine Liste künftiger Entwicklungen, die für denkbar gehalten werden. Entscheidung setzt die Bewertung jeder einzelnen Option in dieser Liste voraus. Der Entscheidungsträger wählt dann die Möglichkeit aus, die er für die optimalste Lösung hält. Das Ergebnis solcher Bewertungsprozesse hängt in hohem Maße von der Identität des Entscheidungsträgers ab. Nicht durch Psychologen, sondern durch eigenes Nachdenken bin ich zu dem Schluß gekommen, daß das nationale Interesse keine Konstante, sondern eine Variable im System ist. Das nationale Interesse ist das, woran der Staat oder letztlich mächtige Entscheidungsträger interessiert sind. Die „Billardkugeln" werden von Variablen und nicht von Konstanten bewegt. Werte und Präferenzen sind ebenso wie die Vorstellung künftiger Entwicklungen angelernt und die Erforschung dieser Lernprozesse könnte zu ihrer Erhellung beitragen. Identität, Einschätzungsvermögen und Zukunftsvorstellungen eines Entscheidungsträgers werden in hohem Maße von dem Bild beeinflußt, das er von der Vergangenheit hat und von den Metaphern, mit denen diese vereinfacht und beschrieben wird. Untersuchungen darüber, wie Metapher Entscheidungen bestimmen, ist in der Tat eine wichtige vor uns liegende Aufgabe.

Von Sozialpsychologen habe ich gelernt, daß die Interaktion zwischen Personen ein bedeutsamer Lernprozeß ist. Das Erkennen unserer eigenen *terms of trade* oder Gegenseitigkeitsbedingungen – also der Frage, was wir für das, was wir geben, wiederbekommen – ist von größter Bedeutung. Können wir diese Frage positiv beantworten, dann wird das bisherige Verhalten verstärkt. Fällt die Antwort negativ aus, dann wird das bisherige Verhalten aufgegeben und wir treffen andere Entscheidungen. Enttäuschung, Fehlschlag und Frustration sind die wichtigsten Triebkräfte für Veränderung im Verhalten. Erfolg ist ein schlechter Lehrmeister, weil er uns gewöhnlich nur in dem bestärkt, was wir schon zu wissen glaubten.

Von den Spieltheoretikern habe ich gelernt, daß gewisse Interaktionsmuster pathologischer Natur sind, insofern sie zur Folge haben, daß jeder Beteiligte an seinem eigenen Einschätzungsvermögen verzweifelt. Das große Paradox der Entscheidungen lautet: wie kommt es eigentlich. daß sich die Dinge für jeden Beteiligten stets schlechter entwickeln, obwohl sich jeder für die anscheinend beste Lösung entscheidet? Das Verständnis dieser perversen Dynamik hat in den vergangenen fünfundzwanzig Jahren erheblich zugenommen. In der Spieltheorie gibt es das sogenannte Gefangenendilemma, das von Anatol Rapoport (3) untersucht wurde, aber auch eine Reihe anderer Beispiele kann angeführt werden, wie die *Tragedy of the commons*, die Garret Hardin (4) dargelegt hat, die von Lewis Richardson (5) entwickelte Theorie des Rüstungswettlaufs oder die von zahlreichen Ökonomen vertretene Theorie der Wechselbeziehung zwischen *public „goods" and „bads"* (6), die allesamt eindrucksvolle theoretische und empirische Erkenntnisse in Hinblick auf die perverse Dynamik gesellschaftlicher Prozesse vermitteln.

Von Anthropologen habe ich gelernt, daß es in der menschlichen Gesellschaft eine große Bandbreite von Mustern verschiedener dynamischer Prozesse gibt, die – im Sinne von Bertalanffy gleichgerichtete Zwecke (*equifina-*

lity) verfolgen (7). Gesellschaften können die gleiche Ausgangsbasis haben und sich doch in verschiedene Richtungen entwickeln, wie wir es beispielsweise an den drei ehemals britisch beherrschten ostafrikanischen Ländern Uganda, Kenia und Tansania beobachten konnten, wo mehr oder minder zufällig zustande gekommene Kräfte bestimmen, wer die Macht ausübt. Gleichgewichtskonzepte sind in sozialen Systemen äußerst fragwürdig. Das gleiche gilt für deterministische Konzepte. Soziale Systeme zeichnen sich durch einen hohen Grad an Unbestimmtheit aus, so daß jede deterministische Philosophie fehl am Platze sein muß.

Von Biologen habe ich gelernt, daß alle evolutionären Prozesse, auch wenn sie sich primär in genetischen Informations- und Kenntnisstrukturen abwickeln, durch produktive Prozesse vermittelt werden, die Erbmassen (Genotypen) in die Lage versetzen, Erscheinungsformen (Phänotypen) hervorzubringen; beispielsweise, wie ein Ei zum Küken wird. Solche Produktionsprozesse bedürfen dreier Faktoren: Information, Energie, Material. Die Ausgangsinformation oder genetische Struktur ist in den Genen lebender Organismen verkodet, die für die biologische Produktion notwendig sind. Die Ausgangsinformation finden wir ebenso im menschlichen Wissen, in Plänen und Entwürfen, die jeder Herstellung humaner Artefakte zugrunde liegen. Dieses Know how muß in der Lage sein, Energien für Selektion, Übermittlung und Umwandlung von Material in bislang unwahrscheinliche Strukturen von Phänotypen auszulösen, und zwar ganz gleich, ob es sich um Küken oder Automobile handelt. Ich habe weiter von Biologen gelernt, daß die Dimension von Phänotypen die Funktion ihrer Strukturen ist. Hier wird das Gesetz der „Allometrie" wirksam, demzufolge sich Inhalte wie der Kubus und Flächen wie das Quadrat einer gegebenen Länge verhalten und entsprechend verändern. Die Verdoppelung der gegebenen Länge einer Struktur, also ihrer linearen Dimension, bringt eine Vervierfachung ihrer Fläche und eine Verachtfachung ihres Inhalts mit sich. Dies gilt für soziale Organisationsformen wie für biologische Organisationsformen gleichermaßen. Jede Struktur neigt dazu, ihre optimale Dimension zu erreichen. Ich nehme an, daß mit Hinblick auf das Wohlergehen von Menschen die optimale Größe eines Nationalstaates eine Bevölkerung von zehn Millionen nicht überschreiten sollte. Organisationen aber neigen oft dazu, optimale Größen zu überschreiten, und zwar aufgrund von Wachstumsökonomie, weil nichts wachsen kann, ohne dabei größer zu werden. Die optimale Größe wiederum ist von Struktur zu Struktur verschieden.

Das ist eines der theoretischen Probleme im Zusammenhang mit Frieden durch Rechts (8), denn Recht ist eine Funktion politischer Organisation und wird durch die Grenzen solcher Organisation selbst begrenzt. Ich muß gestehen, daß ich inzwischen das Konzept der Weltregierung zur Lösung des Problems von Krieg und Frieden sehr skeptisch beurteile, einfach weil die damit verbundene Organisation so immens wäre. Eine solche Regierung wäre überdies durch die kulturelle Vielfalt der Welt, die an sich von hohem Wert ist, ständiger Belastung ausgesetzt. Durch Evolution wird nicht eine bestimmte Sache produziert, sondern viele Sachen entstehen, die in Ökosystemen aufeinander einwirken. Ich gestehe zu, daß ich mich sehr viel mehr dafür interessiere, wie Frieden zur Eigenschaft eines Ökosystems wird, und weniger dafür, wie er Teil einer organisatorischen Struktur wird.

Dieses Problem steht im Zusammenhang mit Erkenntnissen, die ich Soziologen und vor allem meinem Freund Johan Galtung verdanke, daß es nämlich zwei Möglichkeiten der Konfliktlösung gibt: Dissoziation und Assoziation. Dissoziative Lösungen gehen von der Erfahrung aus: „gute Zäune machen gute Nachbarn". Sie erfordern freilich die Aufteilung von Gütern auf Besitzer und stellen die Frage nach der Beziehung zwischen Besitz und Freiheit. Assoziative Lösungen zielen auf Sozialverträge, politische Organisationen, Verfassungen, Sozialstrukturen usw. Jede dieser Lösungen hat ihre eigene Bedeutung und eines der großen Probleme der Friedensforschung besteht darin, die richtigen Proportionen herauszufinden. Rein dissoziative Lösungen sind unmöglich, zum einen wegen der Existenz der *public goods and bads* und zum anderen wegen der Notwendigkeit, Besitz legitimieren und definieren zu müssen. Besitz und Eigentum sind selbst Ergebnis eines Sozialvertrags, also eines assoziativen Abkommens, dissoziative Lösungen anzuwenden. Völlig assoziative Lösungen wiederum führen zu Tyrannei und „erzwungenem Frieden", weil sie eigentlich Einvernehmen voraussetzen, dieses aber zu den eher seltenen Gütern gehört.

Schließlich und endlich habe ich von vielen Leuten gelernt, daß Friedensforschung nur Teil einer sehr viel umfassenderen humanen Aktivität ist, die ich gern als „normative Wissenschaft" bezeichnen würde, wenn dieser Begriff nicht eine Reihe ärgerlicher Assoziationen wecken würde. Es gibt in der Tat ein weites Feld der Erforschung humaner Wertschöpfungen. Was meinen wir beispielsweise, wenn wir sagen, daß sich die Dinge eher zum Besseren als zum Schlechteren wenden? Wie können wir uns über solche Vorgänge besser klar werden und welche Politik können wir uns vorstellen, die im Prozeß realistischer gesellschaftlicher Dynamik aufeinander abfolgende Zustände verwirklicht, die von einer breiten Öffentlichkeit tatsächlich als besser und nicht als schlechter erkannt werden? Der Nachdruck, der von europäischen Friedensforschern auf strukturelle Gewalt, soziale Gerechtigkeit und humane Wertschöpfung gelegt wird, zwingt zu einer Beachtung dieses breiteren Bezugsrahmens. Ich selbst habe den Begriff der strukturellen Gewalt kritisiert, weil er kaum geeignet ist, so komplexe Vorgänge wie humane Wertschöpfung oder -minderung, Gerechtigkeit oder Ungerechtigkeit zu beschreiben. Dessen ungeachtet hat uns die Europäische Schule, wenn ich sie einmal so nennen darf, einen wertvollen Dienst geleistet, indem sie auf diese Problematik und die ganze Breite des Bezugsrahmens der Friedensforschung aufmerksam machte. Zum Teil ist dies ein semantischer Streit, denn im Grunde ist es unerheblich, ob wir die Friedensforschung zum Teilgebiet eines breiteren Bezugsrahmens normativer Wissenschaft erklären oder nicht. Sehr viel bedeutsamer ist die Frage, in welchem Ausmaß Spezialisierungen nützlich sind und ob die Methoden der Friedensforschung tatsächlich auf eine breitere Problemstellung in allen ihren Details anwendbar sind. Die Einordnung der Friedensforschung als Teil einer umfassenderen Fragestellung ist jedenfalls wichtig, und die Frage, wie weit eine Arbeitsteilung getrieben werden kann, ist nur experimentell zu beantworten.

Die vorstehenden Überlegungen sind nur eine rohe Skizze und lückenhafte Beschreibung meiner eigenen Erfahrungen bei interdisziplinären Kontakten. Ich bin sicher, daß andere andere Erfahrungen gemacht haben. Wir sind noch nicht so weit, daß wir alle diese Lernprozesse in eine einzige Wissenschaft einbringen können. Ich zweifle aber nicht daran, daß irgend etwas in dieser Richtung geschieht und daß wir in Hinblick auf die komplexen Strukturen des Sozialsystems – und der Krieg-Frieden-Beziehung innerhalb dieses Systems – etwas weiter sind als vor fünfundzwanzig Jahren. Das Unternehmen Friedensforschung war nicht umsonst, auch wenn es noch immer am Anfang steht. Wir müssen aus Fehlschlägen lernen und dürfen uns nicht entmutigen lassen, zumal wir immer mehr erkennen, welche reichen und bislang ungenutzten Potentiale im humanen Organismus verborgen sind.

Anmerkungen

Boulding, Elise/*Passmore,* J Robert 1974: Bibliography on World Conflict and Peace. Boulder, Col., Institute of Behavioral Science. University of Colorado.

Panel session on „A Trans-Atlantic Dialogue: Internationel Relations and the World Society". Panel members: John Burton. Norman Palmer. J. Groom. C. Mitchell, A de Reuck, Morton Kaplan, Charles McClelland and James Rosenau.

Rapoport, Anatol/*Chammah,* Albert 1965: Prisoner's Dilemma: A Study in Conflict and Cooperation. Ann Arbor, Mich., University of Michigan Press.

Hardin, Garrett 1968: The Tragedy of the Commons, Science Vol. 162, p. 1243-1248.

Richardson, Lewis F. 1960: Arms and Insecurity. Chicago. and Pittsburgh. Pa.

Olson, Jr Mancur1965: The Logic of Collective Action: Public Goods and the Theory of Groups. Cambridge. Mass.

Bertalanffy, Ludwig von 1952: Problems of Life. New York. N.Y.

Clark, Grenville/*Sohn* Louis B. 1960: World Peace Through World Law. 2nd ed.. Cambridge, Mass.

Deutsche Übersetzung aus: DGFK-Informationen 1/1978, Bonn: Deutsche Gesellschaft für Friedens- und Konfliktforschung, S. 1-8. Erstveröffentlichung: International social science journal, Vol. XXIX, No. 4/1977, Paris: UNESCO. Abdruck mit freundlicher Genehmigung der UNESCO.

6.3 Quincy Wright: Die Geschichte des Krieges

I. Ursprung des Krieges

Die menschliche Gattung war ursprünglich wahrscheinlich biologisch eine Einheit und wird wahrscheinlich vor ihrem Ende sozial wieder eine Einheit sein; aber seit irgendwann im späten Miozän oder frühen Pliozän die erste Gruppe von Menschen aus ihrer angestammten Heimat ausgewandert ist, bis in die moderne Ära der Weltkommunikation, hat sich die menschliche Entwicklung in einer Anzahl getrennter Kanäle vollzogen. Diese Trennungen waren in prähistorischen Zeiten so vollständig, daß sie unterschiedliche Rassen hervorbrachten. Die weniger vollständigen Trennungen der historischen Zeiten brachten unterschiedliche Kulturen hervor. Trennungen dieser Art, wie sie in der Neuzeit bestehen, ergaben die verschiedenen Nationen. Die Geschichte des Krieges läßt sich daher in vier sehr ungleiche Stufen einteilen, auf denen nacheinander dominierten die Tiere, die Primitiven, die Zivilisierten und die Menschen, die die moderne Technik anwenden. Das für Kriegsstudien verfügbare Material ist für jede dieser Stufen sehr verschieden.

Für die erste oder vormenschliche Stufe sind die Aussagen auf die Struktur weniger paläontologischer Überreste der vormenschlichen Ahnen des Menschen und auf das Verhalten von Tieren der Gegenwart beschränkt. Letztere liegen nicht in der unmittelbaren Abstammungslinie des Menschen, und ihr Verhalten läßt nur ahnen, wie die Natur des Krieges bei den wirklichen Ahnen des Menschen beschaffen gewesen sein könnte.

Die zweite Stufe, die des primitiven Menschen, begann vor einer bis einer halben Million Jahren mit dem Auftauchen der Primaten, die untereinander mittels einer ausgeprägten Sprache kommunizieren konnten. Die späteren Entwicklungen dieser Stufe setzen sich in begrenzten Gebieten Afrikas, Asiens, Ozeaniens und Amerikas bis in neuere Zeiten fort. Aussagen über die Verhältnisse auf dieser Stufe bezüglich Krieg und Frieden ergeben sich aus archäologischen Überresten der Vorfahren der Kulturgemeinschaften und aus Beobachtungen an den primitiven Völkern der Gegenwart, obwohl der letztere Typ von Aussagen mit Vorsicht zu verwenden ist. Die Primitiven der Gegenwart haben in den meisten Fällen viel von ihren Nachbarn einer höheren Kultur entliehen. In einigen Fällen dürfte ihre gegenwärtige Kultur sogar die Degenerationsform einer höheren Kultur sein.

Die dritte oder historische Stufe begann in den Tälern des Nil und da Euphrat vor sechs- oder vielleicht auch zehntausend Jahren, in den Tälern des Indus und des Gelben Flusses vor vier- oder fünftausend Jahren und in Peru und Mexiko vor vielleicht drei- oder viertausend Jahren. Ob diese Stufe, die man außer in Peru am besten von der Verwendung der Schrift an datiert, an verschiedenen Punkten spontan entstanden ist oder durch Übertragung der Hauptelemente von einem oder einigen wenigen Zentren, ist noch umstritten.

Sie setzt sich an vielen Stellen bis in die heutige Zeit fort. Aussagen über die Natur des Krieges in dieser Periode findet man in zeitgenössischen und älteren Schriften, in Inschriften deskriptiven, chronologischen und analytischen Charakters und in archäologischen Überresten.

Die vierte Stufe, die des weltweiten Kontakts, kann man mit der Erfindung des Buchdrucks im fünfzehnten Jahrhundert ansetzen, auf die bald die Weltreisen von Westeuropa aus folgten, die bleibende Kontakte zwischen den Zentren der Kultur in Europa, dem Nahen Osten, Amerika und dem Fernen Osten herstellten. Seit dieser Zeit sind fast alle Gebiete der Welt in den Kreis ständigen weltweiten Kontaktes durch gedruckte Mitteilungen eingetreten. Derartige Kontakte sind bekanntlich durch die Entdeckung von Dampf, Elektrizität und Atomkraft im neunzehnten und zwanzigsten Jahrhundert intensiviert worden. Aussagen zur Geschichte von Krieg und Frieden in dieser Periode findet man in deskriptiven Schriften, die viel umfangreicher sind als die für die frühere historische Periode, und zusätzlich in einer Fülle juristischer, wirtschaftlicher und statistischer Materialien, die in der Gegenwart zum Zwecke politischer, wirtschaftlicher und soziologischer Bestandsaufnahme und Analyse gesammelt werden.

Es ist behauptet worden, der Krieg sei auf einer bestimmten Kulturstufe entstanden, und soweit er bei primitiven Völkern existiere, hätten diese ihn von ihren zivilisierten Nachbarn erlernt, oder sie hätten ihn beibehalten, während sie in anderer Beziehung aus der Kultur in die Barbarei zurückgefallen seien. Diese Theorie wird von der extrem „diffusionistischen" oder „historischen" Schule der Anthropologie vertreten, deren Repräsentanten W. H. R. Rivers und G. Elliot Smith sind; W. J. Perry hat sie präzisiert (...). Auf keiner Stufe der menschlichen Geschichte hat es ein goldenes Zeitalter des Friedens oder ein eisernes Zeitalter des dauernden Krieges gegeben. Weder der Rousseausche noch der Hobbessche Begriff des natürlichen Menschen ist adäquat. Der Mensch war und ist eine komplizierte Mischung aus ererbten Tendenzen und sozialen Bedingtheiten, die sich zu verschiedenen Zeiten und an verschiedenen Orten in zahlreichen Kulturen kristallisieren, die wechselnde Formen und Abstufungen von Gewalt entfalten.

Um deshalb entscheiden zu können, ob der Krieg überall von den menschlichen Gruppen spontan praktiziert wurde oder ob er von einer oder wenigen Gesellschaften übernommen wurde, ist es nötig, Material von einer Vielzahl von Gruppen zu studieren. Um dies tun zu können, ist es nötig, zu überlegen, was unter Krieg zu verstehen ist.

Wenn unter „Krieg" der Gebrauch von Feuerwaffen zur Durchsetzung der Politik einer Gruppe verstanden wird, ist zuzugeben, daß die primitiven Völker der Gegenwart sich die Kriegführung von den Völkern der modernen Zivilisation angeeignet haben. Die Verbreitung vieler moderner Kriegstechniken – Waffen, Formationen, taktische Bewegungen und strategische Ideen – läßt sich historisch belegen: Zweifellos wurde der Krieg in diesem technologischen Sinn vor nicht mehr als fünf Jahrhunderten in Europa erfunden und nach und nach über die Welt verbreitet.

Wenn man jedoch unter „Krieg" die Reaktion auf bestimmte Situationen durch Rückgriff auf Gewalt versteht, :scheint die Aneignungsthese zweifelhafter. Tiere der gleichen Art kämpfen, und zwar sehr heftig, und viele der Dinge, um die sie kämpfen – Nahrung, Territorium, Weibchen –, sind die gleichen, um die die Menschen kämpfen. In diesem psychologischen Sinn ist Krieg eine Weise des Verhaltens, die den meisten Menschen und Tieren und wahrscheinlich allen Kindern eigen ist.

Wenn man bei „Krieg" an eine Zeitspanne denkt, die begonnen und beendet wird gemäß dem Recht, während der – und zwar nur dann legitim – auf Gewalt als Instrument der Gruppenpolitik zurückgegriffen werden darf, dann steht außer Zweifel, daß die Tiere und viele Primitive Krieg nicht praktizieren, obgleich es auch primitive Völker mit hochformalisierten Kriegspraktiken gibt. Perry hat den Begriff „Krieg" offensichtlich in diesem Sinn gebraucht, und andere Anthropologenschulen geben zu, daß der Krieg als legitimes Beute- oder Eroberungsinstrument unter den primitiven Völkern kaum bekannt war. In diesem rechtlichen, politischen und wirtschaftlichen Sinn ist der Krieg wahrscheinlich in Kulturen entstanden gleichzeitig mit der Ausbildung politischer Organisationen, die Unterordnung, Eigentum, hohe Bevölkerungsdichte und kodifiziertes Recht implizierten. Er breitete sich dann zu den weniger zivilisierten Nachbarn aus.

Wenn schließlich „Krieg" eine soziale Gewohnheit bedeutet, die regulierte Gewalt in Zusammenhang mit Inter-Gruppen-Konflikten anwendet, dann ist er offensichtlich in stabil strukturierten Gesellschaften entstanden. Solche Gesellschaften finden sich bei den sozialen Insekten und waren für den Menschen wahrscheinlich von Anfang an charakteristisch. In diesem soziologischen Sinn findet man den Krieg bei nahezu allen existierenden, selbst den primitivsten menschlichen Gruppen.

Es gibt also Bedeutungen von Krieg, in denen er ein organisches Phänomen ist, andere, in denen er ein menschliches Phänomen ist, andere, in denen er ein Kulturphänomen ist, und wieder andere, in denen er eine Errungenschaft der allerneuesten Zeit ist. (...)

Der Ursprung des Krieges hängt also von der verwendeten Definition ab. Er begann bei den Tieren im psychologischen Sinn. Er begann bei den von zivilisierten Nachbarn unberührten primitiven Völkern im soziologischen Sinn. Er begann mit der Kultur im rechtlichen Sinn. Erst seit dem Auftreten dauernder weltkultureller Kontakte im fünfzehnten Jahrhundert gibt es den Krieg im modernen technologischen Sinn.

Auf allen seinen Stufen kann der Krieg natürlich vom soziologischen, rechtlichen und technischen Gesichtspunkt ebenso angegangen werden wie vom psychologischen. (...)

II. Der Krieg bei den Tieren

a) Triebe

Die psychologischen Ursachen des Krieges liegen letztlich in den Charakteristika des Protoplasmas, und das Studium der einfacheren Tierformen ergibt bessere Aufschlüsse über die Grundstruktur dieser Charakteristika als das Studium einer so komplexen Form wie die des Menschen. Eine solche Studie ergibt eine Klassifikation von Grundtrieben nach ihren Endzielen Nahrung, Geschlecht, Selbstbehauptung, Wohnterritorium, Aktivität, Unabhängigkeit und Geselligkeit.

Bei Tierindividuen ist die Gewalt ganz üblicherweise durch die Nahrungstriebe motiviert, wenn sie zwischen Tieren verschiedener Art angewendet wird, und durch die Geschlechts-, Territoriums-, Herrschafts- und Betätigungstriebe, wenn sie zwischen Tieren der gleichen Art angewendet wird. Alle Tiere haben Mittel der Selbstverteidigung, aber Flucht ist üblicher als feindliche Handlung gegen den Angreifer. Tiere mit hoch organisierten Gesellschaften, wie Bienen und Ameisen, kämpfen primär aus dem Gemeinschaftstrieb. Die Gemeinschaft als ganze wird zu aggressiven Feindseligkeiten durch das Bedürfnis nach Nahrung oder Territorium veranlaßt und in einigen Fällen durch den Drang zur Wanderung oder zur Parasitenherrschaft. Solche Gemeinschaften haben oft spezialisierte Mitglieder oder Kasten zu ihrer Verteidigung, im Falle, daß sie angegriffen werden. Das Verteidigungsbedürfnis hat bei der Entwicklung von Tieraggregationen und -gesellschaften eine wichtige Rolle gespielt.

Bei den Tieren, die dem Menschen biologisch am nächsten stehen, liegt dem Kampf gewöhnlich der Herrschaftstrieb zugrunde, obwohl dabei oft Betätigungs und Geschlechtstrieb auch eine Rolle spielen. Wegen der relativ schwachen sozialen Organisation der Affen kann eine Kombination von Herrschafts- und Betätigungstrieb zu Bündnissen gegen den herrschenden Anführer führen, besonders dann, wenn die Fähigkeiten des letzteren mit dem Alter abnehmen. Daraus ergeben sich gelegentlich Machtgleichgewichtskriege wie zwischen souveränen Staaten.

Detaillierte Studien des Gruppenverhaltens von Affen in Gefangenschaft und kleiner Kinder zeigen, daß die die Kämpfe auslösenden Situationen ähnlich sind. Die einen Kampf auslösende Aggression enthält gewöhnlich mehrere Triebe, und der einmal begonnene Kampf tendiert zur Ausbreitung über die ganze Gruppe. Aggressives Verhalten entsteht gewöhnlich aus Rivalität um den Besitz eines außerhalb befindlichen Gegenstandes, aus dem Eindringen eines Fremden in die Gruppe oder aus der Frustration von Aktivität.

Besitzstreben kann sich äußern in bezug auf Nahrung, Territorium, Gegenstände der Neugierde, wie Spielzeuge, oder in bezug auf ein anderes Mitglied der Art. Eifersucht aus Besitzstreben des letzteren Typs führt öfter zu Kampf als Rivalität um Nahrung. Der Wunsch nach Besitz wird anscheinend bei Affen und Kindern oft verstärkt durch Gewahrwerden, daß ein anderer in der Gruppe dasselbe Ding begehrt. Feindseligkeit gegen einen Eindringling kann aus der Befürchtung entstehen, ein Fremder könnte die Befriedigung anderer Triebe stören und vor allem zu einem Rivalen um wertvolle Besitztümer werden. Sie kann daher als hypothetische Form des Besitzstrebens angesehen werden oder vielleicht als ein Besitzstreben, das auf die bestehende Gruppensituation als ganze gerichtet ist. Wut, Aggressivität und Kampf können aus Frustration der normalen Aktivität in Verbindung mit jedem Trieb entstehen und können sich gegen jede Person oder jeden Gegenstand richten, die – oft irrtümlicherweise – als an der Störung schuldig angesehen werden. Für den Kampf bei den Affen ist dieser Typ von Aggression etwas weniger charakteristisch als für den bei Kindern. Bei letzteren kann die Frustration sogar der eigenen Unfähigkeit des Kindes zugeschrieben werden und manchmal zu Selbstbestrafung führen.

b) Funktionen

Die soziologischen Ursachen des Krieges sind durch Analysen der Funktion des Krieges im Leben des größeren Ganzen zu finden. Bei koloniebildenden Insekten dienen Kampfgewohnheiten bestimmter Mitglieder der Gesellschaft wie beim Menschen der Erhaltung der Gesellschaft; aber im allgemeinen sind bei Tieren die Kampfgewohnheiten charakteristisch für die ganze Art, obwohl sie in der Intensität zwischen den Individuen variieren. Tierisches Kämpfen muß daher gewöhnlich funktional interpretiert werden – aber nicht in Beziehung zu einer Gesellschaft oder Kultur, sondern in Beziehung zu einer Rasse oder Art. Eine Tendenz zum tödlichen Kampf innerhalb einer Art wäre für die Rasse ein ernster Nachteil und würde gewöhnlich durch natürliche Auslese eliminiert. Aus diesem Grund ist Kampf innerhalb der Art bei Tieren selten tödlich. Im Unterschied zum menschlichen Krieg, der immer Krieg innerhalb der Art ist und oft äußerst ernst zwischen Völkern derselben Rasse geführt wird, nimmt die Tödlichkeit des tierischen Kampfes mit der Nähe der genetischen Verwandtschaft der Kombattanten ab. Die wirklich tödliche tierische Gewalt findet sich zwischen weit voneinander getrennten Arten wie zwischen Löwe und Antilope und ähnelt mehr den menschlichen Verfahrensweisen auf der Jagd oder im Schlachthaus als denen im Krieg. Der Wettkampf um eine begrenzte Nahrungsmenge endet bei Tieren derselben Art nicht mit tödlichem Konflikt und Kampf, sondern mit der Zerstreuung und dem Verhungern der Untüchtigsten. Er nimmt gewöhnlich eine Form der Aggressivität an, bei der das Männchen, manchmal vom Weibchen unterstützt, das Wohngebiet, den Brut- und Futterplatz vor anderen der Art verteidigt. Das menschliche Gegenstück dazu ist eher der wirtschaftliche Wettbewerb zwischen Individuen oder Firmen als der Krieg.

Tierische Individuen und Arten in einer Nachbarschaft bilden weitverzweigte Abhängigkeiten untereinander aus. Ungezügelte Räuberei und Parasitismus können einen selbstmörderischen Effekt haben. Das Überleben der Art hängt von der klugen Aufrechterhaltung des Gleichgewichts der Natur ab, und die natürliche Auslese zeigt eine durchgängige Tendenz, Parasitismus und Räuberei selbst zwischen entfernten Arten zu begrenzen. Die Art mit der größten Zahl und dem weitesten Bereich hat gewöhnlich keines dieser Charakteristika. Die Gesellschaften sowohl der Ameisen als auch der Menschen sind durch die Stufen der Jagd, der Viehzucht und des Ackerbaus gegangen, und es hat sich herausgestellt, daß letztere den größten Überlebenswert besitzt.

c) Techniken

Die Arten von Angriff und Verteidigung – die Spezialisierungen der Mobilität, Schlagkraft, Panzerung, Kooperation und des Massenangriffs – sind bei den Tieren so verschieden und extrem, daß man bei ihnen die Beziehung zum Anlaß des Kampfes und die Wirkungen auf die Erhaltung der Art leichter einsehen kann als bei den weniger extremen Variationen, die man in der menschlichen Geschichte findet.

Bei Tierindividuen, wie bei Vögeln, Hirschen und Affen, fördert die Spezialisierung der Mobilität einen Bewegungskrieg und ist besonders günstig für den Krieg innerhalb der Art, der jedoch eher mit Vertreibung als mit Tod endet. Die Durchhaltekraft, die einen Vernichtungskrieg fördert, so bei Riesenschlangen und Bären, ist besonders ungünstig für den Krieg innerhalb der Art, da er mit dem Tod des Opfers endet und deshalb für die Art unvorteilhaft ist. Die Spezialisierung auf Schlagkraft, wie bei Löwen und Kobras, die einen Krieg des Stoßangriffs fördert, ist auch ungünstig für einen Krieg innerhalb der Art, während sie als Anreiz zum Angriff auf schwächere Arten wirkt. Die Spezialisierung auf schützende Panzerung, wie bei Schildkröten, Gürteltieren und Venusmuscheln, macht Krieg unwahrscheinlich, es sei denn, die Panzerung ist kombiniert mit einer beträchtlichen Schlagkraft und einer angemessenen Beweglichkeit, wie beim Elefanten, Rhinozeros und Schwertfisch. In diesem Fall kann ein Überraschungskrieg selbst innerhalb der Art vorkommen, wenn auch seltener als bei den weniger schwer geschützten und beweglicheren Tieren. Abstammungslinien, die sich auf schwere Schutzpanzer spezialisieren, neigen zur Vermehrung der Größe und Verminderung der Beweglichkeit und Anpassungsfähigkeit, manchmal bis zu einem selbstmörderischen Ausmaß wie bei den Dinosauriern.

Die Überlegenheit eines Tieres im Kampf hängt von der besonderen Kombination all dieser Typen militärischer Ausrüstung ab. Offenbar hatten Abstammungslinien, die sich auf Beweglichkeit und Würgekraft spezialisierten, am meisten Erfolg, wenn auch die erste die Häufigkeit von Feindseligkeiten innerhalb der Art gesteigert und die zweite sie verringert hat. Unbeholfenheit, die aus der Spezialisierung auf die schützende Panzerung resultierte, und Räuberei, die aus der Spezialisierung auf Schlagkraft resultierte, sind keine Kennzeichen der zahlenmäßig stärksten Arten, besonders nicht bei den höheren Tieren.

Bestimmte Tiere, wie Ameisen, Termiten und Büffel, haben kollektive Militärtechniken entwickelt, aber diese dienen häufiger der Verteidigung als dem Angriff. Tiergesellschaften, die sich auf Schlagkraft und Beweglichkeit spezialisieren, wie die Treiber und Sklaven haltenden Ameisen, neigen dazu, räuberisch und parasitisch zu sein, d.h. zu Merkmalen, die für eine rasche Vermehrung ungünstig sind. Die Spezialisierung auf Schutzmauern, wie bei den Termiten, läßt die Anpassungsmöglichkeiten an sich ändernde Bedingungen verkümmern, während sie Krieg innerhalb der Art verhindert. Auf der anderen Seite neigt die Spezialisierung auf eine Gruppenverteidigungsloyalität, wie bei den Ameisen, zur Maximierung von Kriegen innerhalb der Art. Die große Menge der Ameisenkolonien mit ihren fünfzig Millionen Jahren sozialer Erfahrung bleibt im allgemeinen jedoch beim eigenen Brut- und Futterplatz und beteiligt sich an Feindseligkeiten nur, wenn sie von der parasitischen und räuberischen Minderheit der Ameisen angegriffen wird.

Eine Untersuchung dieser Techniken ergibt, daß die lange Lebensdauer einer Art aus einem Gleichgewicht resultiert; und zwar aus einer Balance zwischen der Effektivität, die auf der Integration der ganzen Struktur und des Verhaltens des Tieres auf der Grundlage einer solchen spezialisierten Technik, und der Flexibilität, die auf der Vermeidung einer Spezialisierung und Integration beruht, die so vollkommen wäre, daß eine Anpassung an neue Bedingungen schwierig oder unmöglich würde. Einschneidende Veränderungen des Klimas, der Ernährung oder des Wohngebietes haben zum Aussterben der hochspezialisierten Arten und Gattungen geführt, besonders der auf Größe, Panzerung und Räuberei spezialisierten.

d) Theorie

Die Theorie des Krieges bei den Tieren ist die Theorie der organischen Entwicklung des Nichtüberlebens des Unangepaßten. Das Gleichgewicht der organischen Natur wird hauptsächlich durch den Prozeß erhalten, bei dem eine Art die andere frißt, besonders deren Junge, und bei dem eine Art die andere aus einem Gebiet verdrängt, das für sie eine geeignete Heimat darstellt. Diese Formen des Aussterbens sind natürliche Gegengewichte gegen eine Reproduktion, die, wenn sie sexuelle Reproduktion ist, eine gewaltige Vermehrung der Kombinationen auf Grund von Genmutationen erlaubt, die in einem Individuum entstehen. Klimatische, geologische und geographische Veränderungen können zu bestimmten Zeiten das Gleichgewicht plötzlich verändern und Populationen oder selbst Arten und Gattungen ausrotten; aber in einer konstanten physischen Umwelt sind Gefressenwerden und Vom-Futter-Verdrängtwerden die Arten der Ausschaltung von Übervölkerung, für die durch die außerordentliche Fruchtbarkeit der meisten Arten gesorgt ist – einer derartigen Fruchtbarkeit, daß fast jede Art, würden alle überleben und sich vermehren, in kurzer Zeit die Welt oder das Sonnensystem in Besitz nehmen würde. Nur die sozialen Insekten, die die Vermehrung auf ein einziges Weibchen in der Gesellschaft beschränken und die Arbeiter sterilisiert haben, haben ein Verfahren zur Beschränkung durch Geburtenkontrolle entwickelt (...).

Das Studium des Krieges bei den Tieren kann viel zum Verständnis des menschlichen Krieges beitragen, und in dieser Hinsicht ist die Rolle von Herrschaft, Aktivität und Sexualität bei den Primaten, den; nächsten Verwandten des Menschen, äußerst instruktiv. Der größte Unterschied besteht in der Überlegenheit des Menschen hinsichtlich der Kommunikation durch den Besitz der Sprache und als Folge davon hinsichtlich der weiten Überlegenheit in der sozialen Organisation. In letzterer Hinsicht ähneln dem Menschen am meisten die Ameisen, und man hat oft auf die Analogie ihrer Beute- und Verteidigungskriege zu denen der Nationen hingewiesen. Es bestehen da jedoch große Unterschiede. Die Mitglieder der menschlichen Gesellschaft können auf Entfernung miteinander kommunizieren, weshalb sich die Gesellschaft über immer größer werdende Flächen ausdehnen kann. Während Ameisengesellschaften sich aus den Kindern einer einzigen Königin zusammensetzen, sind die menschlichen Gesellschaften genetisch heterogen, was ihnen eine größere Variabilität und Lebensdauer sichert. Den Mitgliedern einer menschlichen Gesellschaft fehlt außerdem der für Ameisen charakteristische Grad vererbter und struktureller Spezialisierung, Differenzierung und Schichtung. Die menschliche Gesellschaft kompensiert daher ihre Schwierigkeiten beim Aufrechterhalten der inneren sozialen Ordnung durch die Möglichkeiten des Fortschritts und der eventuellen universalen Koordination der Art. Obwohl das Problem des Bürgerkriegs in menschlichen Gesellschaften immer größer sein wird als bei den Ameisen, ist das Problem des externen Krieges innerhalb der Art bei Menschen lösbar, aber nicht bei Ameisen.

Es sei vorweggenommen, daß der Mensch, der seine Gesellschaften au den Verstand und den Fortschritt hin organisiert hat, sich nicht zu den „Gesellschaften“ der Ameisen hinentwickeln wird, die den Instinkt und die Stabilität betonen, obwohl despotischer Totalitarismus in diese Richtung führen würde. Der Mechanismus der sozialen Solidarität der Ameisen wirft jedoch ein Licht auf die irrationalen Grundlagen der menschlichen Gesellschaften. Die Geschichte beider Gesellschaftstypen zeigt, daß in der Verringerung des Beutemachens, des Parasitismus und anderer Formen gewalttätigen Verhaltens ein Überlebenswert steckt. In dieser Hinsicht ist eine konvergente Entwicklung der Gesellschaftstypen von Menschen und Insekten zu erwarten.

III. Der Krieg bei den Primitiven

a) Der Begriff des „Krieges bei den Primitiven“

Das Studium des Krieges bei den Primitiven wirft sofort zwei gewaltige Schwierigkeiten auf: Wer sind die Primitiven, und welcher Teil ihres Verhaltens ist Krieg?

Zur Schwierigkeit, die Primitiven im allgemeinen und im besonderen zu identifizieren, kommt die Schwierigkeit, ihre Kriege zu identifizieren. Die Primitiven führen nur selten formale Feindseligkeiten mit dem Ziel, ein greifbares ökonomisches oder politisches Resultat zu erzielen. Ihre Feindseligkeiten werden selten von einer hochorganisierten beruflichen Militärkaste geführt, die besondere Instrumente und Techniken anwendet, die durch ein Inter-Gruppen-Recht geregelt sind, das nur während „Kriegs"perioden anwendbar ist, bestimmt, den Krieg zu einem wirksamen Mittel der Politik zu machen. Diese Elemente, die heute den Begriff des Krieges ausmachen, sind Produkte der Kultur, und bei den Primitiven sind nur Rudimente zu finden.

Wenn auch der Begriff des primitiven Krieges weiter ist als der des zivilisierten, so ist er doch enger als der des tierischen Krieges. Tierischer Krieg schließt Gewalt gegen Tiere anderer Arten ein und Gewalt gegen Mitglieder der eigenen Gruppe ob von dieser geduldet oder verboten.

Diese drei Typen gewaltsamen Verhaltens – Jagd, Verbrechen und Strafe –, die wir bei den Tieren als „Krieg" ansahen, sind jedoch bei allen primitiven Gruppen so verschieden von der Gewalt, die durch die Gruppe als ganze gegen andere menschliche Wesen außerhalb der Gruppe sanktioniert ist, daß sie ausgeschieden werden können. Die Linie zwischen individuell begonnener Gewaltsamkeit nach außen, die von der Gruppe sanktioniert wird – wie Fehden und Kopfjägerei –, und einer Aktion, für die die Gruppe als ganze verantwortlich ist, ist nicht so leicht zu ziehen. In den meisten Fällen können zwei Tätigkeitstypen unterschieden werden, die entsprechend als „Repressalien" und „Krieg" bezeichnet werden können. Sie sind jedoch eng verwandt, und es scheint ratsam zu sein, jede externe, von der Gruppe sanktionierte Gewaltsamkeit gegen andere menschliche Wesen in den Begriff des primitiven Krieges aufzunehmen.

b) Allgemeine Charakteristika des primitiven Krieges

Die Primitiven können rassisch, geographisch, kulturell oder soziologisch klassifiziert werden (...). Es will so scheinen, als ob die Gewichtigkeit und der Grad der Institutionalisierung des Krieges unter den primitiven Völkern enger mit der Kompliziertheit der Kultur, der politischen Organisation und den Gruppen-Außen-Kontakten als mit der Rasse oder der physischen Umgebung in Beziehung stehen – obwohl ein warmes, aber anregendes Klima und eine Umgebung, die Beweglichkeit über weite Flächen ermöglicht, auch für kriegerischen Charakter günstig zu sein scheinen.

c) Ursachen und Folgen kriegerischen Verhaltens bei primitiven Völkern

Die Schlüsse, zu denen wir oben hinsichtlich der statischen Bedingungen des kriegerischen und unkriegerischen Verhaltens bei primitiven Völkern gelangt sind, gestatten folgende Generalisierungen hinsichtlich der Dynamik der Situation (...).

Der primitive Krieg war ein wichtiger Faktor bei der Entwicklung der Kultur. Er kultivierte die Tugenden des Mutes, der Loyalität und des Gehorsams; er schuf feste Gruppen und eine Methode zur Erweiterung des Gebiets dieser Gruppen, was beides unentbehrlich war für die Schaffung der Kulturen, die folgten. Es ist jedoch zu betonen, daß der primitive Krieg vom Krieg der historischen Kulturen sehr verschieden war und sich noch mehr vom modernen Krieg der fortgeschrittenen Völker unterscheidet. Die Anerkennung der progressiven Tendenzen des primitiven Krieges (unter der Annahme, daß die Bewegung von der Wildheit zur Kultur Fortschritt ist) beinhaltet nicht, daß Krieg auf späteren Stufen fortschrittlich sei. Als sich die primitive Gesellschaft zur Kultur hin entwickelte, begann der Krieg einen veränderten Charakter anzunehmen. Die Kultur war sowohl eine Wirkung als auch eine Ursache der kriegerischen Gesinnung. Die Gewohnheit des Krieges sorgte für die Basis einer weiteren Aggregation und sicherer Verteidigung. Das Aufkommen einer weiteren Vergesellschaftung und der Arbeitsteilung, der Trennung von Herrscher und Beherrschten, schufen günstige Bedingungen für die Entwicklung des Krieges im Interesse der herrschenden Klasse. Der Wert des Krieges für die Entwicklung sozialer Tugenden und der gesellschaftlichen Organisation wurde mehr und mehr durch seine Übel ausgeglichen indem er die menschliche Sympathie verdrängte, die Zusammenarbeit über die kriegführende Gruppe hinaus verhinderte und den Zerstörungsgeist vermehrte; aber im ganzen wogen bei den Primitiven seine Vorteile für den Fortschritt seine Nachteile auf. Marrett schreibt: „Es ist ein Gemeinplatz der Anthropologie, daß der Krieg auf einer bestimmten Stufe der Entwicklung – sozusagen auf der Halbstufe – eine kulturfördernde Institution ersten Ranges ist; in der Tat, so, wie es Bagehot auffaßt, ‚fängt die Kultur an, weil der Anfang der Kultur ein militärischer Vorteil ist'. Der Grund dafür ist nicht weit zu suchen. ‚Die kompakten Stämme gewinnen', sagt Bagehot. Oder wie es Spencer differenzierter erklärt, ‚von Anfang an ist die Überlegenheit eines Volkes über das andere in der Hauptsache die Überlegenheit des sozialen über den antisozialen Menschen gewesen'."

Bei den primitiven Gruppen wechselte wie bei den Tierarten der Überlebenswert der Kriegsanwendung mit der besonderen Situation der Gruppe oder Art; aber bei den Tieren erwiesen sich insgesamt Anpassungen, die auf Frieden und Zusammenarbeit hinausliefen, für die Vermehrung des Typs als günstiger denn Anpassungen auf der Grundlage von Beutemachen und Parasitismus. Andererseits haben sich bei den Primitiven die kriegerischen Gruppen hinsichtlich der Individuen und der Typen vervielfacht. Die friedlichen Gruppen konnten sich nicht bis zu einer Größe organisieren, die für extensive Arbeitsteilung ausreichte, ohne die militärischen Tugenden und den Sinn der Gruppensolidarität, der durch die Furcht vor einem äußeren Feind erzeugt wurde, und sie konnten Besitz, Herden oder Ackerland vor kriegerischen Nachbarn nicht schützen, wenn sie nicht selbst den Krieg institutionalisierten. Aus den kriegerischen Völkern ging die Kultur hervor, während die friedlichen Sammler und Jäger in die Randzonen der Erde vertrieben wurden, wo sie allmählich ausgerottet oder absorbiert werden – mit der einzigen zweifelhaften Genugtuung, beobachten zu können, wie die Nationen, die den Krieg so effektiv handhabten, sich selbst vernichteten, jene aber, die groß wurden, nun Opfer ihres eigenen Instruments werden.

IV. Der historische Krieg

Das Studium des tierischen und des primitiven Krieges wirft ein Licht auf die Funktion des Konflikts in einem lebenden System und auf die Natur der Triebe zum tödlichen Konflikt bei den Einheiten, die dieses System bilden. Nur indirekt oder durch Analogie vermitteln diese Studien ein Verständnis des Einflusses sich ändernder militärischer Techniken und sich ändernder Theorien oder Rationalisierungen auf den Ausbruch und den Charakter des Kriege in der Gegenwart. Eine Studie des historischen Krieges, das bedeutet des Krieges in oder zwischen den Schriftkulturen von Ägypten und Mesopotamien bis ins Zeitalter der Entdeckungen im fünfzehnten Jahrhundert – in einem Zeitraum von über sechstausend Jahren –, kann ein unmittelbares Verständnis für diese Einflüsse geben (...).

a) Der Krieg in seiner Beziehung zu den Wandlungen der Kultur

Welche Beziehungen gibt es zwischen den Wandlungen der Kultur und den Wandlungen des Krieges? Eine exakte Korrelation ist nicht möglich, denn eine Kultur ist keine einfache Sache. Jede Kultur bestand während ihrer längsten Zeit aus vielen Staaten, die sich in einem unaufhörlichen Prozeß von Bündnis, Föderation, Union, Uneinigkeit oder Auflösung befanden, und jeder Staat war gewöhnlich aus Parteien und Gruppen zusammengesetzt, die sich ebenfalls fortgesetzt verbanden und trennten. Geschichtsmodell könnte eine Zeitdimension sein, die über einer zweidimensionalen Landkarte errichtet würde. Dieser dreidimensionale Raum wäre in Kulturen mit fluktuierenden Zeit- und Raumgrenzen einzuteilen, innerhalb dieser in lose verbundene Staaten, die ihrerseits aus lose verbundenen Parteien zusammengesetzt wären.

Eine vollständige Geschichte des zivilisierten Krieges würde die Identifizierung all dieser Einheiten und die Beschreibung der Charakteristika des Krieges in jeder von ihnen beinhalten. In diesem Abschnitt werden jedoch historische Einheiten unterhalb einer Kultur nicht betrachtet. Obwohl Bürgerkriege und zwischenstaatliche Kriege in allen Kulturen vorgekommen sind, so sind doch die Kriege zwischen den Kulturen gewöhnlich als die wichtigsten angesehen worden und haben in der Geschichte die größte Rolle gespielt. Zum Beispiel fallen die meisten Schlachten vor 1500 nach „Harbottles Wörterbuch der Schlachten" in diese Kategorie von Kriegen (...).

Die militärische Aktivität hat hinsichtlich der Größe des Krieges, der Größe der Armeen, des Charakters der Operationen, der Beziehungen der Kriegsbeteiligten und der Ziele und Rechtfertigungen der Feindseligkeiten variiert. Diese Variationen können, um Toynbees Klassifikation zu benützen, zum Alter und Typ der Kultur und zur Stufe der besonderen Kultur, in der die militärische Aktivität vorkam, in Beziehung gesetzt werden.

1. Die Kulturen in ihrer Folge

Die Größe der Kriege hat in großen Schwingungen während der Geschichte oszilliert. Im Westen und im Mittleren Osten waren in der Antike und in der Neuzeit die Armeen größer und die größeren Kriege häufiger als im Mittelalter, obwohl allgemein angenommen wird, daß in den Beschreibungen der Größe der an Schlachten beteiligten Heere der altorientalischen Völker viel Übertreibung steckt. Ferner neigt jede Kultur dazu, in ihrer Zeit der Unruhe zu einem Maximum militärischer Aktivität aufzusteigen und dann wieder abzusinken, bis es bei ihrem Abstieg und Fall ein neues Hoch militärischer Aktivität gibt. Unter Berücksichtigung dieser Oszillationen zeigt sich jedoch beim Vergleich der aufeinanderfolgenden Kulturen, daß Heere absolut und im Verhältnis zur Größe der Bevölkerung zuzunehmen scheinen, daß der Krieg absolut und relativ immer höhere Kosten an Leben und Gütern verursacht und daß die militärische Aktivität zu stärkerer zeitlicher Konzentration tendiert mit längeren Friedensintervallen zwischen den Kriegen. Der Krieg selbst tendierte zu immer größerer räumlicher Ausdehnung mit immer weniger Sicherheitszonen und mehr Unannehmlichkeiten für die Zivilisten. Der Krieg wurde vom Frieden ideologisch und rechtlich immer deutlicher abgegrenzt und tendierte dazu, als anomal und einer vernünftigen Rechtfertigung bedürftig angesehen zu werden. Die Wandlungen des Krieges tendierten insgesamt dazu, eher die defensiven als die offensiven Operationen zu begünstigen. Als Folge davon tendierte der Krieg dazu, weniger rasch Entscheidungen herbeizuführen und im Verhältnis zu anderen Institutionen weniger Einfluß auf die Weltpolitik zu haben.

Bis zum Zweiten Weltkrieg zeigten diese Trends eine Bewegung zu einer Situation mit enormen Armeen und großen Kriegskosten, mit abwechselnden Perioden konzentrierter militärischer Operationen über die ganze Welt und relativ friedlichen Intervallen dazwischen, mit extensiven Regeln für die Rechtfertigung, Ächtung und Einschränkung militärischer Operationen und mit einer Strategie, die auf langwierige Stagnationen, die Anwendung gegenseitiger Zermürbung und relativ unentschiedene Ergebnisse hinauslief.

2. Kulturtypen

Es ist wegen der großen Wandlungen der militärischen Charakteristika jeder Kultur während ihrer langen Existenz nicht leicht, die militärischen mit den geographischen, ökonomischen oder anderen Charakteristika der Kultur als ganzer in Beziehung zu setzen. Da alle Kulturen dazu tendierten, weniger aggressiv zu werden, je älter sie wurden, müssen die Kulturen auf der gleichen Stufe ihrer Entwicklung verglichen werden.

Wenn man kriegerisches Verhalten als Mischung betrachtet aus (I) Gewöhnung an Grausamkeit, die aus blutigen religiösen Riten, Sport und Schauspielen herrührt, (II) aus Aggressivität, wie sie sich an der Häufigkeit aktiver Invasionen in imperialen oder zwischenstaatlichen Kriegen zeigt, (III) aus der militärischen Moral, wie sie an der Disziplin der Armeen und der Reserven zu sehen ist, und (IV) aus politischem Despotismus, wie er offenkundig wird durch die Vollständigkeit der territorialen und funktionalen Zentralisation der Autorität unter Abwesenheit verfassungsmäßiger und gewohnheitsmäßiger Begrenzungen, dann zeigt es sich, daß die kriegerischsten Kulturen die klassische, die tatarische, babylonische, syrische, iranische, japanische, indische und die mexikanische waren; die gemäßigt kriegerischen waren die hethitische, arabische, germanische, westliche, skandinavische, russische und yukatekische Kultur. Diese Listen weisen, so scheint es, keine hohe Korrelation mit der Chronologie, Geographie oder Ökonomie auf. Unter den kriegerischeren Kulturen befinden sich primäre, sekundäre und tertiäre Kulturen; große und kleine Bevölkerungen; sie haben als Umgebung Steppe, Ackerland, Meer und Hochebene; als Wirtschaftsform Weide- und Trockenfarmwirtschaft und Handel. Es gab jedoch bei Kulturen in Hochebenen- oder Gebirgsumgebung – solcher, die von Weidewirtschaft abhängen – und Kulturen mit einer heterogenen Bevölkerung und mit engen interkulturellen Kontakten eine Tendenz, kriegerisch zu sein.

Anhand derselben Kriterien waren die friedlichsten Kulturen die ägyptische, minoische, orthodoxe (byzantinische), mesopotamische (sumerische), nestorische, irische, indische, Hindu-, sinische, chinesische und Mayakultur. Auch diese sind auf die chronologischen, Bevölkerungs-, geographischen und ökonomischen Typen verteilt, obgleich es scheint, als ob homogene und isolierte Kulturen und solche, die an Flüssen angesiedelt sind und von Bewässerungswirtschaft abhängen, zu Friedlichkeit tendierten. Die isolierten Japaner verdanken ihren kriegerischen Charakter wahrscheinlich ihrer rassisch heterogenen Zusammensetzung.

Es bestand vielleicht bei sekundären Kulturen, wie der babylonischen, syrischen, klassischen, Hindu- und mexikanischen Kultur, eine Tendenz, kriegerischer zu sein als die primären Kulturen, aus denen sie hervorgegangen waren – die ägyptische, mesopotamische, minoische, indische und Mayakultur-, und bei teritären Kulturen, wie bei der westlichen, arabischen, iranischen und russischen, die kriegerischsten von allen zu sein. Das könnte an der Tatsache liegen, daß jede der aufeinanderfolgenden Kulturen als barbarische oder externe proletarische Gruppe begann, die versuchte, durch kriegerische Aktivität der Vorzüge der bestehenden Kultur teilhaftig zu werden. War sie schließlich erfolgreich, so blieb sie im allgemeinen kriegerisch, nachdem sie einmal aus dem militärischen Erfolg geboren war. Ferner waren Kulturen mit besseren Kommunikationsmitteln weniger isoliert, während ihr größerer Erfindungsgeist sie weniger homogen machte. Beide Faktoren tendierten zu kriegerischem Verhalten.

Es ist möglich, daß die maritimen Kulturen, wie die skandinavische, und die nomadischen Kulturen, wie die tatarische und arabische, dazu neigten, kriegerischer zu sein als Ackerbaukulturen, wie die ägyptische, mesopotamische und mayanische, und zwar wegen ihrer größeren Beweglichkeit und unmittelbareren Abhängigkeit von klimatischen Veränderungen. Diese Beziehung ist jedoch weit von einer Klärung entfernt.

Es ist behauptet worden, daß Kulturen in kalten Klimata dazu neigten, die in heißen Klimata anzugreifen, illustriert an den Überfällen der Mongolen, Arier, Achäer, Gallier und Germanen auf die Kulturen südlich von ihnen. Solche Angriffe scheinen jedoch in Wirklichkeit von den Steppen in vielen Richtungen als Ergebnis einer Dürre, des Zusammenbruchs der Regierungsgewalt des überfallenen Gebiets oder von Handelsstockungen ausgegangen zu sein.

Es gibt vielleicht Anhaltspunkte für die Behauptung, daß martialischer Charakter aus dem Gebirge kommt und Passivität aus den Ebenen, wenn man die relativ kriegerische Haltung der Hethiter, Iraner, Andenvölker und Mexikaner in Betracht zieht. Ausnahmen, wie die friedlichen Nestorianer, können darauf zurückzuführen sein, daß ihre Kultur schon auf einer frühen Stufe durch Unterwerfung vernichtet wurde.

Keine Kultur ist jedoch von einem einzigen Faktor beherrscht. Kriegerisches Verhalten resultiert aus einer Verbindung von Umständen in der inneren Zusammensetzung, den äußeren Beziehungen und den Bedingtheiten der speziellen Kultur. Ihre besondere Kombination von sozialen, religiösen, politischen und militärischen Institutionen und äußeren Kontakten ist eine Anpassung an vielfältige Umstände in ihrer Umgebung und ihrer wirtschaftlichen Basis und nicht die Folge irgendeiner begrenzten Anzahl von Bedingungen.

3. Die Stufen einer Kultur

Die Intensität des Krieges, gemessen an der Häufigkeit der Schlachten und der Zahl der Teilnehmer, hat in der heroischen Epoche (der Schwarmperiode) gewöhnlich zugenommen, in der der Krieg bezeichnenderweise entweder als Angriff gegen oder zur Verteidigung vor anderen Kulturen angewendet wurde. Seine Intensität nahm weiter während der Zeit der Unruhen zu, aber während dieser Periode ist er oft ebenso zwischenstaatlicher Krieg und Bürgerkrieg wie imperialistischer und defensiver Krieg gewesen. Die folgende Periode der Stabilität war gewöhnlich friedlicher, obwohl die Größe der Armeen nicht erheblich abgenommen hat. Mit dem Fortschritt dieser Periode erfolgte oft Aggression von außen. Barbaren oder eine andere Kultur in der Schwarmperiode griffen, je mehr ihre Armeen durch Kontakte mit der älteren Kultur in der Kriegskunst lernten, um so wirksamer diese bestehende Kultur an. Das illustrierte der Ansturm der Hyksos auf Ägypten (1760 v. Chr.), der Phryger gegen die Hethiter und Babylonier (1780 v. Chr.), der Skythen gegen Persien (500 v. Chr.), der Achäer gegen die Minoer (1200 v. Chr.), der Gallier und Germanen gegen Rom im vierten Jahrhundert v. Chr. und wieder mit mehr Erfolg im vierten und fünften Jahrhundert n. Chr. und der Skandinavier gegen West- und Südeuropa im neunten und zehnten Jahrhundert. Die Intensität des Krieges hat sich somit auf der Endstufe erhöht. Angriffe von außen, die oft erfolgreich waren, haben zu Revolten im Inneren geführt, bis die Kultur unter dem vereinigten Druck von außen und von innen sich auflöste. Diese Änderungen in der Intensität des Krieges waren typischerweise von Änderungen im Charakter der Armeen und der militärischen Operationen begleitet.

b) Charakteristika und Konsequenzen

Die Häufigkeit und der Charakter der historischen Kriege haben sich primär mit der Stufe einer Kultur geändert, sekundär von Kultur zu Kultur und bis zu einem gewissen Grade von einer zur anderen politischen Gruppe innerhalb der Kultur. Der zivilisierte Krieg könnte auf dieselben organischen Triebe bezogen werden, die den tierischen und den primitiven Krieg in Gang setzten, aber diese Triebe waren zu komplexeren und flexibleren Verhaltensmustern kombiniert, die mit politischen, religiösen oder ökonomischen Zielen von einer Führung in Richtung auf eine populärere Unterstützung des Krieges stimuliert werden konnten. Der zivilisierte Krieg unterschied sich vom tierischen und primitiven Krieg dadurch, daß seine Techniken rascher wechselten und mit dem Fortschritt des Wissens und des Wettbewerbs zwischen offensiven und defensiven Erfindungen dazu tendierten, zerstörerischer zu werden. Er unterschied sich vom primitiven Krieg dadurch, daß seine Regeln weniger von der Gewohnheit vorgeschrieben und mehr rational auf die bewußten Ziele des Staates und die bewußten Werte der Kultur bezogen waren. Seine Leistung bestand darin, eher den Wandel weiterzutreiben als die Stabilität und auf lange Sicht die Kultur eher zu desintegrieren als zu integrieren(...).

Obwohl es einige Unterschiede gab, verfügten alle Gruppen innerhalb einer Kultur auf der gleichen Stufe der Kulturgeschichte gewöhnlich über Kriegspraktiken und -methoden ähnlichen Typs. Dazu kam es durch den Prozeß des militärischen Wettbewerbs und der Nachahmung mit dem Ergebnis militärischen Machtgleichgewichts. Das Gleichgewicht wurde jedoch gestört, weil die zivilisierten Staaten, anders als die primitiven Völker, ständig neue Offensivtechniken erfanden und es sogar vorkam, daß einer alle übrigen unterwarf und einen Universalstaat schuf; aber die Kultur der Besiegten herrschte manchmal noch in großen Gebieten, zum Beispiel im römischen Reich großenteils die griechische Kultur.

Das Gewicht dieses dynamischen Einflusses sowohl zwischen den Kulturen als auch innerhalb einer Kultur hob den zivilisierten vom primitiven Krieg ab. Der zivilisierte ähnelte jedoch auch wieder dem primitiven Krieg darin, daß auch er eine konservative Funktion ausbildete, die darin bestand, die politische und kulturelle Solidarität der existierenden Gruppen vor Aufständen im Innern und Angriffen von außen zu bewahren. Bei einer Beobachtung über so kurze Perioden wie Jahrzehnte schien diese Funktion des Krieges höchst wichtig zu sein. Die Staatsmänner glaubten oft, daß der Rückgriff auf den Krieg nötig wäre, um einer Invasion zuvorzukommen oder ihr zu widerstehen und den Status quo zu erhalten. Auf längere Sicht erwiesen sich solche Meinungen häufig als irrig. Die Vertreter inneren und äußeren Wandels erreichten gewöhnlich mehr mit dem Krieg als die Vertreter der Stabilität. Das Ergebnis des Krieges war selten völlig voraussagbar, deshalb war die Stabilität unmittelbar mit seinem Beginn aufs Spiel gesetzt, weil niemand das Resultat voraussagen konnte (...).

Es ist an das im Zusammenhang mit dem primitiven Krieg aufgezeigte Paradox zu erinnern: Maßvoller Krieg wirkt sozialisierend, während zuviel Krieg und zu zerstörerischer Krieg desintegrierend wirkt, Beim primitiven Menschen förderte der Krieg die Stabilität und den graduellen Fortschritt. Beim zivilisierten Menschen wurde die Schwelle überschritten. Eine aufsteigende Kultur entwickelte den Krieg zu sehr und besiegelte damit ihr eigenes Verhältnis. Die Zeit der Unruhe markierte, wie Toynbee zeigt, den Anfang vom Ende einer Kultur. Die Kulturen, in denen der Krieg ein relativ unwichtiges politisches Instrument war, wie die des alten Ägypten, Sumers, des alten China, dauerten am längsten, Die militärischen Kulturen Babyloniens, des klassischen Altertums, Westeuropas, Arabiens und der Türkei waren relativ kurzlebig.

Hatte der Krieg auch die Funktion, den Wandel einer Kultur zu gewährleisten, so war doch seine letzte Wirkung, Oszillationen im Aufstieg und Fall der Kulturen zu erzeugen. Was es an ständiger Evolution in der menschlichen Geschichte gab, war nicht dem Krieg zu verdanken, sondern dem Denken. Die Alexander, Cäsar und Napoleon erzeugten Oszillationen; die Aristoteles, Archimedes, Augustin und Galilei erzeugten Fortschritt. Doch paradoxerweise erzeugte gerade die Dauerhaftigkeit des allgemeinen Fortschritts den Fortschritt in der Kriegskunst und förderte damit die Eroberungen und die Oszillationen mit wachsender Amplitude und abnehmender Länge.

Aus: A Study of War (Abridged Edition 1965), S. 20-50 (gekürzt). Mit freundlicher Genehmigung von The University of Chicago Press. Übersetzt von Gernot Köhler.
aus: Krippendorff, Ekkehart (Hg.) 1970: Friedensforschung, 2. Auflage, Köln: Verlag Kiepenheuer und Witsch, S. 29-44.

6.4 Ernst-Otto Czempiel: Der Friede – sein Begriff, seine Strategien

Friede ist ein heikler Begriff. Er kann willkürlich verwendet werden. Da sein politischer Inhalt bisher nicht definiert, nicht einmal einem Bestimmungsversuch unterzogen worden ist, bildet er eine Hülse, die beliebig gefüllt werden kann. So dienen die Nachrüstung wie die Opposition dagegen gleichermaßen dem Frieden; er wird vom Westen wie vom Osten in ihrem Konflikt verfolgt, auch die Dritte Welt will schließlich nur den Frieden. Hinter dieser vielseitigen Verwendung steckt nicht einmal Heuchelei: Weil der Friedensbegriff inhaltlich leer ist, kann er mit den jeweiligen Zielvorstellungen legitim gefüllt werden.[1]

Wer diesen Zustand überwinden, Frieden als Ziel und Maßstab der Politik ausweisen will, hat es nicht einfach. Er muß praktisch bei Null beginnen, zumal auch die Friedensforschung dieses Problem weitgehend beiseite geschoben hat.1 Er muß einen Schritt zurücktreten von der Aktualität, sich für einen Moment entfernen von den Fragen, die er eigentlich beantworten will, um zunächst einen Begriff des Friedens zu entwickeln, mit dem sich arbeiten, unterscheiden und diskriminieren läßt. Erst dann kann die Frage aufgeworfen werden, was unter Frieden heute zu verstehen und welche Strategie geeignet ist, ihn zu realisieren.

Was heißt „Frieden"?

Es ist also leider nicht überflüssig zu fragen, was Frieden eigentlich heißt. Unberücksichtigt kann dabei bleiben, ob es sich um den sogenannten „negativen" oder den „positiven" Frieden handelt; diese Unterscheidung stellt nur eine Scheinlösung dar und beruht auf einem Scheinproblem. Wer den „negativen" Frieden als permanente Absenz organisierter militärischer Gewaltanwendung einrichten will, muß – wie zu zeigen sein wird – sehr viele Ordnungen herstellen, die den Anforderungen des „positiven Friedens" zuzurechnen sind aber viel genauer formuliert werden können.

Läßt sich also Krieg definieren als die Anwendung organisierter militärischer Gewalt in den Beziehungen zwischen zwei oder mehreren politischen Einheiten, und läßt sich Friede demnach in einer ersten Annäherung bezeichnen als das Fehlen dieser Gewaltanwendung, so ist zu fragen, was sie zu eliminieren vermag.

---

1 Vgl. aber Valentin Zsifkovitz: Der Friede als Wert, München 1973; Mir A. Ferdowsi: Der positive Frieden. Johan Galtung: Ansätze und Theorien des Friedens, München 1981. Von völkerrechtlicher Seite: Jost Delbrück (Hg.): Friedensdokumente aus fünf Jahrhunderten, 2 Bde., Kehl und Straßburg 1984.

Darauf gibt es in der Geschichte der politischen Theorie bis zum Beginn der Neuzeit eine eindeutige Antwort: die Gerechtigkeit. Ihr Werk ist der Friede: *opus justitiae pax*, wie es bei Thomas heißt.[2] Diese Antwort ist richtig, aber sie galt nur in dem Innenraum des *ordo christianorum*; sie gilt nur innerhalb einer Gesellschaft, die Gerechtigkeit definiert, und eines Staates, der sie mit Sanktionsgewalt durchzusetzen vermag. Im zwischenstaatlichen Raum des internationalen Systems der Moderne versagt diese Kategorie. Das hatte, im Zeitalter des entwickelten Territorialstaats, schon Gentiles festgestellt mit seiner These, daß die Gerechtigkeit auf beiden Seiten eines Gegensatzes sein könne, daß es einen „*bellum justum ex utraque parte*" geben kann. Das moderne Völkerrecht, dessen Kodifizierung mit Hugo Grotius begann, hat daraus die richtige Konsequenz gezogen und die Kategorie der Gerechtigkeit eliminiert. Es unterschied nicht mehr nach der gerechten Sache, sondern lediglich nach dem „legalen Feind".[3] Nur der Landesfürst war zur Gewalt berechtigt; wo er sie anwandte, geschah es zu Recht. Mit dieser Lösung hat das Völkerrecht seine klassische Phase durchgestanden; sie endete 1919 in den Verwüstungen des Ersten Weltkrieges. Was nützte der Rechtstitel, wenn er über die Zerstörungskraft moderner Waffen zur Vernichtung, auch zur Selbstvernichtung führte?

Mit dem Verzicht auf die Anwendung militärischer Gewalt, der schließlich im Artikel 2, 4 der UN-Charta festgeschrieben wurde, tauchte das Problem der Gerechtigkeit aber wieder auf. Es wurde noch vervielfältigt durch die Vermehrung der Staaten im Laufe der Entkolonialisierung. Sie schien zugleich die besten Gründe für die Wiederkehr des gerechten Krieges zu bieten. War er nicht zulässig, wenn er der nationalen Befreiung galt? Ist die organisierte militärische Gewaltanwendung nicht erlaubt, wenn sie der Bewahrung der Freiheit dient, wie in Vietnam, oder der von Ruhe und Kommunismus, wie in Afghanistan? Darf der Iran nicht Gewalt anwenden, um dem Irak das *Schatt-el-Arab* wieder abzujagen, hatten die USA nicht einen Anlaß, die 52 Geiseln in Teheran mit Gewalt zu befreien? Durfte nicht Argentinien die Falkland-Inseln zurückerobern und durfte nicht Großbritannien sich dagegen verteidigen?

Das *Gentiles-Problem* ist also wieder da, und traut man dessen Lösung, muß man die aufgeworfenen Fragen allseits mit Ja beantworten. Alle Parteien waren und sind im Recht, weil Gerechtigkeit keine internationale, sondern nur eine nationale Kategorie ist. Auch Thomas hatte recht, aber nur in einem Nationalstaat und später in einem Weltstaat. Im internationalen System kann der Friede nicht das Werk der Gerechtigkeit sein, weil die Folge der Gerech-

2 Josef Rief: Die bellum-iustum-Theorie historisch, in: Norbert Glatze/Ernst Josef Nagel (Hg.): Frieden in Sicherheit, Zur Weiterentwicklung der katholischen Friedensethik, Freiburg 1981, S. 15ff., vor allem S. 27ff.

3 Dazu Carl Schmitt: Die Nomos der Erde im Völkerrecht des ius publicum europaeicum, Berlin 1950

tigkeit der Krieg ist. Hegel hat in seinen Schriften zur Politik und Rechtsphilosophie das Problem auf einen modernen Begriff gebracht, und es lohnt sich, ihn zu zitieren[4]:

> Das Recht ist der durch Verträge festgesetzte und zugestandene Nutzen des einen Staates, und weil in den Verträgen überhaupt die verschiedenen Interessen der Staaten festgesetzt, als Rechte aber diese Interessen so unendlich vielseitig sind, so müssen sie, und damit auch die Rechte selbst, in Widerspruch geraten, und es hängt nur von den Umständen, von den Kombinationen der Macht, das heißt dem Urteil der Politik ab, ob das in Gefahr kommende Interesse und Recht mit der ganzen Gewalt der Macht verteidigt werden soll, wogegen denn der andere Teil freilich auch ein Recht anführen kann, weil auch er gerade das entgegengesetzte Interesse, das in Kollision kommt und damit auch ein Recht hat, und der Krieg oder was es ist, hat nunmehr zu entscheiden, nicht, welches Recht der von beiden Teilen behaupteten, das wahre Recht ist, – denn beide Teile haben ein wahres Recht –, sondern welches Recht dem anderen weichen soll. Krieg oder was es sonst ist, hat dies gerade darum zu entscheiden, weil beide sich widersprechende Rechte gleich wahr sind, also ein Drittes, und dies ist der Krieg, sie ungleich machen muß, damit sie vereinigte werden können, was dadurch geschieht, daß eins dem anderen weicht

Gerechtigkeit ist also gesellschafts- und kulturgebunden, innerhalb deren sie durch Konsens entsteht. Treffen zwei Gesellschaften oder zwei Kulturen aufeinander, so treffen auch zwei Gerechtigkeiten und deren Ansprüche aufeinander. Damit treffen auch zwei Friedensbegriffe aufeinander, zeigt sich das Phänomen, das oben als die Verfügbarkeit des Friedensbegriffs bezeichnet wurde.

Da die Gerechtigkeit partikular und fraktioniert ist, ist es auch der Friedensbegriff. Der Friede ist eben nicht unteilbar, sondern er ist, jedenfalls als politische Zielsetzung, im höchsten Maße teilbar. Der Versuch, ihn gegenüber anderen Gesellschaften und Kulturen mit Gewalt durchzusetzen, führt notwendig zum Krieg. Der Krieg also ist das Werk der Gerechtigkeit, müßte man Thomas umkehrend – eigentlich sagen, wenn man im Kontext des internationalen Systems der Gegenwart argumentiert.

Das Dilemma scheint also vollkommen zu sein. Verzichtet man auf den Bezug des Friedens zur Gerechtigkeit, so schafft man die Gewalt, wie die Neuzeit und das klassische Völkerrecht erwiesen haben, nicht ab. Führt man aber die Kategorie der Gerechtigkeit ein, so wird, aufgrund ihrer relationalen Qualität, die Gewaltanwendung geradezu heraufbeschworen. Als Ausweg bleibt nur übrig, was in der UN-Charta schon festgeschrieben worden ist: der Verzicht auf die Gewalt.

Der Friede, so muß man formulieren, ist das Werk des Gewaltverzichts. Wenn die Gerechtigkeit nicht verbindlich international festzustellen ist, dann kann durch den Rekurs auf sie die Gewaltanwendung, der Krieg, nicht gerechtfertigt werden. Deswegen braucht die Kategorie der Gerechtigkeit keinesfalls zu entfallen. Auch in innenpolitischen Auseinandersetzungen stehen sich Rechte und Gerechtigkeit gegenüber, die harmonisiert werden wollen.

---

4 Georg Friedrich Hegel: Schriften zur Politik und Rechtsphilosophie, hrsg. von G. Lasson, Leipzig 1913, S. 99ff.

Da es aber in der internationalen Politik eine einheitliche Gerechtigkeit nicht gibt, muß die Außenpolitik dies dadurch berücksichtigen, daß sie bei der Verfolgung von Gerechtigkeitsansprüchen auf die Gewalt verzichtet.

Damit ist ein prinzipieller Grundsatz entwickelt. Er verbietet die Gewaltanwendung im internationalen System, wie immer sie begründet werden mag, die Gerechtigkeit eingeschlossen. Es gibt kein Recht auf die Gewaltanwendung (ausgenommen die relativ selten auftretende reine Form der Verteidigung), weil auf der anderen Seite des Gegensatzes die Gerechtigkeit ebenso vertreten sein kann, zu deren Beschädigung es kein übergeordnetes Recht gibt. Um es zu wiederholen: Der Friede besteht im Gewaltverzicht bei der Durchsetzung von Ansprüchen.

Existenzerhaltung und Entfaltung des Individuums

Die aus der Einsicht in die Fraktionierung der Gerechtigkeit resultierenden Konsequenzen werden durch eine zweite, entgegengesetzte Überlegung noch verstärkt. Wenngleich die Wertkataloge aller Gesellschaften und Kulturen unterschiedlich und voneinander getrennt sind, so weisen sie doch in dieser Separierung Übereinstimmung im Hinblick auf zwei Werte auf: auf die Existenzerhaltung und die Existenzentfaltung des einzelnen. Ohne deren positive Bewertung sind Gesellschaften nicht denkbar, sie stimmen also in der Bejahung dieser beiden Werte überein, wenn auch nicht gemeinsam, sondern nur parallel. Aus dieser Übereinstimmung läßt sich der Gewaltverzicht im internationalen System erneut ableiten, weil die Anwendung von Gewalt die physische Existenz der einzelnen aufhebt oder beschädigt. Die Menschenopfer des Krieges widersprechen damit dem obersten Wert aller Gesellschaften, der Erhaltung der Existenz des einzelnen. Gleichgültig, ob dieser Wert auf die eigene oder auf die gegnerische Gesellschaft bezogen wird, er verbietet die Gewaltanwendung im internationalen System.

Die gleiche Regel folgt aus dem zweiten Wert, dem der Existenzentfaltung. Ohne sie ist menschliche Existenz nicht denkbar, Entfaltung gehört zur Selbstverwirklichung des einzelnen. Auch sie wird also vor Ansprüchen aus dem internationalen System geschützt: sie wird auch geschützt vor den aus Krieg und Kriegsvorbereitung resultierenden Ansprüchen des eigenen Systems zu Lasten der Existenzentfaltung. Beide Werte zeigen damit, daß die Basisdefinition des Friedens als Gewaltverzicht durchaus auf Gerechtigkeit beruht, aber nicht auf einer Gerechtigkeit, die vom Kollektiv definiert wird, sondern auf einer solchen, die dem Interesse des einzelnen an der Erhaltung und der Entfaltung seiner Existenz zugute kommt.

Damit ist auch die Einheit, auf die der Begriff des Friedens bezogen werden muß, deutlich bezeichnet: der einzelne. Insofern die Bewahrung seiner Existenz und deren Entfaltung den Grundbestand an Gerechtigkeit enthalten, entspricht der Gewaltverzicht, der diese Werte sichert, der Gerechtigkeit. Der

Friede ist, insofern er Gewaltverzicht ist, auch gerecht. Thomas hätte dann wieder recht: Der Friede ist das Werk der Gerechtigkeit – wenn sie im Gewaltverzicht besteht, durch den die Erhaltung und die Entfaltung der Existenz des Menschen in allen Gesellschaften und Kulturen bewirkt wird.

Da die beiden Werte gestaffelt sind, weist auch der Inhalt des Friedensbegriffes eine Staffelung aus. Er enthält zunächst den Gewaltverzicht, die Gewaltlosigkeit, durch die die Existenz der einzelnen gewährleistet wird, und zwar bei allen Konfliktpartnern. Als zweiter Wert schließt sich dann die Existenzentfaltung an, deren Besorgung nicht durch den Verzicht auf eine Handlung, nämlich die der Gewalt, sondern durch eine positive Aktion geschieht. Wird die Existenz des einzelnen dadurch erhalten, daß keine Gewalt angewendet wird, so muß deren Entfaltung dadurch gewährleistet werden, daß die Bedingungen dazu angemessen – möglicherweise gleich – verteilt werden.

Wir sind jetzt in der Lage, einen Friedensbegriff zu formulieren, der inhaltlich einigermaßen präzise und auf die Politik auch anwendbar ist. Friede soll demnach heißen ein Prozeßmuster des internationalen Systems, das gekennzeichnet ist durch die Tendenz zur

1. Existenzerhaltung des einzelnen aufgrund abnehmender Gewalt,
2. kontinuierlichen Existenzentfaltung des einzelnen aufgrund zunehmender Gleichverteilung von Entfaltungschancen.

Beide Bestandteile des Prozeßmusters sind wichtig, aber das erste ist wichtiger als das zweite, wobei die Bedeutung des zweiten Wertes von der Dichte der Interaktion abhängt. Der wichtigste Bestandteil des Friedens und damit des Friedensbegriffes ist zweifellos die Existenzerhaltung. Sie wird jetzt dadurch näher zu untersuchen sein, daß sie in den internationalen Beziehungen konkret aufgesucht wird.

Politik als Mittel zur Wertverteilung

In struktur-funktionaler Sicht, wie sie von David Easton entwickelt worden ist, stellt sich Politik dar als die autoritative Verteilung von Werten durch das politische System in einer Gesellschaft.[5] Diese Definition muß erweitert wer. den, und zwar mehrfach. Sie reicht nur aus hinsichtlich des legitimen Gewaltmonopols des Staates, das sie funktional als Kompetenz zur autoritativen Wertallokation bezeichnet. Hier liegt in der Tat die *differentia specifica*, die den Verteilungsprozeß innerhalb einer Gesellschaft von dem zwischen den Gesellschaften unterscheidet. Eine autoritative, notfalls mit legitimem Zwang durchgesetzte Verteilung von Werten findet nur zwischen dem politischen System und seinem gesellschaftlichen Umfeld innerhalb einer politischen Einheit statt.

5 David Easton: A System's Analysis of Political Life, Inglewood Cliffs 1965.

Hatte Easton damit die innergesellschaftliche Werteverteilung, also die Innenpolitik, funktional richtig bezeichnet, so ist ihm dabei eine doppelte Einschränkung unterlaufen und eine wichtige Qualifikation entgangen. Das politische System kann ja nicht alle Werte innerhalb einer Gesellschaft verteilen sondern nur Werte, die für die Existenz der politischen Einheit funktional sind. Dies sind die Werte der Sicherheit nach außen, des Wohlstands als der Möglichkeit zur Existenzentfaltung, und der Partizipation an der Herrschaft. Es gibt Gesellschaften, die dem politischen System weitere Wertbereiche zur Allokation überweisen, zum Beispiel die Theokratien die Religion. Im einzelnen entscheidet hierüber die jeweilige politische Kultur. Konstitutiv aber für die Existenz einer politischen Einheit sind die Werte der Sicherheit, des Wohlstands und der Herrschaft, deren Verteilung damit Grundbestand jeglicher Politik ist.

Die beiden Einschränkungen, die Easton unterlaufen sind, bestehen in der Vernachlässigung der internationalen Umwelt und in der der innergesellschaftlichen Akteure, die ihrerseits politische Werte verteilen. Die innergesellschaftliche Verteilungskompetenz war nur bis zum Ende der Monarchie und ist heute noch in den sozialistischen Diktaturen ausschließliches Monopol der politischen Systeme. In den parlamentarischen Demokratien des Westens nehmen seit langem gesellschaftliche Akteure an dem Verteilungsprozeß teil. Dies gilt zumindest für das Gebiet des Wohlstands, auf dem wirtschaftliche Akteure beträchtliche Wertzuweisungen vornehmen, vor allem über den Preis.

Sie allozieren freilich nicht autoritativ wie das politische System; dazu fehlt ihnen die Legitimität und das Mittel der Gewalt. Sie verteilen mit Hilfe der in diesem Fall: wirtschaftlichen Macht, also der Fähigkeit (um Weber zu zitieren), seinen Willen auch gegen Widerstand durchzusetzen. Dieser Verteilungsmodus ist qualitativ deutlich unterschieden von dem legitimer Herrschaft; er ist aber deswegen nicht notwendig weniger erfolgreich. Er besitzt keine autoritative Qualität, er kann aber in gleichem Maße zwingend sein. Der Politikbegriff muß also um die durch Macht erfolgende Wertverteilung gesellschaftlicher Akteure erweitert werden.

Er muß es um so mehr, als die politischen Systeme autoritative Wertverteilung nur mit Bezug auf ihr eigenes gesellschaftliches Umfeld vornehmen können, nicht aber in der internationalen Umwelt. Auch dies ist Easton entgangen, insofern er sich nur auf die gesellschaftsinternen Verteilungsprozesse zwischen dem politischen System und seinem Umfeld beschränkt hat. Es ist aber evident daß erstens die zur autoritativen Verteilung gelangenden Werte im Innern einer Gesellschaft durch die politischen Systeme auch in der internationalen Umwelt generiert werden. Sie reichen von Handelsverträgen und Zollvereinbarungen bis hin zu territorialer Expansion. Evident ist zweitens, daß die politischen Systeme in der internationalen Umwelt selbst Werte verteilen. Die Eroberung wurde schon genannt; Imperien, Kolonien können als weitere Anschauungsbeispiele dienen. In der internationalen Umwelt verfügen aber die politischen Systeme keineswegs über das Monopol legitimer Gewaltausübung, sie können hier nicht autoritativ, sondern ebenfalls nur durch Macht Werte verteilen. Die Macht der politischen Systeme in der internationalen Umwelt unterscheidet sich der Qualität nach nicht von der Macht, die gesellschaftliche Akteure in einem gesellschaftlichen Umfeld ausüben.

Die Definition der Politik muß also um den Verteilungsmodus der Macht erweitert werden. Sie muß auch – aber das betrifft nur die entwickelten Industriestaaten des Westens seit den sechziger Jahren – erweitert werden um die Kompetenz. gesellschaftlicher Akteure, auch in der internationalen Umwelt durch den Modus der Macht Werte zu generieren und zu verteilen. Die transnationalen Korporationen stehen an einschlägiger Macht den politischen Systemen kaum nach, den kleineren sind sie sogar eindeutig überlegen.

Eine vollständige funktionale Definition von Politik würde dann lauten: Politik ist die autoritativ oder über den Modus der Macht erfolgende Verteilung (und Generierung) von Werten auf den Sachbereichen Sicherheit, Wohlfahrt, Herrschaft, die vom politischen System oder von gesellschaftlichen Akteuren innerhalb des gesellschaftlichen Umfeldes einer Einheit oder innerhalb der internationalen Umwelt vorgenommen wird. Mit eingeschlossen in diesen Prozeß der Politik sind alle auf den Verteilungsvorgang gerichteten Umwandlungs-Anforderungs-Prozesse, die zwischen dem politischen System und seinem gesellschaftlichen Umfeld verlaufen.[6]

Friedenspolitik – Gewaltabnahme und Gleichverteilung

Trägt man die Bestimmung des Friedens auf dieses Modell der internationalen Politik auf, so ergibt sich, daß Friedenspolitik darin besteht, die Handlungszusammenhänge, in denen die politischen Systeme und die gesellschaftlichen Umfelder sich in den verschiedenen Kontexten bewegen, so auszurichten, daß sie Muster ausbilden, die die Tendenz zur Erhaltung der Existenz des einzelnen mit Hilfe abnehmender Gewalt und zur kontinuierlichen Entfaltung dieser Existenz mit Hilfe zunehmender Gleichverteilung der Entfaltungschancen des einzelnen aufweisen.[7] Dies ist die mikroanalytische Ebene des Friedensproblems, die Ebene, auf der der Friede konkret wird. Er verlangt dann nichts weniger, als die Beziehungen zwischen den politischen Systemen, zwischen ihnen und ihren gesellschaftlichen Umfeldern sowie denen der Umwelt, zwischen den gesellschaftlichen Umfeldern und zwischen ihnen und den politischen Systemen der jeweiligen Umwelt so zu organisieren, daß in ihnen jederzeit die Gewalt ab und die Verteilungsgerechtigkeit zunimmt.

6 Einzelheiten bei E.-O. Czempiel: Internationale Politik, Paderborn 1981, S. 22ff.

7 Zum Gradualismus vgl. Daniel Frei: Friedenssicherung durch Gewaltverzicht?, in: aus politik und zeitgeschichte, B 15-16 1983.

Verteilungsoptimierung im Ost-West-Konflikt?

Legt man diesen Maßstab an den Ost-West-Konflikt an, so ergeben sich ganz konkrete Folgerungen. Sie betreffen nicht den Konflikt selbst, nicht die Konkurrenz der beiden Gerechtigkeiten, deren Austrag politisch unvermeidlich ist. Es handelt sich um einen historisch-gesellschaftlichen Wettbewerb, der entschieden, zumindest ausgehalten werden will. Aus dem Friedensbegriff stammt lediglich die Forderung, diesen Austrag nicht militärisch, sondern politisch zu gestalten. Dieser Friedensbegriff diskriminiert die Rüstungsdynamik und das Abschreckungssystem, weil sie nicht auf die Verminderung des Gewaltelements, sondern auf dessen Gleichgewicht gerichtet sind.

Gleichzeitig müssen aber auch die wirtschaftlichen Beziehungen so geändert werden, daß sie keine Gewalt ausdrücken und Entfaltungschancen angemessen verteilen. Diese Forderungen widersprechen ebenfalls der gängigen tagespolitischen Rationalität. Sie ist aber eben auch nicht identisch mit der Rationalität des Friedens. Diese wiederum ist, faktisch politisch gesehen, weder utopisch noch irreal. Verteilungsoptimierung ist eine assoziative Strategie, die als außerordentlich wirksam zu gelten hat und in anderen Kontexten, beispielsweise zwischen der Europäischen Gemeinschaft und Portugal, auch erfolgreich angewendet worden ist. Warum sollte sie im Ost-West-Konflikt unwirksam bleiben?

Gewaltverzicht zwecks Existenzerhaltung und angemessene Verteilung von Entfaltungschancen als Regulativ aller Interaktionen zwischen Ost und West müssen vor dem Mißverständnis geschützt werden, als unterliefen sie den Ost-West-Konflikt. Im Gegenteil. Gerade wer diesen Konflikt ernst nimmt und ihn begreift als eine Auseinandersetzung zwischen divergenten, gegebenenfalls antagonistischen Gesellschafts- und Herrschaftssystemen, muß daran interessiert sein, die gegenwärtig vorherrschende Militarisierung des Konfliktverständnisses abzubauen. Dem Friedensbegriff zu folgen und das Gewaltelement zu mindern, bedeutet ja nicht, den Gerechtigkeitsanspruch des Westens aufzugeben, bedeutet keinen Verzicht des Westens auf den Anspruch, über die bessere Legitimität zu verfügen und sie gegenüber dem Osten zu behaupten, gegebenenfalls auch dort durchzusetzen. Zugespitzt formuliert, geht es für den Westen geradezu darum, im Osten – und überall dort, wo repressive Systeme bestehen – zu intervenieren, um die Entfaltungschancen der einzelnen zu verbessern. Gegen diese Interventionen ist nicht: einzuwenden, sie müssen sogar im Zeichen der außenpolitischen Legitimität des Westens gefordert werden – unter der strikten Voraussetzung freilich, daß sie absolut gewaltfrei verlaufen.[8]

Der hier entwickelte Friedensbegriff verlangt, solche Strategien zu entwickeln und anzuwenden. Zu ihnen zählt sicherlich die Entspannung, weil

---

8 Dazu E.-O. Czempiel/Werner Link (Hg.): Interventionsproblematik, Kehl u. Straßburg 1984.

sie, wie die Ereignisse in Polen seit 1972 zeigen, autonome Demokratisierungstendenzen in den sozialistischen Staaten freisetzt. Zu solchen Strategien gehört auch die progressive, vorbildliche Verteilung von Entfaltungschancen auf seiten des Westens – die ich einmal als Gewinnfreie Werbung bezeichnet habe.[9] Geglückte Lösungen allgemeiner politischer und sozialer Probleme breiten sich über die Interaktion von selbst aus. Hier liegt der „Schaufenstereffekt“ der westlichen Demokratie – wenn er denn strategisch genützt wird.

Den Ost-West-Konflikt gewaltfrei zu bestehen, heißt also nicht, ihn zu verharmlosen, im Gegenteil. Friede bedeutet nicht Konfliktlosigkeit, sondern lediglich Gewaltlosigkeit des Konfliktaustrags. Je ernster man diese Forderung des Friedens nimmt, desto deutlicher zeigen sich die eigentlichen Konfliktfelder zwischen Ost und West, desto klarer zeichnen sich die Strategien ab, mit denen dieser Konflikt bestanden werden kann.

Wie soll eine europäische Friedens-Ordnung aussehen, wenn die Konfrontation der beiden Militärallianzen überwunden oder abgeflacht sein wird? In welcher Weise läßt sich das Problem der deutschen Wiedervereinigung lösen: als Wiederherstellung des Deutschen Reiches oder als die der deutschen Gesellschaft? Wie läßt sich das Verhältnis zwischen den osteuropäischen Staaten und der Sowjetunion beeinflussen, so daß sich die Abhängigkeit verringert und die Selbstbestimmung Osteuropas wieder zunimmt? Wie kann das zukünftige Verhältnis der Vereinigten Staaten zu Westeuropa so gestaltet werden, daß es von beiden Seiten als dauerhaft akzeptiert wird? Wie kann das Übergewicht der Sowjetunion in einer europäischen Friedensordnung austariert werden? Wie läßt sich zwischenzeitlich das deutsch-deutsche Verhältnis so organisieren, daß die Westbindung der Bundesrepublik nicht aufgehoben, die Bewegungsfreiheit der DDR-Bewohner erhöht wird?

Die Problempalette zeigt den politischen Ausdruck der Forderung, die Entfaltungschancen der einzelnen im Ost-West-Konflikt zu verbessern. Hier wird der Friedensbegriff konkret – gleichgültig, welche Lösung der genannten Probleme im einzelnen befürwortet wird. Sie sind offen für die politische Diskussion, stehen nur unter der Voraussetzung, daß sie der Forderung der Gewaltfreiheit zu entsprechen haben.

Es kann also keine Rede davon sein, daß der Westen darauf verzichten sollte, seine Gerechtigkeitsvorstellung gegenüber dem Osten durchzusetzen. Die Konkurrenz mit der von der Sowjetunion vertretenen Gerechtigkeit muß bestanden und kann gewonnen werden, solange sie gewaltfrei verfährt und auf die Erhaltung der Existenz des einzelnen, möglicherweise schon auf deren Entfaltung gerichtet ist.

---

9 Vgl. frühere Überlegungen dazu in meinem Buch: Schwerpunkte und Ziele der Friedensforschung, Mainz u. München 1972, S. 95ff.

Integration – Das westeuropäische Friedenskonzept

Was Friedenspolitik als zunehmende Gleich- oder Besserverteilung von Entfaltungschancen bedeutet, läßt sich auch anhand der Westeuropa-Politik beschreiben. Sie ist ein Friedensproblem par excellence. Da dies angesichts des Ost-West.Konflikts ständig vergessen wird, muß daran erinnert werden, daß Westeuropa seit 400 Jahren ein unaufhörlich dampfender Kriegsherd gewesen ist. Er hat allein im 20. Jahrhundert zwei große Weltkriege verursacht. Diese Gefahr ist gegenwärtig gebannt. Friede besteht aber, wie gezeigt wurde, nicht im Kriegsverzicht. Im Hinblick auf das Ziel der Existenzentfaltung kennt der Friede zahlreiche weitere an die Existenzerhaltung sich anschließende Stadien. Sie stehen in Westeuropa an, nachdem der Kriegsverzicht die Existenzerhaltung garantiert. Hier geht es also um höhere Stadien des Friedens, die ihn gleichzeitig noch sicherer machen. Westeuropa-Politik ist daher in einem ganz eminenten Sinne als Friedenspolitik zu bezeichnen. Die Förderung der Integration wie immer sie sich im einzelnen gestaltet – kann sogar als die wichtigste Friedensaufgabe der Gegenwart bezeichnet werden. Hat die bisherige Geschichte der europäischen Kooperation gezeigt, in welchem Maße sie die Existenzentfaltung der Westeuropäer beförderte, so hängt die weitere Vermehrung der Entfaltungschancen von einer Weiterentwicklung der europäischen Integration ab. Jede Friedensbewegung, die den Begriff des Friedens ernst nimmt und reflektiert, müßte also auch, wenn nicht sogar in erster Linie, für den Fortgang der westeuropäischen Integration agieren. Die gleiche Forderung richtet sich selbstverständlich, und zwar in noch stärkerem Maße, an jede westeuropäische, vor allem die bundesrepublikanische Außenpolitik, wenn sie denn Friedenspolitik sein will.

Gibt es eine Strategie des Friedens?

Die wichtigste und die allgemeinste Konsequenz, die sich aus der näheren Bestimmung des Friedens ergibt, ist der Verzicht auf die militärische Gewaltanwendung als Konfliktaustragsmittel. Es reicht dazu nicht aus, diesen Austrag lediglich zu vermeiden; man muß die dafür bereitgestellten Instrumente zunehmend vermindern und statt ihrer die nicht-militärischen, die politischen Mittel des Konfliktaustrags vermehren. Der Wille dazu ist im Westen sicherlich vorhanden, im Osten wahrscheinlich auch. Es fehlt hingegen an geklärten Vorstellungen darüber, wie diese Konflikttransformation erreicht werden kann. Das Defizit kann hier nicht beseitigt, es kann nur kurz angesprochen werden.[10] Friedensstrategien sind nicht identisch mit Kriegsvermeidungsstrategien, weil sie weit darüber hinausgehen. Der Krieg muß nicht

10 Vgl. dazu E.-O. Czempiel: Friedensstrategien. Systemwandel durch Internationale Organisationen, Demokratisierung und Wirtschaft, UTB 1397, Paderborn 1986.

vermieden, er muß ersetzt werden durch andere Formen des Konfliktaustrags.[11]

Das verlangt, daß die fünf Verursachungsbereiche von Gewalt in der internationalen Politik neu gestaltet werden müssen: Das internationale System, die herrschaftliche Organisation der Staaten, die Interessen der Akteure, die strategisch-taktische Kompetenz der Akteure und schließlich ihre Interaktion. Das Problem wird kompliziert dadurch, daß diese Bereiche nicht isoliert voneinander gewalterzeugend wirken, sondern daß sie sich vielfach überlappen und dadurch in ihrer Wirkung verstärken.

Eine Strategie der Konflikttransformation, wenn man so will: eine Strategie des Friedens, muß die gleiche Komplexität aufweisen.

Daran wird leider kaum gearbeitet, auch die Friedens- und Konfliktforschung hat sich dieser Aufgabe nicht gewidmet.[12] Dabei lassen sich die anfallenden Aufgaben in Umrissen rasch skizzieren. Wir brauchen Strategien, die auf das internationale System und auf seine Struktur prinzipieller Unsicherheit einwirken, um die darinliegenden Gewaltpotentiale zu mildern. Das einschlägige Konzept der Internationalen Organisation ist 1945 teilweise verwirklicht, dann aber praktisch vernachlässigt worden.[13] Wir brauchen Strategien, die auf die Herrschaftssysteme der Staaten des internationalen Systems einwirken, und zwar in Richtung auf Demokratisierung und Partizipation. Diese Strategien müssen gewaltfrei, nicht-interventionistisch und effektiv sein. Diese Anforderung zu erfüllen ist nicht einfach; die Systemsteuerung durch nicht-interventionistische Beeinflussung der Herrschaftssysteme zählt zu den schwierigsten Aufgaben, die sich einer Friedensstrategie stellen.

Die Veränderung der Herrschaftsstrukturen wird auch auf das Verhalten der Akteure des politischen Systems oder des gesellschaftlichen Umfeldes zugunsten der Gewaltminderung einwirken. Für die politischen Systeme gibt es keine innerpolitischen Anlässe zur Gewaltanwendung nach außen mehr; für gesellschaftliche Akteure keine Möglichkeit mehr, die besonderen Macht- und Gewaltmittel des politischen Systems für ihre Zwecke in der internationalen Umwelt einzusetzen. Damit wird eine weitere wichtige Quelle der Gewalt versiegen. In den westlichen Industriestaaten sorgt beispielsweise die durch die Medien bewirkte hohe Aufmerksamkeit der partizipationsbereiten Öffentlichkeit dafür, daß sich die Ziele und die Mittelkataloge gerade gesellschaftlicher Akteure in der internationalen Umwelt ändern.

Schließlich muß die strategisch-taktische Kompetenz der Akteure modernisiert werden. Das Abschreckungssystem, beispielsweise, hat in den ver-

---

11 Vgl. dazu Erich Weede: Konfliktforschung. Einführung und Überblick, Opladen 1986.

12 Vgl. den kritischen Überblick von Bernhard Moltmann: Perspektiven der Friedensforschung. AFB-Texte, Bonn, Dezember 1987, passim, und die dort angegebene Literatur.

13 Volker Rittberger: „Peace Structures" Through International Organizations and Regimes, Tübingen 1986.

gangenen vierzig Jahren sicherlich funktioniert: es folgt aber den gleichen Verhaltensanleitungen, die Vegetius im 6. Jahrhundert entworfen und in den Rat gegossen hat: *si vis pacem para bellum*. Diese Devise hat viel Oberflächen-Plausibilität für sich, hält aber einer analytischen Untersuchung nicht stand.[14] Ihre Alternative ist in den Vereinigten Staaten unter dem Titel des Gradualismus entwickelt worden. Der Ansatz ist richtig und erfolgversprechend, er muß nur weiterentwickelt werden.

Entwickelt werden müssen auch mittel- und kurzfristige Taktiken und Strategien, die ihr Ergebnis in der Interaktion erzielen, also die zu erwartende Reaktion der Partner von vornherein mitberücksichtigen und in das Konzept der Aktion einstellen. Auch sie müssen Empfehlungen des sogenannten gesunden Menschenverstandes auf ihre Gültigkeit hin überprüfen. Es kann, beispielsweise, zweckmäßig sein, einem hochgerüsteten Gegner nicht mit eigener Überrüstung, sondern mit deutlicher Unterrüstung zu begegnen, um ihn seinerseits zur Rüstungsverringerung zu bewegen. Wenn es auch richtig ist. daß Macht das Medium der internationalen Politik ist und bleibt, darf Macht nicht mit Zwang identifiziert und schon gar nicht mit Gewalt verwechselt werden. Im Gegenteil. Wer dem entfalteten Friedensbegriff folgt, wird Macht zur Bewahrung der eigenen Identität einsetzen und zum Ziel der Beeinflussung modernere Strategien, beispielsweise die der Induktion, benutzen.

Der Versuch, den Inhalt des Friedensbegriffes schärfer zu fassen, hat also nicht nur Folgen für die theoretische Diskussion. Er führt sehr rasch zu höchst‘ konkreten Forderungen an die politische Praxis, die sich ihnen nicht leicht entziehen kann. Bestimmte Stereotype, wie beispielsweise das von der Friedensfunktion von Militärallianzen oder von Abschreckungssystemen, lassen sich dann nicht mehr aufrechterhalten, müssen vielmehr ausgewiesen werden als das, was sie sind: Konkretisationen einer gutgemeinten Praxis. Der Friedensbegriff, nimmt man ihn ernst, führt weit darüber hinaus und zu Anforderungen, die, wenn sie erfüllt würden, den im internationalen System vorfindbaren Grad der Gewalt erheblich absenken würden.

aus: Beiträge zur Konfliktforschung, Heft 4/ 1988, Köln: Markus Verlagsgesellschaft, S. 5-16.

---

14 Vgl. dazu Oliver Thränert: Rüstungssteuerung und Gradualismus: Möglichkeiten und die Grenzen einer alternativen Sicherheitspolitik, München 1986.

6.5 Dieter Senghaas/Eva Senghaas: Si vis pacem, para pacem. Überlegungen zu einem zeitgemäßen Friedenskonzept*

Karl W. Deutsch, dem Mentor und Freund,
in Dankbarkeit zum 80. Geburtstag

Militärische Friedenssicherung – *si vis pacem, para bellum* – war jahrhundertelang und ist immer noch die weltweit akzeptierte Maxime politischen Handelns. Sie gilt als Inbegriff von Realpolitik, mit der die Sicherung des Friedens letztlich durch ein geschicktes, militärisch abgesichertes Machtmanagement angestrebt wird. Seinen „Höhepunkt" hatte dieser Ansatz in den vergangenen vierzig Jahren im System wechselseitiger Abschreckung.

Im Unterschied zu dieser „realpolitischen" Leitperspektive ist die Maxime „*si vis pacem, para pacem*" noch immer ungebräuchlich. Nur selten wird sie zitiert ,und wenn, dann meist polemisch und abwehrend: als Inbegriff weltfremder „Idealpolitik", die angeblich die „harten Tatsachen" der internationalen Politik nicht in Rechnung stellt.[1] Gewiß, ein Problem dieser Maxime besteht darin, daß sie bisher zu wenig systematisch entfaltet wurde. Im folgenden soll daher nach den analytischen Komponenten und den operativen Implikationen dieser „Friedensmaxime" gefragt werden: Lassen sich aus der Friedensursachenforschung – wie selten wird dieser Begriff bislang benutzt! – gesicherte Erkenntnisse oder wenigstens plausible Mutmaßungen für ein analytisch begründbares und gleichzeitig praktisches Friedenskonzept gewinnen? Wodurch konstituiert sich eine Struktur dauerhaften Friedens?[2]

Wo Frieden dauerhaft gesichert ist, hat sich Politik zivilisiert. Unausweichliche Konflikte werden dann ohne Androhung und Anwendung von Gewalt ausgetragen: Zivilisierung von Politik und Frieden sind identische Tatbestände.[3]

---

* Für Anregung und Kritik danken wir Günther Bächler, Karl Holl, Helmut König, Karlheinz Koppe, Reiner Steinweg und Michael Zürn.

1 Zur anhaltenden Debatte über den sogenannten „Realismus" und „Idealismus" siehe Reinhard Meyers: Grundbegriffe, Strukturen und theoretische Perspektiven internationaler Beziehungen, in: Grundwissen Politik (Schriftenreihe der Bundeszentrale für politische Bildung, Bd. 302), Bonn 1991, 220-316.

2 Zuletzt hat Kenneth Boulding diese Frage in seinem Buch Stable Peace, Austin 1978, gestellt: „If we had a policy for peace, what would it look like?". Diese Frage stellt sich angesichts der revolutionären Umbrüche in der östlichen Hälfte Europas nach der Wende 1989/90 besonders dringend. Siehe hierzu Dieter Senghaas: Europa 2000. Ein Friedensplan, Frankfurt a.M. 1990, sowie weiter ausführend ders.: Friedensprojekt Europa, Frankfurt a.M. 1992.

3 Zur Relevanz der zivilisationstheoretischen Perspektive im Kontext der Friedensproblematik siehe Dieter Senghaas: Konfliktformationen im internationalen System,

In den folgenden Überlegungen geht es um die Komponenten eines solchen Friedenskonzeptes, gewissermaßen um die „Bausteine“ einer Friedensstruktur. Vier solcher Bausteine sehen wir als wesentlich an: Rechtsstaatlichkeit, Erwartungsverläßlichkeit, ökonomischer Ausgleich und Empathie. Das Ziel unserer Überlegungen liegt darin, ein „konfiguratives Friedenskonzept“ zu formulieren, das gleichermaßen historisch-genetisch inspiriert und systematisch begründet ist.[4]

1. Komponenten eines differenzierten Friedenskonzeptes

1.1 Rechtsstaatlichkeit

Wo Rechtsstaatlichkeit zur Grundlage politischer Ordnung geworden ist, haben die betroffenen Gesellschaften gelernt, die in ihnen angelegten Werte- und Interessenkonflikte zivilisiert, d.h. auf der Grundlage von verfassungsmäßig festgelegten Spielregeln *gewaltfrei* auszutragen. Die in Konfliktzusammenhängen immer drohende Gewaltproblematik ist also in rechtsstaatlich verfaßten politischen Systemen *im Prinzip* bewältigt. In ihnen gilt der Griff zur Gewalt füglich als ein Angriff gegen die Prinzipien demokratischer Verfassung und damit der Rechtsstaatlichkeit.[5] Welche Lehren für ein Friedenskonzept können daraus gewonnen werden? Und welches sind die *Kriterien für Zivilisierung*? Wenigstens fünf lassen sich identifizieren:

a) *Entprivatisierung von Gewalt*: Wesentlich für jeden Zivilisierungsprozeß ist die Entprivatisierung der Gewalt und die Herausbildung des staatlichen Gewaltmonopols. Was der Zusammenbruch eines einmal erreichten Gewaltmonopols bedeutet, kann beispielhaft an den Prozessen beobachtet werden, die nicht ohne Grund inzwischen allgemein als „Libanonisierung“ bzw. „Jugoslawisierung“ bezeichnet werden.
b) *Kontrolle des Gewaltmonopols und Herausbildung von Rechtsstaatlichkeit*: Ein Gewaltmonopol, das nicht durch Rechtsstaatlichkeit eingehegt wird, ist im Grenzfall nicht mehr als eine beschönigende Umschreibung von Diktatur. Soll das Gewaltmonopol akzeptabel werden, bedarf es öffentlicher demokratischer Kontrolle und der Institutionalisierung rechtsstaatlicher Prinzipien, auf deren Grundlage politische Konflikte fair ausge-

---

Frankfurt a.M. 1988, Kap. I; ferner Lothar Brock: Frieden. Überlegungen zur Theoriebildung, in: Volker Rittberger (Hg.), Theorien der Internationalen Beziehungen, Sonderheft 21/1990 der Politischen Vierteljahresschrift (PVS),S. 71-89.

4 Ein inspirierendes, die Geschichte des Friedensdenkens aufarbeitendes, zusammenfassendes und systematisierendes Buch ist Ernst-Otto Czempiels: Friedensstrategien. Systemwandel durch internationale Organisationen, Demokratisierung und Wirtschaft, Paderborn 19-86.

5 Grundlegend hierüber Dolf Sternberger: Die Politik und der Friede, Frankfurt a.M. 1986.

tragen werden können. Rechtsstaatlich verfaßte politische Ordnungen zeichnen sich deshalb nicht nur durch vergleichbare grundlegende Prinzipien aus (wie beispielsweise Gewaltenteilung), sondern auch durch eine Fülle von institutionalisierten Formen der Konfliktartikulation, des Konfliktmanagements, der Konfliktregelung und der Konfliktlösung. Konflikte jedweder Art, seien es Interessen- oder Identitätskonflikte, werden dabei von vornherein als legitim erachtet, wobei Interessenkonflikte in aller Regel leichter als Identitätskonflikte bearbeitbar sind.

c) *Demokratische Beteiligung*: Eine stabile demokratische Kontrolle des Gewaltmonopols und eine belastungsfähige Rechtsstaatlichkeit sind nur auf der Basis einer gleichberechtigten politischen Beteiligung aller Mitglieder der Gesellschaft möglich. Ausschlüsse oder Unterordnungsverhältnisse aufgrund von Geschlecht, Rasse, Klasse oder anderen Merkmalen enthalten immer den Keim eines Rückfalls in Gewaltherrschaft.

d) *Konstruktive politische Konfliktkultur*: Wenn Konflikte als legitim angesehen werden, bedarf es der Bereitschaft zur produktiven Auseinandersetzung mit Konflikten, also einer kompromißorientierten Konfliktfähigkeit. Entprivatisierung von Gewalt und Rechtsstaatlichkeit müssen in der politischen Kultur verankert sein. Ohne eine solche Verinnerlichung bleiben Demokratie und Rechtsstaatlichkeit ohne emotionale Grundlage.

e) *Interdependenz und Affektkontrolle*: Von erheblicher Bedeutung für die Zivilisierung des Verhaltens ist die Herausbildung von großflächig angelegten Verflechtungen (im Eliasschen Sinne: von „langen Ketten des Handelns"), weil diese, zu beobachten vor allem in arbeitsteiligen Ökonomien, notwendigerweise mit Affektkontrollen einhergehen. Wo diese Interdependenzen zusammenbrechen, werden potentiell auch Affekte enthemmt. Affektkontrolle meint reflektierte Selbstkontrolle.

Diese Kriterien der Zivilisierung von Politik sind aus der neuzeitlichen Geschichte in Teilregionen Europas gewonnen;[6] vieles deutet daraufhin, daß sie universelle Bedeutung gewinnen. Historisch betrachtet hat sich seit dem Ende des europäischen Mittelalters zunächst das Gewaltmonopol herausgebildet; dieses Monopol war das Ergebnis langanhaltender politischer Aus-

---

6 Hierzu wegweisend die auch für die Friedensforschung grundlegende Untersuchung von Norbert Elias: Über den Prozeß der Zivilisation, 2 Bde, Frankfurt a.M. 1976 (zuerst publiziert 1939). Elias' Zivilisationskonzept kennt allerdings nur drei Dimensionen: das Gewaltmonopol, die materiellen Interdependenzen und die Affektkontrolle. Ihm fehlen die Komponenten Kontrolle des Monopols per Rechtsstaatlichkeit, demokratische Beteiligung, Konfliktkultur sowie (wie weiter unten noch darzulegen) die materielle Anreicherung von Rechtsstaatlichkeit. Zu den immanenten Stärken und Schwächen von Elias' Konzept s. jetzt Helmut König: Zivilisationsprozeß und Frieden, in: Mathias Jopp (Hg.), Dimensionen des Friedens. Theorie, Praxis und Selbstverständnis der Friedensforschung, Baden-Baden 1992, 107-123.

scheidungskämpfe um Vormachtstellungen. Die Ausdifferenzierung und Vernetzung der sich modernisierenden Gesellschaften in der Folge der Herausbildung großflächiger Verkehrswirtschaften und immer feinmaschiger werdender Kommunikationsstrukturen erfolgte zeitverschoben. Abermals zeitverschoben kam es in der Folge vielfältiger politischer Konflikte zur allmählichen Demokratisierung des Gewaltmonopols, schließlich zur Herausbildung und Institutionalisierung von Rechtsstaatlichkeit. Parallel dazu entfaltete sich schrittweise eine politische Konfliktkultur liberaler Prägung. Wo dieser historische Prozeß ein gewisses fortgeschrittenes Entwicklungsniveau erreichte – ein solches ist in den westlichen Industriegesellschaften (OECD) erst nach 1950 zu beobachten –, kam es zu einer symbiotischen Wechselbeziehung zwischen Gewaltmonopol, Rechtsstaatlichkeit, konstruktiver Konfliktkultur und einer wachsenden Fülle von materiellen und schließlich institutionellen Interdependenzen. Werden in einem solchen Arrangement bestimmte Grundleistungen erbracht, beispielsweise der Schutz der Freiheit, die Förderung sozialer Wohlfahrt und die Ermöglichung kultureller Selbstentfaltung, kann die Stabilität von Rechtsstaatlichkeit unterstellt werden.

Rechtsstaatlichkeit bedarf der materiellen Anreicherung, z.B. einer anhaltenden aktiven Politik der Verteilungsgerechtigkeit, weil nur dann die Masse der Menschen sich in einem solchen politischen Rahmen fair aufgehoben fühlt. Wo mit verfassungsmäßig festgelegten Spielregeln Schindluder getrieben wird und faire Kompromisse nicht angestrebt werden, droht im Grenzfall der Zusammenbruch der rechtsstaatlichen Ordnung und eine neue Entzivilisierung von Politik: die Reprivatisierung der Gewalt, eine Aushebelung von rechtsstaatlichen Prinzipien, autoritäre Konflikteindämmung und gegebenenfalls die Parochialisierung von Handlungsbezügen als Folge des Zusammenbruchs schon erreichter weitflächiger Verflechtungen. Die materielle Anreicherung von Rechtsstaatlichkeit – insbesondere im Sinne von Partizipationschancen und fairem Anteil an Wohlfahrt – ist also nicht eine politische Orientierung, der man nach Belieben folgen kann oder auch nicht; sie ist vielmehr unter den heutigen Bedingungen leicht politisierbarer Gesellschaften, in denen sich die unterschiedlichsten Interessen unschwer lobbyistisch organisieren können, eine konstitutive Bedingung der Lebensfähigkeit von rechtsstaatlichen Ordnungen und damit des inneren Friedens von Gesellschaften. In diesem Sinne sollte man die materielle Anreicherung von Rechtsstaatlichkeit als ein sechstes Kriterium für Zivilisierung begreifen. Heute erst zeigt sich die volle Bedeutung dessen, was von der Internationalen Friedens- und Freiheitsliga am Ende des letzten Jahrhunderts beispielhaft formuliert wurde: „*Si vis pacem, para libertatem et iustitiam*".[7]

---

7 Zitiert in Czempiel (Anm. 4), S. 124.

Zu dem hier umrissenen Verständnis gehört also die Einsicht, daß das genannte Arrangement zwischen Gewaltmonopol, rechtsstaatlichen Prinzipien, Konfliktkultur und weiträumigen Verflechtungen immer eine brüchige Angelegenheit ist. Es bedurfte zu seiner Herausbildung jahrhundertelanger politischer Konflikte, und es bedarf steter Bemühungen, um das einmal erreichte Niveau der Zivilisierung von Politik aufrechtzuerhalten und um Fortschritte hinsichtlich der weiteren Zivilisierung von Politik zu erzielen, da die Gefahr einer Regression immer präsent bleibt.

Das entscheidende Argument zugunsten der Rechtsstaatlichkeit als grundlegendem Baustein für eine Struktur dauerhaften Friedens[8] besteht nun nicht in der Behauptung, rechtsstaatlich verfaßte Gesellschaften seien unter allen Bedingungen nach außen friedfertig. Das ist offensichtlich nicht der Fall. Entscheidend ist, daß in einem für das alltägliche Leben wichtigen Ausschnitt gesellschaftlicher Wirklichkeit Konflikte zuverlässig ohne Rückgriff auf die Androhung oder gar die Anwendung von Gewalt bearbeitet werden. Wo Bürgerkriege drohen, ist genau diese bemerkenswerte Zivilisationsleistung gescheitert. Diese Erfahrung im Innern von rechtsstaatlich verfaßten Gesellschaften ist zumindest seit Ende des Zweiten Weltkrieges nicht ohne Folgen für deren Außenverhalten geblieben: Es ist schwer vorstellbar, daß Gesellschaften in ihrem Innern sich um friedfertige Konfliktregelung bemühen und nach außen skrupellos militärische Gewaltstrategien verfolgen. Man müßte eher das Gegenteil erwarten: Eine friedfertige Konfliktregelung im Innern und militärische Gewaltstrategie nach außen müßten einander eigentlich ausschließen.[9] Wenn zwischen beiden keine hundertprozentige Korrelation besteht, mag dies damit zusammenhängen, daß die innere Konfliktkultur defizitär ist und daß bekanntlich rechtsstaatlich verfaßte Demokratien mit Nichtdemokratien zusammen leben müssen.

---

8 Über den Zusammenhang von Rechtsstaatlichkeit, Demokratie und Frieden siehe die Beiträge aus der neueren Debatte von Michael W. Doyle: Kant, Liberal Legacies, and Foreign Affairs, in: Philosophy and Public Affairs, Teil I in Bd. 12, Nr. 3, 1983, 205-235; Teil II in Bd. 12, Nr 4, 1983, 323-353; ders.: Liberalism and World Politics, in: American Political Science Review, Bd. 80, Nr. 4, 1986, 1152-1163; Volker Rittberger: Zur Friedensfähigkeit von Demokratien. Betrachtungen zur politischen Theorie des Friedens, in: Aus Politik und Zeitgeschichte, Nr. 44, 1987, 3-12; Jack S. Levy: Domestic Politics and War, in: Journal of Interdisciplinary History, Bd. 18, Nr. 4, 1988, 653-673; Günther Bächler: Friedensfähigkeit von Demokratien, Demokratisierung der Sicherheitspolitik und strukturelle Angriffsunfähigkeit, in: Hamburger Beiträge zur Friedensforschung und Sicherheitspolitik, Heft 29, Juli 1988; ders.: Friedensgestaltung durch Demokratisierung, in: Jopp (Anm. 6), S. 125-142; Bruce Russett: Controlling the Swords. The Democratic Governance of National Security, Cambridge 1990, Kap. 5; sowie umfassend thematisierend Harald Müller und Thomas Risse-Kappen: Internationale Umwelt, gesellschaftliches Umfeld und außenpolitischer Prozeß in liberaldemokratischen Industrienationen, in: Volker Rittberger (Anm. 3), S. 375-400.

9 Hierzu Ernst-Otto Czempiel: Internationale Politik, Paderborn 1981, insbes. S. 213ff.

Dies ist der Kern des Arguments über den Zusammenhang von Rechtsstaatlichkeit und Frieden, das immerhin in einer bedeutsamen empirischen Beobachtung Unterstützung findet: In den vergangenen Jahrzehnten der Nachkriegszeit führten rechtsstaatlich verfaßte Demokratien (die Mehrzahl der OECD-Gesellschaften) *gegeneinander* keine Kriege mehr, weshalb auch vom „OECD-Frieden“ gesprochen wird. In den zwischenstaatlichen und zwischengesellschaftlichen Beziehungen innerhalb des „OECD-Clubs“ ist – gemessen an der üblichen internationalen Politik – eine überdurchschnittliche Zivilisierung eingetreten. Sie ist immer noch nicht dem Zivilisierungsniveau innerhalb von Rechtsstaaten vergleichbar und wahrscheinlich auch nicht unter allen Bedingungen schon erschütterungsfest, aber doch ein bemerkenswerter empirischer Beleg für den Stellenwert von Rechtsstaatlichkeit als Baustein einer verläßlichen Friedensstruktur.

Es kommt hinzu, daß zwischen diesen Gesellschaften ein Umfeld entsteht, das *tendenziell* dem Inneren von Rechtsstaaten vergleichbar wird: hohe materielle und institutionelle Interdependenzen, kompromißorientierte Konfliktbereitschaft, checks and balances sowie gemeinsame Sicherheitsarrangements.[10] Und vielleicht ist das utilitaristische Argument der klassischen liberalen Theorie, das Kant formulierte, für die Selbststabilisierung dieser konkreten Erfahrung mit verläßlichem Frieden tatsächlich von großer lebenspraktischer Bedeutung: Wenn – wie in einer rechtsstaatlichen Verfassung nicht anders möglich – die Zustimmung der Staatsbürger für die Entscheidung erforderlich ist, ob Krieg sein solle oder nicht, so sei, schrieb Kant, nichts natürlicher, als daß – da alle Bürger die Drangsale des Krieges über sich selbst beschließen müßten – sie sich sehr bedenken werden, ein so schlimmes Spiel anzufangen. Als „Drangsale“ des Krieges zählte Kant vor 200 Jahren auf: „selbst fechten und die Kosten des Krieges aus eigener Habe finanzieren zu müssen, die Verwüstungen zu erleiden und schließlich im künftigen Frieden die Kriegsschuldenlast abtragen zu müssen“[11]

Zusammenfassend läßt sich formulieren: Was immer dazu beiträgt, rechtsstaatliche Ordnungen zu begründen, Rechtsstaatlichkeit zu sichern und zu stabilisieren, dient dem Frieden, nicht weil Frieden mechanisch und automatisch ein Nebenprodukt der Koexistenz von Rechtsstaaten wäre, sondern weil Rechtsstaatlichkeit – *der Schutz der Freiheit* – die plausibel begründbare Grundlage und Hintergrundbedingung für das friedliche Zusammenleben von Völkern, Staaten und Nationen ist. Eine aktive Politik der Sicherung von

---

10 Zur Charakterisierung dieses „Clubs der OECD-Gesellschaften“ siehe Dieter Senghaas: Internationale Politik jenseits des Ost-West-Konflikts, in: Leviathan, Bd. 19, Nr. 4, 1991, 491-520, insbes. S. 502ff.

11 Immanuel Kant: Zum ewigen Frieden. Ein philosophischer Entwurf, in: Friedensutopien, hg. von Zwi Batscha und Richard Saage, Frankfurt a.M. 1979, 44.

Menschenrechten, in denen Rechtsstaatlichkeit philosophisch begründet ist, ist für Friedenspolitik wesentlich.[12]

Aus plausibler Vermutung kann Gewißheit werden, wenn andere Komponenten eines differenzierten Friedenskonzeptes berücksichtigt werden.

1.2 Erwartungsverläßlichkeit

Die Summe rechtsstaatlich verfaßter Einzelstaaten übersetzt sich nicht automatisch in einen „Friedensbund" (Kant). Eine Friedensordnung zwischen „Republiken" muß, wie Kant zu Recht betonte, ausdrücklich „gestiftet" werden. Dazu bedarf es zuallererst spezifischer Vorkehrungen zwischen den Staaten, aber ebenso – so muß heute hinzugefügt werden – zwischen den gesellschaftlichen Akteuren der verschiedenen Staaten.

Zwischen souveränen Staaten besteht keine eingespielte Erwartungsverläßlichkeit. Im Gegenteil, zwischen ihnen existiert ein Sicherheitsdilemma – insbesondere, wenn und weil es sich um Konfliktbeziehungen ohne übergeordnete vermittelnde oder letztentscheidende Autorität handelt.[13] Niemand weiß vom anderen, was man von dessen Handlungen halten soll: Dienen sie dem ehrlichen Ausgleich über Interessendivergenzen oder sind sie trickreiche Täuschungsmanöver? Liegt ihnen ein defensives Programm zugrunde? Wird Defensive propagiert, obwohl Offensive gemeint ist? Soll eine Politik der Eindämmung wirklich eindämmen oder die Position der anderen Seite untergraben? Alle Fragen dieser Art kreisen um den fundamentalen Tatbestand, daß ohne entsprechende kooperative Vorkehrungen souveräne Staaten in dauernder Unsicherheit leben.

Das Gegenteil von Ungewißheit und Unsicherheit ist Erwartungsverläßlichkeit. Sie kann sich erst einstellen, wenn Einzelstaaten miteinander institutionell eng verkoppelt sind, so daß es zu einer wechselseitigen Voraussagbarkeit ihrer Motive und Handlungen kommt. Sind die Netze der Kooperation zwischen souveränen Staaten so dicht, daß aus ihnen spürbare Zwänge zur Koordination des politischen Verhaltens erwachsen, verliert das Sicherheitsdilemma an politischer Bedeutung und Brisanz. An seine Stelle treten Berechenbarkeit und Transparenz – die Grundlagen wechselseitiger Erwartungsverläßlichkeit.[14]

---

12 Zusammenfassend dazu Alison Dundes Renteln: International Human Rights, London 1990.

13 Siehe hierzu Meyers (Anm. 1).

14 Siehe hierzu Eva Senghaas-Knobloch: Frieden durch Integration und Assoziation, Stuttgart 1969. Die neuere Diskussion, die sich insbesondere an der Herausbildung sogenannter internationaler Regime ausrichtet, faßt zusammen und systematisiert Harald Müller: Die Chance der Kooperation, Wiesbaden 1992. In der neueren Diskussion kommt vor allem dem von Volker Rittberger geleiteten Projekt über internationale Regimebildungen eine besondere Bedeutung zu. Vgl. hierzu Volker Rittberger und Michael Zürn: Forschungen für neue Friedensregeln, Stuttgart 1990.

Wenn eine allseitige Einbettung in ein im Laufe der Zeit engmaschig werdendes Netz institutionalisierter Kooperation stattfindet, werden einzelstaatliche Ausbruchsversuche schwierig und wegen der wechselseitigen Abhängigkeit kontraproduktiv. Sie werden schließlich ganz unterbleiben. Auch können in einem solchen Arrangement die nationalen Streitkräfte sukzessive abgebaut werden; die verbleibenden Truppeneinheiten können kollektiver Friedenssicherung dienen, die nicht der militärischen, sondern einer polizeiähnlichen Schutzlogik verpflichtet ist.

Erwartungsverläßlichkeit zu institutionalisieren zielt also darauf, Ungewißheit zu vermindern. Das ist mehr als bloße Wechselseitigkeit (Reziprozität), denn Institutionen, die die Ungewißheit verringern, verändern im Laufe der Zeit den Charakter internationaler Politik. Wo dies geschieht, wird die Szene internationaler Politik überschaubar, nicht weil einzelne Politiker oder Entscheidungsträgerinnen einen besseren Durchblick gewinnen, sondern weil die institutionelle Verklammerung infolge routinemäßiger Treffen, gemeinsamer Komitees und Kommissionen und anhaltender formeller und informeller Konsultationen für relative Gewißheit sorgt.[15] Natürlich wird ein solcher Prozeß der wechselseitigen Adjustierung des Verhaltens durch die Herausbildung gemeinsamer Wertmaßstäbe und gemeinsamer Grundsätze der politischen, ökonomischen und sozialen Ordnung wesentlich erleichtert. Verbindliche und dauerhafte Urteilsmaßstäbe für richtiges bzw. falsches Verhalten lassen sich dann unschwer finden.

Ferner sollte nicht gering geschätzt werden, daß sich in einem solchen kooperativen Arrangement die sogenannten „Transaktionskosten" im Verkehr zwischen den Staaten trotz häufiger und intensiver Kommunikation deutlich verringern: Vieles findet routinemäßig statt, was sonst aufwendiger Entscheidungen bedürfte; Kommunikation wird auf Dauer gestellt; bi- und multilaterale Konsultationen werden erleichtert; einer multilateralen Koordinierung von Politik stehen immer weniger organisatorische Hindernisse im Wege; und möglicherweise verringert sich auf diesem Wege auch der Zeitaufwand für die Willensbildung und Entscheidungsfindung, wenngleich die Fülle der zu behandelnden gemeinsamen Themen wächst und zu Dauerkonsultation zwingt.[16]

Für eine Struktur dauerhaften Friedens und zur Bewältigung des internationalen Sicherheitsdilemmas ist einem institutionalisierten Netzwerk von Kooperation der Vorzug vor den konventionellen Vorkehrungen des

---

15 Erstaunlicherweise ist die soziologische Rollen- und Institutionentheorie für die Theorie des Friedens bisher fast ungenutzt geblieben. Die politischen Folgen mangelnder Erwartungsverläßlichkeit werden thematisiert in Eva Senghaas-Knobloch: Subjektivität in der internationalen Politik. Über das Zusammenspiel persönlicher und institutioneller Faktoren der Konfliktverarbeitung in: Reiner Steinweg und Christian Wellmann (Hg.), Die vergessene Dimension internationaler Konflikte: Subjektivität, Frankfurt a.M. 1990, 29-61.

16 Siehe hierzu H. Müller (Anm. 14).

zwischenstaatlichen Machtmanagements zu geben, wie sie in Arrangements des Mächtegleichgewichts, der Allianzen und Gegenallianzen zum Ausdruck kommen. Diese Vorkehrungen taugen nicht dazu, das Sicherheitsdilemma dauerhaft zu überwinden; sie sind im Gegenteil oft genug ihrerseits für die Verschärfung des Sicherheitsdilemmas verantwortlich. Zumindest handelt es sich um rückfallgefährdete Lösungen, um Modalitäten, bei denen letztlich die Androhung bzw. Anwendung von Gewalt im zwischenstaatlichen Verkehr nicht ausgeschlossen werden kann. Netzwerke der Kooperation sind demgegenüber ein Schritt über das Sicherheitsdilemma hinaus, da jeder Einzelstaat in ein ihn übergreifendes kooperatives Arrangement eingebettet ist.[17]

Ist eine vernetzte Kooperation zustandegekommen, so entwickelt sie eine Eigendynamik: Kooperatives Verhalten fördert in aller Regel weitere Kooperation, so wie Konfrontationen weitere Konfrontationen auslösen. An die Stelle des Teufelskreises tritt eine Art von „Engelskreis“: Kooperation gewinnt eine sich selbst erweiternde Dynamik mit eingebauten positiven Rückkopplungen.[18] Es kommt also darauf an, kooperative Arrangements zu inszenieren und ihre Dynamik zu fördern, damit Erwartungsverläßlichkeit zur Selbstverständlichkeit wird.

Auch demokratische Rechtsstaaten bedürfen einer solchen Perspektive, um ihre potentielle Friedensfähigkeit zur Gewißheit werden zu lassen. Friedenstheoretische Reflexionen in dieser Hinsicht gehen auf Grotius, Kant und vor allem auf den liberalen Pazifismus zurück, der sich gedanklich und praktisch in vielen Analysen und praktischen Bemühungen um den Aufbau von internationalen Organisationen sorgte.[19] Dabei war die Frage von zentraler Bedeutung, wie ein Konsens hinsichtlich einer gemeinsamen normativen Orientierung und hinsichtlich gemeinsamer Verhaltensregeln gefunden werden kann. Nicht die Eliminierung von Konflikten war das Ziel, sondern die Veränderung der Modalitäten, unter denen Konflikte ausgetragen werden. Diese Reflexionen in alten Beständen der Friedensdiskussion sind immer noch von Relevanz.[20]

---

17 In diesen Zusammenhang gehört die wichtige Debatte der achtziger Jahre über gemeinsame, gegenseitige und kollektive Sicherheit bzw. über Sicherheitsgemeinschaft. Zusammenfassend dazu Dieter S. Lutz: Sicherheit 2000, Baden-Baden 1991.

18 So Morton Deutsch: Fifty Years of Conflict, in: Leon Festinger (Hg.), Retrospection on Social Psychology, Oxford 1983, S. 46-77, insbes. S. 64ff. Bezogen auf diese Zusammenhänge spricht Morton Deutsch von dem von ihm formulierten „Deutsch‘s crude law of social relations“.

19 In diesem Zusammenhang muß betont werden, daß das friedenspolitische Denken der frühen Friedensbewegungen wie z.B. der „Frauenliga für Frieden und Freiheit“ in seiner aktuellen Relevanz noch immer nicht voll erkannt ist. S. hierzu Karl Holl: Pazifismus in Deutschland, Frankfurt a.M. 1988.

20 So auch Czempiel (Anm. 9), S. 198ff.

In welche institutionelle Form läßt sich Erwartungsverläßlichkeit übersetzen? Der praktischen Arrangements gibt es viele: Sie reichen von lockerer Kooperation bis hin zu Integration, also der Einschmelzung ehedem unterschiedener souveräner Akteure zu einem neuen gemeinsamen Akteur. Bilaterale Arrangements sind ebenso sinnvoll wie regionale und universale. Entscheidend ist auch diejenige Figur der internationalen Organisation, welche die Plattform für Konsultation, Koordination und die Konzertierung von Politik abgibt. Nur im Falle der Integration wird die internationale Organisation im neuen integrativen Verband „aufgehoben".[21]

Indem internationale Organisationen Ungewißheit reduzieren und Erwartungsverläßlichkeit erhöhen, mobilisieren sie bemerkenswerte Energien für den Prozeß der Zivilisierung der internationalen Politik. Das Völkerrecht hat eine besondere Bedeutung in diesem Kontext.[22] Es dient der Unterfütterung von Erwartungsverläßlichkeit als einem wichtigen Medium, über das der Schutz vor Gewalt inszeniert wird.

1.3 Ökonomischer Ausgleich

In seiner Rezension von Kants „Zum ewigen Frieden" bezeichnete Johann Gottlieb Fichte im Jahre 1796 das „Gleichgewicht des Besitzes, bei welchem jeder sich erträglich befindet", als Voraussetzung des Friedens. „Sobald der Mehrheit die sichere Erhaltung dessen, was sie hat, lieber wird, als der unsichere Erwerb dessen, was andere besitzen, tritt die recht- und vernunftmäßige Konstitution ein".[23] Fichte lebte noch in einer Zeit relativ stationärer agrarischer Gesellschaften. Sie waren durch krasse Ungleichgewichte des Besitzes gekennzeichnet und kannten keine soziale Mobilität im neuzeitlichen Sinne. Ungleichheit übersetzte sich deshalb nur sporadisch in politische Konflikte, die allerdings oft abrupt, manchmal sogar mit revolutionärem Impuls zum Durchbruch kamen. Inzwischen sind die stationären Gesellschaften mobil geworden: Soziale Mobilisierung mit Entbäuerlichung, Proletarisierung, Alphabetisierung und Urbanisierung wurde zur

---

21 Karl W. Deutsch: The Analysis of International Relations, Englewood Cliffs 1988 (3. Aufl.). Über die europäische Entwicklung ist besonders interessant Heinrich Schneider: Rückblick für die Zukunft. Konzeptionelle Weichenstellungen für die europäische Einigung, Bonn 1986, sowie ders.: Gesamteuropäische Herausforderungen an eine europäische Union, in: Rudolf Wildenmann (Hg.), Staatswerdung Europas?, BadenBaden 1991, 41-143. Immer noch lesenswert (und viel zuwenig beachtet) Amitai Etzioni: The Active Society, New York 1968, vor allem Teil V

22 Siehe Otto Kimminich: Einführung in das Völkerrecht, München 1987 (3. Aufl.); Knut Ipsen: Völkerrecht, München 1990 (3. Aufl.); sowie Wilhelm Grewe: Epochen der Völkerrechtsgeschichte, Baden-Baden 1988.

23 Fichtes Rezension findet sich in dem in Anm. 11 zitierten Band von Batscha und Saage, S. 83-91, Zitat S. 90f.

Grundlage der Politisierung sich modernisierender Gesellschaften.[24] Ein „Gleichgewicht des Besitzes, bei welchem jeder sich erträglich befindet", ist in ihnen kaum noch erreichbar, allein schon weil – abgesehen von widerstreitenden politischen Bedingungen – der soziale und technische Wandel solche Gleichgewichtslagen auf Dauer nicht mehr zuläßt.

Dennoch ist Fichtes Überlegung heute noch von Bedeutung, vielleicht gar von größerer als zu seiner eigenen Zeit. Denn krasse ökonomische Ungleichheit ist in sich modernisierenden und bereits modernen Gesellschaften immer wieder zum Ausgangspunkt politisch gewalttätiger Konflikte geworden. Deshalb ist die Bemühung um ökonomischen Ausgleich bzw. Verteilungsgerechtigkeit gegenwärtig konstitutiv für die Aufrechterhaltung rechtsstaatlicher Ordnung; und selbst wenn Gleichheit ein unerreichbares, vielleicht nicht einmal ein wünschenswertes Ziel ist, so ist doch eine Politik des aktiven ökonomischen Ausgleichs für den sozialen Frieden unerläßlich. Wo freilich die Grenze zwischen erträglicher Ungleichheit und dysfunktional werdender Gleichheit verläuft, wird Gegenstand einer anhaltenden und letztlich argumentativ nicht lösbaren politischen Kontroverse bleiben.

Was für das Innere von Gesellschaften gilt, gilt auch für die Beziehungen zwischen den Gesellschaften. Wie ist ökonomischer Ausgleich vorstellbar?[25]

Einer gängigen Überlegung zufolge soll die freie Mobilität der ökonomischen Faktoren – der Freihandel – einen Wohlfahrtsgewinn für alle implizieren, ungeachtet der jeweiligen Ausgangslage. Diese Annahme, so allgemein formuliert, ist aber nur von modellplatonischem Wert; sie beschreibt eine, wenngleich wichtige Ausnahmesituation, nicht die Regel: Unproblematisch ist sie nur unter der Voraussetzung fortgeschrittener Volkswirtschaften, die tendenziell in allen Sektoren hochproduktiv arbeiten, wie das bei den meisten OECD-Industrieländern der Fall ist. Eine solche symmetrische Ausgangslage ist jedoch ein Spätprodukt der Entwicklung: sie besteht nicht zu Beginn von Modernisierungsprozessen, und sie stellt sich nur allmählich als Ergebnis ein.

Der beste Beleg für diese Beobachtung ist die Entwicklungsgeschichte der heute hochindustrialisierten Gesellschaften. Für sie gilt die genannte These: Nach ungefähr 100 bis 150 Jahren erfolgreicher Entwicklung haben die heute hochindustrialisierten Gesellschaften des Westens ökonomische Bin-

---

24 Ausführlich dazu siehe Karl W. Deutsch: Kontinuitäten und Veränderungen in den internationalen Beziehungen bis zur Jahrtausendwende, in: Österreichisches Jahrbuch für internationale Politik, Bd. 2, Wien 1985, 145-161. Der in diesem Zusammenhang grundlegende Begriff der „sozialen Mobilisierung" wurde begründet in Karl W. Deutsch: Soziale Mobilisierung und politische Entwicklung, in: Wolfgang Zapf (Hg.), Theorien des sozialen Wandels, Königstein 1979, 329-350.

25 Zum folgenden detailliert Dieter Senghaas: Die moderne Entwicklungsproblematik und ihre Implikationen für Friedenspolitik, in: Asien, Afrika, Lateinamerika, Bd. 19, Nr. 1, 1991, 5-19.

nenprofile erreicht, die es ihnen erlauben, weitgehend freihändlerisch zu agieren. Diese Lage findet ihren Ausdruck in substitutiver Arbeitsteilung, d.h. in einem Wettbewerb in allen wesentlichen Sparten der Ökonomie, die sich allesamt durch hohe Produktivität auszeichnen. So kommt es in diesem Kernsegment der Weltwirtschaft zu zunehmender symmetrischer Interdependenz. Ein erhebliches Ausmaß an symmetrischer ökonomischer Verflechtung und überwölbender institutioneller Vernetzung führt heute zwischen den Mitgliedern der OECD zu einer einigermaßen fairen Verteilung der Gewinnchancen. Aufgrund der trilateralen Koordination der Wirtschaftspolitiken zwischen den USA, Japan und der EG realisiert sich eine wechselseitige wirtschaftspolitische Anpassung, durch die bisher weltwirtschaftliche Verwerfungen von nicht mehr beherrschbarer Größenordnung verhindert werden konnten.

Im übrigen aber zeigen OECD-Ökonomien, daß die strukturellen Gefahren eines ungehemmten Verdrängungswettbewerbs selbst unter Spitzenökonomien am Werke sind: Auch die Spitzenökonomien fördern und schützen durch entsprechende Maßnahmen jeweils ihre neuen wirtschaftlichen Leitsektoren, deren erfolgreiche Entwicklung ihnen zu einem entsprechenden Vorsprung in der Weltwirtschaft verhelfen soll. Und sie schützen durch Erhaltungsprotektionismus neben der Landwirtschaft auch alternde Industrien gegen den Wettbewerb junger, aufwärtsmobiler Industriegesellschaften. Das freihändlerische Arrangement zwischen den OECD-Ökonomien bleibt also immer von zwei Seiten her gefährdet: durch Innovationsprotektionismus und durch Erhaltungsprotektionismus. Ökonomischer Ausgleich ist damit selbst unter den Bedingungen relativ ebenbürtiger dynamischer Wettbewerbsökonomien ein bestenfalls vorübergehend erreichbarer Zustand: Er bedeutet in aller Regel nur die Bemühung um einen solchen Ausgleich, kaum den Ausgleich selbst. Jedoch bedürfen, so wie innerhalb von Rechtsstaaten die entsprechenden Institutionen, auch die Netze der Kooperation zwischen den Gesellschaften der materiellen Anreicherung, um eine den Frieden aufbauende und erhaltende Wirkung zu zeitigen.

Wenn aber die symmetrische Ausgangslage von Wirtschaftsgebilden die Ausnahme ist, wie kann dann ökonomischer Ausgleich bei der Interaktion zwischen fortgeschrittenen Ökonomien (den Zentren) und den weniger entwickelten Ökonomien (den Peripherien) zustandekommen?[26] Kommt es zwischen einer weiter und einer minder vorgerückten Ökonomie zu einem regen, nicht gesteuerten Austausch, so besteht die Gefahr eines verheerenden Verdrängungswettbewerbs. Die weniger entwickelte Ökonomie muß sich zumindest in einzelnen Bereichen schützen, um als ökonomisches Gebilde zu überleben. Ist jedoch der Schutz zu hoch, droht die Gefahr der Verkrustung alter Strukturen. Und umgekehrt: Ist der Schutz zu gering,

---

26 Dazu Dieter Senghaas: Von Europa lernen. Entwicklungsgeschichtliche Betrachtungen, Frankfurt a.M. 1982, sowie Ulrich Menzel: Auswege aus der Abhängigkeit, Frankfurt a.M. 1988.

wird die unterlegene Ökonomie einfach überwältigt. Also besteht die große wirtschafts- und entwicklungspolitische Aufgabe darin, die richtige Mischung von Öffnung und selektivem Schutz zu finden und zu realisieren.

Jede einmal festgelegte Mischung wird automatisch erhebliche Kontroversen und politische Konflikte provozieren; denn jede Variante produziert für die unterschiedlichen Sektoren im Prozeß der nachholenden Entwicklung unterschiedlich positive oder negative Folgen. Die führenden Ökonomien können allerdings mit großzügiger Hilfe zur Entdramatisierung dieser Konflikte beitragen; soll ihre Hilfe auf fruchtbaren Boden fallen, müssen jedoch die Prioritäten der Entwicklungspolitik korrekt gesetzt sein. Dabei kann inzwischen von elementaren entwicklungsgeschichtlichen und aktuellen Erkenntnissen ausgegangen werden.[27] Beispielsweise davon,

- daß ohne eine vorhergehende und die Industrialisierung begleitende Produktivkraftentfaltung im landwirtschaftlichen Sektor eine gedeihliche Entwicklung nicht gelingen kann;
- daß Industrialisierung landwirtschaftsnah zu geschehen hat, lange ehe der Schritt in die Großindustrie getan wird;
- daß es auf die Erschließung von Massenmärkten ankommt, die sich zunächst durch einfache Güter auszeichnen;
- daß eine nur geringe Ungleichheit in der Verteilung von Grund und Boden und bei den Einkommen einen positiven entwicklungsstrategischen Stellenwert besitzt, um Binnenmärkte zu erschließen;
- daß die Mobilisierung von Kompetenzen durch ein diversifiziertes Erziehungssystem geeignet ist, fehlende natürliche Ressourcen zu kompensieren und die Grundlage für Innovation zu legen;
- daß es darauf ankommt, fremde Technologien an eigene Bedürfnisse anzupassen und so angemessene Technologien zu schaffen; dazu müssen entsprechende Kapazitäten aufgebaut werden;
- daß ein solcher Entwicklungsweg der außenwirtschaftlichen Absicherung bedarf, um ihn zu fördern und gegen nachteilige Einflüsse abzuschirmen; daß zuviel Schutz innovationshemmend wirkt und zuwenig Schutz im Hinblick auf Eigenanstrengungen entmutigend ist, und daß es insbesondere auf die jeweils ortsabhängige Auswahl von Förderungs- und Schutzmaßnahmen ankommt;
- schließlich: daß eine sozial mobil werdende Gesellschaft erweiterter Möglichkeiten der politischen Beteiligung bedarf, Demokratisierung also essentiell und kein Luxus ist, den man sich nach Belieben leisten kann oder auch nicht.

Diese entwicklungspolitischen Prioritäten sind zu beachten, um ökonomischen Ausgleich bei ungleichen Ausgangslagen überhaupt erst denkbar zu

27 Zusammenfassend Ulrich Menzel und Dieter Senghaas: Europas Entwicklung und die Dritte Welt. Eine Bestandsaufnahme, Frankfurt a.M. 1986.

machen. Wer die Rezepte, die bei symmetrischer Interdependenz sinnvoll sind, bei ungleicher Ausgangslage anzuwenden versucht, muß Schiffbruch erleiden.[28] Sind die entwicklungspolitischen Prioritäten korrekt gesetzt, können Transferleistungen von außen indes den Entwicklungsprozeß nicht nur erleichtern, sondern auch beschleunigen. Sie sollten von den leistungsfähigen Ökonomien der Welt im Sinne einer Politik des wohlverstandenen Eigennutzes getätigt werden: Bei erfolgversprechenden Eigenanstrengungen tragen solche Transferleistungen dazu bei, daß neue attraktive Wirtschaftsräume dort entstehen, wo bislang arme Hinterhöfe waren.

Schutz vor Not und, damit verbunden, die Bemühungen um einen fairen ökonomischen Ausgleich gehören zu den elementaren Bedingungen des Friedens. Sie sind im Falle vergleichbarer Ausgangslagen von betroffenen Ökonomien relativ „einfach“ zu erreichen, wie schwierig auch immer im Detail die Kompromißformeln zu finden sein mögen. Im Falle ungleicher Ausgangslagen, insbesondere im Falle einer Zentrum-Peripherie-Struktur, bedarf es unvergleichlich viel größerer Anstrengungen und einer viel längeren zeitlichen Perspektive, um einen allmählich zunehmenden Ausgleich zu realisieren. Die moderne Entwicklungsgeschichte belegt jedoch, daß ein solches Vorhaben nicht von vornherein zum Scheitern verurteilt ist.

1.4 Empathie

Rechtsstaatlichkeit (als Teil einer kongenialen politischen Kultur), Erwartungsverläßlichkeit und ökonomischer Ausgleich können als praktische Vorhaben nur dann gelingen, wenn die Beteiligten die Fähigkeit entwickeln, sich in die Position anderer – in deren Selbst- und Weltbild und in deren Interessenlage – hineinzuversetzen. Man muß lernen, die Welt mit den Augen des anderen zu sehen und die Lebensperspektiven und Lagebeurteilungen des Gegenübers im eigenen Denken mitzuberücksichtigen. Glückt dieses Vorhaben, entwickelt sich Einfühlvermögen und damit zusammenhängend Verantwortungsgefühl, das sich in entsprechendem Handeln äußert. Dann würde nicht mehr militärisch abgestützte Machtpolitik betrieben, sondern „Verantwortungspolitik“.[29] Der hier beschriebene Sachverhalt wird gewöhnlich als Empathie bezeichnet; in historisch-vergleichender Friedensforschung war a-

---

28 Darüber besteht eine Kontroverse, die so alt ist wie die moderne Entwicklungsproblematik selbst (nämlich seit der industriellen Revolution in England); sie wurde zum ersten Mal klug und umfassend thematisiert von Friedrich List, der in den vergangenen Jahrzehnten zu Unrecht nur wenig Beachtung gefunden hat. Hierzu Dieter Senghaas: Friedrich List und die moderne Entwicklungsproblematik, in: Leviathan, Bd. 17, Nr. 4, 1989, 561-573.

29 Hans-Dietrich Genscher: Neue Europäische Friedensordnung, in: Europa-Archiv, Bd. 45, Nr. 15, 1990, 473-478, bes. S. 478.

nalog von „*responsiveness*" die Rede.[30] Beide, Empathie und „*responsiveness*", wurden als wichtige kritische Größen im Hinblick auf die sozialpsychologische Ausgestaltung von Friedenspolitik erkannt.[31] Das Empathie-Gebot ist alt: Kant sprach bereits im dritten Definitiv-Artikel seines Traktats zum ewigen Frieden von „Hospitalität" („Wirtbarkeit").

Das Empathie-Gebot berührt die subjektive Seite des Friedenskonzeptes: Alle Individuen bilden in ihrer individuellen Sozialisation ein Selbst-Bild heraus, das mit dem Bild des Kollektivs, in dem sie heranwachsen, verbunden ist. Was zum eigenen Selbst gehört bzw. wer und was Teil des eigenen Kollektivs ist, ist eine orientierende Primärerfahrung; sie begründet stabile Identität. Aber in ihr ist auch die Gefahr angelegt, daß sie sich mit einer immer gleich gerichteten Wertung verbindet, einem Schwarz-Weiß-Bild, und daß die notwendige Abgrenzung zur pathologischen Ausgrenzung wird. Wo die Fähigkeit zur Empathie vorhanden ist, wirkt sie solcher Neigung zum Überwertigkeitsgefühl und Ethnozentrismus entgegen.

Empathie ist immer gefährdet, wenn Menschen sich in ihrer Identität bedroht sehen. Wenn die Grundbedürfnisse nach Anerkennung und Würde und nach Bewahrung von Identität anhaltend verletzt werden, wächst die Neigung, in Gewalt ein legitimes Mittel der Abhilfe zu sehen. Um Empathie in und zwischen Gesellschaften eine Chance zu geben, ist deshalb die Respektierung der elementaren humanen Bedürfnisse wesentlich.

Die Vielfältigkeit der Welt, selbst in einem so kleinen Kontinent wie Europa, begründet die besondere Relevanz von Empathie als Handlungsgebot: Das internationale System ist nicht nur in politisch konsolidierte Gesellschaften zergliedert, es umfaßt auch Gesellschaften, die sich in einem tiefgreifenden Umbruch befinden, ja deren Entwicklung schlichtweg unprognostizierbar ist. Spitzenökonomien finden sich heute Seite an Seite mit sogenannten Schwellenländern sowie mit rückständigen und unterentwickelten Gebieten. In Teilen der Welt hat aufklärerisches Gedankengut Wurzeln geschlagen, in anderen Teilen kommt es aus nachvollziehbaren Gründen zu fundamentalistischen Bewegungen. Sie gründen sich auf Versprechungen, einen als ungerecht und würdelos empfundenen Zustand durch Rückgriff auf vermeintliche fundamentale Werte überwinden zu können. Nicht nur an einer Stelle der Welt wird dabei auch dumpfer Chauvinismus an die Oberfläche gespült; der Nationalismus erfährt – entwicklungspolitisch verständlich – in Gestalt des Ethnonationalismus in weiten Teilen der Welt eine bemerkenswerte Renaissance. Die Gefahr in solchen Situationen besteht im genauen Gegenteil von Empathie und „responsiveness", nämlich in selbstgefälliger Abschottung der

---

30 Karl W. Deutsch u.a.: Political Community and the North Atlantic Area. International Organizations in the Light of Historical Experience, Princeton 1957.

31 Zur Kategorie der Empathie siehe jetzt Norbert Ropers: Vom anderen her denken. Empathie als paradigmatischer Beitrag zur Völkerverständigung, in: Steinweg und Wellmann (Anm. 15), S. 114-150.

fortgeschrittenen Regionen und umgekehrt in fundamentalistisch-chauvinistischer Trotzhaltung der vom Modernisierungsprozeß Enttäuschten. Dabei droht Empathie zu einer Mentalität zu werden, die sich bestenfalls die Habenden in der Welt gleichsam als Luxusgut leisten können, während die Habenichtse (auch in den entwickelten Regionen) in den Sog chauvinistischer Strömungen geraten. Auch wenn die Hintergründe und die Dynamik dieses Vorgangs erklärbar sind, bedeutet er in seiner Konsequenz die Tendenz zur Entzivilisierung von Politik.[32]

Auch ohne zugespitzte Problemlagen stellen sich Empathie bzw. „responsiveness“ nicht leicht ein: Die meisten Menschen leben – international betrachtet – in räumlich abgezirkelten staatlichen Gebilden. Der Nationalstaat wurde einmal als ein organisiertes Vorurteil bezeichnet, womit die in ihm angelegte, strukturell begründete Tendenz zum Ethnozentrismus umschrieben wurde. An dieser Ausgangslage wird sich auch in Zukunft wenig ändern, denn die Mehrzahl der Menschen hängt, je mehr sich Gesellschaften entwickeln, um so intensiver in ihren alltäglichen Angelegenheiten von ihrem jeweiligen Nationalstaat ab. Während sich viele Bereiche internationalisiert haben, so insbesondere der Waren-, Kapitalund Technologieverkehr, und eine weltweit arbeitsteilige Produktion voranschreitet sowie Kommunikation und Information sich in weltweiten Bezügen abspielen, kann kein Zweifel daran bestehen, daß sich gleichzeitig auch die nationalen Erwartungs- und Handlungszusammenhänge verdichten und vertiefen.[33] Damit entsteht die paradoxe Lage: Die Welt ist internationaler strukturiert als früher und doch gleichzeitig in weiten Bereichen nationaler geworden.[34] Dabei dürfte der Nationalstaat vermutlich einen höheren Bedeutungszuwachs als die internationale Verflechtung erfahren haben. Wenn diese Beobachtung richtig ist, dann wäre zumindest kein flächendeckender Kosmopolitismus zu erwarten, sondern eher Varianten von Nationalismus. Unter solcher Voraussetzung wird Empathie – der Schutz vor *Chauvinismus* – nur bei großen Anstrengungen eine Chance haben.[35]

---

32 Dieter Senghaas: Friedensprojekt Europa (Anm. 2), Kap. 4.

33 Auf diesen Sachverhalt hat frühzeitig Karl W. Deutsch in seinen Studien immer wieder hingewiesen, z.B. in: Nationalism and its Alternatives, New York 1969.

34 Karl W. Deutsch sprach, bezogen auf diesen Sachverhalt, von „Heterotropie“, d.h. von einem Zustand, aus dem sich zwei unterschiedliche Prozeßrichtungen gleichzeitig entfalten.

35 Die Internationalisierung von Information und Kommunikation wird ohne Zweifel die Begegnung von Kulturen und Zivilisationen intensivieren. Damit wird diese Dimension zu einer zentralen friedenspolitischen Problemstellung in der Welt. Siehe hierzu die wegweisenden Untersuchungen von Johan Galtung: Westliche Kulturtradition und Friedensbewegung, in: Karl Kumpfmüller (Hg.), Friede – Kultur – Politik, Eisenstadt 1983, 41-64: ders.: Peace and the World as Intercivilizational Interaction, in: Raimo Väyrynen, Dieter Senghaas und Christian Schmidt (Hg.), The Quest for Peace, London 1987, 330-347. Zur Kontrastanalyse von Empathie, nämlich kultureller Gewalt,

2. Einige Beobachtungen zum differenzierten Friedenskonzept

2.1 Si vis pacem – kontrovers

„Si vis pacem, para bellum" lautet die Maxime für Friedenssicherung im engen militärischen Sinne. Sie kümmert sich nicht um die Umstände, unter denen Gewaltpotentiale entstehen und Gewalt virulent wird. Sie reagiert auf drohende oder schon eskalierende Gewalt und inszeniert dagegen ein entsprechendes militärisch abgesichertes Machtmanagement. In diesem Sinne ist sie weniger ursachen-, als vielmehr symptomorientiert. Und oft genug ist sie insensibel für die Frage, ob das von ihr motivierte Instrumentarium die Eskalationsträchtigkeit von Gewaltlagen nicht seinerseits verschärft, anstatt sie einzudämmen. Denn militärisch abgesichertes Machtmanagement läßt sich mit völlig unterschiedlichen Akzenten verfolgen: als bloße Abhaltestrategie (im Sinne nicht-provokativer Verteidigung), als Abschreckungsstrategie mit defensiven und offensiven Komponenten und als eine offensiv ausgelegte Vorwärtsverteidigungsstrategie, die sich von einer reinen Offensivstrategie nur wenig unterscheidet. Vor allem unter den letzten beiden Prämissen ist es – wie die vergangenen 40 Jahre gezeigt haben – schwierig, zu einer funktionsfähigen Sicherheitsgemeinschaft zu gelangen, in welcher das Sicherheitsdilemma tendenziell entproblematisiert wäre. Militärisch orientierte Friedenssicherung ist und bleibt in aller Regel auf die Trennung der Kontrahenten ausgerichtet – sie ist also dissoziativ angelegt, woraus immer die Gefahr droht, in einer anhaltenden, politisch unfruchtbaren Rüstungskonkurrenz zu enden. Politisch unfruchtbar ist diese Sicherheitsvorkehrung, weil unter den Vorzeichen des militärischen Primats andere Instrumentarien der Friedenssicherung als von nur sekundärer Bedeutung eingestuft werden, so beispielsweise die Instrumentarien der friedlichen Streitbeilegung und selbst noch relativ militärnahe Instrumentarien wie Vorkehrungen für kooperativ/ kollektive Sicherheit – von Friedenssicherung durch Aktivierung wirtschaftlicher, sozialer und kultureller Beziehungen ganz zu schweigen.

Historisch und soziologisch betrachtet, reflektiert die *para bellum*-Maxime die Suche nach einer stabilen „Staatsfriedensordnung" unter der Prämisse von Nationalstaaten, wie sie sich seit dem Beginn der Neuzeit vor allem in Europa und später weltweit entwickelt haben. Die Maxime setzt ein stabiles Gewaltmonopol im Innern der Gesellschaften voraus, also die Überwindung der Gefahr eines Bürgerkrieges, der *„situation hobbésienne"* (R. Aron). Auf dieser Grundlage aufbauend, werden die zwischenstaatlichen Problemlagen vermittels einer Kombination aus Diplomatie und militärischen Vorkehrun-

siehe ebenfalls Johan Galtung: Cultural Violence, in: Journal of Peace Research, Bd. 27, Nr. 3, 1990, 291-305.

gen einschließlich kriegerischer Aktionen bearbeitet. Ihre Parallele hat diese Maxime im klassischen Völkerrecht, das den souveränen Einzelstaat zur Grundlage hat und das bis in die erste Hälfte dieses Jahrhunderts Kriege für legitim hielt und im Grunde genommen auch heute noch am Prinzip der Nichteinmischung in innere Angelegenheiten ausgerichtet ist. In beiden Fällen, der Militärmaxime und des klassischen Völkerrechts, ging es um die Koexistenz souveräner staatlicher Akteure, nachdem die Koexistenz konfligierender gesellschaftlicher Gruppen innerhalb der Staaten durch Schaffung einer entsprechenden Staatsautorität als gesichert unterstellt werden konnte.

Der dieser *para bellum*-Maxime zugrundeliegende Begriff des Friedens ist extrem eng und undifferenziert; er ist auch aus der Perspektive des historisch vorangegangenen relativ breiten Friedensbegriffes des Mittelalters nur auf *„securitas“* (Sicherheit) und gegebenenfalls *„tranquillitas“* (Waffenruhe) ausgerichtet. Die umfassenderen Fragen des internationalen Friedens als Ergebnis einer übergeordneten Rechtsordnung (*„iustitia“*) werden nicht mehr thematisiert, auch nicht die für das frühe Friedensverständnis immer mitbedachte *„caritas“* im Sinne einer wohlwollenden Hinwendung auf die Bedürfnisse des Nächsten.[36] *Der para bellum*-Maxime liegt folglich eine Idee von Staatsfrieden (*pax civilis*) zugrunde, und zwar in der doppelten Richtung einer effektiven Zwangsgewalt (*pax effectiva*) nach innen (mit der Chance relativ anhaltenden Erfolges) und einer angestrebten Zwangsgewalt nach außen mit der Wahrscheinlichkeit wiederkehrender kriegerischer Auseinandersetzungen.

Gegenüber der *para bellum*-Maxime reflektiert die *para pacem*-Maxime die gewaltträchtigen Problemlagen, aus denen heraus es immer wieder zur Erschütterung des inneren und des zwischenstaatlichen Friedens gekommen ist und kommen kann: Machtbesessenheit und Expansionismus, politische Diskriminierung und Mißachtung von Menschenrechten, ökonomische Disparitäten und damit verbundene Chancenungleichheit, autistische Orientierungen und Feindbildprojektionen.

Die *para pacem*-Maxime ist differenziert und breit angelegt, da sie in der Breite solcher Problemlagen den Ausgangspunkt der Friedensgefährdung erkennt. Sie ist ursachenorientiert auf die Beseitigung solcher Produktionsstätten des Unfriedens ausgerichtet. Auch mit ihr bleibt die Verhütung von Gewalt und Krieg ein oberstes Ziel. Mit Bemühungen um innergesellschaftliche und zwischenstaatliche Strukturen wird zu erreichen versucht, derartige Gewaltpotentiale möglichst nicht entstehen zu lassen – wohl wissend, daß in einer sich im laufenden Umbruch befindlichen Welt dieses Ziel nur tendenziell realisierbar sein wird.[37]

---

36 Siehe hierzu Wilhelm Janssen: Friede, in: Otto Brunner u.a. (Hg.), Geschichtliche Grundbegriffe, Bd. 2, Stuttgart 1975, 543-591.

37 Eine Kontrastierung der para bellum-Maxime und der para pacem-Maxime findet sich (mit anderer Begrifflichkeit, doch inhaltlich parallel) bei Wolfgang R. Vogt: Frieden

Der soziologische Hintergrund der *para pacem*-Maxime ist die Umwandlung relativ stationärer und traditionaler Gesellschaften in moderne Gesellschaften mit mehr oder minder großer sozialer Mobilisierung.[38] In solchen Gesellschaften läßt sich die innere und die äußere Friedensproblematik nicht mehr wie zu Zeiten der traditionellen Autokratie und absolutistischer Herrschaft handhaben. Frieden kann heute nicht mehr nur als Schutz vor Gewalt verstanden werden, sondern muß auch als Schutz der Freiheit, als Schutz vor Not und als Schutz vor Chauvinismus begriffen werden. In dieser vierfachen Orientierung reflektieren sich die Anforderungen an ein zeitgemäßes Friedenskonzept und damit an die Friedenspolitik sozial mobiler Gesellschaften.

Rechtsstaatlichkeit (Schutz der Freiheit), Erwartungsverläßlichkeit (Schutz vor Gewalt), ökonomischer Ausgleich (Schutz vor Not) und Empathie (Schutz vor Chauvinismus) sind also nicht Postulate eines abstrakten Friedenskonzeptes, sondern konstitutiv für die Gegenwart, weil sich aus einer veränderten und ihrerseits differenzierten gesellschaftlichen Wirklichkeit entsprechende unabweisbare friedenspolitische Zugzwänge ergeben: Eine sozial mobile Gesellschaft bedarf der erweiterten Partizipationschancen und vielfältiger Konfliktregelungsmechanismen. Die ökonomisch bedingte Produktion von sozialer Ungleichheit bedarf ausgleichender politischer Maßnahmen. Aufstiegs- und Abstiegsmobilität produzieren problematische psychologische Orientierungen, die sich nur entproblematisieren lassen, wenn sie in eine gegen Ethnozentrismus relativ resistente politische Kultur eingebettet sind. Rechtsstaatlichkeit, so wurde argumentiert, erhöht die Chance, zu verläßlichen Arrangements auf internationaler Ebene zu kommen. Und eine einmal erreichte Erwartungsverläßlichkeit hat ihrerseits wieder positive Rückwirkungen auf die Stabilisierung von Rechtsstaatlichkeit.

Zwischen den Komponenten der Friedensstruktur bestehen also Rückkopplungen mit wechselseitigen Verstärkungseffekten. Auch kann davon ausgegangen werden, daß eine solche Struktur durch Redundanz gekennzeichnet wird, einzelne Komponenten also durchaus etwas schwächer sein können, ohne daß die gesamte Struktur dadurch maßgeblich in Mitleidenschaft gezogen würde.[39] Dieses ist der *sachliche* Hintergrund, warum unter heutigen Bedingungen sowohl auf analytischer Ebene das Friedenskonzept als auch in der Realität eine Friedensstruktur *konfigurativ* zu denken sind.[40]

---

schaffen – mit oder ohne Waffen?, in: Arbeitspapiere der Schweizerischen Friedensstiftung, Nr. 11, Juli 1991, wo der Unterschied zwischen „Militärlogik" und „Zivillogik" als Paradigmenstreit entfaltet wird.

38 Siehe den in Anm. 24 zitierten Beitrag von Karl W. Deutsch.

39 Hierzu Karl W. Deutsch und Dieter Senghaas: A Framework for a Theory of War and Peace, in: Albert Lepawsky u.a. (Hg.), The Search for World Order (Festschrift für Quincy Wright), New York 1971, 23-46.

40 Ein klassisches Beispiel konfigurativ ausgerichteter Friedensursachenanalyse ist die als „Klassiker" zu bezeichnende Studie von Karl W. Deutsch u.a.: Political Communi-

Dieser Sachverhalt kommt auch in negativer Hinsicht zum Ausdruck: Rechtsstaatlichkeit kann zusammenbrechen, Verteilungsungerechtigkeit sich akzentuieren, Chauvinismus militant werden und Erwartungsverläßlichkeit sich entinstitutionalisieren. Wenn solches zugespitzt und gebündelt geschieht, besteht die Gefahr, ja, die hohe Wahrscheinlichkeit, daß diese Komponenten sich zu einem konfigurativen Negativszenario mit eingebautem Verstärkungsmechanismus verdichten und zivilisatorische Regression bewirken.[41]

2.2 Zur Friedensdefinition

Gibt es eine Friedensdefinition, in der die in unserer Abhandlung diskutierten Sachverhalte kurz und bündig auf einen Nenner gebracht sind? Eine solche Definition müßte den *Prozeßcharakter* des Friedens[42] sowie dessen *verfassungspolitische, institutionelle, materielle* und *emotionale* Voraussetzungen reflektieren. Eine solche komplexe Definition findet sich in der Literatur bisher nicht, aber die folgende könnte zu ihrem Ausgangspunkt werden: „Frie-

---

ty and the North Atlantic Area (Anm. 30). Auf der Grundlage historisch-genetischer sowie systematischer Forschung thematisiert diese Studie die innergesellschaftlichen und die zwischenstaatlichen Dimensionen erfolgreicher bzw. mißlungener Bemühungen um dauerhaften Frieden. Diese Breite wurde in der nachfolgenden Forschung nicht mehr erreicht, auch nicht in der jüngst erschienenen, sehr lesenswerten Untersuchung von Kalevi J. Holsti: Peace and War. Armed Conflicts and International Order 1648-1989, Cambridge 1991.

Auf konzeptueller Ebene finden sich Vorschläge zu einem konfigurativen Friedenskonzept z.B. in Georg Picht: Was heißt Friedensforschung?, in: Georg Picht und Wolfgang Huber: Was heißt Friedensforschung?, Stuttgart 1971, 13-33; daran ausgerichtet und weiterführend Wolfgang Huber und Hans-Richard Reuter: Friedensethik, Stuttgart 1990, Teil I. Weiterhin Ernst-Otto Czempiel: Friedensstrategien, (Anm. 4); Johan Galtung: Essays in Peace Research, 6 Bde., Kopenhagen 1975-1988, insbes. Bd. I und VI; ders.: Visionen einer friedlichen Welt, in: Leviathan, Bd. 16, Nr. 3, 1988, 331-354; Kenneth Boulding: Stable Peace, Austin 1978 sowie neuerdings Günther Bächler: Sicherheit und Frieden. Begrifflichkeit, Beziehung, Abgrenzung, in: Arbeitspapiere der Schweizerischen Friedensstiftung, Nr. 1, Juni 1989; siehe auch Gert Krell: Aufbruch und Krise. Das Weltsystem nach dem Ost-West-Konflikt und die aktuelle Friedens- und Sicherheitsproblematik, in: HSFK-Report, Nr. 6, 1991, 40f.; Hanna Newcombe: The Pentagon of Values, in: Günther Bächler (Hg.), Perspektiven. Friedens- und Konfliktforschung in Zeiten des Umbruchs, Chur, Zürich 1992, 171-187.

41 Einer der Autoren dieses Beitrages hat am Beispiel Europas nach der Wende 1989/90 ein Positivszenario formuliert, um abschließend die potentiellen Dimensionen und Ausmaße einer Regression aufzuweisen. Siehe Dieter Senghaas: Friedensprojekt Europa (Anm. 2). Das Negativ- bzw. Regressionsszenario findet sich im Nachwort dieses Buches (S. 181ff.).

42 Auf den Prozeßcharakter des Friedens hat frühzeitig (leider ohne Gehör zu finden) Ernst-Otto Czempiel aufmerksam gemacht: Schwerpunkte und Ziele der Friedensforschung, München und Main 1972

de“, so schrieb der Völkerrechtler W. Grewe, „sollte verstanden werden als ein gewaltfreier und auf die Verhütung von Gewaltanwendung gerichteter internationaler Prozeß, in dem durch Verständigungen und Kompromisse solche Bedingungen des Zusammenlebens der Staaten und Völker geschaffen werden, die nicht ihre Existenz gefährden und nicht das Gerechtigkeitsempfinden oder die Lebensinteressen einzelner oder mehrerer von ihnen so schwerwiegend verletzen, daß sie nach Erschöpfung aller friedlichen Abhilfeverfahren Gewalt anwenden zu müssen glauben“.[43]

Diese Definition ist auf die *zwischenstaatlichen* bzw. zwischengesellschaftlichen Beziehungen konzentriert. Das auch in ihr zum Ausdruck kommende Verständnis von Frieden als einem *zivilisatorischen Prozeß* wird unmittelbar offenkundig, wenn man dieselbe Definition im Hinblick auf die Stiftung *inneren* Friedens umformuliert. Dann lautet sie: „Innerer Friede sollte verstanden werden als ein gewaltfreier und auf die Verhütung von Gewaltanwendung gerichteter innerstaatlicher Prozeß, in dem durch Verständigungen und Kompromisse solche Bedingungen des Zusammenlebens von gesellschaftlichen Gruppen geschaffen werden, die nicht ihre Existenz gefährden und nicht das Gerechtigkeitsempfinden oder die Lebensinteressen einzelner oder mehrerer von ihnen so schwerwiegend verletzen, daß sie nach Erschöpfung aller friedlichen Abhilfeverfahren Gewalt anwenden zu müssen glauben“.

In dieser reformulierten Definition sind alle wesentlichen Elemente des inneren Friedens enthalten: die gewaltfreie Konfliktaustragung (Rechsstaatlichkeit), das verständigungs- und kompromißorientierte Konfliktverhalten (wofür Empathie erforderlich ist), Existenzbewahrung und -entfaltung (ökonomischer Ausgleich) sowie die Schaffung von Erwartungsverläßlichkeit vermittels eines entsprechend institutionalisierten politischen Prozesses.

Die originäre, auf die internationale Friedensproblematik ausgerichtete Definition könnte nun mit der hier reformulierten Definition kombiniert werden. Dann gelangt man zu folgender synoptischer Aussage, in die die wesentlichen Komponenten eines zeitgemäßen Friedenskonzeptes Eingang gefunden haben: *„Friede sowohl in inner- als auch zwischenstaatlicher Hinsicht sollte verstanden werden als ein gewaltfreier und auf die Verhütung von Gewaltanwendung gerichteter politischer Prozeß, in dem durch Verständigungen und Kompromisse solche Bedingungen des Zusammenlebens von gesellschaftlichen Gruppen bzw. von Staaten und Völkern geschaffen werden, die nicht ihre Existenz gefährden und nicht das Gerechtigkeitsempfinden oder die Lebensinteressen einzelner oder mehrerer von ihnen so schwerwiegend verletzen, daß sie nach Erschöpfung aller friedlichen Abhilfeverfahren Gewalt anwenden zu müssen glauben. Um Frieden zu erreichen, sind deshalb anhaltende Bemühungen um*

43 Wilhelm G. Grewe: Friede durch Recht? (Schriftenreihe der Juristischen Gesellschaft zu Berlin, Heft 94), Berlin 1985, 30.

Rechtsstaatlichkeit, Erwartungsverläßlichkeit, ökonomischen Ausgleich und Empathie erforderlich".

Die analytische Stärke dieser erweiterten Friedensdefinition besteht darin, daß sie die innere Dynamik des Prozeßcharakters von Frieden zum Ausdruck bringt:[44] Darüber hinaus liegt die Plausibilität der Definition darin, daß innerer und internationaler Frieden unter gleichem Vorzeichen thematisiert werden: dem Erfordernis einer Zivilisierung von Politik.

Gleichwohl könnte in konsolidierten Rechtsstaaten die Doppelseitigkeit dieser erweiterten Definition für überflüssig gehalten werden, weil die Zivilisierung von Politik im Innern – und damit innerer Frieden – als verläßlich garantiert unterstellt werden kann. Aber auch in diesen Gesellschaften besteht letztlich immer die Gefahr einer Regression; ein Negativszenario sollte prinzipiell niemals ausgeschlossen werden. Kann man sich über die Plausibilität dieses potentiellen Einwandes noch streiten, so ist der Einwand selbst überall dort hinfällig, wo sowohl innerer als auch äußerer Frieden politisch zur Disposition stehen, heute beispielsweise in zerfallenden und sich ethnonationalistisch zersetzenden Staaten, innerhalb derer eine „*situation hobbésienne*" im doppelten Sinne des Begriffes entsteht, sowohl im Hinblick auf eine Bürgerkriegssituation als auch hinsichtlich der Gefährdung des Friedens zwischen sich neu konstituierenden staatlichen Akteuren. In beiderlei Hinsicht entsteht ein virulentes Sicherheitsdilemma, Ethnozentrismus lebt auf, autistische Selbstverblendung breitet sich aus und die Nullsummenmentalitäten feiern Triumphe: Gewalt erscheint dann erneut als legitimes und opportunes Mittel, das angesichts einer hohen Munitionierung der Konfliktparteien erstaunlich unbeschwert eingesetzt wird.

In der modernen Welt, so schrieb einmal Kenneth Boulding, seien 10 bis 15 Prozent der menschlichen Aktivität dem Krieg oder der Vorbereitung für den Krieg gewidmet, einschließlich der Produktion und dem Unterhalt von Zerstörungsmitteln. 85-90 Prozent der Aktivitäten seien zivil und friedlich:

---

44 Erweisen sich angesichts der Bedürfnisse von sich neu organisierenden Akteuren die überkommenen inneren bzw. internationalen politischen Rahmenbedingungen als anpassungsunfähig, wird – paradoxerweise – Gewalt mit unerbittlicher Zwangsläufigkeit zu einem Ersatz für Kommunikation, zu einer oft als alternativlos empfundenen Ressource in der Not. Von diesem Hintergrund her wird verständlich, warum solche Ausgangslagen mehr oder weniger schnell in tendenzielle Unruhe- bzw. revolutionäre Umbruchsituationen übergleiten. Lern- und Anpassungsfähigkeit sind also wichtige friedenspolitische Kategorien. Anders formuliert: Friedens- und Revolutionstheorie sind im Hinblick auf sich modernisierende Gesellschaften konzeptuell eng verbunden. Und die Forderung nach Vorkehrungen für „friedlichen Wandel", obgleich in aller Regel vor allem von Völkerrechtlern erhoben, ist für ein zeitgemäßes Friedenskonzept von ebenso allgemeiner wie grundlegender Bedeutung.
Die Dialektik von Frieden und Gewalt hat also etwas mit dem Ausmaß an Authentizität bzw. Inauthentizität von politischen Ordnungen im Innern von Gesellschaften und zwischen ihnen zu tun. Zu dieser wichtigen und wenig bedachten Kategorie siehe Amitai Etzioni: The Active Society, (Anm. 21), Kap. 21.

pflügen, säen, ernten, industriell verarbeiten, kaufen, verkaufen, musizieren, tanzen, erziehen usf., usf. Diese „andere Seite“ der Geschichte, in welcher Friede als Selbstverständlichkeit und Krieg als Einbruch in das zivile Leben betrachtet werden, müsse erst noch geschrieben werden.[45] Merkwürdigerweise gilt diese Beobachtung auch für die Friedensforschung: Mit Aggressions-, Gewalt- und Kriegsursachenforschung – ihren beliebten Forschungsfeldern – sind wichtige Erkenntnisse über die Hintergrundbedingungen von kollektiver Gewalt zu gewinnen, allerdings mit abnehmendem Grenznutzen. Nur in spezifischen Forschungen, wie bei der Aufarbeitung dieser Problembereiche aus feministischer Sicht, sind noch neue Perspektiven und Erkenntnisse zu erwarten. Aber für ein Verständnis von Friedenssicherung und vor allem von Friedensförderung sind sie nur am Rande und eher zufällig ergiebig. Hätte Friedensforschung eine konstruktive Perspektive, wäre sie möglicherweise auch praxisrelevanter. In diesem Sinne mag es zwingende Gründe für mehr als eine Akzentverlagerung geben, nämlich zu *konstruktiver Friedensforschung* überzugehen. Dann erhielte die Maxime „*si vis pacem, para pacem*“ wenigstens im Denken eine Chance, danach vielleicht sogar im politischen Handeln.

Friede sei jahrhundertelang eine „schlafende Idee“ gewesen, deren Zeit nunmehr gekommen sei, schrieb jüngst Anatol Rapoport.[46] Wenn dem so ist – und wir stimmen mit Rapoport überein – wird es Zeit, diese Idee aufzuwecken – oder liebevoller: sie wachzuküssen.

aus: Leviathan, Band 20, Heft 2, 1992, S. 230-251. Abdruck mit freundlicher Genehmigung des Westdeutschen Verlags.

---

45 Kenneth E. Boulding: A Proposal for a Research Program in the History of Peace, in: Peace & Change, Bd. 14, Nr. 4, 1989. 461-369.

46 Anatol Rapoport: Frieden: eine Idee, deren Zeit gekommen ist, Darmstadt 1991.

6.6 Das Russell-Einstein-Manifest (1955)

Angesichts der tragischen Situation, der die Menschheit gegenübersteht, meinen wir, daß Wissenschaftler sich zu einer Konferenz versammeln sollten, um die Gefahren abzuschätzen, die sich aus der Entwicklung von Massenvernichtungswaffen ergeben haben, und eine Resolution im Sinne des angefügten Entwurfes zu diskutieren.

Wir sprechen hier nicht als Angehörige dieser oder jener Nation, eines bestimmten Kontinents oder eines bestimmten Glaubensbekenntnisses, sondern als Menschen, als Angehörige der Spezies Mensch, deren weitere Existenz zweifelhaft geworden ist. Die Welt ist voller Konflikte; und alle kleineren Konflikte werden vom gigantischen Kampf zwischen Kommunismus und Anti-Kommunismus überschattet.

Fast jeder, der politisches Bewußtsein hat, blickt besorgt auf das eine oder andere dieser Problemfelder. Wir aber möchten, daß Sie, wenn immer dies möglich ist, Details zurückstellen und sich in erster Linie als Angehörige einer biologischen Art betrachten, die eine bemerkenswerte Geschichte hinter sich hat und deren Verschwinden niemand von uns wünschen kann.

Wir werden uns bemühen, kein einziges Wort zu sagen, eine das eine Gruppe mehr als andere anspricht. Wir sind alle gleichermaßen in Gefahr, und wenn diese Gefahr verstanden wird, gibt es auch die Hoffnung, daß sie kollektiv abgewendet werden kann.

Wir müssen lernen, auf neue Weise zu denken. Wir müssen lernen, uns nicht zu fragen, welche Schritte unternommen werden können, um derjenigen Gruppe, die wir bevorzugen, einen militärischen Sieg zu ermöglichen, denn es gibt keine derartigen Schritte mehr. Die Frage, die wir uns stellen müssen, lautet: Welche Schritte können unternommen werden, um eine militärische Auseinandersetzung zu verhindern, deren Ausgang für alle Seiten verheerend sein muß?

Die Öffentlichkeit im allgemeinen und sogar viele Personen in leitenden Positionen haben keine Vorstellung davon, was ein Krieg mit Kernbomben alles mit sich bringen würde. Die Öffentlichkeit denkt nach wie vor an die Zerstörung von Städten. Es ist davon auszugehen, daß die neuen Bomben sehr viel wirksamer als die alten sind. Konnte die A-Bombe Hiroshima auslöschen, so kann eine H-Bombe die größten Städte wie London, New York und Moskau auslöschen.

Ohne Zweifel würden in einem Wasserstoffbombenkrieg große Städte ausgelöscht werden. Aber dies ist nur eine der geringeren Katastrophen, denen man ausgesetzt sein würde. Würde jedermann in London, New York und Moskau ausgerottet, dann könnte sich die Welt selbstverständlich im Verlaufe einiger Jahrhunderte von diesem Schlag erholen. Wir wissen aber jetzt, besonders seit dem Test auf den Bikini-Inseln, daß sich die Zerstörung durch Kernwaffen allmählich über sehr viel größere Gebiete ausbreiten würde, als dies bislang angenommen worden war.

Aufgrund verläßlicher Aussagen ist festzustellen, daß heute Bomben hergestellt werden können, die 2500 mal stärker als die Bombe sind, die Hiroshima zerstört hat. Eine derartige Bombe, wenn sie in der Nähe des Bodens oder unter Wasser zur Explosion gebracht wird, treibt radioaktive Partikel in die oberen Luftschichten. Diese sinken allmählich ab und erreichen die Erdoberfläche in Form tödlichen Staubes oder Regens. Es war solcher Staub, der die japanischen Fischer und ihre Fänge verseucht hat.

Niemand weiß, wie weit derartige tödliche, radioaktive Partikel verstreut werden können, aber die besten Fachleute stimmen in der Aussage überein, daß ein Krieg mit Wasserstoffbomben möglicherweise das Ende der menschlichen Rasse bedeutet. Wenn Wasserstoffbomben zum Einsatz kommen, dann steht zu befürchten, daß es zu weltweitem Sterben kommt – plötzlicher Tod nur für eine Minderheit, für die Mehrzahl hingegen unter langen Qualen durch Erkrankung und Zersetzung.

Zahlreiche Warnungen wurden vom eminenten Persönlichkeiten aus der Wissenschaft und von Fachleuten in militärischer Strategie vorgetragen. Keiner von ihnen kann sagen, daß die schlimmsten Folgen mit Sicherheit eintreten werden. Sie sagen aber, daß diese Folgen möglich sind, und daß niemand sicher sein kann, daß sie nicht eintreten werden. Wir haben bis jetzt keinen Hinweis darauf gefunden, daß die Ansichten von Experten zu dieser Frage in irgendeiner Weise von ihrer politischen Haltung oder von Vorurteilen abhängen. Wir unsere Untersuchungen zeigen, hängen sie nur vom Ausmaß der Kenntnisse des jeweiligen Experten ab. Wir sind zu dem Ergebnis gekommen, daß die Personen, die die besten Kenntnisse haben, auch die düstersten Voraussagen machen.

Hier liegt daher das Problem, das wir Ihnen vorlegen, unverrückbar, grauenhaft, unausweichlich: Sollen wir der menschlichen Rasse ein Ende bereiten oder soll die Menschheit auf Krieg verzichten? Die meisten Menschen werden sich dieser Alternative nicht stellen, weil es so schwierig ist, den Krieg abzuschaffen.

Die Abschaffung des Krieges wird schmerzliche Beschränkungen der nationalen Souveränität erfordern. Was aber das Verständnis der Situation mehr als alles andere behindert, ist der Tatbestand, daß der Begriff „Menschheit" sehr vage und abstrakt erscheint. Die Leute nehmen in ihrer Vorstellung kaum zur Kenntnis, daß die Gefahr sie selbst, ihre Kinder und Enkelkinder betrifft und nicht nur eine umrißhaft erkennbare Menschheit. Sie können nur schwer begreifen, daß sie als Individuum und alle diejenigen, die sie lieben, in der unmittelbaren Gefahr stehen, qualvoll zu sterben. Aus diesem Grunde nehmen sie an, daß es weiterhin Krieg geben kann unter der Voraussetzung, daß die modernen Waffen verboten werden.

Diese Hoffnung ist illusorisch. Welche Übereinkünfte auch immer in Friedenszeiten getroffen worden sein mögen, sie würden in Kriegszeiten nicht länger als bindend betrachtet werden. Folglich würden beide Seiten bei Ausbruch des Krieges damit beginnen, Wasserstoffbomben herzustellen, denn, wenn eine Seite die Bomben herstellen würde, die andere hingegen nicht, so würde die Seite, die sie besitzt, unweigerlich siegreich sein.

Obgleich eine Übereinkunft, auf Kernwaffen als Teil einer allgemeinen Einschränkung der Rüstung zu verzichten, keine endgültige Lösung erbringen dürfte, würde sie doch wichtigen Zielen dienen. Erstens: Jede Übereinkunft zwischen Ost und West ist positiv, insoweit sie dazu beiträgt, Spannungen zu mindern. Zweitens: Die Abschaffung thermo-nuklearer Waffen würde, wenn jede beteiligte Seite überzeugt wäre, daß die andere Seite sie glaubhaft durchführt, die Gefahr eines plötzlichen Angriffes nach der Art von Pearl Harbour verringern, die gegenwärtig auf beiden Seiten einen Zustand nervöser Furcht auslöst. Aus diesem Grunde sollten wir eine solche Übereinkunft begrüßen, jedoch nur als einen ersten Schritt.

Die meisten von uns sind im Verhalten nicht neutral, aber als menschliche Wesen müssen wir uns darauf besinnen, daß, wenn die Probleme zwischen Ost und West auf irgendeine Weise entschieden werden müssen, die irgend jemandem irgendeine Befriedigung bringen kann, ganz gleich ob der kommunistischen oder der anti-kommunistischen Seite, der asiatischen, europäischen oder amerikanischen Seite, Schwarz oder Weiß, dann dürften diese Probleme nicht durch Krieg entschieden werden. Wir möchten uns wünschen, daß dies sowohl im Osten als auch im Westen verstanden wird.

Wenn wir wollen, können wir in einer Zeit andauernden Fortschritts in Glück, Wissen und Weisheit entgegensehen. Sollen wir uns statt dessen für den Tod entscheiden, weil wir unsere Streitereien nicht vergessen können? Wir appellieren als Menschen an alle Menschen: Besinnt Euch auf Eure Menschlichkeit und vergeßt alles andere. Wenn ihr dies könnt, dann liegt der Weg frei zu einem neuen Paradies; wenn ihr es nicht könnt, so liegt vor Euch das Risiko eines globalen Todes.

Resolution

Wir fordern diesen Kongreß und durch ihn die Wissenschaftler der Welt und die Öffentlichkeit im allgemeinen auf, die folgende Resolution zu unterschreiben:

„Angesichts der Tatsache, daß in jedem zukünftigen Weltkrieg mit Sicherheit Kernwaffen eingesetzt werden und daß diese Waffen die fortdauernde Existenz der Menschheit gefährden, fordern wir die Regierungen der Welt auf, zu erkennen und öffentlich zu erklären, daß ihre Ziele nicht durch einen Weltkrieg befördert werden können. Wir fordern sie daher weiter auf, für die Regelung aller zwischen ihnen strittigen Fragen friedliche Mittel zu finden."

Max Born, Perecy W. Bridgman, Albert Einstein, Leopold Infeld, Frédéric Joliot Curie, Herman J. Muller, Linus Pauling, Cecil F. Powell, Joseph Rotblat, Bertrand Russell, Hideki Yukawa.

(veröffentlicht am 09. Juli 1955 in London)

6.7 Göttinger Erklärung der Achtzehn (1957)

Die Pläne einer atomaren Bewaffnung der Bundeswehr erfüllen die unterzeichneten Atomforscher mit tiefer Sorge. Einige von ihnen haben den zuständigen Bundesministern ihre Bedenken schon vor mehreren Monaten mitgeteilt. Heute ist die Debatte über diese Frage allgemein geworden. Die Unterzeichneten fühlen sich daher verpflichtet, öffentlich auf einige Tatsachen hinzuweisen, die alle Fachleute wissen, die aber der Öffentlichkeit noch nicht hinreichend bekannt zu sein scheinen.

1. Taktische Atomwaffen haben die zerstörende Wirkung normalerAtombomben. Als „taktisch" bezeichnet man sie, um auszudrücken, daß sie nicht nur gegen menschliche Siedlungen, sondern auch gegen Truppen im Erdkampf eingesetzt werden sollen. Jede einzelne taktische Atombombe oder -granate hat eine ähnliche Wirkung wie die erste Atombombe, die Hiroshima zerstört hat. Da die taktischen Atomwaffen heute in großer Anzahl vorhanden sind, würde ihre zerstörende Wirkung im ganzen sehr viel größer sein. Als „klein" bezeichnet man diese Bomben nur im Vergleich zur Wirkung der inzwischen entwickelten „strategischen" Bomben, vor allem der Wasserstoffbomben.

2. Für die Entwicklungsmöglichkeit der lebenausrottenden Wirkung der strategischen Atomwaffen ist keine natürliche Grenze bekannt. Heute kann eine taktische Atombombe eine kleinere Stadt zerstören, eine Wasserstoffbombe aber einen Landstrich von der Größe des Ruhrgebiets zeitweilig unbewohnbar machen. Durch Verbreitung von Radioaktivität könnte man mit Wasserstoffbomben die Bevölkerung der Bundesrepublik wahrscheinlich heute schon ausrotten. Wir kennen keine technische Möglichkeit, große Bevölkerungsmengen vor dieser Gefahr sicher zu schützen.

Wir wissen, wir schwer es ist, aus diesen Tatsachen die politischen Konsequenzen zu ziehen. Uns als Nichtpolitikern wird man die Berechtigung dazu abstreiten wollen; unsere Tätigkeit, die der reinen Wissenschaft und ihrer Anwendung gilt und bei der wir viele junge Menschen unserem Gebiet zuführen, belädt uns aber mit einer Verantwortung für die möglichen Folgen dieser Tätigkeit. Deshalb können wir nicht zu allen politischen Fragen schweigen. Wir bekennen uns zur Freiheit, wie sie heute die westliche Welt gegen den Kommunismus vertritt. Wir leugnen nicht, daß die gegenseitige Angst vor den Wasserstoff bomben heute einen wesentlichen Beitrag zur Erhaltung des Friedens in der ganzen Welt und der Freiheit in einem Teil der Welt leistet. Wir halten aber diese Art, den Frieden und die Freiheit zu sichern, auf die Dauer für unzuverlässig, und wir halten die Gefahr im Falle des Versagens für tödlich.

Wir fühlen keine Kompetenz, konkrete Vorschläge für die Politik der Großmächte zu machen. Für ein kleines Land wie die Bundesrepublik glauben wir, daß es sich heute noch am besten schützt und den Weltfrieden noch am ehesten fördert, wenn es ausdrücklich und freiwillig auf den Besitz von Atomwaffen jeder Art verzichtet. Jedenfalls wäre keiner der Unterzeichneten bereit, sich an der Herstellung, der Erprobung oder dem Einsatz von Atomwaffen in irgendeiner Weise zu beteiligen.

Gleichzeitig betonen wir, daß es äußerst wichtig ist, die friedliche Verwendung der Atomenergie mit allen Mitteln zu fördern, und wir wollen an dieser Aufgabe wie bisher mitwirken.

Fritz Bopp, Max Born, Rudolf Fleischmann, Walther Gerlach, Otto Hahn, Otto Haxel, Werner Heisenberg, Hans Kopfermann, Max v. Laue, Heinz Maier-Leibnitz, Josef Mattauch, Friedrich Adolf Paneth, Wolfgang Paul, Wolfgang Riezler, Fritz Strassmann, Wilhelm Walcher, Carl Friedrich Frhr. V. Weizsäcker, Karl Wirtz.

(Erklärung der 18 Atomwissenschaftler vom 12. April 1957)

6.8 Wannsee-Erklärung zur Friedensforschung (1971)

Werdegang der kritischen Friedensforschung

Die Friedensforschung in der BRD hat, noch bevor sie ihr Selbstverständnis ausformuliert hatte, die offizielle Förderung des Staatsoberhauptes und der Regierung erfahren. Einerseits erwartet der Bundespräsident von ihr Wege zu „neuen Ordnungen und neuen Gewohnheiten, neuen Spielregeln und neuen Verhaltensweisen", andererseits versucht der Verteidigungsminister sie auf die traditionellen strategischen Studien festzulegen, „den Frieden durch ständiges Erneuern des Gleichgewichts zwischen möglichen Feinden zu bewahren..."

Die historische Friedensbewegung und die moderne Friedensforschung sind in der Opposition zu Regierungen entstanden, die von sich behaupteten, Friedenspolitik zu betreiben, und dabei nach dem Satz „Willst Du den Frieden, rüste zum Krieg!" Kriegsstrukturen perpetuierten. In der Zeit nach dem Zweiten Weltkrieg sah die Friedensforschung ihre vornehmliche Aufgabe darin, die Folgen eines Dritten Weltkrieges und insbesondere des Einsatzes nuklearer Waffen darzustellen sowie Wege zum Abbau internationaler Spannungen und zur Steuerung offener Krisen zu finden.

Unter dem Eindruck der steigenden sozialen Kosten wechselseitiger Abschreckungspolitik, der sich verschärfenden Konfrontation zwischen „unterentwickelten" und „entwickelten" Ländern und der Eskalation sozialer Konflikte in Industrienationen bildete sich in der Friedensforschung bald eine kritische Richtung heraus, die die Harmonie-, Symmetrie- und Neutralitätsprämissen der Konfliktkontrollforschung genauso in Frage zu stellen begann wie deren Hoffnung auf eine Selbstverwandlung von crisis management in eine positive Friedensstrategie. Von politischen Erfahrungen in den vergangenen Jahren bestärkt, erkannte diese Kritik die zentrale Bedeutung von sozio-ökonomischen Konfliktfaktoren für eine politisch relevante Friedensordnung. In diesem Zusammenhang haben neuere Untersuchungen tiefgreifende gesellschaftliche Veränderungen, die Durchsetzung sozialer Gerechtigkeit und materieller Demokratie, als Voraussetzung für eine internationale Friedensordnung ausgewiesen.

Kritische Friedensforscher lehnen eine am Status quo orientierte Befriedungsforschung ab. Indem sie helfen, politische Apathie zu überwinden, die Fixierung auf Freund-Feind-Bilder abzubauen sowie verdeckte oder ideologisch verschleierte gesellschaftliche Konffikte bewuBt zu machen, tragen sie dazu bei, emanzipatorische Lernprozesse in Gang zu setzen und eine nicht manipulierbare, politisch handlungsfähige Öffentlichkeit herzustellen.

Kritische Friedensforscher begreifen sich als wissenschaftliche Parteigänger von Menschen, die durch die ungleiche Verteilung sozialer und ökonomischer Lebenschancen in und zwischen Nationen (d.h. durch strukturelle Gewalt) betroffen sind: von Ausgebeuteten, von sozial Diskriminierten und von unmittelbar in ihrer physischen Existenz Bedrohten.

Erkenntnisinteresse

Friedensforschung ist Forschung über Ursachen und Bedingungen von Gewaltanwendung. Sie fragt nach den Möglichkeiten und Grenzen friedfertigen Konfliktverhaltens. Ihre Forschungsstrategie, die die strukturelle Dimension kollektiver Gewalt berücksichtigen muß, ist auf die Verminderung organisierter Gewaltpotentiale sowie kollektiver und individueller Gewaltanwendung gerichtet. In der Diskussion über geeignete Methoden zur Überwindung von Gewaltsituationen wurde in der kritischen Friedensforschung eine grundsätzliche Problematik sichtbar. Eine Konzeption geht von der Hypothese aus, daß sich personale und strukturelle Gewalt überwinden läßt, indem durch gewaltfreie Aktionen Macht von unten entwickelt wird. Die andere Konzeption lehnt eine instrumentell verstandene Gegengewalt nicht grundsätzlich ab; sie geht von der Hypothese aus, daß unter bestimmten gesellschaftlichen Bedingungen politische Systeme es sozial diskriminierten Gruppen unmöglich machen, anders als in gewaltsamer Selbstäußerung ihre Interessen zu artikulieren und politisch durchzusetzen.

Während die herkömmliche Friedensforschung sich bisher der Diskussion des hier angesprochenen Problems durch die ideologische Fixierung auf einen *law and order*-Standpunkt entzogen hat, wird es in der kritischen Friedensforschung als ein sowohl wissenschaftliches wie praktisches Problem mit allen Konsequenzen gesehen und offen zur Diskussion gestellt.

Kriterien für Forschungsprogramme

Zu den vorrangigen Forschungsaufgaben der kommenden Jahre gehört die Analyse von Rüstungsdynamik, von Imperialismus und von Aggressionspotentialen auf Grund systemspezifischer Arbeits- und Sozialisationsbedingungen sowie die Entwicklung von Praxeologien. Zu diesen wären vor allem praktische Handlungsprogramme zu zählen, die systemübergreifende Lernprozesse, gleichviel auf welchen Ebenen, in Gang setzen sollen. Der politischen Bildungsarbeit und dem Lernen in politischer Aktion kommt hier eine besondere Bedeutung zu.

Für den Erfolg solcher analytischen und praxeologischen Forschungsprogramme ist entscheidend, daß die genannten zentralen Problembereiche mit Hilfe von Ideologiekritik und Kritik politischer Ökonomie analysiert werden und daß hieran anschließend langfristige Handlungskonzepte entwickelt werden, die ihrerseits in kurzfristige, auch auf spezifisch tagespolitische Erfordernisse abzielende Handlungsprogramme übersetzbar sind.

Ohne eine derart strukturierte Forschungsstrategie läßt sich das erkenntnisleitende Interesse der Friedensforschung, an der Schaffung der gesellschaftlichen Bedingungen des Friedens mitzuarbeiten, nicht verwirklichen.

Umsetzung von Ergebnissen kritischer Friedensforschung

Friedensforschung muß, um relevant zu sein, einen praktischen Bezug und soziale Träger finden. Diese Aufgabe besteht vor allem darin, Forschungsstrategie und Handlungsprogramme in kontinuierlicher Vermittlung mit der gesellschaftlichen Wirklichkeit, in der sie sich entfalten, zu bestimmen.

Für Friedensforschung und soziale Träger ist es wichtig, Herrschaftsverhältnisse zu berücksichtigen, um gegen den Widerstand von Herrschenden praktische Programme durchsetzen zu können. Dies gilt vor allem auch im Hinblick auf jene Situationen, in denen sich neu bildende Machtkonstellationen noch nicht verfestigt haben (z.B. bei übernationalen und transnationalen Zusammenschlüssen).

Soll verhindert werden, daß Friedensforschung als eine akademische Disziplin sich abkapselt, muß die enge Wechselwirkung zwischen Theorie und Praxis, vermittelt über gemeinsame Lernprozesse von Wissenschaft und sozialen Trägern, ständig kritisch reflektiert werden. In diesem Zusammenhang ist darauf zu bestehen, daß vor allem auch solche Projekte der Friedensforschung gefördert werden, die derartige Vermittlungsprozesse untersuchen und ihre praktische Durchführung vorantreiben.

Der Erfolg einer kritischen Friedensforschung in der BRD wird von ihrer Kooperation mit gleichartigen Ansätzen und Bewegungen im internationalen Bereich abhängen. Auf nationaler Ebene wird entscheidend sein, daß die wissenschaftsorganisatorischen Voraussetzungen für eine Schwerpunktbildung im Sinne kritischer Friedensforschung an den Universitäten – auch unter dem Gesichtspunkt der Integration des gesamten Bildungsbereiches – geschaffen werden.

(verabschiedet am 24./25. April 1971 in Berlin-Wannsee)

6.9 Die Erklärung von Sevilla (1986)

Wir halten es für unsere Pflicht, uns aus der Sicht unserer verschiedenen wissenschaftlichen Fachrichtungen mit der gefährlichsten und zerstörerischsten Aktivität des Menschen zu befassen: mit Krieg und Gewalt.

Wir wissen, daß Wissenschaft ein Produkt des Menschen ist, und deshalb weder letztgültige noch umfassende Wahrheiten formulieren kann.

Wir danken der Stadt Sevilla und der spanischen Unesco-Kommission für die Unterstützung unseres Treffens von Wissenschaftlern aus aller Welt, die sich mit dem Thema Krieg und Gewalt befassen. Unsere Meinung haben wir in der nachstehenden „Erklärung zur Gewaltfrage" formuliert. Wir wenden uns gegen den Mißbrauch von Ergebnissen biologischer Forschung zur Legitimation von Krieg und Gewalt. Einige dieser Forschungsergebnisse, die wir als solche nicht bestreiten, haben zur Schaffung einer pessimistischen Stimmung in der öffentlichen Meinung beigetragen. Wir glauben, daß die öffentliche und gut begründete Zurückweisung falscher Interpretationen von Forschungsergebnissen einen wirksamen Beitrag zum Internationalen Friedensjahr 1986 und zu künftigen Friedensbemühungen leisten kann.

Der Mißbrauch wissenschaftlicher Theorien und Forschungsergebnisse zur Rechtfertigung von Gewalt ist nicht neu: er begleitet die gesamte Geschichte der modernen Wissenschaften. So wurde beispielsweise die Evolutionstheorie herangezogen zur Legitimation von Krieg, Völkermord, Kolonialismus und Unterdrückung der Schwächeren.

Unsere Position ist in fünf Thesen formuliert. Wir sind uns dessen bewußt, daB vom Standpunkt unserer wissenschaftlichen Fachrichtungen aus noch weit mehr zur Frage von Krieg und Gewalt zu sagen wäre. Wir beschränken uns jedoch auf fünf Kernaussagen, die wir für einen wichtigen ersten Schritt (zur Erarbeitung einer umfassenden wissenschaftlichen Position) halten:

1. Verhaltensforschung (Ethologie)

Wissenschaftlich nicht haltbar ist die Annahme, der Mensch habe das Kriegführen von seinen tierischen Vorfahren geerbt. Zwar gibt es Kampf im ganzen Tierreich; doch gibt es nur einige wenige Berichte von Kämpfen zwischen organisierten Gruppen von Tieren, und in keinem von ihnen ist die Rede vom Gebrauch von Waffen. Die normalen Verhaltensweisen von Raubtieren haben nichts zu tun mit Gewalt innerhalb derselben Spezies (Gattung). Kriegführung ist ein spezifisch menschliches Phänomen, das sich bei anderen Lebewesen nicht findet.

Die Tatsache, daß sich die Kriegführung im Laufe der Geschichte so radikal verändert hat, zeigt, daß Kriege Produkte kultureller Entwicklung sind. Biologisch hat Krieg mit Sprache zu tun, die es möglich macht, Gruppen zu koordinieren, Technologien zu vermitteln und Werkzeuge zu gebrauchen. Aus der Sicht der Verhaltensforschung und Biologie sind Kriege möglich, aber nicht unausweichlich, wie ihre unterschiedlichen Formen in verschiedenen Epochen und Regionen zeigen. Es gibt sowohl Kulturen, in denen über Jahrhunderte Krieg geführt wurde, als auch solche, die zu bestimmten Zeiten regelmäßig Kriege geführt haben, zu anderen wieder nicht.

2. Biogenetik (biologische Vererbungsforschung)

Wissenschaftlich nicht haltbar ist die Annahme, Krieg oder anderes gewalttätiges Verhalten sei beim Menschen genetisch vorprogrammiert. Gene sind beteiligt an allen Funktionen unseres Nervensystems; sie stellen ein Entwicklungspotential dar, das nur in Verbindung mit seinem ökologischen und sozialen Umfeld realisiert werden kann. Individuen haben sehr unterschiedliche genetischte Vorgaben, mit denen sie ihre Erfahrungen machen; es ist die Wechselwirkung zwischen der genetischen Ausstattung des Menschen und seiner Umwelt, in der sich die Persönlichkeit ausbildet. Abgesehen von seltenen krankhaften Fällen gibt es keine zwanghafte genetische Prädisposition für Gewalt; für das Gegenteil (die Gewaltlosigkeit) gilt dasselbe. Alle Gene gemeinsam sind bei der Entwicklung unserer Verhaltensmuster und -möglichkeiten beteiligt; doch determinieren sie allein noch nicht das Ergebnis.

3. Evolutionsforschung

Wissenschaftlich nicht haltbar ist die Annahme, im La.uf der menschlichen Evolution habe sich aggressives Verhalten gegenüber anderen Verhaltensweisen durchgesetzt. In allen Gattungen von Lebewesen, die man erforscht hat, wird die Position innerhalb einer Gruppe durch die Fähigkeit zur Kooperation und zur Bewältigung der für die Gruppe wichtigen sozialen Aufgaben erworben. „Herrschaft" setzt soziale Bindungen und Vereinbarungen voraus: auch wo sie sich auf aggressives Verhalten stützt, ist sie nicht eufach gebunden an den Besitz und Gebrauch überlegener physischer Kraft. Überall dort, wo bei Tieren künstlich die Selektion aggressiven Verhaltens gefördert wurde, führte das sehr schnell zu hyper-aggressiven Verhaltensweisen der Individuen.

Das ist ein Beleg dafür, daB Aggression unter natürlichen Bedingungen nicht das einzig evolutionäre Selektionsmerkmal ist. Wenn man solche im Experiment geschaffenen hyper-aggressiven Tiere in eine soziale Gruppe einführt, zerstören sie entweder deren soziale Struktur oder sie werden verjagt. Gewalt ist weder ein Teil unseres evolutionären Erbes noch in unseren Genen festgelegt.

4. Neurophysiologie (z.B. Erforschung der Hirnfunktionen)

Wissenschaftlich nicht haltbar ist die Annahme, das menschliche Gehirn sei „gewalttätig". Zwar enthält es alte Funktionen, die zur Anwendung von Gewalt benötigt werden; doch werden diese nicht automatisch durch innere oder äußere Reize aktiviert. Anders als andere Lebewesen, aber durchaus ähnlich den höheren Primaten, werden solche Reize beim Menschen zuerst durch die höheren Hirnfunktionen gefiltert, bevor sie Handlungen auslösen. Unser Verhalten ist geformt durch die Erfahrung in unserer Umwelt und im Verlauf unserer Sozialisation. Nichts in der Neurophysiologie des Menschen zwingt zu gewalttätigen Reaktionen.

5. Psychologie

Wissenschaftlich nicht haltbar ist die Annahme, Krieg sei verursacht durch einen „Trieb" oder „Instinkt" oder irgendein anderes einzelnes Motiv. Die Geschichte der modernen Kriegführung kennt sowohl den Vorrang emotionaler Faktoren, die manche „Triebe" oder „Instinkte" nennen, als auch rationaler Überlegungen.

Kriege basieren heute auf einer Vielzahl von Faktoren: der systematischen Nutzung individueller Eigenschaften wie Gehorsam, Suggestion und Idealismus, sozialer Fähigkeiten wie der Sprache und rationaler Überlegungen von Kosten-Nutzen-Rechnungen, Planung und Informationsverarbeitung. Die Technologie der modernen Kriegführung hat besonderes Gewicht gelegt auf die Förderung „gewalttätiger" Persönlichkeitsmerkmale sowohl bei der Ausbildung von Kampftruppen als auch beim Werben um die Unterstützung der Bevölkerung. So kommt es, daß solche Verhaltensmerkmale oft fälschlicherweise als Ursachen und nicht als Folgen des gesamten Prozesses angesehen werden.

Schlußfolgerungen

Wir ziehen aus allen diesen Feststellungen einen Schluß: Biologisch gesehen ist die Menschheit nicht zum Krieg verdammt: sie kann von falsch verstandenem biologischem Pessimismus befreit und in die Lage versetzt werden, mit Selbstvertrauen im Internationalen Friedensjahr 1986 und in den kommenden Jahren an die notwendige Umgestaltung der Verhältnisse zu gehen. Zwar hat es diese Aufgabe vorwiegend mit der Umgestaltung von Institutionen und des Verhaltens der Gemeinschaft zu tun; doch stützt sie sich auch auf das Bewußtsein der einzelnen Akteure, das entweder von Pessimismus oder von Optimismus gesteuert sein kann. Ebenso wie „Kriege im Geiste des Menschen entstehen", so entsteht auch der Frieden in unserem Denken. Dieselbe Spezies, die den Krieg erfunden hat, kann auch den Frieden erfinden. Jeder von uns ist dafür verantwortlich.

(verabschiedet am 16. Mai 1986)

6.10 Erklärung von Talloires über die Verantwortung der Universitäten im nuklearen Zeitalter (1988)

Wir, die Präsidenten/Rektoren von 45 Universitäten aus allen Regionen und verschiedenen Kulturen der Welt, haben uns vom 12. bis 16. September 1988 in *Talloires**, Frankreich, versammelt, weil wir glauben, daß die Universitäten der Welt eine tiefgreifende moralische Verantwortung dafür tragen, daß das Verständnis der schrecklichen Risiken des nuklearen Zeitalters gesteigert und diese Risiken gemindert werden können. Von unseren Gesellschaften beauftragt, sind wir als Erzieher verpflichtet, den Studenten auf das Leben vorzubereiten, den globalen Tod abzuwenden.

In einer Welt, die von Krieg, Hunger, Ungerechtigkeit und Leiden überzogen ist, glauben wir daran, daß Universitäten das Leben durch die Schaffung und Weitergabe von Wissen nähren. Wir haben an der Förderung von Forschungs- und Lehrprogrammen teil, die unser Allgemeinverständnis über Konfliktursachen und deren Regelung, über die Beziehung zwischen Frieden und Fortschritt sowie über die Ursachen von Ungerechtigkeit und Hunger vermehren sollen. Auf diese Weise können wir unserer Verantwortung, jene Männer und Frauen auszubilden, die unsere Gesellschaften in das 21. Jahrhundert führen werden, besser nachkommen.

Obwohl Unterschiede in regionalen Perspektiven und akademischen Traditionen notwendigerweise eine Mannigfaltigkeit in Lehre und Forschung bewirken, streben wir eine allgemeine Verständlichkeit unserer Lehrprogramme an. Wir hoffen, daß die sechzig Millionen Studierenden und zwei Millionen Lehrenden, die sich weltweit mit höherer Ausbildung beschäftigen, sich diesen Bemühungen anschließen. Um dieses Ziel zu erreichen, erkennen wir die Bedeutung der nachstehenden lokalen, regionalen und globalen Maßnahmen;

1. Sprache, Geschichte, Kultur und Methoden der Friedensstiftung müssen integrale Bestandteile der von uns gelehrten Fächer sein. Frieden muß als Konzept in der Phantasie, im Intellekt und im Leben unserer StudentInnen einen festen Bestand haben.
2. Forschung und Lehre sollen in diesem Bereich Beiträge aus zahlreichen Wissensgebieten zusammenführen, und zwar einschließlich der Naturwissenschaften, der Humanwissenschaften, der Medizin, der Sozialwissenschaften, der Philosophie, der Theologie und des Rechts. Wir wissen zu würdigen, daß zahlreiche Universitäten beschlossen haben, nur solche Forschung zu betreiben, die auch veröffentlicht wird. Wir ermutigen dieses Verhalten.

---

* Das Schloß in *Talloires* hat die französische Regierung dem Präsidenten der amerikanischen Tufts University, Jean Mayer, für seine Verdienste in der Resistance zur Verfügung gestellt. Jean Mayer wiederum hat das Gelände für internationale Tagungen und Seminare der Tufts Univerity übergeben.

3. Universitäten sollten die Entwicklung von Lehrveranstaltungen und Forschungsvorhaben zu Fragen der Rüstungskontrolle, der Verhandlungstechnik und Konfliktbearbeitung, des Friedens und der Entwicklung und damit zusammenhängenden Themen fördern und zugleich Sorge tragen, daß Lehrende und WissenschaftlerInnen fortgebildet werden, die bereit sind, diese Themen in ihre regulären Lehrveranstaltungen einzubringen.
4. Indem Universitäten mit aller Kraft entsprechende regionale wissenschaftliche Vereinigungen unterstützen, sollten sie die Entwicklung und den Aufbau von regionalen Zentren fördern, die zur Forschungsorganisation, zum Informations- und Lehrplanaustausch sowie zur Gründung neuer Fakultäten auf den Gebieten beitragen, denen unsere Sorge gilt.
5. Um die globale Wirkung solcher lokalen und regionalen Programme zu optimieren, sollten die Universitäten ein internationales Informationszentrum und Kommunikationskonsortium planen und aufbauen. Eine solche Einrichtung kann den Informationsaustausch fördern, Kommunikation auf der Basis preisgünstiger Technologie bereitstellen, besseren Zugang zu Computernetzwerken anbieten, Einweg- und Zweiwege-Fernsehverbindungen zwischen Hörsälen in vielen Teilen der Welt ermöglichen und auf diese Weise einen regelrechten „globalen Hörsaal" schaffen.
6. Zur Unterstützung solcher lokalen und regionalen Initiativen haben wir, die in Talloires versammelten Präsidenten/Rektoren, eine Koordinierungsstelle in Gestalt eines Lenkungsausschusses und eines ständigen Sekretariats eingerichtet[**].

Unterzeichnet von den Präsidenten/Rektoren bzw. deren Beauftragten folgender Universitäten:

Tufts University, Universität Tunis, Universität Ibadan, Chulalongkorn Universität, Universität Kalkutta, Universität Novosibirsk, Dartmouth College, Universität Mexiko, Massachusetts Institute of Technology, Universität von Pennsylvania, Amerikanische Universität Beirut, Notre Dame Universität, Universität Uppsala, Universität Vilnius, Universität Madrid, Hokkaido Tokai Universität, Tokai Educational System, Universität Kaliningrad, Belgrano Universität; Universität Delhi, Luftfahrtinstitut Moskau, Universität von Ghana, Universität von Santa Catarina, La Trobe Universität, Hampshire College, Universität Campinas-Unicamp, Universität von Britrish Colmnbia, Universität der Vereinten Nationen, Humanwissenschaftliche Universität Straßburg, Katholische Universität Our Lady of the Assumption; Friedensuniversität Costa Rica, Polytechnisches Institut Tscheljabinsk Fudan Universität.

(verabschiedet am 16. Mai 1986)
(Übersetzung Torsten Janfeld urrd Hannspeter Seeber, Münster)

** Das Sekretariat hat zur Zeit seinen Sitz am Department of Peace and Conflict Research der Universität Uppsala, Schweden.

Zitierte AutorInnen und weiterführende Literatur

AFB-Info: hg. zweimal jährlich in Deutsch und Englisch von der Arbeitsstelle Friedensforschung Bonn, Bonn.

AFB-Texte: hg. in unregelmäßiger Folge von der Arbeitsstelle Friedensforschung Bonn, Bonn.

AFK-Jahrbücher (seit 1971), Schriftenreihe der Arbeitsgemeinschaft für Friedens- und Konfliktforschung (AFK), z.Z. Hamburg.

Altheim, Franz 1962: Das alte Iran, in: *Mann*, Golo/*Heuss*, Alfred (Hg.): Propyläen Weltgeschichte, Bd. 2, Frankfurt am Main und Berlin, S. 137–235.

Angell, Norman, 1913: The Great Illusion, 4. Aufl., New York.

Arend, Ingo 1985: Deutsche Gesellschaft für Friedens- und Konfliktforschung. Genesis, Programmatik, Scheitern. Ein Literaturbericht, Magisterarbeit, Bonn.

Ders. 1989: Friedensforschung in der BRD, in: Wissenschaft und Frieden Jg. 89, H. 2-3, hg. vom Internationalen Institut für den Frieden, Wien, S. 91-113.

Ariès, Philippe/*Duby*, Georges (Hg.) 1985: Geschichte des privaten Lebens, 5. Bde., Frankfurt am Main.

Aristoteles 1989: Politik (Politika), hg. von. *Schwarz*, Franz F., Stuttgart.

Arndt, Hans-Joachim 1981: Die staatlich geförderte Friedens- und Konfliktforschung in der Bundesrepublik Deutschland 1970 bis 1979, Bayerische Staatskanzlei, München.

Augustinus, Aurelius 1955: Vom Gottesstaat (De civitate Dei), herausgegeben und übersetzt von *Thimme*, Wilhelm, 2 Bde., Zürich/Chur.

Bacon, Francis 1982: Neu-Atlantis, Stuttgart

Bächler, Günther 1988: Friedensfähigkeit von Demokratien, Demokratisierung der Sicherheitspolitik und strukturelle Angriffsunfähigkeit, in: Hamburger Beiträge zur Friedensforschung und Sicherheitspolitik, H. 29, Hamburg.

Baer, Frank 1988: Die Brücke von Alcántara, (Taschenbuchausgabe 1996), München.

Bahr, Hans-Ekkehart 1972: Politisierung des Alltags. Gesellschaftliche Bedingungen des Friedens, Darmstadt/Neuwied.

Batscheider, Tordis 1993: Friedensforschung und Geschlechterverhältnis: Zur Begründung feministischer Fragestellungen in der kritischen Friedensforschung, *Schriftenreihe Wissenschaft und Frieden*, Marburg.

Beck, Ulrich, 1986: Risikogesellschaft, Frankfurt/M.

Beestermöller, Gerhard 1990: Thomas von Aquin und der gerechte Krieg. Friedensethik im theologischen Kontext der Summa Theologiae, Köln.

Beham, Mira 1996: Kriegstrommeln. Medien, Krieg und Politik, München.

Behringer, Wolfgang 2000: Hexen. Glaube, Verfolgung, Vermarktung, München.

Bengtson, Hermann 1965: Griechische Geschichte von den Anfängen bis in die römische Kaiserzeit, München.

Benz, Wolfgang (Hg.) 1988: Pazifismus in Deutschland. Dokumente zur Friedensbewegung 1890-1939, Frankfurt am Main.
Bercovitch, Jacob/*Rubin*, Jeffrey Z. (Hg.) 1992: Mediation in International Relations. Multiple Approaches to Conflict Management, London.
Beutin, Wolfgang 1996: Zur Geschichte des Friedensgedankens seit Immanuel Kant, Hamburg.
Bevölkerungs-Ploetz siehe *Kirsten*.
BICC 1998: conversion survey 1998. Global Disarmament, Defence Industry, Consolidation and Conversion, Oxford.
Birckenbach, Hanne-Margret 1990: Friedensforschung und ihre feministischen Ansätze: Möglichkeiten der Integration. *Afb-Texte* , Bonn.
Birckenbach, Hanne-Margret/*Jäger*, Uli/*Wellmann*, Christian (Hg.) 1996: Jahrbuch Frieden 1997, München.
Birnbaum, Karl 1986: Das Problem des Vertrauens in den Ost-West-Beziehungen, in: *Brauch*, Hans Günther (Hg.), Vertrauensbildende Maßnahmen und Europäische Abrüstungskonferenz. Analysen, Dokumente und Vorschläge, Gerlingen, S. 67ff.
Bodendiek, Frank 1999: Walther Schücking und Hans Wehberg – Pazifistische Völkerrechtslehre in der ersten Hälfte des 20. Jahrhunderts, in: *Die Friedens-Warte* 1999, Bd. 74, Heft 1-2, Berlin, S. 39-78.
Bonacker, Thorsten 1996: Konflikttheorien. Eine sozialwissenschaftliche Einführung mit Quellen, Opladen.
Borst, Arno 1995: Lebensformen im Mittelalter, Berlin.
Boulding, Elise/*Brigagao*, Clovis/*Clements*, Kevin (Hg.) 1991: Peace Culture & Society – Transnational Research and Dialogue, Boulder, Col.
Boulding, Kenneth 1945: The Economics of Peace, New York.
Ders. 1946: Friedenswirtschaft, Bern.
Ders. 1977: Möglichkeiten und Grenzen interdisziplinärer Friedensforschung, in: international social science journal, Jg. 29, H. 4, Paris.
Ders. 1989: A Proposal for a Research Program in the History of Peace, in: Peace & Change, Jg. 14, H. 4, New York 1989, S. 461-469.
Bouthoul, Gaston 1951: Les guerres: Elements de polémologie, Paris
Ders. 1970: Kollektive Aggressivität und Massenkomplex, in: *Schatz*, Oskar (Hg.), Der Friede im nuklearen Zeitalter, München, S. 161-171.
Brandt, Willy (Leitung) 1980: Das Überleben sichern. Gemeinsame Interessen der Industrie- und Entwicklungsländer, Köln.
Brauch, Hans Günther (Hg.) 1986: Vertrauensbildende Maßnahmen und Europäische Abrüstungskonferenz. Analysen, Dokumente und Vorschläge, Gerlingen.
Brock, Lothar 1990: „Frieden“. Überlegungen zur Theoriebildung, in: Politische Vierteljahresschrift, Sonderheft 21, Opladen.
Brundtland, Gro Harlem (Leitung), 1987: Unsere gemeinsame Zukunft, Greven.
Buchheim, Hans: 1981: Aurelius Augustinus‘ Friedensbegriff als Konzept einer modernen Theorie des Friedens. In: *Kroneck*, Friedrich J./*Oppermann*, Thomas (Hg.), Im Dienste Deutschlands und des Rechtes, Festschrift für Wihelm G. Grewe, Baden Baden, S. 425ff.
Buddha, Reden des, Einleitung *Glasenapp*, Hellmuth von, 1957, Stuttgart.
Burton, John W. 1962: Peace Theory. Proconditions of Disarmament, New York (die Schreibweise Proconditions ist eine Wortschöpfung Burtons, um die positiven – pro – Aspekte der Abrüstung zu verdeutlichen).
Ders. 1969: Conflict and Communication. The Use of Controlled Communications in International Relations, New York und London.
Ders. 1986: History of Conflict Resolution, in: *World Encyclopedia of Peace*, Oxford und New York, S. 174-179.
Ders. 1990: Conflict: Resolution and Prevention, London.

Calliess, Jörg (Hg.) 1997: Wodurch und wie konstituiert sich Frieden? Das zivilisatorische Hexagon auf dem Prüfstand. *Loccumer Protokolle* 74/96, Rehburg-Loccum.
Campanella, Tomaso 1996, in: *Heinisch*, Klaus J. (Hg.), Der utopische Staat, Reinbek.
Castel de Saint-Pierre siehe *Saint-Pierre*
Ceadel, Martin 1980: Pacifism in Britain 1914 – 1945. The Defining of Faith, Oxford.
Ders. 1987: Thinking about Peace and War, Oxford and New York, 1987.Oxford
Clausewitz, Carl von 1991: Vom Kriege, in: „Hinterlassene Werke über Krieg und Kriegführung", 10 Bde.; Posthum veröffentlicht, Berlin 1832-37; zitierte Ausgabe: Vom Kriege, 19. Aufl., Bonn.
Conetta, Carl (Hg.) 1988, Peace Resource Book. A Comprehensive Guide to the Issues, Organizations, and Literature, Cambridge, Massachussetts.
Coser, Lewis 1962: Theorie des Konflikts, Neuwied.
Crespi, Gabriele 1992: Die Araber in Europa, Stuttgart und Zürich.
Creveld, Martin van 1998: Die Zukunft des Krieges, München. Originalausgabe 1991: The Transformation of Wars, New York.
Czempiel, Ernst-Otto, 1972: Schwerpunkte und Ziele der Friedensforschung, Mainz und München.
Ders. 1981: Internationale Politik, Paderborn.
Ders. 1986: Friedensstrategien. Systemwandel durch Internationale Organisationen, Demokratisierung und Wirtschaft, Freiburg.
Ders. 1988: Der Friede – sein Begriff, seine Strategien. Individuelle „Existenzerhaltung" ist ein Grundwert, in: Beiträge zur Konfliktforschung, Jg. 18, H. 4, Köln, S. 5-16.
Czempiel, Ernst-Otto/*Link*, Werner (Hg.) 1984: Interventionsproblematik, Kehl und Straßburg.
Delbrück, Jost (Hg.) 1984: Friedensdokumente aus fünf Jahrhunderten, 2 Bde., Kehl und Straßburg.
Dencik, Lars 1981: Plädoyer für eine revolutionäre Friedensforschung, in: *Senghaas (Hg.) 1981*, Frankfurt am Main, S. 247-270.
Deschner, Karlheinz 1996: Kriminalgeschichte des Christentums – Die Frühzeit, Reinbek bei Hamburg.
Ders. 1997: Kriminalgeschichte des Christentums – 9. und 10. Jahrhundert, Reinbek bei Hamburg.
Deutsch, Karl W. 1968: Die Analyse internationaler Beziehungen. Konzeption und Probleme der Friedensforschung, Frankfurt am Main.
Ders. 1970: Politische Kybernetik, 2. Aufl., Freiburg.
Deutsch, Karl W./*Senghaas*, Dieter *1981:* Die brüchige Vernunft von Staaten, in: *Senghaas (Hg.) 1981*, Frankfurt am Main, S. 105-163.
Deutsche Gesellschaft für Friedens- und Konfliktforschung 1981: Stellungnahmen zu dem von der Bayerischen Staatsregierung in Auftrag gegebenen Gutachten über die Förderungstätigkeit der DGFK. Materialien zum Austritt der Länder Baden-Württemberg und Schleswig-Holstein aus der DGFK, Bonn.
Dies. 1983a: Dokumentation zur Tätigkeit der DGFK 1970-1983, Bonn.
Dies. 1983b: DGFK-Jahrbuch 1982/83. Zur Lage Europas im globalen Spannungsfeld, Baden-Baden.
DGFK-Mitteilungen 1971-1983, hg. von der Deutschen Gesellschaft für Friedens- und Konfliktforschung, Bonn.
Diessenbacher, Hartmut 1998: Kriege der Zukunft. Die Bevölkerungsexplosion gefährdet den Frieden, München.
Dietze, Anita/*Dietze*, Walter (Hg.) 1989: Ewiger Friede? Dokumente einer deutschen Diskussion um 1800, Leipzig und Weimar.
Dominikowski, Thomas 1991: Frieden lehren?! Über Friedenslehre und Curricula der Friedenswissenschaft an Hochschulen, *Afb-Texte* Bonn.

Dominikowski, Thomas/*Mehl* Regine (Hg.) 1994: Dem Humanismus verpflichtet. Zur Aktualität pazifistischen Engagements, Münster.

Drewermann, Eugen 1984: Der Krieg und das Christentum, Von der Ohnmacht und Notwendigkeit des Religiösen, Regensburg.

Dschuang Dsi 1972: Südliches Blütenland, Köln-Düsseldorf.

Dülffer, Jost 1999: Die Haager Friedenskonferenzen von 1899 und 1907 im internationalen Staatensystem, in: Die Friedens-Warte, Jg. 74 (erstmalig erschienen 1899), H. 1-2, Berlin, S. 98-112.

Dülffer Jost/*Kröger*, Martin/*Wippich*, Rolf-Harald 1997: Vermiedene Kriege. Deeskalation von Konflikten der Großmächte zwischen Krimkrieg und Erstem Weltkrieg (1856-1914), München.

Easton, David 1965: A System's Analysis of Political Life, Inglewood Cliffs.

Eberwein, Wolf-Dieter/*Reichel*, Peter 1976: Friedens- und Konfliktforschung. Eine Einführung, München

Edwards, Mike 2000: Die Induskultur, in: National Geographic Deutschland, Hamburg, S. 164-190.

Efinger, Manfred/*Rittberger*, Volker u.a. *1990:* Internationale Regime und internationale Politik, in: Politische Vierteljahresschrift Sonderheft 21, Opladen, S. 263-285.

Ehrhardt, Arnold A.T. 1959: Politische Metaphysik von Solon bis Augustin, Bd. I, Die Gottesstadt der Griechen und Römer, Tübingen

Eibl-Eibesfeldt, Irenäus 1988: Aggression – Doch der Wille zum Frieden entspricht ebenfalls unserer biologischen Motivationsstruktur, in: Beiträge zur Konfliktforschung Jg. 18, H. 4, Köln, S. 17-35.

Einstein siehe *Nathan/Norden*

Elias, Norbert 1976: Über den Prozeß der Zivilisation, 2 Bde., 14. Auflage 1989, Frankfurt am Main.

Engels siehe *Marx*

Etzioni, Amitai 1964: Winning without War, New York. Deutsche Übersetzung 1965: Siegen ohne Krieg, Düsseldorf.

Ders. 1970: Das Kennedy Experiment, in: *Krippendorff* 1970, Köln/Berlin, S. 393-412. Erstveröffentlichung in: *atomzeitalter Jg. 66, H. 3.*

Falk, Richard 1991: International Law in a Fragmented World: The Challenge of New Issues and New Actors, in: *Väyrynen*, Raimo (Hg.), New Directions in Conflict Theory, Conflict Resolution and Conflict Transformation, London.

Falk, Richard/*Mendlovitz*, Saul A. (Hg.) 1966: The Strategy of World Order, 6 Vols., I. Toward a Theory of War Prevention, II: International Law, III: The United Nations, IV: Disarmament and Economic Development, V: Regionalism and World Order, VI: The Role of Individual and World Order, New York.

Feger, Huber 1964: Neobehavioristische Konfliktforschung, in: Archiv für die gesamte Psychologie, H. 116, S. 424-449.

Ferdowsi, Mir A. 1981: Der positive Frieden. Johan Galtung: Ansätze und Theorien des Friedens, München.

Fetscher, Iring 1977: Strukturelle Gewalt. Entstehung, Bedeutung und Funktion eines sozialwissenschaftlichen Modeworts, in: Wiener Beiträge zur Geschichte der Neuzeit, Bd. 4, München, S. 85-93.

Fischer, Martina 1991: Friedensforschung in Spanien, in: *Afb-Info* 2/91, Bonn, S. 1-6.

Foerster, Rolf Hellmut (Hg.) 1963: Die Idee Europa 1300 – 1946. Quellen zur Geschichte der politischen Einigung Europas, München.

Ders. 1967: Europa. Geschichte einer politischen Idee. Mit einer Bibliographie von 182 Einigungsplänen aus den Jahren 1306 bis 1945, München.

Forke, Alfred 1927: Geschichte der alten chinesischen Philosophie, Hamburg.

Forndran, Erhard 1971: Abrüstung und Friedensforschung. Kritik an Krippendorff, Senghaas und Ebert, Düsseldorf.
Forndran, Erhard/*Krell*, Gert (Hg.) 1983: Kernwaffen im Ost-West-Vergleich. Zur Beurteilung militärischer Fähigkeiten und Potentiale, Baden-Baden.
Forndran, Erhard/*Schmidt*, Hajo (Hg.) 1986: Konventionelle Rüstung im Ost-West-Vegleich. Zur Beurteilung militärischer Potentiale und Fähigkeiten, Baden-Baden.
Forndran, Erhard/*Pohlman*, Hartmut (Hg.) 1993: Europäische Sicherheit nach dem Ende des Warschauer Paktes, Baden-Baden.
Forschner, Maximilian 1988: Stoa und Cicero über Krieg und Frieden, Barsbüttel.
Foucault, Michel 1986: Vom Licht des Krieges zur Geburt der Geschichte, Berlin.
Ders. 1991: Die Ordnung des Diskurses, Frankfurt am Main.
Frei, Daniel 1974: Friedensforschung im Spannungsfeld der Friedensbegriffe, in Beiträge zur Konfliktforschung Jg. *4*, H. 2, Köln, S. 5-14.
Ders. 1983: Friedenssicherung durch Gewaltverzicht?, in: Aus Politik und Zeitgeschichte, Bonn.
Fried, Alfred H. 1916: Die Grundlagen des ursächlichen Pazifismus, Zürich.
Friedensbericht (seit 1986) hg. vom Österreichischen Studienzentrum für Frieden und Konfliktlösung (ÖSFK), Stadtschlaining, und der Schweizerischen Friedensstiftung (SFS), Bern.
Friedensgutachten, siehe *Mutz* u. a.
Friedens-Warte (Die) 1999: 100 Jahre Friedens-Warte, Jubiläumsheft Bd. 74, Heft 1-2, Berlin. Siehe auch *Porsch.*
Friedlaender, Ernst 1947: Das Wesen des Friedens, Hamburg
Friedrich der Grosse 1991: Der Antimachiavell, Leipzig.
Fukuyama, Francis, 1989: The End of History?, in: The National Interest, 16, 3-18.
Galtung, Johan, 1981a: Gewalt, Frieden und Friedensforschung, in: *Senghaas 1981*, Frankfurt am Main, S. 55-104.
Ders. 1981b: Theorien des Friedens, in: *Senghaas (*Hg.*) 1981*, Frankfurt am Main, S. 235-246.
Ders. 1985: Twenty-Five Years of Peace Research: Ten Challenges and Some Responses, in: Journal of Peace Research, Jg. 22, H. 2, 141-158.
Ders. 1992: Friedensforschung als universitäres Studienfach: Wie geht es weiter? In: *magazin forschung* H.1/92, Universität des Saarlandes, Saarbrücken, S. 70-73.
Ders. 1998a: Frieden mit friedlichen Mitteln. Friede und Konflikt, Entwicklung und Kultur, Opladen.
Ders. 1998b: Die andere Globalisierung. Perspektiven für eine zivilisierte Weltgesellschaft im 21. Jahrhundert, Münster.
Galtung, Johan/*Kinkelbur*, Dieter/*Nieder*, Martin (Hg.) 1993: Gewalt im Alltag und in der Weltpolitik, Münster.
Gamm, Hans-Jochen 1968: Aggression und Friedensfähigkeit in Deutschland, München.
Gantzel, Klaus Jürgen/*Meyer-Stahmer*, Jörg (Hg.) 1986: Die Kriege nach dem Zweiten Weltkrieg bis 1984. Daten und erste Analysen, München/Köln/London.
Gantzel, Klaus Jürgen/*Schwinghammer*, Torsten/*Siegelberg*, Jens 1993: Kriege der Welt. Ein systematisches Register der kriegerischen Konflikte 1985 bis 1992. Materialien der *Stiftung Entwicklung und Frieden*, Bonn
Gentz, Friedrich 1800: Über den ewigen Frieden, in: *Raumer* (Hg.) 1953, Freiburg/München, S. 461-497.
Gerhardt, Volker 1995: Immanuel Kants Entwurf „Zum ewigen Frieden", Eine Theorie der Politik, Darmstadt.
Glad, Betty (Hg.) 1990: Psychological Dimensions of War, London.
Global 2000 1982: Der Bericht an den Präsidenten, Frankfurt am Main.

Globale Trends siehe *Sef/Inef.*
Glucksmann, André 1996: Krieg um den Frieden, Berlin.
Goethe siehe *Krippendorff 1994.*
Göller, Josef-Thomas 1999: Die europäische Stadt, in: Das gemeinsame europäische Haus. Handbuch zur europäischen Kulturgeschichte, hg. vom Museum für Völkerkunde, Hamburg, S. 667-681.
Grewe, Wilhelm G. 1985: Friede durch Recht? Schriftenreihe der Juristischen Gesellschaft zu Berlin, Heft 94, Berlin.
Hartmann, Wilfried 1992: Der Frieden im frühen Mittelalter, Barsbüttel.
Hauswedell, Corinna 1997: Friedenswissenschaften im Kalten Krieg. Friedensforschung und friedenswissenschaftliche Initiativen in der Bundesrepublik Deutschland in den achtziger Jahren, Baden-Baden.
Hegel, Georg Friedrich 1913: Schriften zur Politik und Rechtsphilosophie, hg. von G. *Lasson*, Leipzig.
Heinsohn, Gunnar 1998: Lexikon der Völkermorde, Reinbek.
Heraklit 1983, in: *Mansfeld*, Jaap (Hg.) Die Vorsokratiker (griechisch/deutsch), Bd. 1, Stuttgart, S. 231–283.
Hinsley, F.H. 1967: Power and the Pursuit of Peace. Theory and Practice in the History of Relations between States, Cambridge.
Hobbes, Thomas 1980: Leviathan (Erstausgabe 1651),Stuttgart.
Holl, Karl 1978: Pazifismus, in: *Brunner*, Otto (Hg.), Geschichtliche Grundbegriffe Bd. 4, Stuttgart, S. 767-787.
Ders. 1988: Pazifismus in Deutschland, Frankfurt am Main.
Holl, Karl/*Wette*, Wolfram (Hg.) 1981: Pazifismus in der Weimarer Republik. Beiträge zur historischen Friedensforschung, Paderborn.
Holsti, Ole R./*Brody,* Richard A./*North*, Robert C. 1970: Das Messen von „Affekt" und „Aktion" in internationalen Reaktionsmodellen aus Anlaß der Kuba-Krise 1992, in: *Krippendorff* 1970, Köln/Berlin, S. 413-438.
Horn, Klaus 1988: Gewalt – Aggression – Krieg. Studien zu einer psychoanalytisch orientierten Sozialpsychologie des Friedens, Baden-Baden.
Huber, Wolfgang/*Reuter,* Hans-Richard 1990: Friedensethik, Stuttgart.
Hunke, Sigrid 1990: Allahs Sonne über dem Abendland. Unser arabisches Erbe, Frankfurt am Main.
Huntington, Samuel 1996: Kampf der Kulturen (The Clash of Civilisations), München/ Wien.
Imbusch, Peter/*Zoll,* Ralf (Hg.) 1996: Friedens- und Konfliktforschung. Eine Einführung mit Quellen, Opladen.
Ingram, Norman 1993: L'envers de l'entre-deux-guerres en France ou à la recherche d'un passé pacifiste, in: *Vaïsse,* Maurice (Hg.), Le pacifisme en Europa des années 1920 aux années 1950, Bruxelles, S. 29-30.
Informationsstelle Wissenschaft und Frieden (IWIF) 1992: Memorandum. Friedenssicherung in den 90er Jahren. Neue Herausforderungen an die Wissenschaft, Bonn.
Jaberg, Sabine 1998: Systeme kollektiver Sicherheit in und für Europa in Theorie, Praxis und Entwurf. Ein systemwissenschaftlicher Versuch, Baden-Baden.
Dies. 1999: Der Gewaltbegriff als generierender und differenzierender Faktor der Friedensforschung, *Afb-Texte* 3/99, Bonn.
Jahn, Egbert 1982: Friedensforschung und Friedensbewegung, in: *Friedensanalysen* Bd. 16, Frankfurt am Main, S. 146-165.
Ders. 1988: Von der internationalen Friedensforschung zur nationalen Sicherheitsforschung?, in: *Moltmann* 1988, Baden-Baden, S. 85-110.
Jahrbuch Frieden, siehe *Birckenbach.*

Janssen, Wilhelm 1995: Friede – Zur Geschichte einer Idee in Europa, in: *Senghaas 1995,* Frankfurt am Main, S. 227-275. Erstveröffentlichung in *Brunner,* Otto/*Conze,* Werner/*Koselleck,* Reinhart (Hg.) 1975: Geschichtliche Grundbegriffe, Stuttgart.
Jervis, Robert 1988: The Political Effects of Nuclear Weapons, in: International Security, Jg. 13, H. 2, S. 80-90.
Jesaja siehe *Huber/Reuter*
Jochheim, Gernot 1987: Die Einheit von Moral und Handeln, in: *Rajewsky,* Christiane/ *Riesenberger,* Dieter *(Hg.) 1987,* München, S. 111-118.
Jopp, Mathias (Hg.) 1992: Dimensionen des Friedens – Theorie, Praxis und Selbstverständnis der Friedensforschung, Baden-Baden.
Justenhoven, Heinz-Gerhard 1991: Francisco di Vitoria zu Krieg und Frieden, Köln.
Kainz, Howard P. (Hg.) 1987: Philosophical Perspectives on Peace. An Anthology of Classical and Modern Sources,
Kaiser, Karl 1970: Friedensforschung in der Bundesrepublik, Göttingen.
Kaldor, Mary 2000: Neue und alte Kriege. Organisierte Gewalt im Zeichen der Globalisierung, Frankfurt am Main.
Kant, Immanuel, 1925: Zum Ewigen Frieden, in: *Messer,* August (Hg.): Kants Werke, Bd. 3, Berlin S. 733ff. Siehe auch *Gerhardt* 1995.
Ders. 1984: Zum ewigen Frieden (Einzelausgabe), Stuttgart.
Keegan, John 1995: Kultur des Krieges, Berlin.
Kirsten, Ernst/*Buchholz,* Ernst Wolfgang/*Köllmann,* Wolfgang (Hg.) 1956: Raum und Bevölkerung in der Weltgeschichte (Bevölkerungs-Ploetz) Würzburg.
Klassen, William *1990:* Klappentext zu Rapoport 1990.
Klein, Dieter 1988: Chancen für einen friedensfähigen Kapitalismus, Berlin (DDR)
Koch, Claus 1970: Friedensforschung, Forschungsvorhaben, Institutionen, Planungen, Bonn.
Kolko, Gabriel 1999: Das Jahrhundert der Kriege, Frankfurt am Main.
Konfuzius 1982: Gespräche, hg. von *Moritz,* Ralf, Stuttgart.
Koppe, Karlheinz 1981: Stellungnahme zum wissenschaftlichen Gutachten von Prof. Dr. Hans-Joachim Arndt, *DGFK* Sonderheft, Bonn, S. XXXI-XLIV.
Ders. 1983: Im politischen Spannungsfeld gescheitert. Zur Lage der Friedensforschung un der DGFK, in: *DGFK-Jahrbuch* 1982/83. Zur Lage Europas im globalen Spannungsfeld, Baden-Baden, S. 609-635.
Ders. 1988: Frieden in Forschung und Lehre an amerikanischen Hochschulen, in: *AFB-Info* 2/89, Bonn, S. 1-3.
Ders. 1990a: Exkurs zum Friedensbegriff in der Friedenswissenschaft, in: *Senghaas,* Dieter/*Koppe,* Karlheinz, Friedensforschung in Deutschland. Lagebeurteilung und Perspektiven für die neunziger Jahre, *AFB-Dokumentation,* Bonn, S. 1-5.
Ders. 1990b: Friedenswissenschaften in der Deutschen Demokratischen Republik, in: *AFB-Info* 1/90, S.1-5.
Ders. 1993: Vom Versagen der Eliten. Wird der Süden abgeschrieben? In: Blätter für deutsche und internationale Politik Jg. 38, H. 1, S. 59-68.
Ders. 1995: Der unerreichbare Friede: Überlegungen zu einem komplexen Begriff und seinen forschungspolitischen Konsequenzen, *AFB-Texte* 1/95, Bonn.
Ders. 1997: Wenn die Vergangenheit zum Trauma wird – Bosnien zwischen Machtpolitik, Glaubenskampf und Verelendung, in: Berichte, Dokumente, Kommentare der Missionszentrale der Franziskaner, Jg.1997, H. 3, Bonn, S. 7-29.
Ders. 1998: Und wenn die Soldaten versagen? Argumente für den Aufbau und Einsatz einer internationalen Polizei, S+F, Jg. 17, H. 1, Baden-Baden, S. 2-4.
Kriesberg, Louis 1982: Social Conflicts, 2. Aufl., Englewood Cliffs, N.J.
Ders. 1986: Social Conflicts and Peace, in: World Encyclopedia of Peace, Oxford und New York, S. 390-399.

Ders. 1992: International Conflict Resolution. The U.S.-USSR and Middle East Crisis, New Haven and London.
Krippendorff, Ekkehart (Hg.) 1970: Friedensforschung. 2. Auflage, Köln/Berlin.
Ders. 1985: Staat und Krieg. Die historische Logik politischer Unvernunft, Frankfurt am Main.
Ders. 1992: Pazifismus – Bellizismus, in: *Birckenbach*, Hanne-Margret/*Jäger*, Uli/*Wellmann*, Christian (Hg.), München, S. 28-40.
Ders. 1993: Militärkritik, Frankfurt am Main.
Ders. 1994: Goethes Frieden, in: *Dominikowski*, Thomas/*Mehl*, Regine (Hg.) 1994, Münster, S. 90-102.
Kuczynski, Jürgen 1983: Geschichte des Alltags des deutschen Volkes, 5 Bde., Berlin/Köln.
Kuhn, Annette (Hg.) 1992: Die Chronik der Frauen, Dortmund.
Küng, Hans 1998: Weltethos für Weltpolitik und Weltwirtschaft, 3. Aufl., München.
Küpper, Christel/*Lobner*, Matthias R. (Hg.) 1968: Der Friede im Blickpunkt der Pädagogik. Didaktische Möglichkeiten, Schriftenreihe der Studiengesellschaft für Friedensforschung, Heft 1, München
Lammert, Gottfried 1993: Geschichte der Seuchen, Hungers- und Kriegsnoth zur Zeit des dreißigjährigen Krieges, Vaduz/Liechtenstein (unveränd. Nachdr. der Ausg. 1890, Wiesbaden.
Lao Tse 1990: Tao-Te-King, Erstaufl. 1985, Zürich.
Lea, Homer 1974: The Value of Ignorance, New York/London 1942 (Erstauflage 1909), S. 9. Zitiert nach *Röling*, Bert V.A., Völkerrecht und Friedenswissenschaft, *Dgfk-Hefte* 4/1974, Bonn, S. 35.
Leibniz, Gottfried Wilhelm 1963: Bedenken, welchergestalt Securitas publica interna et externa et Status praesens im Reich jetzigen Umständen nach auf festen Fuß zu stellen, in: *Foerster*, Rolf Hellmut (Hg.) 1963. München, S. 79-85.
Lider, Julian 1983: Der Krieg. Deutungen und Doktrinen in Ost und West, Frankfurt am Main.
Lin Yutang (Hg.) 1955: Laotse, Frankfurt am Main
Link, Werner 1979: Überlegungen zum Begriff „Konflikt" in den internationalen Beziehungen, in: Politische Vierteljahresschrift, Jg. 20, H. 1, S. 33-50.
Locke, John 1974: Über die Regierung, (Erstausgabe 1690), Stuttgart.
Löffelholz, Martin (Hg.) 1993: Krieg als Medienereignis. Grundlagen und Perspektiven der Krisenkommunikation, Opladen.
Luard, Evan 1988: The Erosion of Military Power in Modern World Politics, London.
Luhmann,Niklas 1968: Vertrauen. Ein Mechanismus zur Reduktion sozialer Komplexität, Stuttgart.
Lutz, Dieter (Hg.) 1998, Internationale Polizei, in: Vierteljahreszeitschrift für Sicherheit und Frieden, Jg. 17, H. 1, Baden-Baden.
Lutz, Heinrich 1984: Friedensideen und Friedensprobleme in der frühen Neuzeit, in: Heiss, Gernot/*Lutz*, Heinrich, Friedensbewegungen und Friedensbedingungen, Wiener Beiträge zur Geschichte der Neuzeit, Bd. 11, München.
Machiavelli, Niccolò 1986: Der Fürst, Il Principe, Italienisch-Deutsche Ausgabe, Stuttgart.
Mader, Gerald/*Eberwein*, Wolf Dieter/*Vogt*, Wolfgang 1996: Frieden durch Zivilisierung? Probleme – Ansätze – Perspektiven, Schriftenreihe des ÖSFK, Münster.
Marsilius von Padua 1971: Der Verteidiger des Friedens, Stuttgart.
Marx, Karl/*Engels*, Friedrich 1959: Werke, Berlin.
Matthies, Volker 1994: Friedensursachenforschung – ein vernachlässigtes Forschungsfeld, in: Wissenschaft & Frieden 2/45, Bonn, S. 45-49.
Ders. 1997: Zwischen Kriegsbeendigung und Friedenskonsolidierung, in: *Senghaas*, Dieter (Hg.) 1997, Frankfurt am Main, S. 527–559.

Messer, August, siehe *Kant*
Meyer, Berthold 1997: Formen der Konfliktregelung. Eine Einführung mit Quellen, Opladen.
Meyers, Reinhard, 1989: Der Friede als Elementarbedingung der Politik (Ms.), Münster.
Ders. 1991 Grundbegriffe, Strukturen und theoretische Perspektiven internationaler Beziehungen, in: Grundwissen Politik (Schriftenreihe der Bundeszentrale für politische Bildung Bd. 302), Bonn, S. 220-316
Ders. 1994: Begriff und Probleme des Friedens, Opladen.
Missalla, Heinrich 1997: Wie der Krieg zur Schule Gottes wurde. Hitlers Feldbischof Rarkowski. Eine notwendige Erinnerung, Oberursel.
Moltmann, Bernhard (Hg.)1988: Perspektiven der Friedensforschung, *Schriftenreihe der Afk* Band XV, Baden-Baden, S. 11-40.
Mo Tse siehe *Forke*
Moritz siehe *Konfuzius*
Morus, Thomas 1983: Utopia (Erstauflage 1516), Stuttgart
Muller, Wayne, zitiert nach *Nuber*, Ursula 1992: Der notwendige Abschied von Gestern, in: *Psychologie Heute*, Dezember 1992, Weinheim.
Münkler, Herfried 1999: Den Krieg wieder denken, in: Blätter für deutsche und internationale Politik, Jg. 44, H. 6, Bonn, S. 678–688.
Ders. 1992: Gewalt und Ordnung. Das Bild des Krieges im politischen Denken, Frankfurt am Main.
Mutz, Reinhard/*Ratsch*, Ulrich/*Schoch*, Bruno 1999: Friedensgutachten, Münster.
Nathan, Otto/*Norden*, Heinz (Hg.) 1975: Albert Einstein: Über den Frieden, Weltordnung oder Weltuntergang, Bern.
Nestle, W. 1938: Der Friedensgedanke in der antiken Welt, *Philologus*, Suppl. Bd, XXXI, Heft 1, Leipzig.
Nicklas, Hans/*Östermann*, Änne 1993: Friedensfähigkeit. Aspekte der bisherigen friedenspädagogischen Diskussion und Perspektiven für die Zukunft, in: *Galtung*, Johan/*Kinkelbur*, Dieter/*Nieder* (Hg.) 1993, Münster, S. 59-70.
Niess, Frank 1992: Am Anfang war Kolumbus. Geschichte einer Unterentwicklung – Lateinamerika 1492 bis heute, München.
Nietzsche, Friedrich 1999: Menschliches, Allzumenschliches (Erstausgaben 1878, 1880, 1886), München.
Nomura, Yoshiko 1996: Lebenslange Integrierte Erziehung, Münster
Oldenburg, Hermann (neu hg. *von Glasenapp*, Hellmuth von) 1961: Buddha. Sein Leben, seine Lehre, seine Gemeinde (Erstveröffentlichung 1881), München.
Orwell, George 1976: 1984, Frankfurt am Main (Originalausgabe: Nineteen-eighty-four, 1949, London).
Osgood, Charles E. 1960: A Case for Graduated Unilateral Disengagement, in: Bulletin of the Atomic Scientists, April, Chicago, Ill., S. 127-131.
Ders. 1962: An Alternative to War and Surrender, Urbana.
Ders. 1970: Wechselseitige Initiative. In: *Krippendorff* (Hg.) 1970, Köln/Berlin, S. 356-392.
Papcke, Sven 1973: Progressive Gewalt. Studien zum sozialen Widerstandsrecht, Frankfurt am Main.
Peace Resource Book siehe *Conetta*.
Penn, William 1963: Essay über den gegenwärtigen und künftigen Frieden in Europa, in: *Foerster* 1963, München, S. 79-85.
Petech, Luciano 1961: Indien bis zur Mitte des 6. Jahrhunderts, in: *Mann*, Golo/*Heuss*, Alfred (Hg.): Propyläen Weltgeschichte, Bd. 2, Frankfurt am Main und Berlin, S. 353-476.

Picht, Georg 1975: Zum Begriff des Friedens, in: DGFK, Forschung für den Frieden, Boppard, S. 45-51.

Ders. 1981: Hier und Jetzt. Philosophieren nach Auschwitz und Hiroshima. Bd. 2, Stuttgart.

Picht, Georg/*Huber*, Wolfgang (Hg.) 1971: Was heißt Friedensforschung?, Stuttgart/München.

Platon 1982: Der Staat (Politeia), hg. von *Vretska*, Karl, Stuttgart.

Pohlman siehe *Forndran*

Popper, Karl R. 1957: Die offene Gesellschaft und ihre Feinde. Bd. 1: Der Zauber Platons, Bern.

Porsch, Daniel 1999: Die Friedens-Warte zwischen Friedensbewegung und Wissenschaft, in: *Die Friedens-Warte* 1999, Bd. 74, Heft 1-2, Berlin, S. 39-78.

Rajewsky, Christiane 1980: Der gerechte Krieg im Islam, in: *Steinweg*, Reiner (Hg.), Der gerechte Krieg: Islam, Christentum, Marxismus, Frankfurt am Main, S. 13-71.

Rajewsky, Christiane/*Riesenberger*, Dieter 1987: Wider den Krieg. Große Pazifisten von Kant bis Böll, München.

Rapoport, Anatol/*Chammah*, Albert 1965: Prisoners' Dilemma, Ann Arbor, Mich..

Ders. 1970: Tolstoi und Clausewitz. Zwei Konfliktmodelle und ihre Abwandlungen, in: *Krippendorff*, Ekkehart (Hg.), Friedensforschung, Köln/Berlin, S. 87-105.

Ders. 1981: Über die Anwendbarkeit der Friedensforschung, in: *Senghaas*, Dieter (Hg.), Frankfurt am Main, S. 396-415.

Ders. 1990: Ursprünge der Gewalt. Ansätze der Konfliktforschung, Darmstadt.

Ders. 1991: Frieden: eine Idee, deren Zeit gekommen ist, Darmstadt.

Rattinger, Johannes 1975: Rüstungsdynamik im internationalen System. Mathematische Reaktionsmodelle für Rüstungswettläufe und die Probleme ihrer Anwendung, München

Raumer, Kurt von 1953: Ewiger Friede. Friedensrufe und Friedenspläne seit der Renaissance, Freiburg/München.

Rawls, John, 1977: Gerechtigkeit als Fairneß, Freiburg, München.

Ray, James Lee 1989: The Abolition of Slavery and the End of International War, in: International Organization, Jg. 43, H. 3, S. 405-439.

Reusch, Jürgen 1986: Friedensforschung in der Bundesrepublik. Entwicklung, Position, Perspektiven, *Informationsbericht Imsf*, Frankfurt am Main.

Reuter siehe *Huber*

Richardson, Lewis Fry 1960a: Arms and Insecurity: Mathematical Study of the Causes of War, London.

Ders. 1960b: Statistics of Deadly Quarrels, London.

Richter, Horst Eberhard 1982: Zur Psychologie des Friedens, Reinbek.

Ricken, Friedo 1988: Platon und Aristoteles über Krieg und Frieden, Barsbüttel.

Rief, Josef 1981: Die bellum-iustum-Theorie historisch, in: *Glatze*, Norbert / *Nagel*, Ernst Josef (Hg.): Frieden in Sicherheit, Zur Weiterentwicklung der katholischen Friedensethik, Freiburg.

Ders. 1990: „Bellum" im Denken und in den Gedanken Augustins, Barsbüttel.

Rittberger, Volker 1986: „Peace Structures" Through International Organizations and Regimes, Tübingen.

Ders. 1987: Zur Friedensfähigkeit von Demokratien. Betrachtungen zur politischen Theorie des Friedens, in: Aus Politik und Zeitgeschichte, B 44, S. 3-12.

Ders. 1988: Frieden und Friedensfähigkeit, in: *Moltmann*, Bernhard (Hg.) 1988, 65-81.

Rittberger, Volker/*Zürn*, Michael 1990: Forschungen für neue Friedensregeln, Stuttgart.

Rönsch, Horst-Dieter 1972: Zur Friedensforschung, in: Politische Vierteljahresschrift Jg. 13, H.2, Opladen, S. 244-253.

Rösener, Werner (Hg.) 2000: Staat und Krieg. Vom Mittelalter bis zur Moderne, Göttingen.
S+F siehe *Lutz*
Saint-Pierre, Charles Irenée Castel de 1963: Plan des Ewigen Friedens, in: *Foerster*, Hellmut (Hg.)1963, München, S. 86-101.
Scharffenorth, Gerta/*Huber*, Wolfgang 1973: Neue Bibliographie zur Friedensforschung, München.
Schatz, Oskar (Hg.) 1970: Die Friede im nuklearen Zeitalter. Eine Kontroverse zwischen Realisten und Utopisten. 4. Salzburger Humanismusgespräch, München.
Schimmel, Annemarie (Hg.) 1960: Der Koran, Stuttgart.
Dies. 1990: Der Islam, eine Einführung, Stuttgart.
Schlichtmann, Klaus 1999: Die chinesische Tradition, in: *Schlichtmann*, Klaus, Shidehara Kijuro: Staatsmann und Pazifist. Eine politische Biographie, Veröffentlichung der *Deutsch-Japanischen Juristenvereinigung* Bd. 8, Hamburg. S. 18 – 36.
Schlochauer, Hans-Jürgen 1953: Die Idee des ewigen Friedens. Ein Überblick über die Entwicklung und Gestaltung des Friedenssicherungsgedankens auf der Grundlage einer Quellenauswahl, Bonn.
Schmid, Herman 1981: Friedensforschung und Politik, in: *Senghaas* (Hg.) *1981*, Frankfurt am Main, S. 25-54.
Schmidt, K. 1961: Buddhas Reden. Majjihimanikaya, Hamburg.
Schmitt, Carl 1950: Der Nomos der Erde im Völkerrecht des ius publicum europaeicum, Berlin.
Schubert, Klaus von 1993: Von der Abschreckung zur gemeinsamen Sicherheit. Posthum hg. von *Solms*, Friedhelm, Baden-Baden.
Schumann, Hans Wolfgang 1982 (7. Aufl. 1999): Der historische Buddha. Leben und Lehre des Gotama, München.
Schwarzkopf, Norman H. 1994: Man muß kein Held sein, München.
Schwerdtfeger, Johannes 1988: Frieden – Annäherung an Begriffsbildung und Theoriestatus, in: *Moltmann*, Bernhard (Hg.) 1988, S. Baden-Baden, S. 41-56.
SEF/INEF 1997: Globale Trends. Fakten, Analysen, Prognosen, Frankfurt am Main.
Selg, Herbert, 1982: Zur Aggression verdammt? Ein Überblick über die Psychologie der Aggression, 6. Auflage, Stuttgart.
Senghaas, Dieter (Hg.) 1972: Imperialismus und strukturelle Gewalt., Frankfurt am Main.
Ders. 1977: Weltwirtschaftsordnung und Entwicklungspolitik. Plädoyer für Dissoziation, Frankfurt am Main.
Ders. (Hg.) 1981: Kritische Friedensforschung, 6. Auflage (Erstauflage 1971), Frankfurt am Main.
Ders. 1982: Von Europa lernen. Entwicklungsgeschichtliche Betrachtungen, Frankfurt am Main.
Ders. 1986: Die Zukunft Europas. Probleme der Friedensgestaltung, Frankfurt am Main.
Ders. 1988a: Konfliktformationen im internationalen System, Frankfurt am Main.
Ders. 1988b: Friedensforschung und der Prozeß der Zivilisation, in: *Moltmann* 1988, 167-174.
Ders. 1990: Europa 2000. Ein Friedensplan, Frankfurt am Main.
Ders. 1992: Friedensprojekt Europa, Frankfurt am Main.
Ders. 1994: Wohin driftet die Welt? Über die Zukunft friedlicher Koexistenz, Frankfurt am Main.
Ders. (Hg.) 1995: Den Frieden denken, Frankfurt am Main.
Ders. (Hg.) 1997: Frieden machen, Frankfurt am Main.
Ders. 1998: Zivilisierung wider Willen. Der Konflikt der Kulturen mit sich selbst. Frankfurt am Main.

Senghaas Dieter/*Senghaas-Knobloch*, Eva 1992: Si vis pacem, para pacem. Überlegungen zu einem zeitgemäßen Friedenskonzept. In: *Leviathan,* Band 20, Heft 2, Opladen, S. 230–251.

Senghaas-Knobloch, Eva 1989: Zur Perspektive politischer Psychologie in der Friedens- und Konfliktforschung, *Afb-Texte*, (überarbeitete Fassung von *Senghaas-Knobloch* 1990 mit ausführlicher Bibliographie), Bonn.

Dies. 1990: Subjektivität in der internationalen Politik. Über das Zusammenspiel persönlicher und institutioneller Faktoren der Konfliktverarbeitung, in: *Friedens- analysen* Bd. 24, Frankfurt am Main, S. 29-61.

Sharp, Gene 1963: Nonviolent Action. An Introductory Outline for Study Groups, London.

Ders. 1970: Das politische Äquivalent des Krieges, in: *Krippendorff* (Hg.): 1970, S. 477-513.

Simonis, Georg 1977: Außenpolitik und Abschreckung. Ansätze zu einer kritischen Theorie des internationalen Systems, Frankfurt am Main.

Sivard, Ruth Leger 1991: World Military and Social Expenditures, Washington D.C.

Dies.: World Military and Social Expenditures, Washington D.C.

Smith, Adam 1978: Der Wohlstand der Nationen. Eine Untersuchung seiner Natur und seiner Ursachen (8. Aufl. 1999), München.

Soden, Wolfram von 1961: Sumer, Babylon und Hethiter, in: *Mann*, Golo/*Heuss*, Alfred (Hg.): Propyläen Weltgeschichte, Bd. l, Frankfurt am Main und Berlin, S. 525-609.

Solms siehe *Schubert*

Speier, Hans 1970: Der begrenzte Friede, in: *Schatz*, Oskar (Hg.), Der Friede im nuklearen Zeitalter, München, S. 76-84.

Spengler, Oswald 1997: Der Untergang des Abendlandes. Umrisse einer Morphologie der Weltgeschichte (erste vollständige Auflage 1923), München.

Stephan, Cora 1998: Das Handwerk des Krieges, Berlin.

Stern, S. M. 1986: Aristotle on the World State, Columbia, South Carolina.

Sternberger, Dolf 1986: Die Politik und der Friede, Frankfurt am Main.

Stratmann, Franziskus Maria 1924: Weltkirche und Weltfrieden. Katholische Gedanken zum Kriegs- und Friedensproblem, Augsburg.

Sunzi 1988: Die Kunst des Krieges. Hg. und eingeleitet von James *Clavell*, München.

Suttner, Bertha von 1889: Die Waffen nieder! Dresden und Leipzig. Neueste Ausgabe 1990, Husum.

Thomas, Daniel C./*Klare*, Michael T. (Hg.) 1989: Peace and World Order Studies, Boulder, Co.

Thränert, Oliver 1986: Rüstungssteuerung und Gradualismus: Möglichkeiten und die Grenzen einer alternativen Sicherheitspolitik, München.

Thukydides 1966: Der Peloponnesische Krieg, Stuttgart.

Tolstoi, Leo N. 1956, 13. Aufl. 1989: Krieg und Frieden, München.

Tönnies, Sibylle 1997: Pazifismus passé? Eine Polemik, Hamburg.

Toynbee, Arnold 1998: Menschheit und Mutter Erde. Die Geschichte der großen Zivilisationen (Erstauflage 1976, Oxford), Berlin.

Trotha, Trutz von (Hg.) 1997: Soziologie der Gewalt, Kölner Zeitschrift für Soziologie und Sozialpsychologie, Sonderheft 37/1997, Opladen.

Tuchman, Barbara 1982: Der ferne Spiegel. Das dramatische 14. Jahrhundert (A Distant Mirror – The Calamitous 14th Century), München

Dies. 1984: Die Torheit der Regierenden. Von Troja bis Vietnam (The March of Folly. From Troy to Vietnam), Frankfurt am Main.

Tucholsky, Kurt 1931: Die brennende Lampe, zit. Nach: *Tucholsky*, Kurt, Ausgewählte Werke Bd. 1, ausgewählt von *Raddatz*, Fritz J., Reinbek bei Hamburg, S. 324-326.

Vaïsse, Maurice (Hg.)1993: Le pacifisme en Europa des années 1920 aux années 1950, Bruxelles

Väyrynen, Raimo (Hg.) 1989: The Quest for Peace. Transcending Collective Violence and War among Societies, Cultures and States, London.

Ders. (Hg.) 1991: New Directions in Conflict Theory. Conflict Resolution and Conflict Transformation, London.

Venturini, Georg 1798: Lehrbuch der angewandten Taktik oder eigentlichen Kriegswissenschaft; Bd. 1, Schleswig.

Vogt, Wolfgang (Hg. im Auftrag der AFK) 1994: Frieden als Zivilisierungsprojekt – Neue Herausforderungen an die Friedens- und Konfliktforschung. *Schriftenreihe der Afk*, Baden-Baden.

Vogt, Wolfgang R./*Jung*, Eckhard (Hg.) 1997: Kultur des Friedens – Wege zu einer Welt ohne Krieg, Darmstadt.

Vretska, Karl siehe *Platon*.

Walf, Knut 1990: Tao – Weg für den Westen? In: *Lao Tse*, Tao-Te-King, Erstaufl. 1985, Zürich.

Wasmuht, Ulrike C. 1998: Geschichte der deutschen Friedensforschung. Entwicklung – Selbstverständnis – Politischer Kontext, Münster.

Weede, Erich 1975: Weltpolitik und Kriegsursachen im 20. Jahrhundert. Eine quantitativ-empirische Studie, München.

Ders. 1986: Konfliktforschung. Einführung und Überblick, Opladen.

Weizsäcker, Carl Friedrich von 1971: Kriegsfolgen und Kriegsverhütung, München.

Ders. 1980: Der bedrohte Friede, München/Wien.

Wellmann, Christian 1989: Abrüstung und Beschäftigung – ein Zielkonflikt? Eine empirische Analyse finanzieller und ökonomischer Ausgangsbedingungen für Konversion in der Bundesrepublik Deutschland, Frankfurt am Main.

Wette, Wolfgang 1987: Geschichte und Frieden. Aufgaben historischer Friedensforschung, *Afb-Texte*, Bonn.

Ders. siehe auch *Holl*

Wiberg, Håkan 1984: The Peace Research Movement, in: Wiener Beiträge zur Geschichte der Neuzeit, Bd. 11, München, S. 165-185.

Wild, Adolf 1987: Jean Jaurès. Der sozialistische Internationalismus gegen den Krieg, in: *Rajewsky*, Christiane/*Riesenberger*, Dieter 1987: Wider den Krieg. Große Pazifisten von Kant bis Böll, München, S. 69-80.

Wilson, John A. 1961: Ägypten, in: *Mann*, Golo/*Heuss*, Alfred (Hg.): Propyläen Weltgeschichte, Bd. 1, Frankfurt am Main und Berlin, S. 323-521.

World Encyclopedia of Peace 1986: 4 Bände, Oxford und New York.

Wright, Quincy 1965: A Study of War (1. Aufl. 1942),Chicago, Ill.

Ders. 1970: Die Geschichte des Krieges, in: *Krippendorff* 1970, Köln/Berlin, S. 29 – 44.

Wulf, Christoph (Hg.) 1973: Kritische Friedenserziehung, Frankfurt am Main.

Young, Nigel 1987: Peace Movements in History, in *Mendlowitz/Walker* (Hg.): Towards a Just World Peace, London und Boston, S. 137-169.

Zellentin, Gerda 1994: Gedanken zur Todesverleugnung in Friedensforschung und Politik, in: *Dominikowski /Mehl 1994*, Münster S. 84-89.

Zielinski, Michael 1995: Friedensursachen. Genese und konstituierende Bedingungen von Friedensgemeinschaften am Beispiel der BR Deutschland und der Entwicklung ihrer Beziehungen zu den USA, Frankreich und den Niederlanden. Bd. 97 der Reihe Demokratie, Sicherheit, Frieden (Hg. *Lutz*, Dieter S.), Baden-Baden.

Zsifkovitz, Valentin 1973: Der Friede als Wert, München.

Zürn, Michael, 1987: Gerechte internationale Regime, Frankfurt am Main.

Personenregister

GPSR Compliance

The European Union's (EU) General Product Safety Regulation (GPSR) is a set of rules that requires consumer products to be safe and our obligations to ensure this.

If you have any concerns about our products, you can contact us on ProductSafety@springernature.com

In case Publisher is established outside the EU, the EU authorized representative is:

Springer Nature Customer Service Center GmbH
Europaplatz 3
69115 Heidelberg, Germany

Batch number: 10809466

Printed by Printforce, the Netherlands